Gerhard Meyer

Meinolf Bachmann

Spielsucht

Ursachen und Therapie

2., vollständig überarbeitete und erweiterte Auflage

Gerhard Meyer
Meinolf Bachmann

Spielsucht

Ursachen und Therapie

2., vollständig überarbeitete und erweiterte Auflage

Mit 36 Abbildungen und 10 Tabellen

 Springer

Prof. Dr. rer. nat. Gerhard Meyer, Dipl.-Psych.
Universität Bremen
Institut für Psychologie und Kognitionsforschung
Grazerstraße 4, 28359 Bremen
E-mail: gerhard.meyer@uni-bremen.de
Website: www.uni-bremen.de/~drmeyer

Dr. phil. Meinolf Bachmann, Dipl.-Psych.
Bernhard-Salzmann-Klinik
Im Füchtei 150
33334 Gütersloh
E-mail: meinolf-christoph.bachmann@wkp-lwl.org

ISBN 10   3-540-23731-3 Springer Medizin Verlag Heidelberg
ISBN 13   978-3-540-23731-3 Springer Medizin Verlag Heidelberg

Bibliografische Information der Deutschen Bibliothek
Die Deutsche Bibliothek verzeichnet diese Publikation in der Deutschen Nationalbibliografie;
detaillierte bibliografische Daten sind im Internet über http://dnb.ddb.de abrufbar.

Springer Medizin Verlag.
Ein Unternehmen von Springer Science+Business Media
springer.de

© Springer Medizin Verlag Heidelberg 2005
Printed in Germany

Planung: Renate Scheddin
Projektmanagement: Renate Schulz
Lektorat: Petra Rand, Münster
Design: deblik Berlin

SPIN 10998977
Satz: Fotosatz-Service Köhler GmbH, Würzburg
Druck- und Bindearbeiten: Stürtz GmbH, Würzburg
Gedruckt auf säurefreiem Papier   2126 – 5 4 3 2 1 0

Vorwort zur 2. Auflage

Die Fortschritte in der Forschung und therapeutischen Praxis der Spielsucht, die anhaltende öffentliche Diskussion über das Gefahrenpotential von Glücksspielen sowie nicht zuletzt das große Interesse der Leserschaft ermöglichen eine zweite, vollständig überarbeitete und erweiterte Auflage dieses Buches.

Während einige Kapitel eine vollständige Neubearbeitung erfahren haben, reichten in anderen Abschnitten Veränderungen aus. Der Trend zu biopsychologischen Glücksspielstudien, verbunden mit zahlreichen neuen Forschungsergebnissen, führte beispielsweise zu einer Neufassung des Kap. 5.1 »Neurobiologische Theorien«. Neue Ansätze im Bereich der Prävention brachten eine beträchtliche Erweiterung des Kap. 14 »Ansatzpunkte präventiver Maßnahmen« mit sich. Dagegen wurde das Kap. 5.2 »Psychoanalytische Konzepte« nur geringfügig modifiziert, da keine Weiterentwicklung erkennbar ist. Insgesamt wurden 350 neue Veröffentlichungen eingearbeitet. Zusätzliche Cartoons sollen die stellenweise etwas »trockene« Materie auflockern.

Sowohl im ambulanten, hier besonders durch die Einbeziehung der pathologischen Glücksspieler in die »Empfehlungsvereinbarungen der Rentenversicherungsträger«, als auch im stationären Bereich ist die Therapie suchtkranker Spieler inzwischen »alltägliche« Praxis. Sorge bereitet, dass Einsparungen im Gesundheitsbereich dazu führen, Therapiezeiten weiter zu verkürzen. Entwöhnung benötigt Zeit, und je länger und intensiver der Krankheitsprozess, umso schwieriger und langwieriger gestaltet sich die Behandlung. Die Behandlungsdauer ist individuell anzupassen und sollte sich in einem Rahmen von etwa 8–16 Wochen bewegen. Ansonsten besteht die Gefahr, dass die Suchtkranken zu Drehtürpatienten werden, und letztlich wird nicht eingespart, wenn mehrere kurze Behandlungen eine längerfristige ersetzen.

Epidemiologische Untersuchungen im Bereich pathologischen Glücksspiels zeigen, dass ein beträchtlicher Anstieg der Erkrankungsrate bei Frauen stattfindet. Außerdem weisen unsystematische Beobachtungen daraufhin, dass bei bestimmten Gruppen von Migranten ein erhöhtes Risikopotential besteht. Um den Besonderheiten der Klientel gerecht zu werden, ist die Therapiekonzeption ständig weiterzuentwickeln. Die erhöhte Verfügbarkeit von suchtgefährdenden Glücksspielen über das Internet hat ebenfalls Auswirkungen auf den Therapieverlauf (▶ Kap. 10.7 »Besonderheiten in der Klientel«). Erheblich erweitert und umbenannt wurde das Kap. 11.2.1 in jetzt »Kinder von Spielsüchtigen«. Neuere Studien und eine Falldarstellung zeigen, dass hier nicht nur ein beträchtlicher Behandlungsbedarf angezeigt ist, sondern auch wichtige Maßnahmen zur Suchtprävention ansetzen müssen.

Kürzere Therapiezeiten lassen es notwendig erscheinen, den Behandlungsablauf in stärkerem Maße zu strukturieren: Programme zur Rückfallprävention haben sich als besonders erfolgreich erwiesen. Hinzu kommt, dass bei Spielern das Interessenspektrum stark eingeschränkt ist (Interessenabsorption) und Projekte zur konkreten Umsetzung alternativer Verhaltensweisen zum Glücksspielen sowie eine sinnvolle Tagesstrukturierung und Freizeitgestaltung besonders wichtig sind. Abstinenz wird nur dann dauerhaft eingehalten, wenn sie einen Vorteil darstellt, eine abwechslungs- und erlebnisreiche Lebensgestaltung an dessen Stelle tritt. Nicht das »Verzichten« steht im Mittelpunkt, sondern das konkrete Umsetzen von positiven Alternativen, die den Stellenwert oder die Bedeutung des Glücksspiels stark herabsetzen (▶ Kap. 12.4 »Rückfallprophylaxe in verschiedenen Behandlungsphasen«). Besonderer Wert wurde aus diesen Gründen auf die Umgestaltung des Anhangs gelegt: Die dort neu zusammengestellten Arbeitsmaterialien ermöglichen eine themenorientierte Vermittlung von Therapie-inhalten, die in den verschiedenen Behandlungsmaßnahmen, aber auch im Selbststudium ein-setzbar sind.

Wir hoffen, dass diese Änderungen in Inhalt und Aufbau des Buches die Zustimmung der Leserschaft finden werden.

Bremen und Gütersloh, im Januar 2005
Gerhard Meyer
Meinolf Bachmann

Vorwort zur 1. Auflage

Da das Interesse an der Spielsucht-Problematik anhält und unser 1993 erschienenes Buch »Glücksspiel – Wenn der Traum vom Glück zum Alptraum wird« vergriffen ist, haben wir uns zu einem neuen Buch unter geändertem Titel entschlossen. Denn: Nicht das Glücksspiel, sondern die Spielsucht, deren Ursachen und Behandlung stehen im Mittelpunkt der Ausführungen. Dies kommt nun auch im Titel deutlicher zum Ausdruck und erleichtert Betroffenen, Experten und Interessierten, die sich über das Krankheitsbild informieren wollen, das Auffinden. Der Krankheitsbegriff »Spielsucht« hat sich über Jahrhunderte etabliert, auch wenn sich das Suchtverhalten nicht auf das Spiel generell bezieht, sondern auf eine spezifische Form, das Glücksspiel. Wir verwenden den in der Bevölkerung und therapeutischen Praxis verankerten Begriff ebenso wie die Ableitung »süchtiges Spielverhalten« im Folgenden synonym mit den in den Klassifikationssystemen psychischer Störungen und der wissenschaftlichen Literatur gebräuchlichen Fachausdrücken »pathologisches Spielen/Spielverhalten« oder »pathologisches Glücksspiel« (pathological gambling).

Mit der Überarbeitung haben wir auch den Aufbau teilweise verändert. Es galt nicht nur, zahlreiche neue Forschungsergebnisse einzuarbeiten, sondern auch neue, hilfreiche und konkrete therapeutische Arbeitsmaterialien einzubauen. Die Spielsucht ist inzwischen wohl die am intensivsten beforschte Verhaltenssucht. Die langjährigen Erfahrungen in der Behandlung von Betroffenen führten zu Arbeitsmaterialien, die in Gruppen- und Einzeltherapieverfahren einzusetzen sind und dazu dienen, Einsichtsprozesse zu fördern und Verhaltensalternativen zum Glücksspielen zu entwickeln.

Bedanken möchten wir uns bei dem Sprecher des Instituts für Psychologie und Kognitionsforschung der Universität Bremen, Herrn Prof. Dr. M. Stadler, sowie der Leitung der Bernhard-Salzmann-Klinik, Herrn Dr. U. Kemper (Abt. Ltd. Arzt), Herrn G. Mantikos (stellv. ärztlicher Leiter), Frau M. Schade (Pflegedienstleitung) und Herrn C. W. Drechsler (Verwaltung), die uns die notwendigen Freiräume bei der Bearbeitung der zweiten Auflage zur Verfügung gestellt haben. Den Mitarbeitern auf der Spielerstation, Frau B. Sommer (Dipl.-Sozialarbeiterin) und Herrn J. Alex (Suchtfachpflegekraft), ist dafür zu danken, dass sie nie die Geduld verloren und keine Mühe gescheut haben, praktische und theoretische Hilfestellung zu leisten.

Ein besonderer Dank gebührt schließlich dem Lektorat des Springer-Verlages, Frau Dr. H. Berger, Frau R. Scheddin, Frau S. Zöller, Frau R. Schulz sowie Frau S. Köster, das uns nach allen Kräften hervorragend unterstützt hat.

Bremen und Gütersloh, im Oktober 1999
Gerhard Meyer
Meinolf Bachmann

Inhaltsverzeichnis

1 Einführung

Spielen ist menschlich – wer würde diesem Werbeslogan der Glücksspielanbieter nicht zustimmen? Ist doch das Spielen seit den Anfängen der Menschheit eine **primäre Lebenskategorie**. Es gehört zu den Grundelementen der individuellen und sozialen Reifung. Kinder lernen spielerisch, sich in unserer Welt zurechtzufinden. Im Spielen können sie Selbständigkeit, Kreativität, soziale Identität und Belastbarkeit entfalten und stärken. Es lässt sich als eine **zweckfreie Tätigkeit** charakterisieren, die um ihres eigenen Anregungspotenzials willen aufgesucht und ausgeführt wird (Heckhausen, 1974). Aber nicht nur in den ersten Lebensjahren, sondern in jeder Altersstufe sollte das Spielen als Lebensbereicherung einen entsprechenden Freiraum haben, da es u. a. Distanz zum Alltag ermöglicht, Zeit und Raum entgrenzt, das Gefühl anspricht und fördert, Spannung und Risiko vermittelt und Gemeinschaft bewirkt (Schilling, 1990). Dieser Freiraum ist in der heutigen Zeit – mit zunehmender Freizeit – einmal mehr gegeben, von daher gewinnt auch das Spielen als Ausdruck von Lebensfreude an Bedeutung.

Gelten die aufgezeigten Sachverhalte nicht ebenso für Glücksspiele? Im Gegensatz zu anderen Spielen im Kindes- und Erwachsenenalter entscheidet bei Glücksspielen allein oder ganz überwiegend der **Zufall** über Gewinn oder Verlust. Es bedarf außerdem eines **äußeren Anreizes** in Form eines ausgesetzten Gewinnes sowie eines **Einsatzes**, der mit **Gewinnerwartung** und **Verlustrisiko** verbunden ist. In der Regel wird mit und um Geld gespielt.

❶ **Erst das Geld verleiht dem Glücksspiel seine eigentliche Bedeutung. Es sorgt für einen hohen Spielanreiz und ist für die ausgeprägte psychotrope Wirkung von Glücksspielen verantwortlich.**

Geld verkörpert das Maß aller Dinge in unserer Gesellschaft, ermöglicht die Befriedigung vielfältiger Bedürfnisse, lässt Wünsche in Erfüllung gehen und Träume wahr werden.

Der finanzielle Gewinn lockt aber nicht nur die Spieler, sondern auch die Veranstalter. Während die Spieler mit ihrem Einsatz ein Risiko eingehen, winkt den Glücksspiel-Betreibern ein sicheres, äußerst einträgliches Geschäft.

❶ **Kaum ein Wirtschaftszweig ist so krisensicher und profitabel wie die öffentliche Veranstaltung von Glücksspielen.**

Diese lukrative Einnahmequelle hat sich weitestgehend der Staat gesichert, vordergründig zum Schutz der Bevölkerung. Neben der Gewährleistung eines ordnungsgemäßen Spielablaufes sollen die Spieler vor einer Ausbeutung der Spielleidenschaft und dem Absturz in den finanziellen Ruin bewahrt werden. Es ist also durchaus bekannt, dass Glücksspiele mit einem Gefahrenpotenzial verbunden sind, dennoch tritt der Staat als Promoter auf: Fiskalische Interessen haben den in der Gesetzgebung verankerten Schutzgedanken verdrängt. Der restriktiven Zulassung von Glücksspielen bis Mitte der 70er-Jahre folgte eine Expansionswelle, die bis heute anhält, eine Trendwende ist nicht erkennbar. Sie beruht nicht auf einer gestiegenen Nachfrage in der Bevölkerung, sondern auf den finanziellen Bedürfnissen des Staates. Zusätzliche Wachstumsimpulse erfährt der Glücksspielmarkt über eine Aufweichung des staatlichen Monopols, verbunden mit einem Wettbewerb zwischen privaten und staatlichen Anbietern (Hayer & Meyer, 2004). Um die Nachfrage zu steigern, wird der Spielanreiz erhöht und Werbung für ein Produkt betrieben, das mit erheblichen individuellen und sozialen Folgeschäden verbunden ist.

Für viele Menschen bieten Glücksspiele eine anregende Form der Unterhaltung, problemlos integriert in das Alltagsleben. Einige Spieler zeigen jedoch ein riskantes Konsumverhalten und verlieren die Kontrolle über das Spiel. Die Betroffenen und/oder ihre Angehörigen fühlen sich schließlich so stark belastet, dass sie Beratungs- und Behandlungseinrichtungen sowie Selbsthilfegruppen aufsuchen. Der Personenkreis ist im Zuge des expandierenden Angebotes angewachsen.

In Erkenntnis dieses Sachverhaltes stellen einige Bundesländer seit kurzem einen geringen Anteil der Einnahmen aus Glücksspielen für Modellprojekte der ambulanten Behandlung, Aufklärungskampagnen und eine Telefonhotline zur Verfügung (Nordrhein-Westfalen), unterstützen eine Beratungsstelle direkt durch Zuweisungen der Spielbank (Baden-Württemberg) oder haben zumindest in das Spielbankgesetz aufgenommen, dass die Spielbankabgabe für »Hilfeeinrichtungen für Spielsüchtige« zu verwenden ist (Schleswig-Holstein). Auf Bundesebene formuliert der »Aktionsplan Drogen und Sucht« der Bundesregierung folgende handlungsleitende Ziele für den Glücksspielbereich:

- Stärkung des Problembewusstseins bei den Anbietern von Glücksspielen und in der Öffentlichkeit,
- Intensivierung der Selbstverpflichtungen der Glücksspielindustrie sowie
- Bereitstellung von Glücksspielerlösen als Mittel für Präventions- und Hilfemaßnahmen.

Es handelt sich bei den Betroffenen nicht mehr nur – wie früher – um wenige Einzelfälle. Eine derartige Entwicklung zeigt sich ebenfalls auf internationaler Ebene. Sie hat zweifellos die politische, wissenschaftliche und therapeutische Auseinandersetzung mit der Spielsucht vorangetrieben und die Akzeptanz als psychische Störung gefördert. Die »Amerikanische Psychiatrische Gesellschaft« hat das »Pathologische Spielverhalten« bereits 1980 in das »Diagnostische und Statistische Manual Psychischer Störungen« (DSM-III) aufgenommen (American Psychiatric Association, 1980). Die Weltgesundheitsorganisation (WHO) führt dieses Störungsbild erstmalig in der 10. Revision der »Internationalen Klassifikation Psychischer Störungen« (ICD-10, Dilling et al., 1991). Mit der Verabschiedung spezieller Empfehlungen zur ambulanten und stationären medizinischen Rehabilitation (▶ Kap. 9) folgte im März 2001 die Anerkennung des Krankheitsbildes in seiner Eigenständigkeit durch die bundesdeutschen Kostenträger im Gesundheitswesen.

Nach mehrheitlicher Meinung der Therapeuten und Wissenschaftler, die mit pathologischen Spielern arbeiten, handelt es sich um eine Suchterkrankung bzw. ein Suchtverhalten (▶ Kap. 3.5). Diese Betrachtungsweise schließt nicht aus, dass für kleinere Subgruppen andere Störungskonzepte – wie bei stoffgebundenen Suchtformen – den Ursachen eher gerecht werden.

Mit unserem Buch möchten wir einerseits aufzeigen, dass und warum pathologisches Spielen als Suchtkrankheit zu werten ist, andererseits aber auch die dem Spieler und seinen Angehörigen zur Verfügung stehenden Möglichkeiten der Hilfe benennen.

Wir können dabei auf zahlreiche Untersuchungen und Erkenntnisse zurückgreifen – vor allem aus dem angelsächsischen Sprachraum. In den USA, Großbritannien und Australien wurden Forschungs- und Behandlungsaktivitäten Mitte der 70er- bzw. 80er-Jahre intensiviert und Anfang der 90er-Jahre noch einmal deutlich gesteigert. Seit 1985 bzw. 2001 erscheinen die wissenschaftlichen Fachzeitschriften **Journal of Gambling Behavior/Studies** und **International Gambling Studies,** ausschließlich mit Beiträgen zur Problematik des Glücksspiels. Die Anzahl der Veröffentlichungen ist insgesamt stetig gestiegen (Wildman, 1997; Eber & Shaffer, 2000).

Ohne Zweifel besteht hier ein Zusammenhang mit der zunehmenden Verbreitung, die das Glücksspiel in diesen Ländern erfahren hat. Die Expansionswelle ist in den USA und Australien vorerst zumindest ansatzweise zum Stillstand gekommen, nachdem auf höchster politischer Ebene die National Gambling Impact Study Commission (1999) und die Productivity Commission (1999) ihre Empfehlungen zukünftiger Handlungsstrategien, die ein verantwortungsbewusstes Spielangebot (»responsible gaming«) favorisieren, unterbreitet hatten. In Großbritannien ist dagegen neben einem Ausbau des Spielerschutzes eine weitere Liberalisierung einschließlich der staatlichen Konzessionierung von Online-Kasinos zu erwarten (Department for Culture, Media and Sport, 2004).

Die Ergebnisse der Studien aus dem angelsächsischen Sprachraum sind zwar nicht ohne weiteres auf unsere Verhältnisse übertragbar und erfordern – gegebenenfalls – die Berücksichtigung unterschiedlicher Glücksspielformen und sozialer Grundbedingungen, dennoch liefern sie wertvolle Hinweise für das Verständnis dieser psychischen Störung und den Umgang mit den Betroffenen. Vergleiche mit den Ergebnissen und Aussagen deutschsprachiger Veröffentlichungen, deren Anzahl in den letzten Jahren ebenfalls stetig gestiegen ist, verdeutlichen außerdem ein sehr ähnliches Erscheinungsbild sowie Analogien in den Entstehungsbedingungen, Folgen und Behandlungsansätzen der Spielsucht bzw. des pathologischen Glücksspiels – ohne dass bestehende Unterschiede, wie sie beispielsweise auch zwischen deutschen Roulette- und Automatenspielern bestehen, ausgeschlossen werden sollen.

1

Zum Aufbau und Inhalt des Buches

Wie sich bereits im Titel »Spielsucht – Ursachen und Therapie« andeutet, spannt das vorliegende Buch einen Bogen von theoretischen bis hin zu therapeutischen Perspektiven, um pathologisches Spielverhalten umfassend zu betrachten. Den übergeordneten Rahmen gibt dabei das Suchtkonzept vor: Wir verstehen gestörtes Spielverhalten von einer gewissen Ausprägung (Kontrollverlust, Abstinenzunfähigkeit, Eigendynamik) an als Suchtkrankheit und stellen dementsprechend Behandlungsansätze vor, die sich an suchttherapeutischen Konzepten/Leitgedanken orientieren.

Nach einer allgemeinen Einführung in verschiedene Varianten des Glücksspiels und Informationen zur historischen Entwicklung und aktuellen Situation (► Kap. 2) beschäftigt sich Kapitel 3 mit dem klinischen Störungsbild der Spielsucht, dessen Diagnostik und Epidemiologie. Die Phänomenologie und Entwicklung der Symptomatik werden ausführlich beschrieben und die nosologische Zuordnung pathologischen Spielverhaltens als Suchtkrankheit begründet. Anhand der beiden daran anschließenden Kapitel wird deutlich, dass sich die Frage nach den Ursachen der Spielsucht nicht eindeutig beantworten lässt: Zum einen sind sowohl Merkmale des Glücksspiels, des Spielers und dessen sozialen Umfeldes als Entstehungsbedingungen in Betracht zu ziehen (► Kap. 4), zum anderen ist der Blickwinkel neurobiologischer, psychoanalytischer, lern-, kognitionstheoretischer sowie soziologischer Erklärungsansätze sehr unterschiedlich (► Kap. 5). Die Schilderung der finanziellen, emotionalen, familiären sowie straf- und zivilrechtlichen Folgen pathologischen Spielverhaltens (► Kap. 6) bildet den Abschluss des theoretischen Teils des Buches.

Anknüpfend an die Beschreibung von Symptomatik, Ursachen und Folgen bieten die Kapitel 7–12 einen ausführlichen Überblick über verschiedene Möglichkeiten und Ansätze in der Behandlung der Spielsucht. Einen wichtigen Stützpfeiler in der Betreuung von Spielern und Angehörigen bilden dabei die Selbsthilfegruppen, deren Konzept und Arbeitsweise in Kapitel 7 dargestellt werden. Im Sinne einer komprimierten Vorausschau gibt Kapitel 8 die »Essenz« des von uns vertretenen Therapieansat-

zes wieder: Orientiert am Suchtmodell werden die grundsätzlichen Merkmale und Schritte der therapeutischen Arbeit mit Spielern skizziert, die wir sowohl der ambulanten (► Kap. 9) als auch stationären Behandlung (► Kap. 10) zugrunde legen. Die spezifischen Möglichkeiten, Aufgaben, Phasen und Probleme der ambulanten und stationären Therapie süchtiger Glücksspieler stellen wir ausführlich in den Kapiteln 9 und 10 dar. Jeweils ein eigenes Kapitel wurde zwei in der Spielerbehandlung besonders relevanten Themen gewidmet: So hat es sich als unverzichtbar erwiesen, die Familie des Betroffenen, die sowohl an der Entwicklung des Problemverhaltens beteiligt sein kann, als auch in vielen Fällen erheblich unter dessen Folgen zu leiden hat, in den Behandlungsprozess einzubeziehen (► Kap. 11). Darüber hinaus ist die therapeutische Auseinandersetzung mit der Rückfälligkeit (► Kap. 12) ein vertrautes und gleichzeitig hochrelevantes Thema in der suchttherapeutischen Arbeit, das insbesondere unter dem Gesichtspunkt langfristiger Behandlungserfolge ein eigenes Kapitel rechtfertigt.

Nach Angaben zur Wirksamkeit unterschiedlicher Behandlungsmethoden (► Kap. 13) weist Kapitel 14 auf zahlreiche Ansatzpunkte präventiver Maßnahmen hin, die geeignet erscheinen, um der steigenden Erkrankungsrate entgegenzusteuern.

Schließlich macht das Kapitel 15 (»Ausblick«) auf zukünftige Perspektiven in bezug auf Glücksspiele, Spielsucht und deren Behandlung aufmerksam und wirft Fragen und Probleme auf, die dringender Klärung oder Umsetzung bedürfen.

Angesichts der – auch in dieser kurzen Inhaltsübersicht erkennbar gewordenen – Komplexität des Themas Spielsucht bezieht das vorliegende Buch sowohl den wissenschaftlichen, therapeutischen als auch den Blickwinkel des Betroffenen ein. Es enthält

- Darstellungen aktueller empirischer Untersuchungen,
- konkrete therapeutische Arbeitsmaterialien, die unmittelbar in der Behandlung süchtiger Spieler genutzt werden können sowie
- Falldarstellungen und Tonbandabschriften von Gesprächen mit Spielern

und bietet damit einen vielseitigen Überblick über die Problematik. Um dem Leser jedoch gleichzeitig einen je nach Interessenlage gezielten Informationszugriff zu ermöglichen, wurden Fallberichte (Kästen) und weiterführende, detailliert dargestellte empirische Untersuchungsergebnisse (Kleindruck) optisch gekennzeichnet. Zudem wurde jedes Kapitel durch eine Einleitung und Zusammenfassung ergänzt, so dass dessen Inhalte problemlos und schnell abruf- und erfassbar sind.

Der Einfachheit halber und da die Mehrzahl der »Zocker« (jiddisch »z(ch)ocker«: Glücksspieler) männlich ist, sprechen wir im Text von **dem** Spieler. Die Begriffe Spielsucht, süchtiges bzw. pathologisches Spielen/Spielverhalten/Glücksspiel verwenden wir – wie bereits im Vorwort erläutert – synonym.

Vor dem Hintergrund der unterschiedlichen Inhalte und deren didaktischer Aufbereitung hoffen wir, unterschiedlichen Personengruppen mit jeweils spezifischen Interessenlagen gerecht geworden zu sein. Wir richten uns an

- den im Umgang mit Spielern praktisch tätigen Leser in ambulanten Beratungs- und Behandlungsstellen, Praxen und stationären Therapieeinrichtungen,
- »Zocker« und ihre Angehörigen,
- den Leser, der sich aus der Perspektive des Anbieters mit Glücksspielen und Spielern beschäftigt,
- den wissenschaftlich arbeitenden Leser,
- den in Strafverfahren von Spielern tätigen Leser,
- den politisch verantwortlichen Leser und nicht zuletzt an
- den sich für das Thema interessierenden Leser.

Wir wünschen uns, mit unserem Buch das Bewusstsein für die von dem stetig steigenden Glücksspielangebot ausgehenden Gefahren geweckt und der wachsenden Anzahl derer, die mit den Folgen konfrontiert werden, praxisbezogene Hilfe an die Hand gegeben zu haben.

2 Glücksspiel: Allgemeine Hintergrundinformationen

2.1 Historische Aspekte des Glücksspiels und der Spielleidenschaft

Erste Zeugnisse von Glücksspielen sind aus der ägyptischen Kultur etwa um 3000 v. Chr. überliefert. Eines der ältesten Glücksspiele ist das Würfeln, wie der Fund von Würfeln aus Elfenbein aus dem Jahr 1573 v. Chr. in Ägypten belegt (Wykes, 1967). In historischen Niederschriften der indischen Hochkultur werden Schicksale von Spielern beschrieben, die ihr ganzes Vermögen beim Würfelspiel verloren.

Seit der griechischen und römischen Antike hat sich der kubische Würfel mit vertieften Punkten und Zahlen von eins bis sechs eingebürgert (Giżycki & Górny, 1970). Die Zahlen waren bereits so angeordnet, dass die gegenüberliegenden Ziffern zusammengezählt sieben ergaben.

Zwar widmeten sich die Griechen der Antike wohl nicht so ausgeprägt dem Glücksspiel wie die Völker des Orients und später die Römer und Germanen, besorgte Aufrufe gegen das Spiel und seine Auswüchse gab es dennoch. Themistokles (um 525 v. Chr.) plädierte öffentlich dafür, allen Staatsbeamten das Spiel zu verbieten.

Tazitus (51–116 n. Chr.) berichtet, dass sich die Germanen derart für das Würfelspiel begeisterten, dass sie nach Verlust sämtlichen Hab und Gutes letzten Endes ihre persönliche Freiheit aufs Spiel setzten.

Für die Römer war das Glücksspiel unerlässlicher Bestandteil der gesellschaftlichen Unterhaltung. Zahlreiche Belege einer sich ausbreitenden Spielleidenschaft, nicht nur unter den römischen Kaisern, liegen vor. Ambrosius (334–397 n. Chr.) schildert beispielsweise Spielertreffen, bei denen unter dem Beifallsgeschrei der Zuschauer und dem Jammer der Verlierenden ganze Vermögen den Besitzer wechselten, den höchsten Gewinn aber die Wucherer machten. Der Satirendichter Juvenal entrüstete sich über die Senatoren, die sich ihre Spielkasse sogar in die Sitzungen nachtragen ließen, und bezeichnete das Spielen als das größte aller Laster. Die uneingeschränkte Verbreitung und schädlichen Auswirkungen des Glücksspiels auf das Staatsleben riefen den Protest und Widerstand weltlicher und kirchlicher Institutionen hervor, die in der Folge ein Verbotsgesetz für Glücksspiele, zunächst vor allem bezogen auf Würfelspiele, erwirkten. Kaiser Justinian (482–527 n. Chr.) verbot schließlich sämtliche Glücksspiele (Giżycki & Górny, 1970, S. 24).

In allen großen Religionen wird das Glücksspiel verdammt. Im Koran bezeichnet Mohammed (632 n. Chr.) es als Greuel von Satans Werk: Der Satan suche Zwietracht und Hass zu säen durch Wein und Spiel.

Durch die folgenden Jahrhunderte zieht sich bis in die heutige Zeit als roter Faden eine wechselnde Beurteilung des Glücksspiels. Moralische Bedenken, den Wohlstand nicht durch Arbeit, sondern durch pures Glück zu mehren, das Falschspiel, die Spielleidenschaft und Folgekriminalität ließen das Spiel mit dem Glück als etwas Verwerfliches, als Sünde erscheinen. Auf der anderen Seite ermöglichte es die Befriedigung spezieller Bedürfnisse wie die des lustvollen Zeitvertreibs, verschaffte den Anbietern eine lukrative Einnahmequelle.

> ❗ **So ist das Glücksspiel im Auf und Ab weltanschaulicher Überzeugungen von Staat und Obrigkeit einmal verboten und reglementiert, ein anderes Mal toleriert oder gefördert worden.**

Als in der zweiten Hälfte des 14. Jahrhunderts das Kartenspiel in Europa aufkam, fand es sehr schnell Anerkennung und Verbreitung, zunächst vor allem bei den bürgerlichen Schichten in den Städten und an den Fürstenhöfen. Schon bald folgten jedoch Verbote, die aber immer wieder durch Sonderbestimmungen und Gesetzeslücken umgangen wurden. Die maßlosen Luxusansprüche und Spielverluste des Adels im 16. und 17. Jahrhundert musste der Untertan durch wachsende Abgaben und Leistungen ausgleichen, mit der Folge, dass auch das Volk zu spielen begann, noch maßloser und wilder, als es das Zeremoniell der adligen Gesellschaft zuließ (Kraus, 1952). Die zahlreichen Verbote im Spätfeudalismus konnten die ausufernde Spielleidenschaft in Ländern wie Deutschland, Frankreich, Italien und England nur begrenzt beeinflussen.

Aus dieser Zeit stammt eine erste wissenschaftliche Auseinandersetzung mit der Spielleidenschaft als Krankheit. Im Jahr 1561 veröffentlichte der flandrische Arzt und Philosoph Pâquier Joostens seine Schrift »Über das Würfelspiel oder die Heilung der Leidenschaft, um Geld zu spielen« (Reprint in Bauer, 1995). Detailliert beschreibt er (selbst Spieler) den Übergang vom harmlosen Freizeitvergnügen zur alles beherrschenden Sucht, zeigt Symptome und Ursachen der pathologischen Entwicklung sowie – in einer zweiten Schrift – deren Heilverfahren auf. Nach Petersmann (1995) stellt dieses Werk eines der frühesten Zeugnisse einer Suchtschilderung der Neuzeit dar (■ Abb. 2.1).

Im 16. Jahrhundert wurden Lotteriespiele in Europa populär. Sie trafen allgemein auf weniger Ablehnung, selbst die Kirchen bedienten sich dieses Spiels als Geldquelle. Papst Clemens XII (um 1735) führte selbst ein Lottospiel in Rom ein, nachdem sein Vorgänger das Spiel noch mit einem Bann belegt hatte.

In das 17. Jahrhundert fällt die Erfindung des Roulettes durch den französischen Mathematiker und Philosoph Blaise Pasqual (1623–62). Ein halbes Jahrhundert nach seinem Tod begann der Siegeszug dieses »königlichen Spiels von edler mathematischer Herkunft« durch die Spielkasinos. Bis heute verkörpert es das Glücksspiel in seiner leidenschaftlichsten, vollendetsten Form (Giżycki & Górny, 1970, S. 227). Von Anbeginn wurde dem Spiel ein besonderer Reiz zugeschrieben: Durch die Einfachheit der Spielregeln und Eindeutigkeit der Ergebnisse, die Präzision und Schnelligkeit des Ablaufs, die unbeeinflussbare Souveränität des Zufalls und den ständigen Wechsel von Gewinn und Verlust sowie die konstante Spannung (Kraus, 1952). Sowohl Freude als auch Leiden waren damit verbunden. Die zerstörende Wirkung blieb vielfach hinter dem glänzenden Schein der Eleganz, des Luxus und der Unterhaltung verborgen.

Nach dem Verbot öffentlicher Glücksspiele in Frankreich im Jahr 1837 führten die Bankhalter das Roulette in deutschen Kurorten wie Homburg, Baden-Baden und Wiesbaden ein. Dort kam der russische Schriftsteller Fjodor Dostojewski um 1862 mit dem Glücksspiel in Berührung und »verfiel ihm mit Leib und Seele«. In dem Roman »Der Spieler« verewigte er diese leidvollen Erfahrungen (Dostojewski, 1866/1981).

Nach lautstarken Protesten von Gegnern des Glücksspiels in der Frankfurter Nationalversammlung, die in dem Spiel einen »Übelstand« sahen, der die »Demoralisierung der einzelnen Individuen begünstigt«, ordnete der Norddeutsche Bund schließlich per Gesetz vom 1. Juli 1868 die Schließung aller Spielbanken an – mit einer 4-jährigen Übergangsfrist

■ **Abb. 2.1.** Titelseite der Amsterdamer Ausgabe des »Pascasius Iustus«, 1642, Institut für Spielforschung. (Bauer, 1995, S.311)

(Bundes-Gesetzblatt, 21, S. 367). Es blieb den Nationalsozialisten vorbehalten, das Spielbankverbot am 14. Juli 1933 wieder aufzuheben (Reichsgesetzblatt, I, S. 480 f.). Die Wiederzulassung erfolgte jedoch nur unter einschränkenden Bedingungen. Spielbanken waren lediglich in Kur- und Badeorten erlaubt, die entweder jährlich mindestens 70 000 Kurgäste bei einem Mindestausländeranteil von 15 % nachweisen konnten oder in der Nähe einer ausländischen Spielbank lagen. Eine ergänzende Verordnung vom 27. Juli 1938 begrenzte zudem das Zutrittsalter auf 21 Jahre, führte das Residenzverbot ein, das ortsansässigen Bürgern den Zutritt zur Spielbank verwehrte, und schloß diejenigen Personen vom Spiel aus, bei denen die Gefahr bestand, dass sie sich durch das Spiel wirtschaftlich ruinieren könnten (Reichsgesetzblatt I, S. 955). Sinn und Zweck dieser Bestimmungen war es, ein vornehmlich ausländisches Publikum spielend auszunehmen, das Abfließen potenzieller Steuergelder als Spieleinsätze ins benachbarte Ausland zu verhindern sowie unerwünschten Begleiterscheinungen in Form der Spielleidenschaft vorzubeugen. Das Spannungsfeld zwischen Staatsräson und der Aufgabe des Staates, drohende Gefahren von seinen Bürgern abzuwenden, fand hier für das Glücksspiel gesetzlichen Ausdruck (Kummer & Kummer, 1986).

Im Jahr 1895 stellte der deutsche Auswanderer Charles Fey in Amerika den ersten »Einarmigen Banditen« (Slot-Machine) auf. Diese Glücksspielautomaten erfreuen sich inzwischen auch in bundesdeutschen Spielkasinos ständig wachsender Beliebtheit. Jahr für Jahr verschiebt sich das Interesse der Spieler (weltweit) zugunsten der Automaten, über die die Spielbanken im Jahr 2003 bereits mehr als 79% der Einnahmen erwirtschafteten (Meyer, 2004).

Davon abzugrenzen sind die Geldspielautomaten, wie sie heute in Spielhallen und Gaststätten stehen. Die Vorläufer dieser Geräte wurden erstmalig Ende des 19. Jahrhunderts als reine Geschicklichkeitsautomaten zugelassen. Ob an den Geräten, wie beispielsweise dem »Bajazzo«, tatsächlich die Geschicklichkeit oder die Zufallsentscheidung (was einen Verstoß gegen das Glücksspielverbot dargestellt hätte) im Vordergrund stand, war Gegenstand zahlreicher Prozesse, die erst im Jahr 1927 mit der Anerkennung als Geschicklichkeitsspiel ihren Abschluss fanden.

2.2   Aktuelle und rechtliche Situation

Gegenwärtig haben fast alle Staaten auf der Welt für die öffentliche Veranstaltung von Glücksspielen **einschränkende Regelungen** getroffen. In der Europäischen Union werden sie aufgrund ihres Gefahrenpotenzials nicht dem »Wirtschaftsrecht«, sondern dem »Recht zur Wahrung der öffentlichen Sicherheit und Ordnung« zugeordnet. Jeder Mitgliedstaat ist somit berechtigt, eigene Wertungen bis

hin zum Verbot vorzunehmen, um u. a. die Gefahr von betrügerischen Manipulationen zu reduzieren und sozialschädliche Folgen durch im Übermaß betriebene Glücksspiele zu verhindern (Europäischer Gerichtshof, EuGH, Rs 275/92).

Glücksspiele dürfen in Deutschland nur unter staatlicher Aufsicht und Kontrolle durchgeführt werden (§ 284 StGB). Das **Glücksspielmonopol des Staates** soll dem Zweck dienen, die natürliche Spielleidenschaft vor strafbarer Ausbeutung zu schützen (Bundesverfassungsgericht, BVerfG, 1970, S. 148).

Diese Rechtsauffassung hat das BVerfG in seiner Entscheidung vom 19. Juli 2001 bestätigt:

❗ **»Der Betrieb einer Spielbank ist eine an sich unerwünschte Tätigkeit, die der Staat gleichwohl erlaubt, um das illegale Glücksspiel einzudämmen, dem nicht zu unterdrückenden Spieltrieb des Menschen staatlich überwachte Betätigungsmöglichkeiten zu verschaffen und dadurch die natürliche Spielleidenschaft vor strafbarer Ausbeutung zu schützen« (Az. 1 BvR 539/96, S. 27).**

Die Strafandrohung des § 284 StGB verfolgt außerdem die Zielsetzung, eine übermäßige Anregung der Nachfrage von Glücksspielen zu verhindern und durch staatliche Kontrolle einen ordnungsgemäßen Spielablauf zu gewährleisten. Den gesetzgeberischen Erwägungen liegt die Einschätzung zugrunde,

❗ **»dass das Glücksspiel grundsätzlich wegen seiner möglichen Auswirkungen auf die psychische (Spielsucht) und wirtschaftliche Situation der Spieler (Vermögensverlust) und seiner Eignung, Kriminalität namentlich im Bereich der Geldwäsche zu befördern, unerwünscht und schädlich ist« (Bundesverwaltungsgericht, Urteil vom 28. März 2001, 6 C2.01, S. 10).**

Als Glücksspiel ist im strafrechtlichen Sinne ein Spiel anzusehen,

- bei dem die Entscheidung über Gewinn und Verlust allein oder ganz überwiegend vom **Zufall**, d. h. dem Wirken unberechenbarer und dem Einfluss der Beteiligten in ihrem Durchschnitt entzogener Ursachen, abhängt,
- der Gewinn einen nicht ganz unerheblichen **Vermögenswert** darstellt und

━ der Spieler, um an der Gewinnchance teilzuhaben, durch seinen Einsatz ein **Vermögensopfer** erbringt (Schönke & Schröder, 1997, S. 2048 f).

Uneinigkeit herrscht allerdings in der Rechtsprechung, wann Gewinne oder Verluste die Bedeutung eines Vermögenswertes annehmen (Aubin et al., 1981, S. 17 f). Unter psychologischen Gesichtspunkten sorgen erst Gewinne mit Vermögenswert und entsprechende Einsätze für den hohen **Spielanreiz** und die ausgeprägten **psychischen Wirkungen** von Glücksspielen. Welche Beträge die beteiligten Spieler als bedeutungsvoll erleben, hängt von individuellen Bewertungen und nicht zuletzt von den Lebensverhältnissen ab. Für einen jungen Menschen, der nur über ein geringes Einkommen verfügt, dürfte ein Gewinn oder Verlust von beispielsweise 100 EUR ebenso bedeutungsvoll sein, wie der 10fache Betrag für einen finanziell bessergestellten Spieler. Ist der Kreis der Spieler ungewiss (wie bei Geld- und Glücksspielautomaten), sollte ein absoluter Bewertungsmaßstab wie die allgemeinen gesellschaftlichen Anschauungen herangezogen werden (Schönke & Schröder, 1997, S. 2049).

Dem Schutzzweck des § 284 StGB im Sinne einer Zügelung der Spielleidenschaft wird der Staat jedoch in jüngster Zeit nicht mehr gerecht. Die staatliche Kontrolle sichert lediglich noch einen ordnungsgemäßen Spielbetrieb, d.h. einen Schutz vor der Gefahr von Manipulationen. Ansonsten stehen die **finanziellen Interessen** des Staates im Vordergrund. Alles ist auf Markterweiterung ausgerichtet. Das Angebot ist seit Mitte der 70er-Jahre stark gestiegen. Der Zugang wurde erleichtert, die Verfügbarkeit und »Griffnähe« vergrößert. Glücksspiele präsentieren sich der Bevölkerung inzwischen als attraktives Freizeitvergnügen, in ihrer Allgegenwärtigkeit verstärkt durch gezielte Marketingstrategien.

Gab es beispielsweise 1974 in den alten Bundesländern 13 Spielbanken, hat sich deren Anzahl bis Ende 2003 auf 65 erhöht (einschließlich der reinen Automatenkasinos). In den neuen Bundesländern wurden nach dem Fall der Mauer bisher 13 Kasinos eröffnet. Gleichzeitig erfolgte die Aufhebung von Schutzbestimmungen wie des Residenzverbotes, das seit 1995 in keinem Bundesland mehr gilt. Stattdessen rühren Spielbanken inzwischen die Werbetrommel, locken mit freiem Eintritt, Gratis-Jetons und Freigetränken, nicht zuletzt, um dem wachsenden Konkurrenzdruck zu begegnen. Über die Werbung wecken sie Bedürfnisse zum Spielen, es gilt, die teilweise noch vorhandene Hemmschwelle in der Bevölkerung abzubauen.

Die starke Ausweitung des Angebotes und die breit angelegte Vermarktung der Glücksspiele (besonders der Lotterien) stehen nach Auffassung des EuGH (Gambelli-Urteil, 6. November 2003, C-243/01) in deutlichem Widerspruch zum Schutzzweck des staatlichen Glücksspielmonopols. Das Monopol ist nur aufrechtzuerhalten, wenn der Staat selbst dem Sinn und Zweck gerecht wird und die Bevölkerung vor den Gefahren der Spielsucht bewahrt. Sollte die erkennbare Einnahmenmaximierung weiterhin das Handeln bestimmen, dürfte der EuGH schon sehr bald das Glücksspiel dem freien Marktgeschehen öffnen.

Ein tiefgreifender Wandel lässt sich ebenso für den Bereich der Geldspielautomaten dokumentieren.

❗ **Die »Aufrüstung« der harmlosen »Groschengräber« zu einem Glücksspiel führte in den 80er-Jahren zu einem wahren »Spielhallenboom«.**

In rund 8000 Spielstätten können Spieler heute ihren Einsatz riskieren. Insgesamt befanden sich Ende 2003 rund 197 000 Geldspielgeräte in Spielhallen und Gaststätten in der Aufstellung. An den Geräten stehen mittlerweile Gewinne und Verluste mit Vermögenswert auf dem Spiel, obwohl dies eigentlich nach der Gesetzgebung nicht zulässig ist (▶ Kap. 2.3.2). Fehlentwicklungen werden jedoch von staatlicher Seite großzügig toleriert, da wirtschaftliche Interessen im Vordergrund stehen.

Das Gefahrenpotenzial der Spielautomaten bestätigt inzwischen auch das Bundesverfassungsgericht (in der Entscheidung vom 1. März 1997, u. a. Az. 2 BvR 1508/95) und verweist auf den Ansatz über die Spielautomatensteuer lenkend einzugreifen:

❗ **»Ebenso ist die Auswahl des Steuergegenstandes für die Spielautomatensteuer durch das Ziel gerechtfertigt, der Verbreitung der Spielsucht entgegenzuwirken. Das Lenkungs-**
▼

2

ziel besteht dabei … in dem Bemühen, ein Verhalten, das Folgekosten für die Gemeinschaft verursachen kann, unattraktiver zu machen«.

In der stetigen Aufrüstung der Geldspielautomaten dokumentiert sich bereits im Vorfeld zukünftiger EuGH-Entscheidungen eine Aufweichung des staatlichen Glücksspielmonopols. Im Bereich der Sportwetten (▶ Kap. 2.3.3) sind ebenfalls schon heute private Anbieter am Marktgeschehen beteiligt, die im Zuge der Wiedervereinigung sog. DDR-Lizenzen erworben oder diese aufgekauft haben. Die Erlaubnis zur Veranstaltung privater Lotterien durch Umwelt- und Sozialverbände wurde mit In-Kraft-Treten des Staatsvertrages zum Lotteriewesen im Juli 2004 erteilt.

2.3   Varianten des Glücksspiels

2.3.1 Glücksspiele in Spielbanken

Das Angebot der Spielbanken umfasst das »Große Spiel«, den Lebendspielbereich mit Roulette und Black Jack (sowie Baccara, Poker und Sic-Bo in einigen Kasinos), und das »Kleine Spiel«, den Automatenbereich mit Glücksspielautomaten (»Einarmigen Banditen«) und elektronischen Spielgeräten, wie Multi-Roulette-Automaten.

Roulette
Roulette gehört zu den traditionellen Angeboten des »Großen Spiels«. Die Teilnahme am »Großen Spiel« ist nur nach Vorlage eines gültigen Ausweises beim Betreten der Spielbank und durch Einhalten der – inzwischen teilweise gelockerten – Kleiderordnung möglich. Das Mindestalter beträgt 18 Jahre, in einigen Bundesländern noch 21 Jahre. Auf einer Karteikarte muss der Besucher zudem per Unterschrift bestätigen, dass er sich in geordneten wirtschaftlichen Verhältnissen befindet und sich im Falle einer Sperre mit der entsprechenden Mitteilung an andere Spielbanken einverstanden erklärt. Die Spielbank kann Besucher ohne Angabe von Gründen aussperren. In der Regel werden Sperren wegen Straftaten, Manipulation und Störung des Spielablaufes oder wegen »Hasardierens« (risikoreichen Spielens ohne

Rücksicht auf andere oder sich selbst) ausgesprochen. Spieler oder deren Angehörige können aber auch selbst eine begrenzte oder lebenslange Sperre erwirken, die an alle bundesdeutschen und österreichischen Spielbanken weitergeleitet wird. Eine Speicherung der lebenslangen Sperre erfolgt in einigen Spielbanken allerdings nur über einen Zeitraum von 7 Jahren, d. h. nach Ablauf der Sperrfrist kann der Spieler ungehindert das Kasino betreten. Andere Spielbanken (z. B. in Bayern) verlängern die Sperre automatisch weiter und fordern einen Antrag auf Aufhebung der Sperre.

Das Spiel beginnt mit dem Einsatz der Jetons (statt Bargeld) auf einem Roulettetableau. Die Einsatzvarianten und Gewinnmöglichkeiten reichen von dem Spiel auf »einfache Chancen« (rot/schwarz, gerade/ungerade, Zahlen 1–18/19–36), das im Falle eines Gewinnes den 1fachen Einsatz einbringt, bis hin zu Einsätzen auf einzelne Zahlen von 0 bis 36 (»plein«), mit der Chance, das 35fache des Einsatzes zu gewinnen.

Auf lange Sicht gehen 1/37 oder 2,7 % des Einsatzes beim Zahlenspiel und 1,4 % beim Spiel auf einfache Chancen verloren. Diese rein statistischen Werte sollten aber nicht über häufige Totalverluste hinwegtäuschen. Der mittlere Verlust bezieht sich nur auf ein einziges Spiel – und welcher Spieler setzt schon bei einem Spielbankbesuch nur ein einziges Mal. Nach 37 Spielen hat der Spieler im Mittel den ganzen Einsatz eingebüßt (Krämer, 1998).

In den Spielbanken stehen jeweils mehrere Roulettetische mit unterschiedlichen Mindest- (1– 20 EUR) und Höchsteinsätzen (7000– 21000 EUR, einfache Chancen). Die Gewinnzahl wird ermittelt, indem ein Croupier eine Elfenbeinkugel in die Gegenrichtung einer sich drehenden Scheibe in den Roulettekessel einwirft, die schließlich in einem der 37 Zahlenfächer liegenbleibt – der klassische Fall einer Zufallsentscheidung.

Nach einer repräsentativen Befragung der Stiftung Warentest (1992) glauben 14 % bzw. 17 % der Bürger aus den alten bzw. neuen Bundesländern, dass mit Spielsystemen die Gewinnchancen beim Roulette steigen. Diesen Glauben nutzen »Geschäftemacher«, die in Tageszeitungen per Anzeige Käufer für ihre »Gewinnstrategien« suchen, Fachorgane wie das Casino Journal oder das Casino-Club-Magazin stehen ihnen mit »Systemanalysen« zur Seite. Dem ist neben dem Hinweis auf den zufallsbestimmten Ausgang des Spiels entgegenzuhalten: »Albert Einstein hatte sich ein Jahr lang mit der Materie des Roulettespiels beschäftigt und gelangte zu der Erkenntnis, dass es nur zwei Möglichkeiten gibt, auf Dauer beim Roulette zu gewinnen: Jetons zu stehlen oder Systeme zu verkaufen« (Jandek, 1986, S. 9).

Black Jack

Nach dem Roulette ist »Black Jack« das zweithäufigste Angebot im »Großen Spiel«. Die Kasinovariante des Kartenspiels »17 und 4« wird mit mindestens 4 Kartenspielen à 52 Blatt gespielt. Der Spieler tritt gegen die Bank an und verfolgt das Ziel, mit den ausgegebenen Spielkarten den Gesamtwert von 21 zu erreichen oder diesem möglichst nahezukommen – ohne ihn zu überschreiten. Nach dem Einsatz der Jetons (Minimum: 5, 10 oder 20 EUR, Maximum: 500 oder 1000 EUR sowie weitere Einsätze beim Splitten und Verdoppeln) gibt der Croupier die Karten an die Spieler und sich selbst nach festgelegtem Modus aus. Kommt der Spieler, der beliebig viele Karten ziehen kann, näher an den Wert 21 als der Croupier, gewinnt er die Höhe seines Einsatzes – bei Black Jack (As und 10/Bild) das 1,5fache. Bei Gleichstand bleiben die Jetons liegen, können zurückgezogen oder verändert werden, bei niedrigerem Gesamtwert oder Überschreiten der Zahl 21 gehen sie verloren. Ein optimales Spielverhalten, d.h. Spielen nach der sog. Basisstrategie, führt auf Dauer zu einem Verlust von 0,7% der Einsätze, ansonsten schwanken die Verlustquoten zwischen 2 und 15%.

Glücksspielautomaten

Neben den »Live Games« betreiben Spielbanken separat – zum Teil in Dependancen – das »Kleine Spiel« an Automaten. Der Zugang ist leichter, eine Ausweispflicht besteht nicht, und die Hemmschwelle ist geringer als beim formelleren und vornehmeren Roulette oder Black Jack. Wer an einem Gerät spielt, braucht sich weder mit Croupiers noch Mitspielern auseinanderzusetzen.

Zwar können sich Spieler auch für Automatenkasinos sperren lassen; eine Kontrolle – und damit der Schutz des Spielers vor sich selbst – ist aber aufgrund der fehlenden Zugangskontrolle kaum zu realisieren. Im Juli 2004 haben die

Innenminister der Bundesländer allerdings eine Angleichung der Kontrollen im »Großen und Kleinen Spiel« beschlossen, um ein einheitliches und effektives Konzept zum Schutz der Spieler in Spielbanken durchzusetzen. Dazu sollen zukünftig auch im »Kleinen Spiel« lückenlose Ausweiskontrollen verbunden mit dem Abgleich der Besucherdaten mit der Sperrliste erfolgen. Eine grundsätzliche Erfassung von Besucherdaten, wie im »Großen Spiel«, ist dagegen nicht geplant. Sollte die Entwicklung biometrischer Verfahren bis zur angestrebten Umsetzung (spätestens bis zum 31.12.2005/2006) so weit fortgeschritten sein, dass sie eine gleichwertige, den ordnungs- und datenschutzrechtlichen Anforderungen genügende Alternative zur Ausweiskontrolle mit Datenabgleich darstellen, wäre die Angleichung durch den Einsatz dieser Verfahren im »Kleinen Spiel« möglich.

Nach dem Einwurf des Geldes (0,50–250 EUR) und der Bedienung des Starthebels oder der Starttaste erfolgt die Ausspielung der Gewinnsymbole auf den meist 3–5 rotierenden Walzen der Automaten. Läuft eine Gewinnkombination ein, kann der Gewinn über 50000 EUR betragen, an Automaten, die zur Ausspielung eines Jackpots (Poker-Sprache: Schälchen für Einsätze) zusammengeschaltet sind, über 1 Mio. EUR. An Multi-Roulette-Automaten, an denen gleichzeitig mehrere Spieler (mit Einsätzen bis zu 1750 EUR) ihr Glück versuchen können, wird die Gewinnzahl durch den automatischen Einwurf der Elfenbeinkugel in den Roulettekessel ermittelt.

Weitere Angebote im »Kleinen Spiel« (einiger Spielbanken) sind Bingo, Derby (Pferderennspiel), Poker, Black Jack, Lotto, Glücksrad etc.

2.3.2 Geldspielautomaten

Im rein rechtlichen Sinne sind Geldspielautomaten (amtlich: »Unterhaltungsautomaten mit Gewinnmöglichkeit«, von Spielern als »Daddelkästen« bezeichnet) nicht den Glücksspielen zuzurechnen. Der Gesetzgeber hat für das Automatenspiel eine Reihe von Vorschriften erlassen, die Gewinne und Verluste mit Vermögenswert ausschließen sollen, um es vom Glücksspiel abzugrenzen und für eine gewerbliche Betätigung zu öffnen. Die Vorgaben der Spielverordnung sind (Bundes-Gesetzblatt I,

1985, S. 2245, 1990, S. 2392, 1993, S. 460 und 2001, S. 2992):

1. maximaler Einsatz pro Spiel: 0,20 EUR,
2. Höchstgewinn pro Spiel: 2 EUR, 100 Sonderspiele (50 Sonderspiele im Risikospiel),
3. Mindestlaufzeit pro Spiel: 12 Sekunden,
4. Mindestauszahlungsquote: 51,7 % (mindestens 60 % der durch den jeweils geltenden Umsatzsteuersatz verringerten Einsätze).

Gestattet ist die Aufstellung von Geldspielgeräten in Spielhallen (maximal 10 Geräte auf einer Fläche von mindestens 150 qm), Gaststätten und Wettannahmestellen (jeweils maximal 2 Geräte). Diese gesetzlichen Bestimmungen sollen die Gefahr unangemessen hoher Verluste in kurzer Zeit ausschließen [§ 33e Gewerbeordnung (GewO)], den Spieler schützen (§ 33f GewO) und eine übermäßige Ausnutzung des Spieltriebs verhindern (§ 33i GewO).

Über die Verknüpfung von Spielabläufen ist es der Automatenindustrie jedoch gelungen, Spielsysteme (Sonder- und Risikospiele) einzuführen, die die intendierte Abgrenzung unterlaufen. In den Sonderspielserien wird zumeist der Höchtgewinn von 2 EUR mit einer Chance von 50% und mehr (maximal 78%, Prüfregel) gewährt, so dass beispielsweise 150 Sonderspiele (häufig als Freispiele angeboten) zu Gewinnen von 150 bis 234 EUR führen. Die Serien werden nach Einlauf bestimmter Symbolkombinationen auf den in der Regel 3 Walzen/Scheiben der Automaten ausgelöst. Beim Risikospiel lassen sich Gewinne des Grundspiels per Tastendruck schrittweise auf bis zu 150 Sonderspiele verdoppeln. Sind 50 höherwertige Sonderspiele (wie »Moneyspiele«) erzielbar, die durch Merkmalsübertragungen und Risikospiel zusätzliche Sonderspiele ermöglichen, wird die in der Spielverordnung festgelegte Höchstgrenze auch schon mal überschritten (Meyer, 1998). Der Spieler kann somit beispielsweise 50 EUR (Gegenwert von 50 Sonderspielen) einsetzen bzw. riskieren, um 100 EUR (100 Sonderspiele) zu gewinnen. Stopp-, Start- und Risikotasten beziehen den Spieler aktiv in den Spielablauf ein, obwohl deren Betätigung – außer beim Nachstarten der ersten Walze/Scheibe – gar keinen Einfluss auf das Spielergebnis hat, da es im Steuerungsprogramm der Automaten bereits vorbestimmt ist. Der durchschnittliche Dauerverlust beim Automatenspiel beläuft sich

EINEN VIDEORECORDER ZU PROGRAMMIEREN IST MANCHMAL EINFACHER, ALS DIE GEWINNCHANCEN DIESER NEUEN SPIELAUTOMATEN ZU BEGREIFEN.

☐ **Abb. 2.2.** Moderne Spielautomaten: Intelligenz-Test für Zocker

auf 29 EUR pro Stunde (48,3 % des Bruttoeinsatzes) an einem Gerät, maximal kann der Verlust 60 EUR betragen. Bei gleichzeitigem Spiel an zwei Automaten über fünf Stunden ergeben sich beispielsweise Verluste von 290 EUR bzw. 600 EUR.

> ❶ **Die Verluste können damit vermögensgefährdende Ausmaße annehmen.**

Allein bei Berücksichtigung des stündlichen Durchschnittsverlustes an einem Gerät zeigt sich, dass der Betrag den durchschnittlichen Bruttostundenlohn eines Arbeiters im produzierenden Gewerbe in Höhe von 15 EUR (in 2003) bei weitem übersteigt. Dieser potenzielle Maßstab weist gleichfalls den Gewinnanreizen einen Vermögenswert zu, so dass die juristische Unterscheidung zwischen Geldspielgeräten als »Unterhaltungsautomaten mit Gewinnmöglichkeit« (Gewerberecht) und »Glücksspielen« (Polizei- und Ordnungsrecht) nicht mehr haltbar ist.

Nach der Expansion der Spielhallen in den 80er-Jahren, offensichtlichen Fehlentwicklungen und kritischen Diskussionen zum Thema »Spielsucht« in der Öffentlichkeit forderte der Deutsche Bundestag mit Beschluss vom 20.4.1989 (BT-Drucksache 11/3999, 4244) u. a. Maßnahmen zur Minderung der von Geldspielgeräten ausgehenden Spielanreize. Zur Vermeidung gesetzlicher Maßnahmen hat daraufhin das Bundesministerium für Wirtschaft mit der Automatenindustrie »freiwillige selbstbeschränkende Vereinbarungen« ausgehandelt, die seit dem 4. November 1990 in Kraft sind (BT-Drucksache 11/6224), wie:

- Begrenzung der durch Kumulierung zu gewinnenden Sonderspiele auf 150 Spiele,
- Beschränkung des Münz-Gewinnspeichers auf maximal 25,56 EUR,
- Einrichtung einer Zwangspause von 3 Minuten nach einer Stunde ununterbrochenen Spielens,
- Warnhinweise auf der Frontscheibe der Geräte (◻ Abb. 2.3),
- Bereitstellung von Informationsmaterialien zu den Gefahren des Vielspielens,
- Verhinderung des gleichzeitigen Bespielens von mehr als 2 Geldspielgeräten,
- Einschränkung der Werbung für Geldspielautomaten.

Der Glücksspielcharakter des Automatenspiels ist durch die Bestimmungen aber unangetastet geblieben. Zudem hat die Automatenindustrie die **freiwilligen Vereinbarungen**, deren Einhaltung die Zulassungsbehörde (Physikalisch-Technische-Bundesanstalt, PTB) ohnehin nicht einfordern kann, in einem zentralen Punkt bereits abgeändert, um den Spielanreiz zu erhöhen. Die Begrenzung der durch Kumulierung zu gewinnenden Sonderspiele auf 150 Spiele wurde im Jahr 1998 durch die Schlichtungsstelle der Automatenhersteller aufgehoben, der Zähler zur Erfassung des Grenzwertes eingespart. Über die wiederholte Risikoanwendung und nacheinander einlaufende Sonderspielserien ist seitdem der Gewinn einer theoretisch unbegrenzten Anzahl von Sonderspielen möglich.

Das Automatenspiel ist außerdem schneller geworden. Durch die Einführung überlappender Spiele können einzelne Spiele (in der Wahrnehmung) nur 6 Sekunden dauern, da der Beginn bereits vorher stattfindet, ohne dass es der Spieler bemerkt.

◻ **Abb. 2.3.** Warnhinweis auf Geldspielautomaten (BT-Drucksache)

Die PTB hat Gewinnballungen durch die Aneinanderreihung von Sonderspielen mit Geldgewinnen von mehr als 1600 EUR (bei einem ursprünglichen Einsatz von 0,20 EUR für das auslösende Spiel) ermittelt. Festgestellte Extremwerte für Verlustsummen lagen bei 490 EUR in 10 Stunden an einem Gerät, bei einer Spieldauer von 15 Sekunden (PTB, 1999). Der potenzielle Gewinnbetrag erhöht sich darüber hinaus durch Jackpot-Gewinne bis zu 10000 EUR, die Spielstättenbetreiber unter den teilnehmenden Spielern auslosen.

Die offensichtlichen Lücken in der Spielverordnung, wie der fehlende Ausschluss von Merkmalsübertragungen, und die mangelnde Transparenz des Regelwerkes lassen eine Novellierung als dringend notwendig erscheinen. Die PTB (1999) schlägt vor, in der Spielverordnung Eckwerte für Verluste und Gewinne des Spielers festzulegen, die die gebotenen Werte direkt vorgeben. Neben den Grenzwerten für das Einzelspiel (Mindestspieldauer, Höchstwerte des Einsatzes und der Auszahlung) sind zusätzliche, auf Zeitintervalle bezogene Grenzwerte erforderlich, um die Gewinne und Verluste des Spielers in gewünschten Schranken zu halten. Die von der PTB in Absprache mit dem Verband der Deutschen Automatenindustrie vorgegebenen und in die politische Diskussion eingeführten Werte orientieren sich allerdings an den durch intensive Nutzung der vorhandenen Lücken bereits realisierten Werten.

Der Referentenentwurf des Bundesministeriums für Wirtschaft und Arbeit zur Änderung der Spielverordnung sieht unter anderem vor:

- Die Mindestspieldauer soll nur noch 3 Sekunden betragen, bei maximalen Einsätzen von 0,20 EUR und Höchstgewinnen von 2 EUR je Spiel.
- Bei einer Verlängerung der Spieldauer sollen Höchsteinsätze von 2,51 EUR und Höchstgewinne von 25,10 EUR je Spiel (bezogen auf ein 74-Sekunden-Spiel) möglich sein.
- Die Summe der Verluste darf im Verlauf einer Stunde 90 EUR zuzüglich der am Tage der Antragstellung geltenden Umsatzsteuer nicht übersteigen.
- Die Summe der Gewinne darf im Verlauf einer Stunde nicht höher sein als 500 EUR.
- Nach einer Stunde Spielbetrieb muss eine Spielpause von mindestens 5 Minuten erfolgen.
- Die Speichermöglichkeit von Geldbeträgen in Münz- und Gewinnspeichern wird in der Summe auf 25 EUR begrenzt.
- In Gaststätten und Wettannahmestellen wird die zulässige Zahl der Geldspielgeräte auf 3 erhöht. In Spielhallen sollen zukünftig 15 Geräte sowie 2 Mehrfach-/Gesellschaftsspielgeräte mit Geldgewinnen (z. B. Black-Jack-Automaten) zulässig sein. Die Mindestquadratmeterzahl wird entsprechend auf 10 m^2 gesenkt.
- An Geldspielgeräten sollen deutlich sichtbare, sich auf das übermäßige Vielspielen und auf den Jugendschutz beziehende Warnhinweise sowie Hinweise auf Therapiemöglichkeiten bei pathologischem Spielverhalten angebracht werden. Die Aufsteller haben in einer Spielhalle Informationsmaterial über Risiken des übermäßigen Spielens sichtbar auszulegen.
- Der Antragsteller der Zulassung eines Geldspielgerätes soll eine verbindliche Erklärung abgeben, dass
  a) aus den Einsätzen Gewinne in solcher Höhe ausgezahlt werden, dass bei langfristiger Betrachtung im Gerät kein höherer Betrag als 29 EUR zuzüglich der Umsatzsteuer je Stunde verbleibt,
  b) die Gewinnaussichten zufällig sind und für jeden Spieler dem Grunde nach gleiche Chancen für das angebotene Spiel eröffnet werden und
  c) die Möglichkeit vorhanden ist, den Kasseninhalt auszulesen.

Der Referentenentwurf sieht darüber hinaus ein grundsätzliches Verbot von Gewinnspielgeräten vor, die unter dem Begriff »fun games« (▶ Kap. 2.3.6) subsumiert werden. Die neue Spielverordnung soll in 2005 in Kraft treten.

Die vorgeschlagene Novellierung wird allerdings dem Sinn und Zweck der Spielverordnung nicht gerecht. Statt die Fehlentwicklungen der vergangenen Jahre zu korrigieren und einen effektiven Spielerschutz durch die Beschränkung der Verluste und Gewinne auf ein vertretbares Maß (ohne Vermögenswert) zu gewährleisten, sollen die Spielanreize durch ein schnelleres Spiel gesteigert, die durch die Umgehung der Verordnung erreichten Höchstgewinne festgeschrieben und der mögliche Stundenverlust deutlich erhöht werden.

Eine Spieldauer von mehr als 15 Sekunden, ein Höchstverlust in Höhe des Brutto-Stundenlohns eines Arbeiters sowie das Dreifache als Höchstgewinn (45 EUR) werden der notwendigen Abgrenzung zum Glücksspiel eher gerecht und verhindern gleichzeitig eine übermäßige Ausnutzung des Spieltriebes. Eine fundamentalere Gesetzesänderung fordert der »Fachverband Glücksspielsucht« ein, der in seinem 10-Punkte-Positionspapier die Einordnung von Unterhaltungsautomaten mit Gewinnmöglichkeit unter das staatliche Glücksspielmonopol vorschlägt.

2.3.3 Wettformen

Sportwetten

Die öffentliche Veranstaltung von Wetten auf den Ausgang von Sportereignissen war in Deutschland bis zur Wiedervereinigung nur in Bezug auf Pferderennen zulässig (Rennwett- und Lotteriegesetz von 1922). Ausnahmen bilden das Fußballtoto und die Auswahlwette »6 aus 45« des Deutschen Lotto- und Toto-Blocks, die, wie Pferdewetten, nach dem Totalisatorprinzip betrieben werden. Ein bestimmter Prozentsatz der Einsätze wird als Gewinn zugesichert und unter den Gewinnern aufgeteilt. Die Gewinnhöhe eines Spielers hängt somit auch von dem Gesamteinsatz und dem Spielverhalten der Mitspieler ab.

In den letzten Jahren haben sich zusätzlich neue, reizvollere Formen der Sportwette auf dem Markt etabliert, wie die gewerblicher Anbieter (z. B. »Sportwetten Gera« und »BetandWin«), die im Zuge der Wiedervereinigung Gewerbeerlaubnisse[1] aus der ehemaligen DDR erworben bzw. später aufgekauft haben, und die ODDSET-Kombi/TOP-Wette des Deutschen Lotto- und Toto-Blocks. Sie unterscheiden sich hinsichtlich ihrer Strukturmerkmale deutlich von den traditionellen Angeboten. Sie bieten eine weitaus größere Anzahl und Vielfalt an Wettereignissen. Außerdem veröffentlichen sie nach dem Festquotenmodell im Vorfeld der Sportereignisse Einzelquoten, die die Siegchancen der Sportler bzw. Mannschaften widerspiegeln. Während das Produkt der Quoten für die einzelnen Wettquoten die Gesamtquote ergibt, ermöglicht die Multiplikation mit dem Wetteinsatz die Berechnung des erzielbaren Gewinnertrages bereits vor der Veranstaltung des Sportereignisses.

Bei folgenden Formen der Sportwette mit fester Quote können Spieler ihre Einsätze (0,5–1000 EUR, Tageslimit mit Kreditkarte) platzieren, um Gewinne (maximal 10000–50000 EUR pro Wette, 125000 EUR pro Woche) zu erzielen (Hayer & Meyer, 2003, 2004):

— Die Kombiwette besteht in der Voraussage der Ausgänge von verschiedenen Sportereignissen. In der Regel existieren pro Sportereignis drei Möglichkeiten einer Vorhersage (z.B. bei Fußballspielen: Sieg der erstgenannten Mannschaft, unentschieden, Sieg der zweitgenannten Mannschaft). Dabei ist es unerheblich, mit welchem genauen Ergebnis ein Wettereignis endet, da ein Gewinn immer dann erreicht wird, wenn die Prognosen bei allen ausgewählten Sportereignissen tendenziell stimmen.

— Bei der TOP-Wette (auch Tor-Wette genannt) handelt es sich um eine Einzelwette, bei der nur ein einziger (Ergebnis-)Tipp abzugeben ist. Der Spielteilnehmer gewinnt, wenn der Ausgang eines einzigen Sportereignisses richtig vorhergesagt wird (z. B. das exakte Resultat eines Fußballspiels). Inzwischen haben verschiedene Anbieter Varianten dieser Einzelwette in ihr Spielsortiment integriert, bei denen lediglich die Vorhersage der Tendenz eines Spielausgangs korrekt sein muss, um einen Gewinn zu erzielen.

— Die Kategorie »Sonder- bzw. Spezialwetten« beinhaltet alle Wettformen, bei denen auf ausgewählte Aspekte oder nach bestimmten Regeln gesetzt wird. Um die Vielfalt der Wettmöglichkeiten zu dokumentieren, sollen an dieser Stelle exemplarisch Handycapwetten, Langzeitwetten, Halbzeit-/Endstandwetten oder Wetten auf spezielle Vorkommnisse eines Sportereignisses genannt werden (z. B. »In welcher Halbzeit fallen mehr Tore?« oder »Wann fällt das erste Tor?«). Vereinzelt kommt es zu einem Wettangebot ohne Sportbezug.

— Darüber hinaus gibt es zusätzlich Wettmöglichkeiten »in Echtzeit« zu gerade stattfindenden Sportereignissen, die aufgrund ihrer Struktur ausschließlich online vertrieben werden können. Bei diesen dynamischen »Live-Wetten« verändern sich die Quotenvorgaben in Abhängigkeit des Spielverlaufes quasi in Sekundenschnelle. Parallel zu den aktuellen Quoten werden auf der Webseite relevante Informationen, wie der aktuelle Spielstand oder die abgelaufene Zeit, eingeblendet.

Da die gewerblichen Anbieter keine Konzessionsabgaben und Lotteriesteuern zu entrichten haben und Onlineangebote eine kostengünstigere Infrastruktur aufweisen, können sie neben der größeren Produktpalette mit günstigeren Gewinnquoten die potenziellen Spieler anlocken. So liegt die Ausschüttungsquote von privaten Anbietern bei bis zu 90%, die von ODDSET bei ca. 55%. Verbraucherzentralen raten deshalb den Spielern zum Quotenvergleich, der online durch einfaches Mausklicken auf speziellen Webseiten möglich ist.

Neben den vorgestellten Formen staatlicher und gewerblicher Sportwetten gibt es
— vielfältige Angebote von Sportwetten ausländischer Wettunternehmen im Internet,
— Internetplattformen, die Spielern Wetten gegeneinander (statt gegen Buchmacher) anbieten,
— Sportwettenbörsen, bei denen virtuelle Wettscheine erworben, binnen Sekunden mithilfe von Kauf- und Verkaufsorders bis zum Ende des jeweiligen Sportereignisses gehandelt und Gewinne noch während der laufenden Sportveranstaltung erzielt werden können sowie

---

[1] Ob diese Gewerbeerlaubnisse bundesweite Geltung besitzen, ist derzeit Grundlage juristischer Auseinandersetzungen (Dietlein & Hecker, 2003).

gewerbliche, nichtkonzessionierte Wettbüros, die in der Regel als Vermittler von Wetten an vornehmlich ausländische Unternehmen fungieren (▶ illegales Glücksspiel).

Pferdewetten

Bei Galopp- und Trabrennen kann der Spieler prinzipiell unbegrenzte Einsätze (Mindesteinsatz: 2 EUR) auf den vorherzusagenden Einlauf der Pferde tätigen. Die Veranstalter der Rennen (gemeinnützige Rennvereine) bieten im Wesentlichen folgende Wettformen an:

- Siegwette (Vorhersage des siegenden Pferdes),
- Platzwette (Vorhersage, dass das gewettete Pferd unter den ersten 3 einläuft),
- Zweierwette (Vorhersage des siegenden und zweitplatzierten Pferdes),
- Dreierwette (Vorhersage der ersten 3 Pferde in der richtigen Reihenfolge).

75 % aller Einsätze stehen für Gewinne zur Verfügung. Die Gewinnquote resultiert aus der Relation zwischen Anzahl der richtigen Wetten und Höhe der Gesamteinsätze pro Wettart. Die Auszahlung an die Gewinner erfolgt nach Ablauf einer kurzen Protestfrist sofort nach Beendigung des Rennens. An einem Renntag finden 8–13 Pferderennen im Abstand von 20–30 Minuten statt.

Pferdewetten lassen sich nicht nur am Totalisator der Rennbahn, d. h. am Wettschalter, abschließen, wo gleichzeitig die Quoten berechnet und alle 20 Sekunden der neueste Stand angezeigt wird, sondern auch bei staatlich konzessionierten Buchmachern, die jede einzelne Wette in ein Wettbuch eintragen müssen (daher die Berufsbezeichnung), oder im Internet. Sogar per Telefon ist der Abschluss möglich, sofern der »Zocker« ein persönliches Wettkonto bei dem Buchmacher unterhält. Eine weitere Besonderheit besteht in der »festen Wette«, d. h. bei Abschluss der Wette liegen festgelegte Gewinnquoten vor, die sowohl von der Einschätzung der Pferde seitens des Buchmachers als auch von Angebot und Nachfrage abhängen. Da der Buchmacher Wetten auf eigenes Risiko annimmt, kann er Wetten ablehnen, wenn sie ihm zu riskant erscheinen, oder Quoten limitieren. Im Gegensatz zur Rennbahn bieten Buchmacher oder das Internet täglich Gelegenheiten, auf den Ausgang von Rennen zu setzen, die ir-

gendwo auf der Welt stattfinden. In den Geschäftsstellen oder vor dem Computer ist zwar nur wenig von der Live-Atmosphäre einer Rennbahn erlebbar, Videoübertragungen der Rennen sorgen jedoch für unmittelbare Bezüge zum Wettgeschehen.

2.3.4 Lotterien

Lotto 6 aus 49

Aus dem breiten Spektrum der Lotterien ragt das Lotto »6 aus 49« heraus, das mit Abstand populärste Glücksspiel in der Bundesrepublik Deutschland. Auf einem allgemein erhältlichen, vorgedruckten Spielschein kreuzt der Spielteilnehmer 6 von 49 Zahlenkästchen pro Spielreihe an und gibt den ausgefüllten Schein in einer der zahlreichen Annahmestellen (bundesweit rund 25800 in 2002) ab. Er kann außerdem die Möglichkeiten des Online-Lotto nutzen und die Zahlen vom heimischen Computer aus abschicken. Systemscheine erlauben den Einsatz für eine große Anzahl von Spielen auf nur einem Schein: 16 angekreuzte Zahlen kosten 6006 EUR. Die Ziehung der Lottozahlen übertragen Fernsehanstalten live – jeden Mittwoch und Samstag. Einen bzw. zwei Tage später gibt der Deutsche Lotto- und Toto-Block die Gewinnquoten bekannt, und nach Ablauf weiterer 2 Tage werden die Gewinne ausgezahlt – insgesamt ein langgestreckter Spielablauf mit 2 Ausspielungen pro Woche. Hat der Spieler mindestens 3 der gezogenen Zahlen richtig getippt, zählt er zu den Gewinnern. Bei einem relativ geringen Mindesteinsatz von 1,25 EUR besteht die Möglichkeit, außerordentlich hohe Gewinne in Höhe mehrerer Mio. EUR zu erzielen – neben den einfachen Regeln ein wesentlicher Grund für den vom Lotto ausgehenden Spielanreiz. Die Ende 1991 eingeführte Superzahl (zusätzliche Ziehung einer Zahl von 0–9) soll zudem für gigantische Jackpots sorgen (Gewinnwahrscheinlichkeit für »6 Richtige + Superzahl«: 1:139838160), d. h. für besonders hohe Gewinnquoten, die dadurch entstehen, dass es in den vorausgegangenen Spielen keinen Gewinner im ersten Rang gegeben hat. Mit dem Jackpot (höchster Betrag bisher: 21,6 Mio. EUR) lässt sich vorzüglich Werbung betreiben, um die Massen anzulocken. Die Ausschüttungsquote beträgt 50 % der Einsätze (◼ Abb. 2.4).

◻ **Abb. 2.4.** Lotterien: die richtigen Zahlen und dennoch nicht gewonnen

Rubbellotto

Eine Sonderstellung nimmt das Rubbellotto ein. Es ist ein schnelles Spiel. Die Entscheidung über Gewinn oder Verlust fällt sofort nach dem Kauf der Lose (Kaufpreis: 0,50–2,50 EUR) in Lottoannahmestellen oder an besonderen Verkaufsständen durch »Aufrubbeln« der beschichteten Spielfelder. Erscheint in 3 der 6 bzw. 9 Felder der gleiche Betrag oder mehrere Joker, hat der Spieler gewonnen (Höchstgewinn: bis zu 250000 EUR). Kleinere Gewinne werden sofort bar ausgezahlt, größere Gewinne bargeldlos übermittelt. Die Ausschüttungsquote liegt bei 40 %.

Weitere Lotterieangebote

- Angebote im Deutschen Lotto- und Toto-Block:
  - Spiel 77, Fußballtoto »13er-Wette« und »Auswahlwette 6 aus 45«, Rennquintett, Glücksspirale, Super 6, Bingo und Keno (bisher in 8 Bundesländern, soll in 2005 bundesweit verfügbar sein).
- Lotterien von anderen Veranstaltern:
  - Klassenlotterien: Nordwestdeutsche und Süddeutsche Klassenlotterie,
  - Fernsehlotterien: ARD-Fernsehlotterie, ZDF Aktion Mensch,
  - Soziallotterien (auf lokaler Ebene, von sozialen Einrichtungen)
  - Prämienlos-/Lotterie-Sparen und Gewinnsparen (bei Sparkassen und Genossenschaftsbanken) und

- Umweltlotterie »Unsere Welt«, (von Oktober 2003 bis Dezember 2004 in Nordrhein-Westfalen, Fortführung auf Bundesebene geplant).

2.3.5 Glücksspiele im Internet

Glücksspiele werden in jüngster Zeit zunehmend auch über das Internet angeboten. In virtuellen Kasinos können Spieler ihr Geld beim Roulette, Black Jack oder Poker riskieren. Aus Personalcomputern lassen sich mit Hilfe der Technik virtuelle Spielautomaten gestalten, deren Walzen sich per Maus-Klick in Bewegung setzen und im Sekundentakt über Gewinn oder Verlust entscheiden. Um im Internet-Kasino Einsätze tätigen zu können, reicht ein Aufrufen der entsprechenden Webseite und einmaliges Anlegen eines Benutzerkontos zwecks Identifikation. Im Vorfeld der Spielteilnahme ist ferner die Eröffnung eines Kontos erforderlich, entweder durch die Einzahlung eines bestimmten Geldbetrages mit der Kreditkarte oder mit alternativen Zahlungssystemen (wie NETeller, Paysafecard oder Paybox via Handy). Anschließend kann das eigentliche Spiel mit den digitalen Jetons und Münzen beginnen. Gewinne werden dem Benutzerkonto gutgeschrieben und auf Wunsch transferiert. Verluste buchen die Betreiber vom Konto ab.

Waren es 1996 lediglich 10 Internet-Seiten, die Einsätze für derartige Glücksspiele annahmen, stieg deren Anzahl auf über 1800 in 2002. Die Betreiber der Internet-Kasinos haben ihren Geschäftssitz nicht selten in der Karibik, um Restriktionen zu umgehen. Aber auch deutsche und europäische Anbieter nutzen inzwischen das Internet, sei es für kasinotypische Spiele, Sportwetten, Lotterien, Rubbellose oder Börsenspiele.

Als Vorreiter in Deutschland für Online-Kasinos führte die Spielbank Hamburg im Oktober 2002 ein Online-Roulette ein, bei dem eine Web-Kamera den Spielablauf live und in Echtzeit von einem realen Spieltisch aus ins Netz übertrug. Das Angebot musste allerdings nach einem Jahr wieder eingestellt werden, nachdem das Hamburger Verfassungsgericht die Zulassung für ungesetzlich erklärt hatte (Az: HverfG 10/02). Seit Mitte Juli 2004 rollt die Roulettekugel online im Internet-Angebot der Spielbank

Wiesbaden auf dem Computermonitor, ebenso wie im Saal der Spielbank. Wer sich vergewissern möchte, kann ein kleines Videofenster aufrufen und sehen, dass der Croupier zu jedem Spiel live die weiße Kugel in den Kessel wirft. Spielberechtigt sind aufgrund der Länderhoheit im Glücksspielbereich nur Personen ab 21 Jahren, die ihren Hauptwohnsitz in Hessen haben oder sich für die Dauer des Spiels in Hessen oder im Ausland aufhalten. Die übrigen bundesdeutschen Spielbanken (mit Ausnahme derjenigen in Bayern und Baden-Württemberg) planen eine gemeinsame Plattform im Internet mit »virtuellen« kasinotypischen Glücksspielen. Neben der Verfolgung fiskalischer Interessen sollen die staatlichen Online-Glücksspiele die »Spiellust« in geregelten legalen Bahnen ermöglichen (◩ Abb. 2.5). Ausländischen Betreibern soll ein konzessioniertes Angebot entgegengesetzt werden, das unter staatlicher Kontrolle steht und demzufolge einen fairen Spielablauf garantiert sowie vor Missbrauch schützt.

Die staatliche Konzessionierung senkt jedoch gleichzeitig Hemmschwellen, da sie einen vertrauensbildenden Effekt hat und die Akzeptanz durch potenzielle Spieler fördert. Zweifel an der Seriosität von Internet-Kasinos mit Geschäftssitz in der Karibik, Misstrauen wegen der Gefahr manipulierter Spielabläufe und Ausbleiben der Gewinnauszahlungen, die Spieler bisher von der Nutzung abgehalten haben, stellen keine Hürde mehr dar.

Die grenzüberschreitende Kapazität des Internets schränkt die Optionen für erfolgversprechende regulierende Maßnahmen stark ein. Den Markt der Selbstregulation zu überlassen, ist vor dem Hintergrund des Gefahrenpotenzials und bestehender Gesetzgebungen ebenso wenig ein geeigneter Ansatz wie ein Verbot des virtuellen Glücksspiels. Prohibitive Maßnahmen sind aufgrund der spezifischen Bedingungen des Internets weder kontrollierbar noch durchsetzbar. Zwar ist eine Blockierung entsprechender Internet-Seiten durch Filterprogramme technisch ohne weiteres realisierbar, eine lückenlose Blockierung wird aber von allen Seiten als unrealistisch angesehen, die Umgehung durch Anbieter und Nutzer ist vorprogrammiert. Irgendwo auf der Welt wird es stets profitorientierte Regierungen und Unternehmen geben, die mit dem Glück im Spiel die »Zocker« anlocken oder jegliche Kontrolle als Zensur abtun.

Auf internationaler Ebene handelt es sich um ein Randproblem, das wohl kaum die notwendige Aufmerksamkeit der global zuständigen Institutionen erfahren wird. Prohibition hat im Suchtbereich ohnehin die vorgegebenen Ziele immer verfehlt – illegale Märkte waren vielmehr die Folge. Wegen der geringen Wahrscheinlichkeit eines internationalen Abkommens und des aussichtslosen Vorgehens des einzelnen Staates bestehen nach Cabot (1997, 1998) die größten Erfolgschancen noch in der Einflussnahme auf Kreditkartenunternehmen oder andere Unternehmen, die Gelegenheiten zum Geldtransfer bieten.

Ist das Glücksspiel im Internet tatsächlich nicht kontrollierbar, bleibt als pragmatischer Ansatz die restriktive Zulassung unter staatlicher Aufsicht. Der

◩ **Abb. 2.5.** Selbsthilfegruppe von Internetzockern: Gemeinsam sind wir stark

Ansatz ermöglicht die Einflussnahme auf die Gestaltung des Angebotes mit dem Ziel, den Schutz des Spielers in den Vordergrund zu stellen und die Risiken zu minimieren (Meyer, 2001; Hayer et al., 2005a).

2.3.6 Illegales Glücksspiel

Unterschiedliche Rechtsauffassungen über den Glücksspielcharakter von Sportwetten ermöglichten Ende der 90er-Jahre private Wettbüros, die Sportwetten in- und ausländischer Anbieter vermitteln. Nachdem die Einordnung der Sportwette als Glücksspiel im Sinne der strafrechtlichen Verbotsnormen weit gehend anerkannt ist (Dietlein & Hecker, 2003), gehen die Behörden verstärkt gegen illegale Wettbüros vor. Dort werden Sportwetten mit besseren Gewinnquoten als im legalen Bereich mithilfe von Computern angenommen und an die Veranstalter weitergeleitet. Illegale Anbieter rüsten außerdem Spielautomaten in Wettterminals (»Betomaten«) um, die sie in Gaststätten, Wettbüros und Vereinen aufstellen. Mit Hilfe eines Touchscreens lässt sich an den Automaten ein Menü öffnen, das die Möglichkeit der Teilnahme an Sportwetten bietet. Nach dem Geldeinwurf wird eine Spielquittung ausgedruckt, die im Gewinnfall vor Ort ausbezahlt wird.

Ende 1993 kamen Fun-Game-Automaten auf den Markt, die als reine Unterhaltungsautomaten in Spielhallen und Gaststätten aufgestellt lediglich Punkt- und Weiterspielmarken (Token)-Gewinne gestatten (Anzahl der Geräte in 2003: rund 80000). 800 Token und mehr, die die Geräte direkt auszahlen, können Spieler in einem Spiel gewinnen. Um den Spielanreiz zu erhöhen und die Profite zu steigern, tauschen Aufsteller mitunter die Token in Geld um oder dulden stillschweigend einen derartigen Umtausch unter den Spielern (Wert pro Token: 5 EUR, Handelswert: 2–3 EUR). In der Rechtsprechung zeichnet sich ab, dass die Tokenautomaten als Gewinnspielgeräte im Sinne des § 33 der GewO anzusehen sind und daher rechtswidrig betrieben werden (Oberverwaltungsgericht Hamburg, Az. 1 Bs 47/04). Einige Ordnungsämter haben bereits einen Abbau der Geräte verfügt. Illegale Geldauszahlungen erfolgen ebenso für Punktgewinne an Pokerautomaten. Als Unterhaltungsautomaten zugelassen, enthalten die Geräte Zielvorrichtungen, wie einen intern abrufbaren Speicher für gewonnene Punkte, deren Sinn und Zweck nur in der illegalen Nutzung zu sehen ist.

Diese Formen illegalen Glücksspiels lassen sich durch diverse Varianten ergänzen, die von Karten- und Würfelspielen um Geld bis hin zu Wetten bei Mäuserennen reichen. Der illegale Bereich ist allerdings nur sehr schwer zu erfassen, spielt sich doch vieles im Verborgenen ab – in Hinterzimmern von Gaststätten, Freizeitclubs ausländischer Mitbürger und im »Rotlicht-Milieu«.

Von der Illegalität und dem Milieu mag für manche Spieler ein zusätzlicher Reiz ausgehen. Das häufig ins Feld geführte Argument, das (expandierende) Angebot stattlicher Glücksspiele diene der Begrenzung illegalen Glücksspiels, dürfte jedoch eher ein Scheinargument zur Rechtfertigung der lukrativen Einnahmequelle sein. Spielbanken sprechen beispielsweise ein ganz anderes Publikum an als illegale Spielclubs (Thompson & Pinney, 1990).

2.3.7 Börsenspekulationen

Durchaus vergleichbar mit der Teilnahme an Glücksspielen ist das Spekulieren an der Börse (Meyer, 2000; Hand & Henning, 2004). An- und Verkauf von Aktien, Devisen- und Warentermingeschäfte locken mit hohen Kursgewinnen, beinhalten aber auch die Gefahr von Fehlspekulationen, von finanziellen Verlusten bis hin zum Ruin. Innerhalb von Minuten lassen sich Gewinne und Verluste mit Vermögenswert realisieren, je risikoreicher das Geschäft ist, desto höher sind die möglichen Profite und Schadenssummen. Das »Spielergebnis« hängt zwar nicht allein vom Zufall ab, die Kursentwicklungen sind jedoch für die überwiegende Mehrheit der spekulativen Anleger im Detail nicht vorhersagbar, beruhen auf zahlreichen Unwägbarkeiten und können daher Zufallscharakter annehmen.

Reichen die Gewinnchancen durch den An- und Verkauf von Aktien nicht mehr aus, kann der »Zocker« auf dem Börsenparkett hochspekulative Derivate erwerben. Bei dieser Art der Finanzwette setzt der Spekulant mit Optionsscheinen und neuen Varianten, wie Knock-Out-Zertifikaten (mit größerer Hebelwirkung; ◘ Abb. 2.6) Geld darauf, dass eine

»Jetzt lassen wir mal mit 'nem Warentermingeschäft in Hongkong den Laden hier hochgehen!«

◻ **Abb. 2.6.** Börsenspekulationen: der Hebeleffekt

bestimmte Aktie, Währung, Anleihe oder ein Index, wie der Deutsche Aktienindex (DAX), demnächst steigen, fallen oder gleichbleiben wird. Banken und Emissionshäuser geben solche abgeleiteten Anlageformen, ausschließlich zu Spekulationszwecken aus. Finanzierungsvorhaben von Unternehmen spielen hierbei – im Gegensatz zur Aktienausgabe – keine Rolle.

Mit der Börsengesetznovelle vom 11.7.1989 wurde der Zugang für Privatanleger zu Börsentermingeschäften erleichtert. Bisherige Schutzinstrumente des Gesetzes wurden durch eine Informationsobliegenheit des Vertragspartners ersetzt. Die Anleger sollen nur noch im Hinblick auf ihre rationale Entscheidungskompetenz geschützt werden.

❗ Das Gefahrenpotenzial, dass Personen Börsentermingeschäfte auch aus irrationalen Gründen, wie beispielsweise zur Befriedigung ihrer »Spielleidenschaft« betreiben, geht nach dem zugrundeliegenden Informationsmodell voll in den Verantwortungsbereich der Anleger über (Koller, 1990).

Moderne Informations- und Kommunikationstechnologien ermöglichen inzwischen den direkten und schnellen Handel vom heimischen Wohnzimmer aus – per Internet, Telefon und Fax.

Mit Werbeaktionen wie Börsenspielen versuchen Sparkassen und Banken in jüngster Zeit verstärkt, potenzielle Spekulanten anzusprechen. So veranstaltet die Sparkasse Bremen das Börsentraining »Telefonbörse« mit dem Ziel, insbesondere junge Menschen an die Wertpapiermärkte heranzuführen und sie mit den Möglichkeiten des schnellen Gewinns, aber auch des Verlustes vertraut zu machen. In großer Aufmachung wird dann über den Sieger berichtet, der in zwei Monaten durch Käufe und Verkäufe von Aktien, Renten- und Optionsscheinen über das Telefon 57500 EUR (»den schnellen Euro«) verdient hat.

Diese Botschaft erreicht vor allem in Zeiten des Börsenbooms eine steigende Anzahl von Bundesbürgern. Allein 500000 Privatanleger haben nach dem Börsengang der Deutschen Telekom erstmalig eine Aktie erworben. Nach den dramatischen Kurseinbrüchen im Rahmen des Börsencrashs ist die Zahl der Aktionäre zwar seit Mitte 2001 rückläufig. Im ersten Halbjahr 2004 lag sie im Schnitt bei 10,6 Mio. Mit der nächsten Aufwärtsbewegung dürfte das Vertrauen in Investitionen an der Börse aber wieder deutlich wachsen. Der grundlegende Wandel in der Einstellung zu Aktien und neue Informations- und Handelsoptionen haben gleichzeitig die Verfügbarkeit und Griffnähe von hochspekulativen, kurzfristigen Börsengeschäften erhöht, die aufgrund des Glücksspielcharakters mit einem ähnlichen Gefahrenpotenzial verbunden sind wie Roulette, Black Jack oder Spielautomaten (▸ Falldarstellung »Spekulationen an der Börse«, Kap. 6.4.2).

2.4 Nachfrage in der Bevölkerung

Eine repräsentative Befragung der deutschen Wohnbevölkerung ab 16 Jahre in 2002 ergab, dass sich die Mehrheit der Bevölkerung nicht an Lotterien und Sportwetten des Deutschen Lotto- und Toto-Blocks beteiligt (◘ Tabelle 2.1). Mit 22% ist die Zahl der Häufigspieler beim Lottospiel (Ziehung am Samstag) am höchsten, die Spieler-Reichweite liegt bei 34%. Andere Spielformen, wie Klassenlotterien, Rubbellotterien oder Fußballtoto, weisen lediglich Reichweiten von 3–7% auf. Die Nachfrage nach Glücksspielen in Spielbanken und Spielhallen, Pferdewetten sowie privaten Sportwetten wurde nicht erfasst, sie dürfte aber – abgesehen von Geldspielautomaten – ebenfalls (noch) gering sein und der Prozentsatz der Nichtspieler bei 90–95% liegen (Stiftung Warentest, 1992). Rund 6,1 Mio.

Besuche registrierten die bundesdeutschen Spielbanken in 2003; eine Differenzierung nach unterschiedlichen Personen erfolgt nicht (fehlende Angaben von 10 Kasinos). Nach einer Umfrage der Stiftung Warentest (1992) bei den Spielbanken gehörten in 1991 rund 55% der Gäste zum Stammpublikum. »Intensivspieler« stellten nach Hübl et al. (1987) Mitte der 80er-Jahre einen Anteil von 20% aller Besucher.

In Bezug auf Geldspielautomaten kommen Bühringer & Türk (2000) und Bühringer et al. (2003) nach mehreren Repräsentativerhebungen (zuletzt 1997 in den alten und 2000 in den neuen Bundesländern) zu dem Ergebnis, dass in den alten Bundesländern etwa ein Drittel der 18- bis 59-jährigen (31,1% in 1997) zumindest einmal in ihrem Leben an diesen Geräten gespielt hat. In den neuen Bundesländern sind es 16% in 1997 und 24,4% in 2000. Als aktive Spieler, die eine Teilnahme in den letzten 3 Monaten vor der Untersuchung bestätigen, gelten im Westen 7,9% und im Osten 5,5% bzw. 2,8%. Von den aktiven Spielern verbringen 2,5% in den alten und 0,8–5,3% in den neuen Ländern mehr als 5 Stunden pro Woche vor den Automaten (Vielspieler). Als Schätzung für die Absolutzahlen in der Bevölkerung nennen Bühringer & Türk (2000, S. 86f) 4,63 Mio. aktive

◘ **Tabelle 2.1.** Häufigkeit der Teilnahme an Glücksspielen (in %). (Gesellschaft für Konsumforschung, 2003)

Glücksspiel	Häufig[a]	Manchmal[b]	Selten[c]	Nie
Lotto-Ziehung am Samstag	22	6	6	66
Lotto-Ziehung am Mittwoch	9	4	6	81
GlücksSpirale	2	1	2	95
Toto	1	1	1	97
Oddset	1	1	1	97
Spiel 77	Spielerreichweite 24,9%			75,1
Super 6	Spielerreichweite 21,7%			78,3
Bingo	2	1	1	96
Rubbellotterie	3	2	2	93
Klassenlotterie	Spielerreichweite 5,3%			94,7
ARD-Fernsehlotterie	Spielerreichweite 3,9%			96,1
Aktion Mensch	Spielerreichweite 8,0%			92,0
Prämien-/Gewinnsparen	Spielerreichweite 12,0%			88,0

[a] 20–50 und mehr Teilnahmen (bei Toto, Bingo und Rubbellotterie 15–26 und mehr Teilnahmen).
[b] 5–19 Teilnahmen (bei Toto, Bingo und Rubbellotterie 4–14 Teilnahmen).
[c] 1–4 Teilnahmen (bei Toto, Bingo und Rubbellotterie 1–3 Teilnahmen).

Spieler (4,0 Mio. bzw. 0,63 Mio.), 860000 Gelegenheitsspieler (690000 bzw. 170000) und 90000 Vielspieler (70000 bzw. 20000).

2.5   Umsätze auf dem Glücksspielmarkt

Die Umsätze auf dem Glücksspielmarkt (ohne Soziallotterien) sind seit Mitte der 70er-Jahre deutlich
angestiegen (◘ Tabelle 2.2). In 2003 wurde ein Gesamtumsatz von 27,54 Mrd. EUR erzielt (Meyer,
2004).[2]

Mit der zunehmenden Verbreitung der Spielbanken erhöhte sich deren Umsatz von rund 1 Mrd. EUR
in 1974 auf mehr als 11 Mrd. EUR in 2003. Der Brut-
tospielertrag, d. h. der verbleibende Betrag nach Ab-
zug wiederausgeschütteter Gewinne (ohne Kosten-
anrechnung), stieg in diesem Zeitraum von 92 Mio.
EUR auf 1,01 Mrd. EUR. Einen ständig wachsenden
Anteil erwirtschaften dabei die Glücksspielautomaten; ihr Anteil am Gesamtertrag liegt inzwischen bei
79,2%. Die Spieler zahlten zudem 133,7 Mio. EUR

---

[2] Eine Fortschreibung der Umsatz- und Ertragszahlen (wie auch
der Therapienachfrage von pathologischen Spielern) erfolgt
jedes Jahr im »Jahrbuch Sucht« der Deutschen Hauptstelle
für Suchtfragen.

nach zwischenzeitlichen Gewinnen in den »Tronc«,
die Trinkgeldkasse der Spielbanken, ein.

Mit dem Spiel an Geldspielautomaten wurden
5,78 Mrd. EUR in 2003 umgesetzt; Vergleichszahlen
aus den 80er und 90er-Jahren fehlen. Bei Spielerge-
winnen von 60% verblieb der Branche ein Brutto-
spielertrag (Kasseninhalt) von 2,335 Mrd. EUR. Der
Umsatz privater Anbieter von Sportwetten (in ◘ Tabelle 2.2 nicht erfasst) lag in 2003 bei geschätzten
700 Mio. EUR.

Die Anteile der Glücksspiele in Spielbanken und
der Geldspielautomaten am Gesamtumsatz lagen
zusammen bei über 60% (◘ Abb. 2.7). Der deutsche
Lotto- und Toto-Block erzielte einen Anteil von 30%,
mit dem Lotto »6 aus 49« als größtem Umsatzträger
(5,342 Mrd. EUR).

Umsätze von Zockern im illegalen Bereich, im
Internet sowie an der Börse bleiben weitestgehend
im Dunkeln. Schätzungen des illegalen Glücksspielmarktes in Europa beliefen sich Ende der 90er-Jahre
auf ca. 10 Mrd. EUR; hierbei dürfte es sich allerdings
– notgedrungen – um eine sehr grobe Schätzung
handeln. So ging allein die Landespolizei in Bayern
von einem illegalen Spielvolumen in München in
Höhe von 250–400 Mio. EUR aus; für Frankfurt
wird die Höhe auf 300–400 Mio. EUR und für Düs-
seldorf auf 100 Mio. EUR geschätzt.

◘ **Abb. 2.7.** Anteile am Gesamtumsatz der Glücksspielanbieter in
2003. (Meyer, 2004)

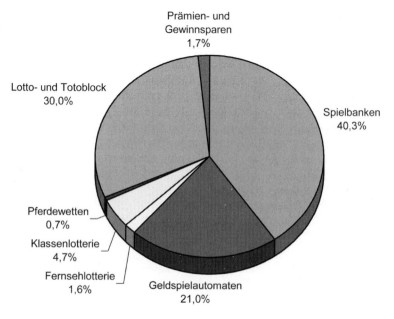

Prämien- und
Gewinnsparen
1,7%

Lotto- und Totoblock
30,0%

Spielbanken
40,3%

Pferdewetten
0,7%

Klassenlotterie
4,7%

Fernsehlotterie
1,6%

Geldspielautomaten
21,0%

◘ **Tabelle 2.2.** Umsätze auf dem Glücksspielmarkt (in Mio. EUR). (Archiv- und Informationsstelle der deutschen Lotto- und Toto-Unternehmen, Institut für Wirtschaftsforschung; eigene Erhebung)

Glücksspiel	Erhebungsjahr					
	1974	1982	1992[a]	2001	2002	2003
Spielbank[b]						
▬ Roulette, Glücksspielautomaten, Black Jack, Baccara	1023	3426	6854	11085	10902	11110
Spielhalle/Gaststätte						
▬ Geldspielautomaten mit Gewinnmöglichkeit	–	–	–	5650	5710	5780
Deutscher Lotto- und Toto-Block						
▬ Zahlenlotto	1407	2634	4144	5646	5309	5342
▬ Fußballtoto	143	166	168	103	95	99
▬ Oddset	–	–	–	513	541	464
▬ Rennquintett	30	15	3	1	1	1
▬ Spiel 77	–	438	802	958	1044	1047
▬ Super 6[c]	–	13	229	647	733	736
▬ Glücksspirale	55	42	159	286	245	234
▬ Sofort-Lotterien[d]	–	–	287	259	269	261
▬ Bingo	–	–	--	67	75	73
Gesamt	**1635**	**3308**	**5791**	**8480**	**8312**	**8257**
Klassenlotterie						
▬ Nordwestdeutsche	46	93	419	667	558	523
▬ Süddeutsche		139	522	817	778	760
Fernsehlotterie						
▬ ARD-Fernsehlotterie	–	29	65	97	107	102
▬ ZDF Aktion Mensch	–	100	107	315	320	338
▬ Umweltlotterie »Unsere Welt«	–	–	–	–	–	1
Sparkasse/Bank						
▬ PS-Sparen	–	162	255	316	296	326
▬ Gewinnsparen	–	32	129	147	147	153
Pferdewetten						
▬ Galopper (Totalisator)	53	99	130	110	103	81
▬ Traber (Totalisator)	121	192	211	147	121	102
▬ Buchmacher[e]	71	59	104	12	7	7
Gesamtumsatz				**27843**	**27361**	**27540**

[a] Ab 1992 einschließlich neue Bundesländer.
[b] Hochrechnung auf der Basis des Bruttospielertrages und einer durchschnittlichen Auszahlungsquote von 91%.
[c] Seit 1991, vorher Landeslotterien.
[d] Rubbel- und Losbrieflotterien.
[e] Hochrechnung/Steueraufkommen der Buchmacher.

2

Mrd. EUR

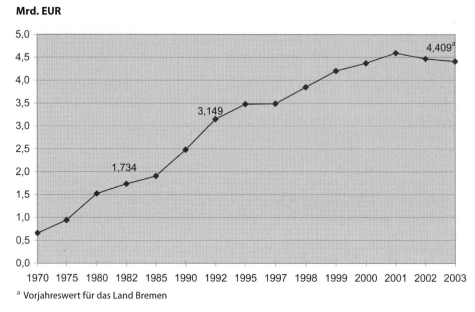

ᵃ Vorjahreswert für das Land Bremen

◘ Abb. 2.8. Öffentliche Einnahmen aus Glücksspielen. (Meyer, 2005)

Im Internet haben Online-Spieler in 2004 weltweit nach Hochrechnungen von Christiansen Capital Advisors (2003) rund 7,5 $ Mrd. USD umgesetzt; bis 2010 wird mit einer Umsatzsteigerung auf über 18 Mrd. USD gerechnet.

Die Einnahmen des Staates aus Glücksspielen (über Rennwett- und Lotteriesteuer, Gewinnablieferung verschiedener Lotterien, Spielbankabgabe) sind von 0,658 Mrd. EUR in 1970 auf 4,409 Mrd. EUR (inklusive 420 Mio. EUR in den neuen Bundesländern) in 2003 angewachsen (◘ Abb. 2.8). Die staatlichen Einnahmen aus Glücksspielen (ohne Geldspielautomaten) liegen damit beispielsweise deutlich über den Erträgen aus alkoholbezogenen Steuern (2003: 3,45 Mrd. EUR).

Da Geldspielautomaten offiziell kein Glücksspiel darstellen, zahlen die Betreiber lediglich Umsatz-, Vergnügungs-, Gewerbe- und Körperschafts- bzw. Einkommensteuer. Nach eigenen Angaben hat die Unterhaltungsautomatenwirtschaft in 2003 ca. 807 Mio. EUR an Steuern (ohne die beiden zuletzt genannten Steuerarten) an den Staat abgeführt.

2.6   Zusammenfassung

Glücksspiele sind keine Erfindung der Neuzeit: Erste Zeugnisse über Glücksspiele liegen ca. 5000 Jahre zurück und markieren den Anfangspunkt einer Entwicklung, in der Glücksspiele sich einerseits hoher Beliebtheit erfreut und zunehmend Verbreitung gefunden haben, was andererseits jedoch von staatlicher und/oder kirchlicher Seite immer wieder durch Verbote und moralische Verurteilung einzugrenzen versucht wurde. Übergreifend über verschiedene Epochen und Kulturen schwankte die gesellschaftliche Bewertung von Glücksspielen erheblich: zwischen Laster und Leidenschaft, verdammt als Satans Werk oder akzeptiert und geschätzt als Bestandteil der öffentlichen Unterhaltung, assoziiert mit drohendem finanziellen Ruin oder Eleganz und Luxus.

In Deutschland ist seit Mitte der 70er-Jahre das Angebot an Glücksspielen stark angestiegen, was einerseits durch gezieltes Marketing der Veranstalter gefördert, andererseits durch die Lockerung staatlicher Schutzbestimmungen begünstigt wird. Ursprünglich formuliert, um den Spieler vor wirtschaftlicher Ausbeutung zu schützen, beschränkt sich die gesetzlich vorgesehene staatliche Aufsicht und Kontrolle über Glücksspiele (§ 284 StGB) derzeit fast nur noch auf die Sicherstellung eines ordnungsgemäßen Spielbetriebes. Im Vordergrund stehen vor allem **finanzielle** Interessen des Staates, für den der Glücksspielmarkt mit seinen steigenden Gesamtumsätzen eine lukrative Einnahmequelle darstellt. Aus Spielbankabgabe, Rennwett- und Lotteriesteuer, Gewinnablieferung verschiedener Lotterien sowie steuerlichen Abgaben der Automatenbranche ergaben sich beispielsweise in 2003 Summen von rund 5,3 Mrd. EUR.

Für die öffentliche Veranstaltung von Glücksspielen ist eine behördliche Zulassung erforderlich. Im strafrechtlichen Sinne gelten dabei solche Spiele als Glücksspiele, deren Ergebnis zufallsabhängig ist, deren potenzieller Gewinn einen Vermögenswert und bei denen der zu tätigende Einsatz ein Vermögensopfer für den Spieler darstellt. Auf Grundlage dieser Definition lassen sich folgende Spielformen als Glücksspiel verstehen:

a) Spielangebote in Spielbanken: Großes Spiel (z. B. Roulette) sowie Kleines Spiel (Glücksspielautomaten).

b) Geldspielautomaten zählen zwar rein rechtlich nicht zu den Glücksspielen, sondern sind als »Unterhaltungsautomaten mit Gewinnmöglichkeit« dem Gewerberecht zugeordnet. Die von der Automatenindustrie eingeführten Spielsysteme (Sonder- und Risikospiele) ermöglichen jedoch Gewinne und Verluste mit Vermögenswert, so dass es naheliegt, auch Geldspielautomaten als Glücksspiele im o. g. Sinne zu bezeichnen. Die juristische Trennung zwischen Glücks- und Geldspielgeräten ist in Frage zu stellen.

c) Sport- und Pferdewetten nach dem Totalisatorprinzip und mit festen Quotenvorgaben.

d) Lotterien.

e) Das Internet bietet eine zusätzliche Plattform für sämtliche Formen des Glücksspiels.

f) Spekulationen an der Börse lassen sich ebenfalls als Glücksspiel interpretieren: Das Aktiengeschäft bietet die Aussicht auf hohe Kursgewinne, birgt das Risiko ebenso hoher Verluste, der »Spielausgang« (d. h. die Kursentwicklung) ist dabei für die meisten Anleger kaum vorhersagbar.

Jenseits behördlicher Genehmigungen existieren weitere Möglichkeiten zum Glücksspielen: Spielrunden in Hinterzimmern von Gaststätten sowie Geschicklichkeitsspiele oder Unterhaltungsautomaten, die als solche zugelassen, jedoch von den Betreibern durch Änderung der Spielweise zu Glücksspielen im Sinne des § 284 StGB umgewandelt wurden, sind Beispiele für den Bereich illegalen Glücksspiels, über den sich naturgemäß nur grobe Aussagen machen lassen.

Die Nachfrage nach den beschriebenen Glücksspielen dokumentiert, dass Lotterien zu den beliebtesten Formen zählen. Dagegen werden Spielangebote in Kasinos sowie Geldspielautomaten in Spielhallen/Gaststätten zwar vergleichsweise selten wahrgenommen, aufgrund der höheren Spielfrequenz liegen die erwirtschafteten Anteile am Gesamtumsatz des Glücksspielmarktes aber insgesamt bei über 60%.

Unter Hinweis auf die folgenden Kapitel, in denen eine ausführliche Beschreibung des Störungsbildes »Spielsucht« erfolgt, ist abschließend hervorzuheben, dass die Expansion des Glücksspielmarktes aufgrund finanzieller Interessen des Staates großzügiger toleriert bzw. sogar begünstigt wird, als angesichts der damit verbundenen Folgen für Spieler und deren soziales Umfeld zu rechtfertigen wäre. Glücksspielanbieter haben zahlreiche rechtliche Nischen entdeckt bzw. geschaffen, in denen sie Glücksspiele veranstalten, ohne dass die gesetzlich verankerte staatliche Kontrolle juristisch anzuwenden oder praktisch umzusetzen ist. Eine Neuorientierung in der staatlichen Lenkung des Glücksspielwesens erscheint nicht zuletzt vor dem Hintergrund einer Aufweichung des Monopols dringend geboten, wenn Spieler ernsthaft vor wirtschaftlicher Ausbeutung ihrer Spielleidenschaft geschützt werden sollen.

3 Pathologisches Glücksspiel – Spielsucht

❗ Im allgemeinen Sprachgebrauch hat sich der Begriff »Spielsucht« eingebürgert, um das Erleben und Verhalten jener Spieler zu charakterisieren, die »Haus und Hof« verspielt haben, dem Spiel mit »Leib und Seele« verfallen sind.

Der Begriff impliziert, dass süchtiges Verhalten im Kontext des Spiels **generell** auftritt. Bei näherer Betrachtung der Schicksale »Spielsüchtiger« wird allerdings deutlich, dass sie nur einer **bestimmten Form** des Spiels nachgegangen sind: dem Glücksspiel. Der Begriff »Glücksspielsucht« (Petry, 1996) erscheint vor diesem Hintergrund eher geeignet, den Gegenstandsbereich zu erfassen, ist jedoch in der Bevölkerung kaum gebräuchlich.

Nur diese eine Form des Spielverhaltens besitzt nach dem derzeitigen Erkenntnisstand klinische Relevanz. Die internationalen Klassifikationssysteme psychischer Störungen (ICD-10 und DSM-IV) haben dementsprechend das **pathological gambling** als behandlungsbedürftige Erkrankung aufgenommen, wobei **gambling** für das Spielen um Geld, die Teilnahme am Glücksspiel steht. Die Übersetzung durch »Pathologisches Spielen« in den deutschsprachigen Versionen des ICD-10 (Dilling et al., 1991) und des DSM-IV (Saß et al., 1996) trifft somit den Sachverhalt nicht hinreichend. Prägnanter ist der Ausdruck »pathologisches Glücksspiel«, auch wenn nur das Spiel**verhalten** und -**erleben** krankhafte Formen annehmen kann.

In den letzten Jahren haben sich als Ergänzung oder Synonyme die Begriffe »problematisches Spielverhalten« bzw. »Problemspieler« etabliert (▶ Kap. 3.5). Sie erfahren aufgrund des eher neutralen Charakters eine zunehmende Akzeptanz in den verschiedenen Interessengruppen. In der breiten Verwendung dienen sie allerdings unterschiedlichen Zielsetzungen:
- der Abgrenzung einer weiteren, weniger schädlichen Form des Spielverhaltens von der Spielsucht,
- als umfassende Oberbegriffe, die alle von der Norm abweichenden Verhaltensweisen einschließen oder
- der Kritik an dem Krankheitskonzept.

Es liegen eine Reihe unterschiedlicher, vom jeweiligen theoretischen Standpunkt abhängende Definitionen dieser psychischen Störung vor (◻ Tabelle 3.1).

Custer, Wegbereiter der Forschung und Behandlung in den USA und maßgeblich für die Aufnahme des pathologischen Glücksspiels in das DSM-III verantwortlich, definiert die krankhafte Störung als »an addictive illness in which the subject is driven by an overwhelming uncontrollable impulse to gamble. The impulse progresses in intensity and urgency, consuming more and more of the individual's time, energy and emotional and material resources. Ultimately, it invades, undermines and often destroys everything that is meaningful in his life« (Custer & Milt, 1985, S. 22).

◻ **Tabelle 3.1.** Definitionskriterien pathologischen Glücksspiels

Definitionskriterien	Autoren
Objektive, glücksspielorientierte Merkmale wie hohe finanzielle Verluste	Rosecrance, 1988
Verhaltenstheoretische Aspekte wie exzessives, nicht mehr akzeptables Vielspielen	Hand, 1990
Verhaltensmerkmale und intrapsychische Phänomene wie Schuldgefühle, der unbewusste Wunsch zu verlieren und »Nichtaufhörenkönnen«	Bolen & Boyd, 1968 Bergler, 1970
Wesentliche, im engeren Sinne suchttypische Merkmale, wie Kontrollverlust nach Beginn des Spielens und Abstinenzunfähigkeit	Meyer, 1983
Suchtmerkmale wie exzessiver Gebrauch, unwiderstehliches Verlangen, Kontrollverlust und Folgeschäden	Moran, 1970a Custer & Milt, 1985 Rosenthal, 1989 Shaffer, 1999

3.1   Erscheinungsbild

In den Schilderungen beratungs- und behandlungssuchender Spieler wird immer wieder folgendes Erscheinungsbild der Spielsucht deutlich:

- **Glücksspiel als zentraler Lebensinhalt**
  - Das Glücksspiel strukturiert und dominiert das Leben der Betroffenen.
  - Mit zunehmender Häufigkeit und Intensität des Spielverhaltens entwickeln die Spieler eine ausgesprochene Kreativität in der Erschließung neuer Geldquellen.
  - Ist Geld vorhanden, richten sie den Tages- oder Arbeitsablauf so ein, dass sie rechtzeitig am Ort des Geschehens sein können.
  - Die Verhaltensmuster vor und in der Spielsituation nehmen die Form eines **Rituals** an, Abweichungen führen zu Irritationen bis hin zum Aberglauben.
  - Jede Gelegenheit nehmen die Spieler wahr.
  - Familie, Beruf, andere Interessen werden durch das Glücksspiel absorbiert, der Rückzug aus dem sozialen Umfeld erfolgt in kleinen Schritten.
  - Es kommt zu Auseinandersetzungen wegen des Spielens. Die Spieler weichen der Kritik aus, Kommunikation empfinden sie als lästig, sie entziehen sich den Problemen, indem sie ihr Geld riskieren oder sich damit nach durchlebten Stresssituationen belohnen.
  - Vor Alltagskonflikten laufen sie davon, unangenehme Gefühle werden durch das Spielen betäubt.
  - Um die häufige Abwesenheit und finanzielle Engpässe zu erklären, bauen sie ein raffiniertes Lügengeflecht auf, schließlich lügen sie sogar grundlos.
  - Sie spielen heimlich und prahlen – vor anderen Spielern – mit Gewinnen.
  - Ihre Emotionen sind im Wesentlichen auf das Glücksspiel ausgerichtet, hier erhoffen sie sich lustbetonte Gefühle, von der Familie haben sie sich emotional entfernt.
  - Erfolge werden beim Glücksspiel gesucht, nicht mehr im Beruf, in der Ausbildung oder im Sportverein.
  - Alles andere, was sonst das Leben bindet, tritt in den Hintergrund (Matussek, 1953),

das Glücksspiel ist zum obersten Daseinswert geworden (Kellermann, 1987).

Spieler berichten:

Herr S., 27 Jahre: »(…) bis dahin habe ich ja noch immer gespielt, um Gewinne zu machen. Dann schrumpfte eben das ganze Geld auf dem Konto, da fing das an mit den ersten Krediten. Das war so, dass mir das eigentlich schon fast zu dem Zeitpunkt egal war, ob ich gewinne oder verliere. Ich hatte das gemerkt, wenn ich mit Leuten wegging, ins Kino nachmittags, oder wir machten sonst irgendwas, das war langweilig, das war total langweilig. Ich war überhaupt nicht, ja, wie soll ich sagen, so, das war nichts, das war nullo. Wenn ich aber in der Spielhalle saß, war's doch etwas anderes. Erstmal rannte da die Zeit sowieso weg, man war irgendwie angespannt, es war Spannung da irgendwie, und so ging das dann immer weiter mit dem Spielen. Und dann, als ich die richtigen Kredite aufgenommen hatte, (…) da habe ich mich wirklich nur noch auf das Spielen konzentriert. Und da fing das an, dass ich den Leuten, mit denen ich zusammen war, irgendwelche Arbeiten vorschwindelte. Das waren meistens solche Jobs im Außendienst oder sonst was, wo ich nicht erreichbar bin. Also, dass dann nicht einer mal auf die Idee kommt und irgendwo anruft. (…) Es war so, dass ich morgens loszog und abends um 5 Uhr wieder reinkam, weil die Arbeit dann ja normalerweise zu Ende ist.

Ich habe mich auch nicht mehr richtig ernährt, also meine Gesundheit habe ich ein bisschen vernachlässigt, das heißt, ich habe morgens nur viel Kaffee getrunken, um möglichst rege zu sein. Ich hab' auch später Aufputschmittel genommen, (…) die habe ich oft genommen, mittags so, weil die Konzentration nachlässt vor diesen Automaten. Ich hatte ja mittlerweile auch an mehreren Automaten gespielt, meistens hingen immer so 3 nebeneinander. Ich habe in einer Reihe angefangen, und wenn das irgendwo lief in der Reihe, dann habe ich die nächste angefangen, auch wenn das ein' Raum weiter war. (…) Ich habe viel Kaffee getrunken, nichts gegessen, manch-

▼

mal 2, 3 Tage nichts gegessen und abends Beruhigungsmittel genommen. Die habe ich nachher sowieso immer gebraucht, um weiterzuspielen, damit ich ruhiger wurde, damit ich nicht so aufgekratzt war, Kreislaufstörungen kamen dann. Ja, also irgendwie alles, was nach der Spielhalle oder nach dem Spielen war, das war für mich kein richtiges Leben mehr. Ich habe mich zwar bemüht, immer noch ein gutes Gesicht zu machen, so zu Hause. (…) Ich habe mich immer ziemlich ausgeschlossen, von allen möglichen Sachen.«

[Vernachlässigung von sozialen Kontakten und Hobby:]

Herr E., 30 Jahre: »Die Freundin hat mal angerufen, wollte was unternehmen. Nee sag' ich, ich hab' heute keine Zeit, ich muss noch weg, du kannst ja mitkommen, und da gab's natürlich wieder Krach, war beschissen. (…) Ich würde sagen, da ist unsere Beziehung so ziemlich in die Brüche gegangen. (…) Die hat mich des öfteren deswegen zur Sau gemacht, es gab' also deswegen häufig Streit. Ich war Tag und Nacht unterwegs. Sie hat versucht, mich davon abzuhalten, dann bin ich gereizt geworden, hab' sie angeschrien.

Ich wollte eigentlich im September mit ihr in Urlaub fahren. Hatte ich auch Urlaub, aber kein Geld mehr. Ja, zu der Zeit war's auch keine Beziehung mehr, (…) das war mir zu diesem Zeitpunkt fast egal. (…) Irgendwo waren diese ganzen Freundschaften, Beziehungskisten bedeutungslos zu dem Zeitpunkt. (…) Im [Motorrad-]Club war's soweit, dass sie mich bald rausschmeißen wollten. (…) Ich war ja kaum noch da. (…) Am Wochenende war's mir auch wichtiger, in 'ner Baccarabude zu sitzen. Bin doch kaum noch Bock gefahren den Sommer über. Im Gegenteil, ich hab' die 1100er vergammeln lassen, könnt' ich mich heute noch für in A… treten. Hab' ich kein Interesse mehr dran gehabt.«

[Vernachlässigung des Berufs und Beeinträchtigung des Sexuallebens:]

Herr P., 42 Jahre: »(…) das Ganze hat sich natürlich beruflich geäußert, das Geschäft hat sich zu-

▼

rückgebildet oder ist vernachlässigt worden, weil man ja das Interesse gar nicht mehr so gehabt hat. Es hat sich hauptsächlich ums Spielen gedreht, man ist kaputt zurückgekommen, ja, dann hat man so den Auftrieb nicht gehabt für's Geschäft (…), hat sich mehr Gedanken gemacht, wie wieder runterkommen [in die Spielbank], und das Geschäft ist immer bedeutungsloser geworden. Das hat man auch an den Umsätzen gemerkt, die sind natürlich zwangsläufig zurückgegangen. (…) Gegenüber früher, wo ich da 10 000 Mark verdient hab', waren's zum Schluss bloß noch 3000 Mark oder 2000 Mark.

(…) Wenn man da in der Früh' um 4 oder was heimkommt, ganz kaputt oder so, und muss der Frau sagen, dass man wieder 3000 Mark verspielt hat oder 5000, ist die auch nicht unbedingt sehr empfänglich für Liebe oder sowas und man selber auch nicht.«

Herr M., 25 Jahre: »Ich hab' mal bei einer Firma extra gekündigt, weil ich Geld haben wollte. Ich wollte unbedingt zocken und habe keinen Vorschuss gekriegt. Da hab' ich gesagt, ich kündige und bin 2 Tage nicht gekommen. Dann konnte ich mein Geld abholen, einfach so. Mit 450 Mark bin ich in die Stadt gefahren, bin in die Halle. Ich hab' 6 Kisten bedient. In 2 Stunden war das Geld weg, (…) da hab' ich gedacht, jetzt haste kein Geld, keine Arbeit, kein Garnichts.«

─ **Kontrollverlust**
  ─ Einmal mit dem Glücksspiel angefangen, verlieren die Betroffenen die **Kontrolle** über ihr Spielverhalten. Trotz des Vorsatzes, nur einen bestimmten Betrag zu verspielen, nach einem Gewinn oder einer vorher festgelegten Spieldauer aufzuhören, spielen sie weiter, bis kein Geld mehr zur Verfügung steht.

Spieler berichten:

Herr M., 32 Jahre: »Ich hab' mir auch immer 'n Zeitlimit gesetzt, nur 'ne Stunde oder nur 100

▼

Mark. Aber ich hab's nie geschafft. 600 Mark, oder was ich gerade in der Tasche hatte (…) wurde verspielt. Wenn ich gesagt hab', nur 'ne Stunde, naja, dann hab' ich noch 'ne halbe Stunde drangehängt und noch 'ne halbe Stunde und (…)«.

Herr S., 26 Jahre: »Also das waren immer so meine Geschichten, die ich mir selber erzählt hab', also wenn ich mit 100 Mark reingeh', 20 Mark verspielste, dann ist Schluss, mit dem Rest gehste raus. Klar, danach waren's dann 30. Und ich hab' das immer verspielt. Am Anfang hab'ich's mir immer noch eingeredet, nachher war's klar, da hab' ich gewusst, gehste rein, dann kommste raus, wenn der Laden dicht macht, oder wenn du pleite bist.«

Herr S., 23 Jahre: »Das hab'ich mir fast jeden Tag vorgenommen, wenn ich 7-, 800 Mark hatte, oder auch nur 400, 200 Mark verspielste und von 100 Mark kaufste dir Platten oder brauchst' mal 'ne neue Hose oder was weiß ich. Dazu ist es nie gekommen. Wenn die 200 Mark weg waren, und ich hatte noch 200 Mark in der Tasche, ach 'n 50er kannste noch, dann 100, dann noch mal 50 und dann, ob du den 50er noch hast oder peng, das ist auch scheißegal. Dann kannste den auch noch verspielen. (…) Im August war das, ja. Wir kriegten immer Geld in Tüten. Und das war jetzt der erste Monat, wo ich meine Miete selber zahlen sollte, der erste Gesellenlohn. Und in Schöneberg ist auch so'ne blöde Spielhalle, so 'ne ganz kleine. Da bin ich rein und wollte eigentlich nur 10 Mark verspielen, weil ich es mir im Grunde überhaupt nicht leisten konnte. Es wurden 200, 300, 400 und da wurde mir schon 'n bisschen kribbelig. Ich hatte nur eins drei [1300 DM] und jetzt waren es noch 800 Mark. Kam ich schon ins Überlegen, hab' aber noch weitergespielt und hatte plötzlich nur noch 300 Mark. Ich bin dann nach Kiel reingefahren, sofort, und hab' in Kiel noch 200 Mark verspielt. Dann hab' ich noch 100 Mark im Roulette [24er] verspielt, das sah ich als letzte Möglichkeit, das war der Rest an dem Tag. Ja, und abends bin ich nach Hause getrampt. Erst mal 'n

▼

Anschiss von der Lütten gekriegt. (…) Geld für Miete und Essen, ja is' weg, alles weg, alles verdaddelt. Ja, muss ich wohl morgen losziehen und [Zigaretten-]Stangen klauen. Ja, und am nächsten Tag bin ich losgezogen, nach der Arbeit, und bin natürlich prompt erwischt worden.«

Herr B., 34 Jahre: »(…) Wie so'n Blackout war das wieder. Das, was man eigentlich vorhatte und machen wollte und wann man aufhören wollte, das ging nicht. Da fehlten einem nur noch 100 Mark an dem, was man haben wollte, und anstatt 2000 Mark Gewinn mitzunehmen, nur 1900 Mark mitzunehmen den Abend, das müsste ja auch reichen. Aber nee (…), den 100er holste dir auch noch! Nee, weitergespielt bis alles weg war…«

— Sie können nicht mehr mäßig und vernunftgesteuert spielen, verspüren ein unwiderstehliches Verlangen weiterzuspielen (◘ Abb. 3.1).

„ ENTSCHULDIGEN SIE BITTE, MEIN HERR …
ABER WÄRE ES IHNEN MÖGLICH, DAS SPIEL
EINMAL GANZ KURZ ZU UNTERBRECHEN?"

◘ **Abb. 3.1.** Automatenspieler: Nichts kann sie vom Spielen abhalten

— Bewusst lassen sie einen Teil der verfügbaren Mittel zu Hause, deponieren Geld im Handschuhfach, bevor sie in die Spielhalle gehen, um einem Totalverlust vorzubeugen. Gewonnene Jetons werden sofort in Bargeld eingewechselt, der Ehefrau zur unwiderruflichen Verwahrung übergeben.

— Die Schutzmaßnahmen reichen jedoch in der Regel nicht aus. Nach einem Verlust holen sie sich das restliche Geld oder bedrängen massiv die Ehefrau, um weiterspielen zu können.

— Sie halten Verabredungen nicht ein, sagen berufliche Termine ab, wenn sie erst einmal vor dem Automaten oder am Roulettetisch sitzen.

Ein Spieler berichtet:

Herr D., 21 Jahre: »(…) Ich hab' telefoniert, hab' gesagt, ich hab 'n Platten am Auto, ich kann dich nicht abholen (…), obwohl es eigentlich ihr [Freundin] Auto war. Aber das war mir im Prinzip egal, es gab da kein Ende mehr abzusehen in der Spielothek, (…), da musste sie auf der Arbeit bleiben. Ob sie da was zu essen hat, das hat mich so doll gar nicht berührt. Das interessiert einen gar nicht mehr, was mit anderen Leuten ist.«

— Ein Aspekt des subjektiv empfundenen **Kontrollverlustes** ist das typische Motiv pathologischer Spieler, entstandene Verluste umgehend wieder auszugleichen. Sie jagen ihren Verlusten regelrecht hinterher (»chasing«). Durch Erhöhung der Einsätze wollen sie dieses Ziel möglichst rasch erreichen. Der Gedanke »das hol' ich mir wieder« wird zur übermächtigen, treibenden Kraft. Während unter Roulettespielern die »**Chase-Philosophie**« auch in Bezug auf den Gesamtverlust vergangener Jahre weit verbreitet ist, bezieht sie sich bei Automatenspielern in der Regel auf unmittelbar vorangegangene Verlustsequenzen.

Ein Spieler berichtet:

Herr E., 30 Jahre: »Irgendwann kam mal der entscheidende Einbruch. Da hatte ich mal 2000 Mark in der Tasche, die wollte ich zurückzahlen an die KKB, und das war Geld, was ich in der Halle verdient hatte. Ich geh' da [ins Spielcasino] auch rein und denk', nehm' mal 'n bisschen Geld mit, und die 2000 Mark hab' ich komplett verloren. Irgendwo, als ich dann hinten war, hab' ich versucht, weiter zu setzen, um mit mehr Satz meinen Verlust wieder reinzuholen. Und je länger das dauerte, desto nervöser wurde ich. Und dann hab' ich noch 'n 100er aus der Tasche geholt, bin nochmal raus, zum Geldautomaten, hab' mir nochmal 1000 Mark geholt, die hab' ich auch noch verdonnert. Von da an wurde es echt extrem. Ich bin echt hinter dem Geld hergejagt, hab' mehr und mehr gesetzt, bis ich dann irgendwo überhaupt nicht mehr ein und aus wusste. (…) Innerhalb von ein paar Tagen war ich auf 15 000 Mark Miese bei der KKB. Zum Schluss war ich bald tagtäglich da drin. (…) Ich hab' eigentlich nur noch dran gedacht, wie ich jetzt wieder an Geld kommen kann, dass ich meine Schulden wieder in den Griff kriege.«

— **Erfolglose Abstinenzversuche/-bestrebungen**
  — Vor allem nach verlustreichem Spiel oder auf Drängen der Angehörigen nehmen sich die Betroffenen wiederholt vor, das Spielen einzuschränken oder glücksspielabstinent zu leben (◻ Abb. 3.2).
  — Die Versuche, es ohne fremde Hilfe zu schaffen, scheitern nach einigen Tagen oder Wochen ebenso wie diejenigen mit Unterstützung von Angehörigen, mitunter auch von Selbsthilfegruppen, ambulanter oder stationärer Therapie.
  — Es bedarf vielfach noch nicht einmal einer Belastungssituation für eine erneute Beteiligung, allein die **Wiedererlangung finanzieller Mittel** fördert das Verlangen nach dem Glücksspiel.

□ Abb. 3.2. Der gute Vorsatz: Nie wieder!

Spieler berichten:

Herr B., 27 Jahre: »2, 3 Monate ging das eigentlich. (...) Also ich hab' versucht, mich abzulenken. Obwohl mir das nicht immer ganz leicht gefallen ist. Manchmal hab' ich mich schon angezogen und war auf dem Weg dahin [in die Spielhalle], aber dann hab' ich irgendwie doch noch die Kurve gekriegt und mir gesagt, nee, jetzt, das darfst du nicht. Das ging eigentlich in den Monaten. Dann hab' ich ja im November das erste Geld gekriegt von der Firma, und da ging das eigentlich wieder richtig los, wo ich mir gesagt hab', so, jetzt haste mehr Geld, jetzt kannste ja auch wieder öfter spielen gehen. Also das war mein erster Gedanke, 2 Tage bevor ich das erste Geld gemacht hab'. Von dem Augenblick an hab' ich immer dran gedacht, so, dann und dann gehste hin zur Spielhalle. Und nachdem ich Miete und das bezahlt hatte, das hatte ich mir fest vorgenommen. Ja, und dann bin ich den Morgen, wo das Geld da sein musste, zur Bank hingegangen und hab' es abgeholt. Aber anstatt Geld für Miete und Strom gleich zu überweisen, (...) war der erste Weg von 'ner Bank aus gleich um 10-Uhr morgens in 'ne Spielhalle rein.«

Herr P., 42 Jahre: »Man kann sich das so oft vorgenommen haben, ich fahr' nimmer runter [in die Spielbank], und kaum hat man wieder Geld in Aussicht gehabt oder 'n Scheck gekriegt vormittags, dann hat man den eingelöst und ist vormittags schon runter gefahren. (...) Es gibt keine Erklärung, warum man das macht. Aber es ist

▼

so. (...) Wie 'ne Kurzschlussreaktion ist das. (...) Man hofft immer wieder (...), dass man wieder dabei ist oder dass man doch einmal ein Ding abzieht (...). Ich weiß nicht, es ist logisch gar nicht erklärbar, weil es auch nicht logisch ist. Es ist halt so.«

Herr H., 45 Jahre: »Ich geh' nie mehr, nie wieder, hab' ich mir geschworen und wieder geschworen, nie mehr geh' ich hin. Das war absolut (...), und am nächsten Tag bin ich wieder hin. Ich hab' mich die ganze Nacht damit beschäftigt, mit der ganzen Sache. Ich hab' gesagt, ich hab' mich nicht unter Kontrolle gehabt, wenn ich mich unter Kontrolle gehabt hätte, wäre das nicht passiert. Ich mein', ich hab' immer noch an mein System geglaubt, immer noch eigentlich. (...) Ich hab' meine Permanenzen angeguckt, die aufgeschriebenen, notierten Zahlen, und hab' das alles nochmal durchgerechnet. Wenn ich so und so gesetzt hätte, dann hätte ich gewinnen müssen und eigentlich nichts verlieren dürfen. Und mit der Erkenntnis bin ich am nächsten Tag wieder hingefahren.«

— Eine dauerhafte Enthaltsamkeit erscheint ihnen unerträglich, ein gänzlicher Verzicht unvorstellbar.
— Wenn Geld zur Verfügung steht, kommt es in der »**Egal-Stimmung**« zum Einsatz. Häufig ändert sich an der Grundeinstellung gegenüber dem Glücksspiel kaum etwas. Glaubenssätze wie »ich kann aufhören, wenn ich

3

es wirklich will« stützen das glücksspielbezogene Selbstbild.

- Der Verweis auf erfolgreiche **Abstinenzbestrebungen** für einen begrenzten Zeitraum und glücksspielfreie Zeiten (durch Geldmangel), die **Eigensperre** für die lokale Spielbank und die Einrichtung familiärer **Kontrollstrategien** dienen der vorübergehenden Beruhigung – vor allem der Angehörigen.
- Tritt das Glücksspiel aufgrund neuer Lebenssituationen, die Sinnerfüllung vermitteln, für einige Zeit in den Hintergrund, wird zum Teil noch exzessiver gespielt, wenn der Reiz des Neuen verflogen ist oder sich Belastungssituationen ergeben haben. Haftaufenthalte haben einen ähnlichen Effekt, obwohl die wenigsten pathologischen Spieler während der Haft abstinent leben, denn das Spiel um Geld, Tabak usw. gehört zu den beliebtesten Freizeitbeschäftigungen in den Justizvollzugsanstalten. Auch nur periodisch auftretende Glücksspielexzesse weisen bei süchtigen Spielern eine typische, fortschreitende Entwicklung auf.

- **Toleranzentwicklung**
  - Im Verlauf der »Spielerkarriere« müssen die Betroffenen ihre Einsätze steigern oder höhere Risiken eingehen, um den gewünschten **emotionalen Effekt** zu erzielen. Es entwickelt sich eine **Toleranz gegenüber der »Dosis«** des Glücksspiels, die zur Vermittlung von Gefühlen wie Erregung notwendig ist. Am Anfang genügt ein Gewinn des Mindesteinsatzes beim Spiel auf »einfache Chancen« des Roulette, um ein Glücksgefühl auszulösen, am Ende muss an mehreren Tischen gleichzeitig auf »plein« gewonnen werden, um noch ein Gefühl der Zufriedenheit zu verspüren.
  - Das Erleben während des Glücksspiels stumpft zunehmend ab. Automatenspieler riskieren schließlich an mehreren Geräten gleichzeitig ihr Geld, wählen nur noch die höchste Risikostufe oder steigen teilweise auf illegales Glücksspiel und Kasinospiele um (mitunter beschreiten Spieler auch den umgekehrten Weg, wenn beispielsweise eine Sperre oder Geldmangel den Zugang zum normalerweise bevorzugten »höherwertigen« Glücksspiel verhindern).

Ein Spieler berichtet:

Herr K., 27 Jahre: »Ich hab' da bald an 3 Kästen [Spielautomaten] gleichzeitig gespielt, ich hab' auch viel gewonnen, muss ich dazu sagen. Ich hab' eigentlich unerträglich viel Glück gehabt im Spielen, und da musste ich schon bald an 3 Kästen spielen. (…)

Beim Risikospiel ging es bis zum Anschlag hoch oder eben nicht. (…) Und ich meinte, ich hätte da'n Trick rausgekriegt, mit dem ich auf 100 hochdrücken konnte. Das klappte auch fast immer. Lang 5, lang 10, lang 40, kurz 100, das klappte ziemlich oft, also eigentlich hab' ich viel auf 100 gedrückt. Aber selbst wenn ich 4, 500, 600 Mark voll hatte, ich hab' solange gespielt, bis das Geld alle war.«

- **Entzugserscheinungen**
  - Fehlen die finanziellen Mittel für das Glücksspiel, lassen andere Gründe wie berufliche Verpflichtungen oder Kontrolle seitens der Familie eine Beteiligung unmöglich erscheinen oder werden Abstinenzbestrebungen umgesetzt, treten psychische aber auch vegetativ-physische **entzugsähnliche Erscheinungen** auf. Am häufigsten berichten Spieler über innere Unruhe und Reizbarkeit, die sie in diesen Situationen erleben. Sie spüren ein »Kribbeln im Bauch«, gehen ruhelos auf und ab und können begonnene Handlungen nicht zu Ende führen. Sie reagieren schon bei Kleinigkeiten gereizt und fangen schließlich in der Familie einen Streit an, um endlich in die Spielhalle gehen zu können. Alles, was einer umgehenden Teilnahme im Wege steht, wie die Einlasskontrolle in der Spielbank, lässt die Ungeduld wachsen (ebenso wie Unterbrechungen des Spielablaufes). Sobald die erste Münze eingeworfen oder der erste Jeton platziert ist, setzt ein beruhigendes Gefühl ein. Einige betroffene Spieler schildern

daneben in retrospektiven Studien Konzentrations- und Schlafstörungen, Alpträume, Depressionen, Kopf- und Magenschmerzen, Appetitlosigkeit, Schweißausbrüche etc. Aber auch positive Auffälligkeiten in den ersten Tagen der Abstinenz wie eine neue Weltanschauung und das Gefühl, von einer inneren Last befreit zu sein, bestätigen Mitglieder der »Anonymen Spieler«. Die entzugsähnlichen Symptome dürften eher auf der Gewöhnung an einen erhöhten Erregungszustand (▶ Kap. 4.1.1) oder auf gescheiterten Bemühungen basieren, vorhandene dysphorische Stimmungen mithilfe des Glücksspiels zu bewältigen, als auf physiologischen Konsumbedürfnissen, wie bei stoffgebundenen Suchtformen. (Wray & Dickerson, 1981; Meyer, 1989 a, b; Rosenthal & Lesieur, 1992; Custer, 1982).

Ein Spieler berichtet:

Herr S., 23 Jahre: »Wenn ich da gesessen hab' und Fernsehen geguckt hab' oder Musik gehört hab', irgendwie bin ich unruhig gewesen. Ich konnte nicht lange auf dem Stuhl sitzen, still sitzen, bin aufgestanden, in der Wohnung rumgelaufen, hab' sauber gemacht, irgendwie versucht, mich abzulenken. Wenn das nicht geholfen hat, bin ich raus, mit 'nem Walkman auf'm Kopf und bin an den Strand gegangen. Das hat aber alles nichts genützt. Ich fühlte mich unruhig. Also irgendwie, als wenn ich nicht wusste wohin. Ich war einfach nicht zufrieden gewesen mit dem, was im Moment geschehen ist. Langweile, na, was machste nun, was machste nun. Ja, eigentlich-könnteste ja mal nach Kiel fahren. Also das ist eine innere Unruhe in dem Moment. 'Ne Unzufriedenheit. Wenn sie [Freundin] dann da war, bin ich gereizt gewesen und bin immer gleich auf jedes Wort angesprungen, hab' sie angeschrien, all sowas. Das ist manchmal so ausgeartet, dass ich sie aus der Wohnung geworfen hab' und all so 'ne Scherze. Ich bin in dem Moment unberechenbar. Ich kann Menschen dann so verletzen, auch wenn ich das gar nicht will.

▼

Das tut mir 5 Minuten später wieder leid. Aber in dem Moment, da dreh' ich durch. Ich kann da keinen klaren Gedanken mehr fassen.«

[Nachdem er dann gespielt hatte:]

»Dann bin ich losgezogen und hab' versucht, noch schnell [Zigaretten-]Stangen zu klauen und dann spielen. (…) Wenn ich gespielt hab', war das alles wieder weg. Dann fühlte ich mich eigentlich mit mir und meiner Umwelt wieder zufrieden. Auch wenn ich abends nach Hause kam, habe ich mich entschuldigt bei meiner Lütten.«

▬ Folgeschäden
- Ein unkontrolliertes Spielverhalten führt auf Dauer fast zwangsläufig zunächst zu finanziellen, später auch zu psychosozialen **Folgeschäden** (▶ Kap. 6). Mit der Aufnahme von Krediten oder dem Verkauf persönlichen Eigentums beginnt ein Kreislauf, der in illegalen Handlungen enden kann, wenn die eigenen Ressourcen erschöpft sind.
- Vor allem junge Spieler verlassen sich in dieser Situation immer wieder darauf, dass die Familie schon für den Schaden aufkommen wird.
- Über kurz oder lang treten Störungen im zwischenmenschlichen Bereich auf, Schuldgefühle und Depressionen können die Folge sein und zum Weiterspielen motivieren.

3.2   Phasen einer Spielerkarriere

Der Verlauf einer »Spielerkarriere« bis zur Manifestierung des pathologischen Glücksspiels lässt sich in Analogie zu stoffgebundenen Suchtentwicklungen in drei Phasen unterteilen:
1. positives Anfangsstadium,
2. kritisches Gewöhnungsstadium,
3. Suchtstadium.

Custer (1987) bezeichnet sie – eher glücksspielorientiert – als Gewinn-, Verlust- und Verzweiflungsphase (▣ Abb. 3.3). Er nennt identifizierbare Symptome für

3

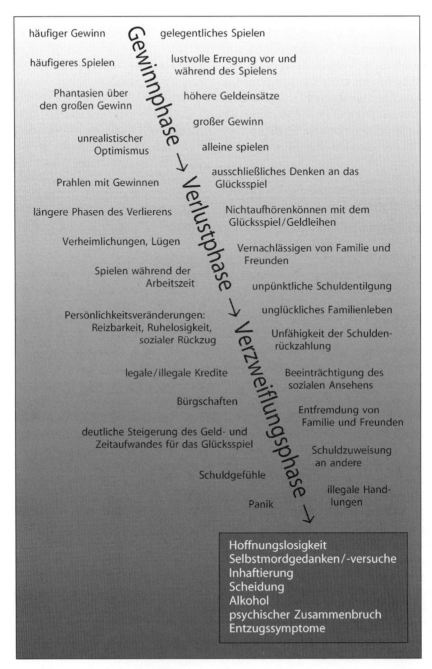

häufiger Gewinn   gelegentliches Spielen

häufigeres Spielen   lustvolle Erregung vor und während des Spielens

Phantasien über den großen Gewinn   höhere Geldeinsätze

großer Gewinn

unrealistischer Optimismus   alleine spielen

ausschließliches Denken an das Glücksspiel

Prahlen mit Gewinnen

längere Phasen des Verlierens   Nichtaufhörenkönnen mit dem Glücksspiel/Geldleihen

Verheimlichungen, Lügen   Vernachlässigen von Familie und Freunden

Spielen während der Arbeitszeit   unpünktliche Schuldentilgung

Persönlichkeitsveränderungen: Reizbarkeit, Ruhelosigkeit, sozialer Rückzug   unglückliches Familienleben

Unfähigkeit der Schuldenrückzahlung

legale/illegale Kredite   Beeinträchtigung des sozialen Ansehens

Bürgschaften   Entfremdung von Familie und Freunden

deutliche Steigerung des Geld- und Zeitaufwandes für das Glücksspiel

Schuldzuweisung an andere

Schuldgefühle

Panik   illegale Handlungen

Gewinnphase → Verlustphase → Verzweiflungsphase →

Hoffnungslosigkeit
Selbstmordgedanken/-versuche
Inhaftierung
Scheidung
Alkohol
psychischer Zusammenbruch
Entzugssymptome

◻ Abb. 3.3. Verlauf der »Spielerkarriere«. (Custer 1987)

die aufeinanderfolgenden Phasen, wobei Analogien zum Phasenmodell des Alkoholismus von Jellinek (1952) erkennbar sind (Dickerson, 1984, S. 5). Die aufgezeigten Symptome treten allerdings nicht immer nacheinander in der angegebenen Reihenfolge und vollständig auf, sondern ebenso gruppenweise oder mit Ausnahmen. Eine klare Abgrenzung der Phasen erscheint zudem schwierig, im Modell eher idealtypisch zu sein.

3.2.1 Positives Anfangsstadium (Gewinnphase)

Ersten Kontakten zu Glücksspielen im Familienkreis, in der Peer-Group in Form von Karten-/Würfelspielen um kleinere Geldbeträge oder mehr zufälligen Annäherungen über eindrucksvolle Schilderungen von Freunden, Eröffnung einer Spielhalle/-bank in der Nähe des Wohnortes usw. folgt früher oder später eine gelegentliche Teilnahme mit in der Regel **positiven Erfahrungen.**

Der Spieler erzielt kleinere oder größere Gewinne, erlebt anregende, euphorische Gefühle, ein **gesteigertes Selbstwertgefühl.** Spieler berichten häufiger über größere Gewinne in der Anfangsphase, die die Entwicklung (ebenso wie äußere Belastungen) beschleunigen können, jedoch nicht notwendig sind, denn schon das Eingehen von Risiken und zwischenzeitlich zwangsläufig eintretende, kleinere Gewinne führen zu positiven Gefühlen, zu Entspannung und Entlastung von psychischen Problemen. Gewinne werden stolz den Angehörigen präsentiert, Anschaffungen getätigt und größere Summen nach Gewinnsequenzen (beim Roulette) angelegt. Optimismus macht sich breit, Phantasien drehen sich um zukünftige Gewinne. Das Glücksspiel ist auf die Freizeit beschränkt, auf das Spiel an einem Automaten oder Roulettetisch. Kontakte zur Spielerszene, die Anerkennung und Statusgewinn vermittelt, verstärken sich. Verluste werden immer wieder ausgeglichen, glücksspielspezifische Kenntnisse erweitert. Aus gelegentlichen entwickeln sich regelmäßige Besuche der einschlägigen Einrichtungen. Die **Risikobereitschaft** wächst.

3.2.2 Kritisches Gewöhnungsstadium (Verlustphase)

Der Übergang zum kritischen Gewöhnungsstadium, der sich hier andeutet, ist fließend. Häufigkeit, Spieldauer und Einsätze nehmen zu – die **Spielintensität** steigt. Um den gewünschten Effekt zu erzielen, sind immer höhere Einsätze und Gewinne erforderlich, da deren Wirkung infolge von Gewöhnung nachlässt. Der Spieler wählt risikoreichere Spielvarianten, spielt an mehreren Automaten gleichzeitig. Das Spielverhalten schleift sich ein, gewinnt **Eigendynamik.** Da überwiegend Verluste mit zunehmendem Ausmaß eintreten, lässt sich das Glücksspiel nicht mehr nebenbei finanzieren. Angehörige werden beliehen, Kredite aufgenommen, Einsätze limitiert und Erfolge jetzt systematischer angestrebt. Geld hat zunehmend nur noch die Funktion des **Spielkapitals**, jeglicher Bezug zum realen Geldwert geht verloren. Der Spieler verheimlicht seine Glücksspielaktivitäten und entwickelt ein **System von Lügen**, um seine Abwesenheit und finanzielle Engpässe zu erklären. **Probleme in Partnerschaft und Ehe** beginnen, denen er sich durch die Flucht in den Glücksspielbereich entzieht. Eine **Vernachlässigung der Ausbildung, des Berufes** zeichnet sich ab. Der Lustgewinn und die Unlustabwehr sind bereits ansatzweise auf das Glücksspiel ausgerichtet. Erste Anzeichen von **Unzuverlässigkeit** und **Kritikschwäche** zeigen sich, die Kontaktfähigkeit nimmt ab. Verluste werden bagatellisiert, die Schuldenrückzahlung wird hinausgezögert. Der Verlustausgleich bestimmt innerhalb von Spielsequenzen immer häufiger die Motivation. Die Kontrolle über das Spielverhalten ist aber insofern noch vorhanden, als der Spieler zwar teilweise mehr Geld und Zeit investiert als vorher beabsichtigt, eine Fortsetzung des Spiels entgegen gefasster Vorsätze, bis absolut kein Geld mehr zur Verfügung steht, jedoch kaum vorkommt. Außerdem gelingt es ihm noch, mit Gewinnen (auch mittleren) den »Zockertempel« zu verlassen. Er hat aber bereits seine Stammspielhalle, für den Besuch der Spielbank lohnt sich eine Jahreskarte, die Überreichung der Ehrenkarte mit kostenlosem Eintritt (für gute Kunden) steht kurz bevor.

3.2.3 Suchtstadium (Verzweiflungsphase)

Das Suchtstadium ist dann erreicht, wenn der Spieler nicht mehr mäßig und vernunftgesteuert spielen, nach Beginn nicht mehr aufhören kann, wiederholt alles verfügbare Geld ebenso wie seine Gewinne restlos verspielt. Der Spieler hat nach eigenem Empfinden die Kontrolle verloren, ein kennzeichnendes Merkmal des **Suchtstadiums**. In diesem Stadium beherrscht das Glücksspiel sein Leben. Exzessives Spielen oder Geldbeschaffung stehen auf der Tagesordnung. Obwohl der Spieler eine positive Wirkung kaum mehr erfährt, ist er grundsätzlich überzeugt, auf das Glücksspiel nicht verzichten zu können. Es hat sich ein von potenziellen Grundstörungen mehr oder minder unabhängiges, eigenständiges Störungsbild entwickelt. Trotz erkennbarer **Folgeschäden** wird weitergespielt, Geld zum Spielen um jeden Preis beschafft – auch durch **Straftaten**. Schuldgefühle treten auf, teilweise auch Panikgefühle, wenn der Spieler vornehmlich nach einem Totalverlust kurzzeitig auf dem Weg nach Hause seine Situation inklusive der angerichteten Schäden reflektiert. Versuche, glücksspielabstinent zu leben, scheitern nach wenigen Tagen oder Wochen – enden im Rückfall. **Persönlichkeitsveränderungen** (Stimmungslabilität, Selbstverachtung, Antriebsverlust) und **sozialer Abstieg** (emotionale Entfremdung von Familie, Scheidung, Isolation) begleiten das Erscheinungsbild der Spielsucht bzw. des pathologischen Glücksspiels (▶ Kap. 3.6 und 6).

Es ist ein jahrelanger Prozess. Nach Angaben von Spielern aus Selbsthilfegruppen dauerte die Phase gelegentlichen Spielens durchschnittlich ca. 2,5 Jahre, die des häufigen und intensiven Glücksspiels im Mittel ca. 5,5 Jahre. Nach ca. 3,5 Jahren erlebten die Spieler oder ihre nächsten Bezugspersonen das Glücksspiel zum ersten Mal als Problem (Meyer, 1989a, b). Bis sich ein ehrliches Bedürfnis nach Hilfe entwickelt hatte und eine Akzeptanz des Problems sich durchsetzte, vergingen teilweise weitere Jahre. Bei Klienten von Suchtberatungsstellen lag die Dauer der Symptomatik süchtigen Spielverhaltens im Mittel bei 9 Jahren (Geldspielautomaten) bzw. 10,6 Jahren (Glücksspiel; Meyer, 1999).

3.3 Diagnostische Kriterien

Nach der ICD-10 (Dilling et al., 1991, S. 222 f) besteht die Störung in häufig wiederholtem episodenhaften Glücksspiel, das die Lebensführung der betroffenen Person beherrscht und zum Verfall der sozialen, beruflichen, materiellen und familiären Werte und Verpflichtungen führt. Die Betroffenen setzen ihren Beruf und ihre Anstellung aufs Spiel, machen hohe Schulden und lügen oder handeln ungesetzlich, um an Geld zu kommen oder die Bezahlung von Schulden zu umgehen. Sie beschreiben einen intensiven, kaum kontrollierbaren Spieldrang. Daneben steht die gedankliche und bildliche Vorstellung des Spielvorganges und seiner Begleitumstände im Vordergrund. Die gedankliche Beschäftigung und die Drangzustände verstärken sich häufig in belastenden Lebenssituationen.

Diagnostische Leitlinien für pathologisches Spielen (F63.0) nach ICD-10
Die Hauptmerkmale sind:
1. Dauerndes, wiederholtes Spielen.
2. Anhaltendes und oft noch gesteigertes Spielen trotz negativer sozialer Konsequenzen, wie Verarmung, gestörter Familienbeziehungen und Zerrüttung der persönlichen Verhältnisse.

Differenziertere diagnostische Kriterien liefert das DSM-IV (Saß et al., 1996) bzw. die textrevidierte Version DSM-IV-TR[1] (Saß et al., 2003). Die Diagnose »Pathologisches Spielen« ist bei andauernd und wiederkehrend fehlangepasstem Spielverhalten zu stellen, was sich in **mindestens fünf der folgenden Merkmale** ausdrückt:

Diagnostische Kriterien für pathologisches Spielen (312.31) nach DSM-IV bzw. DSM-IV-TR
1. Ist stark eingenommen vom Glücksspiel (z. B. starkes Beschäftigtsein mit gedanklichem Nacherleben vergangener Spielerfahrungen, mit Verhindern oder Planen der nächsten Spielunter-

---

[1] Bedeutsame Veränderungen in der DSM-IV-Text-Revision beziehen sich auf die Aufnahme eines Abschnitts zu Laborbefunden und die Aktualisierung der Abschnitte über zugehörige Merkmale und Störungen sowie den Verlauf.

☑ **Abb. 3.4.** Ein guter Vorsatz ist schnell vergessen

nehmungen, Nachdenken über Wege, Geld zum Spielen zu beschaffen),

2. muss mit immer höheren Einsätzen spielen, um die gewünschte Erregung zu erreichen,
3. hat wiederholt erfolglose Versuche unternommen, das Spielen zu kontrollieren, einzuschränken oder aufzugeben (☑ Abb. 3.4),
4. ist unruhig und gereizt beim Versuch, das Spielen einzuschränken oder aufzugeben,
5. spielt, um Problemen zu entkommen oder um eine dysphorische Stimmung- (z. B. Gefühle von Hilflosigkeit, Schuld, Angst, Depression) zu erleichtern,
6. kehrt, nachdem beim Glücksspiel Geld verloren wurde, oft am nächsten Tag zurück, um den Verlust auszugleichen (dem Verlust »hinterherjagen«),
7. belügt Familienmitglieder, den Therapeuten oder andere, um das Ausmaß der Verstrickung in das Spielen zu vertuschen,
8. hat illegale Handlungen wie Fälschung, Betrug, Diebstahl oder Unterschlagung begangen, um das Spielen zu finanzieren,
9. hat eine wichtige Beziehung, den Arbeitsplatz, Ausbildungs- oder Aufstiegschancen wegen des Spielens gefährdet oder verloren,
10. verlässt sich darauf, dass andere Geld bereitstellen, um die durch das Spielen verursachte hoffnungslose finanzielle Situation zu überwinden.

Die beiden Klassifikationssysteme nennen als differenzialdiagnostisch bedeutsames Störungsbild das exzessive Spielen im Rahmen einer manischen Episode. In der ICD-10 ist zudem das gewohnheitsmäßige Spielen als Differenzialdiagnose aufgeführt, im DSM-IV erfolgt eine Abgrenzung von sozialem und professionellem Spielen (▶ Kap. 3.6).

Differenzialdiagnose nach ICD-10 und DSM-IV

ICD-10	DSM-IV
▬ Gewohnheitsmäßiges Spielen	▬ Soziales Spielen
	▬ Professionelles Spielen
▬ Exzessives Spielen manischer Patienten	▬ Exzessives Spielen im Rahmen manischer Episode
▬ Spielen bei Personen mit soziopathischer Persönlichkeit	▬ Spielen bei Personen mit Antisozialer Persönlichkeitsstörung (beide Diagnosen möglich)

Die Abgrenzung des Spielens bei Personen mit soziopathischer Persönlichkeit (nach ICD-10), die eine weitreichende und dauernde Störung des Sozialverhaltens aufweisen, was sich in aggressiven Handlungen oder einem fehlenden Gefühl für das Wohlergehen und die Gefühle anderer Menschen äußert, bereitet mitunter Schwierigkeiten. Empirische Untersuchungen zeigen, dass Merkmale des »Pathologischen Spielens« und der »Antisozialen Persönlichkeitsstörung« bei Individuen gleichzeitig nachweisbar sind (Lesieur, 1987 b). Dies stimmt mit Forschungsergebnissen überein, nach denen die Diagnose »Antisoziale Persönlichkeit« ein geeigneter Prädiktor für Suchtverhalten ist (Holden, 1988). Wenn Anhaltspunkte für beide Störungsbilder vorliegen (vor allem für antisoziale Persönlichkeitseigenschaften in der Kindheit und Jugend), die späteren Probleme mit dem Glücksspiel aber weniger auf der Grundstörung als auf der Eigendynamik der Suchtentwicklung beruhen (▶ Kap. 3.2), sollten beide Störungen diagnostiziert werden, wie es das DSM-IV vorschlägt.

3.4 Screeningverfahren

Als Vorläufer psychometrischer Screeningverfahren zum pathologischen Glücksspiel gelten die »20 Questions«, die betroffene Spieler der Selbsthilfebewegung Gamblers Anonymous (1984a) erstellt haben (▶ Anhang B1). In Form der Selbstdiagnose soll der Spieler Fragen zu typischen Merkmalen beantworten wie:

- Versäumen der Arbeit, familiäre Konflikte und vermindertes Ansehen der Person infolge des Spielens;
- Schuldgefühle, Einschränkung der Leistungsfähigkeit und Schlafstörungen;
- widerwillige Nutzung von »Spielgeld« für andere Ausgaben, Lösung finanzieller Probleme durch das Spielen und Jagd nach einem Verlustausgleich;
- Kreditaufnahme, Verkauf von persönlichem Eigentum und Beschaffungsdelikte;
- Nichtaufhörenkönnen, Flucht vor Problemen und Selbstzerstörung;
- Glücksgefühle durch das Spielen.

Nach den Auswertungsvorgaben der »Anonymen Spieler« (1984) ist es bei Bejahung von 7 der 20 Fragen möglich, dass eine Spielsucht vorliegt.

An den Kritrien des DSM-III (APA, 1980) und dem Phasenkonzept der Suchtentwicklung orientiert sich ein Fragebogen, der von Lesieur & Blume (1987) entwickelt worden ist und vor allem im angelsächsischen Sprachraum in klinischen und epidemiologischen Untersuchungen weite Verbreitung gefunden hat: der »South Oaks Gambling Screen« (SOGS). Das Verfahren erfasst in 20 zur Auswertung herangezogenen Items Merkmale wie Leugnungstendenzen, Kreditaufnahme, Kontrollverlust und Abstinenzunfähigkeit. Die Prüfung der testdiagnostischen Gütekriterien weist auf eine hohe bzw. zufrieden stellende Reliabilität und hinreichende Validität des Verfahrens hin. In einer Stichprobe der Allgemeinbevölkerung führte das Verfahren allerdings zu einer Überschätzung der Anzahl pathologischer Spieler (Stinchfield, 2002). Kritik an der Konstruktvalidität und dem Cut-off-Wert üben Battersby et al. (2002). Strong et al. (2003) haben den SOGS nach dem Rasch-Modell evaluiert und eine verkürzte 6-Item-Version abgeleitet, die den Schweregrad

auf einem Kontinuum bestimmt. Eine deutschsprachige Version findet sich bei Müller-Spahn & Margraf (2003). Eine revidierte Fassung des SOGS zur Identifizierung von problematischem Spielverhalten unter Jugendlichen (SOGS-RA) stammt von Winters et al. (1993, Poulin, 2002).

Lesieur & Blume (1992) sowie Petry (2003a) haben eine auf das Glücksspiel abgestimmte Version des »Addiction Severity Index« entwickelt und mit befriedigenden Ergebnissen überprüft. Ein Verfahren, das die DSM-IV-Kriterien beinhaltet, haben Shaffer et al. (1994) mit dem »Massachusetts Gambling Screen« (MAGS) und Stinchfield (2003) konzipiert. Bei einem Cut-off-Wert von 4 (statt 5) erhöht sich nach Stinchfield (2003) die diagnostische Genauigkeit der DSM-IV-Kriterien. Unter Einbeziehung dieser Kriterien hat Fisher (1992) eine Version für Jugendliche vorgelegt, die jedoch – ebenso wie der SOGS-RA – aufgrund von Verständnisproblemen zu einer Überschätzung der Prävalenzrate bei Jugendlichen führt (Derevensky et al., 2003; Jacques & Ladouceur, 2003). Auf 2 der 10 DSM-IV-Kriterien basiert der »Lie/Bet Questionnaire« von Johnson et al. (1997).

Für den deutschsprachigen Raum haben Petry & Baulig (1995) einen »Kurzfragebogen zum Glücksspielverhalten« (KFG) im Rahmen der klassischen Testtheorie konstruiert, der die Erfassung einer beratungs- und behandlungsrelevanten Glücksspielproblematik und Differenzierung des bestehenden Schweregrades ermöglicht. In Anlehnung an das phasenspezifische Suchtmodell und die »20 Fragen« der Anonymen Spieler (1984) wurde eine 20 Items umfassende Likert-Skala (trifft gar nicht/eher nicht/eher/genau zu) zusammengestellt, die Aussagen wie »Ich kann mein Spielen nicht mehr kontrollieren«, »Ich denke ständig ans Spielen« oder »Ich habe schon fremdes bzw. geliehenes Geld verspielt« enthält. Das Verfahren erfüllt weitgehend die testtheoretischen Gütekriterien und ist vor allem für klinische Stichproben geeignet.

Auf glücksspielnahe Kognitionen, die Rückschlüsse auf eine Anfälligkeit für Probleme mit dem Glücksspiel zulassen, sind folgende Verfahren ausgerichtet:

Eine latente Affinität für das Glücksspiel bzw. die Spielleidenschaft erfassen die »Gambling Attitudes and Beliefs Scale« (GABS, Strong et al., 2004) und die »Gambling Passion Scale« (GPS, Rousseau et al., 2002), während die »Gambling Attitudes Scale« (GAS, Kassinove, 1998) Einstellungen und der »Gambler's Belief Questionnaire« (GBQ, Steenbergh et al., 2002) sowie die »Informational Biases Scale« (IBS, Jefferson & Nicki, 2003) kognitive Verzerrungen und der »Gambling Self-Efficacy Questionnaire« (GSEQ, May et al., 2003) die Einschätzung der eigenen Kontrollfähigkeit ermitteln.

3.5 Nosologische Zuordnung

3.5.1 Pathologisches Spielen als abnorme Gewohnheit und Störung der Impulskontrolle

In der ICD-10 der WHO wird pathologisches Spielen im Kapitel V »Psychische- und Verhaltensstörungen« (einschl. Störungen der psychischen Entwicklung) im Abschnitt »Persönlichkeits- und Verhaltensstörungen« unter »Abnorme Gewohnheiten und Störungen der Impulskontrolle« eingeordnet (Dilling et al., 1991). In der Kategorie sind verschiedene nicht an anderer Stelle klassifizierbare Verhaltensstörungen zusammengefasst, die durch wiederholte Handlungen ohne vernünftige Motivation, die im allgemeinen die Interessen der betroffenen Person oder anderer Menschen schädigen, zu charakterisieren sind. Nach Berichten von Betroffenen handeln sie infolge **unkontrollierbarer Impulse**. Weitere Störungsbilder in der Kategorie sind: Pathologische Brandstiftung (Pyromanie), pathologisches Stehlen (Kleptomanie), pathologisches Haareausreißen (Trichotelomanie) sowie andere abnorme Gewohnheiten und Störungen der Impulskontrolle (Störung mit intermittierend auftretender Reizbarkeit). Die Störungen sind wegen gewisser Ähnlichkeiten in der Beschreibung, nicht wegen wesentlicher anderer gemeinsamer Charakteristika an dieser Stelle zusammengefasst worden. Definitionsgemäß wurden hier der gewohnheitsmäßige exzessive Gebrauch von Alkohol und psychotropen Substanzen sowie Störungen des Sexual- oder Essverhaltens ausgeschlossen. Die weder theoretisch noch empirisch begründete Zuordnung sowie die Uneinheitlichkeit der psychischen Störungen sind von verschiedener Seite kritisiert worden (Winer & Pollock, 1988). Für Bühringer (2004) ist die konzeptionelle Klammer für Impulskontrollstörungen eher Ausdruck klassifikatorischer Willkürlichkeit im Sinne einer »Restkategorie« für Störungen, die nicht an anderer Stelle eingeordnet werden konnten. Er verweist auf Unterschiede auf der deskriptiven Ebene. So wird für das pathologische Spielverhalten die Intensivierung des Verhaltens über die Zeit als diagnostisches Kriterium genannt; vergleichbare Merkmale spielen bei anderen Störungen dieser Gruppe keine Rolle. Während letztere (mit Ausnahme der explosiblen Störung) nach der Beendigung des Verhaltens zu einer Erleichterung und positiver Erregung führen, treten beim pathologischen Spielen eher negative Folgen, wie Leidensdruck, auf. Zwar fanden sich in jüngster Zeit empirische Belege für den prädisponierenden Einfluss ausgeprägter Impulsivität und geringer Impulskontrolle auf die Entwicklung pathologischen Spielverhaltens (▶ Kap. 4.2.3). Als dispositionale Prädiktoren sind sie jedoch einem breiten Spektrum psychischer Störungen einschließlich der stoffgebundenen Suchtformen zuzuordnen. Die vorliegende nosologische Einordnung des pathologischen Glücksspiels berücksichtigt zudem in keiner Weise die Ergebnisse der vergleichenden Suchtforschung mit der gemeinsamen Betrachtung stoffgebundener und verhaltensmäßiger Suchtformen (Petry, 1996; ▶ Kap. 3.5.2). Die spezifische Wirkung des Glücksspiels als ein Bedingungsfaktor, die Eigendynamik beispielsweise infolge des hohen finanziellen Aufwandes, werden ebenso ausgegrenzt wie der Einfluss der Verfügbarkeit und Griffnähe. Gemeinsame Therapiestrategien sind darüber hinaus aufgrund der Heterogenität der in der ICD-10 zusammengefassten Störungsbilder nicht ableitbar. Die Reduzierung des pathologischen Glücksspiels auf eine Störung der Impulskontrolle verbaut nach Petry (1996) vielmehr den Weg zur Anwendung von Behandlungsmethoden und -strategien der psychotherapeutisch orientierten Behandlung suchtkranker Patienten.

❶ **Wenn auch die Diskussion über die Anwendbarkeit des Suchtmodells auf das pathologische Spielverhalten noch nicht abgeschlossen ist, die meisten Therapeuten und Wissenschaftler, die damit arbeiten, betrachten es aufgrund ihrer Erfahrungen als ein Suchtverhalten (Rosenthal & Lesieur, 1996; Blanco et al., 2001).**

Die American Psychiatric Association (1987, S. 427) hat zwar im DSM-III-R ausdrücklich die zahlreichen Gemeinsamkeiten des pathologischen Glücksspiels mit der Alkohol- und Drogenabhängigkeit hervorgehoben und sich in den diagnostischen Kriterien an den Merkmalen stoffgebundener Abhängigkeiten angelehnt, dazu im Widerspruch aber die systematische Einordnung unter »Störungen der Impulskontrolle, nicht andernorts klassifiziert« vorgenommen. Die Klassifikation wurde im DSM-IV (APA, 1994) fortgeführt und umfasst die bereits für die ICD-10 genannten psychischen Störungen. Nach der Analyse verfügbarer Studien zu den Störungsbildern dieser Kategorie kommen Mc Elroy et al. (1992) zu dem Ergebnis, dass die Phänomenologie, der familiäre Hintergrund und die Reaktion auf die Behandlung eine Beziehung zu affektiven Störungen, Missbrauch von Alkohol und psychoaktiven Substanzen sowie Angststörungen nahelegen. Im DSM-IV erfolgt der Hinweis, dass z. B. Störungen im Zusammenhang mit psychotropen Substanzen (sowie die Antisoziale Persönlichkeitsstörung oder Affektive Störungen) ebenfalls Merkmale aufweisen, die Probleme der Impulskontrolle einschließen. Als Hauptmerkmal gilt das Versagen, dem Impuls, dem Trieb oder der Versuchung zu widerstehen, eine Handlung auszuführen, die für die Person selbst oder für andere schädlich ist. Vor Durchführung der Handlung fühlt der Betroffene zunehmende Spannung oder Erregung und erlebt dann während der Durchführung Vergnügen, Befriedigung oder ein Gefühl der Entspannung. Nach der Handlung können Reue, Selbstvorwürfe oder Schuldgefühle auftreten.

3.5.2 Pathologisches Spielen als Suchtkrankheit

Obwohl der Gebrauch von psychotropen Substanzen beim pathologischen Glücksspiel nicht gegeben ist, wird es seit langem und in jüngster Zeit verstärkt als eine Form des Suchtverhaltens oder der Suchtkrankheit betrachtet. (u. a. Erlenmeyer, 1887; Fischer, 1905; Rasch, 1962; Moran, 1970c; Custer & Milt, 1985; Orford, 1985; Kellermann, 1987; Schreiber, 1992; Petry, 1996; Brown, 1997; Böning, 1998; Taber, 2001; Potenza et al. 2002).

Vor allem die Fortschritte in der Gehirnforschung mit bildgebenden Verfahren belegen, dass dasselbe System, das bei pharmakologischer Aktivierung (beispielsweise durch Kokain) Suchtverhalten erzeugt und aufrechterhält, auch durch Verhaltensweisen und Erfahrungen (beispielsweise beim Glücksspiel) aktiviert werden kann (Breiter et al., 2001). Die Entdeckung dieses Belohnungssystems (► Kap. 5.1) hat die Akzeptanz von nichtstoffgebundenen Suchtformen erheblich gefördert (Holden, 2001).

Suchtmodell

Die Analyse der Suchtprobleme hat lange Zeit unter der Überbewertung der physischen und pharmakologischen Aspekte gelitten (Bochnick & Richtberg, 1980; Kellermann, 1988a). Das pathologische Glücksspiel bietet die Gelegenheit, das Wesen süchtigen Verhaltens in seiner Reinform zu studieren, da es keine Interferenzen durch körperliche Abhängigkeit (mit vielfältigen und weitgreifenden Stoffwechselvorgängen) oder hirnorganisch bedingte psychische Veränderungen gibt. Die Relevanz psychologischer Aspekte lässt sich auch dadurch verdeutlichen, dass die physische Abhängigkeit keine notwendige Bedingung für stoffgebundene Suchtformen darstellt und die psychische Abhängigkeit zentraler Gegenstand aller therapeutischen Bemühungen ist. Während die körperliche Entzugsbehandlung nur einige Tage oder Wochen in Anspruch nimmt, bleibt die psychische Abhängigkeit mit ihrer **verhaltensbestimmenden Wirkung** bestehen und zeichnet für die hohe Rückfallquote bei Suchtkranken verantwortlich.

Ein süchtiger Mensch strebt nicht den Konsum eines Suchtmittels bzw. einer Droge um ihrer selbst willen an, sondern den durch den Stoff erzeugten **psychischen Zustand** – vor allem Entspannung, Rausch und Betäubung. Das eigentliche Suchtpotenzial besteht in der sofortigen stimmungsdämpfenden, stimulierenden oder halluzinogenen Wirkung der Mittel. Sie ermöglichen eine kurzfristige Befriedigung entsprechender Bedürfnisse, sind aber langfristig mit schädlichen Auswirkungen verbunden. Nicht anders verhält es sich mit dem Glücksspiel.

❗ **Die Eigenschaften, unmittelbar intensive Lust-gefühle, einen erregenden, euphorischen Zu-stand zu erzeugen oder Missstimmungen, sei-en sie glücksspielbedingt oder unabhängig entstanden, sofort zu vertreiben, bilden die Grundlage des Suchtpotenzials.**

Über den Geldeinsatz beim Glücksspiel (die Vor-nahme einer Handlung) lässt sich ebenso zuverlässig und effektiv der Erlebniszustand in die angestrebte Richtung verändern (▶ Kap. 4.1.1).

❗ **Die Art und Weise der Integration der Glücks-spielwirkung in den »psychischen Haushalt«, der beigemessene Bedeutungsgehalt und das Ergebnis der Kosten-Nutzen-Analyse, die Funk-tionen, die das Glücksspiel für den Spieler er-füllt, entscheiden dann über die Manifesta-tion der Sucht – ein in erster Linie *psychischer Prozess*.**

Um die Dominanz physischer und pharmakologi-scher Aspekte zu überwinden, ist es notwendig, al-ternative, für stoffgebundene **und** stoffungebundene Suchtformen gültige, typische und obligatorische Merkmale aufzuzeigen. Eine auf beide Formen zu-treffende Suchtdefinition stammt beispielsweise von Wanke (1985, S. 20): »Sucht ist ein unabweisbares Verlangen nach einem bestimmten Erlebniszustand. Diesem Verlangen werden die Kräfte des Verstandes untergeordnet. Es beeinträchtigt die freie Entfaltung der Persönlichkeit und zerstört die sozialen Bindun-gen und Chancen des Individuums.«

Shaffer (1999) kennzeichnet unter aktuellerem Bezug ebenfalls 1. das unwiderstehliche Verlangen (Craving) und 2. die Fortsetzung des Verhaltens trotz schädlicher Auswirkungen als primäre Defini-tionskomponenten, ergänzt sie aber um 3. den Kon-trollverlust.

Hierbei handelt es sich um wichtige und typische Merkmale, zu bedenken ist jedoch, dass das unab-weisbare Verlangen **nicht ständig** bei einem süchti-gen Menschen besteht, sondern vor allem nach Konsumbeginn, in der Entzugssituation sowie bei psychischen Belastungen, dagegen kaum in Absti-nenzzeiten auftritt. Folgeschäden für das Individu-um (und die Gesellschaft) treten zudem erst spät auf, wenn die Sucht bereits manifestiert ist.

❗ **Als obligatorische, zuverlässige und für alle Suchtformen gültige Symptome sind der sub-jektiv empfundene *Kontrollverlust* und die *starke Bindung an das Suchtmittel* (die psychi-sche Abhängigkeit im engeren Sinne) zu nen-nen (Kellermann, 2005a), die sich bei der Diagnose um den typischen Verlauf einer Suchtentwicklung in Form der *Eigendynamik* ergänzen lassen.**

▬ **Obligatorische Merkmale**
  ▬ **Kontrollverlust:** Ein süchtig gewordener Mensch kann sein Suchtmittel nicht mehr über einen längeren Zeitraum kontrolliert konsumieren – ein Phänomen, das auch bei abstinenten Süchtigen noch längere Zeit, möglicherweise lebenslang fortbesteht.
  ▬ **Bindung an das Suchtmittel:** Die beherr-schende und überdauernde Grundeinstel-lung des süchtigen Menschen, auf sein Suchtmittel, das für ihn zum obersten Da-seinswert wird, nicht verzichten zu können, kennzeichnet die süchtige Bindung.
  ▬ **Eigendynamik:** Die Diagnose lässt sich nur aus dem Verlauf heraus stellen, der durch eine zunehmende Einengung der Lebens-vollzüge und Fixierung auf das Mittel sowie eine abnehmende Befriedigung bei zuneh-mender Quantität gekennzeichnet ist.
▬ **Fakultative Merkmale**
  ▬ Die Kernsymptome lassen sich durch fakul-tative oder substanzspezifische Symptome wie unwiderstehliches Verlangen nach dem Suchtmittel, Abstinenzunfähigkeit, Entzugs-erscheinungen, körperliche Abhängigkeit, individuelle und soziale Folgeschäden unter-mauern.

Eine Charakterisierung von Sucht anhand obligato-rischer und fakultativer Merkmale birgt den Vorteil in sich, auf einer gemeinsamen Basis bestehende Un-terschiede zwischen stoffgebundenen und stoffun-gebundenen Formen zu integrieren.

Nach einer empirischen Studie von Orford et al. (1996) ist die Bindung von Spielsüchtigen an das Glücksspiel genau-so stark ausgeprägt wie die Bindung von Alkoholabhängi-gen an den Alkohol. Entzugssymptome spielen dagegen bei der Aufrechterhaltung des Problemverhaltens von Spielern eine geringere Rolle als bei Alkoholabhängigen, da es sich vergleichsweise eher um leichte, psychische Erscheinungen handelt. Dem Verlangen von süchtigen Spielern soll nach Befunden von Castellani & Rugle (1995) stärker und schwerer zu widerstehen sein als dem von Substanzabhängigen.

Weitere Anhaltspunkte für einen weiter gefassten Suchtbegriff liefern empirische Befunde, die auf **Ähnlichkeiten der Persönlichkeitsprofile** von pathologischen Spielern und Substanzabhängigen in klinischen Testverfahren und auf Analogien in den Hintergrundbedingungen (▶ Kap. 4) hinweisen. Die Betroffenen erleben sich selbst zudem häufig als »Süchtige«. Als Beleg für den Suchtcharakter gilt auch die Mehrfachabhängigkeit oder Suchtverlagerung bei pathologischen Spielern – von einem anderen Standpunkt als Krankheitshäufung in einer Person interpretiert (Hand, 1986).

Bei 27,6% der untersuchten Spieler aus ambulanten und stationären Behandlungseinrichtungen lag mindestens eine weitere Abhängigkeit (Alkohol, Medikamente, Rauschdrogen, Essstörungen) vor (Denzer et al., 1995). In einer ähnlichen Größenordnung (22,4%) bestätigten Mitglieder von Selbsthilfegruppen der »Anonymen Spieler« substanzgebundene Probleme – in erster Linie mit Alkohol. 35,7% der Mehrfachabhängigen gaben an, dass die Substanzabhängigkeit gleichzeitig mit dem Spielen bestand. Bei 31,6% hatten sich die Probleme in den Glücksspielbereich verlagert. Fast alle Gruppenteilnehmer waren zudem starke Raucher (Meyer, 1989a,b; Oliveira & Silva, 2000; Maccallum & Blaszczynski, 2002; Rodda et al., 2004).). In amerikanischen Stichproben aus Therapieeinrichtungen beträgt der Anteil von pathologischen Spielern mit substanzbezogenen Problemen im Lebensverlauf bis zu 60% (Ramirez, et al., 1983; Linden et al., 1986; Specker et al., 1996; Lesieur & Blume, 1996; Stinchfield & Winters, 2001). In Bevölkerungsstudien fand sich eine Komorbidität von 25–44,5% (Feigelman et al., 1998; Welte et al., 2001) und bis zu 76% bezogen auf die Abhängigkeit von Nikotin (Cunningham-Williams et al., 1998).

8–14,8% der Alkohol- und Drogenabhängigen aus Behandlungseinrichtungen (in einer Studie sogar 33%) wurden als pathologische Spieler diagnostiziert (Lesieur et al., 1986; Steinberg et al., 1992; Elia & Jacobs, 1993; Roy et al., 1996; Daghestani et al., 1996; Hall et al., 2000). Diese Rate ist 6- bis 10-mal höher als die in der Bevölkerung (Lesieur & Blume, 1993). Unter Methadon-Patienten fand sich ein Anteil von 9–15% mit Glücksspielproblemen, weitere 16–21% wurden als »wahrscheinliche pathologische Spieler« eingestuft (Spunt et al., 1995; Spunt, 2000). Mehrfachabhängige zeigten ein ausgeprägteres psychiatrisches Störungsbild (Petry, 2000; Ladd & Petry, 2003). Fallstudien beschreiben darüber hinaus den Prozess der Suchtverlagerung (Trueg, 1987; Blume, 1994). Die Komorbidität der Krankheitsbilder, die eine hohe Rückfallgefahr impliziert (Spunt et al., 1998) dürfte auf gemeinsamen neurobiologischen Mechanismen (▶ Kap. 5.1) oder auf gegenseitige Prädisposition zurückzuführen sein (Ibañez et al., 2001; Stewart & Kushner, 2003).

Vorbehalte gegenüber dem Suchtmodell äußern Hand (1986, 1990, 1993) und Hand et al. (Hand & Kaunisto, 1984; Klepsch et al., 1989; Klepsch et al., 1989), da ein pathologisches Spielverhalten nicht – wie stoffgebundene Abhängigkeiten – zu körperlichen, insbesondere hirnorganischen Veränderungen (Leberschäden, Abbau von Gehirnsubstanz und Stoffwechselstörungen) führe, die die intellektuelle und emotionale Verarbeitungsfähigkeit von Umwelteinflüssen – einschließlich der therapeutischen – beeinträchtige und letztendlich die Therapiefähigkeit aufhebe (Brengelmann, 1990; Saß & Wiegand, 1990). Die Verarbeitungsfähigkeit sei beim Spielen allenfalls psychisch blockiert und könne durch psychotherapeutische Maßnahmen mobilisiert werden. Die Überdosierung führe nicht direkt zum Tode, der Entzug nicht zum Delir. Das Suchtmodell beinhalte zudem die Gefahr, ein destruktives Selbstbild zu vermitteln (der Spieler als Opfer einer lebenslangen Krankheit). Das Abstinenzgebot als primäres und unverzichtbares Therapieziel sei – wie bei den meisten nichtstoffgebundenen Abhängigkeiten (»Ess-, Sex- oder Arbeitssucht«) – schließlich nicht umsetzbar.

Diese Argumentation verkennt, dass
- körperliche, insbesondere hirnorganische Folgeschäden durch stoffgebundene Abhängigkeiten – wenn überhaupt (fast nur bei Alkoholabhängigen) – in der Regel erst in einem späten Stadium der Suchtentwicklung auftreten, die Sucht hat sich schon vorher manifestiert,
- die »psychische Blockierung« auch bei stoffgebundenen Abhängigkeiten zentraler Gegenstand aller therapeutischen Bemühungen ist,

— nur der Entzug vom Alkohol-Barbiturat-Typ zum Delir führt – nicht beispielsweise der von Heroin oder Kokain,

— sich die lebenslange Krankheit nur auf **einen** Aspekt, den Kontrollverlust gegenüber Glücksspielen, bezieht, abstinent lebende Betroffene ansonsten ein völlig normales Leben führen und auch das Suchtmodell die Übernahme von Selbstverantwortung impliziert,

— ein Leben ohne Glücksspiele (nicht ohne Spielen) ohne weiteres realisierbar ist.

Hand et al. sprechen sich alternativ für die Anwendung des »**Neurosenmodells**« aus. Sie nehmen eine Zuordnung von pathologischem Glücksspielen zu den zwanghaften »monomanen Verhaltens-Exzessen« bzw. »den Zwangs-Spektrum-Störungen« vor, in Abgrenzung gegenüber den »klassischen« Zwangsstörungen (Hand, 1998 a, b).

Nach Hollander (1998) lassen sich Zwangsspektrumstörungen, wie Anorexia nervosa, Tourette-Störung und Trichotellomanie, auf einer Dimension »Impulsivität vs. Zwang« einordnen. Hierbei wird die Spielsucht in der Nähe der Impulsivität platziert (Hollander & Wong, 1995).

Empirische Vergleiche an Patienten mit Zwangsstörungen deuten allerdings eher auf Unterschiede als auf Ähnlichkeiten in der Persönlichkeitsstruktur (Kim & Grant, 2001a), in kognitiven Störungen (Anholt et al., 2004) und in der Gehirnaktivität nach relevanten Reizen hin (Potenza et al., 2003a). Blaszczynski (1999) fand zwar eine ausgeprägte Beeinträchtigung der Kontrolle mentaler und motorischer Aktivitäten bei pathologischen Spielern, die Ausdruck von Zwangsvorstellungen sein kann oder einfach nur einen entsprechenden Einblick in die Symptomatik der Spielsucht reflektiert (Blanco et al., 2001). Weitere wenig überzeugende Befunde aus Familienstudien stammen von Black et al. (1994) und Bienvenue et al. (2000). Frost et al. (2001) ermittelten dagegen Merkmale von Zwangsstörungen bei Lotterie- und Rubbellos-Spielern.

Wie die WHO in der ICD-10 feststellt, ist pathologisches Spielen weder zwanghaft im engeren Sinne, noch besteht ein Zusammenhang mit Zwangsneurosen. Während der Zwang von den Betroffenen als unsinnig, ungewollt, angstgetrieben und Ich-fremd erlebt wird, inflexibel, stereotyp, mit starken Zwei-

feln und Risikoaversion verbunden und auf Schadensvermeidung ausgerichtet ist, stellt das süchtige Spielverhalten ein zumindest subjektiv als sinnvoll empfundenes, mit der eigenen Person vereinbares, zielgerichtetes, mit lustbetonten freudigen Erwartungen verknüpftes und auf Steigerung des Selbstwertgefühls abzielendes Verhalten dar (Schulte & Tölle, 1977; Brown, 1997; Blanco et al., 2001).

Pathologisches Glücksspielen entwickelt sich nach Hand (1992, 1998a, b) bei Menschen, die ihre gesamte Lebensführung als überwiegend aversiv und von negativen Gefühlen (Angst, Depressionen, Schuldgefühlen) geprägt sehen und die vor diesem Negativzustand in die Schein- und Märchenwelt der Spielsituation ausweichen. Das Glücksspiel dient der »Abwehr« von negativer Befindlichkeit, stellt einen neurotischen Konfliktlösungsversuch dar. Als Symptomverhalten kann es grundsätzlich bei völlig heterogenen Störungen oder Erkrankungen auftreten. Vom **pathologischen** Spielen grenzen die Autoren das **süchtige** Spielen ab, das durch massiv progrediente, selbstdestruktive Spielaktionen gekennzeichnet ist, die meist parallel die ökonomische (rasche hohe Verschuldung) wie auch die soziale Existenz (Verlust aller engen Bezugspersonen) zerstören. Es besteht ein »Verlust an Sinnorientierung in der Lebensführung« und eine »nicht gewusste Intention zum Suizid via sozio-ökonomischer Selbstzerstörung«. Das vorgeschlagene Therapiemodell pathologischen Spielverhaltens ist entsprechend auf die Veränderung oder Behebung der ursächlichen Bedingungen ausgerichtet. Gleichzeitig wird der Behandlung nach dem Suchtmodell eine »Symptomfixierung« vorgeworfen. Aktuelle Veränderungen des Modells (Hand, 2004) ergänzen die Subgruppe pathologischer Spieler mit (überwiegend) negativer Verstärkung (Vermeidungsspieler) durch die – seit langem bekannte – Subgruppe mit (überwiegend) positiver Verstärkung (Action-Sucher) und eine weitere mit sowohl positiver wie negativer Verstärkung (lustgesteuertes Zielverhalten und frustgesteuertes Vermeidungsverhalten). Die abgeleiteten therapeutischen Implikationen reichen von ursachen- und symptomorientierten Interventionen bis hin zur Pharmakotherapie.

Sucht im Allgemeinen wie Spielsucht im besonderen können durchaus Symptom einer **psychischen Grundstörung** sein. Vor allem im Anfangsstadium der Suchtentwicklung kann das Glücksspiel positive Funktionen im Hinblick auf prämorbide psychische Störungen erfüllen. Später kommt es jedoch häufig zum **Funktionswandel**, die faszinierend positive Wirkung tritt kaum mehr auf. Die Fehlentwicklung zur Sucht schreitet durch **Eigendynamik** fort, durch einen eigengesetzlichen Verlauf. Beispielsweise empfindet der Konsument nach Abklingen der Suchtmittelwirkung seine Realität durch den Kontrast zu der faszinierenden Suchtmittelwirkung negativer als vorher; zudem leidet er an vor allem psychischen **Entzugserscheinungen** bzw. an **negativen Nachwirkungen**. Auslösende Konflikte können bereits bewältigte Vergangenheit darstellen oder nur noch sehr eingeschränkt wirken, das exzessive Glücksspiel hat sich verselbständigt.

❗ Es bilden sich selbstverstärkende (zirkuläre) Wirkungsschleifen, die die Bindung an das Suchtmittel aufrechterhalten.

Ein exzessives Spielverhalten führt beispielsweise infolge des hohen finanziellen Aufwandes zu unangenehmen Gedanken (Zukunftsperspektive) und beunruhigenden Gefühlen (Schuld- und Schamgefühlen), die sich am schnellsten und effektivsten durch eine erneute Teilnahme am Glücksspiel beheben lassen (»psychischer Teufelskreis«, van Dijk, 1983). Soziale Konsequenzen (Ehe- und Familienkonflikte, soziale Isolierung), die das Glücksspiel nach sich zieht, steigern in gleicher Weise das Bedürfnis zum Spielen (»sozialer Teufelskreis«). Die Wirkungsschleifen verstärken sich gegenseitig. Die starke Bindung an das Glücksspiel wird nach Orford, et al. (1996) vor allem durch einen zyklischen Prozess aufrechterhalten, der starke negative Gefühle in Zusammenhang mit Verlusten und Geldmangel sowie die Notwendigkeit, das Ausmaß des Glücksspiels zu verheimlichen, beinhaltet.

Eine schnelle und mühelose Lösung aller Probleme verspricht, von irrationalen, glücksspielnahen Glaubenssätzen bzw. Wunschdenken geleitet, nur noch die Fortsetzung des Spiels. Sie bietet in dem Kreislauf schließlich die einzige Gelegenheit, ein Lebensgefühl zu entwickeln (Peele, 2001). Insofern handelt es sich bei einer manifesten Sucht um ein **eigenständiges Störungsbild**.

Ohne Zweifel können sich aber auch potenzielle psychische Grundstörungen (depressive Verstimmungen, Selbstwertprobleme) durch die schädlichen Auswirkungen des Suchtverhaltens stabilisieren oder verschlimmern. Wird im Einzelfall eine derartige Eigendynamik nicht deutlich bzw. beruht das pathologische Spielverhalten im wesentlichen auf primären Grunderkrankungen, sind entsprechende nosologische Einordnungen vorzunehmen.

❗ Die Suchttherapie betrachtet daher einerseits Sucht und andererseits evtl. bestehende individuelle Grundstörungen getrennt und geht davon aus, dass sowohl (zuerst) die Sucht als solche als auch die psychischen und psychosozialen Grund- und Begleitprobleme Ziel der Behandlung sein müssen (▶ Kap. 8).

Eine Ausweitung des Suchtbegriffs ist allerdings von Vertretern der klassischen Drogenarbeit nach Beginn der öffentlichen Diskussion über die Spielsucht kritisiert worden (Bühringer, 1983). Sie warnten – berechtigterweise – vor einem inflationären Gebrauch, da die übermäßige Verwendung zur Bedeutungslosigkeit führe sowie zu der Gefahr, dass klassische Abhängigkeiten verharmlost und »neue« stigmatisiert würden. Eine eindeutige Grenzziehung wäre vor diesem Hintergrund wünschenswert, wenngleich ein niedrigschwelliger Suchtbegriff (mit Nikotinabhängigkeit als Modellsucht) aus therapeutischen und präventiven Gründen sinnvoll erscheint (Kellermann, 2002). Inzwischen spekulieren die Kritiker zumindest zaghaft über die Renaissance der »Sucht« – unter Einbeziehung von suchtartigem Verhalten (Watzl & Bühringer, 2001).

❗ Da jedes lustbetonte menschliche Verhalten zur Ausschweifung neigt und es an einem Konsens über valide Abgrenzungskriterien mangelt, hängt die Subsumierung exzessiver Verhaltensweisen unter den Suchtbegriff vom Beurteilungsstand des Einzelnen und der Gesellschaft ab.

Die Bewertung kann sich zudem innerhalb kurzer Zeit verändern, wie sich am Beispiel des Nikotins verdeutlichen lässt. Noch vor wenigen Jahren haben sich Raucher nicht als Süchtige erlebt, stufte die Gesellschaft den Nikotinkonsum als Laster oder Leidenschaft ein. Erst als das Ausmaß der Folgekosten absehbar war, erfolgte eine neue Bewertung als sozial unerwünschtes Verhalten, verbunden mit einer Klassifizierung als Substanzabhängigkeit bzw. stoffgebundene Suchtform. Wenn auch eine notwendige Abgrenzung schwierig erscheint, vor dem Hintergrund des Erscheinungsbildes pathologischen Glücksspiels, der Entstehungsbedingungen (▶ Kap. 4) sowie der Folgen für das Individuum und die Gesellschaft (▶ Kap. 6) ist eine Beschränkung des Suchtbegriffs auf stoffgebundene Abhängigkeiten nicht sachgerecht.

Krankheitsmodell

Das Krankheitskonzept, das sich aus biologischen Theorien ableitet, besagt im Kern, dass dem Suchtverhalten **physiologische Ursachen** (Effekte des Suchtmittels, Konstitution des Konsumenten) zugrunde liegen. Diese Grundannahme ist ebenso wie die der Unheilbarkeit und der Einschätzung als progressiv chronische Krankheit bereits im Kontext psychotroper Substanzen durch empirische Befunde in Zweifel gezogen worden (McMurran, 1994). Alternative Konzepte, die in dem Sucht- bzw. Problemverhalten ein erlerntes Fehlverhalten (Lerntheorie) sehen, die seelische Struktur des Menschen als Ursprung betrachten (Psychoanalyse) oder soziale und sozioökonomische Bedingungen der konkreten Suchtentwicklung (Soziologie) in den Vordergrund stellen, haben jedoch bis heute nicht die Bedeutung des Krankheitskonzeptes erreicht, auf dessen Grundlage Sucht als behandlungsbedürftige Krankheit anerkannt wurde.

Zu den **individuellen und sozialen Vorteilen des Modells** zählen

- die Öffnung für eine Behandlung im Rahmen der allgemeinen Gesundheitsversorgung und die Übernahme der Kosten,
- das Aufzeigen eines Rahmens im Umgang mit sozialen und strafrechtlichen Begleiterscheinungen,
- das bessere Verständnis seitens der Betroffenen und ihrer Angehörigen,
- die Ich-Entlastung und Wertneutralität.

Mitunter dient das Krankheitskonzept als brauchbare Metapher für einen gemeinhin beobachtbaren Prozess (Shaffer, 1989) und der Krankheitsbegriff weniger der Erklärung als der Beschreibung des Phänomens (Moran, 1970b).

Allerdings sind die kritischen Einwände gegen verschiedene Implikationen des Krankheitsmodells

nicht von der Hand zu weisen. Der Opferstatus, der leicht mit dem Krankheitsprozess verknüpft wird, kann ein Gefühl der Hilflosigkeit fördern, die Übernahme von Selbstverantwortung verhindern und zu einer passiven Haltung in der Therapie führen. Der subjektiv empfundene Kontrollverlust ist nicht absolut, unveränderlich oder unabwendbar, nach psychologischen Modellen (sozial-kognitive Lerntheorie) ist die Kontrollfähigkeit »lediglich« vermindert. Die Behandlung des süchtigen Spielverhaltens als erlerntes Fehlverhalten verlangt danach nicht notwendigerweise Abstinenz (Klepsch et al., 1989). Die Gesamtheit der Spieler lässt sich weiterhin nicht dichotom in soziale und pathologische Spieler unterteilen, wie es das Krankheitskonzept impliziert. Ein biopsychosoziales Konzept, das ein Kontinuum von problemfreiem bis süchtigem Spielverhalten zugrunde legt, in dem der Spieler in Abhängigkeit von aktuellen sozialen Situationen, individueller Anfälligkeit und vorhandenen Bewältigungsstrategien verschiedene Positionen einnehmen kann, wird der Realität eher gerecht (Rosecrance, 1988; Castellani, 2000).

Fazit

Es lassen sich Argumente für und gegen einzelne Modellvorstellungen anführen (Feuerlein, 1984; Brown, 1987a), die disziplinspezifischen Ansichten und Theorien widerlegen einander nicht (Shaffer, 1989). Ihre Koexistenz ist vielmehr heuristisch sinnvoll und notwendig, sie liefert wertvolle Anregungen für die Forschung und Behandlung. Dem pathologischen Glücksspiel können sehr unterschiedliche ätiologische Bedingungen zugrunde liegen, ebenso kann das Spielen vielfältige Funktionen erfüllen (▶ Kap. 4). Das Suchtmodell ist zwar in der Lage, diese Spannbreite abzudecken, möglicherweise sind aber für bestimmte Subgruppen pathologischer Spieler alternative Erklärungsmodelle mit entsprechenden Therapieimplikationen eher geeignet. So ist wahrscheinlich die Indikation zur Abstinenz nicht für jeden pathologischen Spieler zu stellen. Solange aber keine zuverlässigen Kriterien dafür vorliegen, wer zu dieser vermutlich eher kleinen Gruppe gehört, sollte sicherheitshalber eine dauerhafte Einhaltung der Abstinenz das Ziel sein. Es ist Aufgabe der Forschung, verlässliche Kriterien für eine derartige Gruppenzuweisung zu ermitteln.

3

Im Rahmen des therapiebezogenen diagnostischen Prozesses gilt es (in Abhängigkeit von der therapeutischen Ausrichtung) die folgenden Aspekte abzuklären:

- psychosoziale Entstehungsbedingungen und Bewältigungsstrategien,
- Funktionalität der Teilnahme am Glücksspiel und glücksspielspezifische Wirkungen,
- eigendynamische Entwicklungen und Mechanismen der Aufrechterhaltung,
- Abwehrmechanismen und Leugnungstendenzen,
- kognitive Verzerrungsmuster wie illusionäre Kontrollüberzeugungen und typische Copingstrategien,
- überdauernde Merkmale der Persönlichkeit und psychopathologische Auffälligkeiten sowie
- psychosoziale Folgeschäden,

um zu individuellen Behandlungszielen und zur Auswahl geeigneter Behandlungsstrategien und -methoden zu gelangen. Sollte nach dem klinischen Interview und der differenziellen Diagnostik beispielsweise keine manifeste primäre Suchtdynamik vorliegen, sondern sich das Spielen als neurotischer Konfliktlösungsversuch ohne Eigendynamik und unvollständige diagnostische Kriterien nach DSM-IV darstellen, verlangt ein pragmatisches Vorgehen die Behandlung des Betroffenen auf der Grundlage psychosomatisch statt suchttherapeutisch ausgerichteter Behandlungsstrategien.

3.6   Spielertypologie

In dem Kontinuum von einer sehr seltenen, problemlosen Teilnahme am Glücksspiel bis hin zu einem exzessiven, pathologischen Spielverhalten lassen sich verschiedene, mehr oder minder abgrenzbare Formen des Spielens unterscheiden (◘ Abb. 3.5). Merkmale wie Spielfrequenz und Funktionalität, Ätiopathogenese und Symptomschwere (Rosenthal, 1989; Custer & Milt, 1985) bzw. Ausprägungsgrad der Probleme (Shaffer et al., 1997) ermöglichen eine Differenzierung der Glücksspieler insgesamt wie des Spektrums der pathologischen Spieler.

- **Gelegenheits- oder soziale Spieler** bilden die größte Gruppe unter den Glücksspielern. Sie suchen in ihrer Freizeit beiläufig Abwechslung, Unterhaltung, Vergnügen, mit geringen Einsätzen in einer als angenehm erlebten Atmosphäre, ohne dass es zu irgendwelchen Auffälligkeiten kommt (◘ Abb. 3.5, Stufe 1; nach Shaffer et al., 1997).

- **Professionelle Spieler** bilden eine sehr kleine Gruppe, die in Deutschland – wenn überhaupt – vornehmlich im illegalen Bereich anzutreffen sein dürfte. Sie verdienen ihren Lebensunterhalt mit dem Glücksspiel. Das Spiel bietet ansonsten keinen Reiz, es ist zum Beruf geworden. Sie haben ein distanziertes Verhältnis zum Spiel und tätigen ihre Einsätze kontrolliert, kühl und berechnend (Custer & Milt, 1985; Hayano, 1984; Dickerson, 1984). Glücksspiele, bei denen individuelle Fähigkeiten einen entscheidenden Einfluss auf das Spielergebnis haben, ein Spieler besser sein kann als andere, wie z. B. beim Poker, sind das Metier von professionellen Spielern. Ein (glaubhaft) professioneller Pokerspieler äußerte, dass die Gefahr des Kontrollverlustes immer präsent sei. Nach den Unterschieden zum pathologischen Spieler befragt, gab er an, dass der

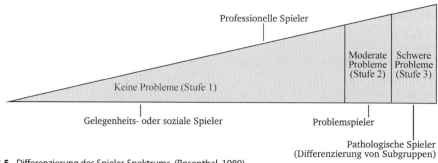

◘ **Abb. 3.5.** Differenzierung des Spieler-Spektrums. (Rosenthal, 1989)

süchtige Spieler jede »Hand« spielen wolle, immer in Action sein müsse, während er, so schwer es manchmal auch sei, bei einem relativ schlechten Blatt aussteigen könne (weitere Subgruppen – unter den Spielern allgemein – beschreiben Newman, 1972; Conrad, 1978; Kusyszyn & Rubenstein, 1985; Custer & Milt, 1985).

— **Problematische Spieler** lassen nach Shaffer et al. (1997) deutliche Probleme erkennen (Stufe 2), sind gefährdet (»at risk«) und befinden sich in einer Übergangsphase. Als weitere charakteristische Merkmale nennt die Productivity Commission (1999, S. 6.20): Schuldgefühle, erste Anzeichen von Depressionen, heimliches Spielen, Streitigkeiten wegen des Spielens, hohe Ausgaben und Verlusten hinterherjagen.
Bachmann (1989) spricht von »problematischem Spielverhalten«, wenn der Stellenwert oder die Funktion des Spielens über ein kurzfristiges Freizeitvergnügen weit hinausgeht und das Glücksspiel als Beruhigungs- oder Aufputschmittel zur Kompensation intrapsychischer und sozialer Konflikte eingesetzt wird, sich aber noch keine Eigendynamik, kein Suchtverhalten entwickelt hat (▶ Kap. 3.5).
Als Problemspieler werden darüber hinaus Spieler klassifiziert, die in den Screeningverfahren mittlere Punktwerte erzielen (beispielsweise einen Wert von 3 oder 4 im SOGS; Volberg, 1996).

— **Pathologische Spieler** weisen schwer wiegende Probleme mit dem Glücksspiel auf (◻ Abb. 3.5 Stufe 3; nach Shaffer et al., 1997), die den diagnostischen Kriterien der Klassifikationssysteme (ICD-10 und DSM-IV) entsprechen.
    Nower & Blaszczynski (2003) beschreiben eine Subgruppe pathologische Spieler, die durch periodisch auftretendes, unkontrolliertes Spielverhalten im Wechsel mit längeren Abstinenzphasen zu charakterisieren ist. Während die Symptomatik in den exzessiven Spielphasen deutlich erkennbar ist, folgen nach der abrupten Einstellung des Spielverhaltens (aufgrund schwerer psychosozialer Schädigungen) Abstinenzphasen ohne Verlangen nach dem Glücksspiel.
    Eine ursachenbezogene Differenzierung von Subgruppen pathologischer Spieler von Moran (1970b, c) unterscheidet zwischen:

— subkulturellem Glücksspiel, das auf dem Hintergrund exzessiven Spielens im sozialen Umfeld entsteht,
— neurotischem Glücksspiel als Reaktion auf eine Stresssituation oder ein emotionales Problem,
— impulsivem Glücksspiel, das durch einen Kontrollverlust bei einer Tendenz zu spontanen Reaktionen und eine ambivalente Einstellung zum Spielen gekennzeichnet ist,
— psychopathischem Glücksspiel als Teil einer grundlegenden Persönlichkeitsstörung,
— symptomatischem Glücksspiel, das auf eine schwere psychische Störung (häufig Depressionen) zurückzuführen ist.

Bei allen Formen besteht eine **psychische Abhängigkeit**, jedoch mit unterschiedlichem Ausprägungsgrad. Beim impulsiven Typ ist sie nach Moran (1970b, c) am stärksten, beim subkulturellen Typ am geringsten ausgeprägt.

Ähnliche, auf einer verstehend-intuitiv-klinischen Basis beruhende nosologische Klassifikationen liegen für bundesdeutsche Stichproben von pathologischen Spielern aus ambulanten und stationären Einrichtungen vor (Hand & Kaunisto, 1984: Haustein & Schürgers, 1987; Bellaire & Caspari, 1989; Kröber, 1991). Eine empirisch gewonnene Klassifikation (mittels multivariater statistischer Verfahren) von Spielern aus Selbsthilfegruppen findet sich bei Meyer (1991). Nach einer Synopsis von Kröber (1996) werden folgende unterschiedliche Störungsbilder bei pathologischen Glücksspielern beschrieben, wobei in Abhängigkeit von der besonderen Klientel einzelne Subgruppen stärker sichtbar werden:
Pathologisches Spielverhalten im Rahmen

— akuter Lebenskrisen, Entwurzelungssituationen oder chronischer Partnerschaftskonflikte als desaktualisierendes, angst- und spannungsminderndes Rückzugsverhalten,
— länger hingezogener, eher symptomarmer depressiver Verstimmungen als antidysthyme Selbststimulation,
— ausgeprägter narzißtischer oder Borderline-Persönlichkeitsstörungen, insbesondere nach persönlichen Niederlagen oder andersartiger Destabilisierung,

- psychischer Krankheiten, vor allem in (hypo)-manischen und (sub)depressiven Stadien bipolarer Psychosen, bei zyklothymen Persönlichkeiten und bei Männern mit deutlicher hirnorganischer Beeinträchtigung und damit zusammenhängender Beeinträchtigung von sozialer Kompetenz und sozialer Anpassung,
- primär dissozialer Entwicklung, eines devianten und unstrukturierten Freizeitverhaltens, oft vergesellschaftet mit Alkoholmissbrauch.

Als erkennbare Gemeinsamkeiten der unterschiedlichen Störungsbilder benennt Kröber (1996) die Stagnation in der Lebensentwicklung, Progredienz des Symptomverhaltens und Komplikationen wie Verschuldung und Delinquenz.

Petry (2001a) fand die klinische Eigenständigkeit und Heterogenität pathologischen Glücksspiels in einer Stichprobe stationär behandelter Spieler bestätigt. Nach der empirischen Klassifikation lassen sich die Patienten in (mehrheitlich) narzisstisch-persönlichkeitsgestörte und (seltener) depressiv-neurotische Typen unterscheiden.

❶ Die unterschiedlichen potenziellen Grundbedingungen, wie sie in den aufgezeigten Klassifikationen zum Ausdruck kommen, lassen eine differenzielle Therapieindikation notwendig erscheinen, ein Behandlungskonzept, wie es auch bei stoffgebundenen Suchtformen (mit ähnlichen Differenzierungen) praktiziert wird.

3.7   Epidemiologie

Verlässliche Angaben zur Prävalenz, d. h. zum Auftreten des pathologischen Glücksspiels bezogen auf die Bevölkerung, gibt es für die Bundesrepublik Deutschland bislang nicht. Die vorliegenden Schätzungen der Anzahl betroffener Spieler differieren erheblich, beziehen sich mitunter nur auf bestimmte Glücksspielformen und sind mit anderen empirischen Daten nur schwer in Einklang zu bringen.

Erste Hinweise auf die Größenordnung des Problems, allerdings nur bezogen auf Spielbanken, liefert die Anzahl der gesperrten Spieler. Nach Angaben der Spielbank in Baden-Baden waren Ende 2001

insgesamt 28197 Zugangssperren in der Sperrliste des Kasinos verzeichnet. Neben Kasinosperren für »Hasardeure« und Spieler, die des Hausfriedensbruches beschuldigt sind, umfasst die Liste Eigensperren von Personen, die die Kontrolle über ihr Spielverhalten verloren haben und sich durch eine Sperre schützen wollen. Ihr Anteil soll mehr als die Hälfte betragen. Für 1997 bezifferte die Spielbank in Baden-Baden die Anzahl der Kasinosperren wegen des Hasardierens und der Eigensperren bundesweit mit 15000–17000.

Nach repräsentativen Bevölkerungsumfragen und Untersuchungen an Spielern in Spielhallen gehen Bühringer & Türk (2000, S. 175) davon aus, dass – bezogen auf Geldspielautomaten – etwa 54000 Personen eine subjektive Belastung aufweisen und etwa 25000–30000 Personen den Kriterien für pathologisches Spielverhalten des DSM-IV entsprechen.

Die Jahresstatistik 2003 der ambulanten Beratungs- und Behandlungsstellen für Suchtkranke (EBIS) weist – bezogen auf das gesamte Bundesgebiet – bei 2.102 Klienten (in 539 Einrichtungen) die Einzeldiagnose »pathologisches Spielverhalten« aus (❒ Tabelle 3.2). Ihr Anteil unter den Zugängen mit abgeschlossener Diagnosestellung liegt – wie in den vorangegangenen Jahren – bei 2,3% (Männer 2,7%; Frauen 0,9%). Die Anzahl der Hauptdiagnosen beträgt 1944 (West 1558; Ost 386). Mit 3,6 Fällen/Einrichtung zeigt sich seit 1994 (2,7 Fälle) eine deutliche Zunahme (Welsch & Sonntag, 2003). Hochgerechnet auf die Gesamtzahl der Klienten in den bundesweit 1049 Suchtberatungsstellen haben sich in 2003 rund 4100 Glücksspieler in ambulante Therapie begeben.

Der Jahresbericht 2003 des stationären einrichtungsbezogenen Dokumentationssystems in der Suchtkrankenhilfe (SEDOS) weist 165 Hauptdiagnosen und 179 Einzeldiagnosen »pathologisches Spielverhalten« in 106 bzw. 88 Einrichtungen aus. In 6 (ausgewählten) stationären Therapieeinrichtungen, die über langjährige Erfahrungen in der Behandlung von Spielsüchtigen verfügen, wurden in 2003 488 Spieler behandelt. Hier ist der Trend einer deutlichen Steigerung erkennbar (1997: 262, 1999: 283, 2001: 363; Meyer, 2004).

Zur Teilnahme an Selbsthilfegruppen sind Daten nur für 1987 verfügbar. Rund 3100 »Zocker« nahmen in dem Jahr an den Treffen der »Anonymen

◘ **Tabelle 3.2.** Pathologisches Spielverhalten bei Klienten ambulanter Beratungs- und Behandlungsstellen, Zugänge: Einzeldiagnosen. [Nach der Jahrestatistik 2003 der ambulanten Beratungs- und Behandlungsstellen für Suchtkranke (EBIS); Meyer, 2004, S. 92]

Einzeldiagnose	Beratungs-stellen	1994 n=396	1996 n=436	1998 n=467	2000 n=401	2001 n=368	2002 n=454	2003 n=539
Pathologisches Spielverhalten	Ost	130	166	227	244	277	434	389
	West	1091	1354	1161	1058	918	1293	1713
	Gesamt	1221	1520	1388	1302	1195	1727	2102
	[%]	2,5	2,3	2,0	2,3	2,3	2,3	2,3
Gesamtzahl der Klienten (100%)		49563	65573	69972	57647	52077	74097	92738

Spieler« teil (Meyer, 1989a,b). Damals gab es 54 Gruppen in 45 Städten; im Jahre 2004 standen süchtigen Spielern 130 Gruppen in 86 Städten als Ansprechpartner zur Verfügung.

Geldautomatenspieler bilden unter Spielern aus Behandlungseinrichtungen mit Abstand die größte Gruppe (◘ Abb. 3.6). 91,3 % der befragten Spieler aus ambulanten und stationären Einrichtungen sowie Selbsthilfegruppen nannten Geldspielautomaten als problembehaftete Glücksspielform. 42,7 % hatten ausschließlich das Spielen an diesen Automaten als Problem erlebt. In der Erhebung von Denzer et al. (1995) fand sich mit 93,7 % ein ähnlich hoher Anteil

von Spielern an Geldspielautomaten, mit 69,9 % liegt der Prozentsatz reiner Automatenspieler dort etwas höher. Nach der EBIS-Statistik 2003 zeigen 83,5% der männlichen Klienten ein pathologisches Spielverhalten in Bezug auf Geldspielautomaten. Fast ein Drittel der Spieler in Behandlung lässt Probleme mit Glücksspielen in Spielbanken – vor allem mit Glücksspielautomaten – und mit illegalen Karten- und Würfelspielen um Geld erkennen. Lotterien, Pferdewetten und Börsenspekulationen spielen dagegen als problembehaftete Spielform in den Behandlungseinrichtungen nur eine untergeordnete Rolle.

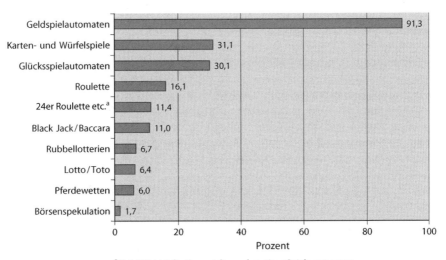

ª Seit 1994 ist die Veranstaltung derartiger Spiele untersagt.

◘ **Abb. 3.6.** Verteilung der Spieler in Behandlung nach Art des problematischen Glücksspiels (Mehrfachnennungen, n=300, Meyer et al., 1998)

❗ **Auf der Basis der Therapienachfrage von Spielern in ambulanten Suchtberatungsstellen (in 2003) und einem Vergleich mit der Therapienachfrage der Alkoholabhängigen (3–5%) ergibt sich eine Gesamtzahl von rund 80 000–140 000 beratungs- und behandlungsbedürftigen Spielern in Deutschland (bezogen auf alle Glücksspielformen). Dies entspricht einem Anteil in der Bevölkerung von 0,1–0,2%.**

Hierbei handelt es sich lediglich um eine grobe Schätzung, die auf der empirisch bisher nicht belegten Annahme einer ähnlichen Quote der Therapienachfrage von Alkohol- und Glücksspielabhängigen beruht. Vermutlich ist die Therapienachfrage von Spielern eher geringer, da

— das Krankheitskonzept von den Betroffenen und ihrem sozialen Umfeld schwerer zu akzeptieren und anzuwenden ist – nicht zuletzt aufgrund fehlender unmittelbarer physiologischer Symptome und Folgeschäden sowie der noch unzureichenden öffentlichen Anerkennung der Spielsucht als Krankheit,

— der soziale Druck und damit auch der Leidensdruck nicht so ausgeprägt sind wie bei Alkoholabhängigen, weil sich das pathologische Spielverhalten besser vor dem sozialen Umfeld verbergen lässt.

Bis der Problemdruck bei exzessiven, belasteten Spielern so weit ausgeprägt ist, dass sie eine Beratungsstelle aufsuchen, vergehen außerdem in der Regel mehrere Jahre. Für die sich zunächst entwickelnden finanziellen Probleme lassen sich immer wieder Lösungen finden, die die Inanspruchnahme von Hilfe hinauszögern.

Epidemiologische Untersuchungen liegen vor allem aus Ländern des angelsächsischen Sprachraums – mit einer traditionell großen Verfügbarkeit von Glücksspielen – vor. Die Erhebungen erfolgten überwiegend mit dem »South Oaks Gambling Screen« (SOGS) oder anhand der DSM-Kriterien, als zeitlicher Bezugsrahmen dienten die Lebenszeit und/oder das vergangene Jahr. Neben dem **pathologischen** Spielverhalten (5 oder mehr Punkte im SOGS) wurde häufig zusätzlich ein risikobehaftetes, **problematisches** Spielverhalten (3 oder 4 Punkte) diagnostiziert.

Nach einer Metaanalyse von 180 amerikanischen und kanadischen Prävalenzstudien beziffern Shaffer & Hall (2001) die Verbreitung pathologischen Glücksspiels unter Erwachsenen mit 1,92% (bezogen auf die Lebenszeit) bzw. 1,46% (bezogen auf das letzte Jahr). Signifikante Unterschiede zwischen den beiden Ländern waren nicht erkennbar. Deutliche Probleme sind bei 4,15 bzw. 2,54% der Erwachsenenbevölkerung vorhanden. In Australien liegt der Anteil

◻ Tabelle 3.3. Internationale Prävalenzraten (bezogen auf das vergangene Jahr) des problematischen und pathologischen Glücksspiels

Land	Prävalenzraten		Autoren
	Problematisches Glücksspiel [%]	Pathologisches Glücksspiel [%]	
USA/Kanada	2,54	1,46	Shaffer & Hall, 2001
Australien	1,15	0,92	Productivity Commission, 1999
Neuseeland	0,8	0,5	Abbott, 2001
Hongkong	4,0	1,8	Wong & So, 2003
Südafrika	–	1,4	Collins & Barr, 2001
Großbritannien	–	0,6–0,8	Orford et al., 2003
Schweden	1,4	0,6	Volberg et al., 2001
Norwegen	0,45	0,15	Götestam & Johansson, 2003
Spanien	2,5	1,5	Becoña, 1996
Schweiz	2,2	0,8	Bondolfi et al., 2000, 2002

pathologischer Spieler bei 0,92% und der Anteil problematischer Spieler bei 1,15% (Productivity Commission, 1999, S. 6.44). Für Großbritannien ermittelten Orford et al. (2003, S. 160f) eine Prävalenzrate pathologischen Glücksspiels von 0,6% (basierend auf DSM-IV-Kriterien) bzw. 0,8% (basierend auf SOGS-Werten).

Aber auch aus anderen europäischen Ländern, wie Spanien, Schweiz, Norwegen und Schweden, in denen ein mit deutschen Verhältnissen vergleichbares Glücksspielangebot besteht, sind Daten aus epidemiologischen Untersuchungen vorhanden (◘ Tabelle 3.3). Die Prävalenzraten pathologischen Glücksspiels von 0,15–1,5% deuten daraufhin, dass die angegebene Schätzung für Deutschland eher die untere Grenze darstellt.

3.8 Zusammenfassung

Der in der Bevölkerung verankerte Begriff »Spielsucht« sowie die im wissenschaftlichen und klinischen Kontext gebräuchlichen Fachausdrücke »pathologisches Spielen/Spielverhalten/Glücksspiel« und »Glücksspielsucht« kennzeichnen ein **Erscheinungsbild**, das sich folgendermaßen beschreiben lässt: **Zentraler Lebensinhalt** des Betroffenen ist das Glücksspiel, es dominiert und strukturiert sein Denken, Fühlen und Handeln. Berufliche Verpflichtungen, persönliche Interessen und das soziale Umfeld werden vernachlässigt. Wie bei anderen Suchtformen berichten auch Spieler darüber, die **Kontrolle verloren** zu haben und ein unwiderstehliches Verlangen (nach dem Glücksspiel) zu verspüren. Das Motiv, Spielverluste durch Weiterspielen ausgleichen zu wollen (»chasing«), stellt einen Aspekt dieses Kontrollverlustes dar. Im Verlauf der Suchtentwicklung ist eine zunehmende Intensivierung des Spielverhaltens (z. B. durch höhere Einsätze) notwendig, um die gewünschte positiv erlebte Erregung zu erreichen (**Toleranzentwicklung**). Eine dauerhafte Enthaltsamkeit erscheint unerträglich, **Abstinenzbestrebungen** bleiben überwiegend erfolglos, z. T. trotz der Hilfe von Angehörigen, Selbsthilfegruppen oder Therapeuten. Psychische und vegetativ-physische **entzugsähnliche Erscheinungen** (wie z. B. innere Unruhe, Gereiztheit, Konzentrations- und Schlafprobleme, Schweißausbrüche) tragen dazu bei, dass spielfreie Phasen meist nur von kurzer Dauer sind. Im weiteren Verlauf kommt es fast zwangsläufig zu beträchtlichen finanziellen und psychosozialen **Folgeschäden**.

Für eine verlaufsorientierte Darstellung der Suchtentwicklung bietet sich eine Unterteilung in **drei Phasen** an. Ausgehend von gelegentlichen Kontakten zu Glücksspielen, die aufgrund der lustvollen Erregung und kleinerer Gewinne als positiv erlebt werden (**positives Anfangsstadium**), entwickelt sich in Analogie zu stoffgebundenen Suchtformen bald eine Eigendynamik: Infolge von Gewöhnungseffekten sind eine Steigerung von Spielhäufigkeit und -dauer sowie höhere Einsätze notwendig, um die gewünschten emotionalen Effekte herbeizuführen (**Stadium kritischer Gewöhnung**). Der Betroffene hat jedoch in dieser Phase die Kontrolle über sein Spielverhalten noch nicht vollständig verloren, erst im **Suchtstadium** kann er nicht mehr vernunftgesteuert spielen, beherrscht das Glücksspiel sein Leben. Die Abwärtsspirale aus psychosozialen Belastungen, illegalen Handlungen, Schuld- und Panikgefühlen, Hoffnungslosigkeit und dem Zerbrechen sozialer Beziehungen kann bis hin zu Selbstmordgedanken und -versuchen führen.

Die beschriebenen Symptome finden sich in den **diagnostischen Kriterien** der Klassifikationssysteme psychischer Störungen ICD-10 und DSM-IV wieder. Das Störungsbild »pathologisches Spielen« ist dabei differenzialdiagnostisch abzugrenzen von gewohnheitsmäßigem, sozialem bzw. professionellem Spielen sowie exzessivem Spielverhalten im Rahmen einer manischen Episode. Bei Spielern mit soziopathischer Persönlichkeit bzw. antisozialer Persönlichkeitsstörung sollten – den Empfehlungen des DSM-IV folgend – beide Diagnosen gestellt werden.

Die Kriterien der Klassifikationssysteme und das Phasenkonzept der Suchtentwicklung bildeten die Grundlage für die Konstruktion psychometrischer **Screeningverfahren**. Für den angelsächischen und deutschsprachigen Raum stehen mittlerweile Fragebögen zur Verfügung, die den testtheoretischen Gütekriterien hinreichend entsprechen.

Nach der **nosologischen Zuordnung** innerhalb der Klassifikationssysteme zählt pathologisches Spielverhalten zu den **Störungen der Impulskontrolle**, die durch destruktives Verhalten infolge unkontrollierbarer Impulse gekennzeichnet sind. Neben der Inhomogenität der zusammengefassten Störungen berücksichtigt diese Zuordnung in keiner Weise die Ergebnisse der vergleichenden Suchtforschung, die die Anwendbarkeit des Suchtmodells auf pathologisches Glücksspiel nahelegen bzw. rechtfertigen.

Die meisten Therapeuten und Wissenschaftler, die mit pathologischen Spielern arbeiten, betrachten sie als Suchtkranke. Während das **Suchtmodell** zunächst nur für Suchtformen mit **körperlicher** Abhängigkeit von psychotropen **Substanzen** galt, umschließt ein weiter gefasster Suchtbegriff (charakterisiert durch Merkmale, wie Kontrollverlust, Bindung an das Suchtmittel, eigendynamischer Verlauf) auch stoff**un**gebundene Suchtformen, wie z. B. pathologisches Glücksspiel. Aus der Perspektive des **Krankheitsmodells** stellt Suchtverhalten eine behandlungsbedürftige Krankheit dar, der physiologische Ursachen zugrundeliegen; alternative Konzepte gehen von einem erlernten Fehlverhalten aus.

Jede der Modellvorstellungen bietet Ansatzpunkte für Kritik, ist jedoch ebenso mit jeweils spezifischen individuellen und sozialen Vorteilen verknüpft und bereichert die gesellschaftliche, wissenschaftliche und nicht zuletzt auch klinisch-therapeutische Diskussion.

Innerhalb des Kontinuums zwischen problemlosem und süchtigem Spielverhalten lassen sich verschiedene **Spielersubgruppen** voneinander abgrenzen, die sich im Hinblick auf Spielfrequenz, Funktionalität, Ätiopathogenese und Symptomschwere unterscheiden. Dem derzeitigen Diskussionsstand entsprechend liegt eine Einteilung in soziale, professionelle, problematische und pathologische Spieler nahe, wobei sich die Subgruppe der pathologischen Spieler unter Berücksichtigung ursächlicher Bedingungen weiter differenzieren lässt: So kann pathologisches Spielverhalten z. B. im Rahmen von akuten Lebenskrisen, affektiven Störungen oder Persönlichkeitsstörungen auftreten. Eine differenzielle Therapieindikation erscheint notwendig, um den offensichtlichen Unterschieden zwischen den einzelnen Spielertypen gerecht zu werden.

Verlässliche Angaben zur **Epidemiologie** süchtigen Spielverhaltens in Deutschland fehlen bislang. Einen Anhaltspunkt für grobe Schätzungen liefert die Anzahl der in ambulanten Beratungsstellen behandelten Spieler. In Analogie zum Verhältnis zwischen Anzahl und Therapienachfrage bei Alkoholabhängigen lässt sich von den 4100 Spielern, die sich 2003 in ambulante Behandlung begaben, auf eine Gesamtzahl von 80 000–140 000 beratungs- und behandlungsbedürftigen Spielern schließen, was einem Anteil von 0,1 bis 0,2% der Bevölkerung entspricht. Bei Prävalenzen von 0,15–1,5% in europäischen Ländern mit vergleichbarem Glücksspielangebot dürften diese Angaben die tatsächliche Auftretenshäufigkeit eher unterschätzen.

Befragt nach der problembehafteten Glücksspiel**form** nennen in empirischen Untersuchungen bis zu 93,7% der in ambulanten/stationären Einrichtungen oder Selbsthilfegruppen behandelten Spieler die Geldspielautomaten; ca. ein Drittel berichtet über Probleme mit den Angeboten der Spielbanken und illegalen Glücksspielen.

4 Entstehungsbedingungen pathologischen Glücksspiels: Das Drei-Faktoren-Modell der Suchtentwicklung als übergeordnetes Rahmenkonzept

Der Entwicklung süchtigen Spielverhaltens liegt ein komplexes System unterschiedlichster Einflussgrößen zugrunde.

Eine Betrachtungsweise, die sich an dem **Drei-Faktoren-Modell** der Suchtentwicklung orientiert, wird den vielschichtigen Ursachen am ehesten gerecht. Nach dem Modell ist die süchtige Bindung an die Droge eine Resultante der Wechselwirkungen von Merkmalen der Droge, der Person und der Umwelt (Tretter, 1998, S. 312). Es handelt sich um ein Rahmenkonzept, das der Integration verschiedener Konstellationen (der Anfälligkeit für Drogeneffekte) und Erklärungsansätze (der süchtigen Bindung) dient.

❗ Die spezifischen Eigenschaften des *Glücksspiels* (als Suchtmittel), des *Spielers* und des *Sozialfeldes*, die miteinander in intensiver Wechselwirkung stehen, bilden den entsprechenden Rahmen für Erklärungsmodelle einer glücksspielbezogenen Suchtentwicklung (◻ Abb. 4.1).

Die Bedingungen wirken sich im Einzelfall in unterschiedlichem Ausmaß und unterschiedlicher Kombination aus und können zu einem mehr oder weniger ausgeprägten pathologischen Spielverhalten führen. Auch wenn es sich bisher weitgehend um einen diffus-additiven Mehrfaktorenansatz handelt, liefern diese Modelldarstellungen noch immer eine der Hauptorientierungen der Suchtforschung und der Erfahrungswissenschaften allgemein. Von einem übergreifenden Konzept, das die verschiedenen Bedingungsfaktoren in einen widerspruchsfreien theoretischen Erklärungszusammenhang stellt, ist die Wissenschaft noch weit entfernt.

4.1 Eigenschaften des Glücksspiels

4.1.1 Psychotrope Wirkung des Glücksspiels

Das Glücksspielen lässt sich als Prozess mit unmittelbaren psychotropen Wirkungen beschreiben. Das Spiel beginnt mit dem Einsatz des Geldes. Die Möglichkeit, größere Summen zu gewinnen oder den Einsatz zu verlieren, ist mit der lustvoll-euphorischen Hoffnung auf den Gewinn und der Angst vor dem Verlust verbunden. Diese Komponenten des **Nervenkitzels** führen zu einer angenehm/unangenehm gefärbten inneren Anspannung. Die Stimulation ist sofort erlebbar und dauert solange an, wie Gewinnaussichten bestehen. Um den »prickelnden«

◻ **Abb. 4.1.** Modell der Entstehung süchtigen Spielverhaltens

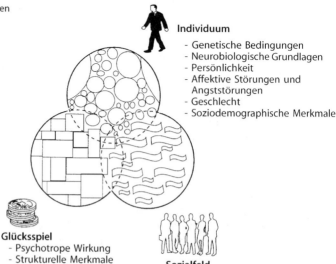

Individuum
- Genetische Bedingungen
- Neurobiologische Grundlagen
- Persönlichkeit
- Affektive Störungen und Angststörungen
- Geschlecht
- Soziodemographische Merkmale

Glücksspiel
- Psychotrope Wirkung
- Strukturelle Merkmale

Sozialfeld
- Einstellung der Gesellschaft
- Verfügbarkeit von Glücksspielen
- Arbeits- und Lebensverhältnisse
- Familiäre Strukturen

Reiz der Ungewissheit noch zu steigern und länger aufrechtzuerhalten, verdecken Automatenspieler die rotierenden Walzen/Scheiben mit ihren Händen, verfolgen Roulettespieler den Lauf der Kugel im Kessel mit gespannter Aufmerksamkeit, verzögern Pokerspieler die Aufdeckung der letzten entscheidenden Karte. Kurz vor dem Ausgang des Spiels oder dem Zieleinlauf der Pferde erreicht die Anspannung ihren Höhepunkt. Das Platzieren der Jetons im letzten Moment – auch nach der Ansage des Croupiers »rien ne va plus« – erleben beispielsweise Roulettespieler als besonders stimulierend. Das gleichzeitige Spielen an mehreren Roulettetischen oder Spielautomaten dient ebenfalls der Intensivierung von Erregung bzw. Stimulation (wie übrigens auch der hohe Koffein- und Nikotinkonsum von Spielern). In welchen Erregungszustand sich Menschen mit Hilfe des Glücksspiels versetzen können, lässt sich beispielsweise in Spielbanken beobachten. Mit hochrotem Kopf, schweißgebadet, gedankenverloren hetzen Spieler teilweise von einem Roulettetisch zum anderen und platzieren hektisch ihre Einsätze.

❗ **Das Agieren des Spielers an sich führt also bereits zu einem positiven Effekt – unabhängig vom Spielausgang.**

Gewinn

Ist das Spiel entschieden, hängt die hervorgerufene Stimmung von der Art des Ergebnisses ab: Gewinn oder Verlust.

❗ **Ein Gewinn, oft auch unabhängig davon, wieviel zunächst verloren wurde, kann Wohlbefinden, ein gesteigertes Lebensgefühl, eine heitere, glückliche Stimmung – *Euphoriegefühle* – erzeugen. Gefühle von Macht und Ansehen, von Erfolg und Grenzüberschreitung werden bei höheren Geldbeträgen erlebt.**

Reale Gewinne und gedanklich vorweggenommene Gewinnmöglichkeiten öffnen das Tor in eine **Phantasiewelt,** in der sich der Spieler einflussreich und mächtig, erfolgreich und bestätigt fühlt, in der das Schicksal beherrschbar und die Entscheidung über Gewinn oder Verlust kontrollierbar wird, in der grandiose Pläne geschmiedet werden und alles Wünschenswerte realisierbar erscheint. Die Euphoriegefühle sind in dem Zeitraum zwischen Spielentscheidung und der sofortigen Gewinnauszahlung am intensivsten. In gesteigertem Redefluss kommentieren Pferdewetter ihre richtige Vorhersage, jubelnd blicken sich Automatenspieler um und vermitteln so den anwesenden Spielern ihren Triumph über das Gerät. In Gewinnphasen erleben Spieler die Stimulation über längere Zeiträume auf einem höheren Niveau – eine Art Rauschzustand, wie sie berichten.

Die Glücksgefühle lassen sich über die Spielsituation hinaus »konservieren«, immer wieder angeregt durch die gedankliche Beschäftigung mit dem positiven Spielausgang, dem gewonnenen Geld etc.

❗ **Bereits die Vorwegnahme des Spielgeschehens und erzielter Gewinne löst schließlich die hedonistischen Gefühle aus.**

Die Konzeption von vermeintlichen Erfolgssystemen, die Information über die Form eines Pferdes, die Planung des nächsten Spielhallenbesuchs kann derartige Gefühle hervorrufen. Schon auf dem Weg in die Spielhalle verspüren »Zocker« ein Hochgefühl oder haben »Herzklopfen« beim Betreten des Kasinos. Die einschlägigen Einrichtungen können gar nicht schnell genug erreicht werden. Die Formalitäten vor dem Einlass in die Spielbank stellen für viele eine Geduldsprobe dar, die sie kaum aushalten (Ausdruck der Vorfreude oder innerer Unruhe als entzugsähnliche Erscheinung).

Durch die lustbetonte Beschäftigung mit dem Glücksspiel in und außerhalb der Spielsituation können darüber hinaus problembehaftete Gedanken verdrängt und Spannungen (Stress, Angst) abgebaut werden. Das Glücksspiel ermöglicht ein völliges Abschalten von der Außenwelt, von der belastend erlebten Realität. Das Abtauchen in eine Phantasiewelt führt zu einer Entlastung und wird als entspannend empfunden.

❗ **Das Glücksspiel hat somit neben der stimulierenden auch eine sedative Wirkung.**

Die besondere Atmosphäre, in der Glücksspiele stattfinden, begünstigt den Verlust eines Bezuges zur Realität und verstärkt die stimulierende Wirkung. Die Licht- und Tonsignale der Spielautomaten, das prasselnde Geräusch ausgeworfener Münzen, das gedämpfte Licht in den Spielsälen, die allgemeine

Hektik an den Wettschaltern, die Ansagen der Croupiers und das Klick-klack-Geräusch der springenden Kugel im Roulettekessel, das extravagante und luxuriöse Ambiente einer Spielbank, das halbseidene, verruchte Milieu illegalen Glücksspiels schaffen eine einzigartige Atmosphäre, in der das Weiterspielen vorprogrammiert ist.

Verlust

Die zweite Variante des Spielausgangs besteht in dem Verlust des Einsatzes. In der Anfangsphase einer Spielsequenz eher mit Gleichgültigkeit begleitet, verursachen Verluste später Missstimmung: Enttäuschung, Niedergeschlagenheit, Verzweiflung, Minderwertigkeitsgefühle, bis hin zu Panikgefühlen, wenn dem Spieler bewusst wird, welchen Schaden er angerichtet hat.

❗ **Das aufkommende Missbehagen ist jedoch nur von kurzer Dauer und zeigt kaum Wirkung, wenn sofort der nächste Einsatz getätigt werden kann, der wiederum mit erneuter Stimulation verbunden ist.**

Der angestrebte emotionale Zustand lässt sich beliebig oft herbeiführen, sofern die notwendigen Finanzen vorhanden sind. Das Geld ist in diesem Prozess nur Mittel zum Zweck. Der Wert reduziert sich darauf, als Spielkapital für fortlaufende »Action« zu sorgen. Gleichwohl verleiht erst das Geld, das auf dem Spiel steht, dem Glücksspiel seine potente Wirkung, und so mancher Spieler verspricht sich von hohen Geldgewinnen, die er anstrebt, eine Lösung aller Probleme.

❗ **Vordergründig lockt zwar der »schnelle Euro«, entscheidend sind aber die Auswirkungen auf die psychische Verfassung.**

Wenn die finanziellen Mittel im Rahmen einer Spielsequenz dem Ende zugehen, überwiegt teilweise die Angst zu verlieren, nicht weiterspielen zu können. »Zocker« spielen dann risikoärmer, um den Ausstieg hinauszuzögern.

Die für eine Stimulation notwendige Höhe der Einsätze und Gewinne hängt von individuellen Faktoren ab und steigt im Laufe einer Spielerkarriere aufgrund der Toleranzentwicklung. Im späteren Stadium werden intensive Glücksgefühle kaum noch erlebt.

Erlebnisschilderungen von pathologischen Spielern verdeutlichen noch einmal die psychotrope Wirkung von Glücksspielen.

Spieler berichten:
[Erleben während des Roulettespiels und vor dem Besuch der Spielbank:]

Herr L., 53 Jahre: »(…) wie in einen Rauschzustand. (…) Also, manchmal hab' ich das Gefühl gehabt, man setzt nicht mehr bewusst, bei klarem Bewusstsein. (…) Da hat man schon richtig feuchte Hände, das tropft schon bald von der Hand runter, und da kriegt man schon ganz schönes Herzklopfen und Angst dabei.« [Nach einem Gewinn:] »(…) als ob 'ne Zentnerlast von einem runterfällt, richtig strahlend, da hätte man ein Liedchen pfeifen können und freut sich dann. Man fühlt sich wie ein großer Champ. (…) Ja, wenn ich gewonnen habe, denke ich, dass ich gut gespielt hab', dass ich das, was ich mir vorgenommen habe, eigentlich auch bewusst, ganz konkret eingehalten hab'. Es ist'n Glücksspiel, das weiß ich ja nun auch. Aber es war, als wenn ich das gesteuert oder beeinflusst hatte.«

Herr B., 36 Jahre: »Totale Konzentration auf das Spiel. Ich geh' nur von Tisch zu Tisch, wo ich gesetzt habe. Das einzige, was ich wahrnehme, sind die Ansagen der Croupiers oder ist die Zahl, die gefallen ist, oder der Einsatz beziehungsweise die Plazierung. (…) Ich weiß gar nicht, ob ich wahrnehmen würde, namentlich, wenn jetzt jemand Thomas rufen würde. Ich weiß gar nicht, ob ich das wahrnehmen würde. (…) In schwierigen Situationen hat man ja auch so'n Gefühl, als wenn einem so Steine auf der Brust liegen, so'ne Anspannung ist das, so total nervlich fixiert ist man.«

Herr P., 42 Jahre: »Hat man gar nicht gewartet bis es 2, 3 [Uhr] is', sondern runter. (…) Wenn ich mit der Frau ausgemacht hab', dass wir uns am Mittag sehen oder treffen, bin ich trotzdem weg und runter. Hab' vielleicht Angst gehabt, dass die Frau mich zurückhalten könnte. (…) Ja, da bin ich

▼

rumgelaufen, zuerst zur Spielbank hin, geguckt, ob die noch da is' [lacht]. (…) Man möcht' die Zeit am liebsten zusammenschieben, dass man gleich reinkommt. Das Warten ist irgendwie 'ne Zeitverschwendung. (…) Man möcht' halt nur rein.«

[Das Automatenspiel:]

Herr M., 28 Jahre: »Aufregend wie 'ne Achterbahnfahrt. (…) Spannend ist es, aufregend ist es, nervenaufreibend. Ja, wenn man mit 'ner Achterbahn fährt, dieses Looping zum Beispiel, wenn man das überstanden hat, so'n Gefühl ist das. Ich hab's geschafft, 'n Erfolgsgefühl.«

Herr L., 20 Jahre: »(…) Also bei den Automaten hat es ja sehr viel mit Geschicklichkeit zu tun, fand ich immer. Also das war so'ne Herausforderung, die Geschicklichkeit eben, dieses Scheißding zu bezwingen, dass man von 40 Pfennig an, die der Automat dann eben einspielt, dass man trotzdem 100 Spiele kriegen kann. (…) Das Wichtigste war eigentlich das Hochdrücken nachher. (…) Das war spannend, das war aufregend, da ist man wirklich aufgeregt manchmal, vor allem, wenn man auf der 50 stand oder so, und man wusste, jetzt wechselt der Takt, jetzt musst du den Takt mitkriegen, und dann gezögert hat. Viermal ging's weg, einmal hat man's geschafft, (…) 'n Triumph war das natürlich! Peng, klack, die anderen drehen sich um, oh, guck' mal, er hat schon wieder hochgedrückt, oder so. Da stand man dann irgendwie so da, das war super. Selbst wenn Geld rauskam, auf den Automaten habe ich gar nicht mehr geachtet, weil ich mich dann wieder mit anderen [Automaten] beschäftigt habe. Also da war es wirklich Geschicklichkeit und eben, weil andere zuguckten; das waren Bananen, die immer nur auf 2 oder 5 Spiele drückten.«

Herr M., 24 Jahre: »Auf der anderen Seite die gewisse Ruhe, die ich da hatte, dieses Abschalten. Von zu Haus' hab' ich ja immer gehört: Nun beweis mal, dass du was kannst. So, und da an den Apparaten, ja, wenn ich nach oben gedrückt

▼

hab', hab' ich ja bewiesen, dass ich was kann. Obwohl ich ja auch vorher 'n Haufen Niederlagen eingesteckt hab', vielleicht 10- oder 15-mal weggedrückt hab'. Insgesamt, wenn 'ne kleine Serie mit allem Drum und Dran kam, hab' ich mir dann doch eben selber bewiesen, so, du kannst ja doch was, du bist doch kein Versager, so wie von den anderen behauptet wird. Das ist so eigentlich eben der Hauptgrund, dass ich mir selber was beweisen wollte.«

Herr W., 22 Jahre: »Das Spielen bringt mich von allen Gedanken ab. Wenn ich in 'ner Spielhalle sitz', denk' ich an gar nichts. Dann denk' ich nur ans Spielen, und alles andere ist in weiter Ferne, jedes Problem, jede Sorge ist weg. (…) Man fühlt sich geborgen, (…) also in der Spielhalle. (…) Die Angst vorm Gefängnis und die Angst vorm Erwischtwerden und die Angst vor der Polizei und so, die ist in der Spielhalle nicht. Da sind alleine die Kästen, da ist die Aufsicht, und also diese ganzen Probleme, die von außen kommen, sobald die Tür zu ist, sind die Probleme weg. Und wenn du da 2, 3 Stunden in der Daddelkoje sitzt, du vergisst ja auch alles um dich herum. Da kann draußen die Sonne scheinen, es kann regnen, das interessiert ja nicht. Du bist ja nur am Spielen, draußen kann sonstwas passieren.«

Herr S., 34 Jahre: »Also, ich leb' dann in einer ganz anderen Welt in dem Moment. Ich selber bin ich in dem Moment, glaub' ich, gar nicht mehr. Also, dann kann ruhig einer mit mir sprechen, das ist wie Durchzug. Dann kann auch einer zu mir sagen, du hast 'ne Frau und hast Kinder oder so. Das ist schlimm, es wird gezockt, bis nichts mehr da ist.«

[Der einzige Besuch einer Spielbank:]

Herr B., 21 Jahre: »War gutes Wetter draußen, alles toll, gut aufgewacht und so, auch 'n gutes Feeling gehabt. Ich hatte noch 'n Riesen, und dann siehst du ja immer gut aus, wenn du weißt, du kannst noch spielen. (…) Bin ich losgezogen und bin auch in die Spielothek rein.

▼

Dort hab' ich 'n bisschen gespielt, (...) und dann bin ich da raus und in den Jackpot [Automatenkasino] reingegangen.« [**Dort gewann er 3800 EUR.**]

»Dann bin ich in ein Taxi gestiegen und wusste gar nicht genau, wo ich hinwollte. (...) Und da hab' ich gesagt, hier, fahren Sie mich mal ins Spielkasino, eih. Das kam irgendwie instinktiv. (...) Da hatte ich auch voll das Hochgefühl, war ich voll oben, hatte die Energie und alles. Das war mein Tag, (...) mich konnte niemand stoppen, ich war der Größte, ich war voll der Oberkönig. (...) Mir konnte sozusagen keiner was. (...) Ich konnte nun ja nicht einfach nach Hause fahren und mich mit meiner Freundin über irgendwelchen Scheiß unterhalten, das hatte ja keinen Reiz für mich, klar.«

[In der Spielbank:]

»Da fand ich das Oberfeeling, das war noch besser als in der Spielothek oder im Jackpot – die Atmosphäre da, überhaupt die ganzen Leute da. (...) Ich wollte ja schon immer zu den Größten gehören. (...) Dann hab' ich meine Geschichte erzählt, (...) 'n Piccolo geholt, so'n Zigarillo in der Hand, und hab' da voll mit den Leuten gelabert, als wenn ich voll der Oberbonze wär'. So ging ich da ab.«

[Nach dem Verlust des Geldes:]

»Jedenfalls hab' ich alles verbraten, alles. (...) Dann war Ende gewesen. Da war ich wieder voll runter. (...) Vorher war ich die Energie, und dann kam der Erschöpfungszustand. (...) Ich war total runter, keine Power mehr, keine Energie mehr, alles im A.... So'ne Scheiße, und dann hab' ich die alte Scheißkrawatte da hingeschmissen, (...) und hatte nicht mal Kohle für'n Taxi. Da bin ich zu Fuß durch den alten Scheißregen zu meiner Mieze gelatscht. So voll abgetörnt, voll runter, eih. Mein Anzug war nass, und alles, alles war am Ende. Ich hab' mich noch mit ihr gestritten, sie ist noch abgehauen, und da hab' ich mich hingelegt und war sofort weg. Ja, das war so der Tag.«

▼

[Illegales Glücksspiel]

Herr S., 35 Jahre: »(...) Und dann den ganzen Weg schon aufgedreht, heute packst du es. Garantiert, muss ja gut gehen. (...) Irgendwie war ich richtig geil darauf dahinzukommen. (...) Das war wie so'n Magnet, der mich angezogen hat. Ja, wenn ich reinkam, war ich erstmal eigentlich völlig ruhig. Und wie ich ins Spiel eingegriffen habe, ging es wie so'n Fieber los. Dann hat's mich gepackt, dann wollte ich einfach das durchziehen, was ich mir vorgenommen hab'. Dass ich eben an dem Tag den großen Coup starte.«

Herr S., 27 Jahre: »In dem Augenblick, wo ich die Karten hochhebe, bin ich unheimlich nervös. Zeig' den anderen das aber nicht. (...) Mein Magen zieht sich zusammen, mein Mund ist trocken, und unheimlich viel geraucht hab' ich. Irgendwie so'n Schauer ist das, heiß, kalt, wie so'n Wechselbad. Guckt man in die Karten, entweder hat man ein dummes Gefühl im Magen, schmeißt' die Karten weg, wenn man verloren hat, oder man hat so'n innerliches Grinsen, wenn man sieht, dass man gute Karten hat. Das war auch so extrem, so Himmel und Hölle gegeneinander. Einmal ganz oben. (...) Als ob man über sämtlichen Wolken schwebt.«

Herr E., 30 Jahre: »Das war also 'ne Zeit, ich stand eigentlich neben mir selber. So im nachhinein, ich hab' mir das im Knast mal so in Ruhe durch 'n Kopf gehen lassen, irgendwo war ich ja auch gar nicht mehr ich selber. Ich weiß nicht, wie ich das ausdrücken soll. Ganz am Anfang, wo ich angefangen hab', also an Geldspielgeräten, hab' ich das alles problemlos unter Kontrolle gehabt. Ich hab' mir gesagt, gut, mein' Einsatz, den verspiel' ich, bin auch mal 'n bisschen extremer geworden, wo ich 2-, 300 verspielt hab'. Aber so schlimm wie es beim Baccara war, da hat mich im Prinzip 'n Tausendmarkschein nicht mehr interessiert. Aber das ging mir gar nicht so sehr um das Geld, das war überhaupt dieses Gefühl beim Spielen. Ich hab' da gesessen, klatschnasse Hände, was machen die

▼

nächsten Karten jetzt. Und wenn ich dann mal verloren hatte, hab'ich direkt hinterher gesetzt, weil, mal gucken, ob man beim nächsten Zug Glück hat. Und das Geld spielte auch irgendwann keine Rolle mehr. Geld war immer nur Plastik. (...) Die Plastikjetons verkörperten zwar das Bargeld, aber ich hab'sie eben nicht als solches akzeptiert.«

Physiologische Reaktionen

Eine objektive Erfassung der Erregung während des Glücksspiels über die Herzfrequenz (als einem physiologischen Korrelat) war Gegenstand zahlreicher Untersuchungen. Es ließ sich ein Anstieg der Herzfrequenz bei Black-Jack-Spielern (Anderson & Brown, 1984), Spielern an Pokerautomaten (Leary & Dickerson, 1985; Coulombe et al., 1992; Dickerson et al., 1992), Spielern an angelsächsischen »Fruit-Machines«, vergleichbar mit Geldspielautomaten (Griffiths, 1993a; Carroll & Huxley, 1994), sowie Pferdewettern (Coventry & Norman, 1997) nachweisen. Die Herzfrequenz stieg um bis zu 58 Schläge/ min (im Mittel um 23,1/min) und signifikant mit der Höhe der Einsätze (Anderson & Brown, 1984). Der glücksspielbedingte Anstieg war in realen Spielsituationen größer als in Laborexperimenten; die Hautleitfähigkeit (als weiteres Erregungsmaß) stieg unter beiden Bedingungen an (Diskin et al., 2003). Vergleichsweise geringere Anstiege bei Automatenspielern werden auf niedrigere Einsatzhöhen zurückgeführt. Gewinne führten zu einem stärkeren Anstieg der Herzfrequenz als Verluste (Coventry & Constable, 1999; Coventry & Hudson, 2001) ebenso wie finanzielle Gewinnerwartungen im Vergleich mit dem vergnüglichen Glücksspiel um wertlose Punkte (Ladouceur et al., 2003a). Zwischen verschiedenen Zeitabschnitten des Spielablaufs (Wetten beim Pferderennen) zeigten sich ebenfalls signifikante Unterschiede, mit Spitzenwerten während des Wetteinsatzes und besonders gegen Ende des Rennens. Lag das gesetzte Pferd in einer aussichtsreichen Position oder ging es als Sieger durch das Ziel, war die Herzfrequenz gleichfalls deutlich höher (Coventry & Norman, 1997).

Während Leary & Dickerson (1985) bei Häufigspielern eine signifikant größere Zunahme als bei Gelegenheitsspielern verzeichneten, fand dieses Ergebnis in den Untersuchungen von Dickerson et al. (1992), Coulombe et al. (1992), Griffiths (1993) sowie Coventry & Norman (1997) keine Bestätigung. Diskin & Hodgins (2003) ermittelten lediglich ein deutlich höheres Ausmaß subjektiv erlebter Erregung bei den pathologischen Spielern, während der glücksspielbedingte Anstieg der Herzfrequenz sowie der anderer Erregungsparameter, wie Muskelaktivität und Hautleitfähigkeit, ähnlich ausgeprägt war. Griffiths (1993a) berichtet allerdings von einem signifikanten Abfall der Herzfrequenz nach dem Spiel bei Häufigspielern. Abhängige Automatenspieler unterschieden sich nicht von Gelegenheitsspielern in dem Ausmaß des Anstiegs, es zeigte sich aber der Trend eines geringeren Ausgangsniveaus bei den problembehaftete Spielern (Carroll & Huxley, 1994). Sogar die Untersuchungsbedingung, Gewinnsituationen in Erinnerung zu rufen und zu beschreiben, führte sowohl bei Problem- als auch bei Häufig- und Gelegenheitsspielern im Vergleich mit einer neutralen Aufgabe zu einem signifikanten Anstieg der Herzfrequenz. Unterschiede zwischen den Gruppen waren nicht erkennbar. Nach den Werten der Muskelaktivität und Hautleitfähigkeit waren die problematischen Spieler in dieser Situation jedoch stärker erregt als die Häufig- und Gelegenheitsspieler (Sharpe et al., 1995). Gewinne (simuliert) riefen bei Problemspielern Euphoriegefühle hervor, die der Euphorie von Konsumenten psychomotorischer Stimulanzien sehr ähnlich ist (Hickey et al., 1986). Unter Einbeziehung der Vorstellung von Verlustsituationen zeigten sich Gelegenheitsspieler in der Erinnerung an Gewinnsituationen stärker erregt (Hautleitwiderstand), während Problemspieler in beiden Situationen einen Erregungsanstieg aufwiesen (Sharpe, 2004). Auf akustische Glücksspielreize (Darstellung von Spielsituationen) reagierten pathologische Spieler mit einer vergleichsweise höheren Herzfrequenz (Blanchard et al., 2000), die nach einer mehrstufigen Behandlung deutlich geringer ausfiel (Freidenberg et al., 2002).

Neben den weit gehend konsistenten Daten zur kardiovaskulären und allgemeinen Aktivierung liegen erste Befunde zu neuroendokrinen Indikatoren vor.

Am Rande erfolgt der Hinweis, dass Spieler die Adrenalinausschüttung (die Action) als eigentlichen »Kick des

Zockens« beschreiben (Doiron & Mazer, 2001; Spunt et al., 1998) und Zocker neben Extremsportlern und S-Bahn-Surfern mitunter als »Adrenalin-Junkies« bezeichnet werden.

In Speichelproben fanden Meyer et al. (2000) erhöhte Cortisolwerte nach Beginn des Glücksspiels. Bei Spielern an japanischen Pachinko-Automaten, die allerdings offiziell kein Glücksspiel darstellen, ermittelten Shinohara et al. (1999) in Blutproben anstei-

gende Plasmakonzentrationen von Noradrenalin, β-Endorphin und Dopamin. Urinproben einer australischen Bevölkerungsgruppe der Aborigine wiesen an Tagen, die durch intensives Glücksspiel mit höheren Einsätzen gekennzeichnet waren, doppelt so hohe Adrenalin- und Cortisolkonzentrationen auf wie an den Vergleichstagen (Schmitt et al., 1998).

In einer Feldstudie haben Meyer et al. (2004) von problematischen Spielern vor, während und nach

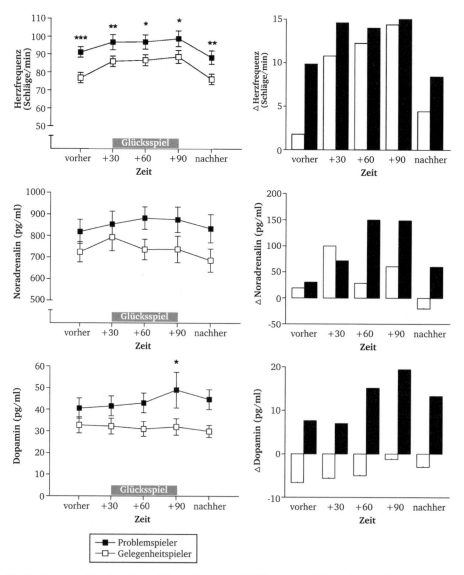

☐ Abb. 4.2. Herzfrequenz-, Noradrenalin-, und Dopaminwerte vor, während und nach dem Glücks- und Kartenspiel (Mittelwert ± Standardfehler; *<0,05, **<0,01, ***0,001) sowie die Differenzwerte (D) zwischen der Glücks- und Kartenspielbedingung. (Meyer et al., 2004)

dem Black-Jack-Spiel im Kasino Daten zur Herzfrequenz sowie Plasmaproben zur Analyse von Catecholaminen (Adrenalin, Noradrenalin, Dopamin), der Hypothalamus-Hypophysen-Nebennieren-(HPA-)Achse (ACTH, Cortisol) und anderer Hormone der Hypophyse (β-Endorphin, Prolaktin) erhoben. Die Daten wurden mit einer Kontrollbedingung (Kartenspiel um Punkte) sowie einer Kontrollgruppe von Gelegenheitsspielern verglichen. Die Herzfrequenz und Noradrenalinwerte stiegen mit Beginn des Glücksspiels in beiden Gruppen an. Die Problemspieler zeigten jedoch signifikant höhere Werte während des Spielverlaufes und vor der Spielteilnahme (Herzfrequenz). Die Dopaminwerte der Problemspieler waren während des Glücksspiels signifikant erhöht, während die Cortisolwerte in beiden Gruppen mit Beginn des Black-Jack-Spiels vorübergehend anstiegen (□ Abb. 4.2). Das Glücksspiel führte im Vergleich mit dem Kartenspiel über alle Spieler zu deutlich erhöhten Herzfrequenz-, Adrenalin-, Noradrenalin-, Cortisol- und Prolaktin-Werten (□ Abb. 4.3). Die Noradrenalinwerte korrelierten positiv mit dem Spielergebnis (Gewinn-/Verlusthöhe) am Ende der ersten und dritten Spielphase sowie der Follow-up-Erhebung. Das subjektive Verlangen nach dem Glücksspiel korrelierte gleichfalls positiv mit den Noradrenalinwerten vor dem Spiel sowie nach der ersten und dritten Spielphase. Die Befunde belegen eine Aktivierung der HPA-Achse und des sympathoadrenalen Sys-

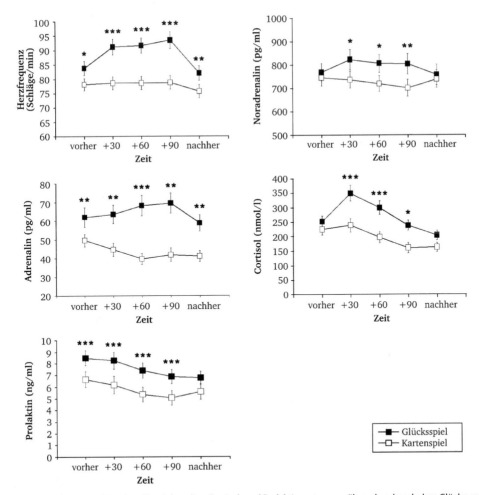

□ **Abb. 4.3.** Herzfrequenz-, Noradrenalin-, Adrenalin-, Cortisol- und Prolaktinwerte vor, während und nach dem Glücks- und Kartenspiel (Mittelwert ± Standardfehler; *<0,05, **<0,01, ***0,001)

tems infolge des Glücksspiels im Kasino, mit signifikant ausgeprägteren Veränderungen bei Problemspielern.

Lustbetonte Interpretation der Erregung

Das glücksspielbedingte Erregungsniveau infolge des Auf und Ab, der Gewinne und Verluste, der Erwartungen und Befürchtungen lässt sich je nach Spielsituation differenziert interpretieren. Ausgehend von dem Streben nach einem lustbetonten Zustand kann sich der Spieler nach Gewinnen dem Erleben von Stimulation und Euphorie hingeben und nach Verlusten über den erneuten Einsatz die Zielerwartung eines Gewinnes in den Vordergrund rücken, ebenfalls verknüpft mit einem positiv gefärbten Erregungszustand. Eine höhere Erregung infolge von Alltagsproblemen lässt sich über die Teilnahme am Glücksspiel auf der einen Seite als anregend interpretieren, in der Hoffnung auf den Gewinn. Auf der anderen Seite besteht in der Auseinandersetzung mit dem Spiel die Möglichkeit, die Anspannung und problembehafteten Gedanken abzubauen und Entspannung als lustbetonten Zustand zu erreichen.

Die Beziehung zwischen Erregung und hedonistischer Qualität hat Apter (1994) im Rahmen der Reversionstheorie beschrieben. Er verweist auf eine prinzipielle und unaufhebbare menschliche Lust am Risiko, an der Sensation: Die Verhaltensdisposition »Suche nach Auf- bzw. Erregung«. Sie motiviert den Menschen, der Langeweile zu entgehen und Risiko innerhalb eines subjektiv als schützend wahrgenommenen Rahmens zu suchen. Eine zweite Disposition/Verfassung besteht in der »Vermeidung von Angst« und der Suche nach Entspannung (Erregungsvermeidung). Die beiden Verhaltensdimensionen schaffen auf der Grundlage der Intensität der Erregung und dem Grad an Lust und Unlust eine Ebene mit den vier Eckpunkten Langeweile, Angst, Entspannung und Anregung (◻ Abb. 4.4). Auf dieser Ebene, zwischen den konträren Verfassungen, wechselt der Mensch in seinen Alltagserfahrungen hin und her – nach dem Homöostase-Modell. Jeder Mensch hat demnach ein optimales Stimulationsniveau, wobei der Organismus immer ein Gleichgewicht anstrebt. Wer zu wenig Spannung erlebt, wählt eher ein riskantes Verhalten, wie es das Glücksspiel bietet, ist er dagegen **zu** aufgeregt, zieht er beruhigendere Verhaltensweisen vor. Hohe wie niedrige Erregung können mit angenehmen wie mit unangenehmen Gefühlen verbunden sein. Dies hängt von motivationalen Zuständen ab: Ist der Mensch eher zielorientiert (in der Hoffnung auf zukünftige Gewinne: kognitiver Prozess) oder eher auf das momentane Verhalten und Erleben ausgerichtet (Erleben der hohen Erregung als Angst: physiologischer Prozess)? Vermutlich kann der Spieler während des Glücksspiels rasch zwischen den Zuständen hin- und herwechseln, so dass in einer Verlustphase (verbunden mit Anspannung, Angst) die Zielerwartung eines Gewinnes dominieren kann und nach dessen Realisierung die Umkehr zu einem gegenwartsbezogenen Ausleben der Situation erfolgt. Die hohe, unangenehme Anspannung wird so in lustvolle Erregung umgewandelt (Anderson & Brown, 1987; Brown, 1988).

◻ **Abb. 4.4.** Vermutete Beziehung zwischen Erregung und hedonistischer Qualität für angstvermeidende und anregungssuchende Systeme in der Reversionstheorie (Apter, 1982)

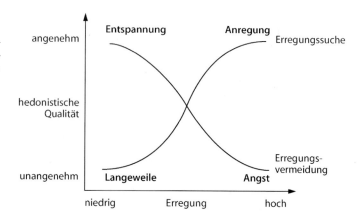

4.1.2 Strukturelle Merkmale von Glücksspielen

Strukturelle Merkmale von Glücksspielen ermöglichen eine Differenzierung der verschiedenen Glücksspielformen hinsichtlich des **Stimulations- und Suchtpotenzials**, das von ihnen ausgeht. Sie liefern plausible Gründe dafür, dass überwiegend Automaten- und Roulettespieler die Behandlungseinrichtungen aufsuchen, aber kaum Lottospieler, obwohl das Zahlenlotto in der Bevölkerung mit Abstand am weitesten verbreitet ist.

Folgende Merkmale des Spielgeschehens sind von Bedeutung für den Spielanreiz und das Suchtpotenzial verschiedener Glücksspielformen (Weinstein & Deitsch, 1974: Cornish, 1978):

- **Ereignisfrequenz.** »Zocker« wählen vor allem Glücksspiele mit einer **raschen Spielabfolge.** Im Sekunden- oder Minutentakt können Automaten- bzw. Roulettespieler ihr Geld riskieren und die angestrebte Wirkung erzielen, das Lotto bietet dagegen höchstens zwei Spielereignisse pro Woche. Je schneller das nächste Spiel möglich ist, desto kürzer ist darüber hinaus die Zeitspanne des Verlusterlebens.
- **Auszahlungsintervall.** Eine **kurze Zeitspanne** zwischen Einsatz und Spielergebnis bzw. Gewinnauszahlung hat eine stärkere (belohnende) Wirkung als ein langgestreckter Spielablauf wie beim Lotto, bei dem Gewinne erst nach Tagen den Spieler erreichen. Sie ermöglicht zudem eine umgehende Reinvestition des Geldes in den Glücksspielkreislauf.
- **Ausmaß der persönlichen Beteiligung und Kompetenzanteile.** Eine **aktive Einbeziehung des Spielers** in den Spielablauf, beispielsweise über die Betätigung von Start-, -Stopp- und Risikotasten an Automaten oder das Spielen nach Systemen beim Roulette, fördert Erwartungen, das Spielergebnis beeinflussen zu können (▶ Kap. 5.4.2). Verluste werden auf eigenes Versagen zurückgeführt und Versuche unternommen, die Fähigkeiten zu verbessern. Während hier Kompetenzanteile nur suggeriert werden, kann bei Sport- bzw. Pferdewetten oder Börsenspekulationen die Einbeziehung bestimmter Informationen die Chancen **tatsächlich** verbessern, womit eine Steigerung des Gefahrenpotenzials verbunden ist.

- **Variabilität der Einsätze und Gewinnchancen.** Ein **breites Spektrum** an Einsätzen und Gewinnchancen (Quoten) gewährleistet, dass durch höhere Einsätze erlittene Verluste in einem Spiel wieder ausgeglichen oder Gewinne vervielfacht werden können und der Spielanreiz steigt (beim Automatenspiel über das Risikospiel realisiert).
- **Wahrscheinlichkeit des Gewinnens und Mischungsverhältnis der Ausschüttung.** Der Spielanreiz ist besonders ausgeprägt, wenn ein **optimales Verhältnis** zwischen der **Gewinnwahrscheinlichkeit** und dem **Mischungsverhältnis der Auszahlung** besteht, d. h. die Gewinne müssen groß genug sein, um als Glücksfall erlebt zu werden, gleichzeitig müssen aber noch reelle Gewinnchancen vorhanden sein. Gruppenspezifische oder individuelle Kriterien wie finanzielle Ressourcen bestimmen das optimale Niveau. Darüber hinaus können viele kleine Gewinne wie an Spielautomaten, die dann erst beim Risikospiel – beim Versuch, sie zu vervielfachen – »abstürzen«, die Tatsache permanenter Verluste aus dem Bewusstsein verdrängen.
- **Assoziation mit anderen Interessen.** Eine enge Verknüpfung mit **anderen Interessen**, wie sie beim Wetten auf Sportereignisse gegeben ist, erhöht die Attraktivität des Glücksspiels.
- **Fast-Gewinne.** Häufige Fast-Gewinne fördern ebenso wie eine größere Anzahl von Gewinnsymbolen auf den zuerst einlaufenden Walzen/ Scheiben die Spielintensität, weil die Erwartung vermittelt wird, der Gewinn steht kurz bevor und die Gewinnerwartung länger aufrechterhalten wird (▶ Kap. 5.4.2.)
- **Art des Einsatzes. Kleine Einsatzeinheiten** (für Spielautomaten), die ersatzweise Verwendung von **Jetons** (beim Roulette) oder **virtuelle Einsätze** per Kreditkarte (bei Glücksspielen im Internet) verschleiern das finanzielle Wertesystem, beeinträchtigen das Urteilsvermögen und senken die Hemmschwelle für eine Teilnahme. Verluste werden geringer eingeschätzt, und es wird risikoreicher gespielt.
- **Ton-, Licht-, Farbeffekte.** Auf den Einfluss von Ton-, Licht- und Farbeffekten des Spielautomaten verweist Griffiths (1993 b, 1995). Sie vermitteln das Gefühl von Vergnügen und Aktivität

sowie den Eindruck, dass Gewinne verbreiteter sind als Verluste.

Die aufgezeigten Merkmale spielen eine wesentliche Rolle bei der Aneignung von Erwartungen und der Befriedigung von emotionalen Bedürfnissen und bestimmen damit das Suchtpotenzial von Glücksspielen.

❗ **Vor allem, wenn immer wieder über einen längeren Zeitraum intensive Lustgefühle realisierbar sind oder ein längerfristiges Abtauchen aus der Alltagsrealität möglich ist, dann ist ein höheres Suchtpotenzial gegeben.**

In der Umgangssprache wird zwischen »harten« und »weichen« Glücksspielen unterschieden. »Harte« Spielformen zeichnen sich in erster Linie durch eine schnelle Spielabfolge und ein damit verknüpftes höheres Sucht- oder Risikopotenzial aus (Griffiths, 1999).

Bezogen auf die in der Bundesrepublik Deutschland angebotenen Glücksspiele gilt dies für: Geldspielautomaten, Glücksspiele in den Spielbanken, Sport- und Pferdewetten (Bottlender et al., 1997; Hayer & Meyer, 2003, 2004), illegales Glücksspiel, Glücksspiele im Internet (Hayer et al. 2005) und Börsenspekulationen (Müller & Laakmann, 1988; Meyer, 2000).

Aus dieser Auflistung sind wiederum Spielautomaten hervorzuheben, die weltweit als Glücksspiele mit dem höchsten Suchtpotenzial gelten (Breen & Zimmerman, 2002; Griffiths, 1999). Automatenspieler entwickeln nach dem Beginn einer regelmäßigen Teilnahme sehr viel schneller ein pathologisches Spielverhalten als Spieler anderer Glücksspielformen. Lag der Zeitraum bei Sport- und Pferdewettern, Kartenspielern und Teilnehmern an Sofort-Lotterien im Mittel bei 3,9 Jahren, dauerte es bei Automatenspielern nur rund 1 Jahr (1,1 Jahre) bis zur Diagnose der Spielsucht (Breen, 2004).

Auch die Veranstalter »weicher« Spielformen, wie Lotterien, wissen, wie sie die Attraktivität ihres Angebotes steigern können. So gibt es inzwischen beim Lotto zwei Ziehungen pro Woche, beim Keno sogar von Montag bis Samstag. Die Einführung der Super-Zahl sorgt für gigantische Jackpots und erregt auf diesem Weg Aufmerksamkeit. Noch sind die angebotenen Lotterien einschließlich Fußballtoto und Rennquintett allerdings als weniger gefährlich ein-

zustufen – nicht zuletzt aufgrund der geringen Ereignisfrequenz. Es sind jedoch auch Einzelfälle klinisch in Erscheinung getreten (Petry, 2003, S. 31), in denen Spieler sehr hohe Summen beim Lotto verspielt und sich beispielsweise auf der Jagd nach vermeintlichen Erfolgssystemen vollkommen ruiniert haben. Lorenz (1990) vertritt die Ansicht, dass das Suchtpotenzial von Lotterien häufig unterschätzt wird.

Moran (1979) sowie Griffiths & Wood (2001) heben die Gefahren der »instant-scratchcards« (Rubbellotterien) hervor. Rubbellose bieten zwar eine rasche Spielabfolge, hohe Gewinne und viele »Fast-Gewinne«, sind leicht zugänglich und fast überall verfügbar. Die wenig reizvolle, nicht auf Spielen ausgerichtete Atmosphäre in den Verkaufsstellen, das weitgehende Fehlen einer breiten Gewinnstreuung (hauptsächlich Freilose), die vergleichsweise geringe Gewinnrate und offensichtlich fehlende Einflussmöglichkeiten der Spieler auf das Spielergebnis dürften aber einem persistenten Spielverhalten entgegenwirken. Hendriks et al. (1997) schätzen nach einer Befragung von Rubbellos-Käufern in Holland das Gefahrenpotenzial als moderat ein. 0,7% der Spieler wurden als »problematisch« und 4,1% als »gefährdet« eingestuft. DeFuentes-Merillas et al. (2003) ermittelten eine Prävalenzrate problematischen und pathologischen Spielverhaltens von 2,44 bzw. 0,24%. Wood & Griffiths (1998) diagnostizierten bei 6% einer Stichprobe von britischen Jugendlichen (11 bis 15 Jahre, mit Spielerfahrungen) ein problematisches Spielverhalten bezogen auf Rubbellose und Griffiths (2000) unter männlichen Jugendlichen bei 5% ein pathologisches Spielverhalten.

Bei Sport- und Pferdewetten kann Kompetenz das Spielergebnis mitbeeinflussen. Dem »Experten« für Pferdewetten steht beispielsweise eine Reihe von Informationen zur Verfügung, wie Leistungen der Pferde in den letzten Rennen, Bodenbeschaffenheit, Insidertipps der Aktiven oder Kommentare der Fachpresse, nach denen er seine Wette ausrichten und damit seine Chancen erhöhen kann. Letztendlich ist der Ausgang eines Rennens jedoch von weiteren Faktoren, wie Rennverlauf, Tagesform des Pferdes und Reiters/Fahrers usw., abhängig – Zufallsfaktoren, die sich nicht ausrechnen lassen.

☐ **Abb. 4.5.** Glücksspiele im Internet: schnelle Hilfe bei Problemen

Experimentelle Befunde zeigen, dass »Experten« im Vergleich mit dem Zufallsprinzip zwar häufiger das siegreiche Pferd auswählten. In den finanziellen Ergebnissen lässt sich jedoch kein Unterschied feststellen; beide Strategien führten erwartungsgemäß auf Dauer zu Verlusten (Ladouceur et al., 1998a).

In einer Stichprobe von Sportwettern aus Berliner Wettannahmestellen fanden Plöntzke et al. (2004) einen Anteil von 37,5%, der den Kriterien pathologischen Glücksspiels entsprach. Es wurden 8,8% der Wetter komorbid als pathologische Lottospieler diagnostiziert. Ergebnisse einer eigenen empirischen Untersuchung zu Spielern aus Behandlungseinrichtungen, die Sportwetten und/oder Lotterien als problembehaftetes Glücksspiel benennen, werden in 2005 vorgelegt (Meyer & Hayer, 2005).

Glücksspielen im Internet mangelt es noch an der unmittelbaren Auszahlung von Gewinnen und an vertrauenserweckenden Systemen für den Geldtransfer. Die Spieler müssen erst Vertrauen in die Bonität der Betreiber und den ordnungsgemäßen und ehrlichen Spielablauf gewinnen. Sind die anfänglichen Hürden erst überwunden, werden sich im Internet Glücksspiele präsentieren, deren Suchtpotenzial als außerordentlich hoch einzuschätzen ist. Sie gewährleisten eine rasche Spielabfolge, ein breites Spektrum an Einsätzen, Gewinnen und Verlusten, hohe Auszahlungsqoten, häufige Fast-Gewinne und interaktive Komponenten. Der Kontrollverlust tritt schneller ein, da bargeldlos gespielt wird. Eine »soziale Kontrolle« ist nicht mehr möglich: Der »Internet-Zocker« kann sich im virtuellen Kasino vom Wohnzimmer aus – unter Drogen stehend – ruinieren, ohne dass es jemand bemerkt (Meyer, 2001; Griffiths, 2003; Hayer et al., 2005; ☐ Abb. 4.5).

Neben den strukturellen Kriterien bestimmen situationale Merkmale (Griffiths, 1999) das Gefahren- und Suchtpotenzial von Glücksspielen, in dem sie über die Verfügbarkeit und Griffnähe in einem sozialen Umfeld (▶ Kap. 4.3) potentiellen Spielern den Zugang zum Glücksspiel erleichtern (Entfernung zum nächsten Kasino, unmittelbarer Kontakt »rund um die Uhr« über das Internet) oder sie zum Spiel anregen (Werbung).

4.2 Charakteristika des Spielers

Ein süchtiges Spielverhalten kann sich vor dem Hintergrund sehr unterschiedlicher individueller Bedingungen entwickeln:

- genetische Bedingungen,
- neurobiologische Grundlagen,
- Persönlichkeitsstruktur,
- affektive Störungen und Angststörungen,
- Geschlecht,
- soziodemographische Merkmale.

Sie können die Basis für einen Missbrauch des Glücksspiels bilden. Es finden sich aber ebenso ursprünglich psychisch weitgehend unauffällige Menschen, die erst im Laufe einer Spielerkarriere aufgrund der Eigendynamik des exzessiven Spielens auffällig werden (Meyer, 1988).

4.2.1 Genetische Bedingungen

Nach Winters & Rich (1998) lässt sich bei Männern das Ausmaß der Beteiligung an Glücksspielen mit hohem Erregungspotenzial auf den Faktor »Vererbung« zurückführen. Zwillingsstudien unterstreichen die Bedeutung genetischer Risikofaktoren des Spielverhaltens und des pathologischen Glücksspiels. Befunde zum Spielverhalten von 3359 Zwillingspaaren (Eisen et al., 1998, 2001; Slutske et al., 2000) deuten darauf hin, dass

— Vererbung einen bedeutenden Anteil der Unterschiede in der berichteten Symptomatik des Spielverhaltens erklärt,

— verschiedene Ausprägungsgrade der Glücksspielprobleme einem einzelnen Kontinuum genetischer Anfälligkeit unterliegen,

— gleichzeitiges Auftreten von pathologischem Glücksspiel und Alkoholmissbrauch/-abhängigkeit, antisozialer Persönlichkeitsstörung sowie Störung des Sozialverhaltens zum Teil auf genetische Einflüsse zurückzuführen ist.

Die neurophysiologischen Korrelate der Probleme mit dem Glücksspiel und auf genetischen Grundlagen differierende Neurotransmittersysteme sind vermutlich für biologische Mechanismen verantwortlich, die die genetische Basis einer Prädisposition pathologischen Glücksspiels erklären (Überblick bei Ibañez et al., 2003).

Nach einer genetischen Untersuchung pathologischer Spieler von Comings et al. (1996) verfügten 50,9 % der Probanden über eine Variante (D_2A_1) des Dopamin-D_2-Rezeptor-Gens (DRD2), die mit dem Dopamin-Systems in Verbindung steht. In der Kontrollgruppe betraf dies nur 25,9 %. Handelte es sich um ein stark ausgeprägtes pathologisches Spielverhalten, stieg der Prozentsatz auf 63,8 % in der Gesamtgruppe und 72 % bei den männlichen Spielern mit komorbidem Substanzmissbrauch. Das D_2A_1-Allel ist bei Suchtkranken allgemein (Alkohol-, Drogen- und Nikotinabhängigen, Esssüchtigen) sowie Personen mit impulsiven Verhaltensweisen (Aufmerksamkeitsdefizit-/Hyperaktivitätsstörung, antisozialer Persönlichkeitsstörung) signifikant häufiger anzutreffen als in der Normalbevölkerung. Die Autoren vertreten die Auffassung, dass die genetische Variante über Änderungen in der Funktionsweise des dopaminergen Belohnungssystems das Risiko erhöht, ein impulsives und süchtiges Verhalten – gleich welcher Art – zu entwickeln.

Auf den Einfluss weiterer Dopamin-Rezeptor-Gene (D_1, D_3, D_4) verweisen die Befunde von Pérez de Castro et al. (1997), Comings (1998) sowie

Comings et al. (1999). Ausgehend von polygenen Risikofaktoren dürften Abweichungen bei Genen, die indirekt das Dopaminsystem regulieren oder modulieren, ebenfalls Einfluss nehmen (auch in Zusammenhang mit komorbiden Störungsbildern, Comings, 1998).

Unterschiedliche Verteilungen genetischer Varianten des Enzyms MAO (Subtyp A) und des Serotonin-Transporter-Gens »5-Hydroxytryptamin (5-HT)« bei männlichen Spielern mit schwerer Symptomatik und Vergleichspersonen (Ibañez et al., 2000; Perez de Castro et al., 1999) bekräftigen die Hypothese einer Fehlfunktion des serotonergen Systems. Bei Frauen ließen sich allerdings keine Unterschiede nachweisen. In einer Analyse von 31 polymorphen Genen, die an den neuromodulatorischen Systemen (Kap. 5.1) beteiligt sind, kommen Comings et al. (2001) zu dem Ergebnis, dass Dopamin-, Serotonin- und Noradrenalin-Gene in ähnlichem Ausmaß das Risiko für ein pathologisches Spielverhalten als additiver Faktor mitbestimmen.

4.2.2 Neurobiologische Grundlagen

Einigen wissenschaftlichen Untersuchungen lag die Hypothese zugrunde, dass **physiologische Mechanismen** die Grundlage pathologischen Glücksspiels, insbesondere vermittelt über eine Störung der Impulskontrolle (López-Ibor & Carrasco, 1995) bilden (▶ Kap. 5.1). Verschiedene neurobiologische Parameter des noradrenergen, serotonergen und dopaminergen Systems wurden von pathologischen Spielern und Kontrollpersonen erfasst und die Daten miteinander verglichen. Die Ergebnisse – allerdings sehr kleiner Stichproben – liefern Anhaltspunkte für neurobiologische Grundlagen pathologischen Spielverhaltens (Überblick in Potenza, 2001; Chambers & Potenza, 2003).

Roy et al. (1988a) ermittelten bei pathologischen Spielern signifikant höhere Anteile von Noradrenalin im Urin sowie des Metaboliten 3-metoxy-4-hydroxyphenylglycol in zerebrospinaler Flüssigkeit (CSF) als in der Kontrollgruppe. Dieses Ergebnis deutet auf eine funktionelle Störung des noradrenergen Systems hin, die als grundlegend für spezifische innere Erregungszustände, eine ausgeprägte Sensationslust und das pathologische Spielverhalten betrachtet wird. Aufgrund signifikant positiver Korrelationen zwischen Parametern des noradrenergen Systems und dem Persönlichkeitsmerkmal »Extraversion« nehmen Roy et al. (1989b) an, dass sich die funktionelle Störung auch in der Persönlichkeit widerspiegelt. Nordin & Eklundh (1996) registrierten unerwartet eine geringere Konzentration der Aminosäure Taurin in CSF von pathologischen Spielern, die als hemmender Neurotransmitter in der Pathogenese von Bedeutung sein könnte.

Moreno et al. (1991) fanden Hinweise auf eine Fehlfunktion des serotonergen Systems bei pathologischen Spielern in Form reduzierter serotonerger postsynaptischer Aktivität, die mit depressiven Stimmungen und Störungen der Impulskontrolle in Verbindung gebracht wird (DeCaria et al., 1998; ► Kap. 4.2.3). Eine verminderte Aktivität des Enzyms Monoaminooxidase (MAO) in Blutplättchen als weiteren Indikator serotonerger Fehlfunktion ermittelten Carrasco et al. (1994) sowie Blanco et al. (1996) bei den von ihnen untersuchten Spielern. Hormonelle Reaktionen auf serotonerge Agonisten (intravenöse Verabreichung von Clomipramine) fielen darüber hinaus bei pathologischen Spielern vergleichsweise geringer aus.

Veränderungen dopaminerger Funktionen registrierten Bergh et al. (1997). Pathologische Spieler zeigten verminderte Konzentrationen von Dopamin sowie erhöhte Werte der 3,4-Dihydroxyphenylessigsäure und Homovanillinsäure in CSF. Genetische Studien verweisen außerdem auf Verknüpfungen zwischen verschiedenen Dopamin-Rezeptor-Genen und pathologischem Glücksspiel (► Kap. 4.2.1).

Aus den nach außen hin widersprüchlichen Forschungsergebnissen, die zudem nicht spezifisch für das pathologische Spielverhalten sind, lässt sich – als integrativer Ansatz – die Hypothese ableiten, dass ein gestörtes Gleichgewicht zwischen verschiedenen Neurotransmittern einen prädisponierenden Faktor bildet. Die Interaktion zwischen vermindertem Serotonin-Stoffwechsel und Veränderungen im Noradrenalin- und/oder Dopamin-Stoffwechsel beeinflussen möglicherweise indirekt diese Prädisposition (Hollander et al., 1998).

4.2.3 Persönlichkeitsstruktur

Zahlreiche empirische Untersuchungen hatten die Erfassung spezifischer Persönlichkeitseigenschaften bei pathologischen Spielern zum Ziel. Es lässt sich jedoch nicht differenzieren, ob die festgestellten Merkmale Ursachen des pathologischen Glücksspiels darstellen oder ob sie sich erst im Verlauf der »Spielerkarriere« entwickelt haben. Kausale Zusammenhänge lassen sich nicht ableiten, auch wenn sie teilweise plausibel erscheinen, da es sich ausschließlich um Querschnittstudien handelt, die nach dem Beginn der Fehlentwicklung erfolgten. An notwendigen Längsschnittstudien über prämorbide Merkmale mangelt es bisher, lediglich zum Einfluss verminderter Impulskontrolle liegen Studien vor.

Im »**Minnesota Multiphasic Personality Inventory«** **(MMPI)**, einem klinischen Verfahren zur Erfassung psychopathologischer Auffälligkeiten, zeigten sich typische Durchschnittsprofile mit erhöhten Werten auf den Skalen »Psychopathie« (Roston, 1961; Bolen et al., 1975) und zusätzlich »Depression« (Moravec & Munley, 1983; Graham & Lowenfeld, 1986) – jedoch keine einheitlichen Profile.

Erhöhte Neurotizismuswerte im »**Eysenck Personality Inventory/Questionnaire«** **(EPI bzw. EPQ)** fanden Moran (1970d), Seager (1970), Blaszczynski et al. (1985) sowie gleichfalls erhöhte Psychotizismuswerte (Roy et al., 1989a). Für die Skala »Extraversion« ergaben sich keine signifikanten Abweichungen von der Normpopulation bzw. Kontrollgruppe. Über eine geringe Ich-Stärke, Selbstkontrolle und Sozialisation (Internalisierung von sozialen Werten und Normen) sowie narzisstische Persönlichkeitszüge berichten Taber et al. (1986) sowie McCormick et al. (1987) bzw. u.a. über erhöhte Narzissmuswerte Dell et al. (1981). Derartige Befunde weisen auch Alkohol- und Drogenabhängige auf. Ein Überblick über die Ausprägung weiterer Merkmale wie Anpassungsfähigkeit, Leistungsmotivation und Selbstachtung – mit teilweise allerdings inkonsistenten Ergebnissen – findet sich für den angelsächsischen Sprachraum bei Knapp & Lech (1987) sowie McCormick & Taber (1987).

Untersuchungen mit dem »**Freiburger Persönlichkeitsinventar«** **(FPI-R)** an Mitgliedern von Selbsthilfegruppen (»Anonyme Spieler«) ergaben zahlreiche signifikante Abweichungen von der Normstichprobe (Meyer, 1989a,b). In allen vier Altersgruppen ließen die Spieler viele Probleme und Konflikte erkennen, waren mit ihren Lebensbedingungen oft unzufrieden, äußerten eine bedrückte Stimmung und negative Lebenseinstellung (Skalen 1 und N). Sie fühlten sich im sozialen Umgang gehemmt (Skala 4), schilderten sich als leicht erreg- und reizbar (Skala 5) und nannten ein gestörtes körperliches Allgemeinbefinden (Skala 8, Altersgruppe bis 44 Jahren). Anzeichen für erlebte starke Anforderungen und Anspannungen wurden ebenso sichtbar (Skala 7, Altersgruppe bis 59 Jahren) wie ein hohes Maß an Selbstkritik (Skala 10). Eine Klassifikation mittels Clusteranalyse (u.a. auf der Grundlage der FPI-R-Daten) führte zu fünf voneinander abgrenzbaren homogenen Subgruppen, wobei zwei Cluster durch folgende Persönlichkeitsauffälligkeiten zu charakterisieren sind: 1. eine emotional labile, depressiv-aggressive und 2. eine emotional labile, depressive Persönlichkeitsstruktur. Die übrigen drei Cluster wiesen eine unauffällige Persönlichkeitsstruktur auf (Meyer, 1991).

Für eine Stichprobe ambulant behandelter Spieler berichten Klepsch et al. (1989) über keine von der FPI-R-Norm abweichende Ausprägung im Gruppenmittel. Einige angegebene Stanine-Mittelwerte weisen allerdings auf Normabweichungen hin, wie beispielsweise ein Wert von 2,5 auf der Skala 1, der eine negative Lebenseinstellung verdeutlicht.

Im »**16 Persönlichkeitsfaktoren Test**« fand Bachmann (1989) bei stationär behandelten Spielern Normabweichungen, die auf eine emotionale Störbarkeit und hohe Spontanität hindeuten.

Verschiedene **Persönlichkeitsstörungen** wie dissoziale, narzisstische, zyklothyme, dependente, schizoide und paranoide sowie Borderline bzw. nicht näher differenzierte Störungsbilder diagnostizierten Kröber (1991), Haustein & Schürgers (1987) sowie Bellaire & Caspari (1989) bei Subgruppen ihrer Patienten. Kröber (1991) verweist auf Differenzen zwischen Automaten- und Roulettespielern: Während das exzessive Automatenspiel am häufigsten (bei 9 von 25 Spielern) Teil einer dissozialen Entwicklung war, die sich bereits in der Kindheit und Jugend durch Phänomene wie Schulschwierigkeiten und Delinquenz abgezeichnet hatte, überwogen bei Roulettespielern narzisstische, schizoide und zyklothyme Muster. Eine detailliertere Betrachtung der Verknüpfung pathologischen Spielverhaltens mit antisozialen Persönlichkeitseigenschaften erfolgt im Kontext mit der Beschaffungskriminalität (► Kap. 6.4).

Theoretisch begründete Zusammenhänge zwischen der Teilnahme an Glücksspielen und Persönlichkeitsmerkmalen wie Reizsuche/Sensationslust, Risikobereitschaft, Impulsivität/Impulskontrolle sowie externale Kontrollüberzeugungen führten zu Hypothesen, dass pathologische Spieler signifikant höhere Ausprägungen auf diesen Dimensionen aufweisen als Kontrollpersonen.

Sensation Seeking

Nach einer Theorie von Zuckerman (1994) unterscheiden sich Menschen in dem Bedürfnis nach einem optimalen Stimulationsniveau. Mit dem »**Sensation Seeking**« postuliert er einen Basisfaktor der Persönlichkeit mit verschiedenen biologischen Korrelaten, der die Tendenz charakterisiert, neue, vielseitige und intensive Empfindungen und Erfahrungen zu suchen, sowie die Bereitschaft, auf diesem Weg auch Risiken einzugehen. Die Reiz- und Erregungssuche kann sich in unterschiedlichem Risikoverhalten, so auch über finanzielle Einsätze beim Glücksspiel, ausdrücken. Hier befriedigt schon allein die aufkommende Erregung infolge der Ungewissheit nach dem Einsatz, im Falle des Gewinnens noch verstärkt, ausgeprägte Neigungen zur **Sensationslust** (Zuckerman, 1979, S. 211). Für Zuckerman (1999) verkörpert der pathologische Spieler daher den Prototyp eines ausgeprägten **Sensation Seeker**.

Empirische Überprüfungen des Zusammenhanges führten allerdings zu inkonsistenten Ergebnissen (Anderson & Brown, 1984; Blaszczynski et al., 1986a; Dickerson et al., 1987; Kuley & Jacobs, 1988; Allcock & Grace, 1988; Dickerson, 1991; Kim & Grant, 2001a). Griffiths et al. (2004) fanden beispielsweise Sensation Seeking als Prädiktor nicht bestätigt (im Gegensatz zur Fähigkeit zum Belohnungsaufschub und zur Wettbewerbsorientierung). Coventry & Brown (1993) verweisen auf die notwendige Berücksichtigung von Altersdifferenzen sowie von unterschiedlichen Glücksspielpräferenzen (Wettbüro versus Kasino). Hammelstein (2004) schlägt nach einer Analyse der vorhandenen Befunde vor, Sensation Seeking nicht als konkretes Verhalten, sondern als Bedürfnis zu betrachten und zwischen dem Bedürfnis nach neuen Reizen und Stimulation, den Verhaltensvarianten zu dessen Befriedigung sowie der möglichen Kontrolle solcher Verhaltensweisen (Impulskontrolle) zu unterscheiden.

Risikobereitschaft und Risikoverhalten

Ebenso inkonsistent sind die empirischen Befunde zu den verwandten Konstrukten der Risikobereitschaft und des Risikoverhaltens als Verhaltensindikatoren. Da Glücksspiele klassische Risikosituationen darstellen, liegt die Vermutung nahe, dass diese Persönlichkeitsmerkmale einen Beitrag zur Aufklärung der Ursachen pathologischen Spielverhaltens leisten können (Moran, 1970d; Meyer, 1983; Kusyszyn & Rutter, 1985; Brengelmann & Waadt, 1985; Brengelmann, 1991; Martins et al., 2004). Die uneinheitlichen Ergebnisse sind möglicherweise auf die mangelnde Trennung nach Alter und Geschlecht sowie von motivationalen (die Bereitschaft, Spielsituationen aufzusuchen) und stilistischen Aspekten (die ausgeübten Verhaltensstile) zurückzuführen.

Impulsivität und Impulskontrolle

Eine ausgeprägte Impulsivität und geringe Impulskontrolle, die sich als überdauernde Persönlichkeitsmerkmale auf allen Funktionsebenen (im Verhalten, in kognitiven Prozessen und bei der Regulation von Affekten) manifestieren, dienen einem breiten Spektrum psychischer Störungen einschließlich des pathologischen Spielverhaltens als dispositionale Prädiktoren (Herpertz & Saß, 1997). Während Allcok & Grace (1988) keine signifikanten Unterschiede zwischen pathologischen Spielern und Kontrollpersonen auf der »Barrat Impulsivity Scale« feststellen konnten, jedoch vergleichsweise höhere Werte bei Heroinabhängigen, unterstreichen die Untersuchungsergebnisse von Carlton & Manowitz (1994), Castellani & Rugle (1995), Specker et al. (1995), Blaszczynski et al. (1997), Vitaro et al. (1997) sowie Petry (2001) bestehende Zusammenhänge. Pathologische Spieler erzielten höhere Impulsivitätswerte als Kontrollpersonen, Alkohol- und Kokainabhängige sowie als die Normpopulation der »Eysenck-Impulsivity-Scale«. Sie bevorzugten sofortige, geringere finanzielle Belohnungen vor zeitlich verzögerten, aber höheren Beträgen (Petry, 2001). Der Schweregrad pathologischen Spielverhaltens erwies sich als Prädiktor für impulsive Wahlentscheidungen (Alessi & Petry, 2003). Die Impulsivität war zudem der stärkste Prädiktor der SOGS-Werte in der empirischen Überprüfung eines Modells potenzieller Risikofaktoren, wie Selbstwertgefühl, Angst/Nervosität, neurotisch-obsessive Gedanken (Burton et al., 2000).

Goldstein et al. (1985) stellten fest, dass pathologische Spieler ein geringeres Niveau hemisphärischer Differenzierungen im Elektroenzephalogramm (EEG) zeigten als die Kontrollgruppe. Die Muster ähnelten denen von Kindern mit einer Aufmerksamkeitsdefizitstörung (ADD), die durch eine mangelhafte Impulskontrolle gekennzeichnet ist. Das Ergebnis wird bestätigt durch vergleichsweise signifikant höhere Werte von pathologischen Spielern in einem Testverfahren zur Erfassung der ADD (Carlton et al., 1987; Carlton & Manowitz, 1992). Schlechtere Leistungen von süchtigen Spielern in Aufmerksamkeitstests und häufigere Berichte über Aufmerksamkeitsdefizite in der Kindheit ermittelten Rugle & Melamed (1993). Die Autoren vermuten in der Aufmerksamkeits-/Hyperaktivitätsstörung einen prädisponierenden Faktor für Suchtverhalten allgemein.

Im Rahmen einer Längsschnittstudie erfassten Vitaro et al. (1997) die Impulsivität von 754 Jungen im Alter von 13 Jahren, entsprechende Ratings der Lehrer sowie 4 Jahre später die Ausprägung pathologischen bzw. problematischen Spielverhaltens (mit Hilfe des SOGS) bei den Jugendlichen im Alter von 17 Jahren. Nichtspieler wiesen für beide Impulsivitätsmaße die niedrigsten Werte auf, gefolgt von den Gelegenheitsspielern. Spieler mit geringen Anzeichen eines problematischen Spielverhaltens hatten höhere Werte als die Gelegenheitsspieler, und Spieler mit den deutlichsten Hinweisen auf Glücksspielprobleme erzielten die höchsten Impulsivitätswerte. Diese Längsschnittbefunde verweisen im besonderen Maße auf die prädisponierende Wirkung von Defiziten in der Impulskontrolle für eine spätere problematische Entwicklung des Spielverhaltens (Vitaro et al., 1999, 2004), bestätigt durch Querschnittbefunde an Jugendlichen (Nower et al., 2004a).

Unter Einbeziehung weiterer, in engem Zusammenhang mit der Impulsivität stehender Konstrukte wie Psychopathie, antisoziale Persönlichkeitsstörung, psychische Belastung und kriminelles Verhalten sowie anderer potenzieller Bedingungsvariablen pathologischen Glücksspiels wie Sensation Seeking, Extraversion und Depression haben Steel & Blaszczynski (1996) den Datensatz einer Stichprobe pathologischer Spieler aus Behandlungseinrichtungen auf bestehende Gemeinsamkeiten mittels der Faktorenanalyse geprüft. Sie ermittelten vier primäre Faktoren: psychische Belastung, Sensation Seeking, kriminelles Verhalten und

Lebhaftigkeit sowie Impulsivität/Psychopathie. Hohe Ladungen auf dem 4. Faktor sind mit ausgeprägteren Störungen des Spielverhaltens und der psychischen Funktionen verbunden. Für eine Subgruppe behandelter Spieler fanden die Autoren ein Modell pathologischen Glücksspiels bestätigt, nach dem die Schwere der Störungen über das Konstrukt einer »antisozial-impulsiven« Persönlichkeitsdimension vermittelt wird (Blaszczynski et al., 1997). Weiterführende Untersuchungen bestätigten die mediatorische Rolle der Impulsivität, die jedoch im Kontext einer allgemein gestörten Persönlichkeitstruktur zu betrachten ist (Steel & Blaszczynski, 1998).

Kontrollüberzeugungen

Das Glücksspiel kommt zudem Menschen entgegen, die für ihre Lebenssituation eher Kräfte und Einflüsse außerhalb ihrer Selbst, wie Glück, Zufall, Schicksal oder andere Personen, verantwortlich machen (externale Kontrollüberzeugung) – im Gegensatz zu internal kontrollierten Menschen, die überzeugt sind, durch eigene Begabungen, Fähigkeiten und Anstrengungen ihr Leben gestalten zu können (Rotter, 1966). Wiederum sind die Ergebnisse in Bezug auf pathologisches Spielverhalten inkonsistent (Malkin & Syme, 1986; Glass, 1992; Carroll & Huxley, 1994; Kweitel & Allen, 1998). Belege für einen Einfluss externaler Kontrollüberzeugungen auf die Teilnahme am Glücksspiel überhaupt sowie für eine notwendige Differenzierung zwischen Glücksspiel mit reiner Zufallsentscheidung und Spielformen, bei denen Fähigkeiten und Entscheidungen eine gewisse Rolle spielen (wie Poker), finden sich bei Lefcourt & Steffy (1970), Lester (1980) sowie Kusyszyn & Rubenstein (1985).

Fazit

Festzuhalten bleibt, dass es eine typische Spielerpersönlichkeit ebensowenig gibt wie die des Alkohol- oder Drogenabhängigen. Die Untersuchungen deuten auf persönlichkeitsbedingte Risikofaktoren hin, die im Einzelfall sehr unterschiedlich ausfallen. Sie können die Basis für einen Missbrauch des Glücksspiels bilden, stellen aber keine notwendige Bedingung dar.

4.2.4 Affektive Störungen und Angststörungen

Pathologisches Glücksspiel ist nach zahlreichen Befunden häufig mit Depressionen verbunden (Klepsch et al., 1989; von Törne & Konstanty, 1989; Blaszczynski et al. 1990; Griffiths, 1995; Becoña, 1996). Hier stellt sich ebenfalls die Frage nach Ursache oder Folge: Fungierte das Glücksspiel von Anfang an als Antidepressivum oder entwickelten sich die Depressionen erst infolge der negativen Konsequenzen des exzessiven Spielens?

In einer Untersuchung von stationär behandelten Spielern ($n = 44$) fanden Taber et al. (1987a) in der Lebensgeschichte von 23 % der Patienten außergewöhnlich traumatische Erlebnisse, die in fast allen Fällen der Manifestation pathologischen Glücksspielens vorangingen. Tendenziell waren diese Patienten vergleichsweise depressiver, ängstlicher und neigten eher zu Vermeidungsverhalten sowie stoffgebundenen Suchtformen. Die Autoren nehmen daher an, dass eine Subgruppe von Spielern das anregende Glücksspiel im Sinne einer inadäquaten Coping-Strategie benutzt, um Depressivität zu lindern – ebenso wie Angst und Spannungen zu reduzieren oder das Selbstwertgefühl zu steigern (Blaszczynski & McConaghy, 1988; Levy & Feinberg, 1991; Henry, 1996; Coman et al., 1997). Auch Specker et al. (1996) diagnostizierten affektive Störungen, Angststörungen und Abhängigkeiten von psychotropen Substanzen in der Mehrzahl der Fälle bereits vor Beginn des pathologischen Spielverhaltens und leiten daraus die besondere Anfälligkeit dieses Personenkreises ab (Black & Moyer, 1998; Grant & Kim, 2001).

Sind die Fähigkeiten zur Bewältigung von Stresssituationen wie beruflicher Misserfolg, Ehekonflikte, Geburt eines Kindes (Bolen & Boyd, 1968) eingeschränkt, steigt die Wahrscheinlichkeit, zu Suchtmitteln zu greifen. Auf der anderen Seite fördern die im Verlauf einer »Spielerkarriere« fast unvermeidlichen dysphorischen und depressiven Stimmungen derartige **Fluchttendenzen in die Phantasiewelt des Glücksspiels**, so dass sowohl zusätzlich als auch ausschließlich ein **eigendynamischer Prozess** zum Tragen kommen kann. Depressive pathologische Spieler hatten nach einer Studie von Roy et al. (1988b) häufiger vor dem Ausbruch der Depressionen belastende Ereignisse erlebt als Kontrollpersonen. Mehr als die Hälfte der Erlebnisse standen jedoch im Zusammenhang mit dem Glücksspiel.

Über hypomanische Episoden, bipolare Störungen bzw. manisch-depressive Psychosen, Schizophrenie, Panikanfälle (Agoraphobien) und hirnorganische Psychosyndrome bei einer insgesamt kleinen Subgruppe exzessiver Spieler wird in der Literatur ebenfalls berichtet (McCormick et al., 1984; Linden et al., 1986; Bellaire & Caspari, 1989; Kröber, 1991; Specker et al., 1996; Potenza & Chambers, 2001).

In einer **manischen Phase** – gekennzeichnet durch gesteigerten Optimismus, Selbstüberschätzung, Angstfreiheit, Antriebsüberschuss und Enthemmung – können Glücksspiele für die Betroffenen besonders reizvoll sein und der Intensivierung und Verlängerung der Manie dienen. Glücksspielbedingte Probleme können zu einer Verschlechterung der psychischen Verfassung beitragen. Die Beziehungen zwischen dem exzessiven Spielverhalten und den genannten Grunderkrankungen bleiben aber weitgehend ungeklärt. Möglicherweise diente das Glücksspiel in einigen Fällen dazu, eine weitere psychotische Dekompensation zu verhindern (Greenberg & Schmidt, 1989) oder von krankheitsbedingten negativen Gefühlen Erleichterung zu erfahren.

Als Zusammenfassung bietet sich ein Übersichtsartikel zur Komorbidität pathologischen Glücksspiels von Crockford & el-Guebaly (1998) an, nach dem vor allem Zusammenhänge mit Substanzmissbrauch und -abhängigkeit sowie der antisozialen Persönlichkeitsstörung (überwiegend als Folge) bestehen. Eine Komorbidität mit affektiven Störungen und Angststörungen ist dagegen wahrscheinlich; hier bedarf es aber weiterer Forschungsbefunde.

4.2.5 Geschlecht

Das Geschlecht erwies sich in bundesdeutschen Untersuchungen als zuverlässiger Prädiktor für die Teilnahme an Glücksspielen. Männer sind in der Regel »spielfreudiger« als Frauen. So setzt sich zwar der Besucherkreis des »Großen Spiels« der bundesdeutschen Spielbanken zu nahezu gleichen Teilen aus männlichen und weiblichen Besuchern zusammen. Frauen suchen die Spielbank jedoch häufiger nur als Begleitperson auf, unter den Spielern liegt ihr Anteil

lediglich bei 20 %. Beim »Kleinen Spiel« der Automatenkasinos sind allerdings über die Hälfte der Spieler weiblichen Geschlechts (Hübl et al., 1987). Für den Bereich der Geldspielautomaten ermittelten Bühringer & Türk (1997) in repräsentativen Erhebungen in den alten und neuen Bundesländern, dass 13,1 bzw. 12,6 % der Männer und 2,9 bzw. 1,2 % der Frauen zu den aktiven Spielern (mindestens 1 Spiel innerhalb der letzten drei Monate) zu rechnen sind. Dies entspricht einem Frauen-Männer-Verhältnis von etwa 1 : 4 in den alten und 1 : 10 in den neuen Ländern. Unter den Pferdewettern auf der Rennbahn sind rund zwei Drittel männlichen Geschlechts, das Publikum der Buchmacher besteht zu 80 % aus Männern. Auch Lotto wird nach Hübl et al. (1987) in stärkerem Maße von Männern gespielt, unter denen sich darüber hinaus ein höherer Anteil an Intensivspielern befindet.

Glücksspiele gelten als **Domäne des Mannes**, da sie eher mit der männlichen Geschlechtsrolle vereinbar sind (Goffman, 1969; Smith & Abt, 1984) bzw. typisch männliche Attribute wie Risikoverhalten und Machtstreben implizieren. Empirische Überprüfungen dieser These fielen jedoch wenig überzeugend aus (Lindgren et al., 1987; Wolfgang, 1988; Hing & Breen, 2001), nicht zuletzt weil sich traditionelle Unterschiede zwischen den Geschlechtsrollen in den letzten Jahren ständig verringert haben. Die vermehrte Berufstätigkeit und die **Emanzipation der Frauen** haben zu einer größeren finanziellen Unabhängigkeit und **Übernahme ähnlicher Konsuminteressen** geführt. Das gestiegene Angebot und speziell auf das weibliche Geschlecht ausgerichtete Marketingstrategien locken in letzter Zeit immer mehr Frauen in den Glücksspielbereich.

Geschlechtsspezifische Unterschiede im Wettverhalten von Männern und Frauen haben Bruce & Johnson (1994) in einer Feldstudie in englischen Wettbüros untersucht. Es zeigte sich, dass Männer risikoreichere Wettstrategien verfolgen und Frauen aufgrund des vorsichtigeren Wettverhaltens häufiger, wenn auch geringere Gewinne erzielten. Unter Zugrundelegung der erzielten Profite ließen sich in der Leistungseffizienz keine Unterschiede feststellen. In der Zuversicht in die Wettentscheidung erwiesen sich Männer als selbstsicherer, Frauen offenbarten eine größere Homogenität in ihren Wetteinsätzen.

Der Anteil behandelter Spielerinnen in ambulanten und stationären Einrichtungen sowie Selbsthilfegruppen liegt in Deutschland bei maximal 9,2% (Bachmann, 1989; Meyer, 1989a,b, 2004; Wlazlo et al., 1987). In den USA und Australien ist der Frauenanteil aufgrund der wachsenden Spielteilnahme (vor allem an Automaten) in den letzten Jahren deutlich angestiegen. Inzwischen beträgt er dort 39–48,6% (Ladd & Petry, 2002; Ohtsuka et al., 1997; Productivity Commission, 1999, S. 6.56; Stinchfield & Winters, 2001), nach maximal 10% in den 80er-Jahren (Custer, 1982; Dickerson, 1984). Das Geschlecht ist zumindest in Australien kein aussagekräftiger Prädiktor mehr, wenngleich Männer in Bevölkerungsstichproben immer noch einen etwas höheren Anteil unter den Problemspielern bilden (USA 68%, National Gambling Impact Study Commission, 1999; Australien 60%, Productivity Commission, 1999, S. 6.56f).

Wahrscheinlich ist der Frauenanteil inzwischen auch in Deutschland höher und die geringe Therapienachfrage möglicherweise Ausdruck einer stärkeren Stigmatisierung weiblicher Spieler. Behandlungsangebote, wie Selbsthilfegruppen, sind außerdem traditionell auf die Bedürfnisse von männlichen Spielern ausgerichtet. Es bestehen viele Denk- und Verhaltensweisen aus dem früheren, männlich geprägten Spielermilieu fort. Frauen fühlen sich dort häufig zu Beginn nicht wohl, insbesondere wenn sie bei ihrem ersten Meeting keine andere Frau antreffen (Lesieur & Blume, 1996). Eine repräsentative Erfassung der Prävalenz in New York ergab, dass 36% der »problematischen und wahrscheinlich pathologischen« Spieler weiblichen Geschlechts waren, während es in den dortigen Therapieprogrammen nur 7% betraf (Volberg & Steadman, 1988). Mark & Lesieur (1992) verweisen daher auf die Notwendigkeit frauenspezifischer Glücksspielforschung.

In Studien über pathologische Spielerinnen in den USA zeigte sich, dass sie eher Spielautomaten (Potenza et al., 2001) bzw. Kartenspiele und Spielautomaten in den Kasinos sowie Pferdewetten und Lotterien bevorzugten (Lesieur, 1987a; Lesieur & Blume, 1991a), während die männlichen Spieler eher Sport- und Pferdewetten sowie Karten- und Würfelspiele (mit ausgeprägteren illegalen Anteilen) favorisierten. Die Mehrzahl der Frauen litt unter einem mangelnden Selbstwertgefühl und Einsamkeit.

Sie berichteten häufiger über Depressionen und inadäquate Bewältigungsstrategien (Getty et al., 2000). Komorbide Alkohol- und Drogenprobleme waren weniger häufig zu diagnostizieren als bei Männern. Während Männer beim Glücksspiel eher Action und Nervenkitzel suchten, scheint bei Frauen das Fluchtverhalten vor negativen Kindheitserinnerungen, Einsamkeit und problematischen Partnerbeziehungen ausgeprägter zu sein. Große Gewinne waren weniger wichtig als das Bedürfnis, andere Menschen zu beeindrucken. Die Spielerkarriere der Frauen eskalierte vergleichsweise erst in einem höheren Lebensalter, und sie wurden schneller vom Glücksspiel abhängig (Ladd & Petry, 2002; Potenza et al., 2001; Tavares et al., 2001). Die Kontrolle über das Glücksspiel war geringer ausgeprägt, wenn emotionsorientierte Bewältigungsstrategien (Selbstvorwürfe, Wunschdenken, Vermeidung) vorherrschten (Scannell et al., 2000). Soziale Kontakte im Umfeld des Glücksspiels wurden von ihnen gemieden. Die Verschuldung war geringer, verbunden mit einem geringeren Druck, sich illegal Geld zu beschaffen (Ladd & Petry, 2002). Die begangenen Straftaten zur Finanzierung des Glücksspiels waren vergleichsweise weniger gravierend und entsprachen eher dem weiblichen Stereotyp (Lesieur & Blume, 1995). Nach geschlechtsspezifischen Vergleichen der Daten einer Bevölkerungsstichprobe von Hraba & Lee (1996) sind Frauen auf weniger verschiedene Spielformen fixiert. Während sich bei den weiblichen Spielern eher eine Entfremdung von konventionellen Lebensstilen und mangelhafte soziale Integration als Prädiktor für ein problematisches Spielverhalten herauskristallisierten, war es bei den männlichen Spielern eher der Alkoholkonsum (Review von Martins et al., 2002).

Ein Vergleich männlicher ($n = 524$) und weiblicher ($n = 33$) Spieler aus ambulanten und stationären Behandlungseinrichtungen in Deutschland (Denzer et al., 1995) weist die Spielerinnen von der Tendenz her als eher älter, häufiger im Angestelltenverhältnis stehend und in einer eigenen Wohnung lebend aus. Sowohl bei den Männern als auch bei den Frauen dominierte das Spiel an Geldspielautomaten als problembehaftete Glücksspielform, die Frauen hatten jedoch öfter auch im Kasino gespielt. Die finanziellen Verluste beim Glücksspiel fielen geringer aus, ebenso die Verschuldung und die Neigung zur Delinquenz. Es bestand eine größere Suizidtendenz sowie häufiger eine zusätzliche Suchtproblematik (bei 39,3%, Petry, 1996), insbesondere eine Essstörung (27,3%). Schließlich suchten die Frauen seltener eine Beratungsstelle auf. Die Befunde stehen nach Petry (1996, S. 113), der zusätzlich ausgewählte Fallbeispiele aufzeigt, weitgehend in Übereinstimmung mit amerikanischen Studien und verweisen auf ein geschlechtsspezifisches Bedingungsgefüge der weiblichen Glücksspielsucht, vor allem eine ausgeprägtere familiäre Belastung.

4.2.6 Soziodemographische Merkmale

In Bezug auf einzelne Glücksspielformen sind unterschiedliche soziodemographische Merkmale des »typischen« Spielers erkennbar. So befinden sich unter den Spielbankbesuchern (»Großes Spiel«) im Gegensatz zu anderen Spielarten häufiger Personen mit höherer Schulbildung. Mittlerer Mittelstand, Angestellte und Beamte sowie Selbständige bildeten – zumindest Mitte der 80er-Jahre – den Hauptbesucherkreis, das Jahreseinkommen lag überwiegend zwischen 25 000 und 50 000 EUR, das Alter zwischen 30 und 60 Jahren (Hübl et al., 1987; Albers, 1993). Nach einer Veröffentlichung der Stiftung Warentest (1992) gehören Besucher von Spielbanken allerdings keiner bestimmten Schicht oder Altersklasse an. Automatenspieler in Spielhallen sind einer Emnid-Untersuchung zufolge (Rohwedder, 1987) hauptsächlich junge Menschen (im Alter von 18–30 Jahren) mit einem monatlichen Nettoeinkommen von bis zu 1000 EUR. Der Anteil von Arbeitern ist im Vergleich zur Gesamtbevölkerung höher. Ähnliche Ergebnisse legten Bühringer & Konstanty (1989) sowie Albers (1993) vor, die darüber hinaus eine Überrepräsentation von Arbeitslosen unter den Automatenspielern registrierten. Während Bühringer & Konstanty (1989) keinen eindeutigen Zusammenhang zwischen Automatenspiel und Schulbildung identifizieren konnten, nimmt nach Albers (1993) die Wahrscheinlichkeit, an Geldspielautomaten zu spielen, mit steigender Schulbildung ab.

Die überzufällig häufige Teilnahme von Arbeitslosen, Angehörigen der Arbeiterschicht und Personen mit einfacher Schulbildung am Automatenspiel erklärt Brandt (1993, 1996) mit der **Ersatzfunktion**, die das Spiel an Geldspielautomaten einnimmt. Die Ersatzfunktion ist notwendig, da die Gesellschaft ihr Versprechen nach leistungsabhängigem sozialen Aufstieg aufgrund ihrer Funktionsweise nur für eine Minderheit zulassen kann. Das Automatenspiel ist aufgrund seiner Spielstruktur – vor allem über die Risikotaste – besonders geeignet, als symbolische Handlung des sozialen Aufstiegs für unterprivilegierte Schichten, insbesondere Arbeitslose, zu fungieren. Die künstliche Situation des Automatenspiels erlaubt einen fortlaufenden individuellen Widerstand gegen die Übermacht des Apparates (»des gesellschaftlichen Triebwerkes«). In diesem Sinne externalisiert und reduziert die Spielsituation – so vermutet der Autor – die in der Arbeitslosensituation implizierten sozialen Verhältnisse und Konflikte.

Mit der Kompensation von Deprivationen wird die starke Beteiligung unterprivilegierter sozialer Schichten an Glücksspielen begründet (▶ Kap. 4.3.3) wie Untersuchungen in Großbritannien aufzeigen (Newman, 1972; Downes et al., 1976; Cornish, 1978). Amerikanische Studien belegen zwar eine universelle Verbreitung des Glücksspiels (National Gambling Impact Study Commission , 1999; Rosecrance, 1988; Volberg, 2001, S. 30ff.). Nach einer repräsentativen Bevölkerungsstudie (Welte et al., 2004a,b) sind jedoch die Zugehörigkeit zu einer Minderheit und ein niedriger sozioökonomischer Status bedeutende Risikofaktoren pathologischen Glücksspiels. Shaffer et al. (2002) fanden unter Obdachlosen eine höhere Prävalenzrate problematischen Spielverhaltens, vergleichbar mit der von Substanzabhängigen oder Patienten mit psychiatrischen Diagnosen. Bundesdeutsche Studien (Albers, 1993; Hübl et al., 1987; Rohwedder, 1987; Stiftung Warentest, 1983) weisen auf eine breite Verankerung des Glücksspiels in der Bevölkerung hin.

Soziodemographische Daten von ambulant und stationär behandelten Spielern sowie von Mitgliedern aus Selbsthilfegruppen belegen eine eher höhere Schulbildung (Haustein & Schürgers, 1987; Meyer, 1989a,b; Schwarz & Lindner, 1990), einen kaum von der Gesamtbevölkerung abweichenden Bildungsstand (Klepsch et al., 1989), der Bevölkerung entsprechende Berufsgruppen (Klepsch et al., 1989; Meyer, 1989a, b) sowie ein bevölkerungsgemäßes Nettoeinkommen (Meyer, 1989a,b). Die Arbeitslosenquote schwankt zwischen 9,2 und 22 %, der Altersdurchschnitt zwischen 29 und 33 Jahren.

Zwischen einzelnen Spielformen (Geldspielautomaten, Glücksspiele in Spielbanken) zeigen sich Unterschiede, die Automatenspieler als jünger, mit niedrigerem Nettoeinkommen und eher unteren sozialen Schichten bzw. Berufsgruppen angehörend ausweisen (Meyer, 1989a,b; Kröber, 1991). Kasinospieler lassen eine ausgeprägtere Symptomatik und gravierendere Folgeschäden erkennen (Fabian, 1995) und sind in ihrer Persönlichkeit stärker gestört (Kröber, 1991). Petry (2003c) fand in einer amerikanischen Vergleichsstudie pathologische Pferdewetter als eher älter, mit einem frühen Beginn der »Spielerkarriere« und hohen Ausgaben für die Wetten. Sportwetter waren eher junge Männer mit zwischenzeitlichen Glücksspielproblemen, ausgeprägtem Substanzmissbrauch und geringfügigen psychiatrischen Störungen. Pathologische Automatenspieler waren eher älter und weiblich mit einem späten Beginn des Spielens und psychiatrischen Problemen. Lotterie- und Rubbellosspieler gaben am wenigsten für das Spiel aus, spielten aber am häufigsten, mit ausgeprägten Symptomen des Alkoholmissbrauchs und psychiatrischer Störungsbilder. Pathologische Spieler, die Kartenspiele bevorzugten, waren vergleichsweise am unauffälligsten.

Ältere Menschen, die aufgrund veränderter Lebensbedingungen und des Verlustes eines Lebenspartners im Alter für Depressionen anfällig sind, sind gleichzeitig gefährdet, ein süchtiges Spielverhalten zu entwickeln (McNeilly & Burke, 2002). Spieler in höherem Lebensalter aus Therapieeinrichtungen (in den USA) zeigten vermehrt Arbeitsplatzprobleme, aber weniger soziale, legale und substanzbezogene Probleme als andere Altersgruppen (Petry, 2002). Sie hatten ein pathologisches Spielverhalten über einen längeren Zeitraum entwickelt, bevorzugten Spielautomaten und spielten eher aus Langeweile (Grant et al., 2001).
Die Attraktivität von Glücksspielen wie Roulette für höhere soziale Schichten wird mit dem ausgeprägten Bedürfnis nach **auffallendem Konsum** (Li & Smith, 1976) sowie nach **Prestige** und **Anerkennung** (Hess & Diller, 1969) erklärt. Das Image des Roulette als »Spiel für reiche Leute« – bedingt durch die früher ausschließliche Ansiedlung von Spielbanken in Kurorten (für die wohlhabende Bevölkerung) – lockt heute die Normalbevölkerung in die Kasinos der bundesdeutschen Großstädte.

4.3   Soziales Umfeld des Spielers

Eine Reihe **soziokultureller** und **psychosozialer** Faktoren beeinflusst das Spielverhalten und begünstigt die Entwicklung einer psychischen Abhängigkeit vom Glücksspiel.

4.3.1   Einstellung der Gesellschaft zum Glücksspiel

Von entscheidender Bedeutung ist die Einstellung der Gesellschaft zum Glücksspiel. Es gilt als ein allgemein akzeptiertes **Freizeitvergnügen**. Mit dem Glücksspiel verknüpftes Risikoverhalten hat als Motor für wirtschaftlichen Fortschritt und Erfolg in unserer Gesellschaft einen hohen Stellenwert. Dies gilt ebenso für das Medium »Geld«, das in einer vom Modus des Habens oder Habenwollens charakterisierten Gesellschaft, in der das Streben nach Reichtum, Ruhm und Macht das beherrschende Thema des Lebens, das Maß aller Dinge verkörpert. Den etablierten Normen und Werten kommt das Glücksspiel entgegen, gesellschaftliche Missbilligung und Sanktionen sind kaum zu befürchten. Sogar extreme Erscheinungsformen wie »Haus und Hof verspielen« stoßen nicht immer auf totale Ablehnung, sondern häufig auf eine mehrdeutige Bewertung – eine **Mischung aus Faszination und Erschrecken**.
Auf die vorherrschende Inkonsistenz gesellschaftlicher Normen zum Glücksspiel als Bedingung einer Spielerkarriere verweist Schmid (1994). Zwar ist in Deutschland die öffentliche Veranstaltung von Glücksspielen prinzipiell verboten und unter Strafe gestellt, andererseits lässt der Gesetzgeber aber Ausnahmen und Werbung für Glücksspiele zu. Geldspielautomaten gelten offiziell nicht als Glücksspiel, die Spieler stufen sie aber als solches ein (Albers, 1993). Die Normflexibilität zeigt sich ebenso bei der Normdurchsetzung bzw. -anwendung mittels Sanktionen: Illegales Glücksspiel ist zwar verboten, wird aber von sozialen Kontrollinstanzen nur selten verfolgt und strafrechtlich sanktioniert. Öffentlichen Debatten über die schädlichen Auswirkungen der Spielsucht stehen verherrlichende Darstellungen spekulativer Geschäfte an der Börse oder besonders erfolgreicher »Zocker« entgegen. Die ausgeprägte Norminkonsequenz erschwert es dem Spieler, den

Abb. 4.6. Glücksspiele sind in den USA inzwischen populärer als Baseball

Zeitpunkt der Übertretung einer Norm zu erkennen (Schmid, 1994, S. 200).

Kulturelle Analysen belegen (Raylu & Oei, 2004), dass Kulturen mit Normen und Werten, Einstellungen und Glaubensrichtungen, die zum Glücksspiel anregen (wie die chinesische Kultur), ein breiteres Ausmaß an Spielteilnahmen und problematischem Spielverhalten (**Abb. 4.6**) verzeichnen als Kulturen, die Glücksspiele ablehnen (wie die moslemische Kultur). Ebenso wird die Bereitschaft, Hilfe zu suchen, durch kulturelle Bedingungen beeinflusst. Im Falle der Migration erhöht die Anpassung an fremde geistige und materielle Kulturgüter die Wahrscheinlichkeit des Spielens, sofern die Kultur des Einwanderungslandes hohe Akzeptanz besitzt und Glücksspiele praktiziert werden; zumal die Migration mit Stressoren, wie kulturellen Konflikten, Minderheitenstatus, sozialen Veränderungen, Sprachproblemen und dem Mangel an verwertbaren Fähigkeiten, verbunden ist.

4.3.2 Verfügbarkeit

In der Bundesrepublik Deutschland sind Glücksspiele außerdem leicht verfügbar. Die ausgeprägte »Griffnähe« erhöht letztendlich auch die Auftritts-

wahrscheinlichkeit pathologischen Spielverhaltens bei entsprechend gefährdeten Personen. Nach dem Beginn der Expansion von Spielbanken und dem einsetzenden Spielhallenboom Mitte der 70er-Jahre gründeten sich Anfang der 80er-Jahre (in angemessenem zeitlichen Abstand) die ersten Selbsthilfegruppen der »Anonymen Spieler«, deren Anzahl in den folgenden Jahren ständig gestiegen ist (Meyer, 2004). Mitte der 80er-Jahre registrierten schließlich auch ambulante und stationäre Einrichtungen eine zunehmende Therapienachfrage von Spielern (Meyer, 1990). In Bevölkerungsstichproben zum Spiel an Geldspielautomaten fanden Bühringer & Türk (1997) allerdings seit 1984 keine Anhaltspunkte für eine Ausweitung des Spielens an diesen Geräten.

Untersuchungen aus Kanada, den USA, Großbritannien und Australien deuten auf den Einfluss einer leichteren Verfügbarkeit in Richtung einer höheren Prävalenzrate pathologischen bzw. problematischen Spielverhaltens hin. In einer Längsschnittuntersuchung konnten Jacques et al. (2000) nach der Eröffnung eines Kasinos einen deutlichen Anstieg der Spielintensität in der Bevölkerung nachweisen; Room et al. (1999) registrierten eine Zunahme glücksspielbezogener Probleme. Mit den wachsenden Gelegenheiten zum Glücksspiel stieg auch die Anzahl problematischer Spieler in Kanada (Ladouceur et al., 1999). In amerikanischen Studien ermittelten Lester (1994) sowie Campbell & Lester (1997) positive Korrelationen zwischen dem Angebot an Glücksspielen in Kasinos, Spielautomaten sowie Sportwetten, den Pro-Kopf-Ausgaben für das Automatenspiel und der Anzahl vorhandener Selbsthilfegruppen in verschiedenen Bundesstaaten, während sich für Lotterien und Gelegenheiten zu Wetten bei Pferde- und Hunderennen keine derart bedeutsame Beziehung nachweisen ließ. Volberg (1994) verweist darauf, dass in Staaten, in denen das Glücksspiel weniger als 10 Jahre legal verfügbar gewesen ist, weniger als 0,5% der erwachsenen Bevölkerung als wahrscheinliche pathologische Spieler klassifiziert worden sind. In Staaten mit mehr als 20-jähriger legaler Verfügbarkeit lag der Anteil dagegen bei ca. 1,5%. Frühestens 3 Jahre nach der Eröffnung neuer Gelegenheiten zum Spiel stieg die Prävalenzrate an (Ladouceur et al., 1999). Die Einführung der »National Lottery« führte in Großbritannien zu einem Anstieg der Ausgaben für Glücksspiele und des exzessiven Spielverhaltens, speziell in Familien mit niedrigem Einkommen (Grun & McKeigue, 2000). Auf den spekulativen Charakter derartiger Zusammenhänge verweisen Shaffer & Korn (2002). Nach der Analyse der vorhandenen Daten aus Australien, nach denen beispielsweise die Prävalenzrate problematischen Spielverhaltens in den Bundesstaaten mit hohen (nichtlotteriebezogenen) Pro-Kopf-Ausgaben für das Spiel generell höher ist, kommt die Productivity Commission (1999, S. 8.31) allerdings zu dem Ergebnis:

❗ »Overall, the Commission considers that there is sufficient evidence from many different sources to suggest a significant connection between greater accessibility – particularly to gaming machines – and the greater prevalence of problem gambling«.

Die offensichtlichen Zusammenhänge zwischen einem expandierenden Angebot, wachsender sozialer Akzeptanz und der Zunahme pathologischen Spielverhaltens werden auch mit dem Hinweis auf ähnliche Erkenntnisse in bezug auf psychotrope Substanzen wie Nikotin, Alkohol und illegale Drogen begründet.

Ausgangspunkt der Expansionswelle in Deutschland war nicht etwa die gestiegene Nachfrage nach Glücksspielen in der Bevölkerung, sondern der finanzielle Bedarf der Bundesländer (Goodman, 1995). Für Glücksspiele wird seitdem geworben, es gilt, die vorhandene Hemmschwelle abzubauen.

War Werbung für Glücksspiele in Spielbanken bis Mitte der 70er-Jahre undenkbar, werden inzwischen gezielt Botschaften über die »prickelnde Stimmung beim Roulette«, »die entspannende, weltoffene Atmosphäre in der Spielbank«, den aktuellen Stand des Jackpots an den Glücksspielautomaten oder die glücklichen Gewinner versandt. Der wachsende Konkurrenzdruck, dem die einzelne Spielbank inzwischen ausgesetzt ist, lässt derartige Maßnahmen aus dem Blickwinkel der Betreiber durchaus verständlich erscheinen. Mehr als 50 Mio. EUR geben Lottounternehmen bereits jährlich für die »Ausschöpfung aller Marktpotenziale« aus. Werbung, die Bedürfnisse erweckt, Hoffnungen und Träume, das Lebensglück über Gewinne beim Glücksspiel zu realisieren, fördert aber nicht nur den Umsatz, sondern vergrößert gleichzeitig den Spielanreiz sowie die »Griffnähe« und Verfügbarkeit des Glücksspiels.

4.3.3 Arbeits- und Lebensverhältnisse

❗ Das Glücksspiel bietet sich als Alternative an zu der Routine und Monotonie, dem »*Gefühlseinerlei*« des tristen Alltags in einer modernen Industriegesellschaft.

Die **Suche nach Action**, nach folgenreichen Handlungen mit ungewissem Ausgang, ist angesagt, eine in der Arbeits- und Lebenswelt kaum noch anzutreffende Ausdrucksform. Hinzu kommt die ständig wachsende Freizeit, deren Gestaltung vermehrt Probleme bereitet (Opaschowski, 1992). Wie lässt sich aufkommende **Langeweile** besser bekämpfen als mit dem Prototyp von Action – dem Glücksspiel? Ein probates Mittel zudem in einer Gesellschaft, die zunehmend auf eine unmittelbare und unpersönliche Befriedigung von Bedürfnissen ausgerichtet ist, statt auf persönlichen Einsatz beispielsweise bei der Beseitigung von Unlustgefühlen zu setzen.

> ⓘ **Das Glücksspiel ist nur eines unter vielen Mitteln (wie Alkohol, eine Vielzahl von Medikamenten etc.), die unsere Gesellschaft für die kurzfristige Erleichterung von Ängsten, Unsicherheiten usw. bereitstellt.**

Dies hat zur Folge, dass eigene Bewältigungsstrategien für Stresssituationen nicht ausreichend entwickelt werden.

Soziologische Analysen der Funktionalität des Glücksspielens betonen zudem die **Ventilfunktion** für materielle und psychische **Deprivationen** (Bloch, 1951; Olmsted, 1962; Zola, 1967; Goffman, 1969; Newman, 1972) bzw. erlebte Widersprüche und Belastungen des sozialen Wertesystems (Devereux, 1968) und heben den **systemstabilisierenden Charakter** hervor. Frustrationen infolge von Arbeitslosigkeit oder Versagensängste aufgrund von Leistungsdruck steigern die Bereitschaft für kompensatorische Aktivitäten, die die als sinnentleert empfundenen Lebenssituationen ausfüllen und Erfolge suggerieren. Gesellschaftliche Normen und Werte als eigentliche Ursache der Deprivationen bleiben so unangetastet.

Als weitere Aspekte lassen sich anführen: Unzufriedenheit mit dem Beruf und Status (Tec, 1964; Downes et al., 1976), Über- oder Unterforderung im Beruf, aber auch Besonderheiten, wie ein glücksspielnaher Arbeitsplatz, eine freie berufliche Zeiteinteilung und Zwangspausen sowie Arbeits- und Freizeiten, die von denen der Allgemeinheit abweichen und einen Beitrag zur Isolation bzw. vermehrten Gelegenheit zum Glücksspiel (Newman, 1972) leisten. Kasinomitarbeiter wiesen in amerikanischen Studien eine höhere Prävalenzrate pathologischen Spielverhaltens auf (1,8–4,3%) als die Normalbevölkerung (1,1%; Shaffer & Hall, 2002; Shaffer et al., 1999).

4.3.4 Familiäre Strukturen

Einen vielfältigen Einfluss haben darüber hinaus familiäre Strukturen (▶ Kap. 11.1). Die Familie ist neben der Peer-Group häufig nicht nur der Ort erster Erfahrungen mit – teilweise exzessivem – Glücksspiel und ständig präsenter Anregungen zum Glücksspiel, sondern beeinflusst ebenso die Einstellung gegenüber Suchtmitteln.

Glücksspiel seitens der Eltern und in der Peer-Group sowie die Empfänglichkeit für gruppenkonformes Handeln erwiesen sich (neben Substanzmissbrauch, Verhaltensproblemen und Suizidtendenzen) als bedeutende Korrelate pathologischen Spielverhaltens bei Jugendlichen (Langhinrichsen-Rohling et al., 2004). Innerhalb der Familienmatrix von behandelten Spielern fanden Ramirez et al. (1983) gehäuft Suchterkrankungen einschließlich »Spielsucht« bei Eltern und Geschwistern (oder im engeren Verwandtenkreis), die u.a. als Modelle oder Identifikationsobjekte fungieren (Lesieur et al., 1986). Nach einer Zwillingsstudie von Eisen et al. (1998) erklären familiäre Faktoren (Vererbung und/oder gemeinsame Kindheitserfahrungen) einen beträchtlichen Anteil des Risikos, ein pathologisches Spielverhalten zu entwickeln. Belastungen des familiären Interaktionsfeldes durch das Fehlen eines Elternteils etc. gelten allgemein als psychosoziale Risikofaktoren und werden auch mit dem pathologischen Glücksspiel in Verbindung gebracht (Garry & Sangster, 1968; Moran, 1970c; Meyer, 1988; Kröber, 1991). In einer Metaanalyse von 19 Familien- und Zwillingsstudien bestätigte Walters (2001) eine kleine, aber signifikante durchschnittliche Gesamteffektstärke.

Die Beziehung zum Ehe-/Lebenspartner hat sich gleichfalls als bedeutungsvoll herausgestellt (Bolen & Boyd, 1968; Hand & Kaunisto, 1984). Partnerkonflikte, Kommunikations- und Sexualstörungen im Vorfeld des Glücksspiels und als dessen Begleiterscheinungen begünstigen die Entstehung und Aufrechterhaltung des Krankheitsbildes. In diesem Zusammenhang lässt sich Glücksspiel als Fluchtverhalten oder Provokation von Handlungskonsequenzen seitens des Partners verstehen.

Die Partnerinnen von pathologischen Spielern beschreibt Lorenz (1987) im Sinne einer Arbeitshypothese als passiv, abhängig, impulsiv, liebevoll, verantwortungsbewusst und gesetzestreu. Sie ordnet die Frauen im wesentlichen drei Kategorien zu: Die am weitesen verbreitete »**Märtyrerin**« leide zwar unter der Krankheit, unternehme aber kaum konstruktive Anstrengungen zur Veränderung der Situation, statt dessen beklage sie ihr Schicksal und stopfe die entstandenen finanziellen Löcher. Die »**Perfektionistin**« versuche, die Beziehung zu kontrollieren, und verlange Vollkommenheit. Sie sei selbst oft narzisstisch und impulsiv und ärgere sich über die Aufmerksamkeit, die das Spielen erfahre. Die »**kindlich-**

4

naive Frau« sei passiv und abhängig, fühle sich hilflos und frustriert und lebe in einer Phantasiewelt. Inwieweit es sich dabei um primäre oder sekundäre Eigenschaften handelt, bleibt in dieser vorläufigen Typisierung allerdings unklar.

4.4   Zusammenfassung

Der Entstehung und Aufrechterhaltung der Spielsucht liegen vielfältige Ursachen zugrunde, die sich im Rahmen des Drei-Faktoren-Modells über eine wechselseitige Beeinflussung von Eigenschaften des **Glücksspiels**, des **Spielers** und seines **sozialen Umfeldes** veranschaulichen lassen.

Wie andere Suchtmittel sind auch **Glücksspiele** mit unmittelbaren **psychotropen Wirkungen** verbunden, die den Spielanreiz und das Gefahrenpotenzial ausmachen. Die Möglichkeit hoher Geldgewinne bzw. -verluste lässt bei den Betroffenen eine innere Anspannung entstehen, die als Stimulation (»Nervenkitzel«) erlebt wird. Insbesondere **Gewinne** führen zu rauschartigen Euphorie-, Macht- und Erfolgsgefühlen; selbst durch die gedankliche Beschäftigung mit zurückliegenden oder zukünftigen Gewinnen lassen sich derartige Hochgefühle hervorrufen. Demgegenüber reichen die Reaktionen auf **Verluste** von anfänglicher Gleichgültigkeit, Niedergeschlagenheit, Verzweiflung bis hin zu Panikgefühlen. Sofern die finanziellen Ressourcen vorhanden sind, können diese Missstimmungen durch sofortiges Weiterspielen beseitigt werden. Aufgrund der Toleranzentwicklung ist dabei jedoch zunehmend eine höhere Spielintensität notwendig, um das gewünschte Stimulationsniveau zu erreichen.

Anhand **struktureller Merkmale** des Spielgeschehens (wie z.B. Ereignisfrequenz, Ausmaß der persönlichen Beteiligung) lässt sich einschätzen, von welchen Glücksspielformen ein besonders hoher Spielanreiz bzw. ein hohes Stimulations- und Suchtpotenzial ausgeht. Dies trifft insbesondere für Glücksspiele mit einer raschen Spielabfolge zu, bei denen der Spieler wiederholt und über längere Zeit Euphoriegefühle erleben oder der Alltagsrealität entfliehen kann, z.B. Spiele in Spielkasinos, an Geldspielautomaten, bei Sport- und Pferdewetten, Glücksspielen im Internet, illegalem Glücksspiel und Börsenspekulationen.

Ein zweiter Variablenkomplex des Drei-Faktoren-Modells betrifft die **Person des Spielers**. Eine Vielzahl von empirischen Untersuchungen widmete sich der Frage, welche spezifischen Eigenschaften des Spielers zur Entstehung und Aufrechterhaltung pathologischen Spielverhaltens beitragen können.

Die **genetische** Grundlage für impulsives und auch süchtiges Verhalten allgemein dürfte in Genvarianten liegen, die direkt oder indirekt die neuromodulatorischen Systeme steuern. Die Befunde verschiedener **neurobiologischer** Untersuchungen lassen die Hypothese zu, dass sich ein gestörtes Gleichgewicht zwischen den verschiedenen Systemen (Dopamin, Serotonin, Noradrenalin) prädisponierend auswirkt, ohne dass sich ein spielsuchtspezifisches Muster erkennen lässt.

Bezogen auf die **Persönlichkeitsstruktur** zeigen die Ergebnisse, dass es **die** Spielerpersönlichkeit nicht gibt, wenn auch einzelne Persönlichkeitsmerkmale (wie z.B. ausgeprägte Impulsivität und mangelnde Impulskontrolle) als prädisponierende (nicht aber notwendige) Bedingungen für die Entstehung süchtigen Spielverhaltens aufzufassen sind. Neben der Inkonsistenz erweist sich in diesem Forschungsbereich vor allem die Interpretation der Ergebnisse als problematisch, da sich aus den meist als Querschnitt durchgeführten Studien keine kausalen Aussagen über Ursache-Wirkungs-Zusammenhänge ableiten lassen.

Dies gilt ebenso für die häufige Diagnose von **Depressionen** bei pathologischen Spielern: Sie können einerseits einer Spielsucht vorausgehen, andererseits aber erst als Folge glücksspielbedingter Probleme auftreten.

Während sich die Spielerszene früher fast ausschließlich aus Männern zusammensetzte, stellt das **Geschlecht** heute einen zunehmend weniger zuverlässigen Prädiktor für die Teilnahme an Glücksspielen dar, da immer mehr Frauen zu den aktiven bzw. pathologischen Spielern zählen. Der Anteil von Frauen an der Gesamtgruppe Spielsüchtiger schwankt in Abhängigkeit von der Glücksspielform, nach dem DSM-IV sind durchschnittlich rund ein Drittel der Betroffenen weiblichen Geschlechts.

Soziodemographische Angaben über den »typischen« Spieler erfordern differenzierende Aussagen: Während Spielbankbesucher sich in bezug auf Alter und soziale Schicht nicht wesentlich von der

Normalbevölkerung abheben, sind Automatenspieler in Spielhallen vergleichsweise jünger und gehören eher den unteren Einkommens- und Bildungsgruppen an.

Schließlich begünstigen **Bedingungen des soziokulturellen Kontextes** die Entwicklung süchtigen Spielverhaltens. Glücksspiele gelten in der Gesellschaft als attraktives Freizeitvergnügen und Möglichkeit, zu Ruhm und Reichtum zu gelangen. Die breite **soziale Akzeptanz** von Glücksspielen spiegelt sich in der inkonsequenten Normdurchsetzung und strafrechtlichen Handhabung wider. Die staatliche Toleranz gegenüber der Expansion von Glücksspielangeboten sowie den massiven Werbekampagnen der Veranstalter ermöglicht diesen eine umfassende Ausschöpfung des Marktes und führt gleichzeitig zu einer steigenden **Verfügbarkeit und Griffnähe** von Glücksspielen. Um den Spielanreiz zu erhöhen und vorhandene Hemmschwellen abzubauen, setzen die Betreiber auf gezielte Marketingstrategien, die in den **Arbeits- und Lebensverhältnissen** moderner Industriegesellschaften einen fruchtbaren Boden finden. Glücksspiele versprechen Abwechslung, Spannung und Action im monotonen und tristen Alltag und schaffen (zumindest kurzfristig) Abhilfe gegen Langeweile und sinnentleert empfundene Lebenssituationen. Lässt sich der Wunsch nach sozialem Aufstieg, Geld und Macht innerhalb der sozialen und beruflichen Bezüge nicht einlösen, wird er ersatzweise durch exzessives Spielen ausgelebt, Glücksspiele stellen somit ein **Ventil** für sozioökonomisch bedingte Frustration und Unzufriedenheit dar.

Neben gesellschaftlichen sind auch **familiäre Strukturen** als Entstehungsbedingungen für pathologisches Spielen in Betracht zu ziehen: So wird in der Familie die Einstellung gegenüber Suchtmitteln wesentlich geprägt, nicht selten sind/waren Familienmitglieder Modelle für exzessives Spielverhalten, Störungen der familiären Interaktion gelten als allgemeine Risikofaktoren. Verhaltensweisen von Partnern/Partnerinnen wie z. B. das passive Erdulden spielsuchtbedingter Belastungen tragen zur Stabilisierung und Aufrechterhaltung des Problemverhaltens bei.

Die im Rahmen des Drei-Faktoren-Modells beschriebenen Entstehungsbedingungen pathologischen Glücksspiels gestatten es weder, »den typischen Spieler« bzw. »das typische Spielerumfeld« zu charakterisieren, noch auf der Grundlage bestimmter Merkmalskonstellationen süchtiges Spielverhalten zu prognostizieren. Vielmehr wird ein breites Spektrum möglicher Einflussgrößen aufgezeigt, die im Einzelfall in unterschiedlicher Zusammensetzung und Ausprägung ein »Erklärungsbild« abgeben. Aber nicht nur von Spieler zu Spieler variiert die Bedeutung einzelner Komponenten, sie ändert sich auch im individuellen Lebensverlauf sowie in den Entwicklungsphasen der Spielerkarriere.

5 Theoretische Erklärungsansätze zur Entstehung und Aufrecht- erhaltung pathologischen Spielens

Wie sich auf der Basis glücksspielspezifischer Wirkungen, individueller Eigenschaften (Anlage und Persönlichkeit, Motive und Bedürfnisse, Denkgewohnheiten und Erwartungen) und der sozialen Umwelt eine Suchtentwicklung manifestieren kann, versuchen theoretische Modelle der Neurobiologie, Psychoanalyse, Verhaltensanalyse (Lerntheorie), Kognitions- und Sozialwissenschaften zu erklären. Sie enthalten jeweils wissenschaftlich begründete Aussagen, die für sich genommen jedoch keine hinreichende Erklärung dieses komplexen Phänomens liefern. Integrative Modelle, die im Anschluss dargestellt werden, verknüpfen einzelne Aspekte der verschiedenen Ansätze miteinander und erzielen damit eine größere Reichweite.

5.1   Neurobiologische Theorien

Fortschritte in der Hirnforschung verweisen auf kortikale und subkortikale Hirnregionen, insbesondere des limbischen Systems, die an der Entwicklung und Aufrechterhaltung von Suchtverhalten – einschließlich der Spielsucht – mitwirken (Überblick in Goudriaan et al., 2004).

Das limbische System bewertet alles, was Menschen tun oder tun wollen, nach dem Lustprinzip. Wenn eine Situation angenehm, lustvoll, erfolgreich empfunden wird, schüttet es bestimmte Stoffe im Gehirn aus, wie die Neuromodulatoren Dopamin, Serotonin und Noradrealin (Neurotransmitter), die Lustgefühle und Motivation vermitteln. Diese neuromodulatorischen Systeme beeinflussen zusammen mit einer großen Anzahl von Neuropeptiden (wie beispielsweise der Gruppe der Endorphine) den emotionalen und psychischen Zustand, indem sie die Veränderung der synaptischen Kopplungen von Netzwerken in der Großhirnrinde und in subkortikalen limbischen Zentren induzieren und kontrollieren. Sie selbst werden von den limbischen Zentren kontrolliert. Der Hypothalamus, die Amygdala und der Hippocampus fungieren dabei als oberste Kontrolleure (Roth, 2003; ◘ Abb. 5.1).

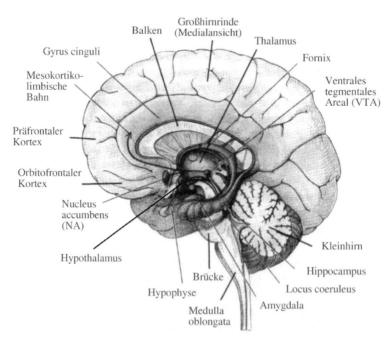

◘ **Abb. 5.1.** Medianansicht des menschlichen Gehirns mit den wichtigsten limbischen Zentren. Diese Zentren sind Orte der Entstehung von Affekten, von positiven (Nucleus accumbens, ventrales tegmentales Areal) und negativen Gefühlen (Amygdala), der Gedächtnisorganisation (Hippocampus), der Aufmerksamkeits- und Bewusstseinssteuerung (basales Vorderhirn, Locus coeruleus, Thalamus) und der Kontrolle vegetativer Funktionen (Hypothalamus). (Roth, 2003, S. 257)

5.1.1 Dopaminerges System

Von besonderem Interesse ist das mesolimbische System, das Dopamin als Neurotransmitter nutzt. Es dominiert bei der Registrierung und Verarbeitung natürlicherBelohnungsereignisse und stellt offenbar das zerebrale Belohnungssystem oder zumindest einen wichtigen Teil dieses Systems dar. Das mesolimbische Dopaminsystem geht von der Area tegmentalis ventralis (VTA) im Mittelhirn und dem Nucleus accumbens (NA) im Endhirn aus und schickt über seine Fasern Dopamin vornehmlich in den präfrontalen und orbitofrontalen Kortex. Es ist auch der Wirkungsort für Drogen, wie Nikotin, Kokain, Alkohol und Psychopharmaka. Letztere erhöhen direkt oder über die Inhibition hemmender Interneurone den Dopaminspiegel im VTA bzw. im NA. Allerdings dürfte nach neueren Erkenntnissen eine Erhöhung des Dopaminspiegels nur für die Suchtentstehung, nicht aber für die Aufrechterhaltung stoffgebundener Suchterkrankungen notwendig sein (Roth, 2003). Dopamin scheint nach diesen Befunden eher als Signal für die Assoziation von Belohnung (Lustempfinden) und bestimmten Ereignissen (und damit als Voraussage für Belohnung) denn als Belohnungsstoff selbst zu fungieren.

Wie zahlreiche experimentelle Befunde zeigen, kann das Belohnungssystem durch diverse interessante, neue und informationstragende Reize aktiviert werden. Zu diesen Stimuli gehören elektrische Hirnreizung, Nahrung (Schokolade) oder Sexualpartner ebenso wie der Anblick eines attraktiven Gesichtes, das Hören schöner Musik oder das Gewinnen in einem Videospiel (Überblick in Spitzer, 2004, S. 140).

Milkman & Sunderwirth (1982, 1984) vermuteten bereits Anfang der 80er-Jahre, dass riskantes, auf Erregung ausgerichtetes Verhalten beim Glücksspiel – ähnlich wie stimulierende Drogen (Kokain und Amphetamine) – die Neurotransmission durch die erhöhte Ausschüttung antreibender und erregender Neurotransmitter, wie Dopamin und Noradrealin, beschleunigt. Dies erzeuge jenes Hochgefühl bei Menschen, die Stimulation brauchen, um sich wohl zu fühlen. Da jedoch die biochemische Struktur eine lang andauernde, selbst herbeigeführte Veränderung der Neurotransmission nicht zulässt, gleicht der Körper sie durch Verringerung einiger Enzyme aus.

Das verlangsamt die Neurotransmission (das Gefühl der Befriedigung lässt nach), obwohl das riskante Verhalten noch auf dem Eingangsniveau gehalten wird. Die Folge: Der Spieler muss – um Befriedigung zu erlangen – sein Spielverhalten steigern und produziert damit einen Teufelskreis zunehmender Abhängigkeit.

Der Effekt von Erlebnissen auf das Belohnungssystem ist allerdings um eine Größenordnung geringer als der Effekt von Suchtstoffen (Spitzer, 2004, S. 143). Entsprechend gibt Herz (1995) zu bedenken, dass die physiologische (diskrete) Freisetzung körpereigener Stoffe, wie sie für spezielle Suchtformen (Spielsucht oder bei Extremsportarten) vermutet wird, nicht mit der Überflutung des Organismus verglichen werden kann, wie es bei der exogenen Zuführung von Suchtstoffen der Fall ist.

Dem Belohnungssystem wird zudem eine zentrale Funktion bei der Prägung eines Suchtgedächtnisses zugewiesen, das im NA lokalisiert wurde. Derartige suchtspezifische assoziative Verknüpfungen, die neutralen Sachverhalten eine besondere Bedeutung beim Auslösen von Rückfällen verleihen, zeigen sich nicht nur bei stoffgebundenen Abhängigen, sondern auch bei süchtigen Spielern (Böning, 1998).

Einblicke in die Aktivierungsmuster während der Erwartung finanzieller Gewinne und Verluste bzw. des Glücksspiels liefern erste Studien, die sich bildgebender Verfahren, wie der funktionellen Magnetresonanztomographie (fMRT) bedienten. Knutson et al. (2001) konnten belegen, das die Erwartung steigender Gewinne sowohl mit einem Anstieg des subjektiv erlebten Glücksgefühls als auch der Aktivität des NA verbunden war. Die Erwartung steigender Verluste hatte keinen derartigen Effekt. Breiter et al. (2001) erfassten die Aktivierung bestimmter Hirnareale während der Gewinn-/Verlusterwartung und des Ausgangs eines Glücksspiels. Es zeigte sich, dass das Ausmaß der lokalen Aktivierung in der sublentikular erweiterten Amygdala (SLEA) und dem orbitofrontalen Kortex die Höhe der Gewinn-/Verlustaussichten widerspiegelte und die neuronalen Reaktionen auf Gewinne in dem NA, der SLEA und dem Hypothalamus (als Projektionsfelder dopaminerger Neurone aus der VTA) gleichförmig mit den finanziellen Werten anstiegen. Diese Hirnstrukturen wiesen auch bei Kokainabhängigen eine Aktivierung auf, wenn die Betroffenen unter Entzugssymptomen ein unwiderstehliches Verlangen nach der Droge verspürten (Breiter et al., 1997).

Das Verlangen nach dem Glücksspiel war Gegenstand der ersten fMRT-Studie zum pathologischen Spielverhalten. Potenza et al. (2003b) setzten pathologische Spieler und Kontrollpersonen Glücksspielreizen in Form von Videoaufnahmen aus, die zu einem stärkeren, moderaten Verlangen bei den pathologischen Spielern führten. Entgegen der Ausgangshypothese und Befunden zum Verlangen von Kokainabhängigen zeigte sich eine vergleichsweise verminderte Aktivität im ventralen Teil des anterioren Gyrus cinguli, die relative Verminderung war während der Vorführung der intensivsten Reize (Glücksspieler in Action) am stärksten. Die neuronalen Korrelate unterschieden sich deutlich von denen Zwangskranker. Die Autoren vermuten, dass das pathologische Glücksspiel eher mit substanzungebundenen Störungen der Impulskontrolle in Beziehung steht. Befunde in der fMRT, die eine verminderte Aktivität im linken ventralen präfrontalen Kortex bei pathologischen Spielern während eines Tests zur Erfassung der Farb-Wort-Interferenzneigung (Stroop-Test) belegen, deuten gleichfalls auf Beeinträchtigungen der Impulskontrolle hin (Potenza et al., 2003a).

Eine verminderte Aktivierung des mesolimbischen Belohnungssystems bei pathologischen Spielern konnten auch Reuter et al. (2005) nachweisen. Während einer Art Glücksspiel (Ratespiel), bei dem die pathologischen Spieler (und Kontrollpersonen) jeweils 1 EUR gewinnen oder verlieren konnten, zeigten die fMRT-Befunde eine vergleichsweise reduzierte Hirnaktivität im ventralen Striatum sowie im ventromedialen und ventrolateralen präfrontalen Kortex. Je ausgeprägter das Krankheitsbild, desto stärker war die Aktivitätsminderung. Die Daten stützen die Annahme, dass der Spielsucht, wie anderen Suchterkrankungen, eine zu geringe Aktivierbarkeit des Belohnungssystems durch alltägliche Belohnungssituationen zugrunde liegt, so dass die Betroffenen zu stärkeren Belohnungsreizen, wie z. B. Kokain oder Glücksspiel, greifen. Die Befunde können jedoch ebenso auf Gewöhnungseffekten beruhen, d. h. die geringen Gewinnbeträge reichten infolge des Toleranzerwerbs bei Spielsüchtigen nicht mehr aus, um das Belohnungssystem zu aktivieren.

Eine störungsspezifisch veränderte Verarbeitung von glücksspielassoziierten Reizen und ein in Abhängigkeit von psychischer Beeinträchtigung erhöhtes Glücksspielverlangen fanden Grüsser et al. (2004) bei pathologischen Spielern bestätigt, von denen nach der Darbietung visueller Reize Selbsteinschätzungen und Angaben auf visuellen Analogskalen erhoben wurden.

In der motorischen und sensorischen Verarbeitung von akustischen Schreckreizen haben Stojanov et al. (2003) in einer Elektromyogramm-Elektroenzephalogramm- (EMG-EEG-)Studie bei pathologischen Spielern Abweichungen in der Muskelaktivität (Augenschließreflex) und den Hirnströmen registriert, die wiederum als indirekter Hinweis auf eine erhöhte dopaminerge Aktivität interpretiert werden. Leichte bis schwere zerebrale Dysfunktionen bei der Mehrzahl der untersuchten Spieler ($n=17$) ermittelten zudem Regard et al. (2003) in einer EEG-Studie.

Eine übermäßige Stimulation der mesolimbischen Dopaminrezeptoren infolge der medikamentösen Therapie mit Levodopa führte vermutlich bei an Morbus Parkinson Erkrankten zu einem problematischen Spielverhalten (Avanzi et al., 2004; Gschwandtner et al., 2001; Molina et al., 2000). Nach Einnahme eines Dopaminantagonisten (Risperidon) konnte Glücksspielabstinenz erreicht werden (Seedat et al. 2000). Die pharmakologische Substanz »Naltrexon«, die dopaminerge Neurone im VTA hemmt, erwies sich zudem als effektiv in der medikamentösen Behandlung süchtiger Spieler (▶ Kap. 13). Unter Einfluss des Dopaminagonisten »Amphetamin« berichteten Problemspieler über eine erhöhte Motivation zum Glücksspiel und zeigten eine gesteigerte Lesegeschwindigkeit von Glücksspielwörtern, während sich die neutraler Wörter verlangsamte (Zack & Poulos, 2004). Die Befunde werden als Beleg für eine assoziative Aktivierung (Priming-Effekt) und die Bedeutung einer mit Psychostimulanzien vergleichbaren neurochemischen Aktivierung in der Entwicklung der Spielsucht gewertet.

Eine erworbene oder angeborene Fehlfunktion des dopaminergen Systems (▶ Kap. 4.2.3f.) kann möglicherweise die Wirkung des Spielens verstärken, da eine durch den Reiz verursachte Freisetzung des Neurotransmitters auf ein Belohnungssystem trifft, das darauf wartet. Bei einem Mangel an Belohnungserleben, der sich in Missstimmungen äußert und mitunter mit Stresserleben verbunden ist, richten die betroffenen Personen ihr Verhalten auf eine Aktivierung des Belohnungssystems aus, um einen Stimmungsumschwung herbeizuführen. Die antreibende, belohnende bzw. belohnungsversprechende Wirkung könnte den süchtigen Spieler veranlassen, sich immer wieder in die Spielsituation zu begeben, trotz der absehbaren negativen Konsequenzen.

Erkenntnisse der biologischen Persönlichkeitsforschung, die das dopaminerge System mit den Eigenschaften der Neugierde und des Risikoverhaltens in Verbindung gebracht hat, liefern weitere Erklärungsmuster einer individuellen Anfälligkeit. Nach Spitzer (2004, S. 152) könnten die süchtigen Spieler durch eine Eigenschaft ihres Dopaminsystems beeinflusst werden, wonach die Unvorhersagbarkeit eines Stimulus selbst einen belohnenden Effekt hat: »Im Kasino wird diese Lust am Neuen in ähnlicher Weise pervertiert, wie ein Suchtstoff den belohnenden Effekt von Dopamin pervertiert, indem er Belohnung vermittelt, ohne dass irgend etwas eingetreten wäre, das besser als erwartet war«.

5.1.2 Serotonerges System

Während eine von der Norm abweichende Funktion des dopaminergen Systems dem spezifischen Belohnungserleben süchtiger Spieler zugrunde liegen dürfte, werden Abweichungen des serotonergen Systems mit der geringen Impulskontrolle in Verbindung gebracht. Nach DeCaria et al. (1998) ist das serotonerge System vor allem mit dem Anstoß zur Aufnahme des Spielverhaltens und der Enthemmung während des Glücksspiels verknüpft.

Über die Freisetzung des Neurotransmitters Serotonin übt dieses System – ausgehend von den Raphe-Kernen des Hirnstamms – auf das limbische System und den Kortex einen dämpfenden, beruhigenden und Wohlbefinden auslösenden Effekt aus. Ein Serotonindefizit scheint sich klinisch sowohl in impulsivem Verhalten wie in pathologischem Spielverhalten (Nordin & Eklundh, 1999), zu manifestieren als auch in der Förderung negativer Emotionen, wie Ängstlichkeit und Depressivität (Heinz, 2000, S. 63ff.). Als weiterer Beleg für den Einfluss serotonerger Fehlfunktionen auf ein pathologisches Spielverhalten dienen genetische (▶ Kap. 4.2.1) und pharmakologische Studien

(▶ Kap. 13), die eine erfolgreiche medikamentöse Behandlung mit Serotonin-Wiederaufnahmehemmern nachweisen (Hollander et al., 1998, 2000) sowie eine geringere Aktivität des Enzyms Monoaminooxidase (MAO), das den Stoffwechsel von Serotonin (und Dopamin) beeinflusst.

5.1.3 Noradrenerges System

Das noradrenerge System hat seinen Ausgangsort im Locus coeruleus. Es sendet über weit reichende Fasern Noradrealin in alle Teile des limbischen Systems und des assoziativen Kortex. Da eine wesentliche Funktion in der Vermittlung von Erregung und Aufmerksamkeit besteht und Auswirkungen auf die Impulskontrolle diskutiert werden, vermuten DeCaria et al. (1998), dass es eine bedeutende Rolle in der Entwicklung und Aufrechterhaltung pathologischen Glücksspiels einnimmt. Funktionelle Störungen des Systems bei betroffenen Spielern untermauern diese Hypothese (▶ Kap. 4.2.2). Bei Problemspielern ließen sich zudem signifikant höhere Noradrenalinwerte im Blutplasma während des Glücksspiels nachweisen als bei Gelegenheitsspielern (Meyer et al., 2004). Ähnliche Effekte bestätigten Shinohara et al. (1999) bei regelmäßigen Spielern an japanischen Pachinko-Automaten. Möglicherweise ist der periphere Anstieg des Noradrenalins aber auch Ausdruck der Aktivierung der Hypothalamus-Hyphophysen-Nebennieren-Achse bzw. des Stresssystems, zu dessen Komponenten das noradrenerge System gehört.

5.1.4 Opioidsystem

Als weiteres neuromodulatorisches System wurde das endogene Opioidsystem (einschließlich des β-Endorphins) auf seine Rolle in der Entwicklung süchtigen Spielverhaltens untersucht. Es ist vor allem im Bereich des NA und des VTA funktionell für Suchtprozesse relevant, da es mit der Freisetzung verschiedener Neurotransmitter (wie Dopamin und Noradrenalin) interagiert, Lust- und Euphoriegefühle sowie Schmerzlinderung hervorrufen kann und offenbar die Funktion des »Belohnungsstoffes« übernimmt.

Während Shinohara et al. (1999) die Hypothese, dass die Aufrechterhaltung des Spielverhaltens mit der Freisetzung von β-Endorphin zusammenhängt, bei Spielern an japanischen Pachinko-Automaten in Blutproben bestätigt fanden, konnten Blaszczynski et al. (1986b) bei pathologischen Pferdewettern und Meyer et al. (2004) bei problematischen Spielern im Kasino keine Aktivierung der Endorphinausschüttung als Reaktion auf den Einsatz beim Glücksspiel und im Vergleich mit einer Kontrollsituation feststellen. Als mögliche Erklärung führen Blaszczynski et al. (1986b) die relativ geringen Einsätze der Spieler (2–10 AUD) – im Vergleich zu ihren gewöhnlichen Wetten – an, die keine höhere Stimulation erzeugen konnten. Es gibt allerdings auch keinen soliden Hinweis darauf, dass peripher im Blut gemessene β-Endorphinspiegel mit den Neurotransmittersekretionen im zerebralen Belohnungssystem in Zusammenhang stehen. Der effektive Einsatz des Opioidantagonisten Naltrexon in der Therapie von Spielern untermauert dagegen die Rolle als potenzieller Einflussfaktor (▶ Kap. 13).

Die Wirkung einer Droge oder des Glücksspiels beschränkt sich nicht auf die Stimulation isolierter neuromodulatorischer Systeme, wie es die bisherige, vereinfachende Darstellung aussagt. Es bestehen vielmehr komplexe Interaktionen, die weitere Systeme einschließen, wie die des Acetylcholins, Glutamats und der γ-Aminobuttersäure (GABA). Erst die Verknüpfung der einzelnen Systeme über die gegenseitige Aktivierung und Hemmung, die allerdings noch weit gehend unerforscht ist, führt zu einem hinreichenden Verständnis neurobiologischer Grundlagen des Suchtverhaltens (Tretter, 1998, S. 178).

5.1.5 Neurobiologie von Entscheidungsprozessen

Ein Ungleichgewicht zwischen erhöhter Aktivität des mesolimbischen dopaminergen Systems auf der einen und verminderter Stimulation kortikaler Hemmungsprozesse auf der anderen Seite vermutet Potenza (2001) als ursächlichen Faktor des unwiderstehlichen Verlangens süchtiger Spieler und der Fortsetzung des Spielverhaltens trotz schädlicher Konsequenzen.

Der Fortsetzung liegen Entscheidungsprozesse zugrunde, die auf neuronalen Aktivitäten im limbischen System und im orbitofrontalen Kortex beruhen. Forschungsbefunde, nach denen Patienten mit Verletzungen oder Funktionsstörungen (Läsionen) im orbitofrontalen Kortex unfähig sind, positive oder negative Konsequenzen ihrer Handlungen vorauszusehen (Bechara, 2001), führten zu entsprechender Hypothesenbildung in der Suchtforschung. Die hirngeschädigten Patienten gingen in einem Glücksspieltest (in Form eines Kartenspiels) wider besseres Wissen Risiken ein und neigten zum hartnäckigen Verharren bei einer Strategie. Bechara (2001) postuliert, dass bei Suchtverhalten und Störungen der Impulskontrolle die somatische Markierung kognitiver Vorstellungsbilder mit positiven und negativen vegetativen Empfindungen misslingt, die für vorteilhafte Entscheidungen notwendig ist. Diese mangelnde Sensibilität gegenüber Zukunftsereignissen fanden Cavedini et al. (2002) bei pathologischen Spielern bestätigt. Die Spieler trafen in dem Glücksspieltest, der lebensnahe Entscheidungsprozesse simuliert, eine signifikant größere Anzahl unvorteilhafter Auswahlentscheidungen als Kontrollpersonen. In einem Würfelspiel mit expliziten Regeln für Gewinne und Verluste zeigten sich ähnliche Befunde (Brand et al., 2005). Cremer (2001) konnte dagegen keine entsprechenden Unterschiede ermitteln.

Pathologische Spieler lassen in ihren impulsiven Entscheidungen nicht nur die schädlichen Konsequenzen außer Acht; sie bevorzugen auch eher kleine, sofortige Belohnungen als längerfristig in Aussicht gestellte, höhere Belohnungen (Alessi & Petry 2003; Petry, 2001; Petry & Casarella, 1999). Der Zeithorizont ist kürzer als bei Gelegenheitsspielern (Hodgins & Engel, 2002). Die übermäßige Sensibilität gegenüber Belohnungen scheint (zumindest bei Normalpersonen) an den kognitiven Enthemmungsprozessen stärker beteiligt zu sein, als die Einbeziehung zukünftiger Konsequenzen (Crone et al., 2003).

Eine Analyse der Hirnströme von Teilnehmern an einem Glücksspielexperiment (EEG-Studie) verdeutlicht zudem, dass sich schnelle, irrationale Entscheidungen mit charakteristischen Hirnströmen im präfrontalen Kortex decken (Gehring & Willoughby, 2002). Nach einer Reihe von Verlusten riskierten die Spieler höhere Einsätze. Dieses Verhalten spiegelte sich in verstärkten Hirnströmen wider, die eine Viertelsekunde nach der Information über den Verlust gemessen wurden. Entscheidungen in riskanten Spielsituationen scheinen sich darüber hinaus nach Smith et al. (2002), je nachdem, ob es um Gewinne oder Verluste geht, in separaten Gehirnregionen abzuspielen. Mit Hilfe der Positronenemissionstomografie (PET) zeigte sich bei Entscheidungen im Falle potenzieller Gewinne eine Veränderung der zerebralen Perfusion im orbitofrontalen Kortex, während in Verlustsituationen das Kleinhirn betroffen war.

Die aufgezeigten neuronalen Auswirkungen emotionaler, motivationaler und kognitiver Prozesse im Kontext des pathologischen Glücksspiels sind insgesamt vergleichbar mit denen, die im Kontext stoffgebundener Abhängigkeiten und auch der antisozialen Persönlichkeitsstörung stattfinden; hierbei fungiert eine Störung der Impulskontrolle als Bindeglied. Personen mit geringer Impulskontrolle treffen überstürzte Entscheidungen ohne Risikoabwägung, deren neurobiologische Grundlagen mit dem antreibenden (dopaminergen) Belohnungssystem und des eher auf Hemmung motivationaler Zustände ausgerichteten serotonergen Systems in einem Netzwerk verschaltet sind.

5.2 Psychoanalytische Konzepte

Psychoanalytische Erklärungsansätze verweisen auf **frühkindliche Störfaktoren der Entwicklung** und damit zusammenhängende unbewusste Motive pathologischen Glücksspiels. Die meisten Autoren legen das von Freud (1917/1977) entwickelte Phasenmodell zugrunde und führen pathologisches Glücksspiel (überwiegend als Sucht oder süchtiges Verhalten betrachtet) auf eine **gestörte Libidoentwicklung** zurück. Die psychodynamischen Deutungen gruppieren sich dabei um die Konstrukte des **Ödipuskomplexes** und des **Narzissmus**. Während in frühen Arbeiten ödipale oder anale Fixierungen beschrieben werden, finden sich in der neueren Literatur auch Hinweise auf prädipale oder multiple Konflikte. Die Unterschiedlichkeit psychodynamischer Erklärungen verweist auf die Komplexität des Untersuchungsgegenstandes sowie auf die verschiedenartigen Entstehungsbedingungen und Erscheinungsformen süchtigen Spielverhaltens. Da auch in

neueren Studien deutlich wird, dass exzessive Spieler je nach individueller Konfliktproblematik orale, anale und ödipale Wünsche und Phantasien entwickeln, ist davon auszugehen, dass es sich bei Beschreibungen der Psychodynamik und -pathologie des Spielers um **idealtypische Konstruktionen** handelt (einen Literaturüberblick bieten Halliday & Fuller, 1974; Schütte, 1985 und Rosenthal, 1987).

Die erste psychoanalytische Arbeit über pathologisches Glücksspiel wurde von Hattingberg (1914) vorgelegt, der anale bzw. anal-sadistische Persönlichkeitsstörungen bei Spielern konstatiert. Er sieht das entscheidende Spielmotiv im Erleben einer »sexuell getönten Angstlust« (Spannungslust), die er als Kombination aus Uretral- und Analerotik beschreibt. Ähnlich Laforgue (1930): In der beim Spielen beobachtbaren zwanghaften Wiederholung einer angstbetonten Vorlust und im Erleiden einer das Schuldbewusstsein neutralisierenden Endlust zeige sich der eigentliche Zweck und Gewinn der Spielleidenschaft: Die erotisierte Angstbildung (Simmel, 1920).

Ödipuskomplex

Freud (1928) beschreibt in seinem Aufsatz »Dostojewski und die Vatertötung« die Spielsucht des Literaten als Ausdruck eines ungelösten ödipalen Konfliktes, in dessen Folge die ambivalente Vater-Sohn-Beziehung mit gleichen Affekten zwischen den Instanzen Ich und Über-Ich reinszeniert wird (Rosenthal, 1997; Walter, 1997).

❶ **Infantiles inzestuöses Begehren gegenüber der Mutter sowie daraus resultierende Hass- und Todeswünsche gegen den Vater bleiben virulent und verursachen selbstzerstörerische Schuldgefühle, die als unbewusstes Strafbedürfnis das Spielen motivieren: Der Spieler spielt, um zu verlieren.**

Schuldgefühle werden in der »Schuldenlast« externalisiert. Die Spielsucht mit ihren »erfolglosen Abgewöhnungskämpfen und ihren Gelegenheiten zur Selbstbestrafung« stelle ein »Äquivalent des alten Onaniezwanges« dar.

Stekel (1924) zieht Parallelen zwischen Alkoholabhängigkeit und Spielsucht (Adler, 1966; Adler & Goleman, 1968) und ist der Ansicht, dass das Glücksspiel die Funktion eines

Orakels habe: Der Spieler erhoffe sich über den Spielverlauf hinausgehende Prognosen über die Erfüllung respektive Versagung eigener Wünsche.

Infantile Allmachtsfiktion

Die differenzierteste psychoanalytische Theorie zur Psychodynamik des Glücksspiels stammt von Bergler (1936, 1943, 1958). In Erweiterung der oben ausgeführten Überlegungen sieht er in der **infantilen Allmachtsfiktion** das entscheidende Moment des Hasardierens, das exklusiv die Gelegenheit biete, »das Lustprinzip mit seiner Gedanken- und Wunschallmacht« nicht aufgeben zu müssen. Das Festhalten an infantilen Allmachtsfiktionen sei Ausdruck einer »posthume(n) Aggression gegen die maternale, resp. paternale Autorität, die dem Kind das Realitätsprinzip, einbläute« (Bergler, 1936, S. 440). Diese unbewusste Aggressivität bilde zusammen mit der Gedankenallmacht und dem Erleben der sozial zulässigen, verdrängten Exhibition beim Spiel eine **Lusttrias**. Demgegenüber stehe die **Straftrias** mit unbewusstem Verlustwunsch, unbewusstem homosexuellen Überwältigungswunsch, gekoppelt mit dem Drang nach sozialer Diffamierung. Es entstehe ein Circulus vitiosus: In jedem Spiel solle »Liebe mit einem unbewussten masochistischen Hintergedanken« erzwungen werden, weshalb der Spieler – dieser inneren Logik gehorchend – am Ende immer alles verliere.

Viele Autoren, wie Greenson (1947), Lindner (1950) und Galdstone (1951, 1960) versuchten, die Überlegungen Berglers zu modifizieren. Greenson (1947) beispielsweise, der pathologisches Glücksspiel als Abwehr gegen drohende Depressionen auffasst, beobachtete bei seinen Patienten multiple Störungen in allen psychosexuellen Entwicklungsstufen, am häufigsten jedoch oral-rezeptive Fixierungen, die zu übermäßigen Omnipotenzwünschen führen. Der neurotische Spieler, der verliere, werde symbolisch auch von der nährenden Mutter verlassen. Verlieren sei also mehr mit Depressionen und weniger mit Schuld verbunden. In einer Fallstudie beschreibt Selzer (1992) die Psychodynamik der Omnipotenz im Rahmen pathologischen Glücksspiels und verweist auf die Funktion als Abwehrmechanismus. In der Konfrontation mit dieser Art der Abwehr und den Verleugnungstendenzen sehen Rosenthal & Rugle (1994) erste psychodynamische Therapieschritte auf dem Weg in die Abstinenz.

Frühe Störungen

Nach Bolen & Boyd (1968) aktiviert das Spiel durch seine indirekten Befriedigungsmöglichkeiten aggressiver und libidinöser Bedürfnisse **Schuldgefühle**, die durch die im Spiel garantierten **Selbstbestrafungsriten des Verlierens** neutralisiert werden. Indem das Glücksspiel Macht, Bedeutsamkeit und Kontrolle suggeriere, biete es dem Spieler Schutz vor Gefühlen von Minderwertigkeit, Nichtigkeit und innerer Leere. Auch Matussek (1953) sieht die Ursachen pathologischen Glücksspiels in einer **Störung der libidinösen Triebentwicklung** innerhalb der oralen Phase. Dem Spieler fehlten seit frühester Kindheit echte personale Beziehungen, weshalb er neurotische Allmachtsgefühle und starke Aggressionen gegen das elterliche Autoritätsprinzip ausgebildet habe. Seine wesentlichen Motive bestünden in dem Drang nach Besitz und Macht sowie der Flucht vor dem Alltag. Matussek (1953) betrachtet die beständigen Verluste von Spielern jedoch nicht als Folge eines unbewussten Strafbedürfnisses, sondern als »nicht erwünschte Konsequenz« des Spielens.

Bei Kind (1988) rückt die Rolle des präödipalen Vaters in den Vordergrund. Dessen mangelnde Verfügbarkeit vereitle die Versuche des Kindes, sich in der angstfreien Entfernung und Wiederannäherung an die Mutter zu erproben. Aufgrund dieser mangelhaften »frühen Triangulierung« komme es bei der späteren Organisation von Objektbeziehungen zu spezifischen Störungen: Annäherungen an das als ›verschlingend‹ erlebte Objekt mobilisierten Verschmelzungsängste, weshalb das Subjekt sich wieder in einer ›zentrifugalen Bewegung‹ entferne, wodurch gleichzeitig Angst erzeugt werde, das Objekt zu verlieren, so dass es zu ›zentripedaler Bewegung‹ der Wiederannäherung komme. Pathologische Spieler haben nach Kind (1988) die symbiotische Stufe der Selbstorganisation nicht ausreichend überwunden und streben in der Folge nach kompensatorischem Ausgleich. Die Externalisierung dieser Dynamik werde von Spielautomaten in besonderer Weise begünstigt: Das dranghafte, durch Omnipotenzphantasien gestärkte Verlangen, durch stetige Risikosteigerung den Automaten zu überlisten, um am Ende immer wieder alles zu verlieren, sei Ausdruck der intrapsychischen Pendelbewegung zwischen zentrifugalen und zentripedalen Kräften.

Narzissmus

Narzisstische Persönlichkeitsstörungen pathologischer Spieler werden von fast allen psychoanalytischen Autoren angeführt, häufig jedoch nur in Form von Beschreibungen einzelner Symptome wie Allmachtsfiktionen oder Omnipotenzwünschen (Bergler, 1936; Fenichel, 1945; Livingston, 1974). Umfassender definiert Simon (1980) pathologisches Glücksspiel als narzisstischen Restitutionsversuch: Der Spieler, der infolge frühkindlicher emotionaler Deprivation außerstande sei, Liebesbeziehungen einzugehen, spiele, um zumindest **ersatzweise anerkannt und geliebt** zu werden. Um die kränkende Realität ertragen zu können, klammere er sich an die **Illusion eines Idealzustands**, des Gewinnens. Durch das Glücksspiel, das die Reaktivierung von Allmachts- und Größenphantasien begünstige, könne diese »narzisstische Anwartschaft« aufrechterhalten werden – allerdings nur solange das Ziel unerreichbar bleibe.

Rosenthal (1986) konstatiert aufgrund klinischer Erfahrungen bei der Mehrheit pathologischer Spieler narzisstische Persönlichkeitsstörungen, die mit einem gestörten Selbstwertgefühl, Identitätskonflikten, Abgrenzungsproblemen und unangemessenen Anspruchshaltungen einhergehen. Das Glücksspiel gaukle eine Ersatzwelt vor, in der sich der Spieler bedeutend, respektiert, mächtig und omnipotent fühlen könne. Mit primitiven Abwehrmechanismen wie Abspaltungen, Projektionen, Idealisierungen, Abwertungen und Verleugnungen werde diese illusionäre Wirklichkeit aufrechterhalten und stabilisiert.

Schütte (1985), der mit Hilfe einer erweiterten Narzissmustheorie einen übergreifenden Erklärungsansatz für pathologisches Glücksspiel zu entwickeln versucht, bezieht sich auf ein tiefenpsychologisches Suchtverständnis, das die Ursachen von Sucht in einem narzisstischen Defizit begründet sieht: Menschen mit spannungsvollen »Brokenhome-Situationen«, die in ihrer Kindheit nicht genügend Liebe und Sicherheit erfahren haben, sind demnach besonders suchtgefährdet. Sucht, auch pathologisches Glücksspiel, wird als Ausgleich für einen Defekt in der psychischen Struktur betrachtet und bekommt somit die Funktion eines narzisstischen Restitutionsversuches: »Das Glücksspiel ermöglicht die Befriedigung sämtlicher narzisstischer Defizite, d.h. es enthält Elemente der oralen, anal-sadistischen und auch der ödipalen Phase (...). Die Teilnahme am Glücksspiel versetzt den Spieler in jenes ›ozeanische Gefühl‹, welches er in seiner frühen Kindheit nie erfahren hat« (Schütte, 1985, S. 114).

Nach Vent (1999) ist die schwere narzisstische Störung nur eines von mehreren, psychodynamisch begründbaren, wenngleich eher unscharf abgrenzbaren Krankheitsbildern bei Spielsüchtigen. Im Zentrum der Suchtentwicklung steht der (missglückte) Versuch einer Affektregulation.

Fazit

Wie schwierig es ist, dem komplexen Phänomen süchtigen Spielverhaltens wissenschaftlich gerecht zu werden, wird in dieser kurzen Skizzierung psychoanalytischer Literatur deutlich. Oft unter Rückgriff auf Romane und Erzählungen sind in den Anfängen der psychoanalytischen Auseinandersetzung mit dem Glücksspiel biographisch inspirierte Einzelfallstudien entstanden, an denen psychodynamische und pathologische Aspekte modellhaft analysiert wurden. Gleichwohl derartige Studien zu sinnvollen Erkenntnissen führen können, sind die Ergebnisse nicht ohne weiters generalisierbar, ein Umstand, den Schütte (1985, S. 78) in der Sekundärliteratur zu wenig berücksichtigt sieht: »Nicht selten findet man ausdrücklich als ›Annahmen bzw. Vermutungen‹ deklarierte Äußerungen einzelner Analytiker in späteren Schriften anderer Autoren als ›Theorien‹ wieder«. Zudem müsse der Mangel an umfassenden Theorien, die die häufig nur »scheinbaren Diskrepanzen zwischen psychoanalytischen Deutungen« (Bolen & Boyd, 1968) integrieren könnten, bemängelt werden. Augenfällig ist, dass auch die neuere psychoanalytische Theoriebildung eng mit dem von Freud entwickelten Denkmodell des Ödipuskomplexes verwoben ist. Gesellschaftliche Wandlungsprozesse und mit ihnen auch die Auflösung tradierter Geschlechterrollen lassen jedoch Zweifel an der Tauglichkeit dieses Modells und der darauf basierenden Erklärungen pathologischen Spielens aufkommen. Um allgemeingültige Aussagen treffen zu können, sind fraglos weitere umfangreiche psychoanalytische Studien erforderlich, die pathologisches Glücksspiel nicht lediglich als individuelles, sondern auch als gesellschaftliches Phänomen mit einer multifaktoriellen Genese begreifen. Erweiterte Narzissmustheorien bieten sich hier als Rahmen für einen übergreifenden Erklärungsansatz an.

5.3   Lerntheorien

❗ **In lerntheoretischen Erklärungsmodellen wird exzessives (süchtiges) Glücksspiel als *erlerntes Verhalten* aufgefasst, das entsprechend den allgemein gültigen Lernprozessen wie normales Verhalten *erworben, aufrechterhalten* und *modifiziert* wird.**

Neben den Prinzipien der klassischen und operanten Konditionierung berücksichtigen erweiterte Ansätze soziale, kognitive und affektive Aspekte der Lerngeschichte eines Individuums.

Die Gesetzmäßigkeiten des **Modellernens** dienen der Erklärung der anfänglichen Teilnahme am Glücksspiel. Die Beobachtung positiver Folgen bei Eltern oder Freunden führt zu ersten eigenen Spielerfahrungen.

Im Alkohol- und Drogenbereich wird die Bedeutung sozialer Phänomene – wie die **Verfügbarkeit der Stoffe** – für den initialen Konsum betont (Revenstorf & Metsch, 1986). Der Suchtmittelgebrauch verschafft außerdem Zugang zu sozial attraktiven Gruppen (sekundäre Verstärkung).

Glücksspiele sind legal und fast uneingeschränkt verfügbar – die Griffnähe ist besonders ausgeprägt. Um potenzielle Spieler in das Glücksspiel einzuführen bzw. einen »response-priming«-Effekt (Knapp, 1976) zu erzielen, verteilen Spielkasinos Gratis-Jetons und kostenlose Spielmarken für Automaten. Besonders auffällige Licht- und Tonsignale bei größeren Gewinnen an Spielautomaten lenken die Aufmerksamkeit der im Umfeld befindlichen Spieler auf mögliche Erfolge (stellvertretende Verstärkung). In den USA werden Gewinner in den Spielkasinos sogar per Lautsprecher ausgerufen, um einen größeren Kreis der Besucher zu erreichen und zum Spielen zu animieren (Hess & Diller, 1969).

Nach den Prinzipien der **operanten Konditionierung** erhöht sich die Auftrittswahrscheinlichkeit eines Verhaltens, wenn es zu positiven Konsequenzen führt (positive Verstärkung) und/oder zur Beseitigung negativer Situationen (negative Verstärkung). Beim Glücksspiel fungiert der Geldgewinn als **klassischer (generalisierter) Verstärker**. Glücksspiele bilden zudem Verstärkungspläne, bei denen das Verhältnis zwischen verstärktem (Gewinn) und unverstärktem (Verlust) Spielverhalten variabel ist, die

Verstärkungsmengen variieren und die Verstärkung (Ergebnisrückmeldung) sofort erfolgt, was sich als besonders wirkungsvoll im Hinblick auf die Verfestigung eines Verhaltens erwiesen hat (Skinner, 1953; glücksspielspezifische experimentelle Befunde liefern Lewis & Duncan, 1956, 1957; Levitz, 1971).

Das einzelne Spiel (an Spielautomaten oder beim Lotto) kostet nur einen geringen Einsatz und verspricht einen hohen Gewinn (Lotto), eine häufige Verstärkung (Spielautomaten) oder beides (Spielautomaten mit Jackpot-Anschluss). Ist der Spieler in das Glücksspiel eingeführt, können die Aufwendungen zur Erreichung der Verstärkung steigen; das Suchtverhalten wird aufrechterhalten (Petry & Roll, 2001).

Wirken zwangsläufig auftretende Verluste nicht im Sinne einer Bestrafung als gegenteiliges Regulativ? Das Spiel am Roulettetisch oder Spielautomaten besteht aus zahlreichen Einzelversuchen. Verluste erfolgen in jedem dieser Versuche zum einen nicht mit maximaler Stärke, zum anderen übersteigt die Häufigkeit selten 65% (Frank, 1979), so dass beispielsweise beim Farbenspiel des Roulette (rot oder schwarz) nur in etwas mehr als der Hälfte der Versuche (die Abweichung von 50% ist durch die »farblose« Null bedingt) Verluste eintreten. Da kaum ein Spieler glaubt, dass jeder Einzelversuch unabhängig von dem anderen ist, bzw. viele Spieler annehmen, nach einer Serie von Verlusten müsse zwangsläufig ein Gewinn erfolgen (▶ Kap. 5.4.2), werden Verluste zu einem Signal für das Erzielen eines Gewinnes. Vor diesem Hintergrund können Verluste das Spielverhalten fördern. Der Wert geringer Verluste im Einzelspiel gerät schneller in Vergessenheit und bleibt bei zukünftigen Entscheidungen eher unberücksichtigt als der Wert höherer Gewinne (Petry & Roll, 2001). Hohe Gewinne in der Anfangsphase einer Spielerkarriere, auf deren Bedeutung zahlreiche Autoren (Bolen & Boyd, 1968; Moran, 1970a; Dickerson, 1974; Knapp, 1976; Custer & Milt, 1985) hinweisen, können zudem als Ersatz für eine kontinuierliche Verstärkung gewertet werden.

In erweiterten lerntheoretischen Konzepten, wie der **sozial-kognitiven Lerntheorie**, werden neben den materiellen auch affektive Verstärker und soziale Kontingenzen einbezogen.

❗ **Die spezifische Wirkung des Glücksspiels führt zu unmittelbaren *Veränderungen im Erleben* des Spielers.**

Glücksspiele können Stimulation vermitteln und Spannungen reduzieren – unabhängig vom Spielausgang. Euphoriegefühle und Machtphantasien, Erfolgserlebnisse (im Falle eines Gewinnes), lustbetonte Erregungs- und Entspannungszustände besitzen potente positive Verstärkerqualitäten. Die Minderung oder Vermeidung von Spannungen, depressiven Stimmungen, Unlust, Langeweile, Minderwertigkeitsgefühlen und entzugsähnlichen Symptomen wirken sich entlastend und damit ebenfalls belohnend aus (negative Verstärkung). Über Verstärkung durch soziale Zuwendung fördern Einstellungen und Erwartungen von Bezugspersonen und -gruppen, wie z. B. eine positive Bewertung des Glücksspiels, das Spielverhalten des einzelnen.

Wenn eine Stimulation oder Spannungsreduktion nicht mehr erreichbar ist, weil beispielsweise die finanziellen Mittel ausgegangen sind, löst diese primäre Gefühlsreaktion (A-Prozess) nach der **Theorie des gegenläufigen Prozesses** von Solomon (1980) einen Affekt gegenteiliger hedonistischer Qualität (B-Prozess) aus – es kommt zu dysphorischen Stimmungen und Anspannung. Solomon (1980) postuliert ein generelles affektives Regulationsprinzip im Nervensystem, das die Entwicklung von Suchtverhalten – einschließlich der Spielsucht (Orford, 1985, S. 203) – erklären kann. Bei zunehmendem Glücksspiel schwächt sich die primäre Gefühlsreaktion ab, der aversive gegenläufige Zustand wird stärker und kann durch Wiederherstellung des primären Zustandes beseitigt werden. Das Glücksspiel erwirbt neben der anfänglich positiven (Ablenkung von Alltagsproblemen, Entspannung) eine negative Verstärkerqualität (Erleichterung von entzugsähnlichen Erscheinungen). Die weitere Stärkung des aversiven Zustandes und die notwendige Steigerung der Spielintensität (Toleranzerwerb) formen einen Zyklus, der zu einer psychischen Abhängigkeit vom Glücksspiel führt.

Die wiederholte Verknüpfung von Glücksgefühlen etc. und Glücksspielen lässt nach den Prinzipien der **klassischen Konditionierung** erwarten, dass sich konditionierte Stimuli entwickeln, d. h. neutrale Reize werden wegen ihrer zeitlichen Kopplung mit dem Spielen selbst zu Auslösern des Spielverhaltens. Nicht nur Situationen, Personen und Handlungen, die eng mit dem Spielen verbunden sind, sondern auch vorangehende Gefühlszustände (wie unangenehme Empfindungen) und Kognitionen (Erwartungen, Glaubenssätze) werden so zu **Hinweisreizen** (diskriminativen Stimuli) für Glücksspiele (Brown, 1987 b, in Anlehnung an Wikler, 1973):

- Die spezifische Atmosphäre in einer Spielbank (Ansagen der Croupiers, kreisende Kugel im Roulettekessel), auf einer Rennbahn (Bekanntgabe der Quoten per Lautsprecher, Vorführung der Rennpferde) oder in einer Spielhalle (Licht- und Tonsignale der Automaten) signalisiert dem Spieler die Wahrscheinlichkeit einer Verstärkung nach dem Einsatz.

- Geld, mit dem wir tagtäglich in Berührung kommen, kann einen einflussreichen diskriminativen Reiz darstellen, da es an den Stimulationsprozess gekoppelt ist. Es wird vom Spieler zunehmend nur noch als Spielkapital betrachtet, obwohl die Finanzierung des Lebensunterhaltes oder die Schuldentilgung erste Priorität haben müsste.

- Persönliche Probleme, z. B. in der Partnerschaft, deren Ausblendung mit Hilfe des Glücksspiels gelingt, werden zu Hinweisreizen, indem durch Beendigung der unangenehmen Empfindungen eine negative Verstärkung erfolgt – mit entsprechenden Konsequenzen für das Verhalten.

- Entzugsähnliche Erscheinungen wie innere Unruhe und Reizbarkeit stellen weitere diskriminative Stimuli dar. Die verhaltenssteuernde Wirkung der Entzugssymptome einer körperlichen Abhängigkeit, die bei einigen stoffgebundenen Suchtformen wie der Alkohol- und Heroinabhängigkeit auftreten, mag ausgeprägter sein als die der psychischen Abstinenzerscheinungen beim Glücksspiel. Sie können jedoch – nach lerntheoretischer Betrachtung – ebenso das Verhalten in eine bestimmte Richtung (zum Glücksspiel) lenken, das wiederum durch die unmittelbare Beendigung der Symptome bekräftigt wird (Selbstmedikation).

- Den Einfluss von Erwartungseffekten auf die Suchtentwicklung bestätigen zahlreiche Untersuchungen im Alkoholbereich (Marlatt & Rohsenow, 1980). Auch für das Glücksspiel gilt: Die stimulierende Wirkung tritt bereits ein, wenn nur die Erwartung des Spieleinflusses besteht. Schon auf dem Weg in das Kasino verspüren Spieler ein Hochgefühl, in der Erwartung, dass das Spielen zu den erwünschten Konsequenzen wie Erfolg oder Distanzierung von Problemen führt. Die Konzeption von vermeintlichen Erfolgssystemen für Roulette oder die Einholung von Informationen über die Form der Pferde wird von Gewinnerwartung und lustbetonten Gefühlen begleitet.

- Das Glücksspiel verspricht unmittelbare Belohnungseffekte, während die Nichtteilnahme (Abstinenz), um massiven Folgeschäden zu begegnen, erst in der Zukunft einen positiven Effekt signalisiert. Vor diesem Hintergrund verschieben sich Präferenzen zugunsten des Glücksspiels.
- Die Erwartungen an Glücksspiele sind besonders dann sehr hoch, wenn sich der Spieler über längere Zeit in einer dysphorischen Gemütsverfassung (z. B. Minderwertigkeitsgefühle) befindet und alternative Bewältigungsstrategien bzw. Verstärkerquellen nicht zur Verfügung stehen. Ein Verstärkerdefizit kann auf individueller Ebene in unzulänglicher subjektiver Kompetenz oder in mangelnden Ressourcen bestehen, mit Verstimmungen umzugehen (Revenstorf & Metsch, 1986), und auf sozialer Ebene auf einem fehlenden Angebot beruhen.

In Anlehnung an die lerntheoretische Erklärung stoffgebundener Abhängigkeiten von Revenstorf & Metsch (1986) lässt sich die Entwicklung süchtigen Spielverhaltens zusammenfassend wie folgt darstellen:

- Der Spieler erfährt die unmittelbare Verstärkerwirkung des Glücksspiels und benutzt es in Zukunft nur dann zunehmend häufiger, wenn ihm andere Verstärkerquellen mit vergleichbarer Wirkung nicht zur Verfügung stehen.
- Das lustvolle veränderte Erleben wird schließlich nicht nur vom Glücksspiel selbst (von dem Reiz des Risikos oder dem Gewinnen), sondern auch von den damit verbundenen Umständen ausgelöst.
- Durch das Glücksspiel werden dysphorische Stimmungen (gegenläufige Gefühle, entzugsähnliche Erscheinungen, Schuldgefühle) verursacht, die aufgrund fehlender potenter Alternativen durch Weiterspielen behoben werden (Selbstmedikation).
- Als Folge gelernter kompensatorischer Reaktionen des Organismus muss die Spielintensität er-

höht werden (Toleranzerwerb), um die gleiche hedonistische Wirkung zu erzielen, andernfalls verringert sich der Effekt. Zugleich setzt sich der Zyklus von Selbstmedikation und dysphorischen Stimmungen fort.

5.4 Kognitionstheoretische Ansätze

Kognitionstheoretische Ansätze beziehen sich auf die Verarbeitung relevanter Informationen (beispielsweise die Theorie der kognitiven Dissonanz), die Interpretation und Bewertung des Glücksspiels, der Bedeutung von Gewinn und Verlust. Mangelt es an adäquaten Bewältigungsstrategien, an rationaler Analyse des Spielgeschehens, sind hohe Verluste vorprogrammiert.

Eine Reihe kognitiver Mechanismen, die sich durch eine verzerrte Wahrnehmung der Realität auszeichnen, sind auf die Fortführung des Glücksspiels (trotz steigender Verluste) und Intensivierung bis hin zum pathologischen Spielverhalten ausgerichtet: Die Illusion der Kontrolle, unrealistische, nicht an tatsächlichen Wahrscheinlichkeiten orientierte Gewinnerwartungen, die wechselnde Zuweisung der Verantwortlichkeit bei Gewinn und Verlust sowie die Gefangennahme (Bindung) an die einmal gewählte Strategie (Wagenaar, 1988; Griffiths, 1994; Walker, 1992 a, b; Ladouceur & Walker, 1998; Toneatto, 1999).

5.4.1 Theorie der kognitiven Dissonanz

Die Theorie der kognitiven Dissonanz von Festinger (1957) über die Verarbeitung relevanter Informationen nach einer Entscheidung lässt sich als übergeordnetes Modell heranziehen, das spezifische Aspekte der Beeinflussung des Spielverhaltens durch kognitive Prozesse erklärt. Nach der Theorie ist der Mensch bestrebt, auftretende Widersprüche zwischen vorhandenen Überzeugungen und gegenteiligen Informationen aufzulösen. So sind Spieler gezwungen, die Folgen ihres Verhaltens den vorhandenen Überzeugungen gegenüberzustellen, wobei die Tendenz besteht, Nichtübereinstimmungen zu vermeiden. Wenn ein Spieler beispielsweise verliert, sich aber nach normativen Erwartungen verhält und den Verlust mit demonstrativer Beherrschung wegsteckt, wird der finanzielle Verlust durch den wahrgenommenen Gewinn an Ansehen ausgeglichen. In ähnlicher Hinsicht kann die beim Spiel erlebte Erregung den Verlust kompensieren und dem Spieler das positive Erlebnis des Handelns vermitteln. Bestätigen die eingehenden Informationen das durch kognitive Regeln definierte Selbstverständnis des Spielers, erhöht sich die Wahrscheinlichkeit des Weiterspielens, da dieses Verhalten das Selbstbildnis verifiziert. Stehen die wahrgenommenen Folgen des Spiels im Widerspruch zu vorhandenen Glaubenssätzen und rufen dadurch ein kognitives Ungleichgewicht hervor, kann der Spieler die kognitive Dissonanz abbauen, indem er seine Einstellung verändert, das Spielverhalten modifiziert oder mit dem Glücksspielen aufhört (Abt et al., 1985). Somit hat der Spieler zumindest zwei Optionen, die Dissonanz vorübergehend aufzulösen und trotzdem weiterzuspielen.

5.4.2 Mechanismen der verzerrten Realitätswahrnehmung

Illusionäre Kontrollüberzeugungen

Obwohl Glücksspiele auf Zufallsereignissen basieren und sich der Kontrolle entziehen, schreiben Spieler mitunter der eigenen Person die Fähigkeit zu, das Spielergebnis beeinflussen oder systematisch vorhersagen zu können:

- Die Auswertung von Roulette-Permanenzen und daraus abgeleitete Vorhersagen des nächsten Treffers im Kessel,
- die auf Einbeziehung der Licht- und Tonsignale ausgerichtete Spielstrategie an Automaten,
- das sanfte oder harte Würfeln für niedrige bzw. hohe Zahlen (Henslin, 1967)
- oder höhere und risikoreichere Einsätze bei eigenem Würfeln (Strickland et al., 1966; Davies et al., 2000)

sind Ausdruck einer verzerrten Wahrnehmung der Realität, die Langer (1975) als **Illusion der Kontrolle** bezeichnet. Wie experimentelle Untersuchungen und Feldstudien zeigen, lässt sich unter bestimmten Bedingungen, wie

- die aktive Einbeziehung des Spielers in den Spielablauf (über Stopp-, Start- und Risikotasten an Spielautomaten),
- bestehende Auswahlmöglichkeiten (Auswahl des eigenen Lotterieloses),
- ein hoher Bekanntheitsgrad bzw. Vertrautheit (der favorisierte Spielautomat),
- Wettbewerbssituationen (Roulettespiel mit Freunden: Wer erzielt höhere Gewinne?) und unsichere (versus kompetente) Gegenspieler sowie
- längere Zeitspannen, die für eine gedankliche Beschäftigung zur Verfügung stehen (»Berechnung« des nächsten Trefferfeldes beim Roulette),

die subjektive Überzeugung hervorrufen, durch eigene Fähigkeiten Glücksspiele bzw. Zufallssituationen zu kontrollieren (Langer, 1975).

Anfängliche Erfolge erhöhen im Gegensatz zu Misserfolgen ebenfalls die Wahrscheinlichkeit, dass diese Erfolge persönlichen Fähigkeiten zugeschrieben werden (Langer & Roth, 1975; Frank & Smith, 1989).

Verstärkungsmechanismen verfestigen illusionäre Kontrollüberzeugungen und den unter Spielern weit verbreiteten Aberglauben (◘ Abb. 5.2; Windross, 2003). Obwohl derartige Vorhersagen, Spielstrategien und Rituale keinen praktischen Wert haben, führt ihr zufälliger Erfolg – die Verstärkung nach einem variablen Quotenplan – zur fortwährenden Anwendung. Bleibt der Erfolg mittelfristig aus, werden sie modifiziert und können erneut – rein zufällig – zu Gewinnen führen.

Unrealistische Gewinnerwartungen

❶ **Auf einer fehlerhaften Interpretation von Zufallsereignissen beruht ebenso die verbreitete Annahme, zukünftige Spielergebnisse seien abhängig von den vorangegangenen Ereignissen, während sie in Wirklichkeit völlig unabhängig sind.**

Die Spieler erwarten, dass sich Abweichungen vom Zufall in einer kurzen Sequenz selbst korrigieren (Tversky & Kahnemann, 1971). Auf diese Fehleinschätzung ist der klassische Trugschluss des Glücksspielers zurückzuführen, der in der Erwartung besteht, die Wahrscheinlichkeit des Gewinnens steige

Abb. 5.2. Appell an den Aberglauben

nach einer Reihe von Verlusten (Wagenaar, 1988; Keren & Lewis, 1994). Die Erwartung des unmittelbar bevorstehenden Ausgleichs führt zu steigenden Einsätzen und Verlusten. Nach Phillips & Amrhein (1989) wird das Spielverhalten durch kurzzeitige »Gewinn- oder Verluststrähnen« beeinflusst und nicht durch die auf längere Spielsequenzen ausgerichteten tatsächlichen Wahrscheinlichkeiten, mit der Folge häufigerer Abweichungen von bestmöglichen Spielstrategien (Chau et al., 2000) und optimaler Geldverwaltung.

Nach Spielbeginn scheinen Spieler rationale Überzeugungen abzuschalten (Benhsain & Ladouceur, 2005) und irrationale Verhaltensweisen und Kognitionen beispielsweise infolge der Betätigung einer Stopptaste (Ladouceur & Sévigny, 2005) zu entwickeln, die nach dem Spiel mitunter wieder rationalen Charakter annehmen können (Sévigny & Ladouceur, 2003). Erinnerungen an die Unabhängigkeit der Ereignisse während des Spiels (Benhsain et al., 2004) oder entsprechende Wissensvermittlung (Ladouceur et al., 2002) reduzierten dagegen die Anzahl irrationaler Erwartungen, die Kontrollillusion und die Motivation zum Weiterspielen.

Die einseitige Beurteilung der Gewinnchancen wird außerdem durch die Neigung gefördert, die Wahrscheinlichkeit von Zufallsereignissen in Abhängigkeit von der Leichtigkeit zu beurteilen, mit der relevante Ereignisse aus der Erinnerung abrufbar sind (Tversky & Kahnemann, 1973). Glücksspielbetreiber nutzen diese Erkenntnis, indem sie Gewinner öffentlich präsentieren oder Spielautomaten mit Licht- und Tonsignalen ausstatten, die benachbarten Spielern Erfolge signalisieren. So lässt sich der Eindruck vermitteln, dass hohe Gewinne etwas Alltägliches

darstellen, regelmäßig auftreten, leicht erreichbar und verfügbar sind, obwohl sie in Wirklichkeit ein seltenes Ereignis darstellen.

Nach experimentellen Untersuchungen von Gibson et al. (1997) fördert die selektive Berücksichtigung bestimmter Grundannahmen über den Spielausgang eine Überschätzung der Gewinnwahrscheinlichkeit und die Bereitschaft zum Glücksspiel. So werden die Chancen der heimischen Fußballmannschaft in einer Sportwette häufig überschätzt: Der Wunsch als »Vater des Gedankens« (Babad & Katz, 1991), die Überzeugung zu gewinnen motiviert zum Einsatz.

Eine knapp verlorene Sportwette oder annähernd erreichte Gewinnkombination fördert eine optimistische Einschätzung zukünftiger Erfolge, die Gewinnerwartung und das Weiterspielen (Reid, 1986; Coté et al., 2003). Sind beispielsweise nur 5 von 6 notwendigen Gewinnsymbolen am Spielautomaten eingelaufen, ruft dies die Erwartung hervor, dass der Gewinn bald kommen muss, weil er ja schon fast erreicht worden ist. »Fast-Gewinne« sind deshalb im computergesteuerten Programmablauf von Spielautomaten oder beim Rubbellotto besonders häufig vertreten. Einen optimalen Effekt (im Sinne der Veranstalter) erzielt eine mittlere Frequenz (30%, verglichen mit 15 und 45%) von Fast-Gewinnen (Kassinove & Schare, 2001). Das wahrgenommene persönliche Glück und die Einsätze in den darauffolgenden Spielen scheinen dagegen nach dem »Fast-Verlust« eines größeren Betrages ausgeprägter bzw. höher zu sein als nach einem »Fast-Gewinn« (Wohl & Enzle, 2003). Da den Designern weiterhin bekannt ist, dass eine möglichst frühe, häufige und verlängerte Gewinnerwartung die Spielintensität erhöht (Strickland & Grote, 1967), werden auf den zuerst einlaufenden Walzen/Scheiben der Automaten mehr Gewinnsymbole dargeboten und in abgestufter Form reduziert.

Unterschiede in der Attribution von Gewinn und Verlust

Analysen der Äußerungen von Automaten- und Roulettespielern während des Glücksspiels zeigen (Gaboury & Ladouceur, 1987, 1989; Ladouceur et al., 1988), dass es sich überwiegend um irrationale Erwartungen handelt (Foneatto et al., 1997), die mit höheren Einsätzen verbunden sind (Delfabbro & Winefield, 2000). Mit zunehmender Erregung steigt die Anzahl derartiger Aussagen. Regelmäßige Spieler äußern darüber hinaus mehr irrationale Erwartungen als Gelegenheitsspieler (Coulombe et al., 1992); Mitspieler lassen sich durch solche Verbalisierungen gleichfalls zu höheren finanziellen Risiken verleiten (Caron & Ladouceur, 2003). Problematische Spieler verbalisierten mehr glücksspielbezogene Erwartungen, waren von deren Wahrheitsgehalt überzeugter (Ladouceur, 2004) und hatten stärkere Kontrollillusionen (Moore & Ohtsuka, 1999). Problemspieler aus Behandlungseinrichtungen bestätigten mehr Aspekte des Aberglaubens, der mit der Spielintensität in wechselseitiger Beziehung steht, sowie irrationaler Überzeugungen als Kontrollgruppen (Joukhador et al., 2003, 2004).

Während die »Zocker« erfolgreiches Spielen auf **eigene Fähigkeiten** zurückführen (»ich habe es gewusst, die 31 war überfällig, sie musste kommen«), dienen **externale Faktoren** (»Pechsträhne«) der Erklärung von Verlusten.

❗ Gewinne werden als selbstverständlich betrachtet, überbewertet und in ihrer Höhe übertrieben dargestellt (Carroll & Huxley, 1994).

Verluste werden dagegen ausgiebig diskutiert, auf korrigierbare Irrtümer zurückgeführt und damit bagatellisiert. Wie Gilovich (1983) sowie Gilovich & Douglas (1986) in einer Reihe experimenteller Untersuchungen zeigen konnten, erinnerten sich Spieler noch nach Wochen an Details ihrer Verluste, nicht aber ihrer Gewinne. Dieses Ergebnis deutet an, dass sie mehr Zeit und Energie darauf verwendet haben, die Verluste in einer für sie akzeptablen Form zu verarbeiten. Die wechselnde Zuweisung der Ver-

antwortlichkeit erlaubt es, den Glauben aufrechtzuerhalten, Zufallsereignisse vorhersagen oder Spielautomaten besiegen zu können.

❗ Gerade im Umgang mit Verlusten entwickeln Spieler spezifische Coping-Strategien, die nur ein Ziel verfolgen: Eine Rechtfertigung der weiteren Teilnahme am Glücksspiel – trotz der Verluste.

Die Transformation von Verlusten in »Fast-Gewinne«, die Schuldzuweisung an andere Spieler (beispielsweise bei Nichteinhaltung der Basisstrategie beim Black Jack) oder die Vorhersage zwangsläufiger Gewinne nach einer Verlustserie sind typische Coping-Strategien. Die beste Strategie, Verlustsituationen auszublenden, besteht nach Gilovich (1983) darin, Gewinnsituationen hervorzuheben, in denen der Spieler im »Plus« war und nach eigener Ansicht nur hätte aufhören müssen.

Teilweise liefern Spieler bereits vor einem Einsatz Begründungen für einen möglicherweise erfolglosen Ausgang des Spiels (Rosecrance, 1988). Die vorausschauende verstandesmäßige Einschätzung, dass ein Verlust zu erwarten ist, vermittelt (verstärkt) – ebenso wie die anderen Erklärungsmuster – die Überzeugung, das Spiel unter Kontrolle zu haben. Sie helfen dem Spieler, die gefährdete glücksspielbezogene Identität zu bewahren, und verhindern eine realistische Einschätzung der Gewinnwahrscheinlichkeiten. Vermeintliche Geschicklichkeit und Optimismus interagieren (Dickerson, 1984), nähren die Hoffnung auf den großen Gewinn, mit dem sich beispielsweise Roulettespieler aller Probleme entledigen wollen.

Vermutlich ist diese Identität bei Spielern von Glücksspielen, bei denen die Einbeziehung relevanter Informationen einen tatsächlichen Einfluss auf das Spielergebnis haben kann, wie beim Pferderennen, Sportwetten und bei Börsenspekulationen, noch stärker ausgeprägt. Die richtige Vorhersage aufgrund intensiver Recherchen über die Form der Pferde, die Chancen des heimischen Teams oder die Entwicklung der Aktienkurse dürfte besonders hoch eingeschätzt werden.

Rosecrance (1988) postuliert sogar, dass gerade bei Pferdewettern »Schicksalsschläge«, wie die nachträgliche Disqualifizierung eines erstplatzierten Pferdes, auf das gesetzt worden war, oder das Abfangen eines mit großem Vorsprung führenden Pferdes kurz vor der Ziellinie, Ursachen für problematisches Glücksspiel darstellen können, da derartige unwahrscheinliche Situationen zu Verwirrungen führen und angemessene Coping-Strategien fehlen.

Bindung an die einmal gewählte Strategie

Die Selbstwahrnehmung, über besondere Fähigkeiten und Einblicke zu verfügen, die notwendig erscheinen, um die Gewinnchancen optimal zu nutzen, ist mit der Annahme verbunden, dass Beharrlichkeit letztendlich zum Erfolg führen wird. Nach Verlusten kommt zusätzlich die menschliche Neigung zum Tragen, diese durch riskanteres Verhalten wieder wett zu machen (Kahneman & Tversky, 1979). Lesieur (1977) beschreibt die Entscheidung, den Verlusten hinterherzujagen, als logische Konsequenz des Glaubenssystems pathologischer Spieler: Solange sie spielen, haben sie eine Chance, die Verluste auszugleichen.

Wenn ein Spieler sich dazu entschließt, durch Weiterspielen aus der Verlustzone herauszukommen, ist er schnell in einem »Teufelskreis« gefangen. Aufgrund des bereits eingebrachten persönlichen Einsatzes (nicht nur finanzieller Art) eskaliert die Bindung an die einmal gewählte Strategie, obwohl sie bereits gescheitert ist (Walker 1992a). Bei Nichtteilnahme fürchten die Spieler, dass gerade dann die favorisierten Zahlen beim Roulette oder Lotto fallen (Wolfson & Briggs, 2002) oder die Gewinnkombination an Spielautomaten einläuft.

Schließlich erweist sich der irrationale Glaube an das persönliche Glück als hilfreich, die Fortführung des Glücksspiels zu rechtfertigen. Zwischenzeitliche Gewinne lassen sich dahingehend interpretieren, mehr Glück zu haben als andere.

Emotionale Entscheidungen

Die aufgezeigten kognitiven Prozesse liefern Erklärungsansätze für die geringe Wirkung von Verlusten und das irrationale Verhalten von Spielern.

❗ Die Verarbeitung von Informationen ist allerdings nicht isoliert zu betrachten, sondern im Kontext situativer, affektiver und individueller Bedingungen (Corney & Cummings, 1985).

So wird beispielsweise die affektive Komponente der verzerrten Realitätswahrnehmung als überaus stimulierend und lustvoll erlebt, gleichzeitig engt die adrenerge Erregung das Blickfeld und die Aufmerksamkeit ein, fördert konfuses und irrationales Denken sowie leichtsinniges Verhalten.

Experimentelle Untersuchungen zeigen, dass Menschen in einer aufgehellten, gelockerten Stimmungslage risikobereiter und optimistischer in der Beurteilung ihrer Chancen sind. In einem gleichzeitig erhöhten Erregungszustand findet eine weniger kritische Informationsverarbeitung statt und misslingt die Suche nach Alternativen. Die Antizipation von Emotionen führt in Glücksspielen zur Auswahl der Optionen, die das größte Vergnügen versprechen. Überraschende Gewinne bereiten zudem mehr Vergnügen als erwartete Gewinne (Überblick in Mellers et al., 1999).

Eine durch Alkohol veränderte Stimmungslage reduziert die Fähigkeit der Selbstkontrolle bei der Aufnahme des Spielverhaltens (Baron & Dickerson, 1999) und der Fortsetzung des Glücksspiels. Nach dem Konsum von Alkohol spielten regelmäßige Spieler länger an Automaten und mit einer höheren Quote an Totalverlusten als eine Gruppe von Spielern, die nur ein Placebo erhalten hatten (Kyngdon & Dickerson, 1999).

Eine einseitige Ausrichtung kognitiver Prozesse, wie der Aufmerksamkeit, belegen darüber hinaus Untersuchungen mit dem Stroop-Test (Boyer & Dickerson, 2003; McCusker & Gettings, 1997). Problematische Spieler brauchten mehr Zeit bei der Nennung der Farbe von Wörtern im Zusammenhang mit Glücksspielen als bei Kontrollwörtern. Während des Glücksspiels reagierten pathologische Spieler deutlich langsamer auf irrelevante externale Reize und bestätigten mehr dissoziative Symptome (eines veränderten Bewusstseinszustands) als Gelegenheitsspieler; dies deutet ebenfalls auf eine stärkere Einschränkung der Aufmerksamkeit hin (Diskin & Hodgins, 1999).

5.5 Soziologische und sozialpsychologische Ansätze

Das soziale Umfeld von Glücksspielern steht im Vordergrund soziologischer Betrachtungsweisen, deren Gegenstandsbereich alle Spielertypen (nicht nur pathologische Spieler) umfasst. Pathologisches Glücksspiel stellt vor diesem Hintergrund eher den **Endpunkt eines Kontinuums** – als einen Zustand –

dar, das den Gelegenheitsspieler an dem einen Ende und den Spieler mit Selbstmordgedanken an dem anderen Ende einschließt (Rosecrance, 1988; Lesieur, 1989).

Das Kasino bietet eine **Bühne** für vielfältige **Selbstdarstellungen**. So ermöglichen Glücksspiele, persönliche Macht auszuüben bzw. darzustellen, sich stärker zu fühlen. Alles, was Machtstreben Bedeutung verleiht, fördert daher nach McClelland et al. (1972) auch das Glücksspielen – ebenso wie den Alkoholkonsum, die Anhäufung von Prestigegütern und aggressive Impulse als weitere Varianten des Auslebens von Macht. Der Wunsch nach **Männlichkeit** (»Machismo«) wird in dem Zusammenhang besonders hervorgehoben (Livingston, 1974; Thompson, 1991). Das Image von Glücksspielern, beispielsweise als risikobereite-und sorglose »Zocker«, die sich häufig in einer erregenden Umgebung aufhalten, mag für manche Menschen erstrebenswert erscheinen. Die gewünschte Identität dürfte besonders dann verstärkt über das Glücksspiel sich selbst und anderen gegenüber präsentiert werden, wenn alternative – weniger schädliche – Möglichkeiten der Selbstdarstellung nicht verfügbar sind (Holtgraves, 1988).

Hat der Spieler erst das Glücksspiel-Ambiente kennengelernt, entwickeln sich in der Szene soziale Beziehungen, die infolge der Isolationstendenzen nach außen einen immer größeren Stellenwert einnehmen (Rosecrance, 1986; Ocean & Smith, 1993). Zwar herrscht in der sozialen Welt der Spieler in der Regel eine **distanzierte Unverbindlichkeit**, und es werden nur oberflächliche Kontakte gepflegt. Die Stigmatisierung als »Zocker« und sich verschärfende Konflikte im sozialen Umfeld rücken jedoch derartige Beziehungen in den Vordergrund, bis das Spielermilieu das einzige Bezugsfeld bildet. Hier fühlt sich der Spieler vertraut und sicher.

❗ **Die Zugehörigkeit zu dieser Subkultur verpflichtet wiederum zur Fortführung des Glücksspiels, Abstinenz und Bindung an die Szene schließen sich aus (ein Aspekt des eigendynamischen Verlaufs).**

Eine längerfristige Teilnahme setzt allerdings ausreichende finanzielle Mittel voraus. Erst eine finanzielle Krise aufgrund mangelnder Ressourcen und des »paradoxen« Weiterspielens, um die Krise zu überwinden, führt nach Oldman (1978) dazu, dass Spieler therapeutische Hilfe suchen und das Label »zwanghaft bzw. süchtig« akzeptieren. Folglich sei dies nicht das Ergebnis von Persönlichkeitsdefiziten, sondern von einem gestörten Verhältnis zwischen Spielstrategie und Geldverwaltung.

Eine fehlgeschlagene Strategie in dem Sinne, dass pathologische Spieler ihren Verlusten hinterherjagen, hebt auch Lesieur (1977, 1979) hervor. Er beschreibt die »Spielerkarriere« als ein **selbstorganisiertes System**, das den Spieler über eine immer enger werdende **Spirale von Optionen und Verpflichtungen** in den Ruin treibt. Nach anfänglichen Gewinnen und eintretenden Verlusten ist die Übernahme der »**Chase-Philosophie**« (die Aufholjagd, die Verluste durch höhere Einsätze wieder auszugleichen) als vermeintliches Erfolgsrezept anderer Spieler für die weitere Entwicklung von entscheidender Bedeutung. Sie wird zur treibenden Kraft, bis schließlich die vorhandenen finanziellen Ressourcen verbraucht sind (Breen & Zuckerman, 1999 verweisen auf den Einfluss der Impulsivität auf das Chasing-Verhalten). Die Eigendynamik wird verstärkt durch »sidebets« , die der Spieler in relevanten Lebens- und Tätigkeitsbereichen eingeht, wie Kreditaufnahme, Verspielen familiären Eigentums, berufliche Verfehlungen, Abhängigkeit vom Buchmacher, Statuskonflikte gegenüber befreundeten Spielern und illegale Handlungen. Sie lassen sich – in den Augen des Spielers – nur durch eine Fortführung des Glücksspiels begleichen. Jede neue Option, die zur Finanzierung genutzt wird, ist mit neuen Verpflichtungen verbunden. Den ständig wachsenden Verpflichtungen stehen jedoch immer weniger Möglichkeiten gegenüber, die Probleme zu bewältigen. Veränderungen des Wertesystems und Selbstbildes des Spielers (▶ Kap. 6.4) begleiten diesen Prozess.

Als Produkt von **Etikettierungsprozessen** diskutiert Schmid (1994, S. 222) die Entwicklung einer Spielerkarriere. Der Labeling-Ansatz geht davon aus, dass eine Person, deren Verhaltensweise als abweichend bezeichnet wurde, sich auch zukünftig abweichend verhalten wird. Das verstärkte Spielen nach einer Etikettierung durch informelle Instanzen der sozialen Kontrolle stellt sich nach Analysen von Spielerkarrieren als sozialer Prozess dar, der abweichende Karrieren hervorruft. Dies geschieht vor allem über eine Abgrenzung des der jeweiligen Person zugeordneten Interaktionsfeldes, d.h. einer Einschränkung konformer Handlungsmöglichkeiten (auf die Subkultur) und der Zuweisung einer neuen sozialen Rolle (des süchtigen Spielers), die weitere Rollen überlagert und zum Masterstatus deklariert wird. Über das Etikett »Spielsüchtiger« und die damit verbundenen Implikationen kann der Spieler eine süchtige Identität entwickeln, mit entsprechenden Konsequenzen auf der Handlungsebene.

5.6   Integrative Modelle

- Ein integratives generelles Suchtmodell mit dem pathologischen Spieler als Prototyp, das vor allem psychobiologische Aspekte verbindet, hat Jacobs (1989) entwickelt und empirisch überprüft. Er definiert Sucht als einen unabhängigen Zustand, der mit der Zeit von einer dafür anfälligen Person bei dem Versuch, chronische Stressbedingungen zu beheben, erworben wird. Zwei interagierende Faktoren liegen der **Suchtanfälligkeit** zugrunde:
  - ein abnormer physischer Ruhezustand, der entweder durch chronisch verminderte Anspannung (Deprimiertheit) oder übermäßige Erregung gekennzeichnet ist,
  - Erfahrungen aus der Kindheit, die ein tiefes Gefühl persönlicher Unzulänglichkeit und Ablehnung hervorgerufen haben.

Aufgrund ihrer biologischen Veranlagung sprechen Menschen nur auf bestimmte stressreduzierende, potenziell sucherzeugende Substanzen oder Verhaltensweisen an, die auf der einen Seite Stimulation und auf der anderen Seite Entspannung vermitteln sollen. Die zweite notwendige psychische Bedingung, das geringe Selbstwertgefühl, fördert die Flucht vor den schmerzhaften Erfahrungen in einen vom Alltag abgehobenen Bewusstseinszustand, in eine Welt von Größenphantasien, in einen Zustand veränderter Identität als Endprodukt eines dissoziativen Prozesses. Die empirische Überprüfung ergab, dass pathologische Spieler, Alkoholiker und Patienten mit Essstörungen signifikant häufiger über Trancezustände, die Annahme einer anderen Identität, ein vom Ich abgespaltenes Erleben

der eigenen Handlungen und Erinnerungslücken während des Suchtmittelgebrauchs berichteten als normale Konsumenten. Ein aus der Theorie abgeleitetes Kausalmodell der Spielsucht fand darüber hinaus in den empirischen Daten einer Stichprobe von Heranwachsenden (LISREL-Analyse) eine eindrucksvolle Bestätigung (Gupta & Derevensky, 1998). Grant & Kim (2003) konnten dagegen keine abweichende Ausprägung dissoziativer Symptome bei pathologischen Spielern nachweisen.

- Auf handlungstheoretischen Grundannahmen basiert das Suchtmodell von Petry (1996, 2003), dessen Kernaussagen Petry (2001a) in einer vergleichenden klinischen Studie im Querschnitt und bezogen auf den mehrheitlich gefundenen narzisstisch-persönlichkeitsgestörten Glücksspielertyp bestätigt fand. Glücksspielverhalten entsteht danach aus der Wechselwirkung einer spezifischen inneren Bedürfnisstruktur des Spielers mit dem dazu passenden Aufforderungscharakter eines speziellen Glücksspielangebotes. Die Teilnahme am Glücksspiel stellt eine zielgerichtete und zweckrationale Handlung dar, die dem Glücksspielsüchtigen ermöglicht, seine spezifischen Bedürfnisse als Ausdruck individueller Vulnerabilität zu befriedigen, wobei das bestehende Glücksspielangebot den Rahmen zur Verfügung stellt, in dem dies kurzfristig außerhalb des realen Lebensbezuges möglich ist. Störungen in der frühkindlichen familiären Sozialisation bedingen eine Bedürfnisstruktur, die primär durch eine Selbstwertproblematik und sekundär durch daraus ableitbare Beeinträchtigungen der Gefühlswahrnehmung und -regulation sowie Beziehungsstörungen geprägt ist. Glücksspiele ermöglichen Handlungen, die kurzfristig das Selbstwertgefühl steigern, negative Gefühle vermeiden, positive Gefühle hervorrufen und austauschbezogene Interaktionen herstellen, die sich auf das Glücksspielmedium als Ersatzobjekt richten können. Die Entscheidung für das Glücksspiel als Bewältigungsstrategie für belastende Lebensanforderungen setzt nach Petry (1996, S. 264) weiterhin voraus, dass Handlungsalternativen fehlen, d. h. die Problemlösekompetenzen reduziert sind. Die ursprünglich noch bestehenden Wahlmöglichkeiten werden im

Verlauf des Entwicklungsprozesses zunehmend eingeschränkt, verbunden mit einer fortschreitenden Bindung an das Glücksspiel und dem damit verbundenen Lebensstil.

Ein glücksspielbezogener Lebensstil etabliert sich nach Walters (1994a, b), wenn der (anfällige) Spieler das Glücksspiel als hilfreiches Mittel zur Stärkung des Selbstwertgefühls, Reduzierung persönlicher Unsicherheit und Angstbewältigung betrachtet. Erfahrungen, die nicht mit den vorhandenen kognitiven Mustern vereinbar sind, werden in der Folge verzerrt in das bestehende Verarbeitungsschema eingepasst. Denkstile wie Beschwichtigung, Abschalten und gesteigerter Optimismus rechtfertigen schließlich diese Art der Lebensgestaltung. Es verfestigt sich ein Lebensstil, der sich durch Scheinverantwortlichkeit, vorübergehenden Realitätsausstieg, übersteigerte Wettbewerbsorientierung und zunehmende Missachtung sozialer Regeln auszeichnet.

- Orford (1985/2001) geht von der Grundannahme aus, dass sich die Bindung an ein Suchtmittel (einschließlich des Glücksspiels) über die Betrachtung des Verhältnisses zwischen positiven und negativen Effekten des Suchtverhaltens erklären lässt. Es besteht ein individuelles Gleichgewicht zwischen innerer Bindung und äußeren Restriktionen (z. B. durch die abwertende Haltung des sozialen Umfeldes), das über verschiedene Zeiträume variiert und von dem Kosten-Nutzen-Verhältnis des ausgeübten Verhaltens abhängig ist. Wird das Gleichgewicht durch die zunehmende Bindung und sich ausweitende Restriktionen durch das Umfeld verändert, führen die steigenden Kosten des Suchtverhaltens z. B. zur Verstärkung von Angst- und Schuldgefühlen, die die weitere Suchtentwicklung vorantreiben. Die Entwicklung vom Gleichgewicht in einen Konfliktzustand erklärt Orford (1985/2001) mit vielfältigen interagierenden sozialen, psychologischen und biologischen Faktoren, wobei er vor allem auf die Erkenntnisse der sozial-kognitiven Lerntheorie zurückgreift.
- Als zentralen Prozess in der Entwicklung und Aufrechterhaltung von Suchtverhalten benennt Brown (1997) die fortgesetzte unzulängliche Ge-

staltung des Strebens nach Zufriedenheit und Glück.

❗ **Die üblichen Planungsfunktionen zur Erreichung mittel- oder langfristiger Ziele, die Befriedigung versprechen und ein tolerables Niveau des Lusterlebens erreichen und aufrechterhalten könnten, zeichnen sich zunehmend durch Störungen und Defizite aus.**

Stehen am Anfang des Prozesses spezifische persönliche Anfälligkeiten, wird der weitere Verlauf bei allen Betroffenen besonders stark durch positive Rückkopplungsschleifen beeinflusst. Das Erklärungsmodell lässt sich zusammenfassend durch folgende Thesen darstellen:

- Alle Menschen lernen in dem normalen Streben nach Zufriedenheit und Glück, ihre Erregung, Stimmung und Erfahrungen subjektiven Wohlbefindens bewusst und gezielt zu beeinflussen, um so lange wie möglich einen lustbetonten Zustand (das Erleben relativer Gefühle von Vergnügen und Euphorie) aufrechtzuerhalten. Einige regelmäßig reproduzierbare emotionale Zustände werden zu sekundären Zielen oder Antrieben.
- Individuell vorhandene Anfälligkeiten für Suchtverhalten (wie geringe Frustrationstoleranz, Sensationslust und Alexithymie, d. h. die Unfähigkeit, Gefühle wahrzunehmen und zu äußern, Lumley & Robey, 1995) vergrößern den Abstand zum lustbetonten Erleben, definiert als Differenz zwischen dem relativen Niveau tolerabler Dysphorie und dem gewohnheitsmäßig erlebten Niveau, und verkleinern das Spektrum leicht verfügbarer Belohnungsstrategien.
- Anfänglich wird das Suchtverhalten entweder durch die allmählich sich entwickelnde oder unerwartete Entdeckung einer Handlung eingeleitet, die ein relativ starkes und effektives Mittel zur Beeinflussung lustbetonter Gefühle liefert, um längere Phasen der Euphorie oder Erleichterung von Dysphorie aufrechtzuerhalten, und damit die Hierarchie leicht zugänglicher Belohnungsstrategien verändert.

- Die Wahl des Suchtverhaltens hängt ab von:
  - der Spannbreite verfügbarer Aktivitäten im Umfeld,
  - sozialen Einflüssen, die das Verhalten begünstigen,
  - Eigenschaften der Handlung, die sich auf den lustbetonten Zustand auswirken (z. B. durch Änderung des Erregungszustandes) und
  - erworbenen Fähigkeiten, die Handlung zur Beeinflussung der lustbetonten Gefühle zu nutzen.

  Handlungen mit ausgeprägteren Wirkungen der Verstärkungsmechanismen führen zu einer schnelleren Suchtentwicklung. Einige Substanzen verfügen über physiologische Eigenschaften, die einen steileren Toleranzgradienten erzeugen, was zu demselben Effekt führt.

- Das Suchtverhalten entwickelt sich durch positive Rückmeldungsschleifen, die eine Reihe von kognitiven Fehleinschätzungen beinhalten und zu einem erworbenen dranghaften Streben nach besonderen Gefühlszuständen als Ziel und zur bevorzugten Wahl einzelner Handlungen als Belohnungsstrategie führen. Mangelnde Selbsterkenntnisse, kurzfristiges Planen und Krisenmanagement sowie mangelnde Fähigkeiten, eine Entscheidung zu treffen, leisten einen wesentlichen Beitrag zur herausragenden Stellung des Suchtverhaltens als Belohnungsstrategie. Der zunehmende Stellenwert führt zu erhöhter Toleranz, Entzugserscheinungen und Handlungen, die Erleichterung verschaffen, was wiederum die Vorrangstellung erhöht (Suchtverhalten als zentraler Lebensinhalt).

- In späteren Entwicklungsphasen vollzieht sich die Bindung an das Suchtverhalten in wiederholten Zyklen oder fortlaufenden Episoden, in denen sich
  - klassische Konditionierungseffekte und Verstärkungspläne,
  - Rituale zur Herbeiführung der angestrebten Gefühle,
  - kognitive Verzerrungen und irrationale Glaubenssysteme und möglicherweise

  - ein routinemäßig erleichterter Einstieg in einen vom Alltag abgehobenen Bewusstseinszustand
  aufbauen.

- Hat sich ein Suchtverhalten voll entwickelt, beherrscht es das Denken (gedankliches Vor- und Nacherleben), Erleben (unwiderstehliches Verlangen) und Verhalten (Abbau sozialen Verhaltens). Es stellt praktisch die einzige Belohnungsquelle dar, wird ständig zur Aufrechterhaltung eines subjektiven Gefühlszustandes genutzt, ruft wachsende innere und äußere Konflikte hervor und führt zu Entlastungsreaktionen, die der Vermeidung von Entzugserscheinungen dienen. Bewältigungsstrategien sind nur noch auf kurzfristige Belohnung oder Erleichterung ausgerichtet.

Massive Veränderungen im Lusterleben und ein funktionelles Versagen der üblichen Belohnungsstrategien zur Erreichung eines optimalen Niveaus lassen sich nach dem relativ wertfreien Ansatz von Brown (1997) in klassischer Weise auch durch den Missbrauch des Glücksspiels hervorrufen, das besonders effektiv kurzfristige Befriedigung verschafft.

- Ein biopsychosoziales Erklärungsmodell, das aktuelle Forschungsbefunde integriert, empirisch überprüfbar ist und als Leitfaden zukünftiger Forschung dienen kann, hat Sharpe (2002) konzipiert. Es geht von einer genetischen Anfälligkeit (Vulnerabilität) aus, die in biologischen Modifikationen der neuromodulatorischen Systeme (Dopamin, Noradrenalin und/oder Serotonin) zum Ausdruck kommt und mit Persönlichkeitseigenschaften, wie Impulsivität, in Verbindung steht (◘ Abb. 5.3). Diese Eigenschaften, die eine psychische Anfälligkeit mitbestimmen, können biologisch oder genetisch bedingt sein oder auf frühen Kindheitserfahrungen oder einer Kombination dieser Bedingungen beruhen. Impulsive Menschen neigen dazu, auf positive Verstärkung (Gewinne) zu reagieren, zeigen sich negativen Konsequenzen des Verhaltens gegenüber (Verluste und langfristige Folgeschäden) eher resistent und sind (in der Glücksspielsituation) stärker gefährdet, einen Kontrollverlust zu erleiden. Inadäquate Bewältigungsstile in Prob-

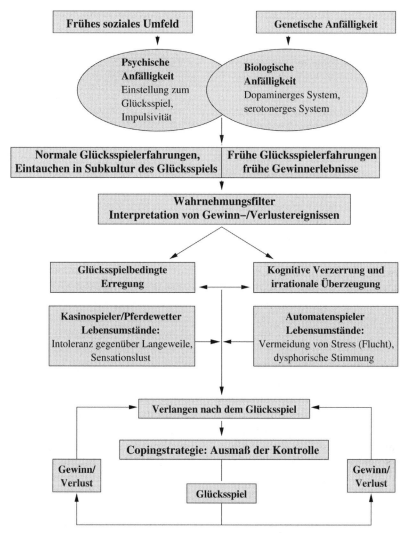

◘ **Abb. 5.3.** Ein biopsychosoziales Erklärungsmodell der Entwicklung und Aufrechterhaltung problematischen Glücksspiels. (Sharpe, 2002)

lemsituationen (impulsiv oder vermeidend, erlernt oder biologisch bedingt) erhöhen das Risiko problematischen Spielverhaltens ebenso wie eine positive Einstellung zu Glücksspielen in der Familie (als Modell). Sie ebnet den Weg in einen Freizeitbereich, in dem dann die potenten finanziellen Verstärkerpläne, beispielsweise von Spielautomaten, ihre Wirkung entfalten.

Die familiäre Einstellung basiert nicht zuletzt auf der Verfügbarkeit und Griffnähe von Glücksspielen in der Gesellschaft. Je größer die Verfügbarkeit ist, desto höher ist die Prävalenz-

rate problematischen Glücksspiels. In einigen Subkulturen ist die Griffnähe besonders stark ausgeprägt; dies kann zu frühen (verhaltensfördernden) Glücksspielerfahrungen und Gewinnerlebnissen führen. Die Deutung der Gewinn- und Verlustereignisse hängt von individuellen Bewältigungsstilen ab, die auf der einen Seite kognitive Verzerrungen und irrationale Überzeugungen fördern können, wie die Überschätzung kurz- und langfristiger Gewinnchancen oder die Akzeptanz von Verlusten auf der Basis zukünftiger Gewinnerwartungen. Auf der anderen Seite werden durch die Fortsetzung des Spiels vor allem Gewinne mit der erlebten, als anregend oder entspannend interpretierten Erregung verknüpft, die als konditionierter Verstärker fungiert und mit den kognitiven Prozessen (Gewinnerwartungen) assoziiert ist.

Mit zunehmender Spielintensität erfolgt vermutlich eine Automatisierung der aufgezeigten Vorgänge, die eher auf Lernprozesse im Kontext des Glücksspiels als auf eine zugrunde liegende Pathologie des Spielers zurückzuführen ist.

In Interaktion mit spezifischen Lebensumständen und verfügbaren Bewältigungsstrategien können Hinweisreize, situative und konditionierte Bedingungen die (leicht abrufbaren) glücksspielbedingten Kognitionen und Erregungsmuster aktivieren, die ein Verlangen nach dem Glücksspiel hervorrufen. Als relevante Lebensbedingungen, die das Verlangen auslösen, gelten vor allem Stresssituationen. Die Teilnahme am Spiel kann in Abhängigkeit von der Spielform unterschiedliche Funktionen erfüllen. Automatenspieler nutzen das Spiel eher als Flucht vor problematischen Lebenssituationen, die dysphorische Stimmungen verursachen. Die stressbegleitende hohe Erregung wird als unangenehm empfunden und kann in der Spielhalle neu interpretiert werden (beispielsweise als Anregung). Die positivere Interpretation fördert in diesem Kontext das Spielverhalten, nach dem Paradigma der negativen Verstärkung. Für Kasinospieler und Pferdewetter fungiert dagegen das Glücksspiel eher als Mittel, um belastend erlebten Situationen zu begegnen, in denen sie Langeweile verspüren. Die niedrige Erregung im Zustand der Langeweile lässt sich über die Spielteilnahme auf ein akzeptables Niveau (Stimulation und Sensationslust) erhöhen.

Ob die Spieler dem aufkommenden Verlangen nachgeben, hängt von den verfügbaren Copingstrategien ab. Unzulängliche Strategien können Bestandteil der Anfälligkeit (Impulsivität) sein, eine Folge des mangelhaften Erwerbs notwendiger Fertigkeiten (zur Entspannung, Problemlösung) darstellen oder external (alkoholbedingt, stimmungsabhängig) vermittelt werden.

Nach Spielbeginn verstärken Gewinne irrationale Überzeugungen und nähren, begleitet von lustvoller Erregung, die Hoffnung auf weitere und höhere Gewinne. Anfängliche Verluste führen zu dem Trugschluss von Gewinnerwartungen und der Jagd nach dem Verlustausgleich. Häufen sich die Verluste, können sie Probleme in anderen Lebensbereichen hervorrufen (Verschuldung, Partnerkonflikte, Straftaten), die wiederum Stresserleben (mit erhöhter Erregung) hervorrufen, die Verfügbarkeit von Bewältigungsstrategien verringern und zur Fortsetzung des Glücksspiels motivieren. Es entsteht ein sich selbst aufrechterhaltender Kreislauf (»Teufelskreis«), in dem das Glücksspiel auf Kosten anderer Aktivitäten zum zentralen Merkmal (Lebensinhalt) wird (Sharpe, 2002).

Die auslösenden Reize und aufrechterhaltenden Konsequenzen werden schließlich im Sinne unbewusster Informationsprozesse nicht mehr wahrgenommen und durchkreuzen Versuche, das Verhalten zu ändern (McMurran, 1994, S. 94f.). Das Scheitern der Selbstkontrolle verringert die Erwartungen an die eigenen Fähigkeiten und führt zur Anwendung defensiver Bewältigungsstrategien, wie der Neubewertung von Informationen und der Modifizierung des Veränderungswunsches (im Sinne zunehmender Verleugnungstendenzen).

In welchem Ausmaß die aufgezeigten Faktoren die Entwicklung und Aufrechterhaltung problematischen Glücksspiels beeinflussen, variiert von Person zu Person. Bei einigen Spielern dominiert die biologische Disposition, bei anderen der Einfluss des sozialen Umfeldes (Sharpe, 2003).

Diese individuelle Betrachtungsweise ist von dem Pfad-Modell von Blaszczynski & Nower (2002) abzugrenzen, das auf der Basis weitgehend identischer ätiologischer Bedingungen, Interaktionen und Prozesse zwischen verschiedenen Subtypen problematischer Spieler in Abhängigkeit von dem vorherrschenden Einfluss biologischer, psychologischer und sozialer Faktoren differenziert:

- **unauffällige, verhaltenskonditionierte Problemspieler**, bei denen sich in erster Linie soziale Faktoren und Lernprozesse als ursächliche Bedingungen auswirken,
- **emotional anfällige Problemspieler**, die bereits vor dem Beginn des Spielens eine (pri-

märe) psychische Störung (Depression, Angst) aufweisen und

- **antisoziale, impulsive Problemspieler**, bei denen eine psychische und biologische Anfälligkeit (Impulsivität) im Vordergrund steht.

5.7 Zusammenfassung

Die verschiedenen Erklärungsansätze der Entstehung und Aufrechterhaltung süchtigen Spielverhaltens heben in Abhängigkeit von der jeweiligen wissenschaftlichen Ausrichtung die Bedeutung unterschiedlicher Bedingungsfaktoren hervor:

Die Entdeckung von **Belohnungssystemen im Gehirn** liefert die Grundlage dafür, die Entwicklung von Suchtverhalten auf der Ebene **neurobiologischer Prozesse** zu beschreiben. Suchtmittel wie Alkohol, Drogen oder auch Glücksspiele stimulieren Systeme im Gehirn (insbesondere das limbische System), die über die Aktivierung von Neuromodulatoren, wie Dopamin, Serotonin, Noradrenalin und endogenen Opioiden, in komplexen Interaktionen affektive Zustände regulieren und Lustempfinden hervorrufen. Registrierung und Verarbeitung natürlicher Belohnungsereignisse, die mit positiven Gefühlen verbunden sind, erfolgen primär über das dopaminerge System. Dopamin fungiert als Signal für die Assoziation von Belohnung und bestimmten Ereignissen (und damit als Voraussage für Belohnung) und weniger als Belohnungsstoff selbst. Diese Funktion wird dem Opioidsystem zugeschrieben. Während das serotonerge System auf die Hemmung motivationaler Zustände (bzw. die Enthemmung während des Glücksspiels) ausgerichtet ist, besteht eine wesentliche Funktion des Noradrenalins in der Vermittlung von Erregung und Aufmerksamkeit. Erworbene oder angeborene Fehlfunktionen der Systeme können die Wirkung des Glücksspiels verstärken, da bei einem Mangel an Belohnungserleben, der sich in Missstimmungen äußert, die betroffenen Personen ihr Verhalten auf eine Aktivierung der Belohnungssysteme ausrichten, um einen Stimmungsumschwung herbeizuführen. Die antreibende, belohnungsversprechende, erregende und euphorisierende Wirkung des Glücksspiels veranlasst süchtige Spieler, sich immer wieder in die Spielsituation zu begeben und dort (enthemmt) zu verweilen, trotz der negativen Konsequenzen.

Frühkindliche Störungen, insbesondere der Libidoentwicklung, und damit zusammenhängende unbewusste Motive liegen nach **psychoanalytischen Hypothesen** dem süchtigen Spielverhalten zugrunde. Ungelöste, vor allem ödipale Konflikte verursachen demnach selbstzerstörerische Schuldgefühle, die als unbewusstes Strafbedürfnis zum Spielen motivieren: Der »Zocker« spielt, um zu verlieren. Aber auch neurotische Allmachtsphantasien, der Drang nach Besitz und Macht, die Abwehr gegen Depressionen, der Schutz vor Gefühlen von Minderwertigkeit und innerer Leere, die zu einem ausgeprägten Spielverhalten und in dessen Folge zu Verlusten »als nicht erwünschte Konsequenz« führen, dienen der Erklärung. Ausgangspunkt **narzissmustheoretischer Deutungen** sind die bei Spielern häufig diagnostizierten narzisstischen Persönlichkeitsstörungen bzw. -züge (z. B. gestörtes Selbstwertgefühl, Allmachtsfiktionen). Diese werden auf frühkindliche emotionale Deprivation zurückgeführt. Spielsucht wird vor diesem Hintergrund als Ersatz/Ausgleich für die in der Kindheit zu wenig erfahrene Liebe und Sicherheit verstanden.

Lerntheoretische Ansätze betrachten die Spielsucht als erlerntes Fehlverhalten, dessen Erwerb und Aufrechterhaltung den allgemeinen Lernprinzipien folgt. Am Modell von Freunden oder Familienmitgliedern erlebt der (zukünftige) Spieler die positive Wirkung des Glücksspielens (**Modelllernen**), benutzt es in Zukunft jedoch nur dann häufiger, wenn ihm andere belohnende Aktivitäten nicht zur Verfügung stehen. Für die Verfestigung des Suchtverhaltens sind insbesondere Verstärkungsmechanismen von Bedeutung (**operantes Lernen**): Der Spieler erfährt infolge seines Spielverhaltens eine Reihe positiver Konsequenzen, sowohl in materieller (Geldgewinn) als auch emotionaler Hinsicht (Herbeiführen von lustbetonten Gefühlen, Abbau von Spannungen und depressiven Stimmungen, soziale Zuwendung der Bezugsgruppe). Finanzielle Verluste wirken nur begrenzt als Bestrafung, sie können sogar das Spielverhalten fördern, wenn kognitive Fehleinschätzungen (z. B. Akzeptanz von Verlusten auf der Basis zukünftiger Gewinnerwartungen) das Spiel bestimmen. Nach dem Prinzip der **klassischen Konditionierung** werden ursprünglich neutrale Reize

(z. B. bestimmte Situationen, Personen, Handlungen, Gefühlszustände, Kognitionen) durch wiederholte Verknüpfung mit dem Spielverhalten zu diskriminativen Reizen, die im weiteren Verlauf das Spielverhalten auslösen. Gleichzeitig ist eine zunehmend höhere Spielintensität nötig, um dieselbe hedonistische Wirkung zu erzielen (Toleranzerwerb). Die auf Dauer zwangsläufig eintretenden Verluste rufen Probleme in anderen Lebensbereichen hervor (Verschuldung, Verringerung des Selbstwertgefühls, Partnerkonflikte), die wiederum die Verfügbarkeit effektiver Bewältigungsstrategien (**sozialkognitive Lerntheorie**) reduzieren. Eine Fortsetzung des Glücksspiels, das die sofortige Aufhebung (Belohnung) der glücksspielbedingten dysphorischen Stimmungen verspricht, ist mangels potenter Alternativen die Folge. Das Spielverhalten nimmt zunehmend Suchtcharakter an.

Mit dem Ziel, das irrationale Verhalten von Spielern (insbesondere das Weiterspielen nach Verlusten) zu erklären, ziehen **kognitionstheoretische Ansätze** Prozesse der Informationsverarbeitung, Bewertung und Interpretation heran. Als übergeordnetes Rahmenmodell kann dabei die **Theorie der kognitiven Dissonanz** dienen, die ein allgemeines Bedürfnis postuliert, Diskrepanzen zwischen vorhandenen Überzeugungen und gegenteiligen Informationen abzubauen. Stehen die wahrgenommenen Folgen des Spiels (z. B. Verluste) im Widerspruch zu vorhandenen Glaubenssätzen, kann der Spieler die somit entstandene kognitive Dissonanz durch Modifizierung der Einstellung oder des Spielverhaltens abbauen, ohne mit dem Glücksspielen aufhören zu müssen.

Eine Reihe von **kognitiven Mechanismen der verzerrten Realitätswahrnehmung** tragen ebenfalls dazu bei, negative Spielfolgen so zu verarbeiten, dass die Fortführung des Glücksspiels subjektiv gerechtfertigt erscheint. Dazu zählen illusionäre Kontrollüberzeugungen, unrealistische Gewinnerwartungen, Unterschiede in der Attribution von Gewinn und Verlust und die Bindung an die einmal gewählte Strategie.

Soziologische und sozialpsychologische Theorien bringen süchtiges Spielverhalten in Verbindung mit Bindungsfaktoren des sozialen Umfeldes. So wird das Glücksspiel beispielsweise als Möglichkeit der **Selbstdarstellung** (insbesondere der Demonstration von Macht und Männlichkeit) betrachtet, die vor allem dann in Anspruch genommen wird, wenn alternative Möglichkeiten fehlen. Anderen Ansätzen zufolge beeinflusst die **Zugehörigkeit zur Spielerszene** in bedeutsamer Weise die Verfestigung des Suchtverhaltens. Durch Stigmatisierungsprozesse sowie zunehmende Konflikte und Isolation innerhalb des früheren sozialen Umfeldes entwickelt sich das Spielermilieu zum einzigen und damit prägenden sozialen Bezugsfeld. Der **Labeling-Ansatz** betont die Bedeutung von Etikettierungsprozessen. Demnach wird abweichendes Verhalten dadurch hervorgerufen, dass es als »abweichend« bezeichnet und der Person damit eine bestimmte soziale Rolle innerhalb einer bestimmten Subkultur zugewiesen wird, was entsprechende deviante Verhaltensweisen nahelegt.

Während die einzelnen theoretischen Ansätze jeweils nur Teilbereiche der Genese süchtigen Spielverhaltens erfassen, verknüpfen **integrative Modelle** theorieübergreifend verschiedene Aspekte und werden damit der Komplexität des Störungsbildes eher gerecht. Genetische, neurobiologische und psychosoziale Prädispositionen (z. B. Impulsivität, sozialisationsbedingte Selbstwertproblematik, Beziehungsstörungen), die bei belastenden Lebenssituationen und aufgrund des starken Aufforderungscharakters und der hohen Verfügbarkeit von Glücksspielen eine Suchtentwicklung einleiten können, finden ebenso Berücksichtigung wie aufrechterhaltende Faktoren (z. B. Verstärkungsmechanismen, irrationale Kognitionen, soziale Einflüsse).

Abschließend bleibt zu betonen, dass sich bislang kein einzelnes Erklärungsmodell als Grundlage für das therapeutische Vorgehen durchsetzen konnte. Aus der oben erfolgten Darstellung unterschiedlichster Entstehungsbedingungen lässt sich ein integrativer Behandlungsansatz ableiten, der Elemente der verschiedenen theoretischen Perspektiven und damit auch therapeutischen Schulen vereint (▶ Kap. 8). Trotz der Vielschichtigkeit der ursächlichen Bedingungen ist jedoch in vielen Fällen ein charakteristischer Verlauf, die eigendynamische Suchtentwicklung, erkennbar, so dass die Orientierung am Suchtmodell den Behandlungsrahmen setzen sollte.

6 Individuelle und soziale Folgen

Die Spielsucht belastet nicht nur die betroffenen Spieler und ihr familiäres Umfeld, sondern verursacht auch soziale Folgeschäden. Aus der Vielfalt potenzieller, individuell und sozial schädlicher Auswirkungen sollen einige Aspekte im folgenden näher erläutert werden:

- finanzielle Situation und Verschuldung,
- emotionale Belastungen und Suizidrisiko,
- Auswirkungen auf die Familie,
- Beschaffungskriminalität (einschließlich der strafrechtlichen Beurteilung),
- Geschäftsfähigkeit (zivilrechtliche Beurteilung),
- volkswirtschaftliche Kosten.

Der süchtige Spieler empfindet Belastungen vor allem in den Lebensbereichen: finanzielle Situation (91 % einer Stichprobe der »Anonymen Spieler«), Partnerschaft/Familienleben (80,2 %), seelisches Wohlbefinden (79,5 %). Die körperliche Gesundheit wurde dagegen »nur« von 31,1 % als beeinträchtigt erlebt.

Körperliche Reaktionen bleiben jedoch nicht aus, da der Organismus eines »Zockers« ständig in Action ist, zwischen Erregung und Niedergeschlagenheit hin- und herpendelt, nur kurze Ruhephasen kennt und die »Ernährung« primär aus Koffein und Nikotin besteht. Das Glücksspiel und die Lebensbedingungen süchtiger Spieler stellen somit Stresssituationen dar (Coman et al., 1997), die in biologischen Parametern nachweisbar sind (► Kap. 4.1.1). Anhaltender Stress und erhöhter Blutdruck steigern das Risiko eines Herzinfarktes unter den Spielern (Potenza et al., 2002). Über eine Reihe von – stressbezogenen – psychosomatischen Begleiterkrankungen berichten Lorenz & Yaffee (1986).

6.1 Finanzielle Situation und Verschuldung

Mit dem verfügbaren Einkommen ist ein exzessives Spielverhalten auf Dauer in der Regel nicht finanzierbar. Schulden bei Kreditinstituten, Angehörigen und »Zockern« aus der Szene lassen sich für pathologische Spieler daher kaum vermeiden, auch wenn sie im Laufe der Spielerkarriere eine ausgesprochene Kreativität in der Erschließung von Geldquellen entwickeln (❑ Abb. 6.1). Sie befinden sich schließlich stets auf der Suche nach neuen Quellen, wobei ihnen die relativ unkomplizierte und reichliche Kreditvergabe der Banken, Sparkassen und privaten Kreditvermittler zunächst entgegenkommt. Ein ständiges Hin- und Herschieben finanzieller Mittel zwischen den verschiedenen Gläubigern zögert zwar die Zahlungsunfähigkeit hinaus und sorgt immer wieder für Spielkapital, lässt aber die Spielschulden insgesamt steigen. Die Spielschulden von stationär behandelten Spielern und Mitgliedern aus Selbsthilfegruppen (❑ Tabelle 6.1) lagen bei Behandlungsbeginn im Durchschnitt bei 18800 EUR bzw. 14300 EUR.

6.2 Emotionale Belastung und Suizidrisiko

Die empfundenen Belastungen führen häufig zu **depressiven Verstimmungen**, in deren Rahmen es zu **Suizidgedanken** und **Suizidhandlungen bzw. -versuchen** kommt. Es lässt sich eine ähnlich hohe Suizidgefährdung von pathologischen Spielern feststellen wie allgemein bei Suchtkranken (Moran, 1970 d; McCormick et al., 1984; Ciarrocchi & Richardson, 1989; Meyer, 1989 a, b; Schwarz & Lindner, 1990; Frank et al., 1991; Sullivan, 1994; Petry & Kiluk,

❑ **Abb. 6.1.** Geldbeschaffung eines Spielsüchtigen

◘ **Tabelle 6.1.** Spielschulden von stationär behandelten Glücksspielern (n = 57) und Mitgliedern von Selbsthilfegruppen (n = 427, Meyer, 1989a,b; Schwarz & Lindner, 1990)				
Höhe der Spielschulden in EUR	**Stationär behandelte Spieler**		**Spieler aus Selbsthilfegruppen**	
	n	[%]	n	[%]
Keine Schulden	6	10,5	56	13,3
<5000	13	22,8	139	32,8
5000–25000	23	40,4	166	38,4
25000–50000	10	17,5	44	10,3
>50000	5	8,8	22	5,2

2002). Sie sehen keinen Sinn mehr in ihrem Leben, wenn ihnen bewusst wird, dass ihre persönliche Existenz, familiären Beziehungen sowie beruflichen und sozialen Bindungen zerstört sind.

Spieler berichten:

Herr D., 24 Jahre: »Sonnabend hab' ich die Nacht durchgespielt, und bis Sonntagabend hatte ich noch Geld. Dann war das Geld alle, und da wusste ich nicht mehr, was ich machen sollte. Ja, da hab' ich dann so'ne halbe Stunde an der Alster gestanden, hab' schon, als das Geld alle war, angefangen, darüber nachzudenken, was machste jetzt und so, und da bin ich eben reingesprungen in die Alster. Hab' ich gedacht, jetzt bringste dich um, dann haste das wenigstens hinter dir. (…) Da war so'n Vorsprung, so'n Meter tief, da bin ich da einfach runtergesprungen. (…) Ich konnt' nicht mehr zu Hause anrufen, wollt' ich nicht' mehr. Ich wusste überhaupt nichts mehr und bin einfach reingesprungen.«

Herr M., 28 Jahre: »(…) Jetzt haste wieder 500 Mark verspielt, haste dich auch noch gestritten, hab' ich gedacht (…). Da war ich wieder leer, keine Lebenslust mehr gehabt. Da hab' ich 10 Autos abgewartet (…), und beim 12. bin ich davorgesprungen, es hatte keinen Sinn mehr, nichts mehr. Ich hab' 'ne

▼

gute Lebensversicherung, und meine Eltern, die sind dann abgesichert, die brauchen die Schulden nicht zu bezahlen. (…) Das Auto hat mich nur so'n bisschen gestriffen (…). Morgens bin ich schließlich im Krankenhaus aufgewacht«.

Folgende Faktoren können Wegbereiter der Suizidalität von Spielern sein:
- der suchtbedingte Verlust an Selbstachtung,
- der Zusammenbruch des Wertesystems,
- die Zerschlagung von Lebensentwürfen,
- die soziale Isolierung,
- die hohe Verschuldung,
- die anstehenden Strafverfahren.

Dem süchtigen und suizidalen Verhalten können allerdings auch gemeinsame ätiologische Bedingungen, wie psychische Störungen, zugrunde liegen (Newman & Thompson, 2003; Pfuhlmann & Schmidtke, 2002).

Potenzielle Verbindungen zwischen Glücksspiel und Suizid untersuchten Phillips et al. (1997). Sie gingen der Frage nach, ob Glücksspieler oder deren Angehörige zu Suizidhandlungen neigen und ob in amerikanischen Städten mit einem außergewöhnlichen Glücksspielangebot eine erhöhte Suizidrate zu verzeichnen ist. Nach den ausgewerteten Statistiken weist Las Vegas die höchste Selbstmordrate in den USA überhaupt auf, sowohl unter den Einwohnern als auch unter den Besuchern. Während im Durchschnitt der USA beispielsweise 0,97 % der Todesfälle unter ortsfremden Besuchern auf Selbstmord zurückzuführen sind, lag die Rate in Las Vegas bei 4,28 %. In Atlantic City und Reno – weitere Hochburgen des Glücksspiels – betrugen sie 2,31 bzw. 1,87 %. Vor Eröffnung der Kasinos in Atlantic City zeigten sich zudem keine signifikanten Abweichungen von den Erwartungswerten vergleichbarer Städte. Im Rahmen von Fallstudien begangener Suizide in den dortigen Kasinos ermittelten darüber hinaus Lester & Jason (1989), dass in drei von sechs Fällen ein Zusammenhang mit dem Glücksspiel und dem Verlust hoher Summen erkennbar war. Die Daten legen nach Ansicht von Phillips et al. (1997) die Vermutung nahe, dass Glücksspieler einem erhöhten Suizidrisiko ausgesetzt sind. Eine moderat erhöhte Suizidrate unter den Einwohnern aus Kasinostädten konnten McCleary et al. (2002) bestätigen. Zeitreihenvergleiche zwischen Verwaltungsbezirken mit und ohne Glücksspiel-angebote(n) belegten dagegen keine Effekte.

In einer Analyse von 44 Suizidfällen in Australien, in denen Hinweise auf Glücksspielprobleme vorlagen, identifizierten Blaszczynski & Farrell (1998) neben komorbiden Depressionen eine Reihe psychosozialer Stressfaktoren, einschließlich finanzieller Probleme, Beziehungs-konflikte, Kriminalität und Arbeitsplatzprobleme als potenzielle Ursachen. Herausragendster Stressauslöser waren finanzielle Probleme infolge des Glücksspiels, bei Suizidfällen aus der Allgemeinbevölkerung bildeten dagegen Beziehungsstörungen die Hauptursache. Klinische Interviews zur Suizidalität mit pathologischen Spielern konnten jedoch keine eindeutigen Zusammenhänge verifizieren. Depressionen, Eheprobleme und Straftaten erwiesen sich als stärkere Einflussfaktoren (Maccallum & Blaszczynski, 2003).

Als vermeintlichen Problemlöser setzen Spieler mitunter auch den Alkohol ein. Bei einigen Spielern verlagert sich das Suchtverhalten in Richtung Alkohol, andere entwickeln eine Mehrfachabhängigkeit. Dieser Tatsache verdankt die Gemeinschaft der »Gamblers Anonymous« ihre Gründung (▶ Kap. 7.1). Der Initiator hatte aufgrund glücksspielbedingter Probleme übermäßig Alkohol konsumiert. Er fand Hilfe bei den »Anonymen Alkoholikern«, lebte alkoholabstinent – spielte jedoch weiter. Daraufhin gründete er nach einigen fehlgeschlagenen Versuchen, das Glücksspiel aufzugeben, im Jahr 1957 in den USA die »Anonymen Spieler« (Gamblers Anonymous, 1984a).

6.3   Auswirkungen auf die Familie

Ein pathologisches Spielverhalten führt zu einer starken Belastung der innerfamiliären Atmosphäre bis hin zum Zerfall der Familienstrukturen (▶ Kap. 11.2). Die Ehe/Partnerschaft, das Verhältnis der Eltern zu den Kindern und die psychische Entwicklung der Kinder werden durch die immanenten finanziellen Probleme (verstärkt durch den Verlust des Arbeitsplatzes), ständig präsente Stressbedingungen (Vertrauensverlust, Inhaftierung) und soziale Isolationstendenzen (Schamgefühle) in besonderem Maße negativ beeinflusst. Lesieur & Custer (1984) schätzen, dass ein typischer Spielsüchtiger zwischen 10 und 15

Personen einschließlich der Ehefrau, Kinder, Verwandten, Freunde und Arbeitgeber in Mitleidenschaft zieht.

Die angespannte finanzielle Situation – wie auch das exzessive Spielverhalten – bleibt der Familie teilweise über Jahre hinweg verborgen. Wird das wahre Ausmaß der Verschuldung dann bekannt, bricht für die Angehörigen oftmals eine Welt zusammen. Der jahrelang gehegte, aber verdrängte Verdacht, dass »etwas nicht stimmt«, findet jähe Bestätigung. Misstrauen macht sich breit, wenn es nicht schon vorher das Familienleben bestimmt hat, denn die Lüge gehört zum Leben des pathologischen Spielers. Ein Familienklima der Verunsicherung, Selbstzweifel und Enttäuschungen begleitet die ständigen Ausreden zur Erklärung der häufigen Abwesenheit und finanziellen Engpässe. Außerordentlich belastend für die Familie wirken sich außerdem die zunehmende **emotionale Distanzierung** des Spielers, die totale Vereinnahmung durch das Glücksspiel sowie die suchtimmanenten Persönlichkeitsveränderungen aus.

Custer & Milt (1985) beschreiben **drei Phasen**, die Familienmitglieder (in der Regel die Ehefrauen) von pathologischen Spielern durchlaufen: Die **Verleugnungs-**, **Belastungs- und Erschöpfungsphase**.

— In der **Verleugnungsphase** nehmen die Angehörigen beispielsweise die häufige Abwesenheit des Spielers mit Besorgnis wahr und äußern Verdachtsmomente, geben sich aber mit verharmlosenden Rationalisierungen zufrieden. Vorhaltungen, kurzfristige Besserungen des Spielverhaltens und Rückfälle in die alten Verhaltensmuster wechseln sich ab.

— Eine außergewöhnliche Krisensituation leitet die **Belastungsphase** ein. Die familiären Probleme infolge des Glücksspiels lassen sich nicht länger verleugnen. Trotzdem glauben die Angehörigen weiter den Versprechungen des Spielers, werden sich aber letztlich ihrer Unfähigkeit bewusst, sein Verhalten zu beeinflussen. Schuldgefühle und Gefühle der Hoffnungslosigkeit kommen auf. Eltern glücksspielabhängiger Kinder bringen vor allem ihr vermeintliches Versagen in der Erziehung zum Ausdruck – Schuldgefühle, die die Spieler ausnutzen, um Geld für das Glücksspiel zu erhalten (Heineman, 1989).

▬ In der **Erschöpfungsphase** können sie den Belastungen nicht mehr standhalten. Ehefrauen unternehmen verzweifelte Befreiungsversuche, greifen zu Alkohol oder Beruhigungstabletten. Schlafstörungen verstärken sich. Depressionen, Suizidgedanken und psychosomatische Erkrankungen treten auf (Lorenz & Yaffee, 1988). Gestörte Sexualbeziehungen werden in der Phase besonders deutlich (Lorenz & Yaffee, 1989). Schließlich suchen die Ehepartner Beratungsstellen auf. Dabei sind männliche Partner eher weniger bereit, diesen Schritt zu gehen (Crisp et al., 2001).

Hinweise auf schädliche Auswirkungen der Spielsucht auf die Kinder, die tief greifende Verlusterfahrungen machen (Darbyshire et al., 2001a) und mit Fortlaufen, Drogengebrauch, Depressionen und anderen psychosozialen Verhaltensstörungen reagieren (Custer & Milt, 1985; Lesieur & Rothschild, 1989; Franklin & Thomas, 1989; Jacobs et al., 1989), liegen ebenfalls vor. Darbyshire et al. (2001b) fordern vor diesem Hintergrund eine stärkere Einbeziehung betroffener Kinder in zukünftige Forschungsprojekte.

Der Grad des inneren Zusammenhaltes in Familien von pathologischen Spielern ist entsprechend – wie bei Alkoholikern – geringer als in der Normalbevölkerung (Ciarrocchi & Hohmann, 1989). Scheidungen/Trennungen der Ehe-/Lebenspartner als Schlussstrich unter eine sich jahrelang entwickelnde emotionale Abwendung und familiäre Desintegration sind häufiger zu registrieren (Meyer, 1989a, b).

6.4   Beschaffungskriminalität

Die illegale Beschaffung finanzieller Mittel für das Glücksspiel ist sowohl nach dem DSM-IV als auch nach der ICD-10 ein charakteristisches Merkmal pathologischen Glücksspiels. In zahlreichen klinischen Studien über pathologische Spieler aus Behandlungseinrichtungen oder Selbsthilfegruppen zeigt sich fast ausnahmslos ein hoher Prozentsatz an Probanden, die derartige strafbare Handlungen begangen haben. Der Anteil variiert – weltweit – zwischen 35 und 90%, wenn die Daten auf Selbstdarstellungen beruhen, oder zwischen 13 und 48%, wenn objektive Kriterien wie Inhaftierungen und regis-

trierte Vorstrafen zugrunde gelegt werden (Politzer et al., 1981; Greenberg & Rankin, 1982; Ciarrocchi & Richardson, 1989; Schwarz & Lindner, 1990; Füchtenschnieder, 1991; Kellermann & Sostmann, 1992; Lesieur, 1993; Bergh & Kühlhorn, 1994; Denzer et al., 1995; Horodecki, 1995; Meyer et al., 1998). Bei einer Telefonhotline räumten 20,7% der Anrufer Straftaten und 11,5% Inhaftierungen ein (Potenza et al., 2000).

Aus dem Rahmen fällt dagegen das von Hand (1992) vorgelegte Ergebnis, dass weniger als 5% der ratsuchenden Spieler in der Hamburger Verhaltenstherapie-Ambulanz delinquente Handlungen zur Geldbeschaffung für das Spielen angaben.

Untersuchungen von Strafgefangenen und Straftätern (Maden et al., 1992; Templer et al., 1993; Walters, 1997; Anderson, 1999), Spielbankbesuchern (Fisher, 1996) und vereinzelt auch an Bevölkerungsstichproben (Bland et al., 1993) verweisen gleichfalls auf enge Verknüpfungen zwischen einem pathologischen Spielverhalten und der Begehung von Straftaten (Überblick bei Meyer et al., 1998).

Das delinquente Verhalten von pathologischen Spielern ist typischerweise nicht gewalttätig (APA, 1980) und besteht in der Regel aus Eigentumsdelikten (Mergen, 1981; Lesieur, 1987b; Blaszczynski et al., 1989; Blaszczynski & McConaghy, 1994a; Crofts, 2003). Ein Vergleich der Deliktstruktur von Spielern aus Behandlungseinrichtungen sowie Gelegenheits- und Häufigspielern (aus Bevölkerungsstichproben) sowie mit den Daten der Polizeilichen Kriminalstatistik zu Tatverdächtigen zeigt für die Delikte Betrug und Veruntreuung die größten Diskrepanzen auf (◘ Abb. 6.2). Jeder dritte (35,3%) der befragten behandelten Spieler gibt beispielsweise an, in den letzten 12 Monaten mindestens ein Betrugsdelikt begangen zu haben, bei den Gelegenheits- und Häufigspielern sind es 4,7%. Die Polizeiliche Kriminalstatistik registrierte dagegen im Jahr 1995 10,7% Tatverdächtige wegen Betruges.

In ähnlicher Weise ermittelte Brown (1987c) bei einer Stichprobe von »Gamblers Anonymous« ein abgrenzbares Muster von Eigentumsdelikten: Betrug, Fälschung, Unterschlagung und Diebstahl sind nach Ansicht des Autors die Delikte von Spielern par excellence. Nach seinen klinischen Erfahrungen erfolgten bei süchtigen Spielern fast ausnahmslos kei-

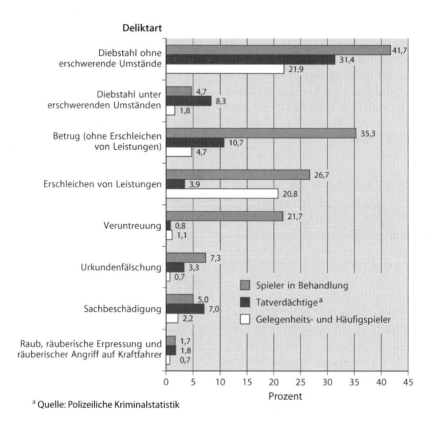

Deliktart

❏ **Abb. 6.2.** Vergleich der Deliktstruktur von Spielern in Behandlung, Gelegenheits- und Häufigspielern sowie Tatverdächtigen. (Meyer et al., 1998)

ne weiteren strafrechtlichen Verurteilungen mehr, sobald sich das Spielverhalten gebessert hatte.

Diese Daten dienen zahlreichen Wissenschaftlern als Basis für die Ableitung eines kausalen Zusammenhanges zwischen delinquenten Verhaltensweisen und pathologischem Glücksspiel (u. a. Rasch, 1962, 1992; Custer & Milt, 1985; Lesieur, 1979, 1987 b; Blaszczynski et al. 1989; Rosenthal & Lorenz, 1992; Rosenthal & Lesieur, 1996).

Straftaten von Spielern lassen sich unter besonderer Berücksichtigung der Eigendynamik pathologischen Glücksspiels wie folgt erklären:

— Infolge der **Steigerung der Spielintensität** wächst der finanzielle Aufwand, und mit der Entwicklung pathologischen Spielverhaltens erfolgt eine zunehmende **Wahrnehmungseinengung** auf die Beschaffung von Geldmitteln zur weiteren Teilnahme am Glücksspiel.

— Wenn einerseits die eigenen Ressourcen und legalen Wege zur Erlangung finanzieller Mittel

erschöpft sind, andererseits aufgrund der (suchttypischen) totalen Vereinnahmung durch das Glücksspiel und des unwiderstehlichen Verlangens danach das Ziel der Geldbeschaffung aber beibehalten wird, wird der Handlungsdruck so hoch, dass die betreffenden Spieler immer höhere **moralische Hemmschwellen** überschreiten und schließlich Straftaten begehen, um die benötigten Geldmittel zu erlangen.

— Das Überschreiten einer moralischen Hemmschwelle ist dabei kein punktuelles Ereignis, sondern Ergebnis eines länger andauernden Prozesses, in dem Handlungsalternativen immer wieder gedanklich durchgespielt und verworfen werden. Schon beim Ausleihen finanzieller Mittel im Verwandtschafts- und Bekanntenkreis unter vorgetäuschten Vorwänden werden moralische Hemmschwellen überschritten, wobei diese im weiteren Verlauf immer leichter zu überwinden sind.

— Wenn die moralische Hemmschwelle im Verlauf der Spielerkarriere sinkt, so lässt sich dies (als ein Prozess der Verwahrlosung) auf einen Habituationseffekt zurückführen. Im Anfangsstadium treten verinnerlichte Normen und Werte noch nicht völlig in den Hintergrund. So versuchen delinquente Spieler häufig, sich die Möglichkeit offenzuhalten, den angerichteten Schaden wiedergutzumachen.

Es handelt sich – ähnlich wie bei Drogenabhängigen – um eine Form **indirekter Beschaffungskriminalität**, die auf eine Zuspitzung des Widerspruchs zwischen den für die Teilnahme am Glücksspiel benötigten und den legal verfügbaren Geldmitteln der Spieler zurückgeführt werden kann. Da Glücksspiele und illegale Drogen – im Gegensatz zu Alkohol und Nikotin – teure Suchtmittel darstellen, die auf Dauer kaum mit legalen Mitteln zu finanzieren sind, ist die Beschaffungsdelinquenz um so intensiver (Kellermann, 1996).

Suchtbedingte Persönlichkeitsveränderungen wie

— die Entdifferenzierung der Persönlichkeit,
— der Verlust sozialer Verantwortlichkeit,
— die Verringerung des Selbstwertgefühls und der Selbstachtung

begünstigen den Verlauf (Meyer & Fabian, 1988). Lesieur (1979) hat diese Entwicklung im Rahmen der wachsenden Verschuldung von Spielern beschrieben. Indem der Spieler Verlusten hinterherjagt, gerät er in ein geschlossenes System, das zunehmenden Druck auf ihn ausübt, dem er sich durch Straftaten zu entziehen versucht.

Empirische Daten belegen, dass Spieler, die Beschaffungsdelikte einräumen, im Vergleich zu denjenigen, die dies verneinen, signifikant häufiger und länger gespielt haben. Die Einsätze und Verluste waren höher, ebenso die Spielschulden. Sie zeigen eine ausgeprägtere Symptomatik pathologischen Glücksspiels, und das Glücksspiel diente ihnen eher als Flucht aus dem Alltag. Außerdem haben sie eher einen finanziellen Gewinn angestrebt und das Glücksspiel intensiver erlebt. Belastendere finanzielle und psychosoziale Folgeerscheinungen (bis hin zur Suizidalität, Potenza et al., 2000) sind erkennbar (Meyer, 1989 a, b; Meyer & Fabian, 1992).

Nicht alle Delikte von pathologischen Glücksspielern sind allerdings glücksspielbedingt. Teilweise wurden bereits vor dem Beginn der »Spielerkarriere« Straftaten begangen, wie klinische (Blaszczynski & McConaghy, 1994 b; Meyer et al., 1998) und forensische (Kröber, 1991; Schulte, 1994; Meyer & Fabian, 1996) Studien aufzeigen. Nach Meyer et al. (1998) haben beispielsweise 41 % der untersuchten Spieler aus Behandlungseinrichtungen sowohl für den Zeitraum vor als auch nach dem Beginn des regelmäßigen Spielens Straftaten eingeräumt, 48,3 % ausschließlich nach Beginn des Spielens.

Dem delinquenten Verhalten sind daher neben der Eigendynamik pathologischen Glücksspiels weitere potenzielle Bedingungsfaktoren zuzuordnen, wie:

— Persönlichkeit des pathologischen Spielers,
— vorangehende und begleitende Sozialisationsbedingungen bzw. -störungen,
— delinquente Vorerfahrungen,
— Alter und sozialer Kontext bei Beginn der Spielerkarriere,
— Eigendynamik der Abhängigkeit von dem Milieu der Spielerszene,
— verstärkende oder abschwächende Einflüsse glücksspielpolitischer Kontrollstrategien und Praktiken (in Anlehnung an Kreuzer, 1987).

Auf der Grundlage eines täterorientierten Mehrfaktorenansatzes haben Meyer, et al. (1998) drei der kriminogenen Faktoren (Suchtverhalten, Persönlichkeits- und soziale Bindungsmerkmale) in eine Untersuchung einbezogen, um zu ermitteln, ob und in welchem Maße sie bei der Begehung von Straftaten im Rahmen pathologischen Glücksspiels von Bedeutung sind. Multivariate statistische Analysen (**Diskriminanz-, Cluster- und Lisrel-Analyse**) führten zu folgenden Ergebnissen:

— Das süchtige Spielverhalten stellt einen bedeutsamen kriminogenen Faktor dar. **Die Symptomschwere erweist sich als wichtigstes Merkmal zur Vorhersage einer hohen Delinquenzbelastung (Diskriminanzanalyse).**
— Dieser Bedingungsfaktor reicht allein jedoch nicht aus, strafbare Handlungen im Rahmen einer »Spielerkarriere« zu erklären, **wie die Pfadkoeffizienten des empirisch bestätigten Kausalmodells der Delinquenz (◘ Abb. 6.3) belegen (Lisrel-Analyse).**

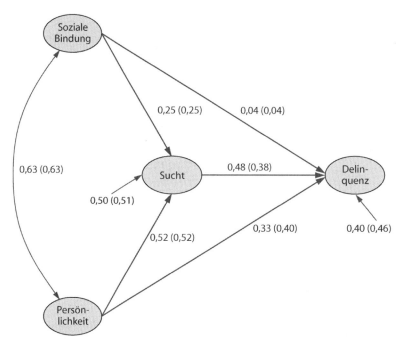

□ **Abb. 6.3.** Ergebnis der LISREL-Analyse (Pfadkoeffizienten) unter Einbeziehung der Delinquenzbelastungswerte bezogen auf Eigentums- und Vermögensdelikte (aufgeklärter Varianz-anteil: 60%) bzw. bezogen auf alle erfassten Deliktarten (Werte in Klammern, Meyer & Stadler, 1998)

▬ Persönlichkeitsmerkmale (wie Impulsivität, Risiko-motivation und antisoziale Persönlichkeitsstruktur) nehmen ebenfalls direkt Einfluss auf die Delinquenz-belastung. Die soziale Bindung wirkt sich dagegen nur indirekt (über das Suchtverhalten) aus.

▬ Bei Eigentums- und Vermögensdelikten ist der direkte kausale Effekt des Suchtverhaltens größer als der der Persönlichkeit (Pfadkoeffizienten: 0,48 versus 0,33).

▬ Subgruppen pathologischer Spieler erfordern differen-zierte Erklärungen des delinquenten Verhaltens, **wie ein abgrenzbares Cluster von pathologischen Spielern mit impulsiven und antisozialen Persön-lichkeitsanteilen, die im Vergleich signifikant häu-figer bereits vor Beginn der »Spielerkarriere« Straf-taten begangen haben und eine höhere Delin-quenzbelastung aufweisen, dokumentiert** (Meyer & Stadler, 1998).

Eine Subgruppe pathologischer Spieler, bei denen gleichzeitig eine dissoziale bzw. antisoziale Persön-lichkeitsstörung vorliegt, ließ sich in zahlreichen Untersuchungen in einer Größenordnung zwischen 15,4 und 23,9 % identifizieren (Lesieur, 1987b; Krö-ber, 1991; Schulte, 1994; Blaszczynski & McCona-ghy, 1994b; Meyer & Fabian, 1996). Abweichend davon diagnostizierten Bland et al. (1993) in einer kanadischen Bevölkerungsstichprobe bei 40 % ($n = 30$) und Cunningham-Williams et al. (2000) unter Drogenkonsumenten bei 52% ($n = 217$) der pathologischen Spieler eine derartige Störung.

Nach Blaszczynski & McConaghy (1994b) hat-ten signifikant weniger Spieler dieser Subgruppe keine oder ausschließlich glücksspielbezogene De-likte verübt. Die Betroffenen waren bei der Bege-hung der ersten Straftat (sowohl **in** als auch **ohne** Zusammenhang mit dem Glücksspiel) jünger als die Gesamtgruppe pathologischer Spieler. Nach Beginn der »Spielerkarriere« waren sie schneller und konse-quenter in Straftaten involviert.

Auf diesen Personenkreis bezogen liegt die Ver-mutung nahe, dass sowohl die antisozialen Persön-lichkeitsanteile, die sich bereits in einer frühen Pha-se der Lebensentwicklung zeigen, als auch das späte-re pathologische Spielverhalten Ausdruck der gleichen psychischen und sozialen Problematik sind.

Eine derartige Persönlichkeitsstruktur, die nach einer Zwillingsstudie von Slutske et al. (2001) primär auf genetischen Faktoren beruht, ist als Risikofaktor zu werten, der die Wahrscheinlichkeit erhöht, Straftaten zu begehen.

Für die Mehrzahl der pathologischen Spieler besitzt dieser Erklärungsansatz einer hohen Delinquenzbelastung allerdings keine Relevanz (Crockford & el-Guebaly, 1998). Auch wenn Merkmale antisozialen Verhaltens erkennbar sind, handelt es sich in der Regel um Folgeerscheinungen der glücksspielbedingten, vor allem der finanziellen Probleme und des süchtigen Spielverhaltens, das in diesen Fällen als primärer kriminogener Faktor zu werten ist. So registrierten Blaszczynski & McConaghy (1994b) einen signifikanten Anstieg in der Prozentzahl von pathologischen Spielern, die erst nach dem 15. Lebensjahr antisoziale Verhaltensweisen wie Lügen, Reizbarkeit und Nichteinhaltung finanzieller Verpflichtungen zeigten. Dies sind Verhaltensweisen, die unmittelbar mit dem pathologischen Spielverhalten verknüpft sind. Zudem war bei pathologischen Spielern, die nur über glücksspielbezogene Delikte berichteten, ein bedeutsamer Anstieg antisozialer Eigenschaften nach der Adoleszenz erkennbar (Blaszczynski et al., 1989). Meyer et al. (1998) ermittelten bei pathologischen Spielern nur geringe und mit sozialen Spielern vergleichbare Ausprägungen auf einer Skala zu antisozialen/aggressiven Verhaltensweisen vor dem 15. Lebensjahr, jedoch im Vergleich signifikant höhere Werte auf einer Skala, die suchtnahe antisoziale Verhaltensweisen wie häufiges Lügen, ohne feste Wohnung und häufige Fehlzeiten am Arbeitsplatz erfasst.

Eine Erklärung begangener Straftaten muss darüber hinaus berücksichtigen, dass die süchtigen Spieler das Unrecht der begangenen Handlungen in Frage stellen, indem sie ihnen andere Bedeutungen zuweisen.

> ❶ Diebstahls- oder Veruntreuungsdelikte werden als Ausleihen und Borgen definiert, Familienbesitz wird als persönliches Eigentum angesehen.

Diese Rechtfertigungsstrategie erlaubt den Spielern, Tadel abzuwenden, die begangene Normabweichung zu neutralisieren und in eine begründbare bzw. erklärende Normabweichung zu verwandeln. Die praktischen Erklärungen erhalten vor allem dann eine hohe Legitimität, wenn es zumindest theoretisch möglich war, den Schaden wieder rückgängig zu machen.

Wenn das Suchtverhalten einen Risikofaktor vor allem für die Begehung von Eigentums- und Vermögensdelikten darstellt, ist zu vermuten, dass die zunehmende Verbreitung von Glücksspielen zu einem Anstieg der Kriminalitätsrate führt. In den USA wurden Vergleiche der Kriminalitätsrate vor und nach Eröffnung von Kasinos herangezogen, um diesen Zusammenhang zu analysieren. In Atlantic City erhöhte sich beispielsweise die Rate von 100,6 pro 1000 Einwohnern in 1977 (dem Jahr vor Eröffnung des ersten Kasinos) auf 416,8 in 1983 (Albanese, 1985; Curran & Scarpitti, 1991). Friedman et al. (1989) ermittelten in einem quasiexperimentellen Design auch im Umkreis von 50 Kilometern eine höhere Kriminalitätsrate, was sie auf die Einführung der Glücksspiele zurückführen. Berücksichtigt man jedoch die gestiegene Anzahl an Touristen, zeigt sich keine Zunahme der Kriminalität (Albanese, 1985; Ochrym, 1990; Curran & Scarpitti, 1991; Chang, 1996; Evans Group, 1996; Margolis, 1997). Die Aussagekraft dieser Studien ist allerdings begrenzt, da typische Beschaffungsdelikte pathologischer Spieler wie Fälschung, Betrug und Unterschlagung gar nicht erfasst wurden und die Betroffenen in der Regel keine Straftaten im Kasino oder der unmittelbaren Umgebung begehen, sondern in ihrem sozialen und beruflichen Umfeld (Lesieur, 1996). Der erkennbare Forschungsbedarf besteht auch in Deutschland. Ein erster Schritt wäre die Erfassung der Spielsucht als Tatmotiv in der Polizeilichen Kriminalstatistik – analog der Beschaffungskriminalität von Drogenabhängigen.

Das Alter und der soziale Kontext sind weitere potenzielle Bedingungsfaktoren des delinquenten Verhaltens von Spielern. Sie spielen schon bei der Wahl des bevorzugten Glücksspiels eine Rolle. Während Geldspielgeräte in Spielhallen vorwiegend ein junges, einkommensschwaches Publikum mit niedrigerem Sozialstatus ansprechen, sind die Besucher der Spielbanken (»Große Spiel«) – im Vergleich – eher älter und kommen aus höheren sozioökonomischen Schichten (▶ Kap. 4.2.6, 4.3). In der Delinquenzentwicklung und den Deliktmustern bestehen zwischen diesen beiden Gruppen Unterschiede.

Die Roulettespieler betrachten die illegal beschafften Mittel häufig als »vorübergehend geliehen«.

Sie träumen von einem großen Gewinn (der beim Roulette im Gegensatz zu Geldspielautomaten theoretisch realisierbar ist), mit dem sie den angerichteten Schaden wiedergutmachen wollen (Meyer, 1988). Ihre berufliche und soziale Situation bietet Gelegenheit zu »halblegalen« Zwischenlösungen wie Verkauf von persönlichem Eigentum und Kreditaufnahme sowie zu spezifischen Deliktmustern wie Betrug und Unterschlagung, die einen stufenweisen Abbau moralischer Hemmschwellen – wie oben beschrieben – erst ermöglichen.

Die jugendlichen Automatenspieler befinden sich dagegen im Einstiegsalter (in der Regel 16–20 Jahre) noch in der Phase der Persönlichkeits- und Sozialentwicklung – mit einer höheren Risiko- und Experimentierbereitschaft, stärkerer Orientierung an der Peer-Group und fehlender beruflicher, finanzieller und familiärer Absicherung (Kreuzer, 1987). Das Normen- und Wertesystem ist noch nicht voll ausgeprägt, was den Zugang zur illegalen Geldbeschaffung (bei jugendlichen Automatenspielern häufig über Diebstähle) erleichtert. Spielhallen haben sich inzwischen zu wichtigen Treffpunkten für junge Menschen – zu einer neuen Subkultur – herausgebildet. Über die räumliche Nähe zu harmlosen Unterhaltungsautomaten und die Bezugsgruppe der Gleichaltrigen werden die potenziellen Spieler an das Glücksspiel herangeführt. Wenn sie dann als Folge intensiven Glücksspiels unter finanziellen Druck geraten, sind sie empfänglich für »einfache« Problemlösungen, die ihnen Spieler aus der Szene anbieten, die bereits über delinquente Erfahrungen verfügen.

6.4.1 Strafrechtliche Beurteilung

Illegale Handlungen, die mit einer psychischen Störung in Verbindung stehen, werfen die Frage nach der strafrechtlichen Beurteilung auf. Richter, Staatsanwälte, Strafverteidiger und forensische Gutachter sehen sich seit Mitte der 80er-Jahre zunehmend mit dieser Fragestellung konfrontiert, da immer häufiger Angeklagte ihre Spielleidenschaft oder Spielsucht als Motiv für begangene Straftaten angeben – wie auch die gestiegene Anzahl wissenschaftlicher Abhandlungen dokumentiert (Kröber, 1987; Weber, 1987; Jost, 1988; Meyer, 1988; Müller & Laakmann, 1988; Meyer et al., 1990; Hand, 1992; Rasch, 1992; Schreiber, 1993).

Wie ist die strafrechtliche Verantwortlichkeit, die Schuldfähigkeit zu beurteilen? Verfügen süchtige Spieler noch über die Fähigkeit, das Unrecht begangener Straftaten einzusehen (Einsichtsfähigkeit) oder nach dieser Einsicht zu handeln (Steuerungsfähigkeit)?

Die gesetzlichen Bestimmungen zur Schuldfähigkeit (§§ 20, 21 StGB) lauten:

§ 20 (Schuldunfähigkeit wegen seelischer Störungen). Ohne Schuld handelt, wer bei Begehung der Tat wegen einer krankhaften seelischen Störung, wegen einer tiefgreifenden Bewusstseinsstörung oder wegen Schwachsinns oder einer schweren anderen seelischen Abartigkeit unfähig ist, das Unrecht der Tat einzusehen oder nach dieser Einsicht zu handeln.

§ 21 (Verminderte Schuldfähigkeit). Ist die Fähigkeit des Täters, das Unrecht der Tat einzusehen oder nach dieser Einsicht zu handeln, aus einem der in § 20 bezeichneten Gründe bei Begehung der Tat erheblich vermindert, so kann die Strafe nach § 49 Abs. 1 gemildert werden.

Nach dem Aufbau der Vorschriften erfordert die Beurteilung der Schuldfähigkeit ein zweistufiges Vorgehen (◘ Abb. 6.4). In einer ersten Stufe gilt es zu prüfen, ob zur Tatzeit bei dem Täter eine psychische Störung vorlag, die im Sinne der Bestimmungen Berücksichtigung finden kann. Lassen sich eines oder mehrere der in § 20 StGB genannten psychischen Merkmale nachweisen, ist in einer zweiten Stufe zu klären, ob die festgestellte(n) psychische(n) Störung(en) rechtlich relevante Auswirkungen auf die Einsicht- oder Steuerungsfähigkeit des Täters bei Begehung der Straftat hatte(n).

Die psychologisch-psychiatrische Diagnose »Pathologisches Spielen« oder »Spielsucht« lässt sich der 4. Alternative des § 20 StGB, der juristischen Kategorie »schwere andere seelische Abartigkeit«, zuordnen. Diese Kategorie umfasst im wesentlichen Persönlichkeitsstörungen (Psychopathien), Neurosen, sexuelle Deviationen, abnorme Erlebnisreaktionen und psychopathologische Entwicklungen im Rahmen von Suchterkrankungen. Mit der (klinischen) Diagnose sind allerdings noch keine forensischen Konsequenzen verbunden. Erst die Feststellung, dass das süchtige Spielverhalten in psychopathologische Bedingungen eingebettet ist, die auch im Rechtssinn als krankhaft anzusehen sind, kann zur

1. Stufe

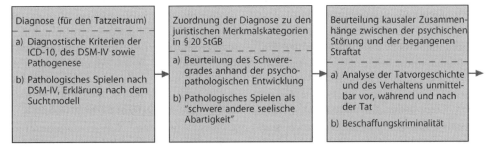

2. Stufe

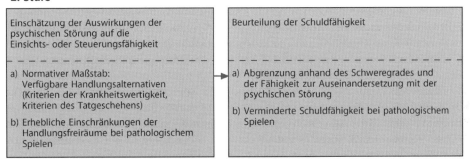

☐ Abb. 6.4. Zweistufiges Vorgehen bei der Schuldfähigkeitsbegutachtung

Anwendung der §§ 20, 21 StGB führen. Als Folge der psychopathologischen Entwicklung sind bei süchtigen Spielern Auswirkungen auf die Steuerungsfähigkeit anzunehmen, die es anhand zusätzlicher Kriterien abzuklären gilt. Betroffen ist die Fähigkeit, die Anreize zur Tat und die ihr entgegenstehenden Hemmungsvorstellungen gegeneinander abzuwägen und danach einen Willensentschluss zu normgemäßem Verhalten zu bilden. Die Einsichtsfähigkeit, d.h. die Intaktheit der intellektuellen Funktionen und der Realitätswahrnehmung, dürfte dagegen im allgemeinen im Zusammenhang mit dem süchtigen Spielverhalten nicht berührt sein (Förster, 1994).

❗ Nach der höchstrichterlichen Rechtsprechung (BGH 1 StR 544/88; Strafverteidiger, 1988, S. 141) ist maßgebend für die Beurteilung der Schuldfähigkeit bei pathologischen oder süchtigen Spielern, inwieweit das *gesamte Erscheinungsbild des Täters psychische Veränderungen der Persönlichkeit* aufweist, die, wenn sie nicht pathologisch bedingt sind, als andere seelische Abartigkeit in ihrem Schweregrad den krankhaften seelischen Störungen gleichwertig sind.

Anhaltspunkte kann hier nach Auffassung des BGH die Rechtsprechung zur Frage einer erheblichen Verminderung der Steuerungsfähigkeit bei Drogenabhängigen geben: Diese Folge ist nur ausnahmsweise gegeben, wenn z.B. die Drogensucht zu **schwersten Persönlichkeitsveränderungen** geführt oder der Täter bei Beschaffungstaten unter **starken Entzugserscheinungen** gelitten hat.

Der zweistufigen Methodik einer schuldangemessenen Beurteilung folgend, gilt es zunächst eine Diagnose (für den Tatzeitraum) zu entwickeln. Die operationalen Kriterien der ICD-10 für »Pathologisches Spielen«, vor allem aber die differenzierter formulierten (und damit nachvollziehbareren) diagnostischen Merkmale des DSM-IV bilden hier ein geeignetes Instrumentarium, auch wenn sie »lediglich« für klinische Fragestellungen relevant sind.

Da sich die Diagnose in der Regel auf die Angaben des Angeklagten selbst stützen muss und sich nicht durch körperliche Befunde (wie bei stoffgebundenen Abhängigkeiten) sichern lässt, können im Zweifelsfall Aussagen von Spielbankbediensteten oder des Aufsichtspersonals der Stammspielhalle der Objektivierung zumindest der Spielintensität/-häufigkeit des Begutachteten dienen. Aussagekräftig sind auch die Besucherkarteien der Spielbanken, in denen die einzelnen Besuche der vergangenen Jahre registriert worden sind. Nur »gute« Kunden erhalten zudem eine Gäste- oder Ehrenkarte von der Spielbankdirektion.

Die Diagnose ist sodann durch psychosoziale Fehlentwicklungen und gegebenenfalls (zusätzliche) körperliche Störungen im Rahmen eines oder mehrerer aus der Lebensbiographie und (in eingeschränktem Maße) aus psychologischen Testbefunden ableitbarer Erklärungsansätze zu untermauern (Pathogenese).

Hier fließen die vielschichtigen Ursachen pathologischen Glücksspiels ein (▶ Kap. 4.4), so dass eine derartige Diagnose als Grundlage forensischer Begutachtung – gegen die sich Kröber (1987) ausspricht – wie bei stoffgebundenen Abhängigkeiten in keiner Weise impliziert, den unterschiedlichen Kontext aus den Augen zu verlieren. Kritik an dem bereits von Meyer et al. (1990) dargestellten Vorgehen in der Begutachtung übt auch Hand (1992), dessen Anmerkungen aber auf einer simplifizierten Betrachtung und Wiedergabe basieren.

In diesem Zusammenhang stellt sich die auch bei anderen Störungen bedeutsame Frage nach dem **Schweregrad der psychischen Beeinträchtigung**. Dabei ist unter Bezug auf psychopathologische Fehlentwicklungen im Sinne von Persönlichkeitsdeformierungen infolge des pathologischen Spielens darauf einzugehen, inwieweit eine **krankheitswertige Störung** vorliegt. Im positiven Fall ist anzunehmen, dass die Voraussetzungen einer erheblichen Einschränkung der Steuerungsfähigkeit vorliegen.

Kriterien für eine schuldangemessene Beurteilung von Spielsüchtigen hat erstmalig im deutschsprachigen Raum Schumacher (1981) – in Anlehnung an Gieses (1962) Ausführungen zum süchtigen Sexualverhalten – herausgearbeitet. Er verweist zunächst auf **Parallelen zu stoffgebundenen Abhängigkeiten** und nennt fünf Merkmale, die auch bei nichtstoffgebundenen Formen (Spielleidenschaft, Fetischismen, Hörigkeiten) den Charakter einer Sucht begründen können:

1. Symptomcharakter des Verhaltens,
2. Wiederholungszwang,
3. Progredienz,
4. Entdifferenzierung der Persönlichkeit,
5. Auftreten von Entzugserscheinungen.

Unter forensischen Aspekten erscheint das Merkmal der Symptomwertigkeit, d.h., der Aufbau der Störung gleicht dem eines neurotischen Symptoms, von besonderem Gewicht. Die **Zwanghaftigkeit**, das »nicht-mehr-vom-Ich-beeinflussbare«, die Eigengesetzlichkeit und Automatik, mit der das Geschehen abläuft, sowie die **Persönlichkeitsfremdheit** und **Abgespaltenheit** indizieren den Symptom- und damit den Suchtcharakter eines Verhaltens. Im ausgeprägten Falle sind die Freiräume des Handelns, die Fähigkeiten zum Widerstand und Entgegensteuern entsprechend eingeengt.

Wenn die Entzugssymptomatik bei einer psychischen Abhängigkeit (vom Glücksspiel) auch nicht so gravierend ist wie bei einer körperlichen Abhängigkeit, können die Symptome dennoch als starke Motivation fungieren und das Verhalten steuern. Es sind gerade die psychischen Entzugserscheinungen, die auch stoffgebundene Abhängige (nach dem körperlichen Entzug) immer wieder dazu bringen, erneut mit der Einnahme der Droge fortzufahren und mithin abhängig zu bleiben (Wanke & Täschner, 1985). Die Anwendung der §§ 20, 21 StGB vor dem alleinigen Hintergrund erlebter Entzugssymptome im Vorfeld der Straftat wird bei süchtigen Spielern allerdings kaum einmal in Betracht zu ziehen sein.

Folgende Merkmale erlauben nach Schumacher (1981) das Ausmaß der Einschränkung von Handlungsalternativen und damit der Schuldfähigkeit bei Glücksspielern abzuschätzen:

1. Es ist zu beurteilen, ob die inkriminierte (beschuldigte) Handlung vom Ich abgespalten oder hierin eingebunden ist (**Symptom- vs. Strukturcharakter des Verhaltens**). »Wenn z.B. das Spielen oder das Sich-unrechtmäßig-Geld-hierfür-Beschaffen Ausdruck einer allgemeinen Verwahrlosung ist, wenn sich – bezogen auf die Gesamtpersönlichkeit – die Handlungsweise als struktureingebunden und damit persönlichkeitstypisch darstellt, wird man nicht vom Symptomcharakter und damit auch nicht ohne weiteres von Steuerungsunfähigkeit oder -einschränkung sprechen können« (S. 370).

2. Weiterhin ist die **Unmittelbarkeit des Handelns** zu prüfen. Das innere Wägen, das »Wenn-und-aber-Denken«, die Prüfung von Gefahr und Risiko, sind Zeichen einer ich-gesteuerten Handlungsweise. Das von Sucht und Zwanghaftigkeit

bestimmte Verhalten läuft impulshaft, meist wider alle Vernunft und sofort ab.

3. Bei Beschaffungsdelikten besteht ein für die forensische Bewertung wichtiges Merkmal in der **Ausschließlichkeit der Geldverwertung**. Bei Abhängigen wird das Geld sofort und ausschließlich für die Betätigung der dranghaft angestrebten Handlung verwendet. Es fehlen alle sonstigen Bereicherungsmotive.

Rasch (1992) sieht in der Gewohnheitsbildung, dem Umbau der Lebensführung und dem Destruktiven sowie in der charakteristischen eindimensionalen Ausrichtung der Person auf das Glücksspiel die entscheidende psychopathologische Qualität dieser Symptomatik. Er nennt in einer dynamischen Betrachtung dieses Prozesses als relevante Kriterien für die Identifikation einer solchen Entwicklung als psychopathologisch:

- ihre Progredienz, eventuell mit Periodizität,
- eine zentrale Stellung des Spielens in der Lebensführung,
- Verarmung in anderen Lebensbereichen,
- Stereotypisierung des Verhaltens,
- subjektives Gefühl des Gezwungenseins,
- Depravation,
- Häufung sozialer Konflikte,
- Verlust allgemeiner sozialer Kompetenz,
- psychische/physische Entzugserscheinungen,
- typisierende Umprägung.

Es handelt sich demnach um eine Entwicklung, im Laufe derer der Spieler sich aus der lebendigen Realität herausbegibt oder herausgetrieben wird. Die steigende Bedeutung des Glücksspiels und die Zunahme des Glücksspielverhaltens sind unkreativ und bewirken trotz des hohen energetischen Aufwandes nichts Produktives, sondern engen die Erlebnis- und Lebensmöglichkeiten des betroffenen Individuums ein. Foerster (1994) verweist auf eine jahre- oder jahrzehntelange chronische Entwicklung, aufgrund derer keine alternativen Lösungsstrategien zur Verarbeitung des Grundkonfliktes und zur Lebensbewältigung zur Verfügung stehen.

Beurteilungskriterien für die Annahme von Persönlichkeitsveränderungen im Sinne eines Umbaus der Lebensführung können dabei in folgenden Dimensionen gefasst werden:

- **Beschneidung/Verlust von Entwicklungsmöglichkeiten** als Bereich zentraler individueller Motive und Lebensziele (Zerstörung von Lebensentwürfen, Verlust langfristiger Perspektiven, Aufgabe von Zielen, berufliche Dequalifizierung und Entwicklungsstillstand);
- **Zerstörung der sozialen Person** als Bereich zentraler Umweltbeziehungen und sozialer Verankerung (generelle Verringerung sozialer Bezüge, Beeinträchtigung von Primärbeziehungen, Verringerung sozialer Verantwortlichkeit, Stereotypisierung sozialer Beziehungen in der Subkultur und Unverbindlichkeit in sozialer Interaktion) sowie
- **emotionale Befindlichkeit** als Bereich der Auswirkungen des Prozesses der glücksspielbedingten Persönlichkeitsentdifferenzierung auf das Gefühlsleben (Verlust von Selbstachtung, Verflachung von Gefühlsempfindungen und Antriebsverlust, Fabian & Wetzels, 1990).

Weitere Anhaltspunkte für die Krankheitswertigkeit stellen nach Saß & Wiegand (1990) das **Ausmaß der Kritikschwäche** und das **Zurücktreten hemmender Gegenvorstellungen im Motivationsgefüge** dar.

Die Voraussetzung »schwerster Persönlichkeitsveränderungen«, die der BGH zur Anwendung der §§ 20, 21 fordert (zuletzt am 22. Juli 2003, BGH 4 StR 199/03) ist von psychiatrischer Seite kritisiert worden (Kellermann, 2005b). Derart gravierende Veränderungen kommen auch bei »schwersten« Alkoholikern und Drogenabhängigen praktisch nicht vor, wenn die suchtbedingte Persönlichkeitsveränderung von hirnorganischen und intoxikationsbedingten Störungen, primärcharakterlichen Auffälligkeiten sowie Sozialisationsdefiziten abgegrenzt wird.

Liegt eine »schwere andere seelische Abartigkeit« vor, ist der kausale Zusammenhang zwischen dem süchtigen Spielverhalten, den Persönlichkeitsveränderungen und den delinquenten Handlungen zu hinterfragen. In erster Linie sind Beeinträchtigungen der Steuerungsfähigkeit für Delikte in Betracht zu ziehen, die als (indirekte) Beschaffungskriminalität (Meyer, 1989) zu werten sind. Eine schwere Persönlichkeitsdeformierung könnte jedoch zu entsprechenden Schlüssen auch bei anderen Delikten veranlassen (Rasch, 1992).

◻ Tabelle 6.2. Potenzielle Merkmale einer erheblich verminderten oder aufgehobenen Steuerungsfähigkeit bezogen auf das Tatgeschehen. (Saß, 1987; Baljer, 1995)

Pro	Kontra
— Emotionale Labilisierung in der Zeit vor dem Delikt	— Tatvorbereitungen und planmäßiges Vorgehen bei der Tat
— Aktuelle konstellative Faktoren (Alkohol, Ermüdung)	— Fähigkeit zu warten
— Motorische und/oder psychische Erregung	— Lang hingezogenes Tatgeschehen
— Situationsverkennung oder mangelhafte räumliche und zeitliche Orientierung	— Komplexer Handlungsablauf in Etappen
— Abrupter Tatverlauf in Bezug auf Beginn und Ende und enger Zusammenhang zwischen Auslöser und Tat	— Modifikation des Handelns, um das Ziel zu erreichen
	— Vorsorge gegen Entdeckung
	— Möglichkeit anderen Verhaltens unter vergleichbaren Umständen
— Geringe oder fehlende Einstellung auf die wechselnden Erfordernisse der Situation	— Hervorgehen des Deliktes aus dissozialen Charakterzügen
— Ausagieren der spezifischen inneren Verfassung	

Eine Analyse der Tatvorgeschichte ermöglicht Einblicke in die Motivstruktur bzw. in die Entstehung der Handlungsbereitschaft. Unter Bezug auf den aufgezeigten typischen Verlauf der »kriminellen Karriere« pathologischer Glücksspieler (▶ Kap. 6.4) ist hier auf die vorherige **Ausschöpfung der verfügbaren eigenen Ressourcen** und **legaler** sowie »**halblegaler**« **Möglichkeiten der Geldbeschaffung** hinzuweisen.

Vor allem bei Spielern, die schon vor der Entwicklung des pathologischen Spielverhaltens durch illegale Handlungen auffällig wurden, ist eine tatbedingende gegenüber einer nur tatbegleitenden Bedeutung der Spielsucht zu unterscheiden. Hier gilt es im Einzelfall die Dynamik eines Tatgeschehens im Detail zu rekonstruieren und zu ermitteln, wie die festgestellte psychopathologische Entwicklung in der konkreten Ausführung wirksam wurde. Die notwendige Analyse des Verhaltens unmittelbar vor, während und nach der Tat schließt ein:

— die motivationale Ausgangssituation vor Begehung der Tat (z. B. Konfliktsituationen, anstehende Rückzahlung von Spielschulden),
— die prädeliktische Phase (Verfügbarkeit finanzieller Mittel, Verluste beim Glücksspiel),
— die unmittelbare Planung der Tat (impulshaftes Handeln, Nutzung von Gelegenheiten, Geldbeschaffung als eine Form des »Ausleihens«),
— die zeitliche Nähe zum Spiel (Glücksspiel vor und nach der Straftat),
— die Geldverwertung (Verwendung für Spieleinsätze, Begleichung von Spielschulden).

Potenzielle Merkmale, die **für** bzw. **gegen** die Annahme einer erheblich verminderten oder aufgehobenen Steuerungsfähigkeit beim Vorliegen einer »schweren anderen seelischen Abartigkeit« sprechen, zeigt – bezogen auf das Tatgeschehen ◻ Tabelle 6.2 (Saß, 1987, S. 199; Baljer, 1995, S. 823).

Darüber hinaus sind hier gleichfalls die Beurteilungskriterien für den Schweregrad der psychischen Störung (wie Verhaltensstereotypisierung, Konflikthäufung, Kritikschwäche etc.) heranzuziehen.

Bei vorangeschrittener Suchtentwicklung ist allerdings zu beachten, dass meist das gesamte Alltagsleben auf die Sucht ausgerichtet ist und illegale Handlungen auch dann durch das Spiel motiviert sein können, wenn Teile des so erhaltenen Geldes zur Sicherung der Befriedigung primärer Bedürfnisse dienen, wie z. B. zum Kauf von Lebensmitteln.

Vorausgegangene Verurteilungen von Angeklagten stellen an sich noch kein Hindernis für die Bewertung von Delikten als suchtbedingte Beschaffungsdelikte dar, da nicht selten – nach gutachterlichen Erfahrungen – auch diese bereits im Zusammenhang mit dem Spielverhalten standen und dieser Umstand entweder von den Tätern nicht dargelegt oder von den betreffenden Gerichten nicht berücksichtigt wurde.

Die Diagnose einer »antisozialen Persönlichkeitsstörung« ist zwar nicht als Ausschlusskriterium für die Diagnose »Pathologisches Spielen« relevant (▶ Kap. 3.3), bei der forensischen Wertung ist darauf jedoch Bezug zunehmen. Nur in Ausnahmefällen werden bei gleichzeitigem Vorliegen der Diagnosen die infragestehenden Delikte als suchtbedingte Beschaffungskriminalität mit entsprechenden Beurteilungskonsequenzen zu bewerten sein. Allerdings ist in diesen Fällen zu prüfen, ob nicht eine Persönlichkeitsstörung vorliegt, die selbst eines der Merkmale der §§ 20, 21 StGB erfüllt.

Zusammenfassend bleibt festzuhalten:

❗ Wenn in der forensischen Wertung ein unmittelbarer Zusammenhang zwischen dem pathologischen Spielen, das zu nachhaltigen Veränderungen der Gesamtpersönlichkeit geführt hat (und damit eine Zuordnung zur 4. Alternative des § 20 StGB rechtfertigt), und den begangenen Straftaten festgestellt werden kann, so ist in der Regel davon auszugehen, dass die Motivation zu den inkriminierten Handlungen durch die nicht mehr steuerbare Spielmotivation geleitet war.

In diesen Fällen liegen die Voraussetzungen für eine erhebliche Einschränkung der Steuerungsfähigkeit im Sinne des § 21 StGB vor. Nur in seltenen Ausnahmefällen (Kellermann, 1996) dürfte eine vollständige Aufhebung der Steuerungsfähigkeit im Sinne des § 20 StGB in Erwägung zu ziehen sein. Das pathologische Spielen fällt über eine Persönlichkeit nicht herein wie eine Psychose, es überlässt ihr ein weitaus höheres Maß an Möglichkeiten, sich mit der als zwanghaft empfundenen Störung auseinanderzusetzen (Rasch, 1992). An Ausnahmefälle wäre zu denken, wenn die Handlungsschritte nicht mehr sinnvoll aufeinander abgestimmt erfolgen, die Erinnerungsfähigkeit beeinträchtigt ist und der zeitliche Rahmen, d. h. die unmittelbare Nähe zur Spielhandlung, so eng ist, dass ein Entgegensteuern nicht mehr möglich erscheint.

Nach den Erfahrungen in der Begutachtung von mittlerweile über 150 Straftätern, die Spielsucht als Motiv für Straftaten anführten, folgten die Gerichte in ihrem Urteilsspruch überwiegend der gutachterlichen Beurteilung der Schuldfähigkeit, auch dann, wenn aus psychologischer Sicht das Vorliegen der Voraussetzung für die Annahme einer verminderten Schuldfähigkeit gemäß § 21 StGB als gegeben angesehen wurde (Meyer & Fabian, 1996).

6.4.2 Falldarstellungen

Der Studienrat für Mathematik und das Roulette

Der zur Tatzeit 38-jährige Herr R. war angeklagt, unter wahrheitswidrigen Angaben in zahlreichen Fällen Girokonten bei verschiedenen Banken und Sparkassen eröffnet und im Rahmen des eingeräumten Dispositionskredites belastet bzw. dieses versucht zu haben (Gesamtschaden: 56000 EUR). Wegen der gleichen Delikte wurde er bereits 1 Jahr zuvor zweimal zu Bewährungsstrafen verurteilt (Der Spiegel, 1993, 13, S. 101–110).

Herr R. war 7 Jahre alt, als sich seine Eltern trennten. Er wuchs mit seinem erheblich älteren Stiefbruder bei der Mutter auf, zu der eine enge Beziehung bestand, die jedoch als alleinerziehende, für den Unterhalt sorgende Frau übermäßig beansprucht wurde. Die familiäre Situation empfand er – überwiegend auf sich allein gestellt – als bedrückend und belastend. In den ersten Schuljahren zeigte er sehr gute Leistungen, war aktiv und vielseitig interessiert, fand aber nur oberflächliche Kontakte zu Gleichaltrigen. Zu einem Leistungsabfall und sozialen Auffälligkeiten wie die Entwendung kleinerer Geldbeträge, mit denen er sich die Anerkennung der Spielgefährten erkaufte, kam es im Alter von 13 Jahren. Nach dem Abgang von der Realschule und einer Lehre verfolgte er zielstrebig seine weitere berufliche Karriere, bis er schließlich das Studium der Mathematik und Biologie für das höhere Lehramt vorzeitig mit sehr gutem Examen abschloss und in den Schuldienst trat. Im letzten Studienjahr lernte Herr R. seine erste Frau kennen, die Ehe scheiterte nach einem Jahr. Kurze Zeit später heiratete er erneut, da seine zweite Frau ein Kind erwartete.

Bereits im Kindesalter hatte Herr R. im Familienkreis Kontakt zum Spiel um Geld, das er äußerst lustvoll erlebte. Mit 18 Jahren begann eine ca. 6-jährige intensivere Spielphase, in der er häufig »Skat«, »17 und 4« und »Poker« im Freundeskreis um höhere Beträge spielte. 27-jährig besuchte er zum ersten Mal eine Spielbank, die sich kurz zuvor in der Nähe seines Wohnortes etabliert hatte, und gewann. Innerhalb des ersten Jahres gewann er mit steigenden Einsätzen ca. 50000 EUR, die er zur Hälfte anlegte und zusammen mit seiner ersten Ehefrau für Konsumgüter ausgab. Der »Glückssträhne« folgten Verluste – nach einem halben Jahr war das finanzielle Polster aufgezehrt. Es entwickelte sich ein fast schon idealtypisches Erscheinungsbild pathologischen Glücksspiels. Mit »Gewalt« und »in äußerster Hektik« wollte er am Ende nur noch gewinnen. In einer Art »Fieberrausch« und »Trance« verfolgte er den Lauf der Kugel. Nach dem Verlust höherer Beträge lief er »verkniffen und hysterisch« durch das Kasino und versuchte, sich aus dieser »depressiven Phase« herauszuspielen. Die Zeit ohne Geld zu überbrücken, erlebte er als »größte Katastrophe aller Zeiten« (»wenn man also wirklich in Brand ist und braucht Geld und will Geld haben, dann läuft man wirklich wie'n angeschossenes Reh da 'rum«). Herr R. erhielt »Ehrenkarten« verschiedener Spielbanken und häufte Spielschulden in Höhe von 200000 EUR an. Noch heute ist er davon überzeugt, dass er gewonnen hätte, wenn er sich strikt an seine eigenen Vorsätze und Regeln gehalten hätte.

»Es war vorher alles klar, es war alles durchdacht, und du bist da so durchdacht hingefahren. Und das wäre auch so gekommen, da hättest du auch die Erfolge gehabt. Warum machst du es denn nicht so? Warum wechselst du die Zahlen? Warum spielst du am anderen Tisch? Selbstvorwürfe, irgendwo? Und wenn man das so gesehen hat, dass das, was man sich vorgenommen hat, im Grundprinzip eingetroffen ist – man hätte zumindest gewonnen«.

Das Glücksspiel unterstützte und verstärkte das Bestreben von Herrn R., Konflikte zu verdrängen, emotionale Beziehungen zu vermeiden und eigene Gefühle abzuspalten. Durch das Spiel war er emotional nicht mehr von anderen Menschen, sondern vom – offensichtlich weniger bedrohlich erlebten – Zufall abhängig, den er durch magisches Denken zu kontrollieren versuchte. Beziehungsstörungen stellen einen Mosaikstein des Bedingungsgefüges dar, familiäre Belastungen, Schuldgefühle, Identitätsprobleme und vor allem die Eigendynamik der Entwicklung (u. a. die »Aufholjagd« bei wachsenden Verpflichtungen und deutliche suchtbedingte Persönlichkeitsveränderungen) liefern weitere Erklärungsansätze für das süchtige Spielverhalten.

Als alle legalen Wege zur Finanzierung des Glücksspiels erschöpft waren, eröffnete Herr R. mit wachsendem Radius um seinen Wohnort unter Vorlage seiner Gehaltsabrechnung und dem Hinweis, er werde an das Gymnasium des Ortes versetzt, insgesamt über 100 Girokonten. Die erhaltenen Euroschecks, die Scheckkarte sowie den jeweils eingeräumten Dispositionskredit nutzte er voll aus. Das Geld wanderte umgehend und fast ausschließlich in die Spielbank oder wurde zur Umschichtung der Schulden verwandt. »Völlig unerwartet« wurde der nicht vorbestrafte Herr R. dann nach einer fast 10-jährigen Spielerkarriere von einer der Banken wegen Kreditbetruges angezeigt. Obwohl durch diesen »Warnschuss« aufgerüttelt, änderte er sein Verhalten nicht:

»Das war mit rationalen Gründen eigentlich nicht zu erklären. Eigentlich von meinem Intellekt her muss ich sagen oder vom logischen Standpunkt her als Mathematiker, hätte man kühl, nüchtern sagen und sehen müssen: Hier ist der Punkt erreicht, das geht so nicht weiter. Aber er war einfach nicht da!«

Herr R. hoffte auf den »großen Gewinn«, mit dem er das Geld zurückzahlen wollte. Hemmende Gegenvorstellungen wurden in den Hintergrund gedrängt, selbstkritische Beurteilungen des eigenen Handelns durch den »inneren Zwang« nach dem Glücksspiel überlagert:

»Ich soll Kreditbetrug begangen haben! Das hat meine Anwältin mir auch immer vorgehalten, dass ich das nie erkannt oder gesehen hab'. Eigentlich hätte ich das erkennen müssen, ich hab's nicht erkannt (…). Ich bin auch nicht kriminell, nicht von meiner Motivation, von meiner Absicht her (…). Ich wollte das Geld ja zurückbezahlen – nach dem Coup.«

Unter Anwendung des § 21 StGB verurteilte das Gericht Herrn R. zu einer Haftstrafe von 1 Jahr und 6 Monaten, die auf 4 Jahre zur Bewährung ausgesetzt wurde. Als Auflage nahm das Gericht in das Urteil mit auf, dass Herr R. eine bereits begonnene ambulante Gruppentherapie sowie eine in Aussicht genommene stationäre Behandlung nicht ohne Zustimmung der Therapeuten abbrechen darf.

Die Flucht in die Spielhalle

Herr M., der zur Zeit der Begutachtung 43 Jahre alt war, hatte Unterschlagungen bei seinem Arbeitgeber in Höhe von ca. 56000 EUR begangen. Er war zum ersten Mal strafrechtlich in Erscheinung getreten.

Als Nachkömmling einer Familie mit 7 Kindern lebte Herr M. in geordneten familiären Verhältnissen. Kindheitserinnerungen sind allerdings von dem Bild einer überforderten, allein-in-sich-hinein-weinenden Mutter geprägt. Angesichts der erlebten kindlichen Hilflosigkeit und Ohnmacht und eines familiären Milieus, in dem es »nicht üblich war, eigene Sorgen und Nöte zu thematisieren«, begann er schon sehr früh, seine Probleme zu verdrängen und anderen gegenüber in die Rolle des starken Optimisten zu schlüpfen. Im Alter von 24 Jahren heiratete Herr M., der inzwischen als gelernter Kaufmann arbeitete, 6 Jahre später wurde eine Tochter geboren. Wachsende Unzufriedenheit in der Ehe wagte er nicht offen anzusprechen, weil sie seinen Idealvorstellungen von einer »harmonischen und glücklichen Familie« diametral entgegenstanden. Schließlich zog er unter erheblichen Gewissenskonflikten und Schuldgefühlen aus der gemeinsamen Wohnung aus. In dieser für ihn äußerst konflikthaften, ambivalenten Situation spielte er erstmals an Geldspielautomaten. Die Angespanntheit ließ sich durch das Glücksspiel an den Automaten lindern. Er spielte immer häufiger, wobei sich die Tatsache, dass er anfänglich »viel Glück« hatte, verstärkend auswirkte. Herr M. lernte dann seine zweite Ehefrau kennen, ein »Gefühl der Zerrissenheit« blieb (»ich habe immer in diesem Spannungsverhältnis gelebt, und da hat mir die Spielerei die Ruhe gegeben und mich vergessen lassen …«). Er verlor zunehmend die Kontrolle über sein Spielverhalten, lieh sich »wahllos« Geld, nahm größere Kredite auf, vernachlässigte die berufliche Tätigkeit (im Außendienst) und erhielt die Kündigung. Nach familiären Auseinandersetzungen schloss er sich einer Selbsthilfegruppe an, begab sich in ambulante Behandlung bei einem »Nervenarzt« – ohne längerfristige Erfolge. Auch die zweite Ehe wurde geschieden. Herr M. besuchte fast täglich seine »Stammspielhalle« und bediente bis zu 12 Automaten gleichzeitig. Vor der Kriminalpolizei bestätigte eine Spielhallenaufsicht, dass Herr M. dort viel Geld verloren habe. Immer dann, wenn sein Geld zu Ende gegangen sei, habe sie ihn angesprochen und sich weitere Beträge zum Spielen ausgeliehen.

Nachdem Herr M. das Gehalt einer neuen Arbeitsstelle restlos verspielt hatte, beging er erste Unterschlagungen, die sich in der Folgezeit aufsummierten. Eine realistische Risikoabwägung fand nicht statt. Die Delikte mussten über kurz oder lang auf ihn zurückfallen. Bis zur Aufdeckung hegte er die irrationale Hoffnung, die Beträge zurückzahlen zu können, indem er Lotto spielte.

Das pathologische Spielverhalten von Herrn M. entwickelte sich vor dem Hintergrund ehelicher Spannungen, die er aufgrund seines Harmoniestrebens und der Unfähigkeit, Konflikte offen auszutragen, nicht adäquat bewältigen konnte. Statt sich konstruktiv mit negativen Lebensaspekten auseinanderzusetzen, flüchtete er in die Spielhalle. Die glücksspielbedingten, stetig anwachsenden Probleme haben dann ihrerseits dazu beigetragen, das Spielverhalten zu verstärken und zu verfestigen. Für eine süchtige Persönlichkeitsentwicklung sprachen die zunehmenden Konflikte, soziale Ausgliederung und berufliche Dequalifizierung (nach gesicherter Existenz verlor er mehrfach wegen des Spielens die Arbeitsstelle), Zerstörung des Lebensentwurfes von einer »glücklichen Familie«, der Verlust an Selbstachtung, die Verflachung der Gefühlsempfindungen sowie die eingeengte Lebensführung.

In dem Urteil ging das Gericht von einer erheblichen Verminderung der Schuldfähigkeit aus und verurteilte Herrn M. – unter Berücksichtigung einer laufenden psychotherapeutischen Behandlung – zu einer Bewährungsstrafe.

Alkohol und Geldspielautomaten

Dem mehrfach vorbestraften 33-jährigen Herrn S. wurde von der Staatsanwaltschaft vorgeworfen, mehrere Videorecorder entwendet zu haben. In der ersten Instanz war er zu einer 10-monatigen Freiheitsstrafe ohne Bewährung verurteilt worden, wobei das Gericht (auch ohne Begutachtung) von einer verminderten Schuldfähigkeit ausgegangen war.

Wie sich in der Exploration herausstellte, hatte Herr S. schon sehr früh Geldspielautomaten ausprobiert, als er seine Eltern auf »Kneipentouren« begleitete und sie ihm Geld zum Spielen gaben, um ihn zu beschäftigen und abzulenken. Mit etwa 15 Jahren traf er sich häufiger mit seiner Peer-Group in einer

»Pommesbude«, in der sie gemeinsam Alkohol konsumierten und an Automaten spielten. Die notwendigen finanziellen Mittel organisierte er zunächst im familiären Umfeld, wenig später beging er auch Gelddiebstähle. Das weitere Leben wurde entscheidend durch die sich entwickelnden Abhängigkeiten vom Alkohol und vom Glücksspiel bestimmt. Phasenweise griff er auch zu illegalen Drogen. Drogenkonsum und Automatenspiele vertrugen sich aber – nach seinen Angaben – nicht: »Dieses totale Zumachen (…), das ging überhaupt nicht (…), ich musste mich ja auf Automaten konzentrieren«. Während des Spielens trank er deshalb auch nicht. Eine Lehre als Altenpfleger musste er nach einem Diebstahl abbrechen. In den ersten Verurteilungen wurde sein »extremes Spielverhalten« zwar thematisiert, ohne dass jedoch notwendige Konsequenzen in Form therapeutischer Maßnahmen gezogen wurden. Wohl ließ sich Herr S. später auf mehrere Alkoholentzugsbehandlungen ein und schloss sich einer Spieler-Selbsthilfegruppe an, vor einer grundlegenden Änderung seines Suchtverhaltens wich er aber aus.

Herr S. stammte aus ungünstigen Familienverhältnissen. Der Vater neigte zu hohem Alkoholkonsum (und verlor viel Geld beim Kartenspielen), die Mutter zeichnete sich durch einen ambivalenten Erziehungsstil aus (Prügelstrafen und Überprotektion). Die Eltern lebten in ständigem Streit und trennten sich, als Herr S. 13 Jahre alt war. Wegen epileptischer Anfälle und immer wieder auftretenden Magengeschwüren wurde er jahrelang behandelt. In der Schulklasse war er der Außenseiter und bisweilen sogar der Prügelknabe.

Emotionale Labilität, Unsicherheit, Ängstlichkeit und Introvertiertheit kennzeichneten seine Persönlichkeit. Anerkennung und Aufmerksamkeit erfuhr er erstmals in der Peer-Group, auch vermittelt über den Alkohol und das Glücksspiel. Deren psychotrope Wirkungen trafen auf den »idealen« Nährboden einer (polyvalenten) Suchterkrankung.

Zur Zeit der Taten lebte Herr S. mit seiner medikamentenabhängigen Ehefrau, die er während einer Entziehungskur kennengelernt hatte, und der gemeinsamen Tochter von der Sozialhilfe. Die Eheleute tolerierten das Suchtverhalten des Partners, gingen gemeinsam zum Spielen, obwohl es infolge der finanziellen Engpässe häufig zu Auseinandersetzungen kam. Um Geld zu beschaffen, entwendete Herr S. – nachdem er sich jeweils Mut angetrunken hatte – nach und nach mehrere Videorecorder aus verschiedenen Supermärkten. Der Erlös wanderte größtenteils umgehend in die Automaten. Obwohl er zwischendurch von der Polizei vernommen worden war, fuhr er mit den Diebstählen fort: »Irgendwie war das Spielen wichtiger in dem Moment als das Erwischtwerden.«

Das Gericht verwarf die Berufung. Der § 21 StGB kam zwar zur Anwendung, eine Strafaussetzung zur Bewährung erfolgte jedoch nicht. Als Begründung führte die Strafkammer an, dass Herr S. zur Tatzeit unter vierfacher Bewährungspflicht stand und wieder einschlägig straffällig geworden war. Obwohl das Bewährungsversagen auf das exzessive Verlangen nach dem Glücksspiel zurückgeführt wurde, erschien eine in Aussicht gestellte Behandlung für eine günstige Sozialprognose nicht ausreichend, da mehrfache Versuche von Herrn S., durch Therapien und Gesprächsgruppen seine »Spielleidenschaft« in den Griff zu bekommen, gescheitert waren.

Spekulationen an der Börse

Herr P., ein 38-jähriger leitender Mitarbeiter einer Volksbank, war angeklagt, Kundengelder veruntreut zu haben (Schaden: 1,43 Mio. EUR). Er stand das erste Mal vor Gericht.

Zusammen mit einer älteren und einer jüngeren Schwester wuchs Herr P. in geordneten familiären Verhältnissen auf. Zu beiden Elternteilen bestand eine feste emotionale Bindung, an notwendiger Zuneigung und Geborgenheit mangelte es ihm nicht. In der Beziehung zur älteren Schwester, die bessere Leistungen in der Schule zeigte, bestand ein ausgeprägtes Konkurrenzverhalten, das an seinem Selbstwertgefühl »nagte«. In den Erlebnisschilderungen aus der Kindheit und Jugend finden sich deutliche Hinweise auf eine erhöhte Risikobereitschaft sowie impulsive Verhaltensweisen. Im Alter von 3 Jahren trat erstmalig eine Asthma-Erkrankung auf, die bis zum 18. Lebensjahr immer wieder zu Erstickungsanfällen führte. Dennoch konnte er viel Sport treiben und war in einen großen Freundeskreis integriert.

Nach Abschluss der Hauptschule, einer Lehre als Großhandelskaufmann und der vierjährigen Verpflichtung zur Bundeswehr bewarb er sich auf eine Stellenanzeige der Volksbank. Im Selbststudium holte er die Ausbildung zum Bankkaufmann nach, nahm an Fortbildungsseminaren teil und machte bei der Bank Karriere. Er gründete eine Familie, zwei »Wunschkinder« wurden geboren, die Familie bezog ein Eigenheim. Bis zum Beginn spekulativer Börsengeschäfte führte Herr P. ein erkennbar glückliches Familienleben, finanzielle Sorgen bestanden nicht.

Im Rahmen der Ausbildung zum Bankkaufmann hatte er das Börsengeschäft kennengelernt und in den folgenden Jahren in sehr geringem Umfang mit eigenem Kapital Aktien erworben. In seiner späteren Funktion als Leiter der Vermögensberatung wickelte er zunehmend im Kundenauftrag Aktiengeschäfte ab. Sein Interesse für Börsentransaktionen wuchs, zumal er sehr erfolgreich tätig war. So gelang es ihm, durch geschickte Transaktionen das Depot eines Kunden im Laufe von zwei Jahren von 20000 auf rund 250000 EUR zu erhöhen. Zu dem An- und Verkauf von Aktien gesellten sich risikoreichere Börsentransaktionen wie Warentermingeschäfte und Devisenspekulationen. Herr P. erlebte, dass mit Spekulationsgeschäften, für die er verantwortlich zeichnete, in kurzer Zeit sehr viel Geld zu verdienen war. Der Versuch, zusammen mit einem Arbeitskollegen eine Vermögensberatungsfirma zu gründen, scheiterte allerdings schon nach wenigen Monaten an einer – nach eigenen Angaben – vor allem zu geringen Kapitaldecke und verlustreichen Dollarspekulationen.

Nach der Einführung des »Dax-Future« an der Deutschen Terminbörse, einer hochspekulativen Wette auf fallende oder steigende Dax-Kurse, erwirtschaftete Herr P. zunächst für seine Bankkunden ansehnliche Gewinne, an denen er beteiligt wurde. Erste Verluste führten – ohne Wissen der Kunden – zu einer Erhöhung der Einsätze, mit der Folge, dass er immer tiefer in die Verlustzone geriet. Zwischenzeitliche Gewinne bestärkten ihn in seinem Spekulationsverhalten, die aufgewandte Zeit für die Einholung von Informationen und Abwicklung der Dax-Future-Geschäfte steigerte sich, das Spekulieren wurde zu einem wesentlichen Lebensinhalt. Die Anzahl der gehandelten Kontrakte erhöhte sich sukzessive von 2 auf bis zu 1500 im Monat (Gegenwert pro Kontrakt: 5000 EUR). Er verlor die Kontrolle über die Spekulationsgeschäfte. Über seine Gedan-

ken und Gefühle nach erfolgreichen Transaktionen und Verlusten berichtet Herr P.:

»Ob 50000 oder 500000 DM, es war kein Unterschied. Man war froh, dass man gewonnen hat (…). Man hat das Gefühl, man kann nur gewinnen. Die Zufriedenheit, die Ausgeglichenheit in einem, wenn Sie im Plus drinstehen. Wenn Sie mit 200 (Kontrakten, d. Verf.) spielen und Sie machen 20 Punkte (Veränderungspunkte des Dax in der vorhergesagten Richtung, d. Verf.), haben Sie 400000 DM Gute. Dann sind Sie gut gelaunt. Dann kann Ihnen nichts mehr kommen, kann kommen wer will«.

Nach Verlusten: »Morgen ist ja noch ein Tag, 10000 DM ist keine Summe, so ging das (…). Ich habe ja nie mit weiteren Verlusten gerechnet, immer gedacht, bald kommt der große Gewinn. Da kommst du ohne Probleme wieder raus (…). Dat Kribbeln, wenn man im Minus liegt, wie kommt man wieder 'raus, ist 'ne Phase, ich will nicht sagen, dass die einem Spaß gemacht hat, aber die man irgendwie braucht«.

Um die Geschäfte finanzieren zu können, hatte Herr P. schließlich zumeist ohne Wissen der Kunden eingerichtete Konten benutzt, und um Verluste gegenüber dem Bankvorstand zu verbergen, eigenmächtig die Kreditlinien erhöht.

Bei Herrn P. war die Diagnose eines pathologischen Spielverhaltens zu stellen, dessen Entstehung und Aufrechterhaltung vor dem Hintergrund von Persönlichkeitseigenschaften wie eine ausgeprägte Risikobereitschaft und Impulsivität sowie dem Bedürfnis nach Stimulation zu betrachten sind. Er suchte Reize und Anerkennung, um sich wohl zu fühlen. Beides vermittelte ihm das Spekulieren an der Börse. Eine mangelnde Selbstkritik und Selbstüberschätzung, die Ausblendung von Misserfolgen und Schuldzuweisungen an äußere Bedingungen sowie illusionäre Kontrollüberzeugungen nach der intensiven Beschäftigung mit dem Börsengeschehen nährten die Hoffnung auf erfolgreiche Spekulationsgeschäfte. Die Übernahme der »Chase-Philosophie« als vermeintliches Erfolgsrezept nach ersten Verlusten förderte die Fehlentwicklung mit der ihr eigenen Dynamik – bis hin zur Begehung der Veruntreuungsdelikte. In der Fortführung der Spekulationsgeschäfte mit erhöhten Einsätzen, die er über die Manipulationen von Kundenkonten finanzierte, sah er die einzige erfolgversprechende Chance, die wachsenden Probleme zu bewältigen.

Da sich keine Anhaltspunkte für gravierende Persönlichkeitsveränderungen in Folge des pathologischen Spielverhaltens bei Herrn P. fanden, kam eine Anwendung der §§ 20, 21 StGB nicht in Betracht. Das Gericht verurteilte Herrn P. zu einer Freiheitsstrafe von vier Jahren.

6.5   Geschäftsfähigkeit

Psychische Erkrankungen können zu einer Aufhebung der Geschäftsfähigkeit des Betroffenen führen. Die Geschäftsfähigkeit ist eine Voraussetzung für die Teilnahme am allgemeinen Rechtsverkehr, d.h. für den Abschluss von bindenden Verträgen mit einzuhaltenden Verpflichtungen. Die gesetzlichen Grundlagen liefern die §§ 104, 105 des Bürgerlichen Gesetzbuches (BGB). Die Bestimmungen gehen von dem Regelfall der Geschäftsfähigkeit eines volljährigen Menschen aus und benennen mögliche Aufhebungsgründe. Dabei wird juristisch einerseits nach der **Schwere** der psychischen Erkrankung unterschieden, mit der Folge, dass eine geistig erkrankte Person je nach der Schwere ihrer Krankheit entweder weiterhin geschäftsfähig bleibt oder als geschäftsunfähig behandelt wird; andererseits nach der **Dauer** der psychischen Beeinträchtigung, womit bloße Rauschzustände von der psychischen Erkrankung abgegrenzt werden (Diederichsen, 1994). Rechtlich ist weiterhin bedeutsam, dass eine Geschäftsunfähigkeit im zivilrechtlichen Verfahren nachzuweisen ist, in Zweifelsfällen gilt das Gegenteil.

Geschäftsunfähig ist nach § 104 Nr. 2 BGB, wer sich in einem die freie Willensbestimmung ausschließenden Zustand krankhafter Störung der Geistestätigkeit befindet, sofern nicht der Zustand seiner Natur nach ein vorübergehender ist. Nach § 105 Abs. 2 BGB ist nichtig auch eine Willenserklärung, die im Zustande der Bewusstlosigkeit oder vorübergehender Störung der Geistestätigkeit abgegeben wird.

6.5.1   Zivilrechtliche Beurteilung

In diesem Zusammenhang stellt sich die Frage, ob ein pathologischer Spieler noch in der Lage ist, seinen Willen frei und von Krankheit unbeeinflusst zu bilden und nach zutreffend gewonnenen Einsichten zu handeln.

Langelüddecke & Bresser (1976) verweisen darauf, dass der Gesetzgeber nur bei eindeutig schweren Störungen, wie hirnorganischen Erkrankungen, Schwachsinnszuständen, akut psychotischen Zuständen oder manischen Syndromen an eine Aufhebung der Geschäftsfähigkeit gedacht hat. Würde jede Abweichung von der Norm zur Geschäftsunfähigkeit führen, müsste das unerträgliche Konsequenzen im Geschäftsleben nach sich ziehen (ebda, S. 369). Bei Persönlichkeitsstörungen ist es nach Foerster (1994, S. 611) kaum möglich, konkrete Voraussetzungen für Geschäftsunfähigkeit zu benennen; bei Abhängigkeitserkrankungen nur dann, wenn diese zu Folgeerkrankungen mit eindeutiger hirnorganischer Symptomatik geführt haben. Schumann & Lenckner (1972) vertreten dagegen die Auffassung, dass bei hochgradiger Psychopathie (im allgemeinen Sinn von Persönlichkeitsstörungen) und Persönlichkeitsverfall bei chronischem Rauschmittelgebrauch eine Aufhebung der freien Willensbestimmung nicht auszuschließen ist. Ähnlich argumentieren von Oefele & Saß (1994), die bei Neurosen und Persönlichkeitsstörungen in extrem zugespitzten und sehr seltenen Ausnahmefällen (etwa in suizidalen Krisensituationen) sowie bei Suchterkrankungen, die zu sekundären hirnorganischen Schädigungen oder aber zu einer überdauernden Wesensänderung geführt haben, eine Aufhebung der Geschäftsfähigkeit für denkbar halten.

Weitgehende Einigkeit besteht jedoch darin, dass eine Willenserklärung im Zustand der Volltrunkenheit (bei einem Blutalkoholgehalt von mehr als 3‰) oder anderer Rauschzustände unter die Vorschrift des § 105 Abs. 2 BGB fällt, ebenso wie Epilepsie und hirnorganische oder sonstige toxische, aber auch durch Fieber und Hypnose herbeigeführte Bewusstseinseinengungen (Langelüddecke & Bresser, 1976; Diederichsen, 1994).

Die Vorschrift des § 104 Nr. 2 BGB kann sich auch auf einen bestimmten, gegenständlich abgegrenzten Kreis von Angelegenheiten beschränken. In diesem Fall äußert sich die Erkrankung nur bei bestimmten Vorgängen oder in einem bestimmten Lebensbereich – wie beispielsweise bei Wahnbildungen im Rahmen krankhafter Eifersucht. Eine solche **partielle Geschäftsunfähigkeit** wird bei Alkohol-

und Drogenabhängigen nicht ausgeschlossen. Für die Feststellung, dass ein Alkoholsüchtiger partiell geschäftsunfähig ist, reicht allerdings die bloße Diagnose über den Grad des Alkoholismus regelmäßig nicht aus. Voraussetzung ist vielmehr, dass entweder die Sucht die Folge einer Geisteskrankheit ist oder der durch die Sucht verursachte Persönlichkeitsabbau bereits den Grad einer Geisteskrankheit erreicht hat (Diederichsen, 1994, unter Bezug auf ein Urteil des BayObLG, Neue Juristische Wochenschrift, 1990, 774). Vor dem Hintergrund der bisherigen Ausführungen kommt auch bei pathologischen Spielern eine Aufhebung der freien Willensbestimmung in Betracht, falls sich ein Persönlichkeitsverfall infolge der Suchterkrankung nachweisen lässt oder die Spielsucht die Folge einer krankhaften Störung ist. Gleichfalls ist in Erwägung zu ziehen, dass ein pathologischer Spieler im Zustand des Spielrausches partiell geschäftsunfähig ist. In dem von süchtigen Spielern erlebten und geschilderten Rauschzustand sind sie nachvollziehbar nicht mehr in der Lage, die Entscheidungen von vernünftigen Erwägungen abhängig zu machen. In dieser Situation sind die der Willensbestimmung zugrundeliegenden Denk- und Bewertungsabläufe nicht mehr rational und abwägend, sondern durch schwerwiegende psychische Störeinflüsse deformiert. Von der Sucht- und Rauschdynamik getrieben unterschreiben die Betroffenen alles, um an Geld zu kommen. So halten sich beispielsweise in bundesdeutschen Spielbanken private Kreditvermittler auf, die Bargeld an Spieler im Spielrausch zu einem Zinssatz von 10 % pro Tag vergeben – mit Erfolg. Dass sich Spieler auf derartige Geschäfte einlassen, deutet auf eine vorübergehende Störung der Geistestätigkeit hin. Eine partielle Geschäftsunfähigkeit, bezogen auf das Glücksspiel und die damit verbundenen Geschäfte, wäre in diesem Fall denkbar, ganz abgesehen davon, dass es sich hierbei um Wucher handelt und derartige Kreditvergaben ohnehin sittenwidrig sind.

Eine sichere Beurteilung der Geschäftsfähigkeit ist allerdings bei pathologischen Spielern mit erheblichen Schwierigkeiten verbunden, zumal der Erkenntnisgewinn retrospektiv erfolgen muss. Die Frage, ob eine krankhafte Störung der Geistestätigkeit vorliegt, lässt sich zwar in einem ersten Schritt über eine umfassende Diagnostik klären. Ob zu oder ab einem bestimmten Zeitpunkt infolge der Störung

ein Ausschluss der freien Willensbestimmung anzunehmen ist, ist dagegen nur schwer nachzuweisen. Für glücksspielbezogene Rauschzustände fehlen zudem (bisher) physiologische Parameter, ein Verweis – wie beim Alkohol – auf den Blutalkoholgehalt ist nicht möglich. Dennoch lassen sich entsprechende Auswirkungen auf die freie Willensbestimmung bei pathologischen Spielern nicht von vornherein ausschließen, wie die vorliegenden Anhaltspunkte im Erleben und Verhalten der Betroffenen in der Spielsituation oder im Persönlichkeitsabbau nach jahrelangem chronischen Verlauf der »Spielerkarriere« dokumentieren.

Eine Bestätigung dieser Ansicht findet sich in einem Urteil des OLG Zweibrücken vom 12.03.1998 (4U182/96), in dem einem süchtigen Spieler partielle Geschäftsunfähigkeit zuerkannt wurde. Der Spieler hatte einen auf ihn bezogenen Wechsel über 20000 EUR unterschrieben, der bei Fälligkeit nicht eingelöst worden ist. Er hatte jahrelang von morgens bis abends an Geldspielautomaten in den Räumen des Wechselinhabers gespielt und Spielschulden angehäuft. Nach Auffassung des Gerichtes stehen dem Kläger die geltend gemachten Ansprüche aus dem Wechsel nicht zu, weil der der Hingabe des Wechsels zugrundeliegende Begebungsvertrag nichtig ist. Dabei beruft sich das Gericht auf ein Sachverständigengutachten, nach dem der Spieler zum Zeitpunkt des Vertragsabschlusses in Folge des für ihn nicht mehr kontrollierbaren und ohne fremde Hilfe nicht mehr steuerbaren Verlangens nach dem Glücksspiel im Sinne des § 104 Nr. 2 BGB partiell geschäftsunfähig war.

Die Nichtigkeit des Wechselbegebungsvertrages ergibt sich darüber hinaus nach Ansicht des Gerichtes aus der Sittenwidrigkeit der ihm zugrundeliegenden Darlehnsverträge (§ 138 BGB). Der Kläger wusste um die Spielsucht des Beklagten und dass dieser die ihm zur Verfügung gestellten Beträge (in Höhe von bis zu 400 EUR pro Tag) zur sofortigen Befriedigung der Sucht an den Spielautomaten verwendete. Eine unter diesen Umständen erfolgte Darlehnsgewährung verstößt gegen das Anstandsgefühl aller gerecht Denkenden.

Ein Zustand vorübergehender Störung der Geistestätigkeit im Sinne des § 105 Abs. 2 BGB war nach Auffassung des OLG Hamm (Urteil vom 07.10.2002,

Az. 13 U 119/02) einer der Gründe, warum zwischen einem Spielsüchtigen und einer Spielbank keine wirksamen Spielverträge geschlossen werden konnten. Der süchtige Spieler hatte, obwohl bundesweit für Spielbanken gesperrt, ungehindert Zutritt zum Automatensaal des Kasinos erlangt und dort mehr als 44000 EUR verspielt. Das Geld zum Spielen wurde ihm im EC-Cash-Verfahren an der Kasse der Spielbank direkt vom Konto abgebucht. Der Fachverband Glücksspielsucht, an den der Spieler seine Ansprüche abgetreten hatte, verklagte das Kasino auf Rückzahlung der Spieleinsätze: mit Erfolg. Das Kasino musste den eingeklagten Teil der Einsätze zurückzahlen, weil aufgrund der Spielsperre kein wirksamer Spielvertrag zustande kam und der Spieler aufgrund seiner Spielsucht zur fraglichen Zeit partiell geschäftsunfähig war.

6.6   Volkswirtschaftliche Kosten

Schätzungen der volkswirtschaftlichen Kosten des pathologischen Glücksspiels gibt es für die Bundesrepublik Deutschland bislang nicht. Zweifellos stehen den vorteilhaften sozioökonomischen Auswirkungen des Glücksspiels, wie Einnahmen des Staates, Schaffung von Arbeitsplätzen und wirtschaftliche Impulse in Angebotsregionen, aber **nicht unerhebliche Aufwendungen**, beispielsweise für ambulante und stationäre Behandlungsmaßnahmen süchtiger Spieler, gegenüber. Kostenbelastungen entstehen weiterhin durch die Beschaffungskriminalität, Strafverfahren und den Strafvollzug, durch den Ausfall an Arbeitsleistungen, durch notwendige Hilfen zum Lebensunterhalt der Betroffenen sowie durch Forschungsförderung und präventive Maßnahmen. Vermutlich ist die zurückhaltende Berücksichtigung von Kosten-Nutzen-Analysen durch den Staat interessengeleitet, denn er muss erst dann auf die selbstbestimmte Expansionswelle mit restriktiven Regelungen reagieren, wenn derartige Kostenrechnungen auf dem Tisch liegen und das Glücksspiel den »Goldflöz-Charakter« verloren hat.

In seiner Analyse der ökonomischen Auswirkungen des Glücksspielbooms in den USA zieht Goodman (1995) das Fazit, dass damit für die meisten Kommunen keine Erfolgsstory verbunden sei – abgesehen von einigen äußerst notleidenden Gemeinden und Indianerreservaten. Das Glücksspiel unterscheide sich letzten Endes durch die hohen finanziellen Lasten (infolge der Zunahme problematischen Spielverhaltens) von anderen Wirtschaftszweigen. Die Kommunen erhofften sich durch das Glücksspiel eine Wiederbelebung der Wirtschaft. Statt dessen seien die finanziellen Lasten eine »ökonomische Zeitbombe«, die zukünftig weitaus höhere Kosten und größere Probleme bereite, als vor der Einführung des Glücksspiels vorhanden gewesen seien.

Die vorliegenden Kostenanalysen sind jedoch von verschiedener Seite wegen der unklaren Definition sozialer Kosten und inadäquaten Erhebungsmethoden (Walker, 2003; Walker & Barnett, 1999) sowie des fehlenden theoretischen Rahmenmodells einer Kosten-Nutzen-Analyse (Collins & Lapsley, 2003) kritisiert worden. Die methodischen Herausforderungen derartiger Studien und ökonomische Leitlinien für zukünftige Kostenberechnungen diskutiert Eadington (2003). Die amerikanische National Gambling Impact Study Commission (1999) konnte sich vor diesem Hintergrund nicht auf konkrete Kostenangaben einigen.

Für Australien beziffert die Productivity Commission (1999, S. 9.1) die jährlichen Kosten eines problematischen Spielers mit Beträgen von 6000–19000 AUD. Dies führt bei 293000 betroffenen Spielern (2,1% der Bevölkerung) zu einer Gesamtbelastung der Gesellschaft in Höhe von 1,8–5,6 Mrd. AUD. Unter Einbeziehung des Nutzens von Glücksspielen für die Konsumenten (einschließlich der Steuereinnahmen), der für 1997/98 mit jährlich 4,4–6,1 Mrd. AUD angegeben wird, reichen die Schätzungen von sozialen Kosten in Höhe von 1,2 Mrd. AUD bis hin zu einem finanziellen Vorteil in Höhe von 4,3 Mrd. AUD. Dabei bestehen deutliche Unterschiede zwischen verschiedenen Spielformen. Während Lotterien einen klaren Nettogewinn einspielen, schließen Spielautomaten sowie Sport- und Pferdewetten die Möglichkeit eines Nettoverlustes mit ein (Productivity Commission, 1999, S. 32).

6.7   Zusammenfassung

Die Folgen der Spielsucht betreffen sowohl den Spieler als auch dessen soziales Umfeld:

Finanzielle Situation und Verschuldung: Obwohl Spieler äußerst kreativ bei der Beschaffung von Spielkapital vorgehen, lässt sich ein süchtiges Spielverhalten auf Dauer meist nur durch massive Verschuldung bei Kreditinstituten, Angehörigen oder bei anderen »Zockern« aufrechterhalten.

Emotionale Belastungen und Suizidalität: Wie bei Suchtkranken allgemein ist auch bei pathologischen Spielern von einer erhöhten Suizidgefährdung auszugehen. Aufgrund von psychosozialen Belastungen (z. B. hohe Verschuldung, familiäre und berufliche Probleme) kann es zu depressiven Verstimmungen und negativer Selbstbewertung bis hin zu Suizidgedanken und -versuchen kommen.

Auswirkungen auf die Familie: Sowohl die innerfamiliären Beziehungen als auch die persönliche Entwicklung der einzelnen Familienmitglieder werden durch die Spielsucht in gravierender Weise beeinträchtigt. Zusätzlich zu finanziellen Engpässen stellt das konkrete Zusammenleben mit dem Spieler, der nicht nur häufig abwesend ist, sondern sich auch **emotional** zunehmend von der Familie distanziert, eine erhebliche Belastung dar. Anfängliche Besorgnis geht zunehmend in Misstrauen und Zweifel an der Glaubwürdigkeit des Spielers über, schließlich kennzeichnen Enttäuschung, Hoffnungslosigkeit und Schuldgefühle die Familienatmosphäre. Substanzmissbrauch, psychosomatische Symptome und Suizidgedanken von Familienangehörigen lassen sich als Anzeichen für die nicht mehr (anders) zu bewältigenden Belastungen verstehen. Scheidungen/Trennungen sind in Spielerfamilien überdurchschnittlich häufig.

Beschaffungskriminalität: Ein hoher Prozentsatz pathologischer Spieler begeht Eigentums- und Vermögensdelikte. Bei steigender Spielintensität und dem damit verbundenen Schwinden finanzieller Ressourcen stößt der Spieler zunehmend auf Schwierigkeiten, das benötigte »Spiel-Geld« zu beschaffen. Der Handlungsdruck infolge der süchtigen Bindung lässt Moralvorstellungen und individuelle Werte in den Hintergrund treten, illegale Möglichkeiten der Geldbeschaffung werden in Erwägung gezogen bzw. in die Tat umgesetzt (subjektiv jedoch häufig als »vorübergehendes Ausleihen« gerechtfertigt). Suchtbedingte Persönlichkeitsveränderungen (z. B. Verlust sozialer Verantwortlichkeit) erleichtern das Überwinden moralischer Hemmschwellen.

In empirischen Untersuchungen erwiesen sich das Suchtverhalten und die Persönlichkeit als bedeutsame Prädiktoren strafbarer Handlungen im Rahmen einer »Spielerkarriere«. Vor allem antisoziale Persönlichkeitszüge legen eine differenzierte Betrachtungsweise nahe: Während bei der Mehrzahl der Spieler antisoziale Verhaltensweisen erst **infolge** des Spielverhaltens und damit verbundener finanzieller Probleme auftreten (sich Delinquenz also **primär** durch die Spielsucht erklären lässt), stellen antisoziale Persönlichkeitsanteile, die bereits **früh** in der Lebensentwicklung erkennbar sind, einen zusätzlichen Risikofaktor dar. Darüber hinaus sind jedoch weitere kriminogene Faktoren zu berücksichtigen, wie z. B. das Alter (d. h. die Entwicklungsphase, insbesondere der Stand der **moralischen** Entwicklung) und der soziale Kontext (soziale und berufliche Situation).

Im Rahmen der **strafrechtlichen Beurteilung** delinquenter Spieler gilt es abzuklären, ob eine Anwendung der §§ 20, 21 StGB (Schuldunfähigkeit wegen seelischer Störungen bzw. verminderte Schuldfähigkeit) in Betracht zu ziehen ist. Die Beurteilung der Schuldfähigkeit erfordert ein zweistufiges Vorgehen. Zunächst ist zu prüfen, ob für den Tatzeitraum bei dem Täter die Diagnose eines pathologischen Spielverhaltens (nach ICD-10, DSM-IV, gegebenenfalls untermauert durch die Pathogenese) zu stellen ist. Erst die Feststellung, dass das süchtige Spielverhalten in psychopathologische Bedingungen eingebettet ist, die auch im Rechtssinn als krankhaft anzusehen sind, kann jedoch zur Anwendung der §§ 20, 21 StGB führen. Ist eine Zuordnung zur juristischen Kategorie »schwere andere seelische Abartigkeit« gerechtfertigt (u. a. bedingt durch Persönlichkeitsveränderungen), sind kausale Zusammenhänge zwischen der psychischen Störung und der begangenen Straftat zu hinterfragen. Als Folge der psychopathologischen Entwicklung sind bei süchtigen Spielern Auswirkungen auf die Steuerungsfähigkeit anzunehmen. Diese Auswirkungen gilt es in einem zweiten Schritt abzuklären, um zu einer schuldangemessenen Beurteilung zu gelangen.

Je nach Schweregrad und Dauer können psychische Erkrankungen, die die freie Willensbestimmung ausschließen, einen Grund für die Aufhebung der **Geschäftsfähigkeit** des Betroffenen darstellen (§§ 104, 105 BGB). Dabei ist jedoch strittig, ob diese Paragraphen auch in Bezug auf Suchtkrankheiten allgemein bzw. Spielsucht im besonderen Anwendung finden sollten. Äußert sich die Erkrankung nur bei bestimmten Vorgängen oder in einem bestimmten Lebensbereich, kann die Geschäftsfähigkeit **partiell** aufgehoben werden. Dies setzt – bezogen auf pathologische Spieler – voraus, dass die Spielsucht entweder Folge einer krankhaften Störung ist oder in massiver Weise zum Verfall der Persönlichkeit geführt hat oder der Betroffene aufgrund eines Spielrausches nicht mehr in der Lage war, Entscheidungen von vernünftigen Erwägungen abhängig zu machen. Problematisch erscheint dabei, retrospektiv den Einfluss der Spielsucht auf die freie Willensbestimmung in der Situation des Vertrags- bzw. Geschäftsabschlusses nachzuweisen.

Volkswirtschaftliche Kosten: Während die Glücksspielindustrie dem Staat zwar Einnahmen in Milliardenhöhe verschafft, lassen sich die staatlichen Ausgaben, die durch die Spielsucht entstehen, aus der Auflistung der einzelnen Kostenfaktoren nur erahnen: Die Finanzierung von ambulanter bzw. stationärer Behandlung, Strafverfahren und -vollzug, Ausfällen von Arbeitsleistungen, notwendigen Hilfen zum Lebensunterhalt, Forschungsförderung und präventiven Maßnahmen lässt Glücksspiele (auch) für den Staat zu einem »teuren Vergnügen« werden.

Angesichts der sowohl auf individueller als auch auf sozialer Ebene entstehenden finanziellen und psychosozialen »Kosten« süchtigen Spielverhaltens wird die hohe gesellschaftliche und therapeutische Relevanz dieses Störungsbildes ebenso deutlich wie die Notwendigkeit, effektive Präventions- und Behandlungskonzepte zu entwickeln bzw. umzusetzen. Vor dem Hintergrund der beschriebenen Komplexität von Entstehungsbedingungen und Folgen pathologischen Glücksspiels erscheint für präventive wie auch therapeutische Maßnahmen ein multidimensionales und interdisziplinäres Vorgehen sinnvoll, das nicht nur das Erleben und Verhalten, die Kognitionen und Persönlichkeitsmerkmale des Spielers, sondern auch den familiären, beruflichen und finanziellen Kontext berücksichtigt.

Diesem Gedanken wird in den folgenden Kapiteln Rechnung getragen, in denen eine breite Darstellung des Spektrums verschiedener Behandlungsmaßnahmen erfolgt und auf diverse Ansatzpunkte der Prävention hingewiesen wird.

7 Selbsthilfegruppen

Die ersten psychologisch-therapeutischen Selbsthilfegruppen wurden in den Vereinigten Staaten gegründet (Moeller, 1978). Als Pioniere auf diesem
Gebiet gelten die »**Anonymen Alkoholiker**« (AA),
die sich im Mai 1935 zusammengeschlossen haben.
Da sich der Alkoholismus zu einer bleibenden
»Volksseuche« entwickelte, hat diese Organisation
nach wie vor eine außerordentliche Verbreitung. Als
Grundlage für die Bildung dieser Selbsthilfegruppe
kann die Einsicht betrachtet werden, dass von **gemeinsamen Gesprächen** eine **therapeutische Kraft**
ausgeht.

Im September 1957 fand das erste Treffen der
»Gamblers Anonymous« (GA) in den Vereinigten
Staaten statt, wobei versucht wurde, das Genesungsprogramm der AA auf die Spielsucht anzuwenden.
Inzwischen gibt es mehr als 1000 Gruppen; allein zwischen 1995 und 1998 ist die Anzahl der Meetings um
36% angestiegen (National Research Council, 1999).
In Anlehnung an die Angehörigengruppen der Anonymen Alkoholiker (Al-Anon) kam die Gründung
von **Gam-Anon-Gruppen** hinzu, in denen Angehörige und Freunde der Spieler die Möglichkeit haben,
ihre persönlichen Probleme im Zusammenleben mit
dem suchtkranken Spieler zu bewältigen.

Neben den Anonymen Spielern (GA; ▶ Anhang
A) haben sich weitere Selbsthilfegruppen und -verei-
nigungen für suchtkranke Spieler etabliert, wie das
Selbsthilfenetzwerk »Self Management And Recovery Training (S.M.A.R.T.) Recovery« in den USA
(Schmidt, 2001). Sie sind in Anlehnung an Suchtberatungsstellen und andere – von den AA unabhängigen – Alkoholikerselbsthilfeorganisationen entstanden (Arenz-Greiving, 1989). Daneben gibt es auch
Beispiele dafür, dass Spieler Freundeskreise für

Suchtkranke besuchen, in denen hauptsächlich
stoffgebundene Suchtformen vertreten sind.

7.1 Programm der Gamblers Anonymous (GA)

Den Grundsätzen der AA entsprechend bilden die
»12 Schritte« (s. u.) und »12 Traditionen«, mit geringfügigen Änderungen, das Genesungsprogramm
der GA. Der suchtkranke Spieler soll sich in seinem
täglichen Leben an diesen Schritten orientieren, um
zu einem »neuen Leben« und neuen Selbstwertgefühl – ohne zu spielen – zu gelangen. Dabei sind die
hier ausführlicher-dargestellten »12 Schritte« nicht
als Gebote gedacht, sondern als Empfehlungen und
Anregungen. Im Laufe der Jahre haben sich viele
verschiedene Interpretationen zu den einzelnen
Schritten ergeben (Neuendorff & Schiel, 1982;
Galmblers Anonymous, 1984b; Meyer, 1989a, Anonyme Spieler, 1996, 1998).

Schritt 1:
Wir gaben zu, dass wir dem Spielen gegenüber
machtlos sind – und unser Leben nicht mehr meistern konnten.

Im 1. Schritt soll der abhängige Spieler erkennen, dass er
dem Spielen gegenüber machtlos ist, und lernen, die Wahrheit über die Abhängigkeit vom Glücksspiel zu akzeptieren
– dass es eine **unheilbare fortschreitende Krankheit** ist,
die durch völlige Abstinenz vom Glücksspiel lediglich zum
Stillstand gebracht werden kann. Das Eingeständnis der
persönlichen Ohnmacht gegenüber dem Glücksspiel, das
sein Leben bestimmte und seine finanzielle, familiäre, berufliche und soziale Lebensgrundlage zerstört hat, sowie
das Wissen, so nicht weiterleben zu können und es alleine
nicht zu schaffen, sollen dem Spieler die innere Kraft geben
(ihn motivieren), Hilfe von einer »höheren Macht« anzunehmen, Verantwortung zu übernehmen und Bereitschaft für
weitere Lernprozesse zu zeigen. Durch die **bedingungs-
lose Kapitulation** sollen nicht länger Phantasien genährt
werden, das Glücksspiel kontrollieren zu können.

Schritt 2:
Wir kamen zu dem Glauben, dass eine Macht, größer als wir selbst, uns unsere geistige Gesundheit
wiedergeben kann.

□ **Abb. 7.1.** Der Weg zu den Anonymen Spielern: bis zum
Schluss ein Glücksspiel

Bisher war das Glücksspiel die Macht, die den Spieler beherrschte und zerbrach. Der Spieler soll jetzt entscheiden, ob er eine »höhere Macht« annehmen will, die eine von außen kommende Quelle der Kraft darstellt und stärker als Willenskraft und Selbstbestimmung ist. Mit der »höheren Macht« muss nicht »Gott« gemeint sein, sondern es kann darunter auch die psychologische und emotionale Unterstützung durch die Gemeinschaft oder die Gruppe verstanden werden.

Schritt 3:

Wir fassten den Entschluss, unseren Willen und unser Leben der Sorge Gottes – wie wir ihn verstanden – anzuvertrauen.

Wenn das GA-Mitglied erst einmal sein Leben der Obhut einer »höheren Macht« anvertraut hat, ist eine große Last von seinen Schultern genommen. Im Glauben an die »höhere Macht« festigt sich seine **Sicherheit** und das **Zutrauen in die Zukunft**, die tiefsitzende und unbegründete Furcht schwindet, ein Gefühl der Erleichterung und der Befreiung tritt ein. Frei von den Beschränkungen des Ego soll der Spieler versuchen, nach den Idealen der Macht zu leben, die größer ist als er selbst. Glaube allein führt nicht zu einer normalen Lebensweise, aber Glaube verbunden mit dem positiven Entschluss, sich einer »höheren Macht« anzuvertrauen, bringt den Spieler auf den Weg der Genesung.

Schritt 4:

Wir machten gründlich und furchtlos eine moralische und finanzielle Inventur in unserem Inneren.

Der 4. Schritt soll zu einer umfassenden **Selbsterkenntnis** anleiten, mit dem Ziel, sich selbst kennenzulernen, das Selbstbild zu akzeptieren und auf dieser Basis anzufangen, sich zu ändern. Die moralische Bestandsaufnahme soll sich nicht nur auf negative Charaktereigenschaften wie Selbstsucht, Habgier, Neid, Selbstmitleid, Unehrlichkeit, Selbsttäuschung, Ungeduld und Intoleranz beschränken, sondern auch die positiven Seiten wie Freundlichkeit, Einfühlungsvermögen, Bescheidenheit, Güte, Würde, Toleranz und Ehrlichkeit aufdecken. Sie sollte schriftlich erfolgen und in einem Abstand von ein/zwei Jahren auch wiederholt werden, um den eigenen Genesungsprozess auf der Basis des GA-Programms zu verfolgen.

Im Gegensatz zu AA weist GA ausdrücklich auf die Bedeutung einer **finanziellen Inventur** hin. Der Spieler soll eine Liste aller Schulden erstellen, die sich als Folge des Glücksspiels angehäuft haben. Außerdem soll er noch vorhandene Vermögenswerte und das Einkommen anführen. Die Auseinandersetzung mit der finanziellen Situation gilt als eine **wesentliche Voraussetzung** für eine **wirkliche Wesensänderung**.

Schritt 5:

Wir gaben Gott, uns selbst und einem anderen Menschen gegenüber unverhüllt unsere Fehler zu.

Nach der moralischen und finanziellen Bestandsaufnahme ist es nach Ansicht von GA erforderlich, dass der abhängige Spieler die Erkenntnis mit einem andern Menschen – einer Vertrauensperson innerhalb oder außerhalb der GA-Gemeinschaft – teilt. Indem er offen sein Fehlverhalten enthüllt, werden Druck und Angst von ihm genommen. Ein **bekennendes Gespräch** hat eine befreiende und erlösende Wirkung. Der Spieler praktiziert damit Bereitwilligkeit zur Verhaltensänderung und gewinnt neue Perspektiven.

Schritt 6:

Wir waren völlig bereit, all diese Charakterfehler von Gott beseitigen zu lassen.

Im 6. Schritt soll der pathologische Spieler seine Bereitschaft zu einer allmählichen **Veränderung seiner Eigenschaften** zeigen. Er wird ermutigt, dem Veränderungsprozess aufgeschlossen entgegenzusehen und darauf zu vertrauen, dass ein neues und besseres Selbst zum Vorschein kommen wird. Eine völlige Beseitigung der Charakterfehler wird nicht erwartet.

Schritt 7:

Demütig baten wir ihn, unsere Mängel von uns zu nehmen.

Der 7. Schritt empfiehlt, die erkannten Charakterfehler mit **Demut** aufzuarbeiten. Demut bedeutet Ablegen der Ichbezogenheit, Mut im Sinne von Bereitschaft und Aufgeschlossenheit. Durch Demut kann sich **aus Schwäche Kraft entwickeln**. Der Spieler braucht sich in dem fortwährenden Veränderungsprozess nicht allein zu fühlen, wenn er sich der »höheren Macht« anvertraut. Sie kann ihm eine ständige Quelle der Kraft und Hoffnung sein.

Schritt 8:
Wir machten eine Liste aller Personen, denen wir Schaden zugefügt hatten, und wurden willig, ihn bei allen wiedergutzumachen.

Die meisten abhängigen Spieler sind sich bewusst, dass sie viele Menschen finanziell geschädigt haben, aber selten ist ihnen klar, wieviel **psychisches** Leid sie angerichtet haben. Auf der Liste sollen hinter den einzelnen Namen der geschädigten Personen die Verfehlungen aufgeführt werden und – soweit möglich – **Wiedergutmachung** erfolgen. Damit sollen die in der Vergangenheit gestörten zwischenmenschlichen Beziehungen neu geordnet, die Verdrängung von Schuldgefühlen ausgeschlossen und die Einsamkeit und Isolation aufgehoben werden.

Schritt 9:
Wir machten bei diesen Menschen alles wieder gut – wo immer es möglich war, es sei denn, wir hätten dadurch sie oder andere verletzt.

Das GA-Mitglied wird angehalten, den im vorangegangenen Schritt enthaltenen Vorsatz nach besten Kräften **auszuführen**. Durch Wiedergutmachung befreit sich der Spieler von der Last seiner Schuldgefühle. Gleichgültig in welcher Form er sie leisten muss (um Verzeihung bitten, Schulden abtragen etc.), er soll darauf bedacht sein, seine eigene Leistungsfähigkeit nicht zu überschreiten. Er kann nicht alles auf einmal bewältigen, sondern nur langsam, wie im gesamten Programm: Schritt für Schritt. Manchmal ist eine Wiedergutmachung nicht möglich, weil sie anderen schaden würde oder beide Seiten unfähig sind, miteinander zu kommunizieren.

Schritt 10:
Wir setzten die Inventur bei uns fort, und wenn wir unrecht hatten, gaben wir es sofort zu.

Dem Spieler wird empfohlen, die **Selbsterforschung zur Gewohnheit** werden zu lassen und die **Selbsterkenntnis zu erweitern**. Es soll eine **ständige Auseinandersetzung** mit den eigenen Reaktionen und den alltäglichen Problemen und Konflikten stattfinden. Das rechtzeitige Eingeständnis eines Fehlverhaltens führt zu einer Katharsis der Angst, Depression und des Gefühls der Verlassenheit, wie sie zuvor erlebt wurde. Die Ausführung des 10. Schrittes hilft, neue Lösungen für auftauchende Probleme zu finden, Selbstbeherrschung zu entwickeln und für Handlungen

Verantwortung zu übernehmen. Sie fördert damit das **Selbstwertgefühl** sowie allgemein die **emotionale Stabilität**.

Schritt 11:
Wir suchten durch Gebet und Besinnung die bewusste Verbindung zu Gott – wie wir ihn verstanden – zu vertiefen. Wir baten ihn, nur seinen Willen erkennbar werden zu lassen und uns die Kraft zu geben, ihn auszuführen.

Der pathologische Spieler soll im Glauben an eine »höhere Macht« neue Kräfte schöpfen. Der Schritt wendet sich gegen die Haltung, die das Leben aus eigener Kraft meistern und kontrollieren will. Über Gebete und Besinnung soll der Spieler den Zugang zu Gott, von dem jeder sein eigenes Verständnis einbringen kann, finden. Beten bedeutet auch: Sich-öffnen, die Hand ausstrecken und In-Berührung-kommen – wichtige Eigenschaften, die für den Genesungsprozess benötigt werden. Durch **Besinnung** oder **Meditation** – dem Zurückziehen in sich selbst – kann auf natürliche Weise die innere Unruhe abgebaut werden.

Schritt 12:
Nachdem wir durch diese Schritte ein seelisches Erwachen erlebt hatten, versuchten wir, diese Botschaft an andere süchtige Spieler weiterzugeben und unser tägliches Leben nach diesen Grundsätzen zu richten.

In diesem Schritt kommt das wichtigste Ziel der Gemeinschaft zum Ausdruck: mit dem Spielen aufzuhören und anderen süchtigen Spielern zu helfen, es auch zu schaffen. Dem Spieler wird nahegelegt, ständig an sich weiterzuarbeiten und gleichzeitig mit seinen Erfahrungen anderen **Hilfe** und **Beistand** zu leisten. Etwas von sich zu geben, ohne damit die Erwartung zu verknüpfen, dass sofort eine Gegenleistung erfolgt, ist eine Erfahrung, die Spieler in ihrem bisherigen Leben, das durch »Nehmen« gekennzeichnet war, kaum erlebt haben. Um geben zu können, ist es nicht notwendig, dass alle vorhergehenden Schritte bereits vollständig vollzogen sind.

7.1.1 Anonyme Spieler

Die erste Selbsthilfegruppe der Anonymen Spieler in Deutschland gründete sich im Frühjahr 1982 in Tostedt bei Hamburg, wo eine zentrale Kontaktstelle eingerichtet wurde (▶ Anhang A), die bis heute aktiv ist. Um eine Verwechslung mit den »Anonymen Sexaholikern (AS)« auszuschließen, wurde 1992 die Abkürzung »GA« von den Gamblers Anonymous« auch in Deutschland übernommen. Inzwischen finden süchtige Spieler in mehr als 100 Gruppen Hilfe und Unterstützung. Die Anonymen Spieler (GA) orientieren sich in ihrem Verständnis der Spielsucht und möglicher Verhaltensalternativen weitgehend an Gedanken der »Gamblers Anonymous«. Sie definieren »Spielen« wie folgt: Jeder Spiel- oder Wetteinsatz, sei er für uns selbst oder andere getätigt, dessen Ergebnis offen ist und vom Zufall oder der Geschicklichkeit abhängt, ist ein Glücksspiel, unabhängig davon, ob es dabei um Geld geht oder nicht und wie geringfügig und unbedeutend er uns auf den ersten Blick auch erscheinen mag.

Zusammenfassende Grundsätze der auf Erfahrungen beruhenden Sichtweise sind (Meyer, 1989 a, S. 35; Anonyme Spieler, 1996, 1998):

- Spielsucht ist eine fortschreitende Krankheit, die niemals geheilt, aber zum Stillstand gebracht werden kann,
- das Akzeptieren der Krankheit ist der erste Schritt auf dem Weg der Genesung,
- es ist nicht unbedingt erforderlich, die Ursachen der Spielsucht zu kennen, um mit dem Spielen aufzuhören,
- als mögliche Ursachen für das Spielen werden Realitätsflucht, emotionale Unsicherheit, Allmachtsgefühle sowie das Verlangen nach unmittelbarer Bedürfnisbefriedigung ohne Anstrengung genannt.

Allen Mitgliedern der Anonymen Spieler (GA) wird empfohlen,

- die Meetings regelmäßig zu besuchen, mindestens aber einmal pro Woche,
- zwischen den Meetings miteinander zu telefonieren, nicht nur wenn der Drang zum Spielen verspürt wird,
- keine Versuche zu unternehmen, sich selbst zu testen,
- jede Art von Glücksspiel und die Nähe von Spieleinrichtungen zu meiden,
- sich von Personen, die noch spielen, fernzuhalten,

- in kleinen Schritten vorzugehen (24-Stunden-Prinzip) und nicht alle Probleme auf einmal lösen zu wollen.

Meyer (1989 a,-b) führte eine umfangreiche empirische Untersuchung in GA-Selbsthilfegruppen (437 Glücksspieler) durch. Dabei zeigte sich deutlich, dass 92 % der untersuchten Spieler den diagnostischen Kriterien für pathologisches Glücksspiel, wie sie von der Amerikanischen Psychiatrischen Gesellschaft (DSM-III-R) formuliert werden, entsprachen. Die Anzahl von Drop-outs ist nach dieser Untersuchung allerdings hoch. Von rund 3100 Spielern, die in einem Jahr die 54 untersuchten Gruppen aufsuchten, nahmen nur 430 Spieler (13,9 %) regelmäßig an den Meetings teil. Hier wird deutlich, dass die Selbsthilfegruppen nur für einen Teil der hilfesuchenden Spieler das adäquate Behandlungsangebot darstellten.

7.2 Allgemeine Gesichtspunkte zur Arbeit in Spieler-Selbsthilfegruppen

Unabhängig vom Konzept der GA lassen sich in der Arbeit von Spieler-Selbsthilfegruppen eine Reihe von **grundsätzlichen Faktoren** benennen, die sich als hilfreich bzw. beeinträchtigend für den Gruppenprozess erwiesen haben.

Um die Arbeit in einer Selbsthilfegruppe effektiv zu gestalten, muss sich möglichst früh ein **stabiler Stamm von Besuchern** entwickeln, der **regelmäßig** an den Meetings teilnimmt und **Aufgaben der Organisation übernimmt**. Die Leitung der Gruppe und andere Aufgabengebiete (z. B. Kassenwart, Öffentlichkeitsarbeit) sind besser auf wechselnde Mitglieder zu übertragen, damit keine Hierarchieprobleme in der Gruppe entstehen und sich einzelne Mitglieder nicht überfordert fühlen.

Die Teilnehmer diskutieren aktuelle Probleme, die in der Bewältigung des Alltagslebens entstanden sind. Erinnerungen an vergangenes zerstörerisches Verhalten dienen der Katharsis, erneuern immer wieder die Wachsamkeit gegenüber rückfallgefährdenden Situationen und vermindern die Gefahr erneuten Leichtsinns.

Neu hinzukommende Spieler sollten nicht durch massive Konfrontation vom weiteren Besuch abgeschreckt werden oder als Lückenbüßer für eine fehlende Gesprächsthematik herhalten. Die Diskrepanz zwischen dem, der es schon geschafft hat, und dem, der noch unter massiven Auswirkungen der Sucht leidet, sollte besonders berücksichtigt werden.

Spieler, die kurzfristig eine Selbsthilfegruppe wieder verließen, fühlten sich teilweise nicht angenommen, Gesprächsrituale befremdeten sie, und sie empfanden ältere Gruppenmitglieder als selbstherrlich. Hier bietet sich möglicherweise, wie bei den GA, zunächst eine »**Sponsorschaft**«, eine Art Patenschaft auf begrenzte Zeit an, durch die ein älterer Gruppenteilnehmer für das neue Mitglied zum persönlichen Ansprechpartner wird. Dabei ist aber eine überbehütende Haltung zu vermeiden, damit es nicht zu einem neuen Abhängigkeitsverhältnis kommt.

Des weiteren sollte darauf geachtet werden, dass »**Hilfe zur Selbsthilfe**« eine wichtige Grundlage für die Abstinenzgruppe darstellt und auf Ratschläge, moralisierende Bewertungen, Vorwürfe sowie Belehrungen in den Gesprächssituationen möglichst verzichtet wird. Äußert ein Mitglied ein Problem, hat es sich als günstiger erwiesen, wenn nicht alle gleich mit Ratschlägen reagieren, wie man es besser machen könnte und dann möglicherweise noch in heftigen Streit darüber geraten, wer recht hat. Die Gruppenmitglieder sollten eher darüber nachdenken, wie sie selbst eine ähnliche Situation bewältigt haben, von sich selbst berichten und es dem hilfesuchenden Mitglied überlassen, welche Anregungen es dann annimmt.

Damit nicht lähmendes und quälendes Stillschweigen die Gruppenstunde beherrscht, kann es durchaus günstig sein, **Gesprächsthemen** zu erarbeiten, die dann angesprochen werden, wenn sich aktuell nichts ergibt oder auch die Hemmungen, sich zu äußern, am Beginn der Stunde für einzelne Mitglieder zu groß sind. Häufige Gesprächsthemen sind

- das exzessive Spielen und seine Folgen,
- Alltagskonflikte,
- Freizeitgestaltung, d. h. Alternativen zum Spielverhalten,
- Partnerschaft,
- Sexualität,
- Eltern,
- Erziehung,
- Suchtverlagerung,
- Arbeitslosigkeit,

- Öffentlichkeitsarbeit,
- Wiedergutmachung,
- Schuld- und Schamgefühle,
- Selbsthilfegruppe,
- Zufriedenheit des einzelnen mit der Gruppe und nicht zuletzt
- Ehrlichkeit und Vertrauen.

Mit Patienten, die unter massiven psychischen (z. B. bei Angst- und Zwangssymptomen) oder psychiatrischen Störungen und Mehrfachabhängigkeiten leiden, fühlen sich Selbsthilfegruppen oft stark überfordert. Sie sollten den Hilfesuchenden zunächst an andere zuständige Stellen verweisen: Selbsthilfegruppen sollten generell Kontakte zu Beratungsstellen oder Ambulatorien halten und professionellen Rat in Anspruch nehmen, wenn es zu krisenhaften Situationen bei einzelnen Mitgliedern oder in der Gruppe insgesamt kommt. Spielern, die es mit Hilfe der Selbsthilfegruppe nicht schaffen, ihr Spielproblem zu lösen, müssen andere ambulante und stationäre Therapieformen zur Verfügung stehen.

Nach Moeller (1978, S. 192) sollen die Selbsthilfegruppen zu 5 Personengruppen **Außenbeziehungen** unterhalten und Kontakte pflegen: zu noch unbekannten anderen Betroffenen, die der Gruppe möglicherweise gerne beitreten würden; zu anderen Gruppen, die möglicherweise gerade heranwachsen; zu anderen Selbsthilfeorganisationen in der Region; zu Experten und Institutionen (Beratungsstelle, Klinik, Telefonseelsorge sowie Presse), mit denen die Gruppen zusammenarbeiten können.

7.3 Beobachtungen bei der Teilnahme an einer Selbsthilfegruppe

Cromer (1978) nahm als **teilnehmender Beobachter** an der ersten GA-Gruppe in Israel teil. Dabei stellte er fest, dass Geldschwierigkeiten nicht der entscheidende Grund für die Spieler waren, das Glücksspiel aufzugeben. Es war eher das diffuse Gefühl, dass etwas in ihrem Leben nicht mehr stimmte. Die Zeit rann ihnen durch die Finger. Andere litten unter den negativen Konsequenzen, die das Spielen für ihre Familien oder für andere Beziehungen hatte. Geld kann möglicherweise ersetzt werden, während die Folgen der **verlorenen Zeit** und **zerstörten Beziehungen** häufig irreparabel sind.

Jeder dieser Gründe kann zu dem Bewusstsein führen, dass das Spielen zwanghaft und infolgedessen problematisch geworden ist. Neue Mitglieder beschrieben sich oft als krank oder behandlungsbedürftig. Die einzige Bedingung für den Beitritt zur Gruppe war, den Wunsch zu haben, mit dem Spielen aufzuhören.

Der 1. Schritt zur Hilfe besteht darin, auch wenn dies zunächst paradox erscheint, sich die eigene Niederlage einzugestehen und anzuerkennen, dass man krank ist (»ich bin spielsüchtig«). Dabei wird die Überzeugung vertreten, dass es nur in der Gruppe möglich ist, das Spielproblem zu bewältigen.

Es ist nicht nur notwendig, das Glücksspiel aufzugeben, sondern auch alle Kontakte zu Personen einzustellen, die weiterhin Verbindung dazu haben. Neue Gruppenmitglieder können sich mit schon abstinenten erfahrenen Mitgliedern identifizieren und Unterstützung bei der schwierigen Aufgabe erfahren, mit dem Spielen aufzuhören. Sympathie und einfühlendes Verständnis sind wichtige Voraussetzungen für den Identifikationsprozess. Konkrete Möglichkeiten und Verhaltensschritte können aufgezeigt werden, wie das Spielverhalten gestoppt werden kann.

Cromer beobachtete weiter, dass die Therapie häufig **nicht** diesen idealen Verlauf nimmt. Die Einsicht, spielkrank zu sein, und der Wunsch, das Spielverhalten zu stoppen, sind von Selbsttäuschungen, Zweifeln und Illusionen begleitet. Im Gespräch über Spielen und Spielstrategien wird sich plötzlich ereifert, Erregung entsteht und besonders gelungene »Schachzüge« werden bewundert. Zweifel treten auf, ob das Spielproblem wirklich schon so akut war, ob man die Entwicklung nicht doch zurückdrehen kann, um mit geringeren Einsätzen und einer besseren Taktik zu gewinnen. Gruppen werden mitunter nur besucht, um z. B. Angehörigen zu demonstrieren, dass man sich ja bemüht, etwas zu tun, sich ja redlich Mühe gibt, das Spielen einzustellen. Der Gruppenbesuch dient in einigen Fällen auch dazu, das eigene Gewissen zu beruhigen. Oft ist dann die nächste finanzielle Katastrophe oder ein langes nächtliches Fernbleiben der offensichtliche Beweis dafür, dass es dem Spieler noch nicht gelungen ist, sich zu ändern. Die Gruppe besucht er dann nicht

mehr, weil Scham- und Schuldgefühle überwiegen oder weil er annimmt, es diesmal doch allein zu schaffen.

Cromer kommt zu der Schlussfolgerung, dass GA nur einen Teil der hilfsbedürftigen Spieler anspricht. Alternative Behandlungsmethoden müssen ergänzend hinzutreten.

Ferentzy & Skinner (2003) nehmen eine kritische Betrachtung der Literatur zu den GA vor. Sie betonen zunächst das allgemeine Einverständnis zum therapeutischen Vorgehen, dass im Stoppen des Spielens und der Beseitigung der Ursachen (der zu starken Auf-sich-selbst-Bezogenheit) besteht. Die Einbeziehung anderer Behandlungsmethoden ist nach ihrer Ansicht insbesondere dann indiziert, wenn **Mehrfachabhängigkeit** vorliegt und andere **spezielle Bedürfnisse** zu berücksichtigen sind. Generell sei es zu wenig, wenn nur ca. 8% der Spieler mit GA Abstinenz erreichen würden. Die AA (Anonyme Alkoholiker) arbeite möglicherweise effektiver, weil sie stärker die ganze Person einbeziehe. Sie diskutieren die Frage, warum so viele Spieler bei GA abbrechen. Viele empfänden die Meetings als bedeutungslos. Es werde bei den GA zu wenig Wert auf die **Äußerung und Diskussion von Gefühlen** gelegt. Allgemein werde ein **Mangel an Aufmerksamkeit für emotionale Belange** beobachtet. Ein zu konfrontativer Gesprächsstil schrecke Neueinsteiger zu sehr ab. Außerdem werde zu wenig berücksichtigt, dass über die Hälfte der GA-Mitglieder zusätzlich Alkohol oder andere Drogen missbrauchen würden. Allerdings seien hierzu härtere Daten notwendig. Zu wenig Aufmerksamkeit fänden zudem die ca. 4% **weiblichen Gruppenmitglieder**. In diesem Zusammenhang vernachlässige GA spirituelle, interpersonelle und psychoemotionale Gesichtspunkte. Frauen benötigten möglicherweise mehr unterstützende Beratung und Psychotherapie. Die männliche »Clubatmosphäre« stoße sie ab. Es würden typische »Spielerkriegsgeschichten« erzählt. Dennoch bleibe es eine »black box«, warum GA bei einigen Spielern helfe und bei anderen nicht. Insgesamt zeige sich, dass Spieler, die ihre Problematik besonders stark einschätzten, eher blieben. Die Effektivität wäre durch die Zusammenarbeit mit anderen Institutionen wahrscheinlich zu steigern.

Eigene Beobachtungen aus der professionellen Therapie zeigen, dass generell ein großes **Handicap** der Spieler im Umgang mit Emotionen besteht, hier Ursachen der Spielproblematik zu suchen sind und Gründe für eine Vernachlässigung emotionaler Gesprächsinhalte nicht in einer schlechten Gruppenanleitung liegen. Außerdem wird in dieser Studie möglicherweise zu wenig berücksichtigt, dass Alkoholikergruppen häufig länger existieren, dadurch einen stabileren abstinenten Besucherstamm haben, sich Spielergruppen oft noch in schwierigen Aufbauphasen befinden.

Günstige vs. ungünstige Verhaltensweisen in Spielerselbsthilfegruppen

Levy et al. (1977; Moeller, 1978, S. 147) untersuchten **hilfreiche** Verhaltensformen, die sich in **Selbsthilfegruppen** ganz allgemein herausgestellt haben; dabei waren die 10 häufigsten:

1. sich einfühlen, die Gefühle anderer verstehen und teilen,
2. sich wechselseitig achten und anerkennen,
3. etwas erläutern und erklären,
4. teilnehmen lassen am eigenen Erleben,
5. anderen Hoffnung machen, dass sie ihre Probleme eines Tages durcharbeiten werden,
6. sich selbst öffnen,
7. andere bestärken und ermuntern, wenn ihnen etwas gelungen ist,
8. sich selbst neue Ziele setzen,
9. Gefühle offen zum Ausdruck bringen,
10. andere ermutigen, Probleme ausführlicher darzulegen.

Am wenigsten wurden jedoch genannt:

1. andere bestrafen,
2. andere in fordernder oder gar bedrohlicher Weise konfrontieren,
3. Rückmeldung erbitten, wie andere einen erleben,
4. das gestörte Verhalten (psychodramatisch) der Gruppe vorführen,
5. Rückmeldung geben.

In den ersten 10 Verhaltensbeispielen wird im Vergleich zu den letzten 5 in keiner Weise streng
▼

---

oder fordernd verfahren. Die in professionellen Gruppen häufig angewandten Rückmeldungen oder »Feedback-Übungen« passen anscheinend weniger in eine spontane und offener strukturierte Selbsthilfegruppe (s. Moeller, 1978, S. 148).

Meyer (1989a) untersuchte die **therapeutische Arbeitsweise** der Spielerselbsthilfegruppen. Nach Angaben der jeweiligen Gruppensprecher dokumentieren die nachfolgenden Items in der angegebenen Reihenfolge die **wichtigsten Aspekte** der Gruppenarbeit:

- Erkennen der eigenen Probleme in den Schilderungen der anderen,
- Mitteilung von Erfahrungen, Gedanken und Gefühlen,
- Entlastung durch Aussprache,
- die Gruppe wird für die eigene Problembewältigung genutzt,
- Äußerung von Gefühlen, Verständnis der anderen,
- gegenseitige Zuneigung und Anteilnahme,
- Ermutigung zur weiteren Problembewältigung.

Forderndes Auftreten und direktives analytisches Vorgehen stoßen hingegen auch hier eher auf Ablehnung. Die **hohe Fluktuation** gaben die Untersuchungsteilnehmer als häufigstes Problem der Gruppen an. Weiterhin ist es ein Nachteil, wenn Gruppen zu **groß** werden und einzelne das Gefühl haben, nicht mehr zu Wort zu kommen. Eine zu hohe **Rückfälligkeit** in der Gruppe kann den Zusammenhalt erheblich beeinträchtigen, wie auch Spieler, die nur auf **äußeren Druck** hin erscheinen und keine ausreichende Motivation entwickeln. Alle Beteiligten betonen immer wieder, dass nur eine **regelmäßige Teilnahme** und **kontinuierliche Mitarbeit** in der Selbsthilfegruppe zum notwendigen Erfolg führt. Gegenseitige Wertschätzung und Zuneigung steigen mit der Dauer der Gruppenzugehörigkeit.

7.4 Alternative Formen der Selbsthilfe

Forschungsbefunde aus den USA, Kanada und Australien verweisen auf natürliche Genesungsprozesse, die Verhaltensveränderungen bei Menschen mit frühen, subklinischen Problemen beim Glücksspielen bewirken (Hodgins & el-Guebaley, 2000). Derartige Prozesse einer spontanen Abstinenz sind von stoffgebundenen Suchtformen seit längerem bekannt (DiClemente & Prochaska, 1982). Nathan (2003) resümiert (ohne empirische Daten), dass die meisten Menschen mit Spielproblemen Selbstheilungskräfte nutzen und ohne fremde Hilfe Genesung finden. Die Erfolgsaussichten seien bei weniger stark ausgeprägter Symptomatik und fehlenden komorbiden Störungsbildern am größten. Die Rückfallgefahr sei allerdings höher als bei Inanspruchnahme professioneller Hilfe.

Bei beginnender Spielproblematik stellt außerdem die »Hilfe zur Selbsthilfe« eine angemessene Interventionsstrategie dar. Sie besteht in der Aktivierung (noch) vorhandener Selbstheilungskräfte durch »minimale Interventionen« in Form von Selbsthilfebroschüren und Beratungstelefone. Aktivierung meint in diesem Kontext, den Spieler darin anzuleiten,

1. sich der Problematik seines aktuellen Spielverhaltens bewusst zu werden,
2. sich verbindlich für ein neues Zielverhalten zu entscheiden,
3. Änderungsabsichten in sichtbare Handlungen umzusetzen und
4. sich dauerhaft in Einklang mit den eigenen Zielen zu verhalten (Meyer & Dickow, 2005).

Anleitungen zur Selbsthilfe im Taschenbuchformat für den angelsächsischen Sprachraum bieten Bellringer (1999), Blaszczynski (1998) und Milton (2001) sowie für die Angehörigen Federman et al. (2000). In einem Forschungsprojekt der Universität Bremen ist eine deutschsprachige Anleitung in Bearbeitung (Meyer und Dickow, 2005).

7.5 Zusammenfassung

Die Selbsthilfebewegung für süchtige Glücksspieler geht auf die »Gamblers Anonymous« (GA) in den USA zurück, die sich 1957 gründeten und stark an das Programm der Anonymen Alkoholiker (AA) anlehnten. Mit geringfügigen Änderungen bildeten parallel zu AA die »12 Schritte« und die »12 Traditionen« das Genesungsprogramm der GA. Auch die »Anonymen Spieler« (GA) in Deutschland orientieren sich weitestgehend an diesem Programm. Wichtige Grundsätze der GA sind, dass Spielsucht eine progressive Krankheit ist, die nicht geheilt, aber zum Stillstand gebracht werden kann. Die Akzeptanz der Krankheit ist der erste Schritt auf dem Weg zur Genesung und eine wichtige Voraussetzung für eine konsequente Abstinenz vom Glücksspielen.

Es hat sich gezeigt, dass der Besuch von Selbsthilfegruppen dann erfolgreich ist, wenn
- eine regelmäßige Teilnahme stattfindet,
- sich der Teilnehmer in den Schilderungen der anderen wie in einem Spiegel wiedererkennt,
- die Spieler Erfahrungen, Gedanken und Gefühle offen und ehrlich austauschen,
- die Gruppe bei der Bewältigung von Problemen hilft,
- einfühlendes Verständnis, Zuneigung und solidarische Anteilnahme gezeigt werden.

Direktives, analytisches und forderndes Verhalten scheint sich hingegen eher ungünstig auszuwirken. Die in professionellen Gruppen häufig angewandten Rückmeldungen oder »Feedback-Übungen« scheinen weniger zu einer offener strukturierten Selbsthilfegruppe zu passen.

Insbesondere die hohe Fluktuation in den Selbsthilfegruppen ist ein Indiz dafür, dass diese Maßnahme nicht für alle Ratsuchenden eine ausreichende Hilfe darstellt, die Spielsucht zu bewältigen. Bei zusätzlichen psychischen und psychiatrischen Komplikationen ist frühzeitig professioneller Rat in Anspruch zu nehmen.

Selbstheilungskräfte und natürliche Genesungsprozesse bilden für Menschen mit frühen und subklinischen Spielproblemen noch die Chance zum Ausstieg. Selbsthilfebroschüren und Beratungstelefone können auf diesem Weg unterstützend wirken.

8 Grundsätzliches zur Spielertherapie

Bevor die Behandlung süchtiger Spieler ausführlich beschrieben wird, informiert das folgende Kapitel über die Grundpositionen und »Eckpfeiler« des von den Autoren vertretenen Behandlungsansatzes. Aufbauend auf den Ausführungen der vorhergehenden Kapitel stecken die Abschnitte über

— Behandlungsangebote und ihre Vernetzung,
— das Suchtmodell als Therapieplan,
— Therapieziele und den
— integrativen Behandlungsansatz,

den konzeptionellen Rahmen von sowohl ambulanter als auch stationärer Therapie ab (ohne dabei jedoch für die konkrete Ausgestaltung einzelner Therapiestunden zu starke Vorgaben machen zu wollen). Es wird eine therapeutische Grundhaltung deutlich, die pathologisches Glücksspielen von einer bestimmten Ausprägung an als Sucht betrachtet und unter Einbeziehung verschiedener Behandlungsinstitutionen und therapeutischer Methoden (auch unterschiedlicher Therapieschulen) zu behandeln sucht.

8.1   Behandlungsangebote und ihre Vernetzung

Suchttherapie hat generell in enger Zusammenarbeit stattzufinden. Vom Erstkontakt bis hin zur Nachsorge bilden die unterschiedlichen Institutionen ein Netz bzw. eine **Behandlungskette**, durch die beispielsweise die notwendige Vorbereitung und Beantragung eines stationären Aufenthalts sowie dessen wichtige Nachbetreuung gewährleistet ist. Gesundheitsämter, Ärzte oder soziale Dienste von Betrieben vermitteln pathologische Glücksspieler in Beratungsstellen, Kliniken und Selbsthilfegruppen. Die während der Therapie aufrechterhaltenen Kontake zwischen **Entsendestellen** und **Behandlungsstätten** garantieren eine optimale Reintegration und Nachsorge und stabilisieren damit die Behandlungserfolge. Eine notwendige Integration der Angehörigen in den Therapieprozess lässt sich so intensivieren und fördert eine gemeinsame Gesundung und Entfaltung in der Familie. Nachfolgend eine, nicht den Anspruch auf Vollständigkeit erhebende Darstellung der unterschiedlichen Kontakt- und Behandlungsmöglichkeiten und ihrer Vernetzung (◻ Abb. 8.1):

◻ **Abb. 8.1.** Kontakt- und Behandlungsmöglichkeiten sowie ihre Vernetzung, *JVA* Justizvollzugsanstalt. (Bachmann, 1999)

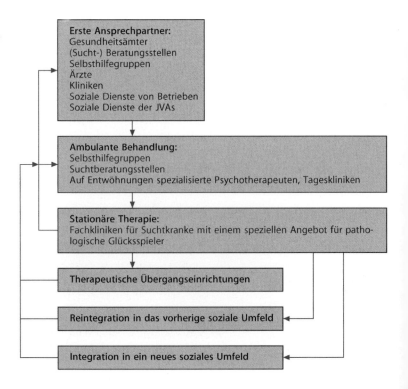

8.2   Suchtmodell als Therapieplan

Die Frage, ob pathologisches Glücksspiel von einer gewissen Ausprägung an als **Suchtkrankheit** aufzufassen ist, folgt nicht nur einer theoretischen Problemstellung, sondern führt zu praktisch-therapeutischen Schlussfolgerungen. Kellermann & Sostmann (1992, S. 173) meinen dazu grundsätzlich: »Bei einer Suchtkrankheit zielt die therapeutische Arbeit nicht nur auf die zugrundeliegenden psychischen Probleme bzw. Defizite, sondern ebenfalls auf die Sucht selber, nämlich die süchtige psychische Fehlentwicklung mit ihrer typischen, eigenständigen Symptomatik, welche eine spezifische Therapie erfordert«.

Faktoren der Genese des süchtigen Glücksspielverhaltens haben unmittelbare Auswirkungen auf das therapeutische Vorgehen. Wie aus ◨ Abb. 8.2 hervorgeht, gibt es dabei erhebliche Diskrepanzen zwischen den Faktoren, die den Krankheitsprozess in der »Einstiegsphase« in Gang gesetzt haben, und denen, die das süchtige Spielverhalten in der »Suchtphase« aufrechterhalten (Bachmann, 1999).

🛈 Beobachtungen zeigen, dass es multifaktorielle Ursachen gibt, die zum Einstieg und zu einem verstärkten Interesse am Glücksspielen führen (► Kap. 4).

Hierzu kann gehören, mit wenig Einsatz viel Geld gewinnen zu wollen. Früh kann eine irrationale Einschätzung hinzukommen, besondere Fähigkeiten oder Glück bei bestimmten Spielen zu besitzen. Der ›**Nervenkitzel**‹ des Glücksspiels, der nicht nur durch die **Gewinnaussichten**, sondern ebenso durch einen drohenden ökonomischen **Existenzverlust** hervorgerufen wird, lenkt generell von drückenden Problemen ab und fördert eine Flucht vor Konflikten. Während des Spielens treten psychische Belastungen in den Hintergrund, potenzielle Defizite im Selbstvertrauen und den sozialen Kompetenzen werden nicht mehr so bewusst wahrgenommen. Im Spielrausch entstehen sogar Omnipotenzgefühle.

Schon in der Einstiegsphase können erhebliche Auffälligkeiten auftreten. Der Betroffene spielt über seine eigenen finanziellen Verhältnisse, überschreitet einen zeitlichen Rahmen und beginnt, seine familiären oder beruflichen Pflichten zu vernachläs-

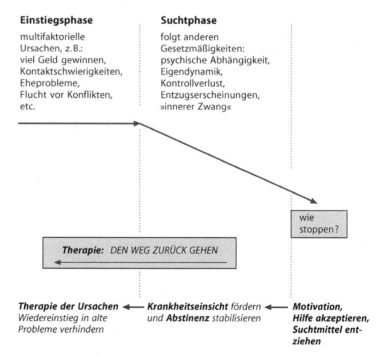

◨ **Abb. 8.2.** Suchtmodell pathologischen Spielverhaltens: Stationen der Suchtentwicklung und des Therapieprozesses. (Bachmann, 1999)

Einstiegsphase

multifaktorielle
Ursachen, z. B.:
viel Geld gewinnen,
Kontaktschwierigkeiten,
Eheprobleme,
Flucht vor Konflikten,
etc.

Suchtphase

folgt anderen
Gesetzmäßigkeiten:
psychische Abhängigkeit,
Eigendynamik,
Kontrollverlust,
Entzugserscheinungen,
»innerer Zwang«

wie
stoppen?

Therapie: *DEN WEG ZURÜCK GEHEN*

Therapie der Ursachen
*Wiedereinstieg in alte
Probleme verhindern*

Krankheitseinsicht *fördern*
und **Abstinenz** *stabilisieren*

**Motivation,
Hilfe akzeptieren,
Suchtmittel entziehen**

sigen. Therapeutische Bemühungen in dieser Phase zielen wie bei einer Neurosenbehandlung darauf ab, Ursachen für die Spielproblematik einzusehen, zu bearbeiten und alternative Verhaltensweisen zum Glücksspielen zu entwickeln. Nicht jedes abweichende Glücksspielen ist als süchtig zu bezeichnen. Damit eine weitere Gefährdung unterbleibt, und weil ein völliger Verzicht auf Glücksspielen leichter zu verwirklichen ist als ein ›kontrollierter‹ Umgang, dürfte schon bei diesem schwächeren **problematischen Spielen** Abstinenz als Therapieziel angebracht sein.

> ❗ In der *Suchtphase* ist das Spielverhalten durch eine starke psychische Abhängigkeit, den *Kontrollverlust* bzw. die *Unfähigkeit zur Abstinenz* gekennzeichnet.

Das Glücksspielen hat eine starke **Eigendynamik** bekommen (symbolisiert durch die abfallende Linie in ◘ Abb. 8.2), und der Spieler verspürt einen **unwiderstehlichen Drang** oder ›Zwang‹ zum Weiterspielen (▶ Kap. 3.2.3). Selbst erhebliche ökonomische, soziale und psychische Nachteile und Folgeerscheinungen können sein Spielverhalten nicht stoppen, verschlimmern die süchtige Bindung häufig eher noch (▶ Kap. 6). Berufliche und häusliche Pflichten, andere Interessen und Verhaltensweisen, die bisher zu Entspannung und psychischem Ausgleich beigetragen haben, werden stark vernachlässigt. Der Spieler ist so immer stärker auf das Glücksspielverhalten angewiesen. Wie bei Drogen tritt eine Toleranzveränderung ein, muss der abhängige Spieler die ›Dosis‹ steigern, um die erwartete psychische Wirkung durch das Glücksspielen zu erreichen.

> ❗ In der *Suchttherapie* sind die zuletzt gezeigten Symptome als erstes in die Behandlung einzubeziehen, das heißt, die Krankheitsentwicklung wird zurückverfolgt.

Dies ist in ◘ Abb. 8.2 als »den Weg zurück gehen« beschrieben. Um das Suchtverhalten zu stoppen, benötigt der Spieler zunächst Unterstützung, **Motivation** zur Veränderung zu entwickeln, Hilfe anzunehmen und Kontakte zu einer Selbsthilfegruppe bzw. Suchtberatungsstelle aufzunehmen. Ein Suchtkranker scheint zunächst die Erfahrung machen zu müssen, dass die negativen Suchtmittelkonsequenzen die positiven überwiegen. Die angedrohte Scheidung

oder der Verlust des Arbeitsplatzes haben häufig letzte Anstöße gegeben, in eine Therapie einzuwilligen. Der Betroffene muss die **Illusion aufgeben, mit dem Problem allein fertig zu werden**. Hier kann der Angehörige den ersten Schritt machen: Indem er selbst Hilfe in Anspruch nimmt, für sich etwas tut, regelmäßig zu Gesprächen geht, verändert er das innerfamiliäre ›System‹ und beeinflusst damit das Verhalten des Suchtkranken.

Der **Entzug** vom Suchtmittel stellt den nächsten Therapieschritt dar. Um das **Glücksspielverhalten** zu **stoppen**, kann z. B. notwendig sein: vorübergehende Fremdverwaltung des Geldes, Bilanz über Verschuldung ziehen, Rückzahlungsmodalitäten klären, Alternativen zum Spielen und Selbstkontrollmethoden (z. B. Tagesablaufstruktur) erarbeiten. Durch **Glücksspielangebote im Internet,** wie Roulette und andere, ist quasi das »eigene Wohnzimmer« zum Spielkasino geworden. In der Entwöhnungsbehandlung zeichnen sich beträchtliche Schwierigkeiten ab, die notwendige Abgrenzung und Distanz zum Suchtmittel zu erreichen, zumal Glücksspielformen (»große Spiel«) ständig verfügbar sind, die ein besonders großes Suchtpotenzial besitzen (▶ Kap. 10.7.2). In der stationären Therapie ist dieser Schritt wegen des Schutzes durch die Klinik, der freiwillig eingeschränkten Ausgangsmöglichkeiten und der therapeutischen Rahmenbedingungen (Kap. 10.3.7; Bachmann et al., 1998) relativ einfach. Darüber hinaus ist die **Motivation zu einer umfassenden Veränderung** zu fördern.

> ❗ Eine *wachsende* Krankheitseinsicht bzw. Akzeptanz festigt zunächst die Abstinenz, während dann im weiteren Entwöhnungsprozess die Aufarbeitung der ursprünglichen Ursachen der Krankheitsentwicklung für eine dauerhafte Stabilisierung sorgt.

Der vielleicht komplizierteste Therapieprozess besteht darin, dem Spieler die Einsicht zu vermitteln, suchtkrank zu sein, und dass davon bisher keine Heilung möglich ist. Bevor der Spielsüchtige sich zur Behandlung entschließt, hat er oft schon Jahre mit sich gekämpft, hat immer wieder geschwankt, ob bei ihm wirklich schon so weit ist, er die Kontrolle verloren hat. Zweifel an dieser Frage haben ständig zu Rückfällen geführt, und es scheint von der Natur der Sache her schwierig zu sein, sich (abhängigkeits-)

krank zu fühlen, ohne (schmerzhafte) Symptome zu haben. Entzugs- und Entwöhnungssymptome lassen rasch nach, und eine einmal vorhandene Anerkennung des Suchtstatusses kann schnell wieder ›bröckeln‹ – weitere »Spielversuche« sind die Folge. Ein langfristiger Besuch von Selbsthilfegruppen kann dem am ehesten entgegenwirken.

Die **Ursachen** für die Entstehung einer Suchtkrankheit sind wohl so vielfältig wie die Persönlichkeiten der Patienten und deren soziale Hintergründe. Weder konnte bisher die »süchtige Spielerpersönlichkeit«, noch konnten bestimmte Kausalzusammenhänge zwischen Ereignissen in der Biographie und der Abhängigkeit festgestellt werden (▶ Kap. 4). Eine umfassende (prozessbezogene) psychologische Diagnostik, ein längerfristiger Besuch von Selbsthilfegruppen bzw. ein multimodales therapeutisches Programm sind oft notwendig, damit der Patient die Zusammenhänge seiner Suchtentwicklung erkennt und Änderungen in seinem Verhalten einleitet. **Gute Vorsätze allein reichen jedoch nicht aus, sondern deren Umsetzung ist oft erst der entscheidende therapeutische Schritt.** Dadurch verhindert er, an den Ausgangspunkt seiner Erkrankung zurückzukehren, und schafft sich so möglicherweise eine »zufriedene Abstinenz«.

8.3   Therapieziele

Bei der Erreichung der Therapieziele ist in Anlehnung an das Suchtmodell eine gewisse Reihenfolge einzuhalten. Es macht kaum Sinn, mit dem Patienten an den Ursachen seiner Erkrankung zu arbeiten, wenn dieser die Behandlung für sich noch ablehnt oder keine Krankheitseinsicht zeigt.

Bei der Therapie handelt es sich um einen Prozess, in dem die einzelnen Schritte immer wieder überprüft und vertieft werden müssen. Neben der Erläuterung der einzelnen Behandlungsschritte sind hierzu in den anschließenden Kapiteln sowie insbesondere in Anhang B7 konkrete Fragestellungen erarbeitet.

Der Schwerpunkt liegt darauf, Lösungen für Probleme zu finden, die Eigenverantwortung des Spielers zu stärken **an Ressourcen anzuknüpfen und weniger, in einem Defizitdenken zu verharren.**

Suchttherapie ist kein Restriktionsprogramm. Verabredete Einschränkungen, z. B. bei der Verfügbarkeit des Geldes oder den Ausgangsbeschränkungen im stationären Bereich, dienen dem Ziel, Abstinenz zu erreichen und für die erste schwierige Entwöhnungszeit zu sichern. Bis auf wenige Ausnahmen, wie die Kontaktaufnahme mit alten »Zocker-Kollegen« und dem »Zocker-Milieu«, sind die Verabredungen zeitlich begrenzt, so dass sich Eigenverantwortung und Selbstständigkeit des Abhängigkeitskranken wieder entfalten können. **Der Schwerpunkt der Therapie liegt darauf, vielfältige Alternativen zum Suchtverhalten, neue positive Lebensperspektiven zu entwickeln, die den bisherigen Stellenwert des Glücksspielens stark herabsetzen.** Andere Lebensinhalte treten ins Zentrum des Interesses, den letztlich das Glücksspielen eingenommen hatte. **Nur wenn die Abstinenz langfristig einen Vorteil gegenüber dem Spielverhalten darstellt, stabilisiert sie sich (Bachmann, 2004b).**

Die Therapieziele in ambulanten und stationären Einrichtungen unterscheiden sich schwerpunktmäßig. In der ambulanten Behandlung ergibt sich die Schwierigkeit, einen Suchtkranken überhaupt erst an die Annahme von Hilfe heranzuführen, dann den Kontakt aufrechtzuerhalten und das Abstinenzziel in der realen Lebenssituation mit den dort zahlreich vorhandenen Suchtauslösern zu bewerkstelligen. In stationären Einrichtungen stehen derartige Probleme aufgrund der Rahmenbedingungen dagegen weniger stark im Vordergrund.

Andererseits liegen die Vorteile und Chancen ambulanter Behandlung darin, dass die Auseinandersetzung mit den Hintergründen und Ursachen realer als in einer stationären Therapie ist und problematische Lebensumstände sowie soziales Konfliktpotenzial leichter eingesehen und in die Behandlung einzubeziehen sind.

Wenn in Abhängigkeit vom Behandlungssetting auch unterschiedliche Schwerpunkte gesetzt werden, sind doch grundsätzlich – entsprechend dem Suchtmodell – folgende **Therapieziele** anzustreben:

– **Motivation** zu einer umfassenden Behandlung, Heranführen an die Annahme von Hilfe, Aufrechterhaltung des Kontakts, der Therapie, Hilfestellung bei der Regulierung von Schulden und anderer rechtlicher Probleme, Entzug des Suchtmittels.

- Förderung der **Krankheitseinsicht** bzw. -akzeptanz und
  Stabilisierung des Abstinenzwunsches.
- **Aufarbeitung der Hintergründe und Ursachen** der Krankheitsentwicklung,
  Klärung der sozialen und beruflichen Perspektive.

8.4   Integrativer Behandlungsansatz

❗ **Um dem komplexen Bedingungsgefüge des pathologischen Glücksspiels gerecht zu werden, erscheint ein integrativer Psychotherapieansatz angebracht.**

Methoden kognitiver Verhaltenstherapie werden mit Gesprächspsychotherapeutischen und psychodynamischen Therapieverfahren sinnvoll verknüpft. Die sogenannte »kognitive Wende« in der Verhaltenstherapie, die zukünftig möglicherweise noch durch eine stärkere Hervorhebung der Bedeutung von Emotionen erweitert wird, hat die klassischen Therapieverfahren näher zusammengerückt und in stärkerem Maße Ergänzungen verschiedener wohldefinierter Techniken möglich gemacht (Doubrawa, 1992). Psychische Störungen sind immer mit emotionalen Schwierigkeiten verbunden, so dass Konzepte in diesem Bereich als »Klammer« zwischen den unterschiedlichen Ansätzen dienen können. Nach Tausch (zit. nach Grawe et al., 1994, S. 743): »Ein klientzentriertes Vorgehen bedeutet daher heute für mich ein multimodales Vorgehen, also eine Kombination verschiedener geprüfter therapeutischer Angebote. Ich fühle die Verpflichtung, alles das, was wissenschaftlich überprüft und von den allgemeinen theoretischen Grundlagenkenntnissen her einsichtig ist, zu verwenden.«

Ein in diesem Sinne integratives Vorgehen ermöglicht es, Schwachstellen einzelner Verfahren auszugleichen. Beispielsweise scheinen Gesprächspsychotherapie und psychodynamische Verfahren dann weniger effektiv zu sein, wenn es um die konkreten Fragen der Lebensgestaltung, also der Handlungskompetenz geht. Verhaltenstherapeutischen Techniken mangelt es demgegenüber an Anleitung zur Gesprächsführung und an Erklärungen für psychische Störungen. Während die Psychoanalyse und Gesprächspsychotherapie z. B. eher den Aspekt behandeln, sich selbst, sein eigenes Verhalten besser zu verstehen, die Frage nach dem »Warum« zu beantworten (Einsichts- bzw. Klärungsperspektiven), lassen sich durch verhaltenstherapeutische Maßnahmen direkt Strategien zur Bewältigung eines Problems erlernen. Beide Aspekte werden von Grawe et al. (1994) als wichtige Wirkfaktoren in der Therapie angesehen, die sich gegenseitig vervollständigen müssen, aber auf den einzelnen Patienten bezogen unterschiedlich zu gewichten sind.

❗ **Ein effektives Therapiekonzept ist so zu gestalten, dass neu entwickelte Methoden verschiedener Schulen nach Bedarf integrierbar sind.**

Es geht darum, dass sich Module verschiedener Ansätze ergänzen, was nicht heißt, auf theoretische Rahmenkonzepte ganz zu verzichten. Ohne Rückgriff auf Theoriegebilde ist eine sinnvolle Interpretation von Therapieergebnissen nicht möglich. Durch eine Veränderung innerhalb der therapeutischen Paradigmen ist es zu Annäherungs- und Ergänzungsmöglichkeiten gekommen, die früher kaum vorstellbar waren. In der Psychoanalyse geht z. B. die Ich-Psychologie über ursprüngliche Freud-Modellvorstellungen weit hinaus. Ideologisch-dogmatische Gegensätze scheinen einer Flexibilität zu weichen, die ein effektiveres therapeutisches Vorgehen ermöglicht.

Die Basisvariablen der Gesprächspsychotherapie (Bommert, 1979)

- Echtheit,
- unbedingte Wertschätzung und
- Empathie (Verbalisieren emotionaler Erlebnisinhalte)

stellen eine Grundlage des Therapeutenverhaltens dar. Nach Grawe et al. (1994) ist die Bedeutung der **Therapiebeziehung** ein für das Behandlungsergebnis über alle Zweifel erhabener Wirkfaktor, sie sei die empirisch am besten abgesicherte Determinante überhaupt. Weitere Gesichtspunkte eines möglichst effektiven Vorgehens in der Behandlung von psychischen Störungen, die mit der Suchterkrankung einhergehen, sind (Doubrawa, 1992):

- Erlebnisaktivierung – z.B. auch durch nonverbale Methoden, wie kreatives Gestalten und Arbeitstherapie,
- Prozess der Bewusstmachung: Wahrnehmen, Erkennen und Anerkennen von Gefühlen (z.B. Methoden der Katharsis, Konfrontation),
- Differenzierung der Wahrnehmungs-, Erlebens- und Verhaltensmöglichkeiten,
- Veränderung von Bewertungen bzw. Bewertungskriterien – Veränderung von Emotionen aufgrund der Erfahrung neuer Bewertungen,
- Aufbau eines gemeinsamen Erklärungssystems für die Ursachen der Schwierigkeiten des Patienten,
- die vom Therapeuten ausgestrahlte Überzeugung, helfen zu können,
- die Erwartung des Patienten, wirksame Hilfe zu erfahren.

Darüber hinaus gibt es eine große Zahl von Hinweisen, dass die Schwierigkeiten eines Patienten am besten in Gruppenverfahren behandelt werden (▶ Kap. 9.4, 10.4). Hier sind reiche Übertragungs- und Aktualisierungsmöglichkeiten vorhanden. Von besonderer Wichtigkeit dabei ist die Beachtung der »atmosphärischen« Wirkfaktoren: Gruppenkohäsion, Vertrauen und Arbeitshaltung.

Coman at al. (2002) beschäftigen sich mit dem **Sinn der Gruppentherapie** für Problemspieler aus **kognitiv verhaltenstherapeutischer Sicht**. Der allgemeine therapeutische Nutzen der Gruppentherapie besteht in folgenden Punkten:
- Förderung sozialer Kompetenzen,
- Erlernen und Praktizieren neuer Einstellungen und Verhaltensweisen sowie Anwendung in realen Lebenssituationen,
- Steigerung der Selbsteinschätzung und des Selbstvertrauens,
- Förderung von Problemlöseverhalten durch Modelllernen,
- Erlernen und Übernahme verschiedener Rollen,
- Informationsvermittlung,
- Einsatz von Techniken der Verhaltenstherapie (soziales Kompetenztraining, Bewältigungsstrategien, Selbstbehauptung und Durchsetzungsfähigkeit, Stressmanagement).

Auf die Glücksspielproblematik bezogen kommt insbesondere hinzu:
- Informationen zum Glücksspielen vermitteln:
  - Identifikationsmöglichkeiten mit anderen Spielern,
  - Abbau von Scham- und Schuldgefühlen,
  - kognitive Umstrukturierung irrationaler Gedanken zum Glücksspielen,
  - Alternativen zum Glücksspielen entwickeln.
- Problemlöseverhalten:
  - sich Konflikten und Problemen stellen,
  - Bewältigungsstrategien.
- Glücksspielprobleme:
  - psychosoziale Folgen erörtern und beseitigen,
  - Kontrollillusionen diskutieren und aufgeben.

Psychotherapie bedeutet aktive Hilfe zur Problembewältigung, zumal Suchtverhalten weitestgehend als das Ergebnis einer gescheiterten Problemlösung betrachtet werden kann. Psychotherapeutisches Arbeiten zielt darauf ab, dass der Patient sich selbst, sein eigenes Erleben und Verhalten besser erklären sowie Fragen nach dem »Warum« beantworten kann. Es hat sich z.B. gezeigt, dass bei sehr gut ausgebildeten Patienten der Klärungsaspekt in der Regel wichtiger ist als der Erwerb von Fähigkeiten zum Überwinden konkreter Schwierigkeiten (Grawe et al., 1994).

Nur eine sehr grobe Annäherung stellt der nachfolgende Versuch dar, psychotherapeutische Methoden besonderen Aspekten des Suchtverhaltens zuzuordnen: Gesprächspsychotherapeutische Verfahren sind insbesondere dann nützlich, wenn der Klient in der Phase der Urteilsbildung ist, in der er Vor- und Nachteile eines weiteren Suchtmittelgebrauchs abwägt. Zur Vermittlung von Einsichten (z.B. der Vertiefung der Krankheitseinsicht) und zur Hinterfragung irrationaler Annahmen (z.B. besonders viel Glück zu haben) kommen eher gesprächspsychotherapeutische **und** kognitive Ansätze zur Anwendung. Psychodynamische Ansätze werden eingesetzt, wenn traumatische Kindheitserlebnisse aufzuarbeiten sind und verhindert werden soll, dass der Patient, nachdem die Abstinenz eingeleitet ist, an den Ausgangspunkt seiner Suchterkrankung zurückkehrt. Geht es um die konkrete Veränderung von Lebensgewohnheiten, die zukünftige Lebensgestaltung, die Erweiterung sozialer Kompetenzen, die Selbstbehauptung, die Entwicklung von Selbstkontrolltechniken (z. B. in der Motivations- bzw. Entzugsphase, Gegenkonditionierung: Konfrontation mit spielauslösenden Reizen, ohne dem Impuls zum Spielen nachzugeben.), Anwendung von systematischer Desensibilisierung und Entspannungsverfahren, um das Erregungspotenzial bestimmter Spielanreize zu reduzieren, die Bewältigung von rückfallgefährdenden Situationen, kommen verhaltenstherapeutische Methoden zum Einsatz (Sachse, 1990, Ferstl & Bühringer, 1991, Grawe et al., 1994, S. 754; Wulfert & Blanchard, 2003). Exposition findet in vielfältiger Weise im therapeutischen Gespräch über Glücksspielerlebnisse und Erfahrungen statt. Dabei treten Spielanreize auf, ohne dass der Patient einer steigenden Erregung und aufkommendem Spielverlangen nachgibt. Die damit verbundene Gegenkonditionierung fördert den Entwöhnungsprozess und vermittelt Sicherheit, in der Zukunft auftretende Spielanreize und Wünsche zu bewältigen.

Dabei ist jedoch zu betonen, dass Methoden sich an der individuellen Krankheitssymptomatik des Spielsüchtigen zu orientieren haben und nicht umgekehrt. Im deutschen Sprachraum, im Gegensatz z. B. zu den USA (Grant et al., 2004), sind keine medikamentösen Therapieansätze bekannt, die primär auf das Suchtverhalten abzielen. Gängiges Verfahren ist, dass bei Komorbidität, z. B. Psychosen, notwendige medikamentöse Behandlungen parallel zur ambulanten oder stationären Entwöhnungstherapie durchgeführt werden (vgl. Petry, 2003).

Weitere Grundsätze der Spielertherapie sind:
- Die noch vorhandene Selbstkontrolle, Selbständigkeit und Selbstverantwortung des Patienten sind möglichst wenig einzuschränken, somit ist die Entscheidung zwischen ambulanter und stationärer Therapie kritisch abzuwägen (▶ Kap. 10.2).
- Die Behandlung sollte in enger Kooperation mit der Familie stattfinden.
- Übereinstimmend berichten Studien zu den **Auswirkungen** des pathologischen Glücksspiels **auf die Familien**, dass bei **Kindern von Spielsüchtigen** ein erhöhtes Risiko besteht, selbst eine Suchtkrankheit oder andere Störungen zu entwickeln. Im Vergleich zu substanzgebundenen Ab-

hängigkeiten treten **latent massive existenzielle Probleme** hinzu und häufig sind lebensnotwendige Ausgaben nicht gesichert.

❶ Als ein *hervorragender Schritt zur Prophylaxe ist daher die Einbeziehung der Kinder in den Therapieprozess* anzusehen.

- Besondere Aufmerksamkeit ist der Rückfallprophylaxe zuzuwenden.

Es darf nicht vorenthalten bleiben, dass die Gespräche und Gruppenprozesse in der Suchttherapie äußerst schwer steuer- und vorausschaubar sind und es keine »Rezepte« gibt, bestimmte Therapieziele zu erreichen. Die Entwöhnung ist ein sehr zäher, häufig sehr langwieriger Prozess, Rückschläge und Störungen im Therapieablauf sind eher die Regel als die Ausnahme. Oft ist gar nicht genau festzustellen, warum gerade in einem bestimmten Augenblick der »Groschen« gefallen ist. Zur Zeit kann die Strategie daher nur lauten, möglichst viel Informationen und gegebenenfalls konkrete Arbeitsanleitungen zu vermitteln, um das Handlungs- und Reaktionspotenzial des Therapeuten zu erweitern und ihn in die Lage zu versetzen, den Patienten bei der Erreichung seiner Therapieziele im Sinne einer »Hilfe zur Selbsthilfe« zu unterstützen. Diesem Leitgedanken folgend bieten die folgenden Kapitel einen vielseitigen Überblick über unterschiedliche Ansätze zur Behandlung Spielsüchtiger, ohne daraus ein fest strukturiertes Therapieprogramm ableiten zu wollen bzw. vor dem Hintergrund des derzeitigen Forschungsstandes zu können.

Die (zum großen Teil im Anhang B abgedruckten) Arbeitsblätter sind als Gesprächsgrundlage für Einzel- und Gruppentherapiemaßnahmen gedacht. Sie dienen der Förderung und Überprüfung von Therapiezielen, haben aber nicht den Charakter von Tests, d. h., errechenbare Summenwerte geben keine sichere Auskunft über zukünftiges Verhalten (z. B. über die reale Abbruchgefahr). Es sollte zunächst immer geprüft werden, ob ihr Einsatz aus der Gesprächsdynamik heraus angebracht ist (ob nicht z. B. starke interpersonelle Konflikte, Rückfälligkeit o. ä. vorrangig sind). Kürzere Therapiezeiten machen generell eine stärkere Themenorientierung notwendig, da ansonsten wichtige Elemente der Suchttherapie nicht zur Sprache kommen. Der Therapeut sollte sich sorgfältig in die Thematik der Arbeitsunterlagen einarbeiten, indem er die dazugehörigen Kapitel ausführlich bearbeitet, z. B. zusätzliche Literatur heranzieht oder Umformulierungen nach persönlichen Zielsetzungen vornimmt.

8.5   Zusammenfassung

Folgende Aspekte werden – unabhängig vom Behandlungssetting – als grundsätzlich für die therapeutische Arbeit mit Spielern erachtet:

Eine enge Kooperation zwischen den verschiedenen Institutionen, die an der Beratung und Behandlung Spielsüchtiger beteiligt sind, ist von hoher Relevanz für eine effektive und langfristig erfolgreiche Betreuung.

Das Suchtmodell unterscheidet zwischen Faktoren des Einstiegs und der Aufrechterhaltung süchtigen Glücksspielverhaltens. Während in der »Einstiegsphase« von einer multifaktoriellen Verursachung auszugehen ist, wird in der »Suchtphase« das exzessive Suchtverhalten durch eine starke psychische Abhängigkeit, den Kontrollverlust bzw. die Unfähigkeit zur Abstinenz aufrechterhalten. Es besteht ein unwiderstehlicher Drang oder ›Zwang‹ weiterzuspielen. Für das therapeutische Vorgehen ist daraus zu schlussfolgern, dass die zuletzt aufgetretenen Krankheitssymptome als erstes in die Behandlung einzubeziehen und die Therapieziele dementsprechend in einer gewissen Reihenfolge anzustreben sind: Motivation/Entzug des Suchtmittels, Krankheitseinsicht bzw. Akzeptanz – Festigung des Abstinenzwunsches, Therapie der Ursachen. Die zu erwartende Zunahme des Internetglücksspielens stellt die Therapie vor neue Herausforderungen, was die »Griffnähe«, quasi das Wohnzimmer als Spielkasino, des Suchtmittels angeht.

Abstinenzverhalten stabilisiert sich langfristig nur, wenn es letztlich einen Vorteil darstellt, das heißt, sich neue positive Lebensperspektiven entwickeln, die den Stellenwert des Glücksspielens als zentral gewordenes Interesse ablösen bzw. stark in den Hintergrund treten lassen.

Um dem komplexen Bedingungsgefüge des pathologischen Glücksspiels gerechtzuwerden, ist eher ein integrativer Psychotherapieansatz angebracht. Kognitive, verhaltenstherapeutische, gesprächspsychotherapeutische und psychodynamische Ansätze sollen dabei sinnvoll miteinander verknüpft werden. Schwächen der einen Therapierichtung können durch Stärken der anderen ergänzt und ausgeglichen werden. Hierbei sollte eine Orientierung an den generellen therapeutischen Wirkfaktoren stattfinden. Einzelne Therapiemethoden dürften besonders geeignet für jeweils bestimmte therapeutische Prozesse und Zielsetzungen sein.

Weitere Grundsätze in der Therapie süchtigen Glücksspielverhaltens bestehen darin, noch vorhandene Selbstkontrolltechniken und Selbstverantwortung möglichst wenig einzugrenzen, an Ressourcen anzuknüpfen, die Familie, insbesondere die Kinder, frühzeitig einzubeziehen sowie die finanzielle Situation und die Beziehung zum Geld zu berücksichtigen. Die Behandlung sollte in Gruppen stattfinden und ein besonderes Augenmerk ist auf die Rückfallprophylaxe zu richten. Damit die wichtigen Elemente der Suchttherapie ausreichend zur Sprache kommen, machen kürzere Therapiezeiten eine stärkere Therapiestrukturierung und Themenorientierung notwendig.

Therapeutische Zielsetzungen und Leitlinien stellen bisher grobe Anhaltspunkte dar und dürfen nicht darüber hinwegtäuschen, dass die Entwöhnung vom Glücksspielen ein äußerst zäher und zeitaufwendiger Prozess ist, in dem Rückschläge und Krisen zum therapeutischen Alltag gehören.

9 Ambulante Behandlung

Ambulante Behandlungsstellen gehören neben den Selbsthilfegruppen zu den wichtigsten ersten Anlaufpunkten im Behandlungssystem pathologischen Glücksspiels. Das therapeutische Angebot reicht von der Entwöhnungsbehandlung im Einzel- oder Gruppensetting, der Vorbereitung, Vermittlung und Nachsorge stationärer Therapieaufenthalte bis hin zur Begleitung und Unterstützung von Selbsthilfegruppen.

Nach einer Aufstellung von Düffort (1989) verteilte sich die Klientel 1988 wie folgt auf das therapeutische Angebot der Beratungsstelle:
- Gruppen 64,3 %,
- Beratung 27,9 %
- Information 10 %,
- Familientherapie 3,7 % (Mehrfachnennungen waren möglich).

Tasseit (1992, S. 10) warnt im Zusammenhang mit ambulanter Suchtbehandlung vor Hinweisen auf »feste Programme«, da es letztlich um ein Konzept gehe, das auf ein bestimmtes Individuum zugeschnitten sein sollte, und vor der Einnahme dogmatischer Positionen: »Die Therapie darf nicht primär Programm sein, sondern ist eine Frage der Indikation, je nach (Krankheits-)Stadium, Einsicht oder Motivation …« (Kryspin-Exner, 1990, S. 185, zitiert nach Tasseit, 1992, S. 10).

Obwohl genauere Untersuchungen dazu nicht vorliegen, orientieren sich die ambulanten Beratungsstellen in der Spielertherapie überwiegend am **Suchtmodell**. Wie bereits in Kap. 8 erläutert, bedeutet dies
- Abstinenz als Therapieziel anzustreben,
- das Symptomverhalten dementsprechend in die Behandlung einzubeziehen,
- Leitgedanken der GA in die Therapie aufzunehmen,
- je nach individuellem Störungsbild Ursachen der Suchtentwicklung und psychosoziale Folgen der Erkrankung aufzuarbeiten.

Die Umsetzung dieser Therapieziele im Kontext ambulanter Behandlung sowie die damit einhergehenden Chancen, Probleme und Grenzen stehen im Mittelpunkt dieses Kapitels.

Verhoeven & Nebel (2004), Fachstelle Glücksspielsucht, Neuss, zur **Empfehlungsvereinbarung** der Krankenkassen und Rentenversicherungsträger:

Die **ambulanten Behandlungsmöglichkeiten** haben sich durch die »**Empfehlung der Spitzenverbände der Krankenkassen und Rentenversicherungsträger für die medizinische Rehabilitation bei pathologischem Glücksspielen**« zum 26.03.2001, um das Angebot der Ambulanten Rehabilitation Glücksspielsucht (ARGS) erweitert.

Ambulante Rehabilitation Glücksspielsucht

Im Folgenden werden von Verhœven & Nebel (2004) die zentralen Inhalte der Empfehlung und deren Umsetzung beispielhaft anhand des Therapiekonzeptes der Fachstelle Glücksspielsucht des Caritasverbandes Neuss vorgestellt. Die Fachstelle schloss als eine der ersten Einrichtungen bundesweit einen Behandlungsvertrag mit den Rentenversicherungsträgern ab.

An ARGS-Einrichtungen werden folgende Anforderungen gestellt:
- wissenschaftlich begründetes Therapiekonzept,
- störungsspezifische Gruppentherapie (100 Minuten wöchentlich),
- 14-tägige Einzelgespräche (50 Minuten),
- Sicherstellung der Glücksspielabstinenz,
- Katamnese,
- Angehörigenarbeit,
- Einbindung eines Psychiaters (Honorarkraft möglich),
- mindestens ein angestellter approbierter Psychotherapeut, insgesamt mindestens 3 hauptamtliche therapeutische Mitarbeiter.

Bewilligt werden derzeit 40 Einheiten für Therapiegespräche mit den Versicherten sowie 4 weitere Einheiten für die Angehörigenarbeit. Pro Einheit werden 46 EUR vergütet. Der Bewilligungszeitraum beträgt 26 Monate. Die Grundbehandlungsdauer in der Fachstelle Glücksspielsucht beträgt 12 Monate und kann bis auf 18 Monate verlängert werden.

Der Rentenversicherungsträger erwartet im Antrag neben einer Diagnosestellung nach ICD-10 (F63.0) eine Zuordnung des Klienten nach einer Typologie (Empfehlungen vom 26.03.2001). Die Fachstelle Glücksspielsucht Neuss setzt derzeit zur Diagnosestellung folgende Instrumente ein:
- Kurzfragebogen zum Glücksspielverhalten (Petry & Baulig),

- Trierer Persönlichkeitsfragebogen (TPF) sowie
- einen einrichtungsspezifischen Fragebogen zur Lebenszufriedenheit.

Die **Umsetzung der ARGS** in der Fachstelle Glücksspielsucht erfolgt über ein Phasenmodell, deren Inhalte im Folgenden dargestellt werden.

Phasenmodell
Eingewöhnungsphase

- Abbau von Kontrollillusion und verzerrten Informationsverarbeitungen (z. B. aus Verlusten »Fast-Gewinne« zu machen),
- Erlangen von Krankheitseinsicht und Veränderung der Impulskontrolle,
- Aufbau einer Verantwortungsübernahme für das Glücksspielverhalten,
- Abbau von möglichen devianten Verhaltensweisen,
- Aufbau einer tragfähigen Beziehung zum/zur TherapeutIn.

Haupttherapiephase

- Entwicklung von Verständnis für die eigene Lebensgeschichte im Kontext zur Suchterkrankung (Wie wurde ich der, der ich heute bin?),
- Reflexion der aktuellen Beziehungen der Patienten,
- Möglichkeit, korrigierende Beziehungserfahrungen im therapeutischen Prozess zu erleben,
- Entwicklung von Konfliktfähigkeit,
- Bearbeitung traumatischer Beziehungserfahrungen,
- Aufbau einer angemessenen Frustrationstoleranz,
- Sensibilisierung für körperliche Wahrnehmungsphänomene,
- Erkennen und Einsetzen von Ressourcen,
- Umsetzung neu erworbener Handlungsalternativen im Alltag.

Ablösephase

- Rekapitulation des in der Gruppe Erlebten und Erarbeiteten,
- Möglichkeit, bisher vermiedene Themen und Konflikte in der Gruppe anzusprechen,
- bewusstes Erleben des Loslösungs- und Trennungsprozesses aus der Gruppe,

- Entwicklung von individuellen Perspektiven, die die Patienten im Anschluss an die Behandlung verfolgen wollen (Selbsthilfegruppe).

9.1 Gespräche mit Mitarbeitern von Spielerberatungsstellen

Bevor wir Fragen der ersten Kontaktaufnahme des Spielers und der anschließenden Beratung vertiefen, werden Ausschnitte aus 2 Gesprächen mit Mitarbeitern von ambulanten Beratungsstellen über ihre Vorgehensweisen und Probleme in der Spielerbehandlung wiedergegeben. Es fehlen bisher Überblicke darüber, welche Gruppenformen (z. B. Spielergruppen, Paargruppen) bei welchen Indikationen zur Anwendung kommen. Ein weiterer Erfahrungsaustausch ist deshalb wünschenswert. Die nachfolgenden Gespräche geben keinen repräsentativen Überblick, sondern können nur beispielhaft sein.

Gespräch mit J. Trümper und Ch. Müller, Mitarbeiter der Spielerberatungsstelle, Unna
Ein Spieler ruft erstmalig an. Was geschieht dann?

Das ist eine falsche Vorstellung. Im Regelfall (80%) melden sich nicht die Spieler selbst, sondern **Partnerinnen, Angehörige, andere Einrichtungen, Krankenhäuser, Sozialstellen von Betrieben**, die Probleme mit einem Spieler haben. Spieler werden in Betrieben dadurch auffällig, dass sie verstärkt um Lohn- und Gehaltsvorschüsse nachsuchen. Bei ledigen Spielern melden sich vorrangig die besorgten **Mütter**; Väter waren so gut wie keine darunter, oder bei Verheirateten halt die Ehefrauen bzw. Lebenspartnerinnen.

Wie verläuft ein solches Telefongespräch dann weiter?

Ehefrauen entdecken Darlehensverträge, erfahren, dass der Mann größere Kredite aufgenommen hat oder dass er das Auto verspielte. Vermutungen, dass der Ehemann wegen andauernden Fernbleibens, häufiger Fehlzeiten und ständiger Geldnöte eine Geliebte hat, klären sich dann auf, und die Verstrickung in das Glücksspiel ist nicht länger zu verheimlichen. Eine andere Gruppe von Anrufern ist schon längere Zeit mit dem Suchtverhalten konfrontiert: Mütter wollen Probleme abladen, erzählen von ihrem Leiden unter dem Spielverhalten, wie der Sohn sie wieder bestohlen und enttäuscht hat. In Fällen, wo sich die Spieler selbst melden, ist häufig ebenfalls ein Angehöriger beteiligt, der aus dem Hintergrund zu vernehmen ist: »Du, sag die Wahrheit!« Eine kurz bevorstehende Revision im Sparclub oder andere ausweglose finanzielle Situationen sind häufig Anlass für die Anrufe von Spielern.

Wenn der Angehörige anruft, wie kommt dann der Kontakt zum Spieler zustande?

Wir versuchen, die Spieler und ihre Angehörigen über die (Therapie-)**Schwelle** zu bekommen. Es wird ein Termin abgesprochen. Die Ehefrau schätzt ab, wann ihr Mann in den nächsten Tagen mit ihr gemeinsam kommen könnte. Dann bleibt es dem Spieler überlassen, ob er einwilligt oder nicht. **Zeigt der Spieler keine Bereitschaft, den Termin wahrzunehmen, raten wir der Partnerin dringend, dann allein zu kommen.**

Wir bieten den Angehörigen die Gruppen an, sagen ihnen, dass sie die **Therapieangebote** konsequent für sich nutzen sollen und dann feststellen werden, dass der Mann, der bisher auf dem Sofa lag und sagte, er habe keine Probleme mit dem Spielen, sondern nur ein teures Hobby, mitkommt. Die Angehörigen sind als **Koabhängige** (sich zu sorgen, zu behüten, zu bemuttern) in die Spielerkarriere mit eingebunden. Vielfältige Versprechen, mit dem Spielen aufzuhören, haben zu keiner Veränderung geführt, und der Spieler kann letztlich damit kalkulieren, dass alle Enttäuschungen keine nachhaltigen Konsequenzen haben. Erst dann, wenn der Angehörige, der den letzten Rest der sozialen Versorgung darstellt, die Miete zahlt, dafür sorgt, dass noch etwas im Kühlschrank ist, die notwendige Zuwendung gibt, **sich entzieht**, eine **konsequente Haltung** einnimmt, dann tritt eine Verunsicherung beim Spieler ein. **Er bekommt Ängste und geht mit zur Therapie, um zumindest festzustellen, was da passiert.**

Sind auch die Mütter dazu bereit, das Therapieangebot zunächst allein wahrzunehmen?

Von ca. 30 Kontakten mit Müttern kam es nur zu einem Erstgespräch mit der Mutter, die dann einen Termin für den Sohn machte, den dieser allerdings nicht einhielt. Mütter haben wohl größere Schwierigkeiten, den »Status quo« aufzugeben, trotz des Leids, das damit verbunden ist. Die Söhne dürfen manchmal gar nicht erfahren, dass die Mutter anrief. Mütter melden sich nach einigen Wochen wieder, klagen darüber, dass alles noch schlimmer geworden sei,

sind aber nicht bereit, den entscheidenden Schritt aus ihrer Lebenssituation hinaus zu machen.

Wie verläuft ein Erstgespräch, z.B. mit einem Ehepaar?

Wir prüfen zunächst, ob wir die berufliche Kompetenz haben, da tätig zu werden. Äußert der Spieler **suizidale Tendenzen**, erklären wir uns für nicht zuständig und überlegen gemeinsam, welche alternativen Möglichkeiten es gibt. Es wird mit **Fachärzten** und mit **stationären Einrichtungen** enger Kontakt gehalten. Ist die Frage der Zuständigkeit positiv entschieden, prüfen wir, ob ein **aktueller Problemdruck** vorliegt: Hat die Familie den Räumungsbefehl in der Tasche, läuft der Strom oder das Gas noch und ähnliche Dinge mehr, die der Existenzsicherung dienen. Konkrete Maßnahmen, **Schuldnerberatung** etc. werden eingeleitet, die aktuelle Notsituation zu beheben. Als nächstes bieten wir die »**angeleiteten Gruppen**« für Paare an, wobei im Augenblick die große Schwierigkeit darin besteht, dass die drei vorhandenen Gruppen (zwei angeleitete Paar- und eine Selbsthilfegruppe) bereits überfüllt sind.

Gibt es Gründe dafür, weitere Einzelgespräche anzubieten?

Ein vorrangiger Grund ist im Augenblick, dass wir die Hilfesuchenden in den Gruppen nicht mehr unterbringen können. Die Versorgung in Einzelgesprächen ist allerdings sehr arbeitsaufwendig. Weitere Anlässe ergeben sich aus der Gruppenarbeit, indem wir feststellen, jemand kommt dort nicht weiter, »spielt falsch«, d.h. ist **nicht ehrlich** oder kann die **Realität** noch **nicht ausreichend wahrnehmen**. Die Betroffenen melden zudem von sich aus das Bedürfnis nach Einzelgesprächen an, haben Probleme, sich in der Gruppe zu äußern und möchten ihr Anliegen zunächst in einer **vertrauteren Atmosphäre** reflektieren. Spieler können Schwierigkeiten haben, ihre **Anonymität** aufzugeben, sich einer Gruppe anzuschließen, wenn sie im öffentlichen Leben stehen, berufliche Konsequenzen befürchten, weil sie bei der Arbeit z.B. mit viel Geld umgehen müssen. Bei uns melden sich außerdem Spieler, die wegen **psychischer Auffälligkeiten** in fachärztlicher Behandlung sind. Hier haben wir das Gefühl, dass die Gruppe damit überfordert wäre.

Was ist mit Spielabstinenz? Gibt es da bestimmte Hilfen?

Wir verlangen keine Abstinenz als Voraussetzung für die Therapie, und bei uns führt der Rückfall nicht zum Behandlungsabbruch. Die Spieler, die einen regelrechten Zusammenbruch erleben, mit einem Mal ihre Schein- und Lügenwelt aufgeben können, fühlen sich oft erheblich erleichtert, und es fällt ihnen eher leicht, abstinent zu sein. Bei anderen währt die Suchtkarriere jahrelang, und der Spieler soll in der Gruppe angstfrei darüber berichten können, wenn er gespielt hat.

Gibt es das langfristige Ziel, abstinent vom Spielen zu sein?

Es ist für uns schwierig, hier Ratschläge zu geben, bestimmte Regeln zu empfehlen, nach denen dann die Abstinenz eintritt. Bestimmte Erfahrungswerte sind vorhanden, die wir den Angehörigen anraten, wenn sich die Notwendigkeit ergibt. Die Angehörigen übernehmen z.B. für einen absehbaren Zeitraum die **Verwaltung der finanziellen Mittel**, so dass die Verfügbarkeit des Geldes für den Spieler stark eingeschränkt ist. Außerdem können die Angehörigen mit dem Spieler Vereinbarungen treffen, dass bei unvorhergesehenem Fernbleiben in jedem Fall anzurufen ist. Bei Roulettespielern kommt die **Sperre** vom Spielkasino hinzu. Diese Maßnahmen nehmen dem Spieler jedoch nicht unbedingt den Spieldruck und die Spielgelegenheit, so dass das Spielen dann möglicherweise zunächst auf einem niedrigeren Level stattfindet.

Wie hoch ist etwa die Abstinenzrate in der Gruppe?

In der Gruppe, die wir etwa 9 Monate angeleitet und dann in die Selbsthilfe entlassen haben, waren insgesamt 22 Spieler, und es besteht noch Kontakt zu 16. Der harte Kern, der sich regelmäßig trifft, besteht aus 10 Spielern, von denen 8 **spielfrei** sind und 2 ihr Spielverhalten gravierend verringert haben.

Welche unterschiedlichen Gruppenformen gibt es?

Insgesamt 3. Zwei **Paargruppen**, die nicht von vornherein so geplant waren, sondern sich durch die Reihenfolge, in der sich die Menschen an uns wandten, entwickelt haben. Die 2 angeleiteten Gruppen haben inzwischen 20 bzw. 18 Mitglieder. Einige einzelne Spieler befinden sich ebenfalls in diesen Gruppen. Hinzu kommt die kürzlich in die **Selbsthilfe** entlassene Gruppe, die beschlossen hat, keine neuen Mitglieder aufzunehmen.

Ist es gut, einzelne Spieler in der Paargruppe unterzubringen?

Von den Gesprächsthemen her ist es wahrscheinlich besser, einzelne Spieler und Paare zu trennen. Spieler kommen aber manchmal anfangs nur allein in die Gruppe, weil noch Ängste da sind, sich vor dem Partner zu entblößen.

Welche Themen werden in den Paargruppen besprochen?

Zum Beispiel das **Misstrauen** von seiten des Angehörigen, das beim Spieler mit dem Gefühl korrespondiert, Vertrauensverluste erlitten zu haben. Ehefrauen thematisieren die **mangelnde Aufmerksamkeit und Nähe** des Spielers gegenüber ihnen und den Kindern. Es kann allerdings mehrere Stunden dauern, bevor Angehörige ihre Scheu überwinden, sich in der Gruppe zu Wort zu melden. Je länger eine Gruppe zusammen ist, um so weniger steht das Spielen im Mittelpunkt der Gespräche. Nur anfänglich werden ausführliche **Spieleranekdoten** berichtet, und es wird sich ab und zu in **Spielerlegenden** gesuhlt. In späteren Sitzungen werden eher Themen aufgegriffen, die hinter dem Spiel stecken, **Probleme** beinhalten, die zum Spielen geführt haben. **Ängste** und **Gefühle** kommen zur Sprache, vor denen man flüchtete, und die Gruppe steigt dabei intensiv in die **Lebensgeschichte** des einzelnen ein. Noch später in der Gruppenentwicklung kommt Interesse auf, sich über die eigene Betroffenheit hinaus in der **Öffentlichkeit** zu betätigen, um anderen zu helfen, aufzuklären und zu informieren.

Haben die Gruppenstunden einen bestimmten Ablauf, eine bestimmte Struktur?

Zu Beginn des Abends behandeln wir die **Höhen und Tiefen der Woche**. Niemand wird gezwungen, nur wer will, sagt etwas. Häufig zeigt sich schon bei dieser ersten Runde ein **Problembereich** oder ein **persönlicher Konflikt**, der dann gemeinsam vertieft wird. Manchmal bespricht die Gruppe **vorbereitete Themen**, die in der Gruppenstunde zuvor angeregt wurden. Zum Abschluss kann jeder noch einmal seine Empfindungen mitteilen oder was ihm sonst wichtig ist. Diese Stellungnahmen bleiben dann unkommentiert. Sind neue Mitglieder da, gibt es eine kurze **Vorstellungsrunde**, ohne dass das neue Mitglied gezwungen ist, ausführlicher von sich zu erzählen.

Ist es Pflicht, an den Sitzungen teilzunehmen?

Es gibt die Regel der **Verbindlichkeit**, d.h., wer 2-mal hintereinander unentschuldigt fehlt, darf nicht in die Gruppe zurückkehren.

Was wären Gründe, einen Spieler in einer stationären Therapie unterzubringen?

Der Spieler selbst äußert stark diesen Wunsch, betont, dass er ambulant nicht weiterkommt, ihm dies alles bisher nichts gebracht hat. Geraten wir von unserer Kompetenz an Grenzen, suchen wir zunächst **fachärztliche Hilfe**, von wo aus dann weitere Maßnahmen zu veranlassen sind. Wenn sich in der Gruppe und in flankierenden Einzelgesprächen zeigt, dass der Spieler **tiefergehende psychische Probleme** hat und dringend **Abstand von seiner alltäglichen Umgebung** braucht, raten wir zu einer stationären Behandlung.

Was geschieht, wenn keine Besserung im Spielverhalten eintritt, sich Erfolglosigkeit in der Behandlung abzeichnet?

Wir haben die Erfahrung gemacht, dass diejenigen Leute, für die wir anscheinend nicht die adäquate Form der Hilfe darstellen, wegbleiben.

Haben wir in diesem Gespräch etwas Wichtiges vergessen?

Wichtig ist vielleicht noch, dass es unerwartete **Schwierigkeiten** gab, die angeleitete Gruppe abzunabeln, in die **Selbsthilfe** zu entlassen. Die Gruppe fühlte sich im Stich gelassen:»Der lässt uns jetzt alleine und setzt sich ab.« Immer wieder machten sie den Versuch, uns wieder am Gruppenleben zu beteiligen.

In einem weiteren **Gespräch mit I. Füchtenschnieder, Diakonie, Herford** (auch Füchtenschnieder, 1992) schilderte die Suchtberaterin folgendes **Therapieangebot** in ihrer Spielerberatungsstelle:

- psychosoziale Beratung in Einzel-, Paar- bzw. Familiengesprächen,
- zwei therapeutisch angeleitete Gruppen für Spielsüchtige, eine Angehörigengruppe,
- Betreuung von Klienten, die aufgrund von Beschaffungskriminalität inhaftiert sind,
- Betreuung von Haftentlassenen, die die gerichtliche Auflage haben, sich an eine Beratungsstelle zu wenden,
- Beratung und Vorbereitung von stationären Therapiemaßnahmen.

Sie legt Wert darauf, dass sich die Spieler selbst um einen Gesprächstermin bemühen und dies nicht von Angehörigen erledigen lassen. Nach ihren Erfahrungen schafft etwa ein Drittel der Spieler den Ausstieg beim ersten Anlauf, ein zweites Drittel nach mehreren, teilweise massiven Rückfällen und das letzte Drittel schafft ihn nicht. Als Gruppenregeln sind vereinbart:

1. Der Spieler muss glaubhaft vertreten, dass er den wirklichen Wunsch hat, mit dem Spielen aufzuhören.
2. Der Spieler muss regelmäßig an den Gruppenstunden teilnehmen. (Es wird von vornherein vereinbart, dass er zu einem Abschlussgespräch kommt, wenn er aufhören will).
3. Der Spieler entscheidet, wieviel er von sich erzählt. Aber was er erzählt, soll der Wahrheit entsprechen.
4. Was in der Gruppe besprochen wird, bleibt in der Gruppe.
5. Rückfälle werden besprochen.

Die Gruppengröße soll 12 Personen nicht überschreiten. Als ein Hauptproblem in der Spielerberatung bezeichnet Füchtenschnieder die Belastungen in den Gesprächsgruppen durch stark **fremdmotivierte Klienten**, die z.B. **gesetzliche Auflagen** zum Besuch der Beratungsstelle erhalten haben. Gruppenprozesse seien dadurch erheblich beeinträchtigt, und sie schlägt vor, nach etwa 10 Gruppenstunden jeweils Bilanz zu ziehen und Klienten, die dann immer noch keine Eigenmotivation zeigen, d.h., Hilfe aus eigenem Befürfnis zu akzeptieren und das Spielen von sich aus aufgeben zu wollen, von der weiteren Gruppenbehandlung auszuschließen. In Einzelgesprächen findet dann eine weitere Motivklärung statt. Das Konzept der Beratungsstelle für Glücksspielabhängige und Angehörig in Herford (Füchtenschnieder & Gauls, 1998) unterscheidet zwischen obligatorischen, indikativen und supplementären Behandlungsbausteinen (◻ Abb. 9.1).

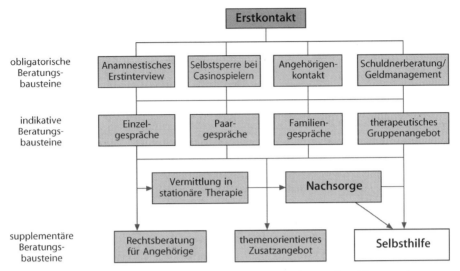

Erstkontakt

obligatorische Beratungsbausteine

| Anamnestisches Erstinterview | Selbstsperre bei Casinospielern | Angehörigen-kontakt | Schuldnerberatung/ Geldmanagement |

indikative Beratungsbausteine

| Einzel-gespräche | Paar-gespräche | Familien-gespräche | therapeutisches Gruppenangebot |

| Vermittlung in stationäre Therapie | **Nachsorge** |

supplementäre Beratungsbausteine

| Rechtsberatung für Angehörige | themenorientiertes Zusatzangebot | **Selbsthilfe** |

🔲 **Abb. 9.1.** Adaptives Indikationsmodell zum Beratungsangebot (Füchtenschieder & Gauls, 1998)

9.2 Formen und Aufgaben der Spielerberatung

Teilweise lassen sich Formen der Selbsthilfe und die Organisation von Spielergruppen in ambulanten Beratungsstellen nicht leicht voneinander trennen.

❗ **Insbesondere in der Aufbausituation kann es notwendig sein, intendierte Selbsthilfegruppen von Experten zu unterstützen.**

Die professionellen Helfer haben teilweise einen erheblichen Erfahrungsschatz in der Arbeit mit stofflich Suchtkranken erworben und verfügen deshalb über die notwendigen Voraussetzungen für die therapeutische Arbeit mit pathologischen Glücksspielern.

Obwohl genaueres Zahlenmaterial noch fehlt, ist davon auszugehen, dass im Bereich der Suchtberatungsstellen **expertengeleitete Spielertherapiegruppen**, lediglich **an diese Institution** (z. B. räumlich) **angelehnte Selbsthilfegruppen** und **Mischformen** davon existieren, die sogenannten **expertengestützten Selbsthilfegruppen**. Außerdem ist festzustellen, dass im ambulanten Bereich auch Einzelbehandlungen stattfinden, da bei dieser Klientel bisher nicht in allen Bereichen eine Gruppenstärke zu erreichen ist. Darüber hinaus wird berichtet, dass Spieler in **Alkoholikergruppen** integriert werden, zumal dann, wenn außer der Suchtproblematik eine stoffliche Abhängigkeit vorliegt.

In Anlehnung an die Behandlung von substanzgebundenen Suchterkrankungen (Feuerlein, 1989) hat der **ambulante Versorgungsbereich** in der Behandlung von pathologischen Glücksspielern folgende **Aufgaben**:

— Erste **Kontaktaufnahme** mit den Patienten, Erfassung und Diagnosestellung. Dabei sollte insbesondere auf **Mehrfachabhängigkeit** geachtet werden. In die diagnostische Exploration werden die Angehörigen, sozialen Dienste der Betriebe, Selbsthilfeorganisationen sowie überweisende Ärzte und Sozialarbeiter einbezogen. Die Klienten werden bei der Schuldenerfassung und -regulierung unterstützt bzw. an kompetente Beratungseinrichtungen verwiesen.

— Ambulante **Entwöhnungsbehandlung** ohne Einschaltung einer stationären Behandlungsphase.

— **Vorbereitung der stationären Behandlung**. Der Spielsüchtige erhält Informationen über das Krankheitsbild und die sozialen und kriminogenen Folgen, seine Motivation zu einer umfassenden Behandlung wird gefördert.

— **Betreuung** während der stationären Behandlung, Hilfe bei der Wiedereingliederung und **Nachsorge** nach Entlassung aus der stationären Behandlung.

Wie bei substanzgebundenen Abhängigkeitsformen haben ambulante Behandlungen gegenüber stationären beträchtliche **Vorzüge** (Feuerlein, 1989; Tasseit, 1992):

- Der Patient verbleibt in seinem sozialen Umfeld, kann, was besonders bei jungen Spielern wichtig ist, eine begonnene Ausbildung weiterführen, einer Berufstätigkeit nachgehen und in seiner Familie integriert bleiben.
- Suchtfördernde oder auslösende Faktoren des alltäglichen Lebens, die zu einer Rückfallgefährdung beitragen, gehen unmittelbar in die Therapie ein. Die Beratungsstelle kann z.B. familientherapeutische Maßnahmen effektiver planen und durchführen.
- Die in der Therapie gewonnenen Einsichten und Verhaltensweisen sind ohne zeitliche Verzögerung umsetzbar, ihre Bewährung findet dabei unter realistischen Umweltbedingungen statt.
- Probleme der Wiedereingliederung in die Primär- und Sekundärgruppen entfallen, wie dies nach stationären Aufenthalten der Fall ist, ebenso die Schwierigkeit der Ablösung aus stationären Einrichtungen.
- Insbesondere berufliche und familiäre Umstände können ausschlaggebend dafür sein, dass ein stationärer Aufenthalt zunächst nicht in Betracht kommt.

Ambulante Beratungs- und Behandlungsstellen sind personell sehr unterschiedlich besetzt, so dass im Einzelfall zu beurteilen ist, inwieweit eine Einrichtung dazu in der Lage ist, die hier beschriebenen Aufgaben zu übernehmen. Zum Teil bestehen die Teams aus Ärzten, Sozialarbeitern und Psychologen, wobei bestimmte Berufsgruppen nur in Teilzeitarbeit beschäftigt sind oder nur beratend zur Verfügung stehen.

9.3 Phasen und Schwerpunkte der ambulanten Spielerbehandlung

9.3.1 Kontaktaufnahme

Neben den örtlichen Selbsthilfegruppen sind die **Suchtberatungsstellen** häufig erste Ansprechpartner für ratsuchende Betroffene und Angehörige. Ob nun die Beratungsstellen selbst schon Entwöhnungsprogramme durchführen, eine enge Kooperation mit Selbsthilfegruppen besteht oder ein stationärer Aufenthalt in Betracht gezogen werden muss – die schwierige **erste Kontaktphase** fällt häufig in ihren Bereich. Wie bei anderen Suchtkranken können von dem ersten Herantasten bis zu konkreten Behandlungsschritten Tage, Wochen, wenn nicht Jahre vergehen. Zunächst sind es oft Angehörige, die sich informieren wollen, unter einem erheblichen **Leidensdruck** stehen, in starken **finanziellen Nöten** stecken und häufig nicht wissen, wie sie den nächsten Engpass überbrücken sollen.

Es melden sich verzweifelte Eltern, deren heranwachsende Jugendliche mit dem **Gesetz** in Konflikt gekommen sind, die unter starken **innerfamiliären Spannungen** leiden, weil sich **Diebstähle** im engeren Angehörigenkreis ereignet haben und sie ein massives **soziales Abgleiten** des Spielers befürchten. Teilweise hat die Familie dann schon Ersparnisse aufgebraucht, Kredite aufgenommen, um z.B. drohende Strafanzeigen zu vereiteln. Wegen der oft verzweifelten Versuche, den Spieler zu überwachen, Geldgeschäfte zu kontrollieren, um weiteres Spielen auf jeden Fall zu verhindern, sind die Angehörigen mit ihren Kräften häufig völlig am Ende und haben sich nicht selten schon selbst wegen psychischer Belastungen in ärztliche Behandlung begeben. Dementsprechend hoch sind die Erwartungen aller Beteiligten an die Therapie: Das Glücksspielverhalten »wegzuzaubern« oder ungeschehen zu machen wäre dabei wohl die einfachste und angenehmste Lösung (◘ Abb. 9.2).

Dennoch wenden sich Angehörige meistens erst recht spät an zuständige Stellen und haben lange versucht, nach außen hin das Bild von der »intakten« Familie aufrechtzuerhalten.

Die immer wieder überzeugend vorgetragenen **Versprechungen** der Spieler, nun endlich aufhö-

■ **Abb. 9.2.** Die einfachste Lösung des Problems: Zauberei

ren zu wollen, gehören zum Krankheitsbild des pathologischen Glücksspiels und haben ihr übriges dazu beigetragen, dass sich konkrete Schritte einer Behandlung immer wieder verzögert haben. Ein oft über Jahre dauerndes Wechselspiel aus Hoffnung und Enttäuschung hat das gegenseitige **Vertrauen** in die Familie stark erschüttert, wobei Rückfälligkeit bei pathologischem Glücksspiel zunächst schwieriger festzustellen ist als bei substanzgebundenen Suchtformen. Erst weitere finanzielle Engpässe geben letzte Gewissheit darüber, dass der Spieler erneut seinem Suchtverhalten nachgeht.

Düffort (1989), der in der Bundesrepublik Deutschland eine der ersten Therapiegruppen im ambulanten Bereich für Spieler gründete, stellte fest, dass sich Angehörige häufig erst nach einem längeren Zeitraum bewusst sind, in welche Situation sich die Spieler gebracht haben.

Zu Beginn der Krankheitsentwicklung ist das Symptomverhalten eher **psychosozial unauffällig**, die Spieler berichten anfangs teilweise noch von erfolgreichen Spielabläufen. Stärker abweichende Verhaltensweisen, wie häufiges Verlassen der Spielstätte mit leeren Taschen, lassen erste Schuldgefühle entstehen, das Gesprächsthema Spielen wird zunehmend gemieden. Vernachlässigung schulischer und beruflicher Belange wegen des häufigen Spielens, erstes Geldleihen und Verschuldung treiben den Spieler immer stärker in die Heimlichkeit. Diese Symptome haben zur Folge, dass die erste Kontaktaufnahme oft erst in einem **fortgeschrittenen Krankheitsstadium** erfolgt. **Mangelndes Wissen** über diese Form der Suchterkrankung in weiten Teilen der Bevölkerung ist mit ein Grund dafür, dass die Hilfsmaßnahmen nicht früher einsetzen. Grund-

sätzlich gilt für pathologisches Glücksspiel wie für andere Erkrankungen:

❗ Je früher der Krankheitsverlauf zu unterbrechen ist, um so günstiger sind die Erfolgsaussichten der Therapie zu beurteilen.

Abholen statt abwarten: Die Methode der »Familien-Intervention«

Schon seit über 20 Jahren (Reichelt-Nauseef & Hedder, 1985; Heineman, 1994) stellt die »Familien-Intervention« in Amerika bei Alkoholikern eine effektive Methode dar, jemanden zu einer Behandlung zu bewegen.

❗ Suchtspezifische Abwehrhaltungen der Verleugnung und Bagatellisierung des Problems sind bei pathologischen Glücksspielen nicht geringer als bei substanzgebunden Abhängigkeitskranken, so dass Familien oft mit dem Problem allein dastehen und stark überfordert sind, adäquate Hilfsmaßnahmen einzuleiten.

Häufig von starken Emotionen geleitete Auseinandersetzungen, Anstöße und Druck auf den Spieler sind so nicht selten jahrelang ins Leere gelaufen. Auf therapeutischer Seite herrscht teilweise noch die Mentalität vor, der Abhängige müsse zunächst einen Tiefpunkt erreichen, bevor er zur Besinnung käme und etwas ändere. Dies kann leicht bedeuten, dass Familienstrukturen bereits zerstört, die finanziellen Verhältnisse hoffnungslos, Straffälligkeit und massive psychische Schäden eingetreten sind, bevor jemand bereit ist, Hilfe zu akzeptieren.

❗ **Die Familien-Intervention ist ein *strukturiertes* Verfahren, in dem ein Berater mit den Angehörigen in mehreren Sitzungen ein gemeinsames Treffen mit dem Suchtkranken vorbereitet, das dazu dient, ihn in einer unterstützenden, wertschätzenden, aber gleichzeitig konfrontativen Weise zu bewegen, ein konkretes Behandlungsangebot anzunehmen.**

Die Anwendung dieser Methode auf pathologische Glücksspieler beschreibt Heineman (1994) ausführlicher. Hier einige kurze Auszüge: Zunächst meldet sich ein Familienmitglied oder ein Freund des Spielers in der Beratungsstelle. Motive des Ratsuchenden, seine Beziehung zum Glücksspieler und erste persönliche Daten des Betroffenen sind festzuhalten. Ein Beratungstermin wird vereinbart, zu dem auch andere Personen (Familienmitglieder, Freunde, Arbeitskollegen, u. a.) hinzukommen, die dem Spieler nahestehen. Zunächst ist zu überprüfen (Nachfrage beim Hausarzt, Berichte über Vorbehandlungen, etc.), ob der Glücksspieler psychisch und gesundheitlich dazu in der Lage ist, von einem konfrontativen Gespräch zu profitieren, und nicht etwa Schaden davonträgt. In mehreren Gesprächen bereitet der Berater die Teilnehmer auf das gemeinsame Treffen mit dem Suchtkranken vor. Jedes Mitglied schreibt als persönlich formulierten Brief an den Spieler auf, was es dem Betroffenen mitteilen möchte. Dies liest es zunächst den anderen vor, eine gemeinsame Diskussion über den Inhalt findet statt. Die Teilnehmer bringen zum Ausdruck, warum sie Hilfe gesucht haben, was sich in der letzten Zeit oder in den letzten Jahren durch das Spielen verändert hat, wie es ihnen dabei gegangen ist, was sie dabei empfunden haben, wie sich die Beziehungen veränderten, welche weiteren Befürchtungen sie haben, was ihre Hoffnungen sind, wenn das Glücksspielen aufhört sowie außerdem was passiert, wenn der Spieler sein Suchtverhalten nicht einstellen kann. Die Angehörigen sollen in erster Linie von ihren Gefühlen berichten und vermeiden, Belehrungen und Vorwürfe zu machen, um nicht die Abwehrhaltung des Spielers zu verstärken. Die Beteiligten legen eine Reihenfolge fest, in der sie ihre Briefe vorlesen. Das Ablesen garantiert, dass jeder wirklich das vorbringt, was er sich vorgenommen hat, und kein Rückfall in unkon-struktive Auseinandersetzungen passiert. Nachdem alle ihre Briefe vorgelesen haben, fasst der Therapeut die Inhalte kurz zusammen und stellt die Frage nach der Bereitschaft, eine Behandlung zu machen. Ist die Intervention erfolgreich, werden konkrete Schritte geplant, um das Vorhaben möglichst direkt in die Tat umzusetzen (z. B. gemeinsames Packen des Koffers, um eine stationäre Therapie zu beginnen).

9.3.2 Motivation im Therapieprozess

Die Motivation des pathologischen Glücksspielers kann nicht als ein statischer Zustand angesehen werden. So ist die Bereitschaft oder der Wunsch, mit dem Spielen aufhören zu wollen, zunächst ausreichend für ein Behandlungsangebot. Doch vor allem in der ersten Kontaktphase sind Rückfälle nicht auszuschließen, und die Enttäuschung bei den Angehörigen (»Er hat ja doch wieder gespielt«) und beim Betroffenen selbst ist groß.

Rückschläge sind jedoch zu erwarten, und es ist daher vorteilhaft, wenn Spieler und Bezugspersonen nicht auf einen schnellen Behandlungserfolg eingestellt sind, sondern die Therapeuten sie von Anfang an darauf vorbereiten, dass mit einem **schwierigen** und **längerfristigen Behandlungsprozess** zu rechnen ist.

Motivationshemmende Faktoren, wie starke **Scham- und Schuldgefühle**, können in ersten Kontaktgesprächen reflektiert und durch den Spieler erstmalig in einer angstfreien Situation zur Sprache kommen, was schon mit einer gewissen **Erleichterung** von oft über lange Zeit angewachsenen psychischen Belastungen einhergeht.

Für den Spieler sind es häufig zunächst die massiven **finanziellen Probleme**, die als Gründe für seine Bereitschaft vorhanden sind, mit dem Spielen aufhören zu wollen.

Es bedarf daher eines erfahrenen und geschulten Therapeuten, um in dieser kritischen Anfangsphase eine **tragfähige Beziehung** zum Klienten aufzubauen. Die starke **soziale Isolation**, in der sich der pathologische Glücksspieler befindet, ist ganz allmählich abzubauen. Es ist ein schwieriger Lernprozess für den Spieler, offen über das **wahre Spielverhalten**, das **Ausmaß der Schulden** und die **sozialen** und **beruflichen Beeinträchtigungen** zu sprechen.

Gespräche in einem therapeutischen Rahmen – im Vergleich zu vorausgegangenen innerfamiliären Auseinandersetzungen, die oft von einer verzweifelten Stimmung geprägt waren – ermöglichen dem Klienten, in einer einfühlenden und verstehenden, d.h. vorwurfsfreien Atmosphäre sein eigenes Verhalten ohne Selbstbetrug wahrzunehmen und mitzuteilen.

❗ Während in der Zeit zuvor allmählich das Glücksspielen die Funktion der psychischen Entlastung übernommen hatte, macht der Spieler nun die wichtige Erfahrung im Beratungs- und Therapiegespräch, dass er mit seinen Problemen nicht allein dasteht und Gespräche an sich den Leidensdruck schon beträchtlich mindern.

Prochaska et al. (1992) teilen den Motivations- und Veränderungsprozess in fünf Phasen ein:

- **Präkontemplation:** geringste Einsichts- und Veränderungsbereitschaft.
- **Kontemplation:** bereit über Probleme zu reden, nachzudenken, ohne jedoch praktische Handlungen vorzunehmen.
- **Vorbereitung:** wollen Veränderungen, suchen Hilfe.
- **Aktivwerden:** für Veränderungen entschieden und begonnen Verhältnisse zu ändern.
- **Aufrechterhaltung:** Veränderungsprozesse weiterführen.

Im Behandlungsverlauf ist darauf zu achten, dass sich Therapeut und Patient auf der gleichen Ebene befinden, d.h. der Therapeut sollte den Patienten da abholen, wo er sich befindet.

Feuerlein (1989, S. 177) beschreibt 6 verschiedene Stufen des Motivationsprozesses bei substanzgebundenen Süchten, die wir in Anlehnung daran auf pathologisches Glücksspiel übertragen:

1. **Erkennen**, dass sich etwas an der gegenwärtigen Situation ändern muss: »So geht es mit mir nicht mehr weiter.«
2. **Eingeständnis der eigenen Hilfsbedürftigkeit:** »Ich schaffe es nicht mehr allein, ich brauche Hilfe.«
3. **Akzeptieren der angebotenen Hilfe:** »Nachdem ich mich ausreichend informiert habe, nehme ich die Hilfe an, lasse ich mir helfen.«

4. **Akzeptanz der Spielsucht:** »Es ist wichtig für mich, dass ich akzeptieren lerne, spielsüchtig zu sein.«
5. **Anerkennung des Abstinenzzieles:** »Ich möchte auf alle Spiele um Geld verzichten und auf Spiele mit ähnlichen Wirkungsmustern, die einen Rückfall provozieren können.«
6. **Anerkennung des Zieles der grundsätzlichen Verhaltensänderung:** »Ich muss mein Leben anders gestalten, um abstinent zu bleiben.«

Diese Motivationsziele reichen weit über die erste Kontaktphase hinaus und bieten eine **wichtige Grundlage** für den gesamten Entwöhnungsverlauf.

Es ist zu erwarten, dass es in den einzelnen Punkten immer wieder zu Schwierigkeiten kommt. Negative Konsequenzen des Spielens geraten leicht in Vergessenheit. So entsteht wiederum das Gefühl, dass es möglicherweise »noch gar nicht so schlimm« war. Die jahrelang gehegte Hoffnung, dass man doch allein mit den Problemen fertig werden könne, kann immer mal wieder aufkeimen. Auch an der Effektivität des Hilfsangebots können Zweifel auftreten:

- »Hält der Patient den Therapeuten für kompetent in Bezug auf Spielsucht?
- Befremden den Spieler psychotherapeutische Methoden, auf die er nicht vorbereitet ist?
- Verhindert eine dem Patienten unverständliche Fachsprache eine ausreichende Vertrauensbasis?

Die Akzeptanz, spielsüchtig zu sein, mit der Konsequenz einer lebenslangen Abstinenz, ist in vielen Fällen ein äußerst schwieriger kognitiver Prozess, der mit starken emotionalen Problemen verbunden ist: »Wie reagieren andere darauf? Bin ich nun abgestempelt?« Diese und ähnliche Fragen, die in starkem Maße das Selbstwertgefühl des Klienten betreffen, sind in die Behandlung einzubeziehen. Es kann Wochen und auch Monate dauern, bis sich hier Einsichten gefestigt haben und sich der Abstinenzwunsch stabilisiert.

Aus der Arbeit mit substanzgebundenen Abhängigkeitskranken weiß man, dass es in der **ersten Kontaktphase** zu erheblichen **Abbruchraten** kommt. Die Erfahrungen mit Spielern unterstützen diese Erkenntnisse teilweise dramatisch. So führt häufig nur ein kleiner Teil von Erstkontakten zu konkreten längerfristigen Behandlungen.

Nicht nur Selbsthilfegruppen, sondern auch Beratungsstellen klagen über eine **hohe Fluktuation** in ihren Behandlungsangeboten. Erste Ansätze, um diese Entwicklung einzugrenzen, können sein (Baekeland et al., 1971):

- feste, absehbare Termine zu Erstgesprächen,
- gründliche Informationen über Zielsetzung und Therapieablauf,
- möglichst baldige Kontaktaufnahme zu Bezugspersonen und deren Einbeziehung in die Behandlung,
- Verabredungen treffen, wie der Kontakt nach versäumten Terminen und Rückfällen wieder aufzunehmen ist.

Brenk-Schulte et al. (1992) entwickelten für den ambulanten Bereich der substanzgebundenen Abhängigkeiten einige grundsätzliche **Leitlinien für die Motivationsarbeit**, die im Einzel- wie im Gruppentherapieverfahren anzuwenden sind und für pathologisches Glücksspiel **uneingeschränkt** Gültigkeit besitzen:

- Die Motivation des Patienten ist ein dynamischer Prozess, d.h., er kann erheblichen Veränderungen unterliegen: Ein Patient sollte **nie** wegen fehlender oder nicht ausreichender Motivation abgelehnt werden.
- Der Therapeut sollte den Patienten dort abholen, wo dieser steht – Motivierung ist ein Interaktionsprozess zwischen Therapeut und Patient.
- Wenn dem Patienten negative Seiten rückgemeldet werden, sollten ihm gleichzeitig erreichbare Wege für eine Veränderung aufgezeigt werden.
- Vorstellungen des Patienten über seine Krankheit und seine Behandlungserwartungen müssen ernst genommen und in der Motivationsarbeit berücksichtigt werden.
- In einer akzeptierenden Atmosphäre sollte sich der Therapeut die notwendige Zeit nehmen, um eine vertrauensvolle Beziehung aufzubauen.
- Frühere Therapieerfahrungen sollten besprochen, Gedanken und Ängste der Behandlung gegenüber müssen ausgesprochen werden.
- Übergeordnetes Ziel ist die Bereitschaft zu weiteren Gesprächen. Das Erstgespräch soll so verlaufen, dass für den Patienten Unsicherheiten

reduziert und das Wiederkommen attraktiver wird als das Fortbleiben.

Als 2. und 3. Schritt können die Motivierung zur Abstinenz und zur weiteren Veränderung Zielsetzungen sein.

9.3.3 Schritte zur Krankheitseinsicht und Spielabstinenz

Im Gegensatz zur stationären Behandlung kann es in der ambulanten Therapie zunächst erheblich schwieriger sein, **Spielabstinenz** zu erreichen. Der Spieler leidet sowohl unter dem Spielverhalten, als auch unter der Vorstellung, es aufgeben zu müssen (Miller, 1986). Während im stationären Bereich die äußeren Rahmenbedingungen den Patienten zunächst am Weiterspielen hindern, sind im ambulanten Bereich Methoden der **Selbstkontrolle** (z.B. Verfügbarkeit des Geldes einschränken, Tagesablauf strukturieren, an Ressourcen anknüpfen – was hat bei früheren erfolgreichen Versuchen geholfen?) zu entwickeln, die den Suchtablauf zum Stillstand bringen. Der Entschluss zur Abstinenz darf nicht ausschließlich mit **negativen Folgeschäden** des Suchtmittelgebrauchs begründet sein. Zu leicht geraten diese in Vergessenheit, wie das schon häufiger der Fall war, wenn gute Vorsätze scheiterten, mit dem Spielen aufzuhören. Kurzfristig wirksame positive Effekte des Suchtmitteleinsatzes (augenblicklich abschalten; plötzlich in einer anderen Welt sein) überwiegen möglicherweise zu leicht eine ausschließlich auf negativen Motiven fußende Abstinenz. Die **Vorteile der Abstinenz**, das, was sich positiv durch den Verzicht auf Glücksspielen verändert, muss deshalb als ein wichtiger Aspekt hinzukommen, um in einer rückfallgefährdenden Situation den Ausschlag für die Abstinenz zu geben.

❗ **Es gilt der Grundsatz, dass eine Veränderung dann von Dauer ist, wenn sie einen Vorteil verspricht.**

Beispiele für **Vorteile der Abstinenz** und **Vorteile des Suchtmittelkonsums** (Beck et al., 1997) ▶ Anhang B9 (Arbeitsblätter). In diesem Zusammenhang ist es hilfreich, die Motivbilanz des Patienten anhand einer symbolischen Waage zu veranschaulichen und zu unterstützen (▶ Anhang B 8.1, B8.2): Mit Hilfe der

Waagschalen soll der Spieler die positiven Auswirkungen der Abstinenz denen des Suchtmittelkonsums gegenüberstellen und abschätzen, welche Seite das Übergewicht hat. Als nächstes ist die Frage zu behandeln, welche weiteren Veränderungen in Bezug auf Einstellungen und Verhaltensweisen notwendig sind, um Gewichte zu verlagern und somit den Abstinenzentschluss zu stabilisieren.

Zur weiteren Festigung der Abstinenz ist es so früh als möglich notwendig, aktuelle, drückende finanzielle Probleme zu beseitigen. Es gibt spezielle Beratungsstellen und Institutionen, die bei der **Schuldenregulierung** behilflich sind und an die sich der Patient möglichst selbst wendet. Es ist nicht notwendig, dem Klienten alle Schritte abzunehmen, sondern er soll lernen, **selbständig** zu handeln und **Verantwortung** für die Regelung seiner Belange zu übernehmen. Ein Problem besteht darin, dass es Spielern am Beginn einer Behandlung oft noch sehr schwer fällt, ihre finanzielle Situation zu ordnen und sich einen genauen Überblick zu verschaffen. Bei GA gibt es dafür spezielle »pressure-group-meetings«, die dazu dienen, den Druck, der wegen ungelöster Probleme auf dem Spieler lastet, zu vermindern. Den Spielern wird nahegelegt, sorgfältig und gewissenhaft eine Liste über Schulden, unbezahlte Rechnungen, die notwendigen finanziellen Mittel für den Lebensunterhalt und das verfügbare Einkommen zu erstellen (▶ Anhang B4, B5, B6). Insbesondere drückende finanzielle Belastungen führen dazu, dass der Spieler wieder in seine Traumwelt flüchtet, mit einem großen Gewinn alle Sorgen los zu sein. Wird für den Spieler nach einer genauen Bilanz deutlich, dass sich seine finanzielle Misere auf sehr lange Zeit hin nicht wesentlich beheben lässt, können erhebliche Störungen in der Behandlungsmotivation auftreten. Die Patienten beschäftigen sich mit Fragen wie z.B. »lohnt es sich denn dann noch zu arbeiten« oder »was kann ich mir denn dann noch leisten?« Aus ihrer Phantasiewelt, mit wenig Einsatz einen möglichst großen Gewinn zu erzielen, erwacht, finden sich hoch verschuldete Spieler häufig nur schwer damit ab, dass sie sich nun mit einem **Existenzminimum** zu begnügen haben.

Im Laufe der Spielerkarriere hat das Geld immer stärker die Funktion von **Spielgeld** bekommen, und größere Beträge lösen durchaus einen erheblichen Spielanreiz aus. So stellt sich im Einzelfall die Frage, ob kurzfristig eine Einschränkung des zur Verfügung stehenden Geldes ratsam ist, so dass der Spieler nur etwa den täglichen Bedarf mitführt.

Düffort (1986, 1989) schlägt für das weitere Vorgehen in der Behandlung vor, zunächst eine genaue **Anamnese des Spielverhaltens** vorzunehmen. Dann gilt es zu ermitteln, wann der Klient mit Spielen begonnen hat, wie sich sein Spielverhalten über den Tag, die Woche verteilt:

- Gibt es Phasen, in denen er intensiver oder weniger intensiv spielt?
- Gibt es Umstände, unter denen er z.B. leichter auf Spielen verzichten kann?

Möglicherweise gab es frühere Versuche, bei denen es schon einmal eine Zeitlang gelungen war, das Spielen einzustellen, und es lässt sich nun daran anknüpfen.

Es ist festzustellen, inwieweit der Spieler vielleicht schon selbst über Möglichkeiten verfügt, das Spielverhalten zu stoppen. Meistens sind es **wiederkehrende Abläufe**, die zu Spielsituationen führen. Diese Zusammenhänge werden in der Therapie bewusst gemacht und durch **alternative Verhaltensweisen** ersetzt (▶ Anhang B20). Unter Spielabstinenz entsteht anfangs häufig eine beträchtliche »innere Leere«. Da im Verlauf der Krankheitsentwicklung eine **Interessenabsorption** stattgefunden hat (frühere Interessen, Hobbys und Freunde wurden aufgegeben), ist es von großer Bedeutung, **alternative Verhaltensweisen** zum Spielen aufzubauen, die den Klienten dazu befähigen, psychische Spannungen anders als durch Spielen abzubauen, ihm **geistige Anregungen** vermitteln und eine **sinnvolle Freizeitgestaltung** ermöglichen. Bei all diesen Faktoren gibt es jedoch beträchtliche **individuelle Unterschiede**, die in einer sorgfältigen Anamnese aufgedeckt werden sollten.

❗ Selbst nach einer längeren Abstinenzzeit ist nicht zu erwarten, dass der Spieler überhaupt kein Verlangen nach Glücksspielen mehr empfindet.

Vielmehr lernt der abstinente Spieler, die nach und nach geringer und seltener werdenden Wünsche zu bewältigen. Im Anhang B10 sind in einem **Arbeitsblatt Beispiele für »veränderte Einstellungen zum Verlangen«** (Beck et al., 1997) dargestellt, mit denen sich der Klient selbst überprüft und einen Wandel in seinen Auffassungen unterstützen kann. Außerdem findet eine Auseinandersetzung mit Gedanken zum Suchtmittel statt. Welchen Platz hatte es im Leben eingenommen? Ist ein Leben ohne Suchtmittel interessant? Kann man ohne Suchtmittel Spaß und gute Laune haben? Um hierzu die eigenen Gedanken und Einstellungen zu überprüfen und Änderungen einzuleiten, ist das **Arbeitsblatt »Veränderte Einstellungen zu Suchtmitteln«** (▶ Anhang B11) konzipiert. In Einzel- und Gruppengesprächen werden die Ergebnisse dieser Einschätzungen in einer vorwurfsfreien Atmosphäre hinterfragt und reflektiert.

Rückfälle müssen sorgfältig analysiert und aufgearbeitet werden, zumal die Spieler in diesen Situationen häufig mit Schuldgefühlen und depressiven Verstimmungen reagieren und die Gefahr groß ist, dass sie in den alten Teufelskreis der Abhängigkeit zwischen psychischer Belastung durch Spielen und Flucht in die Spielsituation zurückkehren, der sich quasi selbst aufrechterhält (▶ Kap. 12).

9.3.4 Die Frage nach dem Warum – die Ursachen

Die bisherige Darstellung der Spielerbehandlung macht deutlich, dass zunächst das Symptom (Spielverhalten) und dessen unmittelbare Folgen (z. B. finanzielle Probleme) im Vordergrund der therapeutischen Aufmerksamkeit stehen (▶ Kap. 8).

❗ Im Idealfall sollte zunächst Symptomabstinenz eintreten, bevor die Hintergründe der Krankheitsentwicklung aufgearbeitet werden.

Spieler können sich nur unzureichend auf Therapiesituationen konzentrieren, wenn sie rückfällig sind und nur partiell mit dem Spielen aufgehört haben. Unter diesen Umständen muss das Symptomverhalten im Mittelpunkt der Behandlung stehen und nach konkreten Auswegen aus dieser Situation gesucht werden.

❗ Für die *langfristige Stabilisierung* der Abstinenz und Gesundung der Persönlichkeit ist es dann im nächsten Schritt notwendig, die Störungen aufzuarbeiten, die der Krankheitsentwicklung zugrunde liegen.

Bei Düffort (1989) sind dazu in einer Befragung von Spielern 4 verschiedene Problemfelder genannt worden, die unterschiedlich stark betroffen sind (Mehrfachnennungen waren möglich):

- Kommunikation/Partnerschaft 74,2 %,
- Schule/Beruf 42,7 %,
- Eltern-/Kindkonflikte 27,5 %,
- Depressionen/Angst 27 %.

Dabei ist es jedoch schwer festzustellen, ob diese Problemfelder eine Antwort auf die Frage nach dem **Warum** der Krankheitsentwicklung darstellen oder ob sie gänzlich oder teilweise **Folgeerscheinungen** des pathologischen Glücksspiels sind. Trotz dieser Unklarheit sollten diese Problembereiche Beachtung bei der Ursachenforschung finden.

Falldarstellung: 28jähriger Patient, verheiratet, Polizeibeamter,

Exploration in Bezug auf **Anfänge** bzw. **Ursachen** des pathologischen Glücksspiels:

Th.:   Wann ist denn das problematische Spielen überhaupt aufgetreten? Wie lange ist das her?

P.:   Wann wird das gewesen sein? Da muss ich schätzen. 1981. (**vor ca. vier Jahren**)

Th.:   1981. Was sind denn die Auslöser dafür gewesen, dass Sie überhaupt Interesse gehabt haben? Also öfter zum Spielen gegangen sind.

P.:   Einerseits, weil ich mich irgendwie aufgeregt habe.

Th.:   Über was denn?

P.:   Über alles Mögliche. Da klappte etwas nicht, da wollte ich hier anfangen und da, und es ging nicht so, wie ich es mir gedacht habe. Dann musste ich auf die Schnelle noch etwas besorgen, was ich dazu brauchte und dann bin ich dort immer vorbeigekommen. Ich habe mir immer fest vorgenommen, da willst du nicht hin, dann fuhr der Wagen praktisch von allein bis vor die Tür (der Spielhalle), dann war es gut.

Th.:   Dann waren Sie ruhig?

▼

P.: Ja.

Th.: War dieses bei besonderen Problemen so, die Sie zu der Zeit hatten? Haben Sie da geheiratet?

P.: Geheiratet habe ich schon 1976. Probleme gab es mit den Schwiegereltern, mit denen wir im gleichen Haus gewohnt haben. Zwei Jahre lang. Da bin ich auch schon zwischendurch abgehauen.

Th.: Auch zum Spielen?

P.: Nicht unbedingt. Ganz selten, aber auch schon mal. Aber auch schon mal zur Mutter, da haben wir ein bisschen was gemacht, auf dem Hof. Meine Frau war zu der Zeit noch in der Lehre. Dann bekam ich abends immer vorgehalten, was verkehrt war – hat mir die Schwiegermutter (persönlich) nie gesagt. Hat sich nicht getraut. Nach zwei Jahren zogen bei meiner Mutter nebenan die Nachbarn aus, da habe ich die Wohnung gemietet, wo wir Knall auf Fall einzogen. Haben meiner Schwiegermutter gar nichts gesagt, sind einfach ausgezogen. Da war erst einmal für ein Jahr Ruhe. Sie hat sich nicht mehr sehen lassen. Dann war das zweite Kind unterwegs und die Wohnung wurde zu klein. Dann musste ich eine größere Wohnung suchen, die ich dann auch 1981 gefunden habe.

Th.: Waren Sie da nicht zufrieden?

P.: Da waren aber schon die Schulden da, die ich nicht mehr zurückzahlen konnte, weil sie zuviel waren.

Th.: Was denn für Schulden?

P.: Für die erste Wohnung und für die größere, da mussten wir Möbel kaufen. Ein Auto wollten wir auch noch haben. Dann konnte ich 4 Monate nicht zahlen. In der Zeit bin ich auch schon spielen gegangen. Ich musste monatlich 600,– DM zurückzahlen, was jedoch nicht ging. Es kamen Mahnungen über Mahnungen, die ich dann versteckte, damit meine Frau sie nicht zu sehen bekam.

▼

Th.: Lag denn vielleicht eine Motivation für das Spielen darin, dass Sie Geld brauchten?

P.: Zum Teil. Wir wollten auch immer nur das Beste haben und nicht gerade das Schlechteste. Dann musste dies sein, dann das sein. Die Wohnung musste tapeziert werden u.a. Da sind schon 3500,– DM bei drauf gegangen. Dann wurde das Konto überzogen.

Th.: Sie sagten mal, dass Sie die Raten für das Auto mit Spielgewinnen bezahlen wollten.

P.: Ja, als wir in V. gewohnt haben, haben wir uns ein neues Auto gekauft. Was heißt neu, gebraucht. Da hat sie (die Frau) mich schon immer gefragt, ob wir überhaupt das Geld dafür haben, weil sie zu dieser Zeit von meinem Konto noch keine Ahnung hatte. Ich habe gesagt, »ja, ja.« Sie hat aber schon gewusst, dass ich öfter einmal spielen ging. Sie wußte aber nicht, wieviel ich da verspielt habe. Als sie einmal dabei war, habe ich nicht mehr als 20,– DM reingesteckt. Dann wurde es jedoch immer mehr. Ich habe gedacht, wenn wir das Geld nicht über haben, dann gehst du in die Spielhalle und holst das Geld aus dem Automaten, was ich für das Auto brauchte. Da ist der einzige Satz, wo ich mich erinnere, dass ich das einmal wirklich gesagt habe.

Th.: Sie haben aber über Jahre verheimlicht, wie das mit den Finanzen aussieht?

P.: Ja, eine ganze Zeit. Als wir geheiratet haben, habe ich ihr gesagt, so und so viel muss ich noch für das Auto bezahlen und das mit dem großen Kredit hat sie ja auch mitgekriegt. Dann habe ich den anderen Kredit abgelöst, ein paar Neuanschaffungen und ein Auto. Danach hat sie nie wieder etwas mitgekriegt.

Th.: War es nicht eine große Belastung für sie, das zu verheimlichen, wenn da Rechnungen offen waren?

▼

P.: Ich wurde schon immer nervös, wenn meine Frau eher aus dem Auto stieg oder wiederkam und die Post dort lag. Dann habe ich immer alles weg gepackt und gesagt, dass alles für mich sei, nichts für sie.

Th.: Was haben Sie denn mit dieser Nervosität gemacht?

P.: Ich habe verstärkt angefangen zu rauchen und eben alles runtergeschluckt. Wenn dann Terror war, habe ich mich umgedreht und bin weggelaufen. Ich habe schon öfter gesagt, »ich haue ganz ab«, hatte den Koffer schon gepackt und ins Auto geschmissen, dreimal um den Block gefahren und bin dann wieder nach Hause gekommen. Ich habe es nicht fertig gebracht, so einfach abzuhauen.

Th.: Hat das Spielen sie auch immer beruhigt?

P.: Ja, sobald ich davorsaß, da war Ruhe. Keine Aufregung mehr und nichts.

Th.: Kann es sein, dass es so eine Art Beruhigungsmittel für Sie war?

P.: Hinterher. Die letzte Zeit bin ich da angekommen und war merkwürdigerweise ganz ruhig, und es regte mich nichts mehr auf. Erst einmal ein paar gespielt, dann war Ruhe. Man denkt an nichts anderes mehr. Es ist so, als wenn jemand einen Balken davorschiebt und alle Probleme sind weg.

Th.: Ist es Ihnen schon generell schwer gefallen, über Ärger zu sprechen?

P.: Das habe ich noch nie gemacht. Wenn ich im Dienst Ärger hatte, habe ich meiner Frau auch nichts gesagt. Ich habe praktisch mit keinem über meine Probleme gesprochen. Es war auch keiner da. Freunde hatte man keine, mit den Kollegen unterhält man sich privat auch kaum. Mit den Nachbarn hat man auch wenig zu tun. Mit denen man im Haus wohnt, hatte man ein wenig mehr zu tun.

▼

Th.: Hatten Sie das während Ihrer Kindheit auch schon nicht gekonnt, über Schwierigkeiten zu sprechen?

P.: Da hatte ich nie Freunde, immer nur einen in der Volksschule. Danach hatte ich keinen mehr.

Th.: Wie war es mit den Eltern?

P.: Nein, nie. Mit meinem Vater konnte ich nicht reden, weil ich genau wusste, wenn irgendetwas herauskam, gab es den Arsch voll.

Th.: Hat er viel geschlagen?

P.: Ja, für jeden Mist, oder wenn ich etwas falsch gemacht habe, habe ich gleich etwas hinter die Ohren bekommen. Er fing an zu schreien, dann klatsch, klatsch. (Aus einem späteren Gesprächsausschnitt dazu: Die Peitsche habe ich noch zu Hause. Wenn ich hier fertig bin, dann schmeiße ich sie weg. Ich möchte mich an nichts mehr erinnern.) Zu meiner Mutter bin ich damals auch nicht gegangen.

Th.: Warum nicht?

P.: Ich hatte immer Angst, dass sie es dem Vater weitererzählt, da gibt es dann trotzdem noch Schläge.

Th.: Würden Sie es als Problem bezeichnen, dass sie so wenig aus sich herausgehen können?

P.: Deswegen sitze ich ja hier, damit ich lerne mehr aus mir herauszukommen, was mich dann freier macht. Das mich alles nicht so belastet.

Bühringer (1992) stellte fest, dass es eine Teilgruppe von Personen gibt, die bereits vor Beginn des Spielens deutliche **Kontaktstörungen** hatten, die unbewusst den Besuch von Automatenhallen und das Spielen als eine völlig ungeeignete Form für die Lösung ihrer Probleme mit anderen Menschen wählten. Die therapeutische Arbeit gibt Hinweise darauf, dass sich vorhandene psychische Belastungen durch das aufkommende Suchtverhalten eher verstärken. Wie auch immer diese Störungen entstanden sind, sie werden mit dem Absetzen des Spielens nicht einfach verschwinden.

9.4   Gruppenarbeit

Für die Bildung von Gruppen im ambulanten Bereich sollten mindestens 4 interessierte Spieler vorhanden sein (Düffort, 1989; Beckemeyer-Schweer, 1986; Reuter, 1989). Die Gruppe bietet im Gegensatz zum Einzelgespräch vielfältige **Identifikationsmöglichkeiten** mit anderen Spielern. Auch wenn der öfter zu hörende Slogan »Nur ein Spieler versteht einen Spieler« sicherlich übertrieben ist, so ist doch das gegenseitige Verstehen und Einfühlungsvermögen von hoher Bedeutung für eine dauerhafte Stabilisierung des Klienten.

Grundsätzlich sollten Spieler gemeinsam in Gruppen mit **anderen Spielern bzw. Suchtkranken** behandelt werden. In der Gruppe verliert der Spieler das Gefühl, ein isoliertes Einzelschicksal zu sein. Er erkennt, dass sich die Krankheitssymptome in unglaublicher Weise ähneln, ob es sich dabei um Symptome des Spielverhaltens, der Geldbeschaffung, innerfamiliäre Auseinandersetzungen oder um den »Katzenjammer« nach dem Spielexzess handelt. Dabei kann der **Austausch von Erfahrungen** erheblich angstreduzierend wirken, depressive Verstimmungen mindern und Verletzungen des eigenen Selbstwertgefühls reduzieren helfen. Unter Aufgabe des Stolzes und der eigenen sozialen Normen und Werte hat der Spieler häufig die für die Spielsucht notwendigen Geldmittel beschafft, so dass im abstinenten Zustand erhebliche Scham- und Schuldgefühle zu verarbeiten sind, die er zum Teil abwehrt und verleugnet. Andere Suchtkranke geben Hilfestellung, sich zu öffnen und negative Gefühle auszuprechen.

Vorbildfunktionen sind dabei von ganz entscheidender Bedeutung, d.h., es kommt weniger darauf an, andere damit zu konfrontieren, dass sie noch wichtige Erfahrungen zurückhalten. Es ist vielmehr das eigene Sich-Öffnen und Auseinandersetzen, das die noch nicht so weit fortgeschrittenen Gruppenmitglieder in ihrem Therapieprozess unterstützt. Schon längerfristig abstinente Glücksspieler geben wichtige Hinweise darüber, wie sie **Selbstkontrollmechanismen** entwickelt, rückfallgefährdende Situationen bewältigt und alternative Verhaltensweisen zum Spielen aufgebaut haben.

❶ Die gemeinsame Identifikation mit der Krankheit und die daraus folgende Konsequenz der Spielabstinenz ist möglicherweise der wichtigste therapeutische Faktor in der Gruppenarbeit (▶ Kap. 10.4.3).

Negative Konsequenzen eines süchtigen Verhaltens sind oft schnell vergessen (de Jong-Meyer et al., 1989), der Leidensdruck lässt im abstinenten Zustand rasch nach und die Wachsamkeit vermindert sich. Der Spieler sieht plötzlich keinen Grund mehr dafür, warum er nicht doch ein Spiel riskieren sollte. Nur im ersten Augenblick ist es widersinnig, dass sich jemand mit einem Krankheitsbild identifizieren soll, dessen unmittelbare Symptome zum Stillstand gekommen sind.

❶ Die Identifikation mit der Krankheit ist die Voraussetzung dafür, dass der Spieler die Motivation zur Abstinenz und eine Wachsamkeit gegenüber spielanreizenden Situationen aufrechterhält.

Das bedeutet jedoch keineswegs, dass sich die gesamte Persönlichkeit auf das Selbstbild des Abhängigkeitskranken reduziert oder das Konzept vom Kontrollverlust auf andere Bereiche der Persönlichkeit zu übertragen ist.

Nachdem kritische Situationen des Behandlungseintritts und des Therapieprozesses überwunden sind, befasst sich der Klient wieder mit anderen Fragen der Lebensgestaltung, und nur vereinzelt wird ein großer Teil der Lebensenergie weiterhin der Suchterkrankung, bzw. der Arbeit in Selbsthilfegruppen gewidmet.

9.4.1 Konzepte gegen Gruppenfluktuation und Schwellenängste

Beratungsstellen berichten fast einhellig davon, dass eine hohe Fluktuation die Gruppenprozesse in der Behandlung pathologischer Glücksspieler stört.

Teilweise ist zu beobachten, dass sich über mehrere Jahre hinweg keine feste Gruppe etablieren konnte. Thomas (1992) beschreibt die Bildung zweier Arten von Spielergruppen, von denen er eine eher **geschlossen** und die andere **offener** konzipierte. Obwohl in der weniger strukturierten Gruppenform ebenfalls eine regelmäßige Teilnahme erwünscht ist, wird Fernbleiben nicht so streng thematisiert oder bearbeitet wie in der geschlossenen Gruppenform. Da für die offene Gruppe der zeitliche Rahmen weiter gesteckt ist, müssen die Patienten nicht pünktlich sein und treffen zu der ihnen möglichen Zeit ein. Ziel ist, den **Einstieg** in die ambulante Therapie zu erleichtern und ein Beisammensein in einer aufgelockerten Atmosphäre zu gewährleisten. Dabei sollten Getränke gereicht werden und auch belanglose Gespräche möglich sein. Durch kleinere Rollenspiele und sonstige Anstöße setzt der Gruppenleiter die punktuelle intensivere »Therapie« in Gang. Thomas führt weiter aus, dass gerade ein nicht klar umgrenztes zeitliches und thematisches »Setting« einen besonders guten Anklang findet und wenige Abbrüche und ein geringes Angstniveau zu verzeichnen sind. Die Teilnahme erstreckt sich meist über mehrere Monate, bevor der Patient eine feste Therapiegruppe findet.

Die Einrichtung von offen konzipierten **Motivations- oder Vorbereitungsgruppen** hat den Vorteil,

- die eigentlichen Therapiegruppen vor allzu starker Fluktuation zu schützen,
- die Schwellenängste bezüglich einer ambulanten Therapie abzubauen und
- in der weniger angstbesetzten Atmosphäre einer offenen Gruppenstruktur die Fluktuation insgesamt zu verringern.

Patienten, die beispielsweise durch einen Rückfall längere Zeit aus der Therapiegruppe fernbleiben, wird so der Wiedereinstieg in die Behandlung erleichtert.

Auch **Einzelgespräche** können die Funktion der Motivklärung und Vorbereitung auf die Therapiegruppe oder Selbsthilfegruppe übernehmen. Allerdings darf dem Suchtkranken nicht über allzu lange Zeit die Möglichkeit genommen sein, gerade in der ersten schwierigen Zeit des Ausstiegs aus dem Spielverhalten Erfahrungen mit anderen Spielern auszutauschen.

Wohl tatsächlich beispiellos ist in der Frage der Senkung der Schwellenangst und der Kontaktaufnahme das »Café Beispiellos«, das in Berlin von Düffort (1989) und seinen Mitarbeitern eigens für pathologische Glücksspieler ge-

gründet wurde, ein Projekt der Beratungsstelle Jugend-Drogen-Süchte. Das Café wird inzwischen von den Spielern stark frequentiert und dient als Anlaufstelle für Krisensituationen, auch dann, wenn der Spieler gerade wieder alles verspielt hat. Hemmschwellen gegenüber professionellen Therapieangeboten sinken und Räumlichkeiten für Gruppentreffen auch außerhalb der offiziellen Zeiten sind vorhanden.

Ein Spieler berichtet:

[Stefan, 24 Jahre, verlobt, 2 Kinder, seit 10 Jahren Spieler, 40 000,– DM Schulden, Alkoholprobleme, berichtet über die Zeit seiner **Kontaktaufnahme** und erfolgreichen Teilnahme an einer **expertengestützten ambulanten Selbsthilfegruppe für Paare** in Unna. Er ist seit 10 Wochen spielabstinent und besucht die Gruppe weiterhin regelmäßig. Bevor er den ersten Kontakt mit der Beratungsstelle aufnahm, hatte sich die familiäre Situation erheblich verschlechtert:]

»Diese Wochen und Monate waren eine schlimme Zeit für uns beide, weil ich ja nicht zugeben wollte, dass ich das Geld verspielt hatte. Also musste ich lügen, lügen und nochmal lügen. Sei es, um zu erklären, warum ich schon wieder zu spät nach Hause kam, warum ich nicht arbeiten war oder wo das ganze Geld geblieben ist. Hinterher hat meine Verlobte es dann doch rausgekriegt, und es gab ein Riesentheater. Klar, der Streit machte mir ganz schön zu schaffen, aber in diesem Moment war ich doch froh, dass sie es endlich wusste. Als der Streit vorüber war, habe ich ihr natürlich versprochen, nie wieder zu spielen. Doch dieses Versprechen hielt vielleicht eine Woche, und dann habe ich wieder 200,– DM verspielt. Das Geld war weg, und ich war wieder 3 Stunden von zu Hause fort, obwohl ich nur kurz in die Stadt gehen wollte. Also ging die ganze Lügerei wieder von vorne los, doch sie wusste jetzt, dass ich log. Anstatt jetzt aufzuhören, wurde es eher noch schlimmer.

Dann, eines Tages im September 1992, sagte meine Verlobte zu mir, sie hätte bei der [angeleiteten] **Spielerselbsthilfegruppe angerufen** und dort für den nächsten Tag einen

▼

Termin ausgemacht. Sie verlangte, dass wir zusammen dort hingehen, ansonsten könnte ich meine Koffer packen, denn sie könnte das einfach nicht mehr aushalten. Diese ewigen Enttäuschungen und Ängste, die sie immer auszuhalten hätte, wenn ich nicht nach Hause komme. Ich habe dann diesem Termin zugestimmt, weniger um mir helfen zu lassen, sondern mehr um sie zu beruhigen. Klar, ich wollte auch von dieser verfluchten Sucht des Zockens runterkommen, aber ich war immer noch der Überzeugung, dass ich es allein schaffen könnte. Na ja, wir sind dann am nächsten Tag zu diesem Termin hingegangen, wo wir uns mit einem Sozialarbeiter unterhielten.

Das Gespräch dauerte über eine Stunde. In dieser Zeit hat mir der Mitarbeiter der Beratungsstelle so viel von mir widergespiegelt, über meine Ängste, meine Gefühle, was ich so beim Zocken alles durchmache, dass ich mir gedacht habe, der Mann weiß, wovon er spricht. Am Ende sagte er dann, dass er demnächst eine neue Paargruppe gründet und sich freuen würde, wenn wir daran teilnehmen. Als meine Verlobte und ich dann zu Hause waren, sind wir das Gespräch noch mal in aller Ruhe durchgegangen und haben beschlossen, besser gesagt meine Verlobte hat dann beschlossen, zu diesem ersten Termin hinzugehen.

An einem Mittwoch war es soweit, mit gemischten Gefühlen gingen wir zu diesem Termin. Es gingen mir allerlei Gedanken durch den Kopf, was sind das wohl für Leute und was soll ich dort sagen, vor allen Dingen die eine Frage, was soll ich da. Es war schon ein unbehagliches Gefühl, da zu sitzen und zu wissen, dass das alles auch Zocker sind, aber ich schätze, so ging es jedem an diesem Abend. Der Mitarbeiter der Beratungsstelle stellte sich noch mal vor und sagte uns, dass wir es auch tun sollten. Der erste Abend verlief dann so mit belanglosen Gesprächen, was ja eigentlich verständlich ist, weil man sich ja erst beschnuppern muss und keinem fremden Menschen seine persönlichen Dinge erzählt. Auf jeden

▼

Fall war der erste Abend dann beendet und ich habe gemerkt, dass es ja gar nicht so schlimm war, wie ich gedacht hatte, und dass es mir ja ganz gut gefallen hat.

Jetzt sind wir schon über 4 Monate in dieser Gruppe, und ich fühle mich wohl, weil ich mittlerweile gemerkt habe, dass ich nicht alleine dastehe mit meinem Problem. Das Gute an dieser Gruppe ist, dass ich über alles reden kann, was mich bedrückt und mir Schwierigkeiten bereitet, und wenn man mal nichts sagen will, so geht das auch. Mittlerweile freue ich mich auf jeden neuen Abend. In der Gruppe kann ich meinen Gedanken und Gefühlen freien Lauf lassen, ohne dass mich jemand auslacht oder mir Vorwürfe macht, wie man nur so viel Geld verspielen kann. Ich finde es gut, dass eigentlich nie über das Zocken selber gesprochen wird, sondern über das »Warum«. Das Wichtige an diesen Gesprächen ist, zu ergründen, warum man spielt, denn kein Mensch ist zum Spielen geboren. In der Gruppe kann man mit Gesprächen dieses »Warum« klären, und man hilft sich gegenseitig dabei. Klar, die Gruppe ist kein Allheilmittel, wo man hingeht und spielt nicht mehr. Ich persönlich habe in den ersten 2 Monaten noch genauso weitergespielt wie zuvor. Doch mittlerweile habe ich jetzt seit 10 Wochen keinen Automaten mehr angefasst, und darüber bin ich und meine Verlobte sehr froh. Ab und zu kribbelt es immer noch in den Fingern, aber bis jetzt konnte ich es überwinden. Wenn dieses Gefühl mal wieder da ist, bringe ich das in der Gruppe zur Sprache, und wir setzen uns damit auseinander. Diese Gespräche haben mir sehr viel geholfen, mit mir selbst besser klarzukommen. Das Verhältnis zu meiner Verlobten und zu meinen Kindern ist intensiver geworden. Ich nehme meine Familie und die Umwelt viel mehr wahr als sonst und merke erst jetzt, wie sehr ich meine Familie im Stich gelassen habe. Auch meine persönlichen Probleme, die ich durch das Zocken verdrängt habe, sind allmählich zum Vorschein gekommen. So langsam

▼

> komme ich hinter dieses »Warum«, und dabei haben mir die Gespräche in der Gruppe sehr geholfen und helfen mir noch. Ich kann nur jedem raten, der mit dem Zocken aufhören will, sich einer Gruppe anzuschließen, denn Spielen ist eine Sucht, und kein Süchtiger kann ohne fremde Hilfe davon loskommen.«

9.5   Themen in der Nachsorge stationär behandelter Spieler

Erfahrungen zeigen, dass die erste Zeit nach der Entlassung aus einer stationären Therapie eine besonders kritische Phase darstellt.

❗ Die Rückkehr von der »geschützten« Klinikumgebung in »alte« familiäre und berufliche Strukturen stellt das Abstinenzziel und die neu gewonnene Stabilität des Betroffenen auf eine harte Probe.

Spieler, die aus diesen Gründen eine ambulante Beratungsstelle aufsuchen, sollten durch professionelle Begleitung unterstützt werden, um einen langfristigen Therapieerfolg zu gewährleisten und die Reintegration zu fördern. Die von Küfner (1991) für die Arbeit mit Alkoholkranken entwickelten Themen und Fragestellungen lassen sich in hervorragender Weise auf pathologische Glücksspieler übertragen und geben wertvolle Anregungen für die Nachsorge stationär behandelter Spieler.

1. Alles ist zunächst neu
Infolge des Klinikaufenthaltes ist der Spieler der Überzeugung, Dinge nun besser zu durchschauen, was ihm ein Gefühl von Überlegenheit vermittelt. Partner, Verwandte, Freunde und Kollegen können jedoch auf neue Ideen und Verhaltensweisen mit Unverständnis reagieren, was den Betroffenen erschrecken und tief schmerzen kann. Der Spieler sollte diese Gelegenheiten nutzen, um zu überprüfen, was oder wer zu ihm passt und was oder wer nicht.

2. Die Rückkehr in den Alltag
Die Wiederaufnahme der gewohnten regelmäßigen Alltagsabläufe kann dem Spieler Sicherheit und Stabilität vermitteln, andererseits jedoch auch von ihm als langweilig empfunden werden und mit dem Gefühl von Eingesperrt- und Isoliert-Sein verbunden sein.

Folgende Fragen können zur weiteren Exploration eingesetzt werden:
- Sind Sie in der Regel mit Ihrem Tagesablauf zufrieden?
- Gibt es sowohl ausreichend Struktur, aber auch Freiheit zwischen dem morgendlichen Aufstehen und dem Ins-Bett-Gehen am Abend?
- Stimmt für Sie das Verhältnis von Bewegung und Ruhe, von Essen und Trinken, von Sich-Pflegen und Über-Sich-Nachdenken?

Lässt der Spieler eine deutliche Unzufriedenheit bezüglich der Tagesstrukturierung erkennen, sollte zunächst die **Neugestaltung des Tagesablaufs** Gesprächsthema sein. Dabei können die während der stationären Therapie bereits erarbeiteten Tagespläne als Orientierung dienen. Als hilfreich hat sich ebenfalls der Austausch mit Mitgliedern der Selbsthilfegruppe, dem Partner, Freunden oder Bekannten erwiesen. Der Spieler sollte darauf hingewiesen werden, auf eine gute Balance von geistiger und körperlicher Betätigung zu achten und Phasen der Entspannung bewusst einzuplanen. Dazu eignen sich Tätigkeiten, die Spaß machen und trotzdem eine recht hohe Konzentration bzw. Aktivität erfordern. Einer zu hohen Erwartungshaltung des Spielers ist jedoch unbedingt entgegenzuwirken: Die Ausübung neuer Hobbys muss nicht von Anfang an mit Spaß und Entspannung verbunden sein, vielmehr ist eine gewisse Übergangszeit zu überbrücken, bis gewisse Fertigkeiten angeeignet sind und Freude und Befriedigung im Vordergrund stehen.

3. Unsicherheit – kann ich das Gelernte anwenden?
Das Selbstbewusstsein, neue Erkenntnisse und Verhaltensweisen, die der Spieler im Rahmen des stationären Aufenthaltes erworben hat, sind noch nicht stabil. Die Übertragung und Anwendung in neuen Situationen führt – natürlicherweise – zunächst zu Unsicherheiten.

Die Unsicherheit nicht zu unterdrücken, sondern offen darüber zu reden, bringt schon einen gewissen Ausgleich. Der Patient sollte sich vergegenwärtigen, dass auch die Situationen in der Klinik nicht immer völlig gleich waren, er es jedoch geschafft hat, sich auf verschiedene Personen und Situationen einzustellen und neue Fähigkeiten unterschiedlich anzuwenden.

4. Freude, etwas geschafft zu haben

Das Erreichen und Aufrechterhalten der Spielabstinenz gibt Anlass für Stolz, an dem der Spieler auch andere teilhaben lassen sollte.

Der Stolz hilft über Situationen hinweg, in denen Zweifel auftreten. Leitgedanken wie z. B. »Dieses gute Gefühl gebe ich nicht auf, ich halte an meinem Ziel fest« können wertvolle Hilfestellung in kritischen Situationen geben.

5. Erste Kontakte mit Freunden

In der Begegnung mit Freunden und Bekannten treten häufig Gefühle der Fremdheit und Verunsicherung auf. Nach dem stationären Aufenthalt erlebt der Spieler soziale Situationen sensibler: Vorzüge und Schwächen des Gegenübers sowie Gemeinsamkeiten mit anderen Personen werden ihm deutlicher. Aufgrund der Distanz vom Spielen leidet der Betroffene nicht mehr unter permanenten Schuldgefühlen, der Suche nach neuen Geldquellen und der Angst vor den Kreditgebern, was zu einem intensiveren Erleben des Zusammenseins führt, an das er sich jedoch erst gewöhnen muss.

6. Situationen, die an das Spielen erinnern

Der Alltag konfrontiert den Spieler permanent mit glücksspielbezogenen Situationen. Begegnungen mit Bekannten aus der Spielerszene, der Aufenthalt an Orten, an denen der Patient früher gespielt hat, die Beobachtung, wie jemand im Restaurant am Automaten spielt, oder allgemein der Umgang mit Geld erinnern den Patienten an sein Spielverhalten.

Die mehrfache Bewältigung derartiger Ereignisse lässt den Spieler sicherer werden und bestätigt ihn in seiner Überzeugung, sich dadurch nicht mehr erschüttern zu lassen. Rückfällige Patienten berichten jedoch häufig, dass sie sich **zu** sicher gefühlt haben, Leichtsinn entwickelten, den Besuch der Selbsthilfegruppe vernachlässigten, frühere Spielorte aufsuchten und sich dann unter der Annahme, das Spiel im Griff zu haben, der Gedanke einschlich, es mit einem kleinen Geldbetrag zu versuchen. Eine gewisse Wachsamkeit und Vorsicht sollte daher erhalten bleiben.

7. Gedanken an die Vergangenheit und Zukunft

Die Last der Vergangenheit, die nicht rückgängig gemacht werden kann, sowie die erst in ferner Zukunft erreichbaren neuen Wünsche und Pläne üben einen beträchtlichen Druck auf den Spieler aus. Berufliche Rückschläge oder auch Schulden können den Spieler dazu verführen, überhastet alles in kürzester Zeit revidieren zu wollen und neue Ziele zu hoch zu stecken. Leicht entstehen so eine starke Überaktivität und Überlastung, die mit dem Spielen vergleichbar sind. In dieser Stresssituation ist das Bedürfnis nach einer erneuten Teilnahme an Glücksspielen schnell wieder geweckt, stellt es doch für den Spieler ein bewährtes Mittel dar, um entspannen und abschalten zu können. Der Therapeut sollte es daher ansprechen, wenn der Klient sich **zu** sehr auf die Zukunft hin ausrichtet und sich durch zu hohe oder zu langfristige Ziele stark unter Druck setzt. Nicht erst die Erreichung bestimmter Ziele, sondern jeder einzelne Tag mit seinen Höhen und Tiefen sollte Zufriedenheit verschaffen. Der Spieler selbst sollte Verantwortung dafür übernehmen, sich Glück und Zufriedenheit im »Hier und Jetzt« zu ermöglichen, ohne dabei zukünftige Pläne und Vorstellungen aus den Augen zu verlieren.

Der entlassene Patient ist darauf vorzubereiten, dass alte und neue Krisen auftreten. Küfner (1991) hat dazu für Alkoholiker eine Prüfliste entwickelt, die zum größten Teil für pathologische Glücksspieler anwendbar ist. Der Therapeut sollte ausdrücklich betonen, dass auch nach einer erfolgreichen Therapie es nicht nur möglich, sondern sogar zu **erwarten** ist, dass erneut Probleme auftreten. Entscheidend ist daher nicht, Probleme zu vermeiden, sondern diese durch geeignete Bewältigungsstrategien anzugehen bzw. zu lösen. Grundsätzlich ist dabei so zu verfahren, das Problem zunächst richtig zu identifizieren, ihm einen treffenden Begriff zu geben, nach Lösungen zu suchen, sich für einen Weg zu entscheiden und sich mit anderen darüber auseinanderzusetzen.

9.6   Möglichkeiten und Grenzen ambulanter Therapie

❶ *Ambulante Behandlungen* **haben erhebliche Vorteile, die insbesondere darin liegen, dass sich der Patient in seiner realen Umgebung von der Spielsucht entwöhnen, neue Lebensstrategien entwickeln und direkt erproben kann.**

Die teilweise extrem hohe Fluktuation und die hohe Quote von Therapieabbrüchen zeigen jedoch, dass es Spieler gibt, denen es in ihrer momentanen Situation mit der Unterstützung einer ambulanten Therapie nicht gelingt, das selbstzerstörerische Spielverhalten einzustellen.

Scheitern alle ambulanten Bemühungen, das Suchtverhalten des pathologischen Glücksspielers zu stoppen und grundlegende Änderungen zu erzielen, ist eine **stationäre, evtl. auch erneute, falls ein Rückfallgeschehen nicht einzugrenzen ist, Entwöhnungsbehandlung** unvermeidlich.

Die weit gehende Anerkennung der Suchttherapie pathologischer Glücksspieler durch die Krankenkassen und Rentenversicherungsträger hat dazu geführt, dass sowohl die ambulanten als auch die stationären Rehabilitationsmaßnahmen zu einer alltäglichen Praxis geworden sind, wenn Suchttherapie je zu einer »alltäglichen Routine« werden kann.

9.7   Zusammenfassung

Berichte von Mitarbeitern zweier Beratungsstellen über ihre Vorgehensweise und Probleme in der Spielerberatung zeigen, dass neben den Selbsthilfegruppen ambulante Sucht- und Familienberatungsstellen häufig erst Ansprechpartner für pathologische Glücksspieler und ihre Angehörigen sind. Beratungsstellen haben Pionierarbeit dabei geleistet, (expertengestützte) Selbsthilfegruppen aufzubauen. Es entstanden erste expertengeleitete Therapiegruppen, die vorwiegend nach dem Suchtmodell arbeiten und Angehörige einbeziehen. Von der ersten, oft schwierigen Kontaktaufnahme bis hin zur umfassenden Entwöhnungsbehandlung sowie Nachsorge nach stationärer Therapie decken die Beratungsstellen in Zusammenarbeit mit den Selbsthilfegruppen

wohl den größten Behandlungsbedarf ab. Dabei gehört es zu den **schwierigsten Aufgaben** der ambulanten Beratungsstellen, den Patienten nach der ersten Kontaktaufnahme zu einer **umfassenden Therapie zu motivieren** und ihn **zu unterstützen, Symptomabstinenz zu verwirklichen.** Auch wenn der Spieler einen erheblichen Leidensdruck verspürt, sind alternative Verhaltensweisen noch kaum vorhanden, anders als durch Glücksspielen psychische Belastungen und Spannungen zu ertragen. Rückfälle und hohe Therapieabbruchquoten sind die auffälligsten Indikatoren dieser Problematik. Daher ist die Motivation, das Suchtverhalten verändern und die Behandlung weiterführen zu wollen, ein wesentliches Thema der Therapie und gleichzeitig Grundvoraussetzung für deren Erfolg. Die Unterscheidung verschiedener Motivationsstufen weist darauf hin, dass Motivation als dynamischer Prozess zu betrachten ist, in dem sich der Therapeut auf die aktuelle Situation des Patienten einstellen muss.

Für Spielsucht gilt ebenso wie für andere Krankheiten, dass die Prognose um so günstiger ist, je früher ein Krankheitsverlauf gestoppt werden kann. Zunehmend setzt es sich daher durch, **aktiv** zu intervenieren und auf den Spieler zuzugehen (z. B. Methode der Familien-Intervention), wodurch die Zeitspanne, bis der Abhängigkeitskranke selbst Veränderungsbereitschaft zeigt, erheblich verkürzt werden kann. Familien dürfen in dieser schwierigen ersten Phase des Anstoßes zu einer Therapie nicht alleingelassen werden.

Der Vorteil der ambulanten Behandlung besteht darin, dass der Spieler in seinem sozialen Umfeld bleibt und dort notwendige Verhaltensänderungen lebensnah entwickeln und erproben kann. Gleichzeitig ist es allerdings unter diesen Umständen erheblich schwieriger, Glücksspielabstinenz zu erreichen, da die spielauslösenden Situationen und Anreize weiterhin massiv wirksam sind.

Die Spielerbehandlung findet möglichst in Gruppen statt. Nur so können die Patienten wichtige **Erfahrungen** darüber austauschen,
- wie Spielabstinenz zu erreichen ist,
- welche Empfindungen dabei zu verarbeiten sind,
- worin mögliche Alternativen zum Spielen liegen,

▬ wie die Krankheitseinsicht und -akzeptanz gefördert und der Abstinenzwunsch gefestigt werden kann.

Fortgeschrittene Patienten haben für neue Gruppenmitglieder wichtige **Vorbildfunktionen**, sich offen
und ohne Vorbehalte mit der Suchtproblematik auseinanderzusetzen und Scham- und Schuldgefühle zu
bewältigen. Die Gruppe hilft dem Spieler, seine soziale Isolation aufzugeben, und unterstützt ihn, sich
rückhaltlos Klarheit über seine finanzielle Situation
und notwendige Schuldenregulierungen zu verschaffen. Sowohl die Gruppe als auch zusätzliche
Einzel- und Familientherapie bieten viele Möglichkeiten, Ursachen der Krankheitsentwicklung einzusehen und notwendige Änderungen in Einstellungen, im Verhalten und in der sozialen Kompetenz
einzuleiten, um eine dauerhafte Stabilisierung des
Patienten zu erreichen. Zusätzliche Gruppenange-
bote, die einen eher offenen, weniger zeitlich und
therapeutisch strukturierten Rahmen bieten, wirken
dem Problem der ersten Hemmschwelle, der starken
Fluktuation und des schwierigen Wiedereinstiegs
nach einer längeren Rückfälligkeit erfolgreich entgegen.

Die erste Zeit nach einer stationären Therapie ist
besonders kritisch, und Spieler benötigen Unterstützung, um den ›Sprung ins kalte Wasser‹ ohne Rückfälligkeit zu überstehen. Therapeutische Angebote,
die die spezifische Situation des Spielers nach stationärer Behandlung aufgreifen, können hier einen
wichtigen Beitrag leisten, um einen dauerhaften
Therapieerfolg zu gewährleisten.

Wenn alle ambulanten Therapieversuche scheitern, starke psychische und psychiatrische Probleme
vorhanden sind, irreparable soziale und existenzielle
Schäden drohen, ein Rückfallgeschehen nicht gestoppt werden kann, ist eine stationäre Behandlung
indiziert. In diesem Fall hat die Beratungsstelle die
wichtige Aufgabe, den Spieler in eine stationäre Therapie zu vermitteln, auf die dortige Konzeption und
Arbeitsweise vorzubereiten, ihn in dieser Zeit zu begleiten und in der Phase der Reintegration zu unterstützen.

10 Spieler in stationärer Therapie

Inbesondere wenn ambulante Behandlungsversuche erfolglos bleiben oder die Spielsucht von massiven psychosozialen Problemen begleitet wird, ist eine stationäre Therapie in Betracht zu ziehen. In verschiedenen Fachkliniken besteht inzwischen die Möglichkeit, pathologische Glücksspieler gemeinsam mit anderen Suchtkranken zu behandeln. Obwohl wir der stationären Therapie von Spielsüchtigen dasselbe Behandlungskonzept wie der Arbeit ambulanter Beratungsstellen zugrundelegen, machen es die spezifischen Möglichkeiten und Probleme stationärer Behandlung erforderlich, diese in einem separaten Kapitel zu beschreiben.

❶ Der mehrwöchige Klinikaufenthalt außerhalb der gewohnten familiären und beruflichen Bezüge, das höhere Ausmaß an Fremdkontrolle sowie die strukturierten Angebote des multimodalen Therapieprogramms sind nur einige Aspekte, in denen sich die stationäre von der ambulanten Behandlung unterscheidet.

Beginnend mit einem kurzen Einblick in die Entstehungsgeschichte stationärer Therapie für Spieler, der Darstellung des Behandlungsablaufs und den Bausteinen des multimodalen Therapiekonzeptes (Gruppen-, Individual-, Sport-, Beschäftigungs-, Arbeitstherapie) bis hin zu besonders relevanten Themen wie Therapieabbruch und Reintegration werden anhand des folgenden Kapitels die Chancen, Herausforderungen und Grenzen der stationären Spielerbehandlung deutlich.

10.1 Historisches: die Anfänge stationärer Therapiekonzepte

Anfang der 70er-Jahre wurden in den USA erste stationäre Therapiekonzepte für Spielergruppen angeboten. Pionierarbeit hat dabei der amerikanische Psychiater Custer geleistet (Custer & Milt, 1985), Direktor des Alkoholbehandlungsprogramms des Veterans Administration Hospital in Becksville. Damals wurde Custer von Mitgliedern der Gamblers Anonymous (GA) angesprochen, weil große Probleme bei der Behandlung einiger Mitglieder entstanden waren, die mit Suizidversuchen und gesetzlichen Schwierigkeiten zu tun hatten. Für Custer war entscheidend, dass es sich bei dem von ihm untersuchten pathologischen Spielverhalten um ein **Suchtverhalten** handelt und dass dies der Ausgangspunkt für seine konzeptionellen Überlegungen sein sollte. Was ihn zunächst sehr beeindruckte, war die starke Ähnlichkeit zwischen pathologischen Glücksspielern und Alkoholikern, sowohl was die Persönlichkeit als auch das Krankheitsbild anging. Es war für ihn sehr überraschend, dass es so viele Gemeinsamkeiten zwischen einer Abhängigkeit von einer Droge und einem Verhaltensproblem, dem süchtigen Glücksspiel, gab. Nach ersten Untersuchungen der Krankheitsberichte der neuen Klienten begann sich ein **Krankheitsbild** zu entwickeln, das viele **Parallelen zum** progressiven Verlauf des **Alkoholismus** aufwies.

Beide Verhaltensweisen, Alkoholismus und pathologisches Glücksspiel, beginnen meistens mit einem harmlosen Symptomverhalten, das sich langsam, aber progressiv, destruktiv gegenüber dem Betroffenen selbst und der Familie entwickelt. Besitz geht verloren und die finanzielle Existenzgrundlage wird gefährdet und zerstört. Physisch erschöpft und psychisch zerschlagen, geht der Spieler häufig den Weg des Suizids. Ähnlich wie beim Alkoholismus, kommt es beim pathologischen Glücksspiel zum Kontrollverlust bis zu dem Punkt, wo das Verhalten selbstzerstörerisch wirkt.

Ähnlichkeiten sah Custer außerdem auf der **Persönlichkeitsebene**. In beiden Symptomgruppen sah Custer die Tendenz der **Realitätsflucht**, vor allem wenn Spannungen auftreten, Anforderungen oder Krisen entstehen, von denen der Betroffene annimmt, dass er sie nicht bewältigen kann. Beim Alkoholiker dient der Alkohol zur »Lösung« dieser Probleme, während es beim pathologischen Spieler das Glücksspiel ist.

Custer formulierte folgende **Therapieziele**:
1. Den Spieler dazu befähigen, das pathologische Glücksspiel zu stoppen.
2. Das Selbstvertrauen und Selbstwertgefühl stärken, so dass der Patient pathologisches Glücksspiel nicht mehr dazu einsetzen muss, vor den realen Lebensproblemen zu flüchten und in eine Welt von Illusionen auszuweichen.
3. Hilfestellung dabei geben, andere Möglichkeiten der Befriedigung, des Vergnügens und der

Selbsterfüllung zu entwickeln, die das Vakuum füllen, das bei Wegfall des Spielverhaltens entstanden ist.

4. Dem Patienten bei dem Bedürfnis helfen, entstandenes Unrecht wiedergutzumachen, und dies auf realistische Weise.

5. Für die Zeit nach der Entlassung aus der 4-wöchigen stationären Behandlung soll eine ausreichende ambulante Nachsorge geplant sein.

Um diese Therapieziele zu erreichen, entwickelte er folgendes **Therapieprogramm**, das der Notwendigkeit Rechnung trägt, die Angehörigen mit einzubeziehen:

1. Gruppentherapie mit den Spielern, gefolgt von
2. Individualtherapie, danach
3. Individualtherapie für Ehefrauen/Partner, anschließend
4. gemeinsame Paartherapie, zudem
5. Entspannungstherapie und Beschäftigungstherapie sowie
6. GA für die Spieler und Gam-Anon für die Partner.

Das gesamte Therapieprogramm orientierte sich stark an der Alkoholismustherapie. Die Spieler erhielten zunächst individuelle Beratung, um ihnen Unterstützung zu geben, das Glücksspielverhalten einzustellen, Eheprobleme, Schulden und finanzielle Haushaltsplanungen anzusprechen und Änderungen einzuleiten. In Ergänzung dazu fand Gruppentherapie statt, in der die Spieler darüber sprachen, wie ihr Weg in die Spielproblematik ausgesehen hatte und welche Probleme dadurch entstanden waren. Gefühle der Hilflosigkeit und subjektive Vorstellungen über notwendige Persönlichkeitsveränderungen werden thematisiert. Während in der Einzelberatung in erster Linie Fakten zu regeln waren, diente die Gruppentherapie eher dazu, die Gefühle der Spieler anzusprechen, um ihnen die Möglichkeit zu geben, sich von psychischen Spannungen zu befreien und ihre Einsicht in ihr fehlangepasstes Verhalten zu vertiefen. Es wurde **Totalabstinenz angestrebt**, wobei es aber erlaubt war, konkurrierende Spiele (z. B. Schach) ohne Einsatz zu spielen.

Custer stellte starke **Entzugsphänomene** fest: Die Patienten reagierten äußerst unruhig, nervös, rastlos, ängstlich und depressiv verstimmt. Im weiteren Verlauf der Behandlung zeigte sich, dass das Spielen starke **negative Eigenschaften und Verhaltensweisen** hervorgebracht hatte. Sie waren unsensibel gegenüber anderen Personen geworden, hatten andere getäuscht und waren unehrlich, um sich das nötige Geld für den Spieleinsatz zu verschaffen. Diese Eigenschaften hatten vor der Entwicklung des pathologischen Glücksspiels nicht bestanden.

Custer stellte des weitern fest, dass es teilweise zu erheblichen Auseinandersetzungen mit dem therapeutischen Team kam. Die Spieler provozierten und manipulierten, nicht etwa um Geld zu erhalten, sondern um spezielle Privilegien und Vorteile zu erlangen, um das Behandlungsregime zu lockern. Obwohl die Spieler erhebliche Anstrengungen unternommen hatten, einen Behandlungsplatz zu bekommen, sträubten sie sich gegenüber Behandlungsmaßnahmen, lehnten psychologische Interpretationen ihres Verhaltens ab und sahen sich nicht als krank oder süchtig.

❗ Es wurde deutlich, dass diese *Abwehrhaltung* als ein *inhärenter Bestandteil des pathologischen Glücksspielverhaltens* angesehen und in die therapeutische Arbeit einbezogen werden muss.

Außerdem zeigten die Patienten erhebliche Schwierigkeiten dabei, alltägliche Probleme zu bewältigen, finanzielle Belange zu klären, Schulden zu regulieren, sich mit gesetzlichen Schwierigkeiten auseinanderzusetzen, Pläne zu machen und Entscheidungen zu treffen. Das Behandlungsteam um Custer kam weiterhin zu der Überzeugung, dass es nicht ausreichend ist, das pathologische Spielverhalten zu stoppen.

❗ Zusätzlich sind Persönlichkeitsstörungen und fehlangepasstes Verhalten aufzuarbeiten, damit der Patient nicht in sein Suchtverhalten zurückfällt.

Im Mittelpunkt der therapeutischen Bemühungen stand die Gruppentherapie, in der auch eine offene Konfrontation stattfand, die weniger vom Therapeuten ausging als vielmehr von den Patienten selber.

Bis 1987 hatten sich in den USA schon etwa 16 spezielle Therapieprogramme für pathologische Glücksspieler entwickelt (Franklin & Ciarrocchi, 1987). Sie strebten häufig einen engen gegenseitigen

Erfahrungsaustausch zwischen professionellen Behandlungsteams und Gamblers Anonymous an. Es wurden erste genesene **ehemalige Glücksspieler-Patienten** in den stationären Einrichtungen **beschäftigt**, die 3–5 Jahre abstinent waren, regelmäßig bei den GA mitgearbeitet und erfolgreich ein professionell geleitetes Seminar absolviert hatten, wie dies häufig auch in Alkoholismustherapien üblich ist. Das Behandlungskonzept sah eine gewisse **Arbeitsteilung** vor, wobei sich die professionellen Teammitglieder eher für die psychotherapeutischen Belange, die peers (ehemalige Glücksspieler) eher beratend, beim Aufdecken der tatsächlichen finanziellen Lage, Schuldenregulierung, Haushaltsplanung, gesetzlichen Schwierigkeiten und suchtspezifischen Abwehrhaltungen gegenüber der Therapie einsetzten. Wie dies auch in der Selbsthilfegruppe der Fall ist, haben die abstinenten ehemaligen Glücksspieler eine wichtige **Vorbildfunktion**. Sie sind der »lebende Beweis« dafür, dass es tatsächlich möglich ist, das Glücksspielverhalten aufzugeben, schwierige soziale und psychische Folgeprobleme zu überwinden und ein zufriedenes Leben ohne Suchtmittel zu führen.

10.2   Indikation

Es ist keine Frage, dass eine Krankheit immer mit dem möglichst geringsten persönlichen und ökonomischen Aufwand behandelt werden sollte. Dieser allgemeine Grundsatz macht jedoch die Entscheidung für Betroffene und Behandelnde nicht einfacher, welche Therapieform die individuell richtige ist. Dabei stellt eine mittelfristige oder Langzeitentwöhnungsbehandlung, wie sie vornehmlich Fachkliniken für Suchtkranke (▶ Anhang A 2) durchführen und die von ca. 8 Wochen bis zu 4 Monaten dauert, den tiefsten Eingriff in die Persönlichkeit und in das soziale Netz des Patienten dar. Inzwischen gibt es etwa $^1/_2$ Dutzend Kliniken in Deutschland, die spezielle Konzepte für die Therapie von pathologischen Glücksspielern entwickelt haben.

Welche **Kriterien** können nun ausschlaggebend dafür sein, dass eine **stationäre Behandlung** angezeigt ist? Es reicht noch nicht aus, dass auf der Grundlage der Diagnosekriterien des DSM IV oder ICD 10 eine Behandlungsbedürftigkeit festgestellt wurde. Wird ein Hausarzt, eine Suchtberatungsstelle oder eine andere sozialpsychologische Einrichtung mit einem Spieler konfrontiert, so besteht neben der üblichen Erfassung und akuten Hilfe die oft gar nicht leichte Aufgabe, eine örtliche oder zumindest gemeindenahe Behandlungseinrichtung oder Selbsthilfegruppe ausfindig zu machen, die die spezielle Spielerbehandlung übernimmt. Für eine frühzeitige Kontaktaufnahme mit einer stationären Einrichtung spricht:

1. der Umstand, dass dringend therapeutische Hilfe indiziert ist, aber örtlich keine ambulanten Behandlungsmöglichkeiten gegeben sind,
2. dass alle ambulanten Versuche gescheitert sind, den Krankheitsverlauf zu stoppen,
3. dass starke psychische Schwierigkeiten, z. B. Suizidversuche, ausgeprägte neurotische Symptome wie Ängste, depressive Verstimmungen sowie starke soziale Notlagen oder drohende Delinquenz, eine frühzeitige Einbeziehung einer stationären Einrichtung notwendig machen.

In akuten Krisensituationen, wie Suizidversuchen, werden Spieler zunächst in psychiatrischen Einrichtungen untergebracht (▶ Kap. 10.8). Auf dem Hintergrund der Studie von Petry (1998a) ist ein Diskusionsprozess in Gang gekommen, der im Interesse der Betroffenen zu einer Absicherung der Suchtrehabilitation geführt hat (▶ Kap. 15). Vereinfachend ausgedrückt, sind stationäre Suchtbehandlungen für pathologische Glücksspieler dann indiziert, wenn das gestörte Glücksspielverhalten primär ist, ein Kontrollverlust vorliegt oder das gestörte Glücksspielen gemeinsam mit einer stoffgebundenen Abhängigkeit auftritt. Falls Depressionen oder andere psychische Erkrankungen im Vordergrund stehen, sind darauf spezialisierte Einrichtungen in Betracht zu ziehen.

Von etwa Mitte der 80er-Jahre an erschienen erste Erfahrungsberichte über die stationäre Behandlung von pathologischen Glücksspielern in Deutschland aus Suchtkliniken, psychiatrischen Versorgungseinrichtungen und psychosomatischen Abteilungen, in denen Spieler in erster Linie in **gemeinsamen Gruppen mit Alkoholikern** behandelt wurden (Kellermann, 1987; Mazur 1988; Bachmann, 1989, 1998; Bachmann et al., 1998; Jahrreiss, 1989; Bellaire & Caspari, 1989; Schuhler, 1989; Schwarz & Lindner, 1990). Die theoretische Diskussion war dabei stark von Problemen bestimmt, die mit der **Klassifikation** des pathologischen Glücksspiels als **Sucht** oder als **Neurose** zusammenhängen (▶ Kap. 3.5.2).

Bachmann (1989) und Windgassen & Leygraf (1991) unterscheiden zwischen einem **problematischen und einem süchtigen Glücksspielverhalten**. Beim **problematischen Spielverhalten** werden primär die Funktionalitäten oder Beweggründe bearbeitet, die Ursachen des Spiels sind, wie dies auch bei Neurosen der Fall ist. Bei **süchtigen** Spielern ist dagegen Abstinenz **zunächst** vorrangiges Behandlungsziel, weil die Gefahr besteht, dass weiteres Spielen zu irreparablen psychosozialen und existenziellen Schäden führt.

Wie schon von Custer & Milt (1985) dargelegt, ist die Aufarbeitung der Ursachen der Krankheitsentwicklung dann ein weiterer Schritt in der Behandlungskonzeption des Suchtkranken. Jahrreiss (1989) weist daraufhin, dass auch bei den behandelten Patienten in ihrer Klinik, bei denen sich das Spielverhalten noch nicht im Sinne einer Sucht verselbständigt hat, bisher **nicht** der Wunsch nach Weiterführung des Glücksspielens aufgetreten sei. Die Behandlung dieser Spieler findet dann allerdings in der psychosomatischen, nicht in der Suchtabteilung der Klinik statt. Für diese Klientel mag es ebenfalls leichter sein, ganz auf das Glücksspielen zu verzichten als einen ›kontrollierten‹ Umgang damit auszuüben. Dies würde der Gefahr einer Krankheitsverschlimmerung entgegenwirken.

10.3   Phasen und Schwerpunkte der stationären Spielerbehandlung

In der Regel verfügen spezielle Einrichtungen für Suchtkranke in Deutschland über ein breit gefächertes **multimodales Behandlungsprogramm** aus
- medizinischer Therapie,
- Gruppentherapie,
- Individualtherapie,
- Familientherapie,
- Beschäftigungstherapie bzw. kreativem Gestalten,
- physikalischen Anwendungen,
- Sport und Gymnastik,
- Entspannungstraining,

- Informationsstunden zu Fragen der Abhängigkeit und allgemeinen Gesundheitsfragen.

Soweit dies bekannt ist, bieten alle Fachkliniken, die spezielle Therapiekonzepte für Spielsüchtige entwickelt haben, außer den gemeinsamen Gruppengesprächen mit Patienten anderer Suchtformen und dem sogenannten-Basisangebot eine spezielle Gruppentherapiestunde nur für Spieler an (▶ Kap. 10.4.2).

Bevor Möglichkeiten der gruppen-, individual-, sport- und beschäftigungstherapeutischen Arbeit mit pathologischen Glücksspielern ausführlich erläutert werden (▶ Kap. 10.4, 10.5, 10.6), ist im Folgenden zunächst der Behandlungsablauf in seinen wichtigsten Phasen zu skizzieren.

10.3.1   Vorgespräche – Kontraindikationen

In einigen Kliniken finden vor der Aufnahme Informationsgespräche mit den Entsendestellen und/oder Betroffenen statt, die die Behandlungsindikation klären und den Patienten auf den Aufenthalt vorbereiten.

Taber (1985) beschreibt diese erste Kontaktaufnahme mit dem Patienten detailliert und weist dabei auf Schwierigkeiten hin. Bei 253 erfolgten Aufnahmen hatte er 101 Kontaktaufnahmen zu verzeichnen, bei denen es nicht zu einem Klinikeintritt kam. Von diesen 101 Patienten lehnten 77 selbst die Behandlung ab, bei den übrigen erwies sich die Klinik bzw. das Behandlungsprogramm als kontraindiziert. Von seiten der Behandlungsstätte ergab sich im Vergleich zu den tatsächlichen Aufnahmen eine Rate von ca. 10 % Patienten, bei denen eine Kontraindikation vorlag. In der Regel wurden die Gespräche telefonisch durchgeführt (95 %) und dauerten oft bis zu 1 Stunde. Taber spricht sich dabei ausdrücklich gegen Notaufnahmen z. B. bei Suizidverhalten aus, da hierzu, wie dies auch in den meisten Suchtkliniken in Deutschland der Fall ist, keine ausreichende psychiatrische und pflegerische Versorgung vorhanden ist. Insbesondere dann, wenn längerfristige Wartezeiten für einen Aufnahmetermin vorhanden sind, üben die Betroffenen und verzweifelte Angehörige teilweise einen erheblichen Druck auf die Klinik aus, vorzeitig ein Bett zur Verfügung zu stellen. Die übereilte und oft zu wenig vorbereitete Aufnahme führt nicht selten zu einem ebenso spontanen Behandlungsabbruch. Taber (1985, S. 25) dazu: … »there is no impulsive cure for a disorder of impulse control.«

Der recht hohe Anteil von Patienten, die nach einem Informationsgespräch von sich aus eine Behandlungsaufnahme ablehnen, zeigt die Relevanz von **Vorabinformation**, ohne die mit einer erheblichen Zahl von Therapieabbrüchen gerechnet werden musste. Die Gesprächshaltung dem Patienten gegenüber muss in jedem Fall **therapeutisch** und **unterstützend** sein. Der Therapeut vermittelt wichtige Informationen über die **Behandlungsdauer** und das **Therapiekonzept**. Die Frage sollte nicht lauten, ob der Patient für eine bestimmte Klinik oder Therapie geeignet ist, sondern ob die Klinik oder das vorhandene Therapiekonzept das geeignete Mittel darstellen, dem Patienten zu helfen.

Für die Patienten bedeutet das Gespräch meistens eine große psychische Belastung, da andere ambulante Behandlungsversuche häufig schon gescheitert sind und ein hoher Erwartungsdruck, z. B. von seiten der Angehörigen oder der Arbeitsstätte auf ihnen lastet. Es ist in diesem Augenblick noch nicht zu erwarten, dass sich der Spieler schon voll öffnen kann und dazu in der Lage ist, seine suchtspezifischen Abwehrhaltungen (Bagatellisierung, Verleugnung) ganz aufzugeben. Kritik, Zurechtweisungen und Verurteilungen sind zu vermeiden, statt dessen sind die Grenzen einer stationären Behandlung aufzuzeigen. Obwohl der Therapeut Hoffnungen vermittelt, dass die stationäre Therapie ein wichtiger Schritt zur Genesung sein kann, sollte er doch keine falschen Erwartungen einer schnellen Besserung wecken.

Es ist selbstverständlich, dass bei diesen ersten telefonischen oder persönlichen Kontakten wichtige **Routineinformationen** (Adresse, Telefonnummer, Geburtsdatum, Beratungsstelle, potenzieller Kostenträger etc.) festzuhalten sind. Häufig findet der erste Kontakt über eine Beratungsstelle, Selbsthilfegruppe oder den Hausarzt statt. Falls dies nicht der Fall ist, sollte der Bewerber diese Kontakte zunächst knüpfen, um vorhandene ambulante Therapiemöglichkeiten auszuschöpfen. Taber erhebt des weiteren folgende Informationen:

- **Berufstätigkeit:** Hat es häufige Wechsel gegeben?

- **Partnerschaftliche Entwicklung:** Befürwortet der Partner die Therapie? Übt er Druck aus?
- **Beziehung zu den Kindern.**
- **Entstehungsgeschichte des pathologischen Glücksspiels** unter Berücksichtigung der **diagnostischen Kriterien**: Abstinenzunfähigkeit, Kontrollverlust, Progression des Spieleinsatzes, Kreditaufwand/Verschuldung etc.
- Teilnahme an **Selbsthilfegruppen (Beratungsstellenkontakte).**
- Bisherige **Behandlungsversuche.**
- **Psychiatrische Krankheitsgeschichte.**
- **Allgemeine Krankheitsgeschichte** (Herz-, Kreislaufprobleme, Diabetes, Übergewicht, Alkoholismus, Drogenabhängigkeit etc).
- **Medikationen** mit genauer Anwendung.

Diese Informationen können Aufschluss darüber geben, ob eine entsprechende Weiterbehandlung in der Klinik gewährleistet und ob der Patient physisch und psychisch dazu in der Lage ist, das Therapieprogramm voll für sich auszunutzen. Konflikte mit dem Gesetz geben öfter den Anstoß dafür, eine Klinikaufnahme anzustreben. Dabei treten auch panische Reaktionen und beträchtliche depressive Verstimmungen auf. Dennoch muss der Therapeut deutlich machen, dass der stationäre Aufenthalt nicht vor einer weiteren Strafverfolgung schützt. Es stellt sich das Problem, dass drohende gerichtliche Verfahren oder zu erwartende Hafturteile die Behandlungsmotivation und das Konzentrationsvermögen auf das Therapiegeschehen entscheidend stören können. Verhängte Haftstrafen sollten eher vor als nach Therapiemaßnahmen angetreten werden.

Dem Patienten ist im Anschluss an dieses Erstgespräch weiteres vorhandenes **Informationsmaterial** über die Klinik und das Therapiekonzept zur Verfügung zu stellen.

Erhebliche psychische Belastungen sind auf seiten der beteiligten Therapeuten zu verzeichnen, wenn sie auf lange Wartezeiten vorbereiten oder eine Behandlungsaufnahme ablehnen müssen. In letzterem Fall hat der Therapeut die Verpflichtung, auf andere Behandlungsmöglichkeiten hinzuweisen und bei der Kontaktfindung behilflich zu sein.

Generell ist die Aufnahme dann zu unterlassen, wenn ein anderes Gesundheitsproblem zunächst der Behandlung bedarf. Taber gibt weiter folgende Gründe für **Ablehnungen** an:

- soziopathischer Lebensstil,
- Weigerung, eine Drogeneinnahme aufzugeben,
- offene Psychose,
- Weigerung flüchtiger Straftäter, die Behörden zu informieren,
- starke gesundheitliche Beeinträchtigungen,
- die Ablehnung, GA in die Behandlung einzubeziehen,
- es ist kein pathologisches Glücksspiel zu diagnostizieren,
- Uneinigkeit über ein konkretes Aufnahmedatum,
- Uneinigkeit über die Länge der Behandlungszeit.

Abschließend dazu Taber (1985, S. 34): »Es ist nie leicht, einen Bewerber abzuweisen, aber es ist ein Fehler, jedermanns Probleme lösen zu wollen, wenn man nicht dazu in der Lage ist.«

Wenn es nicht in jedem Einzelfall zu einem so ausführlichen persönlichen Gespräch kommen kann, sollten diese Informationen schriftlich oder in Zusammenarbeit mit der zuständigen Suchtberatungsstelle geklärt werden.

10.3.2   Individuelle Therapieplanung

In therapeutischen Teamgesprächen werden die ersten Konturen einer **individuellen Therapieplanung** (▶ Anhang B3) zu folgenden Fragen gesetzt:

- Abhängigkeit,
- finanzielle Regelungen,
- Gesundheit (Sport/Ergotherapieeinsatz),
- psychotherapeutische Ziele,
- Partnerschaft,
- Kinder,
- Angehörige/Eltern,
- soziales Umfeld,
- Freizeitgestaltung,
- Tagesstruktur.

Psychologische Diagnostik

Neben einer gründlichen medizinischen Untersuchung führen Fachkliniken für Suchtkranke eine umfassende psychologische Diagnostik durch, die aus einer Reihe von Testverfahren besteht.

Häufig angewandte Tests sind der FPI-R (Freiburger Persönlichkeitsinventar – Fahrenberg et al., 1984; Meyer, 1989a), der 16 PF (16-Persönlichkeits-Faktoren-Test – Schneewind et al., 1986) sowie Skalierungen zur Erfassung von Angst als klinische Erkrankungsform wie z. B. SAS (Selbstbeurteilungs-Angst-Skala, CIPS, 1986) oder Skalen zur Messung von depressiven Stimmungen SDS (Selbstbeurteilungs-Depressions-Skala, CIPS, 1986) oder BDI (Beck-Depressions-Inventar – Beck et al., 1981).

Eine gründliche **Krankheitsanamnese** und **psychologische Diagnostik** ist unverzichtbar, um die notwendigen sozialen und psychotherapeutischen Interventionen zu bestimmen.

Die in Anhang A4 dargestellten soziographischen und krankheitsanamnestischen Daten stützen sich auf Untersuchungen von Schwarz & Lindner (1990) und Bachmann & Banze (1992). Durch ungelöste Fragen der Kostenbewilligung zu diesem Zeitpunkt, wodurch der Zugang zu einer stationären Behandlung für Spieler nicht eindeutig geregelt war, können Verzerrungen in der Stichprobe aufgetreten sein.

Die in Anhang A4 bzw. A5 aufgeführten testdiagnostischen Ergebnisse (SAS, SDS, MWT-B, 16 PF) beziehen sich auf eine Stichprobe von 116 Patienten (Bachmann & Banze, 1992). Die Stichprobengrößen variieren bei den einzelnen Tests, weil Tests z. T. nicht vollständig ausgefüllt oder Testverfahren im Laufe der Jahre ausgewechselt wurden. Erhebungszeitraum war die 1–2-wöchige Aufnahmezeit.

Der 16 PF (▶ Anhang A5) ist ein objektiver Test zur mehrdimensionalen Persönlichkeitsdiagnostik im Erwachsenenalter. Er enthält in der jetzigen deutschen Fassung 16 Skalen mit je 12 Items. Mit diesen Skalen werden 16 Primärdimensionen der Persönlichkeit erfasst (Schneewind et al., 1986).

Aufgrund dieser Testergebnisse zeigen pathologische Glücksspieler eine **erhöhte emotionale Störbarkeit** (C). Sie sind leichter zu beunruhigen, ärgern sich leichter über alltägliche Schwierigkeiten, bewältigen Enttäuschungen weniger rasch, empfinden Störungen bei der Arbeit stärker und neigen eher dazu, in kritischen Situationen aufzugeben.

Glücksspieler sind im Durchschnitt **spontaner** (Q3), lassen sich eher von momentanen Einfällen leiten, richten ihr Verhalten weniger an langfristigen Zielen aus, lassen sich leichter von einer Sache abbringen, geben bei Schwierigkeiten schneller auf, bereiten sich weniger sorgfältig auf

Arbeiten vor und vergessen unter Belastungen eher, was sie eigentlich wollten.

Die Werte der Testergebnisse im Anhang A4 zeigen, dass ein hoher Anteil der Spieler **Angst-** und **Depressionswerte** aufweist, die Krankheitswert haben.

Um festzustellen, ob zusätzlich eine Alkoholgefährdung oder Alkoholabhängigkeit vorhanden ist, kann der MALT (Münchner Alkoholismustest – Feuerlein et al., 1979) oder ein anderer Alkoholismustest zur Anwendung kommen.

Taber & McCormick (1987) weisen darauf hin, dass es mit Zustimmung der Patienten nützlich sein kann, Testergebnisse in der Gruppenstunde zu besprechen, was allerdings eine sehr vertrauensvolle und gute therapeutische Atmosphäre voraussetzt. So erfasste Daten erbringen zudem wichtige Informationen für die weitere wissenschaftliche Erforschung des pathologischen Glücksspiels.

Sozial- und Suchtanamnese

Damit schon zu Beginn der Behandlung ein umfassendes psychosoziales Bild von der **Krankengeschichte** des Patienten entsteht, ist möglichst früh eine ausführliche **Sozial-** und **Suchtanamnese** zu erstellen, die dem behandelnden Arzt und dem gesamten therapeutischen Team zur Verfügung stehen muss. Hierzu ein Fallbeispiel (Jäcksch, 1992), dessen Informationsaufbau in etwa dem Fragenkatalog von Taber entspricht.

Der Patient (25 Jahre, männlich, Automatenspieler, Hauptschule mit mittlerer Reife, handwerkliche Lehre abgeschlossen) wurde 1991 zur längerfristigen Entwöhnungsbehandlung aufgenommen.

Sozial- und Suchtanamnese

Für Herrn … geb. am …
wohnhaft: …
Vertrauensperson: …
Beratungsstelle: …
Hausarzt: …

Zur Situation

Herr … kam am … 1991 in Begleitung seines Vaters und seines Schwagers zu einer ersten, frei-
▼

---

willigen, längerfristigen Suchtmittelentwöhnungsbehandlung in unser Fachkrankenhaus. Herr … ist spielsüchtig. Von Januar bis Juni 1991 besuchte er die ambulante Spielergruppe in … Anschließend ging er zur Beratungsstelle des Caritas-Verbandes in …, nahm dort 3 Einzelgespräche bei Herrn … und besuchte 2-mal die dortige Spielergruppe.

Eigenanamnese

Frühkindliche Entwicklung – Primärfamilie: Herr … ist als 2. Kind geboren worden, seine Schwester ist 2 Jahre älter und mittlerweile verheiratet. Die Mutter habe während der Schwangerschaft an einer schweren Lungenentzündung gelitten, sie habe ihn aber unbedingt gewollt, obwohl es für die Mutter riskant gewesen ist, ihn zu bekommen. Er sei in einer Mietwohnung aufgewachsen und könne sich an die ersten Jahre seiner Kindheit nicht erinnern. Man habe ihm aber erzählt, dass er ein sehr braves Kind gewesen sei, immer korrekt angezogen – ein Vorbild für die ganze Verwandtschaft. Mit der Schwester habe er sich sehr gut verstanden, es sei eine richtige Geschwisterliebe vorhanden gewesen. Auch sei er ein guter Schüler gewesen, worauf er und seine Eltern stolz gewesen seien. In den ersten Jahren sei es so gewesen, wie es sich seine Eltern vorgestellt hätten. Schon als Kind sei er sehr nervös gewesen, wie heute noch immer. Von der Art und Weise komme er ganz auf die Mutter heraus. Die Mutter sei ebenfalls nervös, verdränge ihre eigenen Gedanken und Gefühle, schlucke alles hinunter und könne niemanden verletzen. Sie denke dabei kaum an sich. Seine Mutter habe anfangs noch im erzieherischen Bereich gearbeitet, sich aber später aus dem Beruf zurückgezogen, um ganz für die Kinder da zu sein. Die Mutter sei für ihn die Anlaufstation gewesen, jemand der ihn verstanden habe und zärtlich gewesen sei. Diese Liebe und Zuneigung habe aufgehört, als er im 6. oder 7. Schuljahr gewesen sei. Da sei er des öfteren weggewesen, mit Freunden. Erst in den letzten 2 Jahren sei die Mutter öfters aus sich herausgegangen, habe ihm auch die Meinung gesagt,
▼

weil er mit seiner Spielsucht viele Probleme in die Familie gebracht habe.

Seinen Vater beschreibt der Patient als machtgierig, der sein und das Leben der Mutter bestimmt hätte. Bis zu ihrem Auszug mit 18 Jahren habe er auch das Leben der Schwester bestimmt. Er habe immer ein Druckmittel gehabt, um das zu erreichen, was er wollte. Dabei sei er stark von sich überzeugt, der Vater, und glaube immer, das Richtige zu tun. Er habe viel gearbeitet und sich alles selbst aufgebaut und wolle, dass es seinem Sohn besser ginge. Der Vater habe immer gewollt, dass er so werde wie er. Ein Gespräch zwischen beiden habe nie existiert, kein Austausch und keine Gemeinsamkeiten. In den ersten Jahren, in denen er zur Schule gegangen sei, habe der Vater selbst eine Ausbildung gemacht und somit keine Zeit für die Familie gehabt. Seit 9 Jahren habe er (der Patient) einen guten Freund, der ein Stück Ersatz für ihn (den Vater) sei. Dieser habe ihn aufgeklärt, und mit ihm könne er sich wirklich unterhalten und austauschen. Sexualität sei in der Familie tabuisiert gewesen. Er habe seinen Vater und seine Mutter nie nackt gesehen – die Türen seien immer abgeschlossen gewesen. Auch sei er häufig von seinem Vater geschlagen worden, teilweise zu recht, aber auch zu unrecht. Anfangs habe er etwas auf den Hintern bekommen, später, als er größer gewesen sei, auf den Kopf. Auch sei mit Gegenständen nach ihm geworfen worden.

Die Ehe seiner Eltern sei bis auf die letzten Jahre recht gut verlaufen. Dann hätten beide angefangen, sich häufig zu streiten. Die Mutter habe ihm helfen wollen, der Vater sei dagegen gewesen.

Der Vater habe sehr früh begonnen, sein Geld zu verwalten, und auch ansonsten habe er ihm viele Vorschriften gemacht. Nach einer schweren Krankheit, 1987, habe er sich ernsthaft Gedanken gemacht und sein Leben mehr nach eigenen Wünschen gestalten wollen. Dies sei aber nicht gegangen, weil der Vater wieder Druck auf ihn ausgeübt habe. Er habe die ganze Zeit zu Hause gewohnt, bis auf zwischenzeitlich etwa 1 Jahr. Da

▼

habe er bei einer erheblich älteren Freundin gelebt. Oft habe er sich Gedanken darüber gemacht, von zu Hause wegzulaufen, habe sich aber zu abhängig gefühlt. Er sei oft ins Spielen geflüchtet, da er die Gespräche seines Vaters nicht habe ertragen können.

Herr … gibt an, seinen Vater und seine Mutter mit in die Therapie einbeziehen zu wollen. Nach Beendigung der Therapie müsse er von Zuhause ausziehen.

Berufliche Entwicklung

Herr … gibt an, nach dem Besuch des Kindergartens und der Grundschule, für 2 Jahre das Gymnasium besucht zu haben, er sei dann auf die Hauptschule gewechselt, die er dann nach der 10. Klasse mit der mittleren Reife abgeschlossen habe. Danach habe er eine Lehre begonnen und diese auch abgeschlossen. 4 Jahre habe er danach als Geselle gearbeitet, sei dann kurze Zeit arbeitslos gewesen und zur Bundeswehr gegangen. Er habe sich für längere Zeit verpflichten wollen, habe dann aber aufgrund seiner Spielsucht und einer Verletzung aufhören müssen. Seitdem sei er nun arbeitslos. Er wolle sich umschulen lassen.

Sozialverhalten – Partnerschaft – Ehe

Im Sozialbereich sei er ein Mensch, der die Gemeinschaft sucht, aber auch Ruhe zum Abschalten brauche. Er habe Schwierigkeiten, in Kontakt zu kommen, aber wenn er erst angefangen habe zu reden, ginge es ihm gut dabei. Bei Enttäuschungen neige er dazu, dies in sich hineinzufressen und es zu anderen Gelegenheiten heimzuzahlen. Er habe Probleme, anderen Menschen seine Meinung zu sagen und sich durchzusetzen. Besonders vor Leuten, die ihm körperlich überlegen seien, habe er Angst und Respekt.

Mit 17 Jahren habe er angefangen, sich für Frauen zu interessieren. Die erste längere Freundin habe er mit 23 Jahren gehabt. Sie sei erheblich älter gewesen, habe zwei Kinder gehabt und in Scheidung gelebt. Etwa 3 Monate nach dem Kennenlernen sei er zu ihr gezogen. Bei dieser Beziehung sei er nicht selbst aktiv geworden,

▼

sondern die Freundin sei auf ihn zugekommen und habe die Beziehung gesteuert. Er habe sich Frauen gegenüber immer unterlegen gefühlt – er sei auch nie richtig aufgeklärt worden. Die Beziehung sei auseinandergegangen, weil die Frau sich einen älteren Mann gesucht habe. Im nachhinein habe sich dann herausgestellt, dass sie bereits seit längerer Zeit ein Verhältnis mit ihm gehabt habe. Dies habe ihn sehr verletzt, er habe sich ausgenutzt gefühlt. Auch habe sie ihm anschließend vorgeworfen, dass er in ihr nur einen Mutterersatz gesucht habe. In der Zeit der Beziehung habe er nur 2-mal gespielt, einmal, als sie eine Verabredung nicht eingehalten habe, und einmal, als sie sich mit ihrem Exmann getroffen habe.

Zur Zeit bestehe keine Beziehung.

Suchtverlauf

Mit ca. 15 $1/2$ Jahren habe er zum ersten Mal gespielt. Nach der Schule sei er mit Freunden zum Billardspielen gegangen und habe einmal probiert, 5,– DM in den Automaten zu stecken, und habe 130,– DM gewonnen. Dies sei ein gutes Gefühl gewesen. Die ersten 5- bis 6-mal habe er nur gewonnen. Über längere Zeit habe er sich eingebildet, das Spielen habe etwas mit Können zu tun und dies sei etwas, worin er gut sei. Nach 3 Monaten Spielen habe sein Vater davon Wind bekommen, da er immer viel Geld bei sich gehabt habe. Der Vater habe sich sehr darüber geärgert und probiert, ihm das Spielen auszureden, was ihm aber egal gewesen sei. Er habe weiter gespielt, und bald darauf habe der Vater sein Konto verwaltet. Hierzu habe er das Druckmittel benutzt, »entweder du unterschreibst, oder du ziehst aus«. In den darauffolgenden Jahren habe er ihm ab und an wieder größere Mengen Geld überlassen, die er dann aber aus Trotz verspielt habe. Auch habe er keine Möglichkeit gehabt, die Bankvollmacht wieder zurückzuziehen, da die Bankangestellten sich immer bei seinem Vater rückversichert hätten.

Regelmäßig spiele er seit seinem 20. Lebensjahr. Er habe immer 10,– DM am Tag von seinem

▼

Vater bekommen. Häufig habe er Verabredungen nicht eingehalten und dann auch bis zur letzten Mark gespielt. Dann habe er angefangen, bei einer Frau Schulden zu machen, die 3 Jahre älter gewesen sei als er und die etwas von ihm gewollt habe. Sie habe ihn kaufen wollen, dafür habe er sie gelegentlich in den Arm genommen und mal einen Kuss gegeben. Für das geborgte Geld habe er Schuldscheine unterschrieben, die der Vater von seinem Geld (des Patienten) zurückgezahlt habe.

Zu Beginn der Behandlung habe sein Vater bereits begonnen, seinen Therapieplan zu gestalten und einzuteilen, wer ihn besuchen solle und wer nicht. Hier habe er es geschafft, seinem Vater mitzuteilen, dass er dies in Zukunft nicht mehr wolle.

Auch erinnere er sich noch daran, dass er von seinem Vater einmal in der Spielhalle geschlagen worden sei. An dem Tag habe er vergessen, zu einer Beerdigung zu kommen, da er noch Spiele gehabt habe. Beim Spielen habe er sich bestätigt gefühlt, habe Glücksgefühle gehabt und seine Aggressionen abbauen können, auch sei er für sich allein gewesen.

Selbstdarstellung

Herr ... beschreibt sich als einen Menschen, mit dem eigentlich jeder gut auskommen könne. Er sei locker und lustig und für jeden Spaß zu haben. Wenn er erst einmal in Kontakt mit Leuten komme, käme er auch gut mit ihnen klar. Er sei zurückhaltend und überlege erst, bevor er etwas sage. Dabei könne er sich schnell in andere hineinversetzen und habe nie Schlägereien gehabt.

Besonderheiten im sozialen und beruflichen Umfeld

Da Herr ... keine Arbeit hat, muss er sich schon während der Therapie um einen Arbeits- oder Ausbildungsplatz bemühen, um dem Wunsch nach mehr Selbständigkeit nachgehen zu können. Des weiteren muss er sich von hier aus um eine Wohnmöglichkeit bemühen.

▼

Zusammenfassung

Während des Anamnesegesprächs zeigt sich Herr … aufgeschlossen und offen. Er berichtet ausführlich über den Konflikt mit seinem Vater, und es wird deutlich, wie sehr er unter dieser Beziehung gelitten hat. Auf unterschiedlichen Persönlichkeitsebenen hatte er keine ausreichende Möglichkeit zur selbständigen und freien Entwicklung bekommen. So hat er große Defizite in jeglicher Art von sozialer Beziehung und Abgrenzung, besonders im partnerschaftlichen Bereich, da er sich auch auf sexueller Ebene sehr unsicher fühlt.

Er hat für sich erkannt, dass eine Ursache für seine Suchterkrankung in seiner Primärfamilie liegt, darum strebt er an, seinen Vater und seine Mutter in die Therapie mit einzubeziehen.

Des weiteren muss er die Möglichkeit haben, in Einzel- und Gruppengesprächen eine realistische Lebensperspektive zu entwickeln.

10.3.3   Finanzielle Situation und Geldmanagement

An die ausführliche Sozial- und Suchtanamnese sollten sich Gespräche über die augenblickliche **finanzielle Situation** und konkrete Schritte zu ihrer Regulierung sowie bei Bedarf die Planung außerhäuslicher Schuldenberatung durch entsprechende Institutionen und Experten anschließen.

❶ Das Suchtverhalten des pathologischen Glücksspielers ist unmittelbar mit einem *problematischen Umgang* und einer *gestörten Beziehung zum Geld* verbunden (Petry, 1998 b).

Der Wert des Geldes reduzierte sich auf ›Spielgeld‹, und alle Möglichkeiten bis hin zur Beschaffungskriminalität wurden ausgeschöpft, um den ständig steigenden Bedarf zu decken. Die Schuldensituation zu Beginn der Therapie ist oft sehr unübersichtlich, die Patienten haben verdrängt, sich näher damit zu beschäftigen. Diese Situation hatte u. a. zur Folge, dass der Spieler unter einem latenten psychischen Druck stand, ständig damit rechnen musste, dass ihn Gläubiger bedrängten. Vor diesen Konflikten flüchtete er wiederum ins Spielen, wo-

durch sich der Teufelskreis schloss. Um dieses Muster zu durchbrechen, den zunehmenden psychosozialen Belastungen entgegenzuwirken und die Aufnahmefähigkeit für eine umfassende Therapie zu erhöhen, ist es unbedingt notwendig, sich zunächst völlige Klarheit über die finanzielle Situation zu verschaffen.

Zum **Geldmanagement** gehören verpflichtend die beiden nächsten Maßnahmen:
1. **genaue Auflistung aller Schulden**
   (▶ Anhang B4: Schuldenbilanz und Regulierung).
2. **Erstellung eines Haushaltsplans**
   (▶ Anhang B5: Monatshaushaltsplan),
   in dem die monatlich zur Verfügung stehenden **Einnahmen** den zu tätigenden **Ausgaben einschließlich der Schuldenrückzahlung** gegenüberzustellen sind. Hierzu gehört die ungefähre Festsetzung des Taschengeldes und der Höhe des Geldbetrages, den der Spieler mit sich führen kann, ohne dass es zu einer Rückfallgefährdung kommt.

Nur wenn diese Maßnahmen nicht ausreichen, den Umgang mit dem Geld zu normalisieren, **kann** mit Hilfestellung und Überprüfung der Therapeuten die Regelung getroffen werden,
3. ein Tagebuch über die täglichen Geldausgaben zu führen
   (▶ Anhang B6: Tagesausgabenprotokoll),
4. die Verfügbarkeit des Geldes, das heißt, den Kontozugang, sowie dies überhaupt möglich ist, zu kontrollieren.

Ein **wichtiger Grundsatz** in der Spielertherapie lautet jedoch, in hohem Maße die **Eigenverantwortung** zu fördern und Kontrollen, auch diejenigen, die mit Familienmitgliedern vereinbart wurden, nur so lange bestehen zu lassen, wie sie unbedingt erforderlich sind. In Teamgesprächen sind diese Maßnahmen deshalb immer wieder zu hinterfragen.

10.3.4   Behandlungskonzept

Dem in Kap. 8 beschriebenen Therapiekonzept zufolge, und wie in ◻ Abb. 10.1 dargestellt, sind in stationären Behandlungssettings ebenso wie in der ambulanten Beratung folgende **Therapieziele** in der

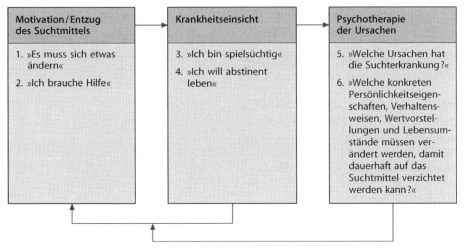

□ **Abb. 10.1.** Therapieschritte (Bachmann, 1989)

genannten Reihenfolge anzustreben (Bachmann, 1989):

1. Förderung der Motivation, Suchtmittelentzug,
2. Vermittlung bzw. Vertiefen der Krankheitseinsicht,
3. Psychotherapie der Ursachen, Entwicklung alternativer Verhaltensweisen zum Glücksspiel – Was soll zukünftig anders sein?

Diese Zielsetzungen wurden parallel zur Alkoholismustherapie entworfen, so dass bei entsprechenden Diskussionen in der aus Spielern und Alkoholikern bestehenden Patientengruppen tatsächlich Sucht gleich Sucht ist, wobei die **Bezeichnung des Suchtmittels austauschbar** ist. In den auf dieser Konzeption beruhenden Therapie werden diese Schritte anhand der dazugehörigen Fragestellungen mithilfe von Selbsteinschätzungsskalen (► Anhang B7) ausführlich besprochen, und der Therapiefortschritt des einzelnen Patienten immer wieder überprüft.

Aus ambulanten Therapieerfahrungen bringen die Patienten ganz ähnliche Konzeptionen und Begriffe mit in die stationäre Einrichtung. Dabei ist es durchaus nicht nur der Therapeut, der diese Therapieziele und Fragestellungen thematisiert. Der Therapierahmen soll den Patienten die Möglichkeit bieten, eigene Zielsetzungen zu strukturieren und sich gegenseitig Rückmeldung zu geben (□ Abb. 10.1). Dabei bringen die Patienten bei den einzelnen The-

rapieschritten **individuell unterschiedliche Voraussetzungen** mit. Dennoch scheint die beschriebene Reihenfolge der Therapieschritte angebracht. So kann es ineffektiv sein, bei einem Suchtkranken intensiv an den Hintergründen und Ursachen der Krankheitsentwicklung zu arbeiten, wenn sich nicht gleichzeitig die Bereitschaft zur Abstinenz erhöht. Die vollständige Wiederaufnahme des Suchtverhaltens macht psychotherapeutische Fortschritte auf diesem Gebiet in kürzester Zeit wieder zunichte. Es ist schwierig, an der Krankheitseinsicht (»ich bin spielsüchtig«) zu arbeiten, wenn sich jemand auf starken Druck hin zur stationären Behandlung entschlossen hat und Hilfe nicht ausreichend akzeptiert bzw. noch nicht einsieht, dass sich etwas ändern muss. Die einzelnen Therapieziele müssen dabei immer wieder überprüft und vertieft werden (► untere Pfeile □ Abb. 10.1).

❶ Der beschriebene Behandlungsablauf ist kein einmaliger Vorgang, sondern ein dynamischer Prozess.

10.3.5   Motivation

Es gibt nur wenig Literatur (Hänsel, 1980; Petry, 1991) über den so schwierigen Bereich der Motivation bei Suchtkranken. Ähnlich, wie sich dies für den ambulanten Bereich darstellt, ist auch für den stationären Bereich zunächst der Wunsch des pathologischen Glücksspielers, das Suchtverhalten einstellen zu wollen, als hinreichende Voraussetzung für die Aufnahme einer Behandlung anzusehen. Petry (1991) (▶ s. o.) ist der Überzeugung, dass es sich bei der Motivation nicht um eine stabile Disposition handelt. Bachmann (1989) weist auf die **ambivalenten Gefühle** von Suchtkranken hin, einerseits mit dem selbstzerstörerischen Suchtverhalten aufhören zu wollen und anderseits ein mehr oder weniger starkes Verlangen danach zu verspüren, was sich in der ersten Zeit von Situation zu Situation verändern kann.

Ein Spieler berichtet:

[32 Jahre, männlich, polyvalent abhängig (Roulette, Automaten etc., Alkohol), ledig, Realschulabschluss, u. a. Bankkaufmann und Croupier] »Warum habe ich mir während der Behandlung Bücher über Lotto und Roulette ausgeliehen?

Im Nachhinein gibt es nur eine sinnvolle Erklärung dafür. Ich wollte ohne Geld, Karten o. ä. Hilfsmittel spielen, oder besser, ich suchte wieder einmal eine Widerlegung oder Bestätigung der von mir ausgeklügelten Theorien über das Lotto bzw. Roulettespiel. Oft muss ich mich zwingen, die Gedanken an eine Karriere als Systemspieler zu verdrängen. Es klingt total verrückt, dass ich mich überhaupt noch gelegentlich damit auseinandersetze. Dieses Thema hatte ich vor Jahren bereits abgehakt, weil es für einen Spieler unmöglich ist, diszipliniert nach einem festgesetzten Schema zu setzen. Trotzdem denke ich gerade hier in der letzten Zeit oft daran, dass es eine Möglichkeit gibt, kontrolliert zu spielen. Absurd, doch in 3 Wochen fängt für mich ein vollkommen neues Leben an: ohne Alkohol, neuer Arbeitsplatz, eine neue Umgebung. Meistens denke ich voller Zuversicht an die auf mich wartenden Herausforderungen, doch manchmal überkommt mich eine eigentlich unbegründete Panik, und ich zweifle an mir und bilde mir ein, dass ich nicht fähig sein werden, alle Schwierigkeiten zu überwinden. Schulden, die Angst davor, im neuen Beruf zu versagen, Einsamkeit und meine neue Rolle als seriöser »nüchterner« Neuanfänger ver-
▼

setzen mich in Angst. Dann kommt's wieder: du könntest ja noch ... Es ist momentan die bequemste Lösung aller Probleme. Doch im nächsten Gedanken wird mir klar, dass eine solche Entscheidung das sichere Ende für mich bedeuten würde. Immer wieder habe ich diese Möglichkeit durchdacht und dabei meine ganzen negativen Erfahrungen und die Tatsache, dass ich nicht mehr kontrolliert spielen kann, in Betracht gezogen. Es ist wie ein Teufelskreis, in dem ich mich befinde. Sobald ich draußen meine mir gesteckten Ziele und meine Pläne in Angriff nehmen kann und sich die ersten Erfolge einstellen, werde ich bestimmt den Spielteufel in mir besiegen können, oder? Bisher wollte ich das Roulette nur als Mittel zur Geldbeschaffung und nicht als Suchtmittel wie andere Spiele für mich erkennen. Es ist ein Vorwand, der mir die letzte »Chance«, aus logischen Gründen zu zocken, offengehalten hat.«

Petry stellt dar, dass der Suchtkranke **Gründe für den Ausstieg** aus einem Suchtverhalten **und den** (Wieder-)**Einstieg** in gewisse Weise gegeneinander **aufrechnet** (Motivbilanz). Statistiken über Behandlungsabbrüche im stationären Bereich zeigen, dass vor allem in der ersten Zeit der Aufnahme die Abbruchquoten am höchsten sind. Neben dem Wunsch, das Suchtverhalten einstellen zu wollen, ist in der stationären Einrichtung ein weiterer Vorsatz besonders wichtig: die Behandlung **durchzuhalten.** Der Abbruch einer stationären Therapie hat weitreichende Konsequenzen, (▶ Kap. 10.8). Er ist zunächst **endgültig**, und der Spieler kann nicht mit einer kurzfristigen Wiederaufnahme rechnen. Aber nicht nur formell, sondern auch psychisch sind schwerwiegende Folgen vorhanden. Starke Versagensgefühle, es wieder nicht geschafft zu haben, sind mitverantwortlich dafür, dass nach dem Abbruch häufig der Rückfall folgt.

Ein wesentlicher Faktor, ob es gelingt, den Aufenthalt des Patienten in der ersten Zeit zu stabilisieren, ist das Vorhandensein eines guten **therapeutischen Klimas**. Es muss sich eine **Vertrauensbasis** zu den Mitpatienten und Gruppentherapeuten einstellen. Der Patient muss das Gefühl entwickeln, dass er auf Verständnis trifft und in Krisensituationen, die durch familiäre Schwierigkeiten und Heimweh hervorgerufen werden können, einen Ansprechpartner hat.

> ❗ Ganz entscheidend für ein gutes therapeutisches Klima ist die Atmosphäre innerhalb des therapeutischen Teams und der Klinik insgesamt.

Hohe Abbruchquoten, Rückfälle und nicht zuletzt das Problem der zeitweise »leeren Betten« können zu erheblichen atmosphärischen Störungen führen und haben immer Auswirkungen auf die psychische Situation des Patienten. Gegenseitiges Vertrauen entsteht nur dann, wenn Verabredungen und Termine verbindlich und verlässlich sind.

Erhebliche Störungen in der Patientengruppe treten dadurch auf, dass einzelne Patienten versuchen, eine stark dominante Rolle einzunehmen, sich sozial wenig verantwortlich zeigen und ein destruktives Klima erzeugen. Therapeutische Auseinandersetzungen reduzieren sich dann häufig auf äußere Rahmenbedingungen des Konzepts (z. B. Hausordnung). Ein zu konfrontatives Gruppenklima führt dazu, dass sich psychisch schwächere Patienten unterdrückt, stark verängstigt oder in die Rolle von »Sündenböcken« gedrängt fühlen. Ein hoher Aggressions- und damit oft verbundener hoher Angstpegel in der Gruppe hat zur Folge, dass sich neu aufgenommene Patienten nicht mehr ausreichend in die Gruppe integrieren. Abbrüche und Rückfälle sind zwangsläufig die Folge.

Das therapeutische Team ist für ein gutes Klima in der Gruppe verantwortlich, auch wenn dies nur in einem gemeinsamen Bemühen aller Beteiligten herzustellen ist. Um Störungen frühzeitig zu erkennen und aufzuarbeiten, sollte der Therapeut die **Atmosphäre in der Gruppe selbst** öfter zum **Gesprächsthema** in der Gruppenstunde machen. Der Behandlungsbeginn darf nicht durch unnötig schwierige **Aufnahmerituale** belastet sein, denen sich der Patient möglicherweise noch nicht gewachsen fühlt. Hierzu können verhörähnliche Vorstellungsgespräche in Großgruppen gehören, die schon Tage zuvor Gesprächsstoff bei den neu aufgenommenen Patienten sind, erhebliche Ängste auslösen und einen vergleichsweise geringen Nutzen haben. Es ist zu berücksichtigen, dass die Patienten oft aus Berufen und sozialen Verhältnissen stammen, in denen sie mit dem Sprechen vor größeren Gruppen und über privateste Dinge kaum vertraut sind, und dass das Klinikmilieu ihnen zunächst völlig fremd sein kann.

> ❗ In der Motivbilanz (Petry, 1991) stellt die Erwartung des Patienten, *ob er sich subjektiv den zu erwartenden Behandlungsanforderungen gewachsen* fühlt, einen wichtigen Faktor dar.

Bis der Patient in die Behandlung einwilligt und von sich aus den Entschluss gefasst hat, »es muss sich etwas ändern«, sind manchmal Monate, wenn nicht Jahre massiver innerfamiliärer Auseinandersetzungen vorausgegangen, Hoffnungen einer ambulanten Therapie gescheitert.

Ein Spieler berichtet:

[30 Jahre, männlich, Automatenspieler, ledig, Hauptschulabschluss, Elektroinstallateur]

»Dann vor einigen Monaten, nach so einer Spielhallentour, als ich mal wieder vor einem Scherbenhaufen stand, dachte ich: Irgendwas musst du ändern! In der letzten Zeit habe ich erheblich an Gewicht verloren, wog bei einer Größe von 176 cm zeitweise nur noch 53 kg, weil ich keine Nahrungsmittel mehr kaufen konnte. Ich habe es nicht mehr geschafft, mit dem Geld zunächst einzukaufen und dann in die Spielhalle zu gehen. So war aber nichts mehr da zum Einkaufen. Zum Schluss vor der Therapie hungerte ich öfter bis zu 2 Tagen. Den Hunger verdrängte ich durch viel Rauchen und ich besuchte Leute, um mich da »durchzuschnorren«. Trotzdem arbeitete ich noch voll, war aber geistig nicht immer dabei. Obwohl ich mir schon 1000-mal gesagt hatte, ich könne es allein schaffen, es aber nie mehr als eine Woche aushielt, habe ich mir dann selbst die Pistole auf die Brust gesetzt, meine Schwestern angerufen und ihnen alles erzählt. Sie rieten mir dringend, den Hausarzt aufzusuchen und fragten jeden Tag nach, ob ich es schon getan hätte. Nach 14 Tagen habe ich es tatsächlich geschafft, den Hausarzt aufzusuchen. Zwischendurch spielte ich weiter. Der Arzt schickte mich dann zu einem Psychologen, und dieser leitete erste Schritte zu einer stationären Therapie ein.«

Häufig war es erst die angedrohte Scheidung, der drohende Verlust des Arbeitsplatzes, die Ankündigung der Angehörigen, dass andernfalls die elterliche Wohnung zu verlassen sei, oder eine drohende Anzeige wegen illegaler Geldbeschaffung, die endlich den Anstoß zur Einwilligung in die Therapie gaben. Aus diesen Konflikten heraus können beim Patienten psychische Verletzungen und erhebliche Kränkungen des Stolzes und des Selbstwertgefühls ent- bzw. fortbestehen. Sie sind ebenso wie das Gefühl, möglicherweise ungerecht und zu hart behandelt worden zu sein, in den Therapieprozess aufzunehmen.

🛈 **In einer therapeutischen Bearbeitung dieser psychischen Belastungen kann der Patient die schwierige Situation der Angehörigen und sonstigen Kontaktpersonen verstehen lernen und erkennen, dass ihm Angehörige und Bezugspersonen emotionale Verletzungen aus Gefühlen der eigenen Hilflosigkeit gegenüber dem Suchtverhalten zufügten.**

Während der akuten Phasen des pathologischen Glücksspiels werden die negativen Konsequenzen des Spielverhaltens stark verdrängt. Das wahre Ausmaß des Spielens, der Geldverluste und des psychischen Drucks, der auf allen Beteiligten lastet, wird bagatellisiert und geleugnet. Diese Symptome sind krankheitsinhärent. Sie stehen oft völlig konträr zu den ethischen Normen, Moralvorstellungen und der Persönlichkeit des pathologischen Glücksspielers. Es entsteht daraus ein **innerer Zwiespalt**, der einen beträchtlichen Leidensdruck ausübt. Dennoch fällt es den Spielern meistens schwer, darüber zu sprechen, eher berichten sie über positive Spielerlebnisse oder klagen über verpasste Spielchancen. Es ist daher eine therapeutische Zielsetzung, die Aufmerksamkeit und Wahrnehmung auf die **negativen Konsequenzen des Suchtverhaltens** (de Jong-Meyer et al., 1989) zu lenken, die die Spieler möglicherweise leichter vergessen, die aber einen wichtigen Faktor für die weitere Behandlungsmotivation darstellen und die Bereitschaft dazu fördern, Hilfe insgesamt zu akzeptieren.

Eine konfrontative oder gar vorwurfsvolle Haltung führt häufig eher dazu, Abwehrhaltungen zu verstärken und negative Konsequenzen zu leugnen. Die Erkenntnis, dass es bei den anderen Patienten

ähnlich verlaufen ist, kann dagegen erheblich entlasten sowie zur Aufgabe der Abwehrhaltung und zu einer Öffnung und Gesprächsbereitschaft beitragen.

10.3.6   Krankheitseinsicht

Die **Krankheitseinsicht** »ich bin spielsüchtig« und die daraus abgeleitete **Konsequenz der lebenslangen Abstinenz** ist die zentrale therapeutische Zielsetzung in der vom Suchtmodell ausgehenden Spielerbehandlung und wohl zugleich die kontroverseste.

Insbesondere aus verhaltenstherapeutischer Sicht (Hand, 1988; Marlatt, 1980, 1985; Brengelmann & Waadt, 1985) wird dazu kritisch angemerkt, dass dem Patienten hier ein negatives Selbstbild vermittelt würde, dass man ihm damit suggeriere, keine Verantwortung für sein Verhalten zu übernehmen, dass das Konzept vom Kontrollverlust und dem damit verbundenen negativen Selbstbild sich zudem fatal auf Rückfallsituationen auswirke. Der Patient sei lebenslang etikettiert und abgestempelt, da eine Sucht nicht heilbar sei, sondern lediglich zum Stillstand komme. In diesem Zusammenhang wird immer wieder die Idee ins Spiel gebracht, dass es möglicherweise doch eine Rückkehr zum kontrollierten oder sozial unauffälligen (Glücks-)Spielerhalten gebe. Diese Hoffnung wird von der lerntheoretischen Überlegung getragen, dass Glücksspielverhalten ein gelerntes Verhalten ist, das wieder zu verlernen sei. Im Suchtbereich fehlen dazu bisher auch bei substanzgebundenen Abhängigkeiten die schlüssigen Beweise (Feuerlein, 1989, S. 173).

Leidvolle Erfahrungen der Spieler zeigen, dass trotz guter Vorsätze und intensiver Eingrenzungsversuche die Kontrolle über das Glücksspielverhalten nicht wiederzuerlangen war. Teilweise mit Unterstützung von Angehörigen und Bekannten haben sie verzweifelte Versuche unternommen, die Geldausgabe und damit den Spieleinsatz zu begrenzen, den Tagesablauf und die Spielmöglichkeiten zu kontrollieren, oft nur mit kurzfristigen oder gar keinen Effekten.

Ein Spieler berichtet:

[30 Jahre, männlich, Automatenspieler, ledig, Realschulabschluss, zwei abgebrochene kaufmännische Lehren]

»In der Zeit vor der Behandlung habe ich oft genug den Gedanken gehabt, mir etwas anzutun, habe am Bahngleis gestanden, dann aber die Züge vorbeirattern lassen, weil ich nicht den Mut dazu hatte. Am Schluss bin ich dann 3 Tage durch die Gegend gelaufen, habe im Wald geschlafen. Meine Eltern und Geschwister suchten mich, aber ich wollte nicht gefunden werden. Dabei habe ich nichts gegessen, kaum getrunken und sogar auf das Rauchen verzichtet. Ich wollte mir Klarheit über mich selbst verschaffen – die Zeit hat mir gut getan. Es war dann noch sehr schwierig und hat längere Zeit gedauert, bis ich einen Therapieplatz bekommen habe.

Nachdem die Spieler in der stationären Suchttherapie Abstand von ihrem Suchtverhalten gewonnen und sich intensiv mit den sozialen und psychischen Folgen bis hin zum Suizidversuch auseinandergesetzt haben, wird der Gedanke von den Spielern und Angehörigen als völlig abwegig und makaber empfunden, sich wieder als Glücksspieler zu betätigen.

Gerade dann, wenn ein Genesungsprozess erfolgreich eingeleitet ist und Verhaltensalternativen zum Glücksspielen entstanden sind, gewährleistet die weiter vorhandene Akzeptanz der Abhängigkeit die notwendige Wachsamkeit und Vorsicht nicht wieder mit dem Spielen zu beginnen.

Die Krankheitsakzeptanz oder -einsicht ist wie die Motivation kein statischer Zustand. Erste Ahnungen des Spielers, dass mit seinem Glücksspielverhalten etwas nicht stimmt, liegen teilweise Jahre zurück. Immer wieder hat er Möglichkeiten und Ausreden gefunden, diese Einsicht wieder zu verdrängen. Nicht zuletzt war das Spielen selbst ein probates Mittel dazu, eigene Bedenken zu zerstreuen.

Der Patient erlebt es als große **Erleichterung**, wenn er diesen inneren Kampf aufgeben und sich zu seiner Abhängigkeit bekennen kann. Verschiedenste Einflüsse führen jedoch dazu, dass die Einsicht immer wieder bröckelt oder verloren geht. In der vergangenen Spielerkarriere hat es teilweise abstinente

Phasen gegeben, bis die Hoffnung wieder aufflammte, es doch noch einmal mit einem kleinen Betrag zu versuchen. Es scheint das Verhängnis der Suchtkrankheit zu sein, dass schon nach recht kurzer Zeit der Abstinenz keine unmittelbaren Krankheitssymptome mehr zu spüren sind, kein Leidensdruck mehr vorhanden ist und dadurch die Krankheitsakzeptanz verlorengeht, somit scheinbar auch kein Grund mehr besteht, ganz auf das Suchtmittel zu verzichten. Der langfristige Besuch von **Selbsthilfegruppen** steuert dieser Entwicklung am ehesten entgegen. Voraussetzung dafür ist aber, dass in der stationären Behandlung Therapiekonzepte bestehen, die mit denen in der Selbsthilfegruppe annähernd in Einklang zu bringen sind.

❶ Stationäre Therapiekonzepte für Spieler sollten daher auf den Annahmen der lebenslangen Krankheit, Kontrollunfähigkeit und des Abstinenzgebotes beruhen.

Die Argumente der Verhaltenstherapeuten, dass der **Suchtbegriff negative Assoziationen** hervorrufen kann, sind jedoch nicht ganz von der Hand zu weisen. Diese Faktoren sollten in den Therapieprozess einbezogen werden. Es ist für die therapeutischen Zielsetzungen wichtig, deutlich zu machen, dass sich der **Begriff des Kontrollverlustes** nur auf das Spielen um Geld bezieht und **nicht auf andere Bereiche der Persönlichkeit**. Sich mit der Abhängigkeitserkrankung zu identifizieren und sie zu akzeptieren, heißt keinesfalls, dass dies nun den wichtigsten Teil des Selbstbildes bestimmen soll. Durch die erfolgreiche Abstinenz und weiterreichende Genesung des Patienten kann sich im Gegenteil die Persönlichkeit wieder frei entfalten, Identifikationen als Vater, Ehemann und z.B. in beruflicher Hinsicht sind wieder möglich und bestimmen den weitaus wichtigeren Teil des Selbstbildes. Ein wenn auch geringer Trost für den Betroffenen mag es sein, dass es auch andere somatische und psychiatrische Erkrankungen gibt, die nicht vollständig heilbar sind und ebenfalls mit erheblichen Stigmatisierungen verbunden sein können.

Das Konzept der Krankheitseinsicht oder Akzeptanz ist weitgehend aus dem Genesungsprogramm der Gamblers Anonymous (Meyer, 1989a) adaptiert. Es entspricht damit ebenfalls den Auffassungen der Anonymen Alkoholiker, wodurch im stationären Bereich eine wichtige **gemeinsame Plattform** gegeben ist.

10.3.7   Abstinenz

Im Gegensatz zur ambulanten Therapie wird das **Suchtverhalten** in der Klinik oft **rigoros gestoppt**. Der Spieler, der sich mit seiner **freiwilligen Aufnahme** gleichzeitig dazu verpflichtet, die hausinternen Regeln einzuhalten, erhält zunächst durch Ausgangsbeschränkungen (teilweise bis zu 5 Wochen) keine Gelegenheit, sein ursprüngliches Suchtverhalten, wie z. B. das Automatenspiel, auszuüben. Das stationäre Therapiekonzept hat sich auch bei pathologischen Glücksspielern dazu bewährt, kurzfristig **Symptomabstinenz** zu gewährleisten. Dies kann unter massiven »Entzugssymptomen«, wie Nervosität, Unruhe, Ängsten, depressiven Verstimmungen, Schweißausbrüchen und Herzrasen geschehen. Die massive Eigendynamik des Suchtverhaltens ist unterbrochen, und die selbstzerstörerischen ökonomischen, psychischen und sozialen Folgeerscheinungen des süchtigen Verhaltens kommen zunächst zum Stillstand.

Ein Spieler berichtet:

[30 Jahre, männlich, Automatenspieler, ledig, Realschulabschluss, zwei abgebrochene kaufmännische Lehren]

»Die ersten 5, 6 Tage waren für mich total deprimierend. Ich habe sogar mit dem Gedanken gespielt abzubrechen. Zum Glück habe ich es nicht getan. Jetzt genieße ich die Zeit hier eigentlich. Als der erste Bann gebrochen war, bin ich unheimlich gut motiviert worden, über mich zu sprechen. Als ich gemerkt habe, die erste Hürde ist übersprungen, da kam erst mal alles raus. Ich hatte auch Herzklopfen und Angstgefühle dabei, vor mehreren zu sprechen, und mir Gedanken gemacht: Was denken die anderen jetzt von dir? Dann habe ich die positiven Reaktionen der anderen mitgekriegt. Wie dann einer sagte, dass es bei ihm so ähnlich gewesen ist, wurde ich immer offener, und es machte mir Spaß. Diese Hürde zu überwinden, war der erste wichtige Schritt.«

Zum Teil hat es in Suchtkliniken schon vor der Behandlung von pathologischen Glücksspielern Hausordnungen gegeben, in denen Spiele um Geld untersagt waren, wodurch eine wichtige Voraussetzung für die Abstinenz gegeben war. In der praktischen therapeutischen Arbeit zeigte sich, dass z. B. Automatenspieler großes Interesse an Karten- oder Würfelspielen entwickelten und ihre gesamte Freizeit in der Klinik damit verbrachten, d. h. nur über Gesellschaftsspiele mit anderen kommunizierten. Diese Form der Kommunikation entsprach in etwa der während des süchtigen Spielverhaltens, und es kam vereinzelt vor, dass sich plötzlich doch kleinere Geldeinsätze in die Spiele einschlichen und Schwierigkeiten der Kontrolle auftraten. Erste Heimlichkeiten traten auf, und einzelne Spieler steigerten sich so in ihr altes Verhalten hinein, dass sie letztlich am Automaten rückfällig wurden. Außerdem war festzustellen, dass andere Patienten zwar nicht mitspielten, aber äußerst angeregt und fasziniert zuschauten (»kibitzten«). In ihrer aktiven Spielphase hatten Patienten dies teilweise getan, wenn z. B. das Geld ausgegangen und der Drang zu spielen noch nicht befriedigt war. Sie hatten dann versucht, »im Geiste« mitzuspielen, und waren überglücklich, wenn sie Ratschläge geben oder selbst einmal »hochdrücken« durften.

Mit den Spielern gemeinsam konzipierten wir die therapeutischen Rahmenbedingungen (▶ S. 205 ■) und einen Vertrag, der für den Klinikaufenthalt, d. h. für die wichtige Zeit der Entwöhnung von Glücksspielen und der Entwicklung alternativer Verhaltensweisen, festlegt, zusätzlich auf Gesellschaftsspiele ohne Geldeinsatz wie Würfel- und Kartenspiele zu verzichten (Bachmann, Sommer & Alex, 1998). Entsprechende Spiele sind von der gesamten Station verbannt, zumal mittlerweile einzelne pathologische Spieler aufgenommen wurden, die primär von Kartenspielen (wie Bakkarat) abhängig geworden waren. Die Regeln händigen wir den Spielern zu Beginn der Therapie oder schon bei einem Vorstellungsgespräch aus, der Vertrag ist von ihnen zu unterschreiben. Intention der Vereinbarungen ist es, dass der Spieler neue Kommunikationsmöglichkeiten entdeckt und erprobt, ohne auf das bewährte Medium Glücksspiel zurückzugreifen.

Damit aber die Abstinenzdefinition nicht zu ungenau gerät, sind Verstöße gegen die Punkte 3 und 4

Therapeutische Rahmenbedingungen

Ein Leitgedanke bei der Erstellung dieser Regeln ist, dass die Spieler in der Klinik lernen, ohne das Medium Glücksspiel miteinander zu kommunizieren und Kontakte aufzunehmen. Wir erwarten, dass Sie konstruktiv bei der Einhaltung der **Abstinenz** und der Umsetzung der Vereinbarungen mitarbeiten. Spielen ist ein derartig vielfältiges und komplexes Verhalten, dass nur eine enge Kooperation zwischen allen Beteiligten garantiert, dass sich die therapeutischen Intentionen verwirklichen lassen.

1. Voraussetzung für die Spielertherapie: In der **gesamten Klinik** wird nicht um Geld gespielt.
2. Auf den Stationen, auf denen sich die Spieler befinden, finden keine Gesellschaftsspiele statt.
3. Generell sind Spiele zu meiden, bei denen der Ausgang stark vom Zufall abhängig ist, wo Automaten bzw. Apparate betätigt werden und Geld für den Betrieb (z.B. Poolbillard, Dart, Flipperautomaten, Videospiele) einzusetzen ist.
4. Zusätzliche Einschränkungen, z.B. das Verbot des Schachspielens, können verabredet werden.
5. Alle SpielerInnen unterschreiben bei der Aufnahme folgende Vereinbarung:

Therapievertrag

Ich erkläre mich hiermit dazu bereit, während der Therapiezeit zusätzlich zu der Abstinenz von Geld- und Automatenspielen auch auf Spiele mit Würfeln und Karten zu verzichten. Es hat sich gezeigt, dass Karten- und Würfelspiele auch ohne Einsatz ein hohes Rückfallrisiko in altes Glücksspielverhalten bedeuten. Außerdem verzichte ich auf die Einnahme von Alkohol, nichtverordnete Medikamente und andere Drogen.

_____   _____   _____
Ort   **Datum**   **Unterschrift**

der Rahmenbedingungen als Regelwidrigkeit, nicht als Rückfall zu werten. In den gemeinsamen Gruppengesprächen über diese Vereinbarung machten die Spieler allerdings deutlich, dass die Abgrenzungen noch nicht voll befriedigend, jedoch bei der Komplexität des Spielens im allgemeinen möglicherweise nicht klarer zu fassen sind. Es zeigen sich hier durchaus Widersprüche in der Literatur (Custer & Milt, 1985; Kellermann, 1988b). Die **Arbeitsdefinition für Abstinenz** und die **Zusatzregeln** lauten:

- **Abstinenz:** Der Spieler verzichtet auf alle Geld- und Automatenglücksspiele (z.B. auch Pokerautomaten um Punkte),
- **Zusatzregel:** Für die schwierige Zeit der Entwöhnung verzichtet er außerdem auf alle Glücksspiele mit ähnlichen Wirkungsmustern, um keinen Rückfall in altes Verhalten zu provozieren.

Mit steigender Behandlungsmotivation lassen Fragen nach, ob man z.B. mit den eigenen Kindern noch »Mensch, ärgere dich nicht« spielen könne,

weil der Spieler selbst eine Sensibilität dafür entwickelt, wo Rückfallgefährdungen entstehen und er sich selbst beobachten muss, um Gefahrenquellen zu erkennen. Obwohl wir hier noch keine endgültig befriedigenden Formulierungen gefunden haben, sollte dieses Problem nicht ausgeklammert werden, und es müssen weitere Diskussionen darüber stattfinden.

Eine weitere Voraussetzung für die gemeinsame Behandlung von Alkoholikern und Glücksspielern ist die, dass die Spieler während der Behandlung, (und das gilt ebenso für Heimaturlaube, Ausgänge etc.) auf den Konsum von Alkohol, (selbstverständlich) Drogen und nichtverordneter Medikamente verzichten, auch wenn dies »nicht ihr Problem« war. Ansonsten würde nicht nur der eigene, sondern auch der Entwöhnungsprozess der anderen Suchtkranken empfindlich gestört.

❶ In diesem Zusammenhang ist ganz besonders auf die _Gefahr des Umsteigens von einem Suchtmittel zum anderen_ hinzuweisen.

Es hat schon eine Reihe von Patienten gegeben, die als trockene Alkoholiker auf das Spielen umgestiegen sind, und Spieler, die nach der Abstinenz vom Spielen eine Alkoholabhängigkeit entwickelt haben.

❗ **Die Vereinbarung einer Alkoholabstinenz ist auch unter dem Gesichtspunkt der *Mehrfachabhängigkeit* von großer Bedeutung.**

So hat ein nicht unerheblicher Anteil der pathologischen Glücksspieler gleichzeitig **substanzgebundene Abhängigkeitsprobleme**, in erster Linie in Bezug auf Alkohol (▶ Kap. 3.5.2). Dabei besteht die Gefahr, die stoffliche Abhängigkeitsproblematik zu vernachlässigen. Zudem haben die Patienten oft Schwierigkeiten, sich zusätzlich eingestehen zu müssen, mit Alkohol nicht kontrolliert oder in Maßen umgegangen zu sein. Das Selbstbild kann erheblich unter dieser Vorstellung leiden, der Spieler empfindet zusätzliche Scham, den Angehörigen und dem sozialen Umfeld gegenüber weitere Probleme zu offenbaren. Einige Patienten fragen, was ihnen denn dann noch bliebe, wenn sie auf Alkohol auch noch verzichten sollen. Es ist häufig zu beobachten, dass Patienten **Schwierigkeiten mit Alkohol** stark **bagatellisieren** oder **leugnen**. Auf die Frage nach dem Umgang mit Alkohol äußerte beispielsweise ein Patient zunächst, dass er bisher keinerlei Schwierigkeiten damit habe, nur selten überhaupt Alkohol trinke. Bei weiterem Nachfragen stellte sich dann heraus, dass er schon mindestens zweimal wegen einer Alkoholvergiftung im Krankenhaus war und nach dem Überschreiten einer gewissen Menge leicht die Kontrolle über das Trinkverhalten verlor. Allerdings hatten diese negativen Erfahrungen ihn so abgeschreckt, dass er dann phasenweise nichts mehr anrührte. Spieler berichteten, dass Alkohol die **Hemmschwelle senken kann**, wieder mit dem Spielen zu beginnen, wenn sie längere Zeit abstinent vom Spielen gewesen waren. Einige Spieler versuchten, ihre Alkohol- oder anderen Drogenprobleme bewusst aus der therapeutischen Auseinandersetzung herauszuhalten, und verstießen schon während der stationären Behandlung gegen die Vereinbarung, zumindest in dieser Zeit auf alle substanzgebundenen Suchtstoffe zu verzichten.

Es kann nicht Ziel der Therapie sein, Abstinenz vom Glücksspielen zu erreichen, während sich eine stoffliche Abhängigkeitsproblematik möglicherweise weiter ausprägt. In der gemeinsamen Behandlung von Glücksspielern und Alkoholikern ergeben sich vielfältige Ansatzpunkte, das Problem der Mehrfachabhängigkeiten zu thematisieren. Wie einige Fälle zeigen, besteht auch für Alkoholiker die Gefahr des »Umsteigens« auf Glücksspiele.

❗ **Es muss Sinn der Behandlung sein, nicht nur von den primären, sondern auch von potenziellen Suchtmitteln abstinent zu sein.**

Die kognitive und emotionale Akzeptanz einer mehrfachen Abhängigkeit scheint allgemein schwieriger zu sein, doch im Verlauf des Therapieprozesses setzt sich in den meisten Fällen die Einsicht durch, dass es keine negativen Konsequenzen für das Selbstbild haben muss, wenn zusätzlich auf Alkohol verzichtet wird und sich der Patient keine sogenannten »Hintertürchen« offen lässt, sondern konsequent zu der eigenen Abhängigkeitsproblematik steht.

Obwohl es im Schutz der Klinik wesentlich leichter als in der ambulanten Behandlung ist, Abstinenz zu erreichen und aufkommendes Verlangen nach dem Glücksspielen zu kontrollieren, sind hier ebenfalls folgende Arbeitsblätter heranzuziehen:

— Die erste Zeit des Entzugs und der Entwöhnung vom Glücksspielen (Anhang B2),
— Vorteile der Abstinenz (Anhang B9),
— »Vorteile« des Suchtmittelkonsums (Anhang B9),
— Abstinenzgründe auf der Waage (Anhang B8.1),
— veränderte Einstellungen zum Verlangen (Anhang B10),
— veränderte Einstellungen zu Suchtmitteln (Anhang B11).

Die an Beck et al. (1997) angelehnten Selbsteinschätzungen wurden insoweit modifiziert, dass **nicht** die **ungünstigen** Gedanken und Einstellungen (Kognitionen), vielmehr die **anzustrebenden, veränderten Auffassungen** zu bewerten sind. Das hat den Vorteil, dass nicht nur eine Überprüfung des augenblicklichen Zustandes möglich ist, sondern gleichzeitig ein Lernprozess hin zur angestrebten Einstellung stattfindet. Diese Selbsteinschätzungen sind im Bedarfsfall zu wiederholen. Es ist angebracht, die Ergebnisse in Einzel- und Gruppengesprächen zu reflektieren und zu disputieren.

❶ **Erkennt ein Patient, dass ein abstinentes Leben gravierende Vorteile hat, die er nicht zugunsten von kurzfristigen positiven Effekten eines Suchtmittelgebrauchs aufgeben möchte, ist ein wichtiges therapeutisches Ziel erreicht.**

In kritischen, rückfallgefährdenden Situationen muss ihm dieser Zusammenhang bewusst sein, positive Abstinenzmotive müssen die erwarteten kurzfristigen positiven Effekte des Glücksspielens (nichts anderes mehr wahrnehmen; sich in einer anderen Welt befinden) überwiegen. Anhand der in Anhang B8.1 abgebildeten Waage lassen sich die gegenüberstehenden Aspekte konkret veranschaulichen: Mit Hilfe der als »positive Auswirkungen der Abstinenz« und »kurzfristige positive Wirkung des Suchtmittelkonsums« bezeichneten Waagschalen gelingt es Spielern leichter, sich kritisch mit den augenblicklichen Einstellungen auseinanderzusetzen. Gewichte, die fiktiv auf den Waagschalen angeordnet werden können, stellen ein zusätzliches Vokabular zur Verfügung, um über die Motivationslage des Patienten ins Gespräch zu kommen. Beruhen die Abstinenzgründe ausschließlich auf den Vorstellungen, das Glücksspielen habe (langfristig) wieder negative Konsequenzen, überwiegen leicht die kurzfristigen positiven Suchtmitteleffekte und können zu einem Rückfall führen. Über Verlangen fühlen sich Klinikpatienten leicht erhaben, denn die in der Realität vorhandenen Suchtauslöser treten stark in den Hintergrund. Sie unterschätzen, dass ihnen nach der Entlassung das Suchtmittel wieder erheblich näher kommt. Eine Auseinandersetzung mit Einstellungen zum Verlangen und zu Suchtmitteln generell ist deshalb wichtig.

10.3.8 Psychotherapie der Ursachen und Entwicklung alternativer Verhaltensweisen

Während der Krankheitsentwicklung hat das Spielverhalten immer stärker eine Eigendynamik entwickelt, die von psychischen Entzugserscheinungen, einer veränderten Realitätswahrnehmung und sich selbstverstärkenden Wirkungszusammenhänge aufrechterhalten wird (Bindung an das Suchtmittel;

▶ Kap. 3.5.2). Phänomenologisch lässt sich dies als innerer Zwang oder unwiderstehliches Verlangen beschreiben. Ursprüngliche ätiologische Bedingungen (z. B. Spielen als Mittel zur Lösung von Kontaktproblemen) stehen möglicherweise nicht mehr in einem kausalen Zusammenhang mit dem Glücksspielen.

Die ursprünglichen Schwierigkeiten können sich durch das Spielen noch massiv verschlimmert haben (z. B. weitere Isolation durch Schulden), und das Spielen trägt keineswegs mehr zu ihrer Lösung bei. Verstärkt treten Folge- und Begleiterscheinungen des Suchtverhaltens in den Vordergrund der Krankheitssymptomatik (Bachmann, 1989).

Im Suchtmodell (▶ Kap. 8) wird die These vertreten, dass es nicht ausreicht, die Behandlung lediglich auf die ursprünglichen Ursachen des entstandenen Suchtproblems auszurichten. Statt dessen wird postuliert, dass zunächst die Eigendynamik des Suchtverhaltens gestoppt werden muss.

Krankheitseinsicht und Akzeptanz tragen dazu bei, dass sich das Abstinenzverhalten zunächst stabilisiert.

Dies entspricht den Grundgedanken der Anonymen Spieler, wonach der Spieler dazu in der Lage ist, das Suchtverhalten einzustellen, ohne dass schon ursprüngliche Ursachen der Krankheitsentwicklung aufgearbeitet sind. Es entspricht aber auch dem »natürlichen« Therapieablauf in der Klinik, wo der Patient durch die Aufnahme und die damit verbundene mangelnde Spielmöglichkeit das Suchtverhalten aufgeben muss, ohne dass bereits Krankheitsursachen erarbeitet wären.

Damit der Spieler jedoch nicht an den Ausgangspunkt des Spielens zurückkehrt und sich somit eine neue Krankheitsdynamik entwickelt, besteht der nächste Schritt darin, Krankheitsfolgen und die weiterhin vorhandenen ursprünglichen individuellen und sozialen Faktoren der Krankheitsentwicklung psychotherapeutisch zu behandeln.

❶ **Bei diesem Vorgehen wird der Krankheitsprozess in umgekehrter Reihenfolge aufgearbeitet, d. h. die zuletzt aufgetretenen Symptome sind als erstes in die Behandlung einzubeziehen (▶ Kap. 8).**

Häufig sind dem Suchtkranken die ursprünglichen Spielanlässse und auslösenden Faktoren nur wenig

bewusst, so sehr hat sich das Suchtverhalten verselbständigt und ist selbst zum Problem oder Krankheitssymptom geworden. Erst ein **Abklingen der
unmittelbaren Suchtsymptomatik** macht den Spieler aufnahmefähig für die Auseinandersetzung mit
tieferliegenden psychischen und sozialen Problemen. Es ist durchaus denkbar, dass ursprüngliche
Spielursachen und Anlässe nicht mehr existieren,
sich z. B. soziale Umstände im Verlauf der Suchtentwicklung stark verändert haben. Eine Folge des oft
über Jahre hin andauernden Spielverhaltens ist häufig, dass keine anderen »Ventile« mehr zum Abbau
psychischer Spannungen existieren als das Suchtverhalten. Es gehört deshalb zu den ersten Behandlungsschritten, über diesen Zustand zu sprechen,
wobei den Spielern zum Teil nicht bewusst ist, woher
ihre starke Unruhe, teilweise auch aggressiven oder
depressiven Verstimmungen nach Absetzen des
Spielens kommen.

**In der ersten Zeit scheint es keine Verhaltens-
weisen zu geben, die die Spieler in ähnlicher Weise
in Anspruch nehmen und ausfüllen könnten wie
das Spielen.** Vor der Gruppenstunde gehen sie oft
schon unruhig auf und ab: »Wann geht es denn endlich los?« In der Gruppenstunde sind ihnen die
Gespräche zu wenig anregend, der vergangene »Nervenkitzel« des Spielens scheint generell zu fehlen
(▶ Anhang B9).

🛈 Ein gut strukturiertes und vielfältiges therapeutisches Angebot leistet hier echte Hilfestellung, wobei insbesondere Gespräche, ob
einzeln, in der Gruppe oder außerhalb der
offiziellen Termine allmählich eine wichtige
Funktion bei dem psychischen Spannungs-
abbau übernehmen müssen.

Da die Spieler aber teilweise schon vor dem Einsetzen ihrer Spielproblematik erhebliche Kontaktschwierigkeiten hatten, ist dies oft mit einem langfristigen **Lernprozess** verbunden. Keine andere Patientengruppe hat bisher einen solchen Bedarf an
Einzelgesprächen angemeldet, und in keiner anderen Gruppe waren derartig viele Kriseninterventio-
nen notwendig, die mit starken Stimmungsschwan-
kungen, Ängsten und Depressionen zusammen-
hingen.

Ein Spieler berichtet:

[23 Jahre, männlich, Automatenspieler, ledig,
Abitur, abgebrochenes BWL-Studium, abgebrochene Lehre]

»Irgendwann im Verlaufe meiner Kindheit muss
ich einmal entschieden haben, dass es in Stresssituationen besser ist abzuschalten, als sie auszuhalten oder sie bis zum Ende durchzustehen.
Wird mein Ego durch irgendeinen Umweltein-
fluss zu stark belastet (und die Belastungsgrenze
ist sehr gering), macht es in meinem Verstand
»klick«, und er schaltet einfach ab. Dazu habe ich
2 voneinander stark abhängige Mechanismen
entwickelt. Einmal die Lüge und Gefühlsbetrug
und zum anderen den Rückzug aus der Wirklichkeit mit Hilfe von Phantastereien. Lüge und Betrug benutze ich als Abwehrwaffe meiner Umwelt
gegenüber, so in Elternhaus, Schule – Arbeitgeber, Freundeskreis. Die übermäßige Flucht in
die Phantasie brauche ich vor allem für mich
selbst. In den Phantasien ist immer alles zum Besten geregelt, geht alles gut für mich aus, ein ewi-
ges Happy End. Die Situationen, bei denen ich
abschalte, sind zum Beispiel bei Fehlern, die ich
mache, oder Niederlagen, die ich einstecken
muss, zu suchen. Ich habe nie gelernt, Rückschläge zu verarbeiten und zu verkraften. Ich leugne
sie einfach. So habe ich früher z. B. (ich war ungefähr 10 Jahre alt), schlechte Arbeiten versteckt,
nicht nur vor meinen Eltern, sondern auch vor mir
selbst! Ich habe so getan, als wäre nichts geschehen, habe aus einer 5 nicht gelernt und mich nicht
darum bemüht, meinen Wissensmangel zu beheben. Das führte dann schließlich so weit, dass
ich überhaupt nichts mehr für die Schule tat, bis
hin zum Abitur … Bei all diesen Situationen unter-
drücke ich natürlich meine Gefühle nach außen
hin. Innen arbeiten sie jedoch weiter. Ich putsche
sie noch künstlich auf, sie summieren sich dann
bis zur Unerträglichkeit. Früher, bevor ich süchtig
war, habe ich sie in meinen Phantasien entladen.
Die Sucht machte es mir leichter, die inneren
Spannngen abzubauen. Je nachdem, wieviel ich
angestaut hatte, wurden daraus manchmal tage-
lange Exzesse. Nachdem der Rausch erst einmal

▼

> verflogen war, stand ich natürlich wieder einem ganzen Haufen von Situationen gegenüber, die unangenehm waren. Die Lügen und das Schamgefühl legten schon den Grundstein zum nächsten Exzess. Für mich ist es vor allem wichtig, dass ich nicht in mein »vorsüchtiges« Verhalten zurückfalle, also mich in meine Phantasien zurückziehe. Ich muss lernen, mich mit unangenehmen Situationen und Niederlagen auseinanderzusetzen und nicht einfach abzuschalten, sonst ist mein Rückfall vorprogrammiert.«

Im Vergleich zu der über 10 Jahre älteren Alkoholikerpopulation sind bei den Spielern in erheblich stärkerem Masse aktuelle **Beziehungskonflikte** vorhanden, die nach dem Absetzen des Suchtmittels wieder einen starken Leidensdruck hervorrufen. In vielen Fällen hängen diese Konflikte mit Ablösungsproblemen gegenüber den Eltern zusammen und haben ihren Ursprung teilweise in **traumatischen Kindheitserlebnissen**. Hier ergeben sich Unterschiede zu der wesentlich älteren amerikanischen Spielerpopulation. Gefühle der Trauer oder Wut gegenüber einzelnen Elternteilen oder beiden Eltern führen zum Teil zu übereilten Reaktionen, keinen Kontakt mehr zu ihnen aufnehmen zu wollen, oder auch zu starken Bedürfnissen nach gemeinsamen Familiengesprächen. Die Jahre des Suchtverhaltens scheinen diese innerpsychischen und zwischenmenschlichen Konflikte lediglich betäubt oder gar konserviert zu haben. Es sind teilweise aktuelle Konflikte und Ablösungsprozesse durchzustehen, die möglicherweise schon in erheblich früheren Jahren hätten stattfinden müssen.

❗ **Die Gruppentherapie ist nach bisherigen Erfahrungen eine wirksame Behandlungsmethode, die hier angeführten *Therapieziele* Motivation, Krankheitseinsicht bzw. Akzeptanz, Abstinenz, Psychotherapie der Ursachen, Entwicklung von Verhaltensalternativen zu erreichen.**

Die vorgestellten Therapieziele sollten in der therapeutischen Arbeit von Zeit zu Zeit angesprochen und diskutiert werden. Der individuelle Therapieplan erfährt so eine gewisse **Strukturierung**. Grup-

pen- oder Einzeltherapiearbeit mit dem Suchtkranken sollte nicht planlos sein. Der Therapeut muss verfolgen, ob jemand

- noch oder erneut Schwierigkeiten mit der Behandlungsmotivation hat,
- sich nicht ausreichend als spielsüchtig akzeptieren kann,
- noch nicht in ausreichendem Maße in seinem Abstinenzwunsch stabilisiert ist,
- z. B. durch massive Beziehungskonflikte, drohende Strafverfahren, daran gehindert wird, sich hinreichend auf den weiteren Therapieablauf zu konzentrieren.

Es kann psychotherapeutisch ein Fehler sein, von Beginn der Behandlung an zu sehr die Krankheitsursachen in den Vordergrund der Aufmerksamkeit zu stellen, während es dem Patienten vielleicht noch an Krankheitsakzeptanz mangelt, er sich innerlich noch gegen die Behandlung sträubt und Hilfe noch nicht akzeptiert.

Wie bei anderen Abhängigkeitserkrankungen lassen sich bisher nur sehr vage Hypothesen darüber bilden, was eine Spielsucht verursacht. Bisher lassen sich empirisch keine Kausalzusammenhänge zwischen Persönlichkeitsauffälligkeiten, biographischen Besonderheiten und der Genese des pathologischen Glücksspiels nachweisen.

Vielmehr ist davon auszugehen, dass die Ursachen der Erkrankung multifaktoriell sind und infolgedessen sowohl Faktoren des sozialen Umfeldes (Vorhandensein des Suchtmittels, peer group, Familienbiographie etc.) und des Individuums (z. B. mangelndes Selbstvertrauen, Flucht vor Konflikten, Kontaktschwierigkeiten) in eine Behandlungsstrategie einzubeziehen sind (▶ Kap. 4).

❗ **Eine sorgfältige sozialanamnestische und klinisch-psychologische Exploration und Diagnostik sollte deshalb selbstverständlich sein, um den Patienten bei seiner Ursachenforschung zu unterstützen.**

Einige Aspekte, die zunächst spielerspezifisch erscheinen mögen, z. B. die Hypothese von den »dominanten Vätern«, relativieren sich sehr wahrscheinlich, wenn Kontrollgruppen von **altersmäßig angepassten** Alkoholikern oder Drogenabhängigen zum Vergleich herangezogen werden. Ebenso problematisch ist die These von dem »mangelnden Selbstwertgefühl« des Spielers (Petry, 1998b). Phänomenologisch ist dies eine häufige Folge von Suchterkrankungen ganz allgemein. Als Ergebnis des Kontrollverlustes empfindet der Spieler starke Defizite, das eigene Handeln zu bestimmen, er zeigt Verhaltensweisen, die massiv gegen eigene Normen und Wertvorstellungen verstoßen. Hinzu kommt, dass der Spieler die wichtigsten Bezugspersonen stark in Mitleidenschaft zieht, was sein Selbstwertgefühl zusätzlich belastet. Selbst vor Ersparnissen der Kinder machten sie meistens nicht halt. Die Suchtgenese verändert die Persönlichkeit.

»Ich konnte zum Schluss nicht mehr in den Spiegel schauen«, ist eine häufige Aussage der Patienten. Die Frage bleibt unbeantwortet, ob das Selbstwertgefühl schon vor der Suchtentwicklung oder erst als dessen Folge beeinträchtigt ist. Dies trifft ebenfalls für Untersuchungsergebnisse mit dem Persönlichkeitstest 16 PF (▶ Anhang A5) zu, die darauf hinweisen, dass Spieler **leicht emotional störbar** und **spontaner** sind. Vorzeitige Schlussfolgerungen ziehen möglicherweise einseitige Behandlungsausrichtungen nach sich und führen dazu, dass dem individuellen Krankheitsverlauf und dem komplexen Sozialgefüge zu wenig Aufmerksamkeit geschenkt wird. Liegt bei pathologischen Glücksspielern tatsächlich häufiger eine ›broken home‹ Situation vor (Petry, 1998b), als z.B. bei gleichaltrigen anderen Suchtkranken? Bei einer Stichprobe von 130 Spielern (Altersdurchschnitt ca. 30 Jahre) stellten wir z.B. ›nur‹ eine Scheidungsrate von 22,3% fest.

❗ **Allzu einfache Ursachenmodelle täuschen möglicherweise darüber hinweg, dass von der zunehmenden Verbreitung des Glücksspiels, insbesondere durch Geldspielautomaten, eine breite Gefahr für die Bevölkerung ausgeht.**

So stellt sich u.a. die Frage, ob Jugendliche nicht generell vulnerabler oder anfälliger sind, Probleme damit zu bekommen. Trotz des Verbots, unter 18 Jahren an den ›Unterhaltungsautomaten mit Gewinnmöglichkeiten‹ zu spielen, machten pathologische Glücksspieler oft schon in der frühen Jugendzeit erste Erfahrungen mit diesem Glücksspiel. Die schädigende Wirkung des ›Suchtmittels‹ wird so leicht unterschätzt. Ein anderes Problem ist möglicherweise, dass andere Drogen, wie Alkohol, die Hemmschwelle zu senken scheinen, sich am Geldspielautomaten zu betätigen. Der Einstieg, am Automaten zu spielen, erfolgte zunächst nicht selten in Gaststätten. Die häufige Kombination von Alkohol- und Glücksspielabhängigkeit erhielte so eine zusätzliche Erklärung.

Oft handelt es sich um einen längerfristigen Erkenntnisprozess herauszufinden, warum ein verstärktes Interesse am Glücksspielen vorhanden war, welche Funktion das Spielen bekommen hat, was es dem Spieler »gegeben hat«, für was es gut war, bevor der Teufelskreis der Abhängigkeit entstand. Hat jemand eingesehen, dass seine Schwierigkeiten im sozialen Kontakt eine wichtige Ursache waren, kann eine weitere Frage, die Krankheitsgenese zurückverfolgend sein, welche Gründe es dafür gab, ob Ursprünge dafür im Familienleben, in der Erziehung des Patienten zu suchen sind. Es geht nicht darum, Schuldige für die eigene Entwicklung zu suchen, sondern darum, Zusammenhänge zu erkennen, besser über sich Bescheid zu wissen, um effektiv Veränderungen zu planen, umzusetzen und die Verantwortung für sich zu übernehmen. In der Gruppe erhält der Spieler auch für die Frage nach den Ursachen Anregungen, gleichzeitig findet dort vielfältiges soziales Lernen statt. Eine Reihe von Fragen, die den Patienten dabei unterstützen, die Ursachen seiner Krankheitsentwicklung zu erkennen und daraus Änderungen abzuleiten, damit er nicht an die Anfänge seiner Spielproblematik zurückkehrt, sind im Anhang B7 aufgeführt.

Nach McCormick (1994) trägt es wesentlich zu Rückfallprävention bei, wenn pathologische Glücksspieler ihre Bewältigungsstrategien erweitern, um mit belastenden (externen oder internen) Ereignissen besser umgehen zu können. Noch mehr als andere substanzgebunden Suchtkranke neigen stark Spielsüchtige zu Flucht- und Vermeidungsstrategien sowie in stärkerem Maße zu konfrontativen und distanzierenden Bewältigungsstrategien. Dabei sind konfrontative Strategien durch den Einsatz von aggressivem, feindlichem und risikoreichem Verhalten gekennzeichnet, während sich der Spieler mit Hilfe von distanzierenden Strategien von der Situation entfernt bzw. deren Bedeutung herabsetzt. Sowohl Spielsüchtige als auch stoffgebunden Abhängige weichen eher vor Problemen aus und haben geringere Fähigkeiten, emotionale Unterstützung zu suchen sowie Probleme zu lösen.

❗ Methoden des sozialen Lernens, die insbesondere durch den Besuch einer Selbsthilfegruppe, Gruppentherapie und Individualtherapie vermittelt werden, müssen nach McCormick deshalb Bestandteil einer Spielerbehandlung sein.

10.4 Gruppentherapie als zentraler Bestandteil eines multimodalen Therapiekonzepts

Im weiteren Verlauf der Behandlung teilt das therapeutische Team die Patienten dann einer **Therapiegruppe** zu, die aus etwa 10 Mitgliedern besteht. Dabei handelt es sich zumeist um »offene« Gruppen, d. h., dass eine ständige Fluktuation von neu aufgenommenen und gerade die Therapie beendenden Patienten stattfindet. Während der gesamten Behandlungszeit gehören sie nun dieser Gemeinschaft aus pathologischen Glücksspielern und zumeist Alkoholikern an, wobei nicht nur die Gruppentherapiestunden, sondern häufig ebenso alle anderen Therapien des fest strukturierten Tagesplans (z. B. Sport, kreatives Gestalten, Arbeits- und Beschäftigungstherapie, Entspannungstraining etc.) in diesem Gruppenverbund stattfinden.

Durch den fortlaufenden Wechsel in der Gruppe ist der Patient gefordert, sich immer wieder auf neue Beziehungen einzulassen: er wird mit neuen Patienten konfrontiert, die noch ganz am Anfang stehen, und muss schon während der Behandlung von vertraut gewordenen Gruppenmitgliedern Abschied nehmen. In hohem Maße kann er dabei Kontakt- und Beziehungsprobleme einsehen und verändern lernen. Diese Therapiegruppen sind häufig noch in größere Klinik- oder Stationseinheiten integriert, so dass auf dieser Ebene Kommunikation und Information in Form von Stations- oder Großgruppen stattfindet. Im Rahmen dieser Einheiten erfolgen oft kurze Patientenvorstellungen, -verabschiedungen und organisatorische Gespräche, die Fragen des gemeinsamen Zusammenlebens betreffen.

Aus in erster Linie ökonomischen und planungstechnischen Gründen haben die meisten Kliniken davon Abstand genommen, in der Aufnahmezeit **feste** Therapiegruppen zusammenzustellen, die sich über den weiteren Therapiezeitraum dann nicht mehr verändern. Durch Schwierigkeiten bei der kontinuierlichen Aufnahme und Zusammenstellung dieser Gruppen, durch vorzeitige Therapieabbrüche und -beendigungen wurde überwiegend zu offenen Gruppen übergegangen.

Nach bisherigen Erfahrungsberichten waren pathologische Glücksspieler gut in Gruppen mit Alkoholikern (oder auch Medikamentenabhängigen) zu integrieren. Dazu Kellermann & Sostmann (1992, S. 173): »Sucht ist Sucht, das Suchtmittel des einzelnen in der Gruppe ist von eher sekundärer Bedeutung.« Damit Spieler sich keine falschen Vorstellungen darüber machen, was sie in einer Klinik erwartet, sollten auch diese Sachverhalte durch Vorinformationen geklärt sein. Der Gruppenzusammenhalt verstärkt sich durch die gemeinsame Behandlung der unterschiedlichen Suchtformen, die Therapiegruppen sind lebhafter und dynamischer. Die im Durchschnitt etwa 10 Jahre jüngeren Spieler fördern die Gesprächsbereitschaft in der Gruppe und geben oft wichtige Anregungen für die Gesprächsinhalte.

Lesieur & Blume (1991) bewerteten ein stationäres Therapieprogramm in den USA, in dem pathologische Glücksspieler gemeinsam mit anderen Suchtkranken behandelt wurden, wie dies auch in Deutschland überwiegend der Fall ist (▶ Kap. 13). In einer Nachuntersuchung erfassten sie dazu 72 ehemalige Patienten. Zum Vergleich zogen sie in erster Linie zwei Untersuchungen (Russo et al., 1984; Taber et al., 1987b) heran, die ebenfalls multimodale Behandlungsprogramme unter Einbeziehung von Gruppentherapie bewerteten, dies aber für **separate** Spielerbehandlungen. Das von Lesieur & Blume (1991b) beschriebene **Therapieprogramm** bestand u.a. aus

- Individualtherapie,
- Gruppengesprächen,
- Information,
- Filmen,
- Psychodrama, wobei das 12-Schritte-Programm der Gamblers Anonymous in die Behandlung einbezogen ist.

Außerdem waren Familientherapie und Berufs- und Rechts-
beratung im Angebot enthalten. Der Nachsorge kam eine
besondere Bedeutung zu, und die Selbsthilfegruppe war
frühzeitig in das Therapiekonzept integriert. Insgesamt
sind vom Rahmenprogramm her kaum Unterschiede zu
deutschen Fachkliniken und Abteilungen für Suchtkranke
festzustellen.

Die von Lesieur und Blume durchgeführte Untersuchungen gliederte sich in 3 Phasen. In der **1. Phase** wurden
alle aufgenommenen Patienten (auch anderer Suchtformen) mit dem SOGS (South Oaks Gambling Screen, ▶ Kap.
3.4) auf pathologisches Glücksspiel hin untersucht. Bei entsprechend hohen Werten (über 5 Punkten) wurden diese
Patienten gebeten, an einer Nachuntersuchung teilzunehmen. Innerhalb der **2. Phase** wurden diese Patienten von
einem Therapeuten interviewt, der dazu den ASI (Addiction
Severity Index) verwandte, der zur Bewertung der Effektivität von Alkohol- und Drogenprogrammen eingesetzt wird.
Es werden mit diesem Instrument ganz unterschiedliche
Informationen erhoben, wie der medizinische Befund, berufliche Beschäftigung, Alkoholkonsum, Medikamenten-
einnahme, Delinquenz, familiäre und soziale Beziehungen
und psychiatrischer Befund. Hinzu kamen acht Dimensionen zur Messung des Spielverhaltens, die sich stark an denen des Alkoholismus orientierten. Im Rahmen der **3. Phase** wurden die Patienten telefonisch (94%) und persönlich
(6%) zwischen 6 und 14 Monaten nach Verlassen der Klinik
nachuntersucht.

Von den nachuntersuchten Patienten waren **63,9%
abstinent vom Spielen** (Schwarz & Lindner, 1990). Bedeutende positive Veränderungen stellten sie außerdem in
den Problemfeldern (ASI) Delinquenz, familiäre, soziale
und psychologische Dimensionen fest. Keine bedeutenden Verbesserungen ergaben sich dagegen in den Bereichen medizinischer Befund und berufliche Beschäftigung.
In den zum Vergleich herangezogenen Studien wurde eine
Totalabstinenzrate von 55–56% in einem Zeitraum von
6 Monaten bis zu einem Jahr gemessen. Dabei ist jedoch
zu berücksichtigen, dass z.T. nur etwa die Hälfte der ange-
schriebenen Patienten an der Nachuntersuchung teilnahm.

Um spezielle Fragen und Themen der Spielsucht zu
besprechen und zu vertiefen, haben alle bisher bekannten
stationären Facheinrichtungen für Spielsüchtige darüber hinaus eine zusätzliche wöchent-
liche Gruppenstunde nur für Spieler eingerichtet
(▶ Kap. 10.4.2).

Das Ergebnis dieser Untersuchung zeigt, dass
dieser Therapieansatz einer gemeinsamen Behandlung von Spielern und anderen Suchtkranken einer
separaten Spielerbehandlung zumindest ebenbürtig
ist. Eine Mischung unterschiedlicher Suchtformen
ist jedoch kein muss.

10.4.1   Rahmenbedingungen gruppentherapeutischer Behandlung

Gruppenstunden sollten möglichst nicht in Aufent-
haltsräumen stattfinden, in denen der Therapeut zu
Gast ist und sich die Patienten zu Hause fühlen.
Taber (1981) betont, dass die Sitzungen auf dem Ter-
ritorium des Therapeuten stattfinden sollten, in seinem Büro oder in einem extra dafür vorgesehenen
Raum, um Autoritätskonflikte zu vermeiden.

Gruppenstunden sollten auch nicht vorzeitig beendet werden, weil einige Patienten ungeduldig sind
und z. B. ihre Zigaretten hervorholen, wobei jedoch
eine autoritäre Maßregelung nur selten einen guten
Effekt hat. Wenn zum Ende der Gruppenstunde das
Thema erschöpft ist, muss man allerdings auch nicht
darauf bestehen, die letzten Minuten noch abzu-
sitzen.

Die Gruppenstunden dauern etwa $1\frac{1}{2}$ Stunden.
In einer sehr angeregten Diskussion äußern die Spieler häufig das Bedürfnis, doch über die Zeit hinaus
weiterzumachen. Es ist zu beobachten, dass die Spieler in solchen Situationen Schwierigkeiten haben,
mit dem Gespräch aufzuhören. Die Patienten reagieren meistens mit Verständnis, wenn der Therapeut
darauf hinweist, dass »Gesprächsexzesse« möglichst
zu vermeiden sind und es ein wichtiger Lernprozess
ist, eine positiv stimulierende Situation auch rechtzeitig zu beenden.

Strukturierung der Gruppenstunde

Eine Therapiegruppe sollte möglichst **nicht** mit einem vorgeplanten Thema beginnen. Das heißt jedoch nicht, dass der Therapeut nicht einen aktuellen
Konflikt oder ein Problem in die Gruppe einbringen
kann. Auf jeden Fall sollte den Patienten zunächst die
Möglichkeit gegeben werden, von sich aus drückende
Schwierigkeiten und akute psychische Belastungen
anzusprechen. Dementsprechend sollte der Thera-

peut die Gruppenstunde mit folgenden oder ähnlichen Fragestellungen einleiten:
- »Möchte jemand etwas in die Gruppe einbringen?
- Hat jemand ein Problem, das er gerne in der Gruppe ansprechen möchte?«

Bei Bedarf weist der Therapeut darauf hin, dass ihm selbst noch daran gelegen ist, eine Sache zu behandeln. Oftmals berichten einzelne oder mehrere Patienten von aktuellen Konflikten oder Auseinandersetzungen, die sie gerade in der Klinik oder im Zusammenhang mit Heimaturlauben erlebt haben (z. B. Differenzen über Ordnung u. Stationsdienste, Probleme in der Arbeits- und Gestaltungstherapie). Dabei kann zum Vorschein kommen, dass jemand abbruch- oder rückfallgefährdet ist.

❗ Die Gruppentherapiestunde stellt eine wichtige Plattform dar, um sich eine Rückmeldung und gegenseitige Information darüber zu verschaffen, wie es dem Einzelnen im Augenblick geht, wie er in der Therapie zurechtkommt und wie sich die Beziehungen außerhalb der Klinik gestalten.

Der Therapeut muss nach den ersten Äußerungen prüfen, ob sich daraus ein Thema für die Gruppenstunde ergibt.

Es ist durchaus **nicht** sinnvoll, jede spontane Äußerung zum Thema für die ganze Gruppenstunde zu machen, in der dieser Patient dann im Mittelpunkt steht. Die Patienten haben öfter das Bedürfnis, von akuten Erlebnissen zu berichten, eine Erfahrung mitzuteilen, ohne dass sie im Augenblick eine intensivere Auseinandersetzung darüber wünschen. Geschieht es dann mehrmals, dass Themen sprichwörtlich breitgetreten und für die Gruppe ausgeschlachtet werden, gehen diese spontanen Rückmeldungen und Äußerungen immer weiter zurück.

Durch (zu) viele Neuzugänge in der Gruppe ergeben sich Phasen, in denen es nur schwer zu einem konstruktiven Gespräch kommt. Durch langes Schweigen entstehen erhebliche Ängste und Unsicherheiten. In der Arbeit mit Suchtkranken kann man nicht davon ausgehen, dass durch Verunsicherungen, die das Ergebnis einer mangelnden Gesprächsstrukturierung sind, immer positive psychische Prozesse beim einzelnen oder in der Gruppe

ablaufen. Vielmehr kann es zu erheblichen Aggressionen kommen, einer Ablehnung gegenüber dem therapeutischen Vorgehen, die die unzufriedenen Patienten nicht selten an schwächeren oder neuen Gruppenmitgliedern abreagieren, indem sie diese unter Druck setzen, sich doch endlich zu beteiligen, und aufrechnen, wer bisher wieviel in die Gruppe eingebracht hat. So verstärken sich noch die Schwierigkeiten der eher gehemmten und weniger sprachgewandten Mitglieder in der Gruppe, die sich nun in einer solchen Situation erst recht nicht öffnen.

Es gibt kein Patentrezept, wie weit ein Therapeut Gespräche und Themen in der Gruppe anregen soll. In schwierigen Situationen gibt es der Gruppe Sicherheit, wenn die Mitglieder ein Papier mit Fragen oder Thesen in der Hand haben, die Anregungen für das Gruppengespräch beinhalten (▶ gesamter Anhang B). Erstaunlicherweise ist es dann häufig so, dass ganz aktuelle Konflikte mit in das Gespräch einfließen, die auszusprechen jemand in der unstrukturierten Anfangsphase der Stunde vielleicht noch keinen Mut hatte oder die ihm noch nicht eingefallen waren. Der **Fragenkatalog zu den Therapiezielen** bei pathologischen Glücksspielern (▶ Anhang B7) kann z. B. Diskussionen anregen, wenn sich aus der anfangs unstrukturierten Gesprächsphase kein Thema für die Gruppenarbeit ergibt. Vielfältige andere **Themen** z. B.
- die Auswirkungen des pathologischen Glücksspiels auf die Familie,
- Koabhängigkeit,
- Erziehungsstile,
- alternative Verhaltensweisen zum Suchtverhalten,
- Zukunftsperspektiven

stehen zur Gesprächsförderung zur Verfügung und können bei Bedarf vom Therapeuten in die Gruppe eingebracht werden. Dabei sollte bedacht werden, dass Suchtkranke zum Teil erheblich ängstlicher reagieren als zum Beispiel gesunde Teilnehmer an Selbsterfahrungs- oder Encountergruppen, in denen der Gruppenleiter Verunsicherung und anfängliches Schweigen zum Teil bewusst einsetzt, um Gruppenprozesse in Gang zu bringen.

Für Suchtkranke ist es oft ein langer Lernprozess, diese Ängste adäquat zu verbalisieren, eher reagieren sie dann mit Ablehnung, Ärger und depressiver Verstimmtheit: »Das hat alles sowieso keinen Zweck, diese Gespräche bringen mir nichts.« Es kann für den Patienten zunächst schwer sein, außer der Suchtproblematik, die sehr stark im Zentrum seiner Aufmerksamkeit gestanden hat, weitere psychische Probleme zu sehen, die z. B. mit den Hintergründen seiner Krankheitsentwicklung zusammenhängen. Nachdem er das Suchtverhalten und die erste schwierige Zeit des Entzuges überwunden hat, tritt zunächst eine erhebliche Erleichterung ein, und es ist dem Patienten nicht unmittelbar einsichtig, dass es möglicherweise noch wesentlich mehr Probleme aufzuarbeiten gibt.

Gesprächsthemen sollen jedoch nicht zu oberflächlichen Diskussionen anregen. Gefragt ist die ganz persönliche Einstellung und konkrete Erfahrung, die die einzelnen Patienten damit verbinden.

❗ Der Therapeut muss die Selbstexploration bei möglichst vielen Gruppenmitgliedern fördern und Bezüge zu aktuellen Konflikten und Stimmungen herstellen.

10.4.2 Zusätzliche wöchentliche Spieler-Gruppenstunde

Die Gruppenstunde nur für Spieler dient dazu, spielerspezifische Themen und Probleme anzusprechen, die in den gemeinsamen Gruppenstunden mit Alkoholikern nicht ausreichend vertieft werden können.

Ein Spieler berichtet:

[30 Jahre, männlich, Automatenspieler, ledig, Hauptschulabschluss, Elektroinstallateur]
»Schon beim Betreten der Spielhalle verspürte ich ein leichtes Kribbeln in den Fingern. Irgendwo juckt das, das Portemonnaie schon in der Hand, so dass ich nur noch aufklappen musste, Geldschein raus und wechseln. Mit einem Apparat anfangen, steigern, bis 2, 3 oder sogar 4 Automaten gleichzeitig laufen. Wachsendes Kribbeln und Nervenkitzeln und die Erwartung, dass ich doch nicht immer verlieren kann, doch auch mal gewinnen muss. Und immer wieder die Hoffnung,
▼

---

wenn du jetzt noch einmal 5 Mark reinwirfst, hast du vielleicht Glück. Allmählich mündet das Kribbeln in pure Nervosität, so richtig hektisch, so dass ich mal mehrere Zigaretten gleichzeitig anmachte. Große Mengen Kaffee dazu. Irgendwie weggetreten, gar nicht da. Zwar da sitzend, aber geistig ganz woanders. Nicht mehr in der realen Welt, sondern irgendwo in Träumen versunken, wenn es jetzt etwas bringt, sich einigen Luxus leisten und die Schulden bezahlen.

[Etwas später:] Anfangs habe ich bei dem Apparat vielleicht mal Ersatz gesucht für Freunde. Dieses Gefühl, so ganz allein zu Hause zu sein, die Einsamkeit, habe ich nicht ausgehalten. In der Spielhalle ist da z. B. der Automat, da konnte ich mich an den halten, so lange ich den gefüttert habe, ist der für mich gelaufen, hat der für mich die Scheibchen gedreht.«

Taber & McCormick (1987) weisen zutreffend darauf hin, dass durch das Suchtverhalten eine Reihe von **irrationalen Kognitionen** entstanden sind. Diese Gedankenwelt dient nach Ansicht dieser Autoren dazu, das Suchtverhalten aufrechtzuerhalten. Zu diesen spielsuchtspezifischen Abwehrhaltungen gehört der Glaube: »Ich muss spielen, um meine Verluste wieder hereinzuholen.« Der eigentliche Spielantrieb, die Stimmung auszugleichen, gerät so ins Unbewusste, der Spieler hat aber eine (wenn auch irrationale) Erklärung für sein Verhalten.

❗ Die wohl entscheidendste irrationale Kognition ist die Annahme des pathologischen Glücksspielers, die Gesetze der Wahrscheinlichkeit außer Kraft zu setzen, das Zufallsspiel durch eigene Kraft zu überlisten (▶ Kap. 5.4.2).

Diese Gedanken halten sich oft recht hartnäckig, da es wohl allgemeinen menschlichen Empfindungen und Denkweisen zu widersprechen scheint, dass man nicht zum Experten wird, wenn man eine Sache so intensiv und ausdauernd, ja bis zur Erschöpfung betrieben hat. Nicht selten sind es auch **bestimmte** Glücksspiele (Roulette, Black Jack), bei denen einzelne Spieler weiterhin die Hoffnung hegen, eine besondere Gewinnchance zu besitzen. In der Spieler-Gruppenstunde kommt es darüber oft zu heftigen

Kontroversen. Es ist zum Teil äußerst schwierig, bestimmte Gedanken und Hoffnungen aufzugeben, z. B. ein bestimmtes Glücksspiel noch einmal mit limitiertem Einsatz auszuprobieren, um hohe Schuldenberge abzutragen.

Walker (1992 a) nennt eine Reihe von irrationalen Ideen, mit denen (Automaten-)Spieler ihre Gewinnchancen zu erhöhen versuchen. Jeder Spieler entwickelt ganz spezielle Vorstellungen davon, wie das Spielgerät zu überlisten ist. Solche abergläubischen Vorgehensweisen sind:

- einen besonderen Platz in der Spielhalle einzunehmen, der gewinnversprechend ist,
- ein spezielles Gerät zu wählen, das einem besonders liegt,
- Rituale, die mit dem Spielen verbunden sind,
- andere nicht an den Apparat zu lassen, bevor man fertig ist,
- spezielle Spielmethoden (besondere Formen des Drückens, der Geldeingabe etc.),
- die Fähigkeit, große Gewinne vorauszusehen.

Im nachhinein wundern sich die Spieler über ihr **abergläubisches Verhalten**, dennoch dauert es manchmal lange, bis sich **irrationale Überzeugungen** ändern. Die Spieler benötigen Zeit, sich von irrationalen Gedanken zu trennen. In der Therapie muss sich für sie die Möglichkeit bieten, ihre Vorstellungen und Phantasien offen auszusprechen. Der Disput darüber darf nicht verletzend sein. Vielmehr ist es wichtig, sich in den Spieler einzufühlen:

- »Sie können sich von diesen Ideen noch nicht lösen, das richtige Spielsystem zu finden?
- Warum können Sie diese Gedanken noch nicht aufgeben?
- Wie wichtig ist das Spielen insgesamt zzt. noch für Sie?
- Welche Alternativen haben Sie zum Glücksspiel entwickelt?
- Was würde Sie sonst interessieren?
- Wie können konkrete Schritte aussehen, sich mit anderen Dingen zu beschäftigen?«

Das abergläubische Verhalten und die Frage nach der Funktion oder dem Stellenwert, den es im Augenblick noch hat, ist immer wieder Thema in der Spielergruppe.

❗ **Es sollte verdeutlicht werden, dass es *keine Systeme oder spezielle Rituale* gibt, das Glücksspiel zu beeinflussen.**

Die Methode der **Rational Emotiven Therapie** (Ellis & Harper, 1975; Beck & Emery, 1977) bietet eine gute theoretische Grundlage für eine therapeutische Auseinandersetzung mit diesen irrationalen Vorstellungen und eine allmähliche kognitive Umstrukturierung. Nachdem das Spielen zu einem derartig wichtigen Lebensinhalt beim Abhängigkeitskranken geworden ist, ist die Einsicht, dass es sich oft um triviale, stupide, zum größten Teil **vorprogrammierte Spielabläufe** handelt, oft schwer zu vermitteln. Wie früh eine »Spielerkarriere« begonnen und wie lange sie gedauert hat, scheinen ganz entscheidende Faktoren dafür zu sein, wie leicht bzw. schwer der pathologische Glücksspieler seine irrationale Gedankenwelt aufgeben kann.

In der speziellen Spielergruppe wird nicht nur über Spielabläufe diskutiert. Fragen der **Geldbeschaffung, der Delinquenz, des heutigen Umgangs mit Geld** und auch des **zukünftigen abstinenten Verhaltens** sollten angesprochen werden. Mögliche Gefahrenpotenziale und Parallelen zu exzessivem Videospielen oder Fernsehen sind zu diskutieren.

Das Genesungsprogrammm der Anonymen Spieler regt zu Gesprächen an und stellt gleichzeitig eine gute Vorbereitung auf den zukünftigen Besuch einer Spielerselbsthilfegruppe dar. Schwarz & Lindner (1990) sowie Ciarrocchi (2002; ▶ Anhang A6 und B13) stellen einen ganzen Katalog von Fragen und Gesprächsthemen für diese Gruppe vor.

Beispielsweise für diese Fragestellungen, die sich nach dem Bezug zur Vergangenheit, Gegenwart und Zukunft gliedern lassen, sind:

- Wie bin ich zum Spieler geworden?
- Welche vergeblichen Versuche habe ich unternommen, das Spielen einzuschränken oder aufzugeben?
- Welche Folgen hatte das Spielen für mich und meine Umwelt?
- Habe ich durch Schuldzuweisungen gegenüber anderen versucht, mein Spielverhalten zu rechtfertigen?
- Wie weit bin ich in Gedanken und Taten gegangen, um das Spielen zu finanzieren?
- Was bedeutet es für mich, Spieler zu sein?

- Kann ich »Nein« sagen?
- Ärger ausdrücken?
- Was kann ich noch spielen, was nicht?
- Welche Alternativen gibt es?
- Wie gehe ich heute mit Geld um?
- Wieviel Geld trage ich mit mir herum?
- Setze ich mich bewusst riskanten Situationen aus?
- Was tun, wenn ein Rückfall passiert ist?
- Will ich nach der Therapie eine Selbsthilfegruppe besuchen?

10.4.3 Wirkfaktoren der Gruppenarbeit

Die Therapiegruppen stellen einen **sozialen Mikrokosmos** dar (Grawe & Fiedler, 1982), in dem soziale **Beziehungsstörungen** diagnostiziert und verändert werden können. Dabei besteht die Annahme, dass sich Schwierigkeiten im Umgang mit anderen Menschen früher oder später im Gruppenverhalten zeigen und dass andere Gruppenmitglieder möglicherweise ähnlich reagieren, wie es die Mitmenschen »draußen« tun würden. **Gegenseitige Verhaltensreflektionen** führen dazu, dass der Spieler ungünstiges Verhalten bewusster kontrolliert und so Veränderungen einleitet.

Ein Spieler berichtet:

[23 Jahre, männlich, Automatenspieler, ledig, Abitur, abgebrochenes BWL-Studium, abgebrochene Lehre]

»**Das Feedback durch die Gruppe** führte zu dem von mir eigentlich schon vermuteten Resultat: Sie hielten mich für redegewandt, überzeugend bis dominant, manchmal andere überfahrend. Meine Geschicklichkeit in der Rhetorik wird teilweise bewundert, wenn auch zum ersten Mal hinterfragt, der einzige Gegensatz zu früher. Und dass die Leute hier zugeben, dass sie bei mir oft nicht wissen, wie sie mich einschätzen sollen. Früher hätte mich so ein Feedback mit purem Stolz erfüllt, Wasser auf meine Mühlen. Ich wäre in meiner fast schon arroganten Hal-
▼

tung bestärkt worden. Diesmal war ich aber ziemlich enttäuscht. Ich dachte, jeder müsse die Veränderungen, die ich hier in den letzten $1\frac{1}{2}$ Monaten durchzumachen geglaubt habe, sehen können. Ich habe eine meiner Verhaltensweisen, die es abzubauen gilt, fleißig weiterbetrieben: Mit Hilfe meiner ›Laberei‹ schaffe ich ein Feld der Distanz zwischen mir und den anderen Patienten. Noch konkreter: Ich schulmeistere, analysiere und kritisiere andere Gruppenmitglieder, um von meinen eigenen Fehlern und Verletzlichkeiten abzulenken. Diese Methode habe ich mir schon so anerzogen und verinnerlicht, dass auch sie, wie vieles andere, automatisch abläuft. Oft merke ich viel zu spät, dass ich mich schon wieder vergaloppiert und mich in ein Thema verrannt habe, das für mich selbst eigentlich völlig uninteressant ist. Ich steigere mich auch deshalb in manche Sachen so hinein, um von mir selbst, von meinen ureigensten Problemen abzulenken. Jetzt, wo ich im Moment auch wieder Ehrlichkeit mir selbst gegenüber walten lasse, muss ich zu meinem eigenen Bedauern feststellen, dass ich bisher schnell dabei war, anderen beim Analysieren ihrer Probleme zu helfen, selbst aber mit der Sprache selten herauskomme, und wenn, dann versuche ich die Sache oft schnell wieder zu verharmlosen (z.B. gespielte Gleichgültigkeit, vorgetäuschter Optimismus usw.). Mittlerweile aber kotzt es mich schon an, immer nur Bewunderung über meine Selbstsicherheit zu hören. Ich will, dass ich mich dazu in die Lage bringen kann, meine Schutzschilder zu öffnen. Das wird eine harte Nuss werden.«

Nach Bühringer (1992) und nach Beobachtungen in der Praxis spricht einiges dafür, dass pathologische Glücksspieler schon **vor** dem Einsetzen der Spielproblematik **Kontakt- und Beziehungsstörungen** hatten. Aber auch die Krankheitssymptomatik des süchtigen Spielers selbst führt zu erheblichen Konflikten im zwischenmenschlichen Bereich und hat oft eine starke Isolation zur Folge. Gegenseitiges Misstrauen und sogar Feindseligkeit haben vorhandene Beziehungsstrukturen immer mehr bestimmt.

❶ **Es ist für den Behandlungserfolg von ganz entscheidender Bedeutung, dass sich der Patient *ausreichend in die Therapiegruppe und das soziale Gefüge der Klinik integriert*.**

Aber nicht nur zwischenmenschliche Verhaltensstörungen, sondern auch innerpsychische Konflikte sind in der Therapiegruppe zu behandeln, wobei häufig durch **selbstexploratives Verhalten** modellhafter Mitpatienten Anstöße erfolgen, eigene Konflikte aufzudecken und zu bearbeiten. Weiter fortgeschrittene Patienten haben hier eine ganz wichtige **Vorbildfunktion**, die weniger dadurch zum Tragen kommt, dass sie das Verhalten anderer analysieren, beurteilen und mit passenden Ratschlägen versehen, sondern vielmehr durch Verbalisierung **eigener emotionaler Erlebnisinhalte** diesen Prozess auch beim Mitpatienten fördern.

❶ **Ein günstiger Gruppenprozess zeichnet sich dadurch aus, dass viele Mitglieder ein Thema oder einen Gedanken aufnehmen, bei sich selbst überprüfen, welche emotionalen und kognitiven Reaktionen sie damit verbinden, und dies laut aussprechen.**

Dazu gehört, den anderen auf Schwachstellen (»blinde Flecken«) hinzuweisen, die dieser selbst nicht sieht, wobei jedoch darauf zu achten ist, dass dies nicht in verletzender Weise geschieht und sich dadurch Abwehrhaltungen verstärken.

Es ist teilweise mit einem schwierigen und langfristigen Lernprozess in der Gruppe verbunden, sich in einer konstruktiven Weise auseinanderzusetzen und mit Kritik an der eigenen Person umzugehen.

Therapeutische Faktoren nach Yalom (1989)

Yalom (1989; Grawe & Fiedler, 1982) unterscheidet 12 »therapeutische Faktoren«, die je nach Art des Vorgehens in der Gruppentherapie zur Wirkung kommen. Von ausgewählten Patienten, die an psychodynamisch-interaktionell orientierten Gruppentherapien teilnahmen, wurden die Faktoren nach ihrer Bedeutung eingeschätzt, und es ergab sich dann folgende Reihenfolge:

1. **Interpersonelles Lernen – die Patienten geben sich Rückmeldung darüber, welche Wirkung das eigene Verhalten bei anderen hervorruft**

Durch das intensive Zusammenleben im Stationsalltag gibt es in der Gruppenstunde vielfältige Anlässe, sich gegenseitig Verhaltenseindrücke zu reflektieren. Patienten, die stark gestörte Verhaltensweisen im sozialen Umgang aufweisen, geraten dabei leicht in den Mittelpunkt der Aufmerksamkeit der Gruppe. Themen werden behandelt, die von den Tischsitten bis hin zum Umgangston und der Kritikfähigkeit des einzelnen reichen. Leicht geraten die angesprochenen Patienten dann in eine Position, sich rechtfertigen und verteidigen zu müssen. Eine daraus resultierende Abwehrhaltung bewirkt dann oft, dass der Patient Verhaltensrückmeldungen als unberechtigt zurückweist und keine neuen Einsichten daraus gewinnt. Es ist Aufgabe des Therapeuten, bei auftretenden Konflikten zu vermitteln und Anregungen zu geben, Kritik so zu äußern, dass sie leicht zu akzeptieren ist und der Patient sich nicht völlig in Frage gestellt fühlt und sich nicht augenblicklich rechtfertigen muss. Es kann günstig sein, bei einer Verhaltensrückmeldung deutlich zu machen, dass es sich nicht um eine objektive Verhaltensbeurteilung handelt, sondern der andere von seinen ganz subjektiven Gefühlen und Eindrücken ausgeht. Anstatt einem anderen Gruppenmitglied z. B. Dominanz und Aggressivität vorzuwerfen, sollte von den eigenen Gefühlen, Ängsten und Befürchtungen, die durch das Problemverhalten hervorgerufen werden, berichtet werden.

Letzteres ist leichter zu akzeptieren, und es können alternative Verhaltensweisen diskutiert werden, ohne dass es zu Abwehrreaktionen kommt. Es gibt aber nicht nur negative Verhaltensrückmeldungen. Für den einzelnen Patienten kann es ein **seit langer Zeit nicht mehr erfahrenes Erlebnis sein, einmal eine positive Reaktion auf sein Verhalten zu erhalten**, was insbesondere dann seine Wirkung zeigt, wenn ein Gruppenmitglied äußert, dass das Verhalten eines Mitpatienten ihm bei der Bewältigung eines Problems oder einer schwierigen Situation geholfen hat.

2. Offene Äußerung von Gefühlen in der Gruppe

Gespräche mit Angehörigen von pathologischen Glücksspielern bestätigen oft den Eindruck, dass es den Patienten im Verlauf ihrer Krankheitsentwicklung immer weniger möglich war, **über psychische Belastungen zu sprechen**. Häufig haben Störungen in der Herkunftsfamilie schon vor Entstehung der Spielproblematik dazu geführt, dass das Verstehen und Äußern von Gefühlszuständen nicht ausreichend gelernt wurde. Auch die Spieler erwähnen häufig, dass sie in der Vergangenheit belastende Gefühle in sich »hineingefressen« oder »hinuntergeschluckt« hätten, so dass ihnen ein wichtiges Ventil gefehlt habe, mit Belastungen fertigzuwerden. Scham- und Schuldgefühle, die als Folge- oder Begleiterscheinungen des pathologischen Glücksspiels auftraten, haben den Prozess der Vereinsamung zusätzlich gefördert. Es ist für die Patienten oft ein ganz neues Erlebnis, sich anderen zu öffnen, **sich dabei befreit und erleichtert zu fühlen**.

3. Gefühle der Zusammengehörigkeit in der Gruppe – Gruppenkohäsion

In der stationären Suchtbehandlung hat der Patient selbst nur wenig Einfluss darauf, welcher Therapiegruppe er zugeteilt wird. Die im Durchschnitt älteren Alkoholiker tragen in der gemeinsamen Behandlung mit pathologischen Glücksspielern oft erheblich dazu bei, dass ein guter Zusammenhalt und eine stabile Gruppenstruktur entsteht. In dieser altersmäßig ausgeglicheneren Gruppenzusammensetzung ist die Gefahr geringer, dass sich dissoziale Verhaltensweisen durchsetzen, intensiv mit den äußeren Rahmenbedingungen der Behandlung (wie z. B. der Hausordnung) »gespielt« wird oder sich die Therapiegespräche auf oberflächliche Auseinandersetzungen darüber konzentrieren, sich Vorteile bei Ausgängen, Heimaturlauben etc. zu verschaffen. **Zahlreiche Unternehmungen im Gruppenverband, die im Rahmen des Therapieprogramms durchgeführt werden, gemeinsame Ausflüge, Radtouren, Wanderungen und andere Aktivitäten können erheblich zur Identifikation mit der eigenen Therapiegruppe beitragen.** Ein guter Gruppenzusammenhalt ist die beste Voraussetzung dafür, dass Heimwehgefühle aufgefangen werden und sich die Patienten in Krisensituationen gegenseitig bei-

stehen. Nicht zuletzt eine gewisse **Identifikation mit dem therapeutischen Personal** und dem gesamten therapeutischen »Setting« trägt zum inneren Zusammenhalt der Gruppe erheblich bei. Die Patienten dürfen auf keinen Fall das Gefühl haben, dass der Therapeut sie gegeneinander ausspielt, wodurch eine Atmosphäre des Misstrauens entstehen würde. Der Gruppentherapeut muss Rücksicht darauf nehmen, dass die Gruppenmitglieder auch außerhalb der offiziellen Gesprächsstunden intensiv miteinander kommunizieren und sich offene Konflikte möglicherweise außerhalb der Gruppentherapie fortsetzen und vertiefen. Es kann deshalb wichtig sein, am Ende der Sitzung ein Resümee zu ziehen und von den Mitgliedern eine Stellungnahme zu ihrem weiteren Verhalten zu verlangen.

4. Einsicht und Akzeptanz des eigenen seelischen Funktionierens – Selbstverständnis

Yalom (1989) unterstreicht die Wichtigkeit der **intellektuellen Komponente** im Therapieprozess. Hier geht es um die **Bewusstmachung von Verdrängungen** sowie um das **intellektuelle Verstehen der Beziehung zwischen Vergangenheit und Gegenwart**. Dabei können unbekannte und nicht angenommene Persönlichkeitseigenschaften entdeckt und akzeptiert werden. So kann ein Patient in der Vergangenheit unter einem sehr autoritären Vater gelitten haben und auch heute noch reagiert er in bestimmten Situationen ängstlich oder aggressiv, wenn er ähnliche Verhaltenssignale wahrnimmt oder wahrzunehmen glaubt. Möglicherweise ist es dadurch schon früher zu kritischen Auseinandersetzungen und Missverständnissen gekommen, ohne dass der Patient die Zusammenhänge mit seinen Kindheitserfahrungen und seine besondere Sensibilität auf diesem Gebiet erkannt hätte. Maslow (zitiert nach Yalom, 1989, S. 94) sieht psychische Krankheit als eine Erkenntnismangelkrankheit an: »Wo unser Wissen geschlossen und vollständig ist, folgt das geeignete Handeln automatisch und wie ein Reflex.« Dies unterstreicht die Bedeutung des **kognitiven Durcharbeitens von Konflikten**, wodurch jedoch verhaltenstherapeutische Aspekte nicht ausgeschlossen werden dürfen. **Das Einüben von Verhaltensweisen**, zum Beispiel bei Kontaktproblemen, **ist ebenso wichtig**. Einsicht und Akzeptanz eines fehlangepassten Verhaltens sind eine wichtige Voraussetzung für die effektive Einübung neuen Verhaltens.

5. Interpersonelles Lernen – Möglichkeit in der Gruppe, neues zwischenmenschliches Verhalten zu lernen und zu erproben

Dabei kommt es darauf an, das Verhalten des anderen so **spontan** und **ehrlich** wie möglich zu erleben und sich gegenseitig diese Erfahrungen mitzuteilen. **Im Gegensatz zur Alltagswelt kann in der therapeutischen Gemeinschaft ein Verhalten ohne direkte Konsequenz eingeübt, d.h. auch einmal etwas riskiert werden.** So kann es ein wichtiger Lernprozess sein, nicht immer Recht haben zu wollen, unterschiedliche Standpunkte zu akzeptieren und so auf eine erheblich bessere soziale Resonanz zu stoßen. Es kann wichtig sein, dass die Gruppe toleriert, wenn ein Mitglied eine erhebliche Zeit benötigt, um Fehlverhalten zu erkennen und Veränderungen einzuleiten.

Patienten, deren Hauptproblem in auffälligem fehlangepassten Sozialverhalten liegt, haben es oft schwer, von der Gruppe den nötigen Rückhalt und Freiraum für Verhaltensänderungen zu bekommen. In ihrer sozialen Biographie spiegelt sich dies durch häufigen Berufs-, Stellen- oder Partnerwechsel wider. Die Gruppe reagiert oft mit mehr Verständnis, wenn ihr die Hintergründe dieses auffälligen Verhaltens bekannt sind und daraus ein gewisses Verständnis abzuleiten ist. Zu diesen problematischen Störungen gehören aggressive, dominante oder stark narzisstische Verhaltensweisen, die das Zusammenleben erheblich beeinträchtigen.

6. Existenzielle Faktoren

Yalom (1989) betont, dass existenzielle Faktoren in der Therapie eine wichtige, aber oft unerkannte Rolle spielen. Der existenzielle Ansatz geht davon aus, dass der wichtigste Kampf des Menschen sich um die unabdingbaren und letzten Dinge des Lebens dreht (wie Tod, Isolierung, Sinnlosigkeit – und Freiheit) und **dass man im Leben letztlich allein verantwortlich ist, dass das Leben manchmal unfair und ungerecht ist.** Ein großer Teil der jungen Spieler, bei Kellermann & Sostmann (1992) sind es z.B. 58,3 %, die wegen des Spielens Selbstmordgedanken hatten, ist schon in massiver Weise mit ganz existenziellen Fragen seines Lebens konfrontiert worden.

Stark **depressive Phasen** folgten dem Spielrausch und dem Verlust des Geldes und wurden immer auswegloser, je mehr sich die soziale und ökonomische Situation verschlimmerte. Der Spieler sah nur den einen Weg, dieser psychisch äußerst belastenden Situation zu entfliehen, sich wiederum auf irgendeine erdenkliche Weise Geld zu beschaffen und weiterzuspielen. Er besaß weiterhin die Illusion, die ganze Misere durch ein glückliches Spiel zu überwinden oder zumindest für kurze Zeit zu vergessen. Hoffnung und Verzweiflung lösen sich ab, und es ist oft ein schwieriger innerer Kampf notwendig, die Sinnlosigkeit dieses Handelns zu durchschauen und zu akzeptieren.

7. Erkenntnis, dass man mit seinem Leben nicht allein dasteht

Mehr als in einer Einzeltherapie erfährt der Patient in der Gesprächsgruppe von Suchtkranken Erleichterung, indem er feststellt, dass die beschriebenen Krankheitssymptome mit denen der Mitpatienten übereinstimmen. Für die mit pathologischen Glücksspielern tätigen Therapeuten ist es überraschend, wie **uniform** sich das Krankheitsbild darstellt, sich **Symptome der Geldbeschaffung, Verheimlichung, Verleugnung, Bagatellisierung und die negativen psychischen und sozialen Konsequenzen des Spielens gleichen.** Der Spieler erlebt es als eine erhebliche **Entlastung von Schuld- und Schamgefühlen**, wenn er feststellt, dass die **sozialschädigenden Begleiterscheinungen krankheitsinhärent sind** und die Mitpatienten in ähnlicher Weise unter dem Zwiespalt gelitten haben, Dinge zu tun, die sie unter normalen Umständen ethisch und moralisch abgelehnt hätten. Diese Entlastung ist vor allem dann gegeben, wenn nach Absetzen des Suchtverhaltens gemeinsame Gefühle der Reue und Trauer über geschehenes Fehlverhalten und Unrecht ausgetauscht werden. Bei kaum einer anderen Krankheit ist der Genesungsprozess so entscheidend von der Gemeinsamkeit und Solidarität der Mitpatienten beeinflusst wie bei der Suchtkrankheit. Hinzu kommt, dass eine dauerhafte Stabilisierung des Patienten nach der stationären Behandlung durch den regelmäßigen und langfristigen Besuch einer Selbsthilfegruppe entscheidend mitbeeinflusst wird.

8. **Hoffnung schöpfen durch die Beobachtung, wie andere ihre Probleme allmählich bewältigen**

In den offenen Therapiegruppen der stationären Einrichtungen befinden sich zwangsläufig neu aufgenommene wie auch fortgeschrittene Patienten, die einen ganz **unterschiedlichen therapeutischen Entwicklungsstand** aufweisen. Es ist für die neu hinzukommenden Patienten sehr wichtig zu sehen, dass andere anfänglich schwierige Entzugs- und Entwöhnungsphänomene bereits überwunden haben. Die Neuankömmlinge erleben auch vom ersten Tag an mit, dass die länger verweilenden Spieler bereits Ausgänge und Heimaturlaube bewältigen, sich dabei zum Teil sehr wohl fühlen und einen erheblichen Abstand zum pathologischen Glücksspiel gewonnen haben.

9. **Das Erlebnis, anderen helfen zu können und für sie wichtig zu sein**

Häufig äußern Mitpatienten, dass es für sie wichtig und hilfreich gewesen sei, **wenn jemand in der Gruppe über seine Schwierigkeiten gesprochen habe und dabei erhebliche Ähnlichkeiten zu eigenem Erleben festgestellt wurden.** Als sehr bedeutsam wird es empfunden, außerhalb der Gruppenstunden Mitpatienten als **Ansprechpartner für Probleme** zu haben oder die ersten Schritte außerhalb der Klinik zunächst in Begleitung von vertrauten Mitpatienten zu tun. Gerade letzteres kann einer Rückfallgefährdung entgegenwirken, falls nach einer mehrwöchigen Entwöhnungszeit in der Klinik das Spielverlangen noch groß ist. Das Erlebnis, anderen zu helfen (z. B. einem Mitpatienten in einer Krisensituation den Schritt zu erleichtern, zum Therapeuten zu gehen und sein Problem dort anzusprechen), kann erheblich zur Stärkung des Selbstvertrauens beitragen.

10. **Das Wiederbeleben von Beziehungs- und Familiensituationen, wie sie früher bestanden**

In der stationären Einrichtung ist der Patient für eine lange Zeit mit den unterschiedlichsten Beziehungen konfrontiert, die zum Teil starke Assoziationen zu früheren familiären Beziehungsstörungen hervorrufen. Die Mitglieder des therapeutischen Teams lösen durch ihre ganz individuelle Persönlichkeit, unterschiedliches Geschlecht, Alter und Bildung und ihre Therapiestile die **verschiedensten Übertragungseffekte** aus. Patienten reagieren oft sehr erleichtert darauf, wenn sie Zusammenhänge zwischen früheren familiären Situationen, der Lebensgeschichte und dem heutigen Verhalten erkennen. Das eigene Verhalten erscheint ihnen dann verständlicher und dadurch besser kontrollierbar. Pathologische Glücksspieler haben häufig Kontaktprobleme gegenüber Frauen; Beziehungsstörungen den Müttern gegenüber können dazu beigetragen haben. Diese Problematik kann sich dann im Verhältnis zu den Mitpatientinnen und Therapeutinnen besonders manifestieren. Durch das offene und lebensnahe Zutagetreten dieser Beziehungsstörungen kann der Spieler in realitätsnaher Weise Einsicht in die Entstehung der Konflikte gewinnen und alternatives Verhalten erproben. Therapeuten und Mitpatienten können als Trainingspartner dafür zur Verfügung stehen, da sie die Probleme des Patienten durchschauen und bis zu einem gewissen Grad tolerieren, ohne mit den in der realen Welt üblichen negativen Sanktionen auf sozial unangepasstes Verhalten zu reagieren.

11. **Ratschläge und Anleitungen, die von anderen Patienten und Therapeuten gegeben werden**

Eine langjährige Suchterkrankung hat häufig zur Folge gehabt, dass Eltern und andere Bezugspersonen in ihrer Hilflosigkeit dem Krankheitsverlauf gegenüber zu massiven Drohungen, Belehrungen und zum Teil auch körperlichen Bestrafungen gegriffen haben, um das Spielverhalten zu stoppen. Alle Ratschläge und Belehrungen haben nicht die geringste Wirkung gezeigt, die Patienten sind gegenüber diesen Einflussversuchen abgestumpft. **Ratschläge und Anleitungen sind deshalb mit Vorsicht** zu betrachten, statt dessen soll die Eigenverantwortung und Entscheidungsfreiheit hervorgehoben und **statt direktiv eher fragend interveniert und reflektiert werden.** Hat der Patient die Empfindung, dass allzu viele Dinge von oben angeordnet sind, kommt dies durchaus seinem Bedürfnis nach Abhängigkeit und Behütung entgegen und erleichtert es ihm, sich seiner persönlichen Verantwortung zu entziehen, wie er dies schon in der Vergangenheit getan hat.

12. Identifizierung – die Möglichkeit, sich mit anderen Gruppenmitgliedern gleichzusetzen und durch Nachahmung von ihnen zu lernen
Gegenüber Suchtkranken bestehen in der Gesellschaft häufig vielfältige **Vorurteile**. Oft ist den Mitmenschen nicht bewusst, dass sozial abweichendes Verhalten ein Symptom der Krankheit ist. Die während des aktiven Suchtverhaltens vom sozialen Umfeld beobachtete »Labilität« oder »**Willensschwäche**« äußert sich in erster Linie als **Resultat der Krankheit**, bezieht sich primär auf den Umgang mit dem Suchtmittel und muss keineswegs Ausdruck der Persönlichkeit sein. Nach einer Entwöhnungszeit vom Suchtmittel können durchaus Defizite in der Persönlichkeitsentwicklung sichtbar werden, wie sie auch bei anderen neurotischen oder psychosomatischen Erkrankungen vorliegen, aber in den selteneren Fällen handelt es sich dabei um dissoziales oder moralisch/ethisch abweichendes Verhalten.

In den vorangegangenen Kapiteln wurde immer wieder betont, wie wichtig es als Voraussetzung für eine stabile Abstinenz ist, dass der Suchtkranke in der Lage ist, sein Verhalten als Krankheit zu akzeptieren. Im Unterschied zu einem sozialen Umfeld, das möglicherweise erhebliche Vorurteile gegenüber Suchtkranken hegt, wird die Krankheitsakzeptanz durch die Identifikation mit anderen Abhängigkeitskranken erheblich erleichtert und gefördert, am Beispiel anderer kann der Patient lernen, mit der sozialen Stigmatisierung umzugehen. Dabei stellt sich die Frage, ob es ohne Identifikationsprozess in der Gruppe von Abhängigkeitskranken **überhaupt** möglich wäre, diese schwierige Krankheitsakzeptanz zu erreichen. In der therapeutischen Praxis ist zu beobachten, dass, wenn ein Patient sich mit dem Eingeständnis schwer tut, die Kontrolle über sein Spielverhalten verloren zu haben und sich nicht mit der Spielkrankheit identifiziert, fast zwangsläufig ein weiteres »Experimentieren« mit Glücksspielen die Folge ist, was dann leicht wieder in altes oder sogar gesteigertes Spielverhalten mündet.

Sich innerhalb der Klinik mit den Mitpatienten und der Erkrankung zu identifizieren, bedeutet noch nicht, dass dies auch außerhalb in einer sozialen Umgebung gelingt. Die Krankheitsakzeptanz kann beispielsweise dadurch erheblich beeinträchtigt sein, dass von den Eltern oder der Partnerin der Wunsch ausgeht, es möge doch nach dem Klinikaufenthalt

»alles in Ordnung« sein und der Patient sei geheilt. Von ehemaligen Mitspielern kann oft erheblicher Druck, insbesondere bei illegalem Glücksspiel, ausgeübt werden weiterzuspielen. Um so wichtiger scheint es, die Angehörigen und das soziale Umfeld weitestgehend in die Behandlung einzubeziehen, den Patienten auf Komplikationen nach der Behandlung vorzubereiten und genügend Ausgänge und Heimaturlaube zur Realitätserprobung zu gewährleisten.

10.4.4 Umgang mit problematischen Situationen und Verhaltensweisen in der Gruppentherapie

Problematische Verhaltensweisen einzelner oder mehrerer Patienten können die gruppentherapeutische Arbeit in erheblichem Maße beeinträchtigen. Der Therapeut steht dabei vor der Herausforderung, Gruppenprozesse zu beobachten und gegebenenfalls durch geeignete Interventionen zu korrigieren. Die folgenden Abschnitte schildern eine Reihe von problematischen Situationen und Prozessen in der Gruppentherapie und zeigen Möglichkeiten auf, therapeutisch günstig damit umzugehen.

Störungen der therapeutischen Atmosphäre

❗ Ein wichtiger Faktor für eine günstige *therapeutische Atmosphäre* ist die *Entwicklung gemeinsamer Zielsetzungen* durch die Gruppenmitglieder.

In der Arbeit mit pathologischen Glücksspielern bietet der Therapeut hier entscheidende Hilfestellungen an, indem er seine generellen Vorstellungen vom Therapieablauf (▶ Kap. 8, Anhang B7) plausibel darstellt.

Es gibt vielfältige **Einflussfaktoren**, die eine günstige Gruppenatmosphäre beeinträchtigen. Durch eine personelle Veränderung in der Gruppenzusammensetzung kann zunächst eine Situation entstehen, in der wieder neues Vertrauen wachsen und das **Kennenlernen** gefördert werden muss. Der Therapeut hat die wichtige Aufgabe, der Gruppe diese Schwierigkeiten zu reflektieren. Er muss auf die möglichen Ursachen dafür hinweisen, dass sich die

Gruppe zunächst erst wieder finden muss und dass dieser **Erneuerungsprozess** schon oft stattgefunden hat. Neu hinzugekommene Patienten sollten durch einfühlende Fragen zur Mitarbeit ermuntert werden, oft ist schon nach einigen Wortmeldungen der Bann gebrochen, die neue Situation zu bewältigen.

In der Suchtklinik beschränkt sich das Zusammenleben der pathologischen Glücksspieler nicht nur auf die offiziellen Therapieangebote, sondern es erstreckt sich mehr oder weniger über 24 Stunden, was dazu führt, dass auch intensivere Gefühle der **Sympathie** und leider auch der **Abneigung oder Feindschaft** entstehen (Yalom, 1989). Gruppenprozesse können dadurch stark gehemmt sein, dass unterschwellig Antipathien entstanden sind, die eine offene Aussprache stark beeinträchtigen. Die negative Gruppenatmosphäre spitzt sich zu, wenn sich zwei oder mehrere Untergruppen bilden, die sich eher ablehnend und rivalisierend gegenüberstehen.

Der Therapeut kann diese negative Entwicklung beeinflussen, indem er die Aufmerksamkeit gezielt darauf richtet, dass sich eine bewusste Kontrolle von allen Beteiligten darüber entwickelt, und alle sich bemühen, immer wiederkehrende Polarisierungen im Gesprächsablauf zu vermeiden.

❗ Die *konstruktive Bearbeitung von Konflikten*, die aus dem engen alltäglichen Zusammenleben in der Klinik entsteht, stellt einen wichtigen Bestandteil der therapeutischen Gruppenarbeit dar, ist aber nur dann effektiv, wenn dabei *keine übermäßigen Aggressionen* auftreten.

Nur dann macht der Patient die wichtige Erfahrung, dass er Kritik von anderen bewältigt und einen Angriff übersteht. Derjenige, der seinem Ärger Luft macht, stellt fest, dass dies keine destruktiven, die Beziehung zerstörenden Konsequenzen haben muss. Hier hat der Therapeut die oft schwere Aufgabe, eine für beide Seiten **günstige Balance** im Gespräch aufrechtzuerhalten, damit belastende Gefühle verbalisiert werden können, ohne dass nachhaltige psychische Verletzungen auftreten. Mitpatienten, die nicht direkt an einer Auseinandersetzung beteiligt sind, schätzen oft intensiv ab, ob sie einem solchen Konflikt wohl gewachsen wären, und ihre weitere Behandlungsbereitschaft ist nicht unbeeinflusst von dem Resultat ihrer Schlussfolgerung. Die Interaktio-

nen in der Gruppe haben immer auch emotionale und kognitive Konsequenzen für die Mitglieder, die nicht direkt daran beteiligt sind.

Beeinträchtigungen der Gruppenkohäsion

❗ Nach Yalom (1989, S. 81) ist Gruppenkohäsion als Anziehungskraft zu definieren, durch die sich der Einzelne in die Gruppe eingebunden fühlt.

Dazu gehört, dass sich die Gruppenmitglieder akzeptieren, sich unterstützen und Beziehungen eingehen. In einer guten Atmosphäre ist der Patient eher bereit, sich zu öffnen, sich in Frage zu stellen, einmal etwas zu riskieren und in sozialen Konfliktsituationen großzügiger zu sein.

Der Gruppenzusammenhalt kann zum Beispiel dadurch stark beeinträchtigt sein, dass der Rückfall eines Mitpatienten beobachtet, aber gedeckt und nicht offengelegt wird, oder Teile der Gruppe ein Geheimnis hüten, das mit dem Verstoß gegen Regeln der Hausordnung zusammenhängt. Dadurch schwindet allmählich die Vertrauensbasis, ein beträchtlicher Teil der Aufmerksamkeit wird davon in Anspruch genommen. Alte Verhaltensweisen aus der Zeit des aktiven Glücksspielens reaktivieren sich dann, wie z. B. Rückzug in die Heimlichkeit und Isolation. Zunehmende Ängste vor der Aufdeckung des Geheimnisses tun ein übriges, den therapeutischen Prozess vollständig zu lähmen.

❗ Wenn auffällige Hemmnisse in der Gesprächsbereitschaft und Offenheit festzustellen sind, muss der Therapeut die Gruppenatmosphäre, den Zusammenhalt und auch Störungen der Vertrauensbasis selbst zum Thema machen.

Destruktive Gruppenprozesse

Der Therapeut darf Gruppenprozesse, die einen **destruktiven Verlauf** nehmen, nicht sich selbst überlassen. Beispielsweise kann aggressive Kritik am Verhalten eines anderen dazu führen, dass ein großer Teil der Gruppe in diesen Ton einfällt und **Rivalität** und **Feindschaft** entstehen. Eine solche Entwicklung muss auf jeden Fall unterbunden werden. Um eine Veränderung herbeizuführen, reicht es oft aus, aggressives Verhalten zurückzuspiegeln, die Auseinandersetzung abzubrechen, als weiteres Thema die Art und Weise des Umgangs miteinander zu besprechen oder die **Frage nach dem therapeutischen Nutzen** derartiger Auseinandersetzungen zu stellen. Es ist kein Therapieziel, dass jemand ohne Rücksicht auf andere unkontrolliert seine Gefühle äußert und psychische Belastungen dadurch abbaut, dass er andere angreift.

❗ **Insbesondere dann, wenn in unangemessener Weise Kritik geübt wird, ist es die Pflicht des Therapeuten, korrigierend einzugreifen.**

Dies kann aber auch dann erforderlich werden, wenn jemand in Selbstmitleid zergeht, sich selbst immer massiver in eine depressive Stimmung hineinredet (»Es ist ja doch alles sinnlos«) und die gesamte Gruppe betroffen und hilflos reagiert.

Lob

Spieler reagieren meistens sehr stark auf ein verbales Lob durch den Therapeuten. Dabei ist zu berücksichtigen, dass die Spieler in der Phase ihrer Krankheitsgenese nur noch wenig Anlass dazu gegeben haben, sie positiv zu sanktionieren, wobei es nicht selten schon in ihrer Herkunftsfamilie daran gemangelt hat, gewünschtes Verhalten positiv zu verstärken.

❗ Das Bemühen um *aktive Mitarbeit*, die *konstruktive Lösung von Konflikten, selbstexploratives Verhalten*, alles was der *Vertiefung der Krankheitseinsicht* und der *Entwicklung der Persönlichkeit* dient, kann Anlass für positive verbale Äußerungen werden.

Dabei sollte bedacht werden, dass die Patienten sehr unterschiedliche individuelle Voraussetzungen mitbringen, sich sprachlich zu äußern, in der Gruppe selbstsicher genug zu sein, belastende Gefühle auszudrücken. So ist es für den einen Patienten ein sehr großer Fortschritt, wenn er sich einmal ohne Aufforderung spontan zu einem Thema äußert, während ein anderer eher davon profitiert, einmal Zurückhaltung zu üben und seinen Gesprächsanteil in der Gruppe zu verringern. Es ist für Patienten außerdem ein schwieriger Prozess einzusehen, dass es nicht nur **eine** richtige Antwort oder Lösung für ein Problem gibt, sondern dass unterschiedliche Einstellungen und Meinungen nebeneinander bestehen und zu tolerieren sind. Positive Sanktionen des Therapeuten

können den Gesprächsprozess erheblich steuern und gewünschtes Verhalten fördern.

Anfängliche Nervosität und Unruhe

Pathologische Glücksspieler neigen dazu, Gesprächsthemen nicht spannend genug zu finden, es ist ihnen zu wenig Nervenkitzel vorhanden. Unmutsgefühle darüber adressieren sie nicht selten als Vorwurf an den Gruppentherapeuten. Der Therapeut sollte dann deutlich machen, dass er nicht die Aufgabe hat, die Patienten spannend zu unterhalten, dass eigener Unmut über den Gruppenverlauf frühzeitig geäußert werden sollte und der unzufriedene Teilnehmer Alternativvorschläge machen kann. Hilfreich ist auch der Hinweis, dass für den erfolgreichen Verlauf einer Sitzung alle mitverantwortlich sind, und Psychotherapie kein mit dem exzessiven Spielverhalten vergleichbarer Nervenkitzel ist. Es sollte dem Patienten vermittelt werden, dass es kein Patentrezept gibt, seine anhaltende Nervosität und Ungeduld aufzufangen, und dass der Entwöhnungsprozess Zeit braucht.

❗ Die Umsetzung vielfältiger Anregungen aus dem gesamten Therapieprogramm, Eigeninitiative und die Entwicklung von alternativen Entspannungsfaktoren sind wichtige Faktoren, die den Entwöhnungsprozess unterstützen.

Das Ausleihen von Geld

In der Vergangenheit gehörte es für die Spieler häufig zum Alltag, sich Geld zu leihen, um Engpässe zu überbrücken und das Spielverlangen zu befriedigen. Auch während der Behandlungszeit treten noch erhebliche **finanzielle Schwierigkeiten** auf, und Schuldenregulierungen, Anträge auf Übergangsgelder etc. benötigen Zeit. Durch den starken Kaffee- und Zigarettenkonsum geben die Patienten, zum Erstaunen ihrer Partner und Angehörigen, beträchtliche Summen aus. Der alten Gewohnheit entsprechend leiht sich der Spieler auch während des Klinikaufenthaltes Geld, weil es schwierig erscheint, mit einer Anschaffung zu warten, sich einmal einzuschränken oder auf etwas zu verzichten. Häufig folgt der Spieler sehr unkritisch Kaufimpulsen, andererseits aber verleiht er durchaus größere Summen, wenn ein anderer sich in einer angeblichen Notlage befindet. Nicht selten bittet man gerade die Patienten um Geld, die zurückhaltender, eher gehemmt sind und schlecht nein sagen können. Da ja bekannt ist, dass Geldleihen unerwünscht ist, kann durch dieses Verhalten die Atmosphäre in der Therapiegruppe erheblichen Schaden nehmen und Misstrauen entstehen.

In Gruppenstunden, in denen diese Problematik thematisiert wurde, zeigte sich dann nach einigem Zögern, dass es kaum einen Patienten gab, der nicht schon einmal in »Geldgeschäfte« verwickelt war und Schwierigkeiten mit der Rückgabe hatte. Erst nach einer intensiveren Diskussion sahen einige Spieler ein, dass sie sich keineswegs in einer Notlage befunden hatten und auf das Geldleihen hätten verzichten können. Dabei wurde auch deutlich, dass sie sich deshalb bei den Geldausgaben nicht einschränken wollten, um anderen gegenüber nicht als ärmlich dazustehen, und dass sie bisher trotz Geldknappheit nicht bereit waren, auf höherwertige Konsumartikel zu verzichten. Das Geldleihen selbst schien ihr soziales Prestige jedoch nur wenig zu beeinträchtigen. In anderen Fällen war das Geldleihen durch einen Rückfall in Spielverhalten verursacht, so dass dieser Thematik in den Gruppenstunden latent Aufmerksamkeit zukommen muss. Selbstverständlich ist, dass Therapeuten kein Geld verleihen.

Patienten in der Rolle von Kotherapeuten

In einer größeren Gruppe von Spielern übernehmen einzelne Patienten leicht die Rolle des **Kotherapeuten**. Dies hat häufig zur Folge, dass sie Mitpatienten maßregeln, zum Teil Druck auf andere ausüben, die sich bisher weniger beteiligt haben. Da sie sich im Einverständnis mit dem Therapeuten wähnen, versuchen sie auch außerhalb der Gruppenstunden eine dominante Rolle einzunehmen. Sie reagieren sehr enttäuscht, wenn der Therapeut ihre Position hinterfragt und die Gruppe ihnen deutlich macht, dass sie ihr Rollenverständnis überprüfen und sich stärker auf ihre eigenen Probleme konzentrieren sollen.

Von der Position des »Kotherapeuten« ist der Weg zur Analyse des Therapeuten nicht weit: Die leicht ironische Gegenfrage des Patienten: »Wie geht es Ihnen denn?« darf nicht dazu verführen, allzu Persönliches in die Gruppe einzubringen. In einer schlechten Gruppenatmosphäre finden zum Teil massive persönliche Angriffe statt, die beispielsweise die Motivation des Therapeuten zu der Gruppenstunde hinterfragen sollen (»Haben Sie denn Lust heute?« oder »Der sieht aber heute lustlos aus!«) und Rivalität zum Ausdruck bringen können. Der Therapeut sollte sich jedoch nicht in Machtkämpfe verstricken lassen und in Betracht ziehen, dass eher Angst und Unsicherheit hinter diesen Angriffen stecken. Diese können damit zusammenhängen, dass die Gruppe mehr strukturelle Hilfen (zum Beispiel Themenvorschläge etc.) benötigt, um wieder zu einer sinnvollen Arbeit zu finden.

> ❗ Es ist Aufgabe des Therapeuten, den Patienten zu helfen, die Hintergründe ihres Verhaltens zu erkennen.

So kann er deutlich machen, dass auch er selbst zu Anfang der Gruppenstunde gespannt ist, wie sich die Sitzung entwickelt, dass die Patienten nicht davon profitieren, wenn der Therapeut seine persönlichen Probleme dort bespricht und die Rollen getauscht werden. Er sollte zeigen, dass die Stimmung des Therapeuten nicht immer gleich sein kann, dass Arbeit etwas mit Pflichtbewusstsein und nicht ausschließlich mit Lust zu tun hat. Nur das gemeinsame Bemühen von Patienten und Therapeuten führt zu einer für alle gewinnbringenden Gruppentherapie. Oft ergeben sich beiläufig Gelegenheiten, den Patienten einige persönliche Auskünfte zu geben, z.B. ob der Therapeut verheiratet ist, Kinder hat etc., was durchaus nicht schadet.

Externalisierung von Problemen

Es kommt vor, dass einzelne Spieler schon ein »perfektes Erklärungssystem« mitbringen, warum sie gespielt haben. Sie führen bestimmte Erziehungsstile der Eltern oder Verhaltensweisen der Partnerin als Ursache an und empfinden dann das **eigene Verhalten** als völlig **fremdbestimmt**. Bei dieser **einseitigen Schuldzuweisung** übersehen sie meistens, dass hier Verletzungen zutage treten, die im Zusammenhang mit den Folgen des exzessiven Glücksspiels entstanden sind und mit den teilweise verzweifelten Versuchen der Angehörigen zu tun haben, den Spieler von seinem selbstzerstörerischen Verhalten abzubringen. Dies soll aber keineswegs darüber hinwegtäuschen, dass die Spieler teilweise in sehr **schwierigen Sozialisationsbedingungen** aufgewachsen sind und sich damit in der Therapie auseinandersetzen müssen.

❗ Einseitige Schuldzuweisungen führen aber kaum weiter, und es ist wichtig, dass der Patient während der Behandlung lernt, die Verantwortung für sich selbst zu übernehmen und den eigenen Weg zu bestimmen.

In der Diskussion zu diesem Thema ist es sehr wesentlich, zwischen den **Faktoren** zu unterscheiden, die den Krankheitsprozess einmal in **Gang gesetzt** (**Individuum, Sozialfeld, Glücksspiel**) und denen, die ihn letztlich **aufrechterhalten** haben (**Entzugserscheinungen, veränderte Realitätswahrnehmung, subjektiver innerer Zwang, Folgeschäden – Eigendynamik,** ▶ Kap. 8).

Bei Spielern und anderen Suchtkranken (Bühringer, 1992) scheinen Erziehungsstile häufiger aufzutreten, bei denen zum einen eine zu stark behütende oder zum anderen eine extrem wenig beschützende Haltung eingenommen wird. Zum einen scheinen Erziehungspersonen auch Ideale verkörpert zu haben, die von den Heranwachsenden als nicht erreichbar wahrgenommen wurden. Zum anderen mangelte es an Vorbildern, weil die Eltern zum Beispiel selbst suchtkrank waren und ihre Erziehungsaufgabe nicht ausreichend bewältigen konnten.

Schwierige Sozialisationsbedingungen haben häufig dazu geführt, dass wenig Selbstvertrauen entstanden ist und alltägliche Konflikte und Belastungen überforderten. Das manifestiert sich in der Gruppentherapie, indem die Patienten danach trachten, schwierige Situationen zu vermeiden oder sie mit großer Ungeduld möglichst schnell zu bereinigen, um sich dann wieder frei von Belastungen zu fühlen.

❗ Der Therapeut muss darauf achten, nicht in die Rolle des behütenden oder bestrafenden Elternteils zu geraten und dem Patienten dadurch wiederum die Selbständigkeit und die Verantwortung für sein Verhalten abzunehmen.

Zusätzliche psychiatrische Diagnosen

Pathologisches Glücksspiel kann gleichzeitig mit Schizophrenie, endogenen Depressionen, geistigen Behinderungen, anderen psychischen Störungen und antisozialem Verhalten auftreten.

❗ Voraussetzung für gruppentherapeutische Maßnahmen sind eine erhebliche psychische Belastungsfähigkeit und die Möglichkeit, sich in ein soziales Gefüge zu integrieren.

Patienten mit stark abweichenden Verhaltensweisen geraten sonst leicht in eine Außenseiterrolle, entwickeln sich zu ›Sündenböcken‹, und Gruppenprozesse leiden darunter. Nicht immer lassen sich diese Störungen konstruktiv bearbeiten, überblicken die Therapeuten vollständig, was sich außerhalb der offiziellen Therapiezeiten auf der Station abspielt. **Akute** Schizophrenie oder starke depressive Symptome erschweren bzw. verhindern es, dass sich der Patient auf die Gesprächsthemen konzentrieren und von dem Therapieangebot ausreichend profitieren kann. Es stellt für die anderen Patienten eine erhebliche Belastung dar, wenn sie miterleben, dass ein Patient im Augenblick primär andere Probleme hat als die Abhängigkeitserkrankung und dass die momentanen therapeutischen Maßnahmen keine adäquate Hilfe darstellen.

❗ Ist bei akuten Psychosen durch medizinische Maßnahmen keine Stabilisierung zu erreichen, müssen Verlegungen in andere psychiatrische Einrichtungen stattfinden.

Medikamentös **gut eingestellte** Patienten sind durchaus dazu in der Lage, vom Therapieprogramm zu profitieren, wobei der Schwerpunkt der Behandlung dann stärker auf der Entwöhnung vom Glücksspiel und der Entwicklung alternativer Verhaltensweisen liegen sollte, weniger auf einer aufdeckenden, analysierenden Gesprächspsychotherapie.

Patienten, die geistig behindert sind, können von einigen Gruppenstunden freigestellt und intensiver in Einzelgesprächen behandelt werden.

Vorgespräche verhindern nicht vollständig, dass Patienten zur Behandlung kommen, für die insbesondere die gruppentherapeutischen Maßnahmen zur Zeit oder insgesamt nicht die richtige Methode darstellen. Möglichst muss jedoch vorab geklärt sein, ob ein pathologischer Spieler dazu in der Lage ist, sich in eine therapeutische **Gemeinschaft** zu integrieren und von dem **multimodalen Konzept** einer stationären Behandlung zu **profitieren**. Ansonsten sind Misserfolge vorprogrammiert und stellen für den gescheiterten Patienten und die Therapiegemeinschaft eine starke zusätzliche psychische Belastung dar.

10.4.5   Psychologische Schulen in der Gruppentherapie

Die Gruppentherapie ist nicht nur von den bisher beschriebenen allgemeinen Wirkfaktoren und spielerspezifischen Fragestellungen bestimmt, sondern ebenfalls von der jeweiligen schulischen Ausrichtung der oder des Therapeuten beeinflusst. Grawe & Fiedler (1982; Grawe et al., 1994; auch Feuerlein, 1989) nennen hier u. a. psychoanalytische Gruppe, Psychodramagruppe, gesprächspsychotherapeutische Gruppe, Gestalttherapiegruppe sowie verschiedene verhaltenstherapeutische Gruppenansätze. Von den hier genannten Therapieformen nimmt nur das Psychodrama für sich in Anspruch, ein originäres Gruppenverfahren zu sein, während die anderen Verfahren ihren Ursprung in entsprechenden Einzeltherapien haben (Schneider-Düker, 1980). Die Therapieformen unterscheiden sich darin, ob es sich eher um die Behandlung des Einzelnen in der Gruppe handelt oder das therapeutische Potenzial der Gruppe genutzt wird. Im **Anhang A6** sind einige charakteristische Merkmale, der einzelnen Verfahren kurz dargestellt.

Neuere Psychotherapiemethoden sind weniger defizitorientiert, beziehen vorhandene Ressourcen und das System, in dem der Patient lebt, stärker in die Therapie ein und sind mehr an Lösungen im Hier und Jetzt interessiert. Unter Vernachlässigung der theoretischen Grundannahmen der Verfahren kommen bei einer integrativen Arbeitsweise unterschiedliche Aspekte einzelner Therapiemethoden gleichzeitig zum Einsatz (Grawe et al., 1994, S. 754).

Zum Teil sind Kliniken nach bestimmten therapeutischen Schulen ausgerichtet. Oft sind aber Therapeuten unterschiedlicher Richtung in einem Team zusammengefasst.

❗ **Es gibt Hinweise dafür, dass die Arbeit mit Abhängigkeitskranken weniger direktiv, weniger analytisch und nicht generell unstrukturiert sein sollte.**

Um zu einer konstruktiven Arbeit zu finden, sind je nach Zusammensetzung und gruppendynamischer Situation ganz unterschiedliche therapeutische und thematische Hilfen angezeigt.

Die Gruppensituation sollte nicht zu angstauslösend sein, da viele Patienten schon eine lange angstvolle Geschichte durchlebt haben. Destruktive Gruppenprozesse und Therapieabbrüche sind leicht die Folge. Negative Emotionen, die durch die Methode selbst hervorgerufen werden, sind in der Gruppe primär zu reflektieren.

❗ **Therapieansätze müssen suchtspezifische Fragestellungen einbeziehen.**

Die Krankheitsakzeptanz muss gefördert, der Abstinenzwunsch gefestigt und auf den Besuch der Selbsthilfegruppe muss schon während der Behandlung hingearbeitet werden. Fragen der suchtspezifischen Abwehrhaltung und der ambivalenten Motivation zur Behandlung sind zu berücksichtigen, je nach individueller Diagnostik sind Hintergründe der Krankheitsentwicklung aufzuarbeiten.

10.5   Individualtherapie

Nicht vorwiegend aus ökonomischen Gründen, sondern in erster Linie wegen der Möglichkeit des Modellernenes und gegenseitiger Identifikation findet der weitaus größte Teil der therapeutischen Arbeit mit pathologischen Glücksspielern im stationären und ambulanten Beispiel in Gruppen statt.

In der stationären Einrichtung suchen Spieler darüber hinaus in erheblichem Maß um Einzeltherapiegespräche nach. In erster Linie sind es ungeklärte **finanzielle Probleme**, die ein erstes individuelles Beratungsgespräch notwendig machen. Der Therapeut darf dabei nicht in die Rolle desjenigen geraten, der für den Patienten alles erledigt und ihn von seinen Sorgen befreit. Es sind jedoch vielfältige **Hilfestellungen** nötig, zum Beispiel die **Vermittlung zur Schuldnerberatung**, die Herausgabe von **Adressen** etc., die den Patienten befähigen sollen, sich selbst zu helfen.

Keineswegs sind es jedoch nur materielle Schwierigkeiten, die den Patienten bewegen, das Einzelgespräch zu suchen. **Familiäre Beziehungsprobleme** können sich während des Klinikaufenthaltes krisenhaft zuspitzen, indem Partnerbeziehungen zu scheitern drohen oder z. B. Elternteile massive Kontrollfunktionen während des stationären Auftenthalts durchzusetzen versuchen. Durch den Wegfall des Suchtmittels treten **innerpsychische Konflikte** und **Identifikationsprobleme** zutage, die starke **Ängste** und **depressive Verstimmungen** auslösen.

Entwöhnungssymptome der **inneren Leere**, sich nicht beschäftigen und ablenken zu können, sowie massive **Schuldgefühle** aufgrund ethisch und moralisch abweichender Verhaltensweisen im Zusammenhang mit der Geldbeschaffung führen zu erheblichen **psychischen Belastungen**, die eine **Einzeltherapie** notwendig machen.

❗ Eine zu große Verlagerung des Therapiegeschehens in die Individualtherapie führt jedoch dazu, dass die Gruppenstunden von der individuellen Konfliktbearbeitung ausgeklammert werden und Patienten darauf verweisen, dass sie bestimmte Themen schon in der Einzeltherapie besprochen hätten.

Taber (1981, S. 62f.) weist darauf hin, dass die Patienten ein großes Bedürfnis nach individueller Aufmerksamkeit mitbringen:»Nicht nur, dass die meisten Spieler eine individuelle Aufmerksamkeit wünschen, sie wollen auch den besten Therapeuten für ihre Einzelgespräche … Die Einladung zur Individualtherapie kann eine Falle sein, in die wir leicht hineingeraten, und der Gruppe wird so ihre eigentliche Funktion genommen, nämlich als der exakteste Spiegel zu dienen, den der einzelne jemals hatte.«

In krisenhaften Situationen können Patient und Therapeut erwägen, ob es möglich ist, das Problem in der vielleicht kurzfristig bevorstehenden Gruppenstunde zu besprechen. Die stationäre Therapie suggeriert dem Patienten leicht eine psychosoziale Versorgungslage, die für die reale Lebenssituation außerhalb der Klinik völlig unrealistisch ist und eher Abhängigkeitsbedürfnisse befriedigt als zur Selbständigkeit und Selbstverantwortung anregt. Allerdings gibt es **Krisensituationen**, bestimmte Formen

neurotischer Verhaltensstörungen, wie z. B. Ängste, Depressionen, sexuelle Problematiken, die zum Teil längerfristige einzeltherapeutische Maßnahmen parallel zur Gruppentherapie notwendig machen. Immer sollte jedoch nach Wegen gesucht werden, die Gruppe an der Entwicklung des einzelnen teilhaben und Inhalte aus den Einzelgesprächen durch den Patient in die Gruppe einfließen zu lassen.

Ebenso wie Gruppentherapie- sind auch Einzeltherapiegespräche von den unterschiedlichen psychologischen Schulen der Therapeuten beeinflusst. Häufig macht es die praktische therapeutische Arbeit notwendig, Elemente aus unterschiedlichen therapeutischen Richtungen zu vereinen, um eine komplexere Situation in der Gruppe oder im Einzelgespräch zu bewältigen (▶ Kap. 8). So ist es z. B. neben gesprächspsychotherapeutischen Maßnahmen notwendig, ganz konkrete Verhaltensziele zu definieren, z. B. die »Hausaufgabe« zu vereinbaren, einen genauen Schuldenplan und Rückzahlungsmodalitäten zu erstellen, und diese Aktivitäten positiv zu verstärken.

❗ Ein vielfältiges methodisches Können eröffnet die Möglichkeit, sich stärker auf das **individuelle Krankheitsbild** des jeweiligen Patienten einzustellen.

Persönlichkeit und geistige Struktur machen es in dem einen Falle vielleicht notwendig, stärker im **Verhaltensbereich** zu arbeiten, während bei einem anderen Patienten akute innerpsychische Konflikte **gesprächspsychotherapeutische Maßnahmen** erfordern. Es setzt eine umfangreiche methodische Kenntnis und Flexibilität voraus, dem komplexen Krankheitsbild des pathologischen Glücksspielers gerecht zu werden, was einerseits durch die Eigendynamik des Suchtverhaltens mit all den Abwehrhaltungen und Folgeerscheinungen und andererseits in der multikausalen Verursachung der Krankheitsentwicklung (▶ Kap. 4) begründet ist.

10.6   Sport, kreatives Gestalten, Arbeitstherapie

Spielsüchtige sind häufig durch mangelhafte Ernährung und starken Missbrauch von Kaffee und Nikotin gesundheitlich geschwächt.

❗ Das körperliche und emotionale Belastungs- und Durchhaltevermögen hat bei vielen Spielern stark gelitten, so dass **sportliche Betätigungen, beschäftigungs- und arbeitstherapeutische Maßnahmen** zur **physischen** und **psychischen Stabilisierung** erheblich beitragen.

Dabei handelt es sich um nichtverbale Therapieformen, die erst durch verbale Begleitung zur vollen Wirkung gelangen (Haerlin, 1982).

Ein gut strukturiertes Therapieprogramm einer Facheinrichtung für Suchtkranke hilft, auftretende Entwöhnungssymptome einer emotionalen Labilität aufzufangen, und regt zu neuen Interessen und Aktivitäten an. Ein multidimensionales stationäres Therapiekonzept, in das der Patient mehrere Wochen bis zu mehreren Monaten integriert ist, stellt von den psychischen und physischen Anforderungen her eine gute Vorbereitung auf das Leben nach der Therapie und den damit verbundenen Arbeitsalltag her. In einem $1\frac{1}{2}$stündigen Rhythmus, mit entsprechenden Pausen, lösen sich über den Tag verteilt gesprächspsychotherapeutische Maßnahmen (einschließlich Information, autogenem Training) und weniger verbal ausgerichtete Therapieformen wie Sport, kreatives Gestalten und Ergotherapie in einem festgelegten Wochenplan ab. Die Gruppenzusammensetzung aus der Gesprächsgruppe wird über alle Therapiemaßnahmen hinweg beibehalten, so dass gemeinsame Erfahrungen aus den Aktionsgruppen in der Gesprächsgruppe aufgenommen und psychotherapeutisch ausgewertet werden.

❗ Die tägliche Gesprächsgruppenstunde muss zudem offen sein für Probleme und Konflikte, die in den Therapiebereichen Sport, kreatives Gestalten und Arbeitstherapie entstanden sind.

Dadurch wird eine lebensnahe Psychotherapie möglich, die gewährleistet, dass der Patient auch außerhalb der Klinik fähig ist, seine alltäglichen Anforderungen ohne Einsatz des Suchtmittels zu bewältigen. Er lernt, belastende Gefühle durch Aussprache und Reflexion zu mindern und Konflikte mit Unterstützung anderer zu lösen, eigene Ansprüche und Standpunkte zu überprüfen, notwendige Einstellungs-

und Verhaltensänderungen zu planen und wiederum realitätsnah zu erproben.

Informationen aus diesen Therapiebereichen fließen nicht nur durch Gesprächsbeiträge von Patienten in den psychotherapeutischen Bereich, es ist auch eine enge Zusammenarbeit im therapeutischen Team mit Sport-, Arbeits- und Beschäftigungstherapeuten notwendig.

10.6.1   Sport

Sportliche Betätigungen stehen in der Beliebtheit bei den pathologischen Glücksspielern ganz oben an. Je nach Ausstattung der stationären Einrichtungen reichen sie von gezielter physiotherapeutischen Gymnastik bis zu Radfahren, Schwimmen und wenig verletzungsanfälligen Mannschaftssportarten. Insbesondere die Mannschaftsspiele, wie zum Beispiel Volleyball, regen zu heftigen Diskussionen in den Gesprächsgruppen an. Dabei wird immer wieder deutlich, dass es einigen Spielern extrem schwerfällt, sich in ein Mannschaftsspiel zu integrieren, verlieren zu können und tolerant gegenüber schwächeren Spielern zu sein. Eigene Fehler akzeptieren sie ebensowenig wie die von anderen und kämpfen teilweise mit einer Verbissenheit, die sie nach einigem Nachdenken an ihr Verhalten während des Glücksspiels erinnert.

Im Gegensatz zum pathologischen Glücksspiel ist die Spieldauer jedoch zeitlich begrenzt, es treten keine schädlichen psychischen und sozialen Folgen auf, da dieses Verhalten in den Gruppen verbal aufgearbeitet wird.

❗ Der Spieler wird dadurch in die Lage versetzt, seine Selbsterfahrung zu vertiefen, neue Formen der Selbstkontrolle zu entwickeln und veränderte Einsichten und Bewertungen direkt in korrigiertes Handeln umzusetzen.

Der Patient kommt zu realistischeren Einstellungen, erkennt, dass Verlieren zum Spiel gehört, übersteigerte perfektionistische Ansprüche schädlich sind und abzuwägen ist, wieviel Energie man in eine Sache investiert.

In einer viel beachteten Studie beschreibt Weber (1984) eine **Lauftherapie für Alkoholiker.** Neben dem schon beschriebenen multidimensionalen Therapieansatz wurde in einer stationären Einrichtung für Suchtkranke mit einer zufällig ausgewählten Gruppe von Patienten ein gezieltes Lauftraining unter psychischer und medizinischer Evaluation durchgeführt. Dabei geht Weber von Thesen aus, nach denen **selbstauferlegter körperlicher Stress für die Gesundheit besonders wichtig ist**. Amerikanische Untersuchungen mit Suchtkranken hatten bereits 1970 gezeigt, dass durch ein 4-wöchiges Laufprogramm (5 Tage pro Woche jeweils 1 Meile) nicht nur die körperliche Fitness verbessert wurde, sondern auch das **Selbstwertgefühl** bedeutsam anstieg. In einem von Weber in ähnlicher Weise durchgeführten Versuch (3-mal pro Woche ein standardisiertes Laufprogramm) zeigte sich, dass sich zu Beginn der Therapie gemessene **Angstwerte** (Zustandsangst) durch das Lauftraining noch zusätzlich, über den allgemein festgestellten Behandlungseffekt hinaus **verbesserten**. Mit der Zustandsangst verbunden sind Gefühle der inneren Unruhe, Anspannung, Nervosität und übergroßen Besorgtheit.

❗ Eine ausgewogene sportliche Betätigung trägt somit zum einen dazu bei, in der schwierigen Entwöhnungsphase vom süchtigen Spielverhalten für körperliche Fitness und psychischen Ausgleich zu sorgen, zum anderen stellt sie aber auch **dauerhaft** eine Alternative zum Suchtverhalten dar, indem sie die Bewältigung alltäglicher Konflikte und Belastungen unterstützt.

10.6.2   Kreatives Gestalten

Exzessives Glücksspiel hat zur Folge, dass andere Interessen in starkem Maß verlorengehen und alle anderen Aktivitäten absorbiert werden (Interessenabsorption). Dabei ist nicht zu vernachlässigen, dass es sich beim Spielvorgang zum größten Teil um äußerst monotone und sogar stumpfsinnige Verhaltensweisen handelt, die ihren Anreiz lediglich durch die Gewinn- und Verlustmöglichkeiten erzielen. Vor diesem Hintergrund ist es nachvollziehbar, dass Spieler Möglichkeiten des **kreativen Gestaltens** teilweise mit anfänglichem Unbehagen und Widerständen annehmen.

Je nach Ausstattung der Klinik finden ganz unterschiedliche Techniken und Materialien Anwen-

dung, wie zum Beispiel Töpfern, Hinterglasmalerei, Seidenmalerei, Aquarelltechniken, Holzbrandmalen, Makramee, Peddigrohrflechten, Arbeiten mit Leder, Holz- und Metallarbeiten und Tiffanyarbeiten. Das kreative Gestalten wird als Einzel- oder Gruppenarbeit oder in einem längerfristigen Projekt durchgeführt. Insbesondere Arbeiten mit Ton, bei denen Form und Gestalt am wenigsten vorgeben sind und vielfältige psychomotorische Anforderungen an ein freies Gestalten gerichtet sind, lösen zunächst die größten Frustrationen aus. Sind nach einiger Zeit Widerstände und Berührungsängste abgebaut, ist das Erfolgserlebnis um so größer.

Die Kreativität soll nicht in erster Linie anderen dienen (Bischoff, 1992) oder ein nützliches Resultat liefern, sondern ist primär auf sich selbst und die **Erlangung einer inneren Befriedigung** gerichtet. Das pathologische Glücksspiel hat möglicherweise eher eine **materialistische Denkweise** gefördert, die, wenn auch eher in der Phantasie, stark von **Nützlichkeitserwägungen** geprägt war. **Kreatives Gestalten** darf keine Flucht in eine Phantasiewelt begünstigen, sondern ist immer eine **konstruktive Auseinandersetzung** und ein wirkliches **Eingehen** auf **unterschiedliche Materialien und Formen**. Gerade dieses Verhalten scheint bei vielen Spielern in der Kindheit und im Heranwachsen nur wenig gefördert worden zu sein. Schwierige Sozialisationsbedingungen sowie zum Teil auch enge räumliche Verhältnisse und wenig gestaltbare Umweltbedingungen haben kreatives Interesse häufig erst gar nicht aufkommen lassen. Neuere Untersuchungen, insbesondere aus Großstädten, zeigen, dass die Sinneswahrnehmungen der Kinder zum Teil sehr einseitig auf optische und akustische Reize ausgerichtet, während psychomotorische Fähigkeiten wie Bewegen, Fühlen, Tasten stark verkümmert sind.

Es muss deshalb nicht verwundern, dass z.B. Spielgeräte und Automaten, die dieser einseitigen Sinneswahrnehmung entgegenkommen, einen besonderen Anreiz ausüben. Um so wichtiger scheint es zu sein, dieser einseitigen Wahrnehmungsausrichtung entgegenzuwirken, bei Widerständen gegenüber alternativen Betätigungen nicht so schnell aufzugeben und die **Sinneswahrnehmungen und das Handlungspotenzial insgesamt zu erweitern**.

❗ **Kreatives Gestalten setzt in erheblichem Maße *Selbsterfahrungsprozesse* in Gang, die in die gesprächsorientierten Therapiemaßnahmen einfließen und dort weiter vertieft werden.**

Ein pathologischer Glücksspieler, der Interesse an der Seidenmalerei entwickelt hatte und dies auch mit von den Mitpatienten anerkannten guten Ergebnissen praktizierte, thematisierte in den Gesprächsgruppen mehrfach seine emotionalen Probleme damit, dass ein Alkoholiker schönere Resultate und mehr Anerkennung bei den anderen erziele. Es fiel ihm offensichtlich schwer, sich von einem Konkurrenzdenken zu lösen und eine innere Befriedigung an seinem Tun zu finden.

10.6.3   Arbeitstherapie

Zur Indikation der **Arbeitstherapie** führt Haerlin (1982) aus, dass diese Therapieform bei allen Erkrankungen und Störungen angezeigt ist, die mehr als einige Wochen fortdauern und den Patienten oder Klienten aus seinem normalen Lebensrhythmus von Arbeit und häuslichen Pflichten herausreißen. Eine stationäre Therapiedauer von 8 Wochen bis zu 4 Monaten erfüllt diese Indikation bei weitem, und so gehören die verschiedensten **arbeitstherapeutischen Maßnahmen** zum **festen Therapieprogramm** der Facheinrichtungen für Suchtkranke. Während in psychiatrischen Kliniken Arbeitstherapie durch zum Teil monotone Industrieaufträge mit minimaler Bezahlung gekennzeichnet war, bewegen sich arbeitstherapeutische Maßnahmen im Suchtbereich eher im Rahmen der **hauswirtschaftlichen** und **gartengestalterischen Versorgung**. Die Arbeitseinteilung erfolgt dabei überwiegend in Absprache mit dem therapeutischen Team, wobei z. B. zwischen Einsätzen unterschieden wird, die mehr oder weniger soziales Konfliktpotenzial und Durchsetzungsvermögen erfordern, körperlich unterschiedliche Anstrengungen beinhalten, eher einzeln oder in Gemeinschaft durchzuführen sind oder besonderes gestalterisches Geschick und eventuell auch Reinlichkeit verlangen. Bei längerfristigen stationären Aufenthalten sollte immer im Auge behalten werden, dass der Patient nach der stationären Maßnahme meistens ein großes tägliches Arbeitspensum

zu verkraften hat, auf das er psychisch und körperlich möglichst optimal vorbereitet sein muss.

Der Patient nimmt arbeitstherapeutische Einsätze manchmal nicht ohne Widerspruch hin. Es kann durchaus sein, dass der junge pathologische Glücksspieler **erstmalig in seinem Leben einen Schrubber in die Hand nimmt** und andere Arbeiten im Haushalt verrichtet, die er bisher nicht gewohnt war, die aber seiner geplanten Verselbständigung durchaus entgegenkommen. Arbeitseinsätze im Küchen- und Aufenthaltsbereich erfordern teilweise ein beträchtliches Durchsetzungsvermögen und ermöglichen ein lebensnahes Training sozialer Kompetenzen.

❗ **Eine sorgfältige Indikationsstellung und therapeutische Begleitung ist dabei notwendig, damit keine Überforderung bzw. starke Misserfolge eintreten.**

In Abständen von einigen Wochen sollten die Arbeitsplätze gewechselt werden, damit ein unterschiedliches Anforderungspotenzial wirksam wird und keine zu starke Gewöhnung an Arbeiten entsteht, die mit der Beschäftigung nach der Behandlung nur wenig vereinbar sind. An industrielle Fertigungen angelehnte arbeitstherapeutische Maßnahmen sind dann sinnvoll, wenn eine ähnliche berufliche Beschäftigung vorhanden oder geplant ist.

10.7   Besonderheiten in der Klientel

10.7.1   Therapie von spielsüchtigen Frauen

Erscheinungsbild

In den USA wird geschätzt, dass etwa ein Drittel der pathologischen Glücksspieler weiblich sind. (Auf die erwachsene Bevölkerung bezogen werden insgesamt 1,4–3,4% Spielsüchtige vermutet.) Erstaunlich ist, dass aber nur 2–7% der Hilfesuchenden (Anonyme Spieler) Frauen sind (Lesieur & Blume, 1996). Dies würde eine beträchtliche Unterversorgung der Spielerinnen bedeuten. **Vermutet wird, dass es für Frauen einen größeren Makel darstellt, sich zu einer Spielproblematik zu bekennen.** (Der magische Glücksspieler oder Glücksritter ist männlich.) Spielerinnen sind zudem öfter ledig, getrennt oder geschieden, so dass weniger sozialer Druck ausgeübt werden dürfte, sich in Behandlung zu begeben. Dies bedeutet außerdem, dass auch in der Therapie mit weniger sozialem Rückhalt zu rechnen ist. Bei Untersuchungen, allerdings von kleineren Stichproben ($n=32$; $n=50$), zeigte sich, dass Frauen häufiger eine **problematische Kindheit** hatten:

- Vater alkoholabhängig 28%,
- Mutter alkoholabhängig 10%,
- Vater spielsüchtig 20% oder Mutter 4%,
- andere gravierende Probleme, wie psychisch kranke Eltern/sexueller Missbrauch 12%.

Gehäuft traten zudem **Schwierigkeiten in der Partnerschaft** und in den übrigen **Bereichen des Erwachsenenlebens** auf:

- niemals verheiratet 16%,
- geschieden/getrennt 30%,
- verheiratet 52%,
- verwitwet 2%.

Die Ehen der Glücksspielerinnen waren dadurch stark gestört, dass 62% der Ehemänner spielsüchtig, alkohol- oder drogenabhängig waren oder andere gravierende Probleme hatten; 29% der Frauen wurden von den Männern (meist Alkoholiker) körperlich misshandelt. Aus beruflichen Gründen waren bei 44% der Frauen die Ehemänner häufig abwesend; dies führte zu einer **chronischen Einsamkeit**. Über 50% der Frauen sahen im Glücksspielen zunächst eine Möglichkeit, vor überwältigenden Problemen zu flüchten. Die andere Hälfte hoffte hauptsächlich auf einen hohen Gewinn. Alle Frauen hätten im Glücksspiel »action« (Aufregung, erregt sein, Spannung), ein drogenähnliches Hochgefühl, das den Adrenalinspiegel ansteigen lasse, gesucht. Alles andere trete dann in den Hintergrund.

Folge war immer eine **desolate finanzielle Situation**, bis hin zur Beschaffungsdelinquenz (zwei Drittel). Im Vergleich zu den männlichen Glücksspielern hätten die Frauen häufiger ungedeckte Schecks ausgestellt und sich prostituiert. Im Verlauf der Krankheitsentwicklung komme es oft zu starken depressiven Einbrüchen. Weitere Auffälligkeiten bei den Spielerinnen seien **übermäßiges Geldausgeben** (24%) und **zwanghaftes Überessen** (20%) sowie ein **süchtiges Sexualverhalten** (12%).

❗ **Insgesamt werden beträchtliche Parallelen zu Entwicklungsverläufen bei Alkoholikerinnen und drogenabhängigen Frauen gesehen.**

Feministischer Behandlungsansatz

❗ **Im Zentrum der Therapie steht die Glücksspielabstinenz. Bei der Motivlage und Krankheitsakzeptanz müssen die tiefer gehenden Scham- und Schuldgefühle der Patientinnen besondere Berücksichtigung finden. Bei der Aufarbeitung der Ursachen sind die frauenspezifischen Hintergründe zu berücksichtigen.**

Häufig ist externer Druck aufgrund krimineller Taten ausschlaggebend für den Behandlungsantritt gewesen. Das **Selbstwertgefühl** ist oft so gering, dass **Patientinnen teilweise daran zweifeln, überhaupt gut genug für eine Therapie zu sein**. Möglichst früh muss eine rückhaltlose Bilanz der finanziellen Verhältnisse erfolgen, damit der massive psychische Druck nachlässt. Das Chaos ist oft so groß, dass es nicht ohne die professionelle Hilfe einer Schuldnerberatung geht, um z. B. eine kontinuierliche Rückzahlung der Schulden zu beginnen.

Sind ausreichend Fortschritte dabei erzielt worden, die Motivation zu einer umfassenden Behandlung und Krankheitsakzeptanz der Patientin zu festigen und damit die ersten Voraussetzungen für eine dauerhafte Abstinenz geschaffen, treten **Hintergründe der Suchtentwicklung** in den Vordergrund der Behandlung. In dieser Phase der Therapie ist eine **reine Frauengruppe** besonders **hilfreich**.

Themenschwerpunkte in diesem Zusammenhang sind (Vogelsang & Petry, 1996):

- **Probleme, die aus der Herkunftsfamilie resultieren**: sexueller Missbrauch? Grenzverletzungen? Rollentausch und Überforderung durch zu viel Verantwortung? Verbergen, verdrängen, vertuschen als frühe »Überlebensstrategie«? Weltmeister im Flüchten?
- **Inadäquate Problemlösungsstrategien**: Patienten möglichst viel Entscheidungs- und Gestaltungsspielraum geben, Entscheidungen zur Veränderung des sozialen Umfelds vorbereiten – z. B. die Schwiegermutter gibt den Schlüssel für die Wohnung der Patientin ab.
- **Aktuelle Partnerkonflikte**: abhängige Partner selbst zur Therapie bewegen, Wünsche und Be-

dürfnisse an den Partner artikulieren, Ressourcen und Gefahren der Beziehung darstellen.

- **Einsamkeit**: objektive oder eher subjektive – kann nicht Alleinsein – Empfindung? Findet eine extreme Beschäftigung mit anderen apersonalen Kommunikationsmitteln, wie PC-Spiele, Fernsehen, Gamboy etc., statt? Sinnvolle Tagesstrukturierung und Freizeitgestaltung planen, die soziale Kontakte ermöglichen?
- **Schuld- und Schamgefühle**: frühe Interventionsmöglichkeiten werden so versäumt. Schuld setzt Handlungsfreiheit voraus! Verantwortliche Lebensführung anstreben. Wo ist Wiedergutmachung möglich?
- **Widersprüchliche weibliche Rollenerwartungen**: Vorurteile, die Schuldgefühle auslösen: Könnte es eine schlechtere Mutter geben, als jene die, das Geld für das Essen verspielt? Welche Ideale werden angestrebt? Überforderungen? Negative Modellerfahrungen? Sich selbst loben können? Verbesserung der Körperwahrnehmung. Frauenspezifische Aspekte von Abhängigkeitserkrankungen.

10.7.2 Pathologisches Spielverhalten bei (Roulette-)Glücksspielen im Internet

In der Bernhard-Salzmann-Klinik wurde Ende 2002 der erste pathologische Glücksspieler aufgenommen, der im Verlauf seiner »Glücksspielkarriere« in süchtiger Form Online-Roulette spielte. Rush et al. (2002) präsentieren Daten von insgesamt 2.224 Personen aus Ontario, Kanada, die im Zeitraum von Januar 1998 bis April 2000 als Betroffene oder Angehörige zur Versorgung wegen pathologischem Glücksspiel nachfragten. Von 1.195 selbstbetroffenen Spielern bezeichneten 1,4% das Internet als eine der 3 »Hauptspielstätten«. Unlängst veröffentlichte Befunde des britischen Wohlfahrtsverbandes GamCare weisen auf einen erheblichen Anstieg des Anteils »Online-Problemspieler« hin, die im Zeitraum zwischen 2001 und August 2003 die verschiedenen Beratungsangebote dieser Einrichtung in Anspruch nahmen (GamCare Care Services Report 2003).

Die vorliegenden Studienergebnisse liefern bislang erste Hinweise auf das Gefährdungspotenzial von Glücksspielen im Internet. Bei der Interpretation der Befunde muss berücksichtigt werden, dass der Anteil der Internetuser zum Zeitpunkt der Durchführung der meisten Studien gering ausfiel und darüber hinaus nur ein Bruchteil der befragten Personen überhaupt Glücksspiele im Internet nachgefragt hatten. Es handelt sich beim Online-Gambling um eine relativ neue Form des Glücksspiels, und Erfahrungen mit anderen Glücksspielformen zeigen, dass die **Entwicklung von glücksspielbezogenen problematischen Erlebens- und Verhaltensweisen gewöhnlich mehrere Jahre andauert** (z. B. Denzer et al., 1995; Productivity Commission, 1999) und das Problemausmaß demnach erst mit einer gewissen Verzögerung dokumentierbar ist. Griffiths & Parke (2002) antworten auf die Frage, ob die **Internetnutzung** an sich süchtige Formen annehmen kann (auch Griffiths, 1995, 1996, 1998; Griffiths & Wood 2000; Young, 1996, 1998, 1999), dass das Internet eher ein Medium ist, um Süchte, wie Sexsucht, Beziehungssüchte, »online gambling«, Kaufsucht etc., zu praktizieren. Die **freie** und äußerst **bequeme Verfügbarkeit** des Glücksspiels im Internet wird ihrer Ansicht nach das Potential für problematisches Glücksspiel erheblich steigern (Hayer, Bachmann & Meyer, 2004).

In der Behandlung dieser speziellen Art des pathologischen Glücksspiels ist die Frage zu stellen, **in wie weit hier Einschränkungen des Zugriffs möglich sind**, um gerade die erste Zeit der Abstinenz und Entwöhnung nicht durch Rückfälligkeit zu gefährden. In vielen Haushalten, insbesondere Geschäftshaushalten, wie in dem unten beschriebenen Fallbeispiel, ist die PC-Nutzung alltägliche Praxis. So kam es bei dem ersten in der Klinik behandelten Patienten vor der Therapie, trotz guter Vorsätze und teilweise längerer Abstinenzzeiten immer wieder zu Rückfällen, weil er unter Vorwänden (z. B. Bahnverbindugen herauszusuchen) am PC arbeitete, die Hemmschwelle so senkte und dem gesteigerten Verlangen dann nicht mehr widerstehen konnte, die (Roulette-)Glücksspielseiten aufzurufen und weiterzuspielen. Die von ihm selbst in der Familie vorgeschlagene Möglichkeit, ihm unbekannte Kennworte für den Internetzugang einzusetzen, umging er damit, dass er den PC gezielt abstürzen ließ und sich durch ein ausgeklügeltes System wieder Online-Zugang verschaffte. Es wurde dann vereinbart, dass er bis auf weiteres nicht ohne Anwesenheit von Angehörigen am PC tätig wird, nur das Notwendigste dort überhaupt erledigt.

Zu berücksichtigen ist in diesem Zusammenhang, das Glücksspiel-Webseiten ungewollt aufgerufen werden, weil Spielanbieter Stichworte verwenden, die allgemeiner Art sind oder sogar Verwendung finden (»compulsive gambling«), um Hilfe wegen des Spielproblems zu suchen. Oft sind Erotikangebote und andere Fenster mit Glücksspielseiten verknüpft, so dass häufiger ungewollt so viele Angebote erscheinen, dass Nutzer nur den Ausweg sehen würden, den Apparat auszuschalten.

Kasuistik

Mit der nachfolgenden Kasuistik wird die Wirkung der beschriebenen strukturellen Merkmale von Online-Glücksspielen im Rahmen der Glücksspielerkarriere veranschaulicht, und ausgewählte Problemfelder (wie etwa die Zugriffsmöglichkeit von Online-Glücksspielen für gesperrte Spieler) werden dokumentiert. Bei dem Patienten handelt es sich um Herrn G., der im April 2002 zu seiner ersten stationären Spielerentwöhnungstherapie in der Bernhard-Salzmann-Klinik erschien. Die **Zuweisungsdiagnosen** von Herrn G. lauteten »pathologisches Glücksspiel« (nach DSM-IV und ICD-10) sowie »Morbus Parkinson«. Der Patient war Ende Fünfzig und in zweiter Ehe verheiratet. Laut Herrn G. habe die Ehefrau 2 Kinder aus erster Ehe mitgebracht. Der Stiefsohn sei jugendlich und die Stieftochter gerade erwachsen. Aus erster Ehe habe er 2 erwachsene Töchter. Die Ehe sei durch seine Spielsucht stark belastet, aber die Partnerin halte zu ihm und unterstütze ihn in der Therapie. Seine Ehefrau sei erfolgreich selbstständig. Zur Wohnsituation erklärte Herr G., dass seine Familie und er in einem eigenen Haus wohnen; dies sei aber noch nicht abbezahlt. Zum Zeitpunkt der Aufnahme arbeitete der Patient in ungekündigter Stellung als Verwaltungsangestellter.

In Bezug auf das **Roulettespiel** berichtete Herr G. von einem Erstkontakt im Jahr 1990. Von 1990–1995 sei er etwa 5- bis 6-mal in Spielkasinos gegangen. Ab 1995 habe sich das Glücksspielen beträchtlich verstärkt, bis zu etwa 2-mal wöchentlich. Der von ihm erinnerte höchste Gewinn habe bei 3.500 EUR, der höchste Verlust bei 900 EUR gelegen. Zu Beginn der Therapie schätzte er (wohl erheblich zu niedrig) seine gesamten Spielverluste auf ungefähr 35.000 EUR.

Im November 2001 habe er sich in den Kasinos sperren lassen und seitdem im Internet Roulette gespielt. Zunächst sei dies phasenweise geschehen, bis er über 3–4 Tage und ganze Nächte durchgespielt habe. Dann sei er wieder einige Tage spielfrei geblieben. Zuletzt habe er noch am Aufnahmetag auf der Fahrt zur Klinik nach Gütersloh in Hamburg halt gemacht und dort **im Kasino am Automatenspiel** teilgenommen. Herr G. schilderte, für die Glücksspiele keine Kredite aufgenommen zu haben und nicht beschaffungskriminell geworden zu sein. Durch Kontoüberziehungen habe er insgesamt 3.000 EUR Schulden angehäuft. Ambulante Versuche, das exzessive Glücksspielverhalten zu stoppen, seien bisher gescheitert. Die psychiatrische Anamnese ergab außerdem, dass Herr G. im Alter von 30 Jahren ambulant psychotherapeutisch wegen einer Phobie vor Windgeräuschen und Depressionen behandelt wurde. Die Beschwerden reduzierten sich laut Patientenangaben in den Jahren danach. Im Januar **2002** sei es zu einem **Suizidversuch mit Tabletten** gekommen, da Herr G. keinen Ausweg mehr aus seinem Glücksspielproblem gesehen habe. Nachdem seine Partnerin ihn morgens gefunden habe, sei er auf die Intensivstation gekommen, wo ihm der Magen ausgepumpt worden sei. Dort habe er eine Weile jede Behandlung abgelehnt, bis er sich dann zu dieser Maßnahme gegen seine Spielsucht entschieden habe.

Darüber hinaus war der Patient zum Zeitpunkt der Aufnahme in Gütersloh wegen seiner Parkinson-Erkrankung medikamentös eingestellt (Dosis: 1-mal Nacom 100 retard; 7-mal Parkotil 1,0; nach Bedarf Madopar 100). Bei Herrn G. konnte eine Parkinson-bedingte Steifigkeit erkannt werden. Ebenso litt Herr G. unter Rückenschmerzen mit Verspannungen, Gehschwierigkeiten mit Kniegelenkbeschwerden sowie Störungen der Feinmotorik. Herr G. schilderte, dass durch die Parkinson-Erkrankung viele seiner Interessen nachgelassen haben. Zudem seien starke **Selbstwertprobleme** entstanden, kein richtiger Mann mehr zu sein. Demzufolge **gebrauche er das Glücksspielen, um einen Kick zu bekommen.** Er habe **Beziehungsprobleme**, und es gäbe häufiger Streit wegen der Kinder. In der Familie fühle er sich häufig wie das fünfte Rad am Wagen.

Der nachfolgende Bericht spiegelt die Rolle des Online-Gambling im Rahmen des fehlangepassten Entwicklungsverlaufes aus Sicht des Patienten wieder. Um die Authentizität nicht zu zerstören, wurden keine gravierenden sprachlichen Korrekturen vorgenommen.

Zum ersten Mal kam ich mit dem Roulette nach meiner Erinnerung im Jahr 1987, anlässlich eines »Westbesuches« bei einem Cousin in Großhansdorf bei Hamburg in Berührung. Ich erinnere mich noch ganz deutlich an jede Einzelheit. Wir fuhren mit dem PKW nach Hittfeld, machten die üblichen Angaben und entrichteten 10 DM, die mir als »DDR-Bürger« übrigens erlassen wurden und betraten das Kasino. Trotz dieser sozialen Geste ließ sich die Spielbank auch von mir bescheinigen, dass mein Einkommen ausreichen würde, um am Glücksspiel teilzunehmen, oder so ähnlich. Mein Cousin gab mir 50 Westmark und ließ mich setzen. Das System war mir im Großen und Ganzen klar, was ich an Details wissen musste, hatte ich schnell heraus. Nun, nach ca. 60 Minuten war ich trotz »überlegtem« Setzen auf die einfache Chance meine Jetons los, was mich jedoch nicht daran hinderte, über »nichtgenutzte« Gewinnchancen nachzudenken. Noch lange kehrten meine Gedanken immer wieder zu diesem Erlebnis zurück. Ich habe auch oft und begeistert davon gesprochen. Und was mir ebenfalls deutlich erinnerlich blieb: Schon damals sagte ich mir selbst, dass mir das Roulette gefährlich werden könnte, ja es war mir dabei sogar deutlich, dass ein Gewinn die größere Gefahr sein würde.

Das Interesse am Roulette wurde dann für einige Jahre zwangsläufig konserviert, in der damaligen DDR gab es keine Spielbanken. Aber bei der ersten, sich bietenden Gelegenheit, es war ein Urlaub, etwa 1993 in Sharm El Sheikh, folgte dann der zweite Besuch. Dem Schema, das ich von meinem Cousin übernommen hatte, folgend, nahm ich eine feste Summe, hier 100 $, mit, nach deren Verlust ich die Spielbank auch noch konsequent verließ. In den folgenden Jahren, etwa bis 1997, gab es durchschnittlich nicht mehr als einen Kasinobesuch pro Jahr, an die ich mich auch noch im Einzelnen erinnere: In Bremen mit Verwandten gewann ich 640 DM, in Schwerin wiederum mit Verwandten, mit Vereinsmitglie-

▼

dern und das erste Mal allein! Jedes Mal oder mindestens fast jedes Mal gewann ich einige 100 Mark, wobei ich noch immer nicht mehr als maximal 100 DM mitnahm.

Dies Prinzip verließ ich erstmalig, als ich in Hittfeld verlor und den Verlust unbedingt ausgleichen wollte. Von dem Zeitpunkt an nahmen die Spielbankbesuche zu, und bei immer schlechter werdender Verlustbilanz, von einer Gewinnbilanz konnte man nicht mehr sprechen, erhöhten sich auch die Einsätze. Das Spielen war für mich zum Problem geworden. Dies war mir von Anfang an völlig klar, weil ich im Verlaufe des Lebens genug über Spielabhängigkeit und Spielerschicksale erfahren hatte, um die Symptome einordnen zu können. Aber auch meine Frau spürte schon zu diesem Zeitpunkt die heraufziehende Gefahr. Sie begann mir Vorhaltungen zu machen, sowohl bezüglich des verlorenen Geldes als auch wegen der vergeudeten Zeit, Zeit die ihrer Meinung nach der Familie fehlte. In der Tat war es unmerklich dazu gekommen, dass ich mich dem Familienleben immer öfter entzog. 1996 an Morbus Parkinson erkrankt, nahm mein Interesse, die Anteilnahme an der Umwelt merklich ab. Ich zog mich zum Computer zurück und suchte die Anregung, den »Kick« am Roulettetisch. In den Beziehungen zwischen meiner Familie und mir war es ohnehin schon zu Spannungen gekommen, die ich seinerzeit mit meinem sozialen Abstieg in Verbindung brachte. Gleichzeitig war meine Frau mit 2 physiotherapeutischen Praxen, an deren betriebswirtschaftlicher Einrichtung und Führung ich Anteil hatte, sehr erfolgreich. Beide veränderten wir uns mit dem vermeintlichen oder wirklichen Erfolg oder Misserfolg natürlich. Es war nur noch der Hund, der seinen Platz in der Rangordnung der Familie hinter mir hatte. Eine Feststellung, die ich nur teilweise scherzhaft meinte. Ob es nun so war, oder anders, dies war meine Projektion der Situation und infolgedessen häuften sich meine Kasinobesuche. Den beschriebenen Reaktionen meiner Frau begegnete ich mit Heimlichkeiten, aus denen schnell Lügen wurden. Lügen auf die Fragen nach meinem Ver-

▼

bleib, Betrug zur Beschaffung des Geldes. Mein Leben wurde immer mehr von diesen Umständen bestimmt. Ständig versuchte ich, den Postkasten als Erster zu leeren, um z. B. Kontoauszüge oder Telekomrechnungen abzufangen, auf dem PC löschte ich die Auszüge ebenfalls oder blockierte das Konto dieser oder jener Bank, das dann angeblich nicht funktionierte.

Die Atmosphäre in der Familie war durch die ständigen Auseinandersetzungen gestört, besonders die Kinder suchten Fluchtpunkte, gingen ihre eigenen Wege. **Im August des Jahres 2001 entdeckte ich dann mehr oder weniger zufällig die Möglichkeit im Internet spielen zu können.** Nach dem Herunterladen der kostenlosen Software war nur die Kreditkartennummer mit einigen persönlichen Daten einzugeben, und schon war mit einer tadellosen Grafik die Illusion eines Spielsaales fast perfekt. Im Unterschied zum wirklichen Kasino ging nur alles viel schneller. Ein Coup dauerte nur Sekunden, während mit Setzen, dem Lauf der Kugel im Kessel und dem anschließenden Auszahlen dafür an einem gut besuchten Tisch sonst eine Viertelstunde vergehen kann. Ich gewann, verlor, kaufte neue Jetons und kam in eine Art Spielrausch. Es war mir bewusst, dass ich die Übersicht über den bisherigen Einsatz verloren hatte, weshalb ich die neuen Käufe auf jeweils 20 $ verringerte. Die Befürchtungen über die Höhe des bereits eingetretenen Verlustes bewogen mich immer wieder zu einem »allerletzten« Kauf von nur noch 20 $ bis plötzlich die Nachricht: »Sie haben das Tageslimit von 900 $ ausgeschöpft, zu Ihrer eigenen Sicherheit können wir Ihnen leider...« dem ein Ende setzte. 900 $!!! Mich durchfuhr ein eisiger Schrecken, hatte ich doch angenommen, etwa bei der Hälfte, 400 $ bis höchstens 500 $ angekommen zu sein! Dieser hohe Verlust löste die erste ernsthafte Krise in unserer Ehe aus. Ich nahm mir vor mit dem Spielen aufzuhören, was ich meiner Frau auch zusicherte, es dann aber nach längstens 3 Tagen auf das Spielen im Internet abmilderte.

Auf langsam aber stetig steigendem Niveau spielte ich also im Kasino weiter und war im No-

vember 2001 bei 2 Besuchen in der Woche mit jeweils etwa 150 DM Verlust, also ca. 1.200 DM monatlich angekommen. Zu dem Zeitpunkt war es noch nicht einmal die verspielte Summe, die etwa unsere Existenz gefährden würde. Vielmehr war es die Erkenntnis, dass ich das Spielen nicht mehr beherrschte und die damit verbundenen Perspektiven, die mir und natürlich meiner Frau Angst machten. Meine ganze Persönlichkeit hatte sich verändert. Unter anderem begann ich aggressiv Auto zu fahren. Ständig hatte ich neue Strafmandate in der Post und insgesamt 3 Anzeigen mit drohendem Fahrverbot. Ende November verließ ich unter dem Vorwand, meine Medikamente nicht genommen zu haben, eine Tanzveranstaltung und verspielte im Kasino das mitgenommene Geld. Völlig deprimiert kehrte ich zurück und unterzeichnete noch am selben Abend eine Selbstsperre für den Besuch aller Kasinos in Deutschland und der EU. Ich habe im darauffolgenden Monat einmal in Berlin und einmal in Hittfeld »nachgeprüft«, ob diese Sperre beachtet wurde. Dies war der Fall und nach meiner heutigen Erinnerung begann ich mich mit der Situation abzufinden.

Dann kam das Weihnachtsfest, das besinnlich begann, ich konnte auch mit anwaltlicher Hilfe ein Fahrverbot nicht mehr abwenden und war deshalb bereits ab 15.12. im Urlaub zu Hause. Da schickte mir das Internetkasino eine Mail mit Neujahrswünschen und der Nachricht, auf meinem Konto (bei der Spielbank) 100 $ als Neujahrsgratifikation gutgeschrieben zu haben. Trotz eindringlicher Warnungen meiner Frau »sah ich nach« und hatte nach einigen Spielstunden 3.600 $ gewonnen! Jetzt begann der eigentliche Leidensweg für mich. Das Spielen wurde exzessiv. Aus dem Gewinn, der mir auch wirklich auf meinem Konto ankam, wurde schon am letzten Weihnachtstag 9.000 $ Verlust und zur Jahreswende 12.000 $. In den Nächten fielen für mich Schranken, die ich bis dahin für feststehend hielt. Bei Erreichen des Limits benutzte ich die Kreditkarte meiner Frau und schließlich die meiner 17-jährigen Tochter, um weiterspielen zu können. Es war immer nur am Anfang schrecklich! Alle wichtigen moralischen Grundsätze waren nichts wert! Ich bekam eine Ahnung davon, wohin mich das Spielen führen kann (oder wird?). Nach Neujahr ließ ich mich von unserem Hausarzt in eine Suchtklinik in Schwerin einweisen. In der Vorhalle der Klinik stand ein Internetterminal! Für mich also eine Möglichkeit »alles wieder gut zu machen«. Glaubte ich das wirklich? Wahrscheinlich nicht, ich kann es heute wirklich nicht mehr sagen, weiß nur, dass ich spielte und die Hoffnungslosigkeit den Gedanken, das Leben zu verlassen, immer konkreter werden ließ. Schon vorher hatte ich mir von meinem Herzmedikament eine Reserve angelegt. Gedanklich erschien mir diese Aussicht immer verlockender. Mein Ende war ja eigentlich gar nicht mein Problem. Da ich nicht mehr da sein würde, hätte ich mit meinem Tod ja nichts zu tun. Es war also lediglich eine sichere und möglichst leichte Methode zu finden, und der Beipackzettel des Medikamentes schien dies zu garantieren. Also setzte ich mir selbst eine Frist. Wie schon oft hatte ich in den vorangegangenen Tagen mit meiner Frau, die ich doch so liebte, vereinbart, einen neuen Anfang zu versuchen. Dem stand nur entgegen, dass da noch eine Spielnacht war, von der sie nichts wusste. Kurz, ich musste diese 600 $ oder 800 $ »hereinholen«, um ihr die neue Schreckensnachricht zu ersparen. Wenn das nicht gelingen würde, hatte ich mir vorgenommen, die Tabletten zu nehmen, was dann am 15.02.2002 zu der Einlieferung in die Intensivstation führte.

Wie der Selbstschilderung zu entnehmen ist, können Online-Glücksspiele die Entwicklung glücksspielbezogener Probleme fördern. Im Fall von Herrn G. steht die Suchtverlagerung von einer exzessiven Spielbeteiligung offline zu einer exzessiven Spielbeteiligung online im Vordergrund seiner Schilderungen. Nachdem sich der Patient zum Selbstschutz in den Kasinos sperren ließ, entdeckte er die Möglichkeit, über das Internet leicht und schnell auch von zu Hause aus mit hohen Einsätzen zu spielen. Die Verwandlung des eigenen Wohnzimmers in ein Spielkasino passierte vorwiegend in den Abend- und Nacht-

stunden, da Herr G. sich zu diesen Zeitpunkten unbeobachtet fühlte. **Beim Spielen konnte der Patient sich zurückziehen, abschalten und die alltäglichen Sorgen und Belastungen ausblenden.** In Kombination mit dem **bargeldlosen Zahlungsverkehr** (inklusive dem Kreditkartenwechsel) und der **hohen Ereignisfrequenz** leistete das Online gambling **Phänomenen des Kontrollverlustes** Vorschub. Infolge der Steigerung der Spielfrequenz und der Einsatzhöhe wurde ein Teufelskreis aus Verheimlichung, Verschuldung und Lügen ausgelöst; hierbei garantierte das Aufsuchen von Online-Kasinos nicht zuletzt aufgrund der mit der Parkinson-Erkrankung zusammenhängenden körperlichen Beeinträchtigung eine **günstige Möglichkeit zur Teilnahme an Glücksspielen.** Die nach den Spielexzessen oftmals auftretenden depressiven Verstimmungen, die von **Suizidgedanken** begleitet wurden, konnte Herr G. quasi jederzeit durch eine erneute Spielteilnahme – zumindest temporär – »therapieren«. Daneben intensivierte sich die irrationale Überzeugung, sich anhäufende Verluste durch ein Weiterspielen ausgleichen zu können (»chasing«). Gezielte Marketingstrategien, wie die Zusendung der »Neujahrsgratifikation«, förderten darüber hinaus die Gefahr eines Rückfalls. Schließlich wurden die leichte Verfügbarkeit und Griffnähe von Glücksspielen im Internet in besonderer Weise dadurch veranschaulicht, dass der Patient sein Verlangen nach einer Spielbeteiligung sogar in der Eingangshalle einer Suchtklinik nachkommen konnte.

Daneben offenbart der vorliegende Erlebnisbericht weitere **risikoerhöhende Bedingungen** pathologischen Spielverhaltens, die auch auf andere Glücksspielformen zutreffen (z. B. der Kick, ausgelöst durch das Roulettespiel in Kasinos offline) oder die Aspekte berühren, die Herrn G. selbst und sein soziales Umfeld betreffen. Zu nennen sind unter anderem die zugrunde liegende **Selbstwertproblematik** und **depressive Erkrankung** des Patienten, seine beruflichen Probleme sowie **Spannungen und Konflikte in der Ehe.** Weiterhin von herausragender Bedeutung erscheint die **Parkinson-Erkrankung,** die eine **Einnahme von Parkinson-Medikamenten** notwenig machte, die am dopaminergen System ansetzen, um den vorhandenen Mangel des Botenstofes Dopamin auszugleichen. Der Neurotransmitter Dopamin spielt jedoch auch bei riskanten, auf Erregung ausgerichteten Verhaltenweisen, wie etwa dem Glücksspiel, eine gewichtige Rolle, indem die Neurotransmission durch die erhöhte Ausschüttung antreibender und erregender Neurotransmitter, wie eben Dopamin, beschleunigt wird (Kap. 4.1.1). Entsprechend führt eine medikamentöse Therapie bei Parkinson-Patienten zu einer übermäßigen Stimulation der mesolimbischen Dopaminrezeptoren und infolgedessen zu einem pathologischen Spielverhalten (Gschwandtner et al., 2001).

10.7.3   Migration

Unter Migranten versteht man Ausländer mit unterschiedlichem Aufenthaltsstatus (Bätz, 2002) sowie Aussiedler. Nach Bätz gibt es z. Z. bei den über 7 Mio. Ausländern und über 5 Mio. Aussiedlern, die sich in Deutschland aufhalten, keine genaueren Informationen zum **Ausmaß von Suchterkrankungen**. Grobe Schätzungen gehen davon aus, dass etwa der gleiche Anteil Suchtkranker bei Migranten vorhanden ist wie bei der deutschen Bevölkerung (3–5%). Ein möglicherweise erhöhtes Erkrankungsrisiko aufgrund der besonderen Belastungen durch soziokulturelle Unterschiede und Intergrationsprobleme bleibt hierbei unbeachtet. Generell stellt sich die Frage, ob in genügender Weise berücksichtigt wird, dass bei einem größeren Teil der Migranten Sprachschwierigkeiten dazu führen könnten, Hilfsangebote nicht wahrzunehmen. Bei einer Untersuchung von 51 Drogen- und Suchtberatungsstellen in NRW wurde festgestellt, dass im Jahr 1994 702 ausländische Suchtkranke in 26 nichtdeutschen Sprachen beraten wurden. Der größte Teil erfolgte in türkisch (34,2%), gefolgt von polnisch (19,9%), italienisch (9,7%), russisch (9,1%), arabisch (5,1%), spanisch (3,3%) und kroatisch (3,3%).

Bühringer & Türk (2000) ermittelten in verschiedenen Spielstätten repräsentativ ausgewählter Gemeinden der BRD unter 717 Spielern einen **Ausländeranteil von 16%**. Die türkischen Staatsbürger bildeten mit ca. 7% die mit Abstand größte Gruppe bei den Migranten. Zudem hatte ein größerer Personenkreis (n=121) die Befragung wegen Sprachschwierigkeiten von vornherein abgelehnt.

In der **Population der Klinikglücksspieler** ist in den letzten Jahren ein steigender Anteil an Migran-

ten festzustellen. Nach groben Schätzungen dürfte er inzwischen bei ca. 15% liegen; der größte Teil ist ebenfalls türkischer Abstammung. Aus dem nachfolgenden Fallbeispiel können möglicherweise sinnvolle Hypothesen abgeleitet werden, warum der Anteil dieser Bevölkerungsschicht an der Patientenschaft der Glücksspieler besonders hoch ist. Die Spielstätten bzw. Spielhallen scheinen ein wichtiger **Treffpunkt** einer gewissen Altersgruppe, ca. 18–40 Jahre, der männlichen Mitglieder dieser Bevölkerungsgruppe zu sein. Zentrale Lage und Aufmachung der Spiellokalitäten sowie das Angebot an Spielgeräten scheinen dem **spezifischen Freizeitverhalten**, der gewünschten **Geselligkeit unter Männern** und von der sozialen Struktur bestimmten **männlichen Rollenerwartungen** stark entgegenzukommen. In der Behandlung der türkischen pathologischen Glücksspieler treten nicht selten erhebliche **soziokulturelle Probleme** der gesellschaftlichen Integration und des Zusammenlebens in den Vordergrund, die mitursächlich für die Krankheitsentwicklung sein können. Die nachfolgende Wiedergabe von Gesprächsausschnitten stammen aus einer Paartherapie mit einem türkischen pathologischen Glücksspieler und seiner deutschen Ehefrau. Die Einzelfallwiedergabe darf nicht zu voreiligen Verallgemeinerungen führen, auch wenn Mitpatienten diese Schilderungen durchweg bestätigen. Systematische Untersuchungen auf diesem Gebiet wären dringendst erforderlich.

> **Fallbeispiel**
>
> Herr K., Automatenglücksspieler, mittleren Alters, türkische Staatsangehörigkeit, verheiratet mit einer deutschen Ehefrau, 3 Kinder, zzt. wegen eines Bandscheibenvorfalls krank geschrieben, arbeitslos, zuvor in der Baubranche beschäftigt. Die nachfolgend dokumentierten Gesprächsausschnitte wurden im Rahmen einer Paartherapie aufgenommen.
>
> Er habe viel Angst vor den alten Kontakten. Dazu gehöre in erster Linie sein älterer Bruder. Er sei der jüngste in der Familie und bei seinen Landsleuten bedeute dies, dass der jüngste immer »ja« sage, Respekt vor dem älteren Bruder
>
> ▼

haben müsse. Hier täten sich beträchtliche Gefahren auf, weil der ältere Bruder ebenfalls sehr stark dem Spielen verfallen sei. Die anderen hätten über ihn gelästert, wenn seine Frau ihn in der Spielhalle angerufen oder ihn dort rausgeholt habe. Er habe sich vor den anderen geschämt. Sie habe angerufen und gesagt, er müsse nach Hause kommen. Dann habe er sich eher stur gestellt und gedacht, jetzt spiele er erst recht. Oft sei es dann bis 3 Uhr morgens gegangen. Er sei sich zu klein vorgekommen, ihr nachzugeben. Seinem Bruder hätte er es nicht sagen können, dass er nach Hause müsse. Er wolle sich nicht kleiner machen, sein Gesicht nicht verlieren. »Guck mal dieses Weichei da, lässt sich von der Frau alles sagen«, hätten die anderen gelästert. Er müsse ja selber entscheiden. Er sei dann wieder frustriert gewesen, habe dann wieder »scheißegal« gedacht und weitergemacht. Wenn er das Geld in den Automaten geworfen habe, hätte er wieder abgeschaltet. Von der Seite des Bruders sei Druck ausgeübt worden und von ihr. Ihr Anrufen hätte schon gereicht. Da hätte er schon gedacht, was denken die jetzt wieder von mir. Er habe mit dem Bruder und einem anderen Mitspieler über die Therapie gesprochen. Die seien ganz unruhig geworden und hätten schon bald geäußert, sie müssten jetzt gehen. Außerdem hätten sie betont, irgendwas hätte man wohl mit ihm gemacht, weil er auf einmal ganz anders denke. Als ob sich die beiden anderen geschämt hätten.

Meiden könne er seinen Bruder nicht. Wenn die wieder losgehen wollten, könne er nur sagen, dass er nicht mit in die Spielhalle gehe. Wenn man statt dessen spazierengehe oder ein Café besuche, käme er mit. Alles andere, nein. Er habe sich viel Gedanken darüber gemacht. Er könne ihm nicht sagen, hier sei die Tür. Er könne nur zu Hause bleiben, etwas anderes vorhaben, fertig. Er wolle sie nicht verlieren, aber ihnen deutlich machen, dass er aus dem Spielermilieu komplett wegbleiben wolle. Jeder hänge an seiner Familie. Einladungen, z. B. zum gemeinsamen Picknick, so etwas würde er weiter annehmen, das liebe er. Wenn alle zusammen etwas unternehmen, mit

▼

Frau und Kindern, das sei, was er auch brauche. Das sei die Sache, die ihn stärke. Von Seite seiner Landsleute sei die Familie das A und O. Das Zentrum vom Ganzen. Sei das nicht da, fehle ihm etwas.

Die Landsleute, die nicht im Café säßen, hielten sich in der Spielhalle auf. Da seien alle jüngeren. Die hätten auch ihren Sport, z. B. Fußball, aber ihre Zeit sei oft nicht ausgefüllt. Dann hätten sie Langeweile. Bei den Deutschen sei das anders, die gingen auch essen, mal dies, mal das am Sonntag. Und das sei bei den Türken nicht so. Die Deutschen würden mehr mit den Partnern, der eigenen Familie unternehmen. In der Türkei sei das wieder etwas anderes. Die Frauen seien unter sich, und die Männer seien unter sich. Da seien keine Spielotheken, da gäbe es eine Männerwelt. Dort würden sich die Männer unterhalten, wie in einem Café.

Von 18-40 hielten sich die Landsleute in den Spielhallen auf, weil dies auch eine Männerwelt sei. Danach sage es häufig klick, sie gingen dann eher in ihre Cafés, spielten dort (ohne Geld) Poker, bis ca. 45–50 und dann würden viele eher fromm, sich der Religion zuwenden. Von einem Tag auf den anderen würde dann oft das Spielen und (Alkohol-)Trinken aufgegeben. Häufig sei dies aber unter dem Druck anderer Familienmitglieder geschehen, wenn einer zur Vernunft gekommen sei. Man würde dann vor allem auf die Älteren hören.

In der Spielhalle würde durchweg unkontrolliert gespielt. Einer pumpe vom anderen, und bei den Banken sei man hoch verschuldet. Die (Token-)Punkteautomaten seien das Schlimmste. Da sei das Geld nicht da, sondern die Punkte. Fünfzig Punkte seien ein Euro. Das ginge dann in einer Sekunde rauf und runter. In kurzer Zeit sei ein E weg. Von anderen würden dann wieder neue Punkte gekauft. Bei der Bank habe man seiner Ehefrau, die sich dort um die Bereinigung der finanziellen Situation gekümmert und dieses Thema dort angesprochen habe, jetzt wisse man auch, warum viele türkische Landsleute so hoch verschuldet seien.

▼

Das Problem läge an der fehlgeschlagenen Selbstständigkeit der jungen Türken. Sie würden früh zum Heiraten gedrängt und hätten das Gefühl, nun ein Mann sein zu müssen.

In der Türkei würde man trotz Heirat weiter zusammenleben, und der Vater würde weiter Kontrolle ausüben. Hier würden sie alleine wohnen. Mit dieser Verantwortung kämen die jungen Männer nicht klar. Problematisch sei aber auch, wenn die Väter die Konten der noch nicht verheirateten jungen Leute verwalteten und dieses Geld dann verspielten.

Zunächst sei eine starke Bevormundung da, und dann würden die Kinder völlig losgelassen. Dann hätten sie den Eindruck, nun hätten sie das Sagen. Die Freiheit sei dann zu groß für sie. Sie würden zu sehr ins kalte Wasser geworfen.

In der Spielhalle würden sie dann ausleben, was sie sonst nicht könnten. Es würden fast nur die hohen Sachen gespielt, das andere dauere ihnen zu lange. Die Punkteautomaten kämen ihnen da gelegen. Spielhallen seien inzwischen 24 Std. geöffnet.

Auch in der näheren Verwandtschaft seien bei den jüngeren Leuten drastische Geldprobleme sowie Jugendarrest aufgetreten. Es sei eine extreme Verschuldung zu beobachten, die kämen da einfach nicht mehr heraus. Die Banken würden getäuscht, man könne ja lügen. Es käme zu erheblicher Beschaffungskriminalität (Drogenhandel, Diebstähle etc.). Die Situation der Glücksspieler gestalte sich oft völlig ausweglos. Die Schulden könne man irgendwann nicht mehr bezahlen. In der Spielhalle fänden sich leicht gute Ratgeber, wie man auf illegale Weise wieder zu Geld käme.

Meistens würde man diesen »Typen« dann auch noch Geld schulden, und die würden illegale Handlungen vorschlagen, damit man ihnen das Geld zurückgeben könne. So käme man in die Kriminalität hinein. In der Spielhalle würde man ohnehin alles bekommen. Man brauche nur zu sagen, was man haben wolle, dann spreche sich das herum, und jemand würde es besorgen.

Die verschuldeten Spieler hätten ja keine andere Wahl. Erst werde der eigene Verdienst ver-

▼

spielt, dann werde halt geliehen. Gespielt werde immer, bis nichts mehr da sei. Er schätze, dass sich ca. 80% der 18- bis 40-Jährigen in diesem Teufelskreis befänden. Von denen, die er in seiner Umgebung kenne, und er kenne viele, seien alle betroffen. Er kenne keine Ausnahme.

Seine Frau und er seien sehr froh, heute über all diese Erlebnisse offen sprechen zu können.

Er fühle sich viel ruhiger, weil er nicht mehr lügen müsse.

Sie möchte von ihm wissen, ob er auch die Eheringe verkauft hätte, weil er plötzlich neue besorgt habe. Dies sei nicht der Fall gewesen, er habe ihr aus einem schlechten Gewissen heraus eine Freude machen wollen. Sie habe noch viele Fragen an ihn.

Er selbst habe vor dem Alkohol Angst und sei froh, nicht in Brutalität gegenüber Familienangehörigen hineingeraten zu sein. In seiner Herkunftsfamilie habe er dies im Zusammenhang mit der Glücksspielproblematik seines Vaters am eigenen Leibe zu spüren bekommen.

Es habe aber mit seiner Frau vor der Therapie einen so heftigen Streit gegeben, dass sie ihm welche »geknallt« habe. Sie habe sich völlig hilflos gefühlt. Er habe es sich aber verboten, ihr gegenüber körperlich gewalttätig zu werden. Er habe die Schuld nur bei sich gesehen. Hätte sie ihm eine Pistole in die Hand gedrückt, hätte er Schluss gemacht, fertig, so weit sei er gewesen. Das sei das i-Tüpfelchen gewesen, von der eigenen Frau geschlagen zu werden.

10.8 Probleme bei der Behandlung von Spielern in der Psychiatrie

Zu dieser Thematik sind noch viele Fragen offen, und bisherige Erfahrungen zeigen, dass auf diesem Gebiet ein erheblicher Handlungsbedarf angezeigt ist.

Spieler sind nicht selten in sehr akuten Krisen, starke depressive Verstimmungen und Suizidgefährdungen treten auf. Haus- oder Fachärzte überweisen kurzfristig in psychiatrische Einrichtungen, und es findet eine Aufnahme in der Akutpsychiatrie statt.

Die Krisensituationen sind meistens eine direkte Folge des pathologischen Glücksspiels, indem sich beispielsweise die finanzielle Situation in der Familie nach Spielverlusten stark zugespitzt hat, Konkurse drohen, der Gerichtsvollzieher vor der Haustür steht, die normalen Ausgaben für Miete oder Lebensmittel nicht mehr gewährleistet sind. Nicht selten sind die Spieler nervlich so am Ende, dass sie selbst mit der Bitte um eine Überweisung auf den Hausarzt zugehen, zum Teil ergreifen auch Angehörige die Initiative und drängen auf eine solche Maßnahme. Sind die ersten Symptome der akuten Krise abgeklungen, machen die Angehörigen nicht selten die erschütternde Erfahrung, dass der Spieler sich noch während der ersten Tage seines Psychiatrieaufenthaltes wieder in die Spielhalle begibt.

Nicht nur Hoffnungen werden enttäuscht, sondern wichtige Zeit wird verschenkt, einen Krankheitsprozess zu stoppen, der massive psychische und soziale Folgeschäden nach sich zieht, wenn Hilfsmaßnahmen nicht adäquat greifen. In Anlehnung an suchttherapeutische Konzepte sowie anknüpfend an die vorausgegangenen Ausführungen sollten daher die folgenden Fragen Gegenstand weiterführender Überlegungen sein:

- Wäre es sinnvoll, dem Spieler einen zeitlichen Behandlungsrahmen, wie dies z. B. bei Entgiftungen der Fall ist, anzubieten, in dem er freiwillig auf Ausgänge verzichtet?
- Sollte die weitere Behandlung möglicherweise nach Abklingen der akuten Krise auf einer Sucht- bzw. Entwöhnungsstation stattfinden?
- Sind hier ähnliche Rahmenbedingungen und Therapieverträge (▶ Kap. 10.3.7) möglich, wie dies in Reha-Entwöhnungen praktiziert wird?
- Ist es sinnvoll, dass Spieler wie andere Suchtkranke in dieser Zeit an Programmen teilnehmen, die zu einer umfassenden ambulanten, stationären oder teilstationären (z. B. Tageskliniken) Behandlung motivieren?

Die Auseinandersetzung mit diesen und ähnlichen Themen sollte möglichst bald zu konkreten Ergebnissen führen, um bisherige Schwachstellen im Behandlungsnetz zu beheben.

Ein Austausch zwischen Wissenschaftlern, Therapeuten und Patienten, der ein Zusammenfließen von theoretischen, therapeutischen und (selbst) erfahrungsbezogenen Perspektiven ermöglicht, dürfte in diesem Zusammenhang sinnvoll sein.

10.9   Therapieabbruch

Abbruchquoten in stationären Entwöhnungseinrichtungen erreichen bei Alkoholikern 5–20% (Vollmer, 1988; Fuchtmann, 1986; Kunz & Kampe, 1985; Deissler, 1982). Obwohl Untersuchungsergebnisse nicht eindeutig sind, spricht nach Leblond et al. (2003) einiges dafür, dass hohe Impulsivitätswerte (spontane, unüberlegte Entscheidungsprozesse ohne Rücksicht auf die Konsequenzen) die Wahrscheinlichkeit eines Abbruchs erhöhen. Gezielte individuelle therapeutische Interventionen (Thematisieren der Abbruchgefahr, Aufzeigen der Konsequenzen, Förderung der Motivation und des Durchhaltevermögens) wirken dem entgegen. Höhere Angstwerte (»state anxiety«) differenzierten in einer Studie von Hodgins & el-Guebaly (2004) zwischen den Abbrechern und den Patienten, die durchgehalten hatten. Allerdings war dies in der vorangegangenen Studie nicht der Fall. Weitere Untersuchungen wären dringend notwendig, hier mehr Klarheit zu schaffen. Reguläre Therapiebeender verfügen in stärkerem Maße über ein »soziales Stützsystem« (Grant et al., 2004), und es ist wichtig, zu Beginn der Therapie dieses System einzubeziehen bzw. aufzubauen. Falls keine Angehörigen einbezogen werden können, ist eine engere Einbindung der Selbsthilfegruppe, betrieblichen öder örtlichen Beratungsstelle, Vereine etc. angeraten. Bisherige Beobachtungen und erste Auswertungen lassen den Schluss zu, dass sich pathologische Glücksspieler in dieser Hinsicht nicht wesentlich von den Alkoholikern unterscheiden.

❗ **Therapieabbrüche führen nicht nur zu Rückfällen, sie ziehen oft weitere Abbrüche anderer Patienten nach sich, verschlechtern das therapeutische Milieu und bilden einen besonderen Stressfaktor für Mitpatienten und Therapeuten. Auch für den Betroffenen selbst entstehen erhebliche Probleme: Neben eigenen Versagensgefühlen ist er auch mit der großen Enttäuschung der Angehörigen konfrontiert.**

Partner ziehen möglicherweise aufgrund des erneuten Scheiterns eine Trennung in Erwägung. Die Patienten verstoßen gegen Auflagen des Arbeitgebers und des Gesetzgebers und müssen mit erheblichen Wartezeiten oder Ablehnungen bezüglich einer neuen Therapie rechnen.

Über 20 Jahre Erfahrungen in der klinischen Arbeit mit pathologischen Glücksspielern lassen bisher keine wesentlichen Unterschiede bei den Motiven zu einem Therapieabbruch zu den substanzgebundenen Abhängigkeitskranken erkennen. Forschungsergebnisse aus der Alkoholismus- und Drogentherapie sind deshalb ebenfalls in der Spielerbehandlung zu beachten. Es ist festzustellen, dass Abbrüche hauptsächlich in der Anfangszeit stattfinden. Die ›Standardbegründung‹ oder das Alibi für einen Therapieabbruch lautet fast immer: »Die Therapie bringt mir nichts mehr.« Ein ausführlicheres Gespräch (wenn der Patient sich darauf einlässt) fördert meistens gänzlich andere Ursachen an den Tag. Die folgende Auflistung stellt verschiedenen Beweggründen für einen Therapieabbruch jeweils geeignete therapeutische Maßnahmen gegenüber.

■ Körperliche Überforderung

Bei ca. der Hälfte der pathologischen Glücksspieler liegt zusätzlich eine stoffliche Suchtproblematik vor, infolgedessen sind erhebliche gesundheitliche Beeinträchtigungen möglich. Allgemein verfügen die Spieler häufig über eine schlechte Kondition, haben sportliche Betätigungen aufgegeben und sind nicht selten durch mangelnde Ernährung und hohen Kaffee- und Nikotinmissbrauch erheblich geschwächt. Es fällt ihnen schwer, das meistens gut durchstrukturierte und straffe multimodale Therapieprogramm einer Suchtklinik durchzustehen. Das Sport- und Gymnastikprogramm reicht teilweise nicht aus, vorhandenen Defizite auszugleichen.

Therapeutische Maßnahmen:
- ein freiwilliges zusätzliches Fitnessprogramm schafft Abhilfe und regt gleichzeitig zu neuen Aktivitäten und Interessen an,
- medizinische Probleme (z. B. verschleppte Krankheiten) endlich durch einen Arztbesuch klären bzw. beheben lassen.

■ Psychische Überforderung

Der Entzug des Spielens hinterlässt zunächst eine psychisch stark belastende geistige und emotionale Leere. Auf Therapieangebote reagieren die Spieler mit quälender Langeweile: »es passiert ja nichts«, »ich trete jetzt schon seit mehreren Wochen auf der Stelle«, »ich weiß nicht, was mir die Therapie bringen soll«. Die Patienten erwarten, dass die therapeutische Hilfe sehr schnell wirkt, quasi automatisch, ohne eigenes Zutun. Therapeutische Rahmenbedingungen, z. B. Ausgangsbeschränkungen, engen ein und führen dazu, dass Bedürfnisse nicht befriedigt werden. Heimweh, Eifersucht und der Wunsch, mit dem Partner öfter zusammen zu sein, die Familie zu sehen, sind Belastungen, die häufig unausgesprochen bleiben, aber zu panikartigen Abbrüchen führen können. Gleichzeitig lösen psychotherapeutische Interventionen erhebliche Ängste und Nervosität aus (»der geht aber knallhart vor«, »dreht einem das Wort im Mund um« etc.). Die Bewältigung dieser Situation erscheint den Patienten aufgrund mangelnder Energie und Belastungsfähigkeit schwierig. Das intensive Zusammenleben in einer Therapiegruppe lässt ein erhebliches Konfliktpotenzial entstehen, einige Patienten haben jedoch äußerst wenig Kompetenzen im Umgang mit Ärger- und Aggressionsgefühlen. »Draußen hätte ich dem doch ohne zu zögern eine …«, aber in der Klinik ist selbst ein ›Gerangel‹ nicht zu akzeptieren, geschweige denn Tätlichkeiten.

Therapeutische Maßnahmen:
- Erwartungen an die Therapie klären und auf die Notwendigkeit der eigenen Initiative und Aktivität bei der Lösung von Problemen hinweisen,
- erläutern, dass Therapie wenig mit ›guten Ratschlägen‹ und Patentrezepten zu tun hat,
- über das Entzugssymptom der ›inneren Leere‹ aufklären,
- Sucht bedeutet Einseitigkeit – daher zu vielfältigen geistigen Interessen anregen und den Spieler ermutigen, auf Ressourcen zurückzugreifen, die vor der Suchtentwicklung vorhanden waren,
- auf die Langwierigkeit des Entwöhnungsprozesses hinweisen,
- sorgfältige Erläuterung der Klinikregeln – Hinweis auf ihre Schutzfunktion bzgl. der Realisie-

rung des Abstinenzwunsches und Organisation des Gemeinschaftslebens,

— ausführlich über die therapeutischen Methoden aufklären, therapeutische Entscheidungen gut begründen,

— in Einzel- und Gruppengesprächen vorrangig auf soziale Konflikte eingehen und Wege aufzeigen, Ärger- und Aggressionsgefühle adäquat auszuagieren,

— Heimwehgefühle thematisieren, da sich die meisten Patienten schämen, dies anzusprechen.

— **Ausweichen vor der therapeutischen Realität**
Es mangelt dem Patienten an Krankheitsakzeptanz, er vermeidet eine tiefergehende Auseinandersetzung mit dem Suchtverhalten, bagetellisiert und verleugnet den Kontrollverlust nach wie vor. »So schlimm war es bei mir noch nicht«, »mit dem Problem werde ich alleine fertig«, »es ist nicht notwendig, wegen dieser Schwierigkeiten abstinent zu bleiben«, sind die Reaktionen.

Therapeutische Maßnahmen:
— angemessen mit vorhandenen Scham- und Schuldgefühlen umgehen,

— Klärung der Frage, ob wichtige Bezugspersonen ebenfalls Schwierigkeiten haben, das Suchtverhalten zu akzeptieren,

— mit Einfühlungsvermögen reflektieren, inwieweit bisher Versuche gescheitert sind, das Spielproblem in den Griff zu bekommen, betonen, dass Abwehrhaltungen und Widerstände zum Krankheitsbild gehören,

— das Spielverhalten thematisieren – auf gescheiterte Kontrollversuche und die (depressiven?) Gefühle nach dem völligen Geldverlust eingehen,

— ohne eine Vorwurfshaltung einzunehmen, Fragen nach den persönlichen, familiären und beruflichen Folgeerscheinungen des Spielens aufwerfen.

— **Fehlendes Vertrauen**
Vorurteile in bezug auf Psychotherapien und entsprechende Institutionen (»Klapsmühle«), die Angst vor Selbstenthüllung und Manipulation sowie die Überzeugung, Schwierigkeiten nur selbst bewältigen zu können, sind Faktoren, die zu einem fehlenden

Vertrauen der Behandlung gegenüber führen und infolgedessen Wegbereiter eines Therapieabbruchs sein können.

Therapeutische Maßnahmen:
— offen sein für Kritik,

— betonen, dass die Entscheidung beim Patienten liegt, wie weit er sich öffnet,

— die Möglichkeit betonen, ›heikle‹ Themen im Einzelgespräch zu behandeln und sich mit dem Therapeuten zu beraten, inwieweit der Patient die Gruppe einbeziehen möchte,

— darauf hinweisen, dass Vorwürfe und Belehrungen weder in der Vergangenheit etwas verändert haben, noch in der Therapie hilfreich sind,

— auf die Tradition und Gedanken der Solidarität und Selbsthilfe im Suchtbereich hinweisen,

— die Entstehung der Überzeugung, mit Schwierigkeiten allein fertig werden zu müssen, hinterfragen und die Nützlichkeit dieser Ansicht disputieren.

— **Periodische Suchtanfälle/Irrationale Zwangshandlungen**
Der Wunsch nach Freiheit, »ich halte es einfach nicht mehr aus«, erscheint übermächtig.

Therapeutische Maßnahmen:
Darauf hinweisen, dass es normal ist, wenn Verlangen nach dem Suchtmittel auftritt, dass es eine Zeit dauert, bis es schwächer und seltener wird, und man sich deshalb keine Vorwürfe machen, sondern sich möglichst offen damit auseinandersetzen soll. Dadurch, dass der Patient seine Emotionen ausspricht, erhält er schon eine gewisse Kontrolle darüber und fühlt sich beträchtlich erleichtert. Mit der Zeit merkt er, dass er die Freiheit wiedergewonnen hat, sich trotz eines Spielwunsches gegen das Spielen zu entscheiden. Es ist eine Illusion zu glauben, das Verlangen verschwände ganz, oder wenn es auftrete, habe der Suchtkranke unbedingt etwas falsch gemacht. Zu berücksichtigen ist, dass das Spielverhalten oft über Jahre, ja Jahrzehnte, ein sehr enger Begleiter in allen nur denkbaren Ereignissen war, und es ist deshalb nicht erstaunlich, dass in bestimmten Situationen Erinnerungen auftreten, die der Spieler vielleicht sogar mit Verlangen verwechselt. Kaum möglich ist aber, dass nach einer längerfristigen Entwöhnungs-

zeit das Verlangen in der alten Intensität zurückkommt.

▬ Beziehungsprobleme

Insbesondere Partnerschaftsprobleme ziehen leicht Therapieabbrüche nach sich. Partner geraten selbst in Krisen, was dazu führen kann, dass sie den Patienten, der ohnehin schon Schwierigkeiten hatte durchzuhalten, bitten, nach Hause zu kommen. In diesem Fall lässt sich der Spieler kaum noch zum Bleiben motivieren. Erziehungsprobleme und Krankheiten der Angehörigen sind ebenfalls Gründe, die Therapie vorzeitig zu beenden: »die brauchen mich jetzt dringend zu Hause«, »meine Frau wird alleine mit der Sache nicht fertig«. Die Situation spitzt sich schnell zu, wenn es zu einer Trennung kommt (»was hat die Therapie jetzt noch für einen Sinn«). Auch die Überzeugung, mit der Anwesenheit zu Hause die Beziehung noch retten zu können, kann zum Therapieabbruch führen.

Therapeutische Maßnahmen:
- die Gefühle des Patienten ernstnehmen, sich in seine Lage versetzen,
- mit dem Patienten erörtern, was passiert, wenn er seine Suchtproblematik nicht in den Griff bekommt, was für Auswirkungen das auf ihn und die Familie hat,
- in Frage stellen, ob er im Augenblick wirklich dazu in der Lage ist, die Situation zu Hause zu verbessern,
- darauf hinweisen, dass gute Gründe vorgelegen haben müssen, diese Therapie anzutreten,
- Frage reflektieren, ob man eine Therapie in erster Linie für jemand anderes machen kann oder zunächst erst einmal für sich selbst,
- konkret überlegen, welche anderen Hilfsmöglichkeiten es gäbe, der Frau bzw. der Familie beizustehen,
- Wege aufzeigen, mit Verlustängsten, Abschied und Trauer umzugehen.

▬ Zu geringe Behandlungsmotivation

Therapeuten neigen dazu, Therapieabbrüche auf eine mangelnde Motivation zurückzuführen. Es stellt sich die Frage, ob dies nicht häufig zu wenig differenziert gesehen wird. Grundsätzlich sollte gelten, den Patienten dort abzuholen, wo er steht. Insbesondere bei gesetzlichen Auflagen fällt es den Patienten oft schwer, Eigenmotivation zu entwickeln. Kaum ein Patient kommt jedoch in die Klinik, bei dem nicht ein gewisser Druck von außen notwendig war. Angehörige und Arbeitgeber haben letzte Anstöße dazu gegeben, dass endlich etwas passierte.

Therapeutische Maßnahmen:
- liegen emotionale Verletzungen vor durch den Druck, der auf den Spieler ausgeübt wurde?
- gibt es Ärgergefühle den Personen gegenüber, die ihm die Therapie nahegelegt haben?
- die Motive dieser Personen hinterfragen – welche Gründe hatten sie dafür, den Patienten zu einer Therapie zu drängen?
- sieht er selbst die Situation anders?
- welche Gründe sprächen aus seiner Sicht gegen bzw. für eine Therapie?
- fällt es ihm schwer, Hilfe zu akzeptieren?
- für wie gravierend hielt der Patient selbst sein Spielproblem?
- welche positiven und negativen Auswirkungen hatte das Spielen für ihn?
- möchte er weiterspielen?
- wie stellt er sich selbst den Weg vor, mit dem Spielen aufzuhören?
- hervorheben, dass nur **er** die Entscheidung treffen kann, sich für oder gegen das Suchtmittel und die Therapie auszusprechen.

Aus den bisherigen Überlegungen heraus wurde der Fragebogen zur »Therapie-Abbruchgefahr« (TAG; Anhang B14) für die therapeutische Gruppen- und Einzelarbeit erstellt. Zunächst sollten die Patienten den Bogen ungestört beantworten. Dann werden die Ergebnisse der einzelnen Fragen erörtert. Es hat sich bisher als günstig herausgestellt, pro Sitzung nicht mehr als ca. 15 Fragen zu besprechen. In Gruppen erhalten die Patienten mit den höchsten Werten bei den jeweiligen Fragen Gelegenheit, ihre Gedanken und Gefühle dazu darzulegen. Die Mitpatienten geben Rückmeldungen, ob sie selbst früher ähnliche Probleme hatten und wie sie sie bewältigt haben. Die gesamte Gruppe beteiligt sich daran, Lösungen für die angesprochenen Abbruchmotive zu finden. Eventuell bietet es sich an, eine Rangreihe nach der Höhe der Gesamtwerte zu erstellen.

Vorzeitige Therapiebeendigungen gehen nicht nur vom Patienten aus, sondern basieren in etwa der Hälfte der Fälle auf Entscheidungen des therapeutischen Teams.

Als Gründe dafür sind in erster Linie zu nennen:

- (mehrfache) Rückfälligkeit,
- Regelverstöße, sozialschädigendes Verhalten sowie
- mangelnde Mitarbeit.

Es ist wichtig, diese Entscheidungen gut zu begründen und sich über die Konsequenzen für den Patienten im klaren zu sein.

❗ Das Wohl des Patienten und Aspekte der therapeutischen Atmosphäre sind gleichzeitig zu berücksichtigen.

Bei einer Entlassung ist zu betonen, dass **diese Klinik** ihre Möglichkeiten ausgeschöpft hat und im Augenblick nicht der richtige Partner ist, dem Patienten zu helfen. Unbedingt ist gemeinsam nach einer alternativen Behandlungsmöglichkeit zu suchen. Die Gesprächsgruppen dienen dazu, Hintergründe der Abbrüche und vorzeitigen Entlassungen zu erörtern, daraus zu lernen und möglichst eine Abbruchkette zu vermeiden. Suchttherapeuten kommen nicht umhin, Grenzen deutlich zu machen und die Erfahrung zu vermitteln, dass Fehlverhalten Konsequenzen hat.

10.10   Reintegration und Nachsorge

❗ Die Rückkehr aus dem strukturierten und »behütenden« Klinikleben zurück in den Alltag stellt die meisten Spieler vor eine Situation hoher Belastung, die im Extremfall sogar Rückfälligkeit zur Folge haben kann.

Um dem entgegenzuwirken, sind Themen, die die Reintegration des Spielsüchtigen in sein familiäres und berufliches Umfeld betreffen, rechtzeitig und ausführlich in die Therapie einzubeziehen. Folgende Fragestellungen sollten dabei berücksichtigt werden:

- Welches soziale Umfeld erwartet den Spieler?
- Ist der Ablösungsprozess vom Elternhaus zu fördern?

- Muss eine eigene Wohnung oder zunächst eine Adaptions- oder Übergangseinrichtung ins Auge gefasst werden?
- Sind weiterhin Verlust-, Trauer- und Abschiedsprozesse bei Tod oder Trennung zu begleiten?
- Sind nach der stationären Behandlung weitere Psychotherapiemaßnahmen, Partnergespräche, ambulante Rehamaßnahme indiziert (– rechtzeitig beantragen bzw. einleiten)?
- Sind Kontakte zu Beratungstellen und Selbsthilfegruppen aufgenommen?
- Inwieweit sind berufsbezogene Maßnahmen (Berufseignungstests, Umschulung, Arbeitssuche) notwendig bzw. zu unterstützen?

10.10.1   Therapeutische Wohngruppen

Nicht alle Spieler sind nach der stationären Therapie soweit stabilisiert, dass sie zu einer selbständigen Lebensgestaltung fähig sind. Ablösungsprozesse vom Elternhaus gestalten sich zum Teil schwierig, eine mangelnde persönliche Reife und ein weitestgehend zerstörtes oder instabiles soziales Umfeld machen es in den letzten Jahren in zunehmendem Maße notwendig, Patienten nach Therapieende an eine therapeutische Übergangseinrichtung zu vermitteln. Die Wohngruppe bildet einen wünschenswerten Zwischenschritt beim Übergang von einer intensiven Betreuung während der stationären Behandlung zur vollkommenen Selbständigkeit (Jörgensen & Vock, 1988). Es ist inzwischen Alltag, dass Spieler in Einrichtungen Aufnahme finden, die ursprünglich zur Nachsorge von Alkohol- und Drogenabhängigen gegründet wurden. Der Aufenthalt ist als Hilfe zu verstehen, den Spieler erstmalig oder erneut in soziale Zusammenhänge einzugliedern.

❗ Die stationäre medizinische Adaption oder therapeutische Wohngemeinschaft stellt ein gutes Lern- und Trainingsfeld zur Integration und Reintegration dar.

Dem Bewohner bietet sie einen Schutzraum, in den er immer wieder zurückkehren kann, um seine Erfahrungen aus der gesellschaftlichen Realität zu verarbeiten. Im lebenspraktischen Bereich lernen die Bewohner z.B. die Pflege der Wohnung, pünktliche Mietzahlung, regelmäßige Körperhygiene, sich selbst

Mahlzeiten zuzubereiten, die Einhaltung von Terminen etc.. Der Abhängige erhält Unterstützung dabei, einen Arbeitsplatz zu finden und sich ein neues soziales Umfeld sowie Kontakte außerhalb des Spielermilieus aufzubauen. Es stehen unterschiedliche Einrichtungen für die Nachsorge zur Verfügung, die eine Aufnahme in der Regel von einem Vorstellungsgespräch abhängig machen und die der Spieler prüfen kann. Teilweise findet ein ›Probewohnen‹ statt. Nach der häufig erlebten Enge im Elternhaus und erheblichen Einschränkungen durch das Klinikleben reagieren die Patienten zunächst oft äußerst skeptisch auf ein solches Angebot. Sie wünschen sich endlich die ersehnte Freiheit, möchten ihre eigenen vier Wände und unterschätzen die Rückfallgefahr, die leicht alle guten Ansätze und Therapiefortschritte zunichte macht. Es handelt sich meistens um einen längeren Entscheidungsprozess, der therapeutisch zu begleiten ist, bis der Patient seine Möglichkeiten realistisch einschätzt. Das Studium der Konzepte von Adaptionseinrichtungen und therapeutischen Wohngemeinschaften und der Informationsbesuch geben letzte Anstöße, sich zu einer solchen Nachsorgemaßnahme zu entschließen.

10.10.2 Reintegration in die Arbeitswelt

Der äußere Schutzrahmen der Klinik entlastet den Patienten zunächst erheblich von den realen existenziellen Sorgen. Es sollte daher nicht kostbare Zeit verloren gehen, bei den häufig arbeitslosen und unausgebildeten Patienten Maßnahmen zur beruflichen Wiedereingliederung einzuleiten. Nicht selten haben die Spieler große Illusionen über ihre Möglichkeiten. Hier scheinen sich irrationale Gedanken aus der Glücksspielwelt zu übertragen, die Spieler streben zu hochgestecke Ausbildungsziele an, die die Gefahr eines erneuten Scheiterns mit sich bringen. Da sich die Patienten bei ihrer letzten Beschäftigung, häufig bedingt durch Folgeerscheinungen des exzessiven Glücksspiels, als Versager oder als letztlich überfordert empfunden haben, planen sie dann einen völligen Neuanfang. Dabei übersehen sie, dass durch die Genesung und zukünftige Abstinenz vom Glücksspiel erhebliche **Energien** frei werden und die Aufnahme der schon gewohnten Tätigkeiten oder

des alten Arbeitsplatzes mit bedeutend weniger Risiken behaftet wäre als eine völlige Umstellung. Häufig sind es massive Scham- und Schuldgefühle, Restschulden bei Kollegen oder aufgrund des Spielverhaltens entstandene Unstimmigkeiten, die den Patienten daran hindern, an seinen alten Arbeitsplatz zurückzukehren oder ein Gespräch über eine Wiedereinstellung zu führen. Eine Kontaktaufnahme mit dem Arbeitgeber während eines Heimaturlaubs oder die Einladung von Betriebsangehörigen in die Klinik können das Unbehagen des Patienten oft drastisch reduzieren und zu einer realistischeren Berufsplanung beitragen.

❗ Frühzeitig sollten die Rehabilitationsberatung des Arbeitsamtes und notwendige Tests zur beruflichen Eignung durchgeführt werden.

Bei all diesen Überlegungen muss der Patient möglichst viele Maßnahmen selbst planen und durchführen, die Therapiegruppe kann lediglich Anstöße geben. Gemeinsam ist darüber nachzudenken, ob der Patient eine realistische Perspektive entwickelt, ob er sich in ausreichender Weise um deren Verwirklichung bemüht oder ob unangemessene Ängste ihn daran hindern, auf vorhandene Beschäftigungsmöglichkeiten oder berufliche Erfahrungen zurückzugreifen.

10.11   Erfolgskriterien

Mit Hilfe der folgenden wichtigsten **Erfolgskriterien** lässt sich der Therapiefortschritt beurteilen (in Anlehnung an Custer & Milt, 1985):

1. Der Patient gesteht ein, dass er ein Spielproblem hat, dass er krank ist (Kontrollverlust, Eigendynamik) und dass dies die Ursache seiner Probleme ist, die er überwinden möchte. Bei einem suchtkranken Spieler ist es nicht mehr das Bedürfnis Geld zu gewinnen und seine Schulden zu begleichen, was ihn antreibt. Er entscheidet sich zur Abstinenz.

2. Der Patient beginnt damit, fehlangepasste Einstellungen, Gefühle und Verhaltensweisen einzusehen, und erkennt, wie sie zur Eigendynamik des Spielens beigetragen haben. Er entwickelt Alternativen zum Glücksspielen.

3. Er versucht, seinen alten Arbeitsplatz zurückzugekommen, oder bemüht sich um Unterstüt-

zung, eine neue Stelle zu finden, und nimmt so
schnell wie möglich wieder eine Arbeit auf.
4. Der Patient entwickelt klare Vorstellungen davon,
wie er seine finanziellen Belange in der Zukunft
regelt und wie er seine Schulden zurückzahlt.
5. Er strebt eine aktive Mitgliedschaft in einer
Selbsthilfegruppe an und ist bereit, anderen mit
den gleichen Problemen zu helfen.
6. Für die Bedürfnisse seiner Familie zeigt der Patient ein aufrichtiges Interesse und demonstriert
dies durch konkretes Verhalten.
7. Er entwickelt zunehmend Fähigkeiten, spezielle
Probleme zu isolieren, sie zu handhaben und Lösungen einzuleiten.
8. Es treten weniger Krisen und Probleme in seinem Leben auf.
9. Er trifft eindeutigere Entscheidungen.
10. Der Patient entwickelt einen gewissen Stolz darüber, was er tut und wohin ihn sein Weg führt.
11. Es sind Fortschritte in der Beziehung zu Frau,
Kindern und anderen Familienmitgliedern festzustellen.
12. Der Patient kann sich selbst mit seinen Stärken
und Schwächen besser akzeptieren, ohne das
eine oder andere zu sehr hervorzuheben.
13. Das Glücksspiel tritt mehr und mehr in den Hintergrund, und das Interesse daran schwindet.

Die bloße Abstinenz vom Spielen bedeutet noch
nicht, dass das Problem beseitigt ist. In der Vergangenheit mag es häufiger zu kürzeren oder längeren
Spielpausen gekommen sein, die in Wirklichkeit keine Veränderung gebracht haben.

❗ Custer und Milt betonen, dass ohne funda-
mentale Änderungen in Verhalten, Gefühlen,
Einstellungen und in der Persönlichkeit Absti-
nenz vom Spielen nur von vorübergehender
Natur ist und erste Krisen wieder altes
Glücksspielverhalten auslösen.

Therapiefortschritte sehen sie dann gefährdet, wenn
ein Patient nicht einsieht, dass er ein Problem hat
und Hilfe benötigt. Statt dessen haben die Eltern
oder die Ehefrau die Schwierigkeiten gesehen und
ihn zur Behandlung gedrängt.
Die von den Autoren dargestellten Merkmale
zur Beurteilung des Therapieerfolgs lassen sich ohne
Probleme in das bereits ausführlicher besprochene

Schema der Therapieschritte (Motivation, Krankheitseinsicht und Psychotherapie der Ursachen) und
Fragestellungen einordnen (▶ Kap. 8). Außerdem ist
im Anhang B15 eine Kurz-Checkliste für den Patienten vorhanden, um in der Therapie gemachte
Fortschritte und gute Vorsätze nicht aus dem Auge
zu verlieren.

10.12   Der Therapieverlauf –
ein Fallbeispiel

Den Abschluss des Kapitels bildet ein Therapiever-
laufsbericht von einem (Automaten-)Spieler, der
1991 gemeinsam mit Alkoholikern an einer mehr-
monatigen Entwöhnungsbehandlung in einem
Fachkrankenhaus für Suchtkranke teilnahm.

Falldarstellung

[30 Jahre, männlich, ledig, Automatenspieler, Realschulabschluss, zwei abgebrochene kaufmännische Lehren]

Herr W. begann am ... seine erste stationäre
Suchtmittelentwöhnungsbehandlung in unserer
Klinik. Herr W. ist spielabhängig. Nach der test-
psychologischen Untersuchung vermittelte er zu
Beginn der Behandlung folgenden psychologi-
schen Eindruck:

Der Patient erreichte etwas über dem Durchschnitt liegende Wert im abstrakten Denkvermö-
gen. Im Umgang mit anderen Personen beschrieb
er sich als überdurchschnittlich kontaktfreudig
und einfühlsam. Er arbeitet lieber mit Menschen
als mit Sachen und zeigt sich in sozialen Konfliktsituationen eher großzügig. Seinen emotionalen
Zustand beschrieb er zu Beginn als eher instabil
und fühlte sich den Anforderungen des täglichen
Lebens nicht ausreichend gewachsen. Er hatte
nur eine geringe Frustrationstoleranz, schob anstehende Probleme immer wieder vor sich her
und fühlte sich auch ohne besondere Anstrengung erschöpft.

Dennoch reagierte er häufig impulsiv und un-
besonnen. Er ließ sich leicht zu einer Sache hinrei-
ßen und bedachte zu wenig die Folgen seiner

▼

Handlungen. Des weiteren beschrieb er sich als überdurchschnittlich sensibel und leicht verletzbar. Er stellte hohe Ansprüche an die Hilfsbereitschaft anderer und zeigte eher Nachsicht gegenüber Leistungsmängeln bei sich als bei anderen. In Belastungs- und Konfliktsituationen wurde er leicht von Nervosität und Versagensängsten geplagt. Dabei traten auch Schuldgefühle auf, wenn er oft voreilig annahm, er könne eine bestimmte Situation nicht mehr bewältigen. Misserfolge schrieb er sich eher selbst zu und reagierte sensibel auf die Kritik von anderen.

Der Patient suchte stark die Geselligkeit und den Halt der Gruppe. Es fiel ihm schwer, eigene Entscheidungen zu treffen und zu verantworten. Es mangelte ihm außerdem extrem stark an Selbstkontrolle und Disziplin, einmal gesteckte Ziele auch zu verwirklichen. Er ließ sich leicht von augenblicklichen Stimmungen leiten und vergaß unter Belastungen, was er eigentlich wollte.

Therapieverlauf

Auf der **Aufnahmestation** lebte sich Herr W. durch seine freundliche und hilfsbereite Art schnell ein. Er fand guten Kontakt zu den Mitpatienten und Therapeuten. Aktiv nahm er an allen angebotenen Therapien teil. In den Gesprächsgruppen musste er zunächst eher gefordert werden, war später aber bereit, offen über seine Suchtproblematik zu sprechen. Seine Aufgaben im Hausdienst erledigte er ohne Beanstandungen und achtete auf Sauberkeit und Ordnung.

Im **Anamnesegespräch** wirkte Herr W. sehr offen und zugewandt. Bereits hier wurden eine gute Behandlungsmotivation und ein enormer Leidensdruck deutlich, der sich aus dem Bedürfnis entwickelt hatte, ein neues Leben zu beginnen. Es zeigte sich außerdem ein starkes Mitteilungsbedürfnis, das wohl aus seiner ausgeprägten sozialen Verarmung entstanden war. Herr W. berichtete, dass seine familiären Verhältnisse es nicht zugelassen hätten, sich wirklich mitzuteilen und Vertrauen und engere Kontakte bei den einzelnen Elternteilen zu finden. In der Kindheit und Jugend habe er häufig massive Streitgespräche

▼

der Eltern mitbekommen, sich gefürchtet, dass sie sich trennen, und er habe immer auszugleichen und zu schlichten versucht. Er wolle seinen Eltern aber keinerlei Schuld zuweisen, sondern Eigenverantwortung für sein Leben übernehmen. Allerdings erkannte er während des Gesprächs bereits, dass ein Großteil der Gründe für seine mangelnde Selbständigkeit und Selbstverwirklichung in dem problematischen Familiensystem liegt. Bei der Schilderung der familiären Situation, in der er sich nicht ausleben konnte und unverstanden gefühlt hatte, wurde Herr W. sehr traurig. Ein Therapieziel sei es, die Trennung von Zuhause vorzunehmen, eigenverantwortlich für sich und sein Leben zu werden, berufliche Versagensängste, die er im Zusammenhang mit einem mangelnden Selbstwertgefühl sah, zu verringern und neue Ideen und Anregungen für sein Freizeitverhalten zu entwickeln.

Auf der **Therapiestation** lebte sich der Patient ebenfalls gut ein und entwickelte Vertrauen zu Mitpatienten und Therapeuten. An den Gruppengesprächen beteiligte er sich am Anfang unter starker Nervosität und Spannung, konnte sie aber im Laufe der Zeit ablegen. Er äußerte, dass es für ihn seit Jahren eine neue Erfahrung sei, wieder soziale Kontakte zu erleben und sich in Gruppen mitzuteilen und zu unterhalten. Offen setzt er sich mit seinem Suchtverhalten auseinander und konnte in zunehmendem Maße an Krankheitseinsicht gewinnen. Im Austausch mit den Mitpatienten empfand Herr W. Erleichterung darüber, dass er mit seinen Problemen nicht allein dastand und andere ebenfalls erhebliche Konflikte hatten. Obwohl er gute Kontakte zu allen Mitpatienten entwickelte, suchte er sich nur wenige engere aus. Anderen Patienten gegenüber konnte er sich gut abgrenzen, konnte eigene Interessen behaupten und Kontaktangebote ablehnen. Er bemühte sich grundsätzlich um Ehrlichkeit, sich selbst und anderen gegenüber.

In zusätzlichen Einzelgesprächen setzte er sich mit den Hintergründen seiner Suchtproblematik auseinander, indem er sich intensiv mit seiner Lebensgeschichte befasste. Er hatte sich

▼

überwiegend ungeliebt, unverstanden und ausgenutzt gefühlt, hatte sich innerhalb der Familie immer um Ausgleich bemüht und kein Recht auf ein eigenes Leben gehabt. Gleichzeitig sah er aber auch, dass die Mutter sich überbehütend und überfürsorglich verhalten habe, was seine mangelnde Eigenständigkeit noch verstärkte. Aus gesundheitlichen Gründen sei er von klein auf das Sorgenkind gewesen, sei verhätschelt worden, und man habe ihm nichts zugetraut. Ein mangelndes Selbstvertrauen habe sich durch sein gesamtes Leben gezogen. Durch seine enge Bindung an das Zuhause und die immerwährende Angst, dies zu verlieren, habe er während der Pubertät die sozialen Kontakte zu den Freunden verloren und sei recht erstaunt gewesen, als diese dann bald verheiratet waren.

Zu Frauen habe er kaum Kontakt gehabt, sei schüchtern und zurückhaltend gewesen, habe sich selbst nichts zugetraut. Partnerschaftliche Beziehungen habe er nicht in Einklang mit seiner Familie bringen können. Zusammen mit beruflichen Überforderungen seien diese Probleme wohl Auslöser für ein intensiver werdendes Spielverhalten gewesen. In der Spielhalle habe er sich aufgehoben und geborgen gefühlt, keiner habe an ihm herumkritisiert, und er habe keine Angst mehr gehabt. Seine ganzen Emotionen, Wut, Angst und Enttäuschung habe er an den Automaten auslassen können.

Selbst in der Zeit, als er allein gewohnt habe, sei er nicht selbständig gewesen, da er immer intensive Kontakte zur Familie gehalten habe, dort gegessen und seine Wäsche habe machen lassen. Dies sollte sich in Zukunft alles ändern.

Herr W. nahm Kontakt zum Arbeitsberater des Arbeitsamtes auf, um seine berufliche Zukunft zu planen. Er nahm an einem arbeitspsychologischen Test teil und begann, sich für eine neue Ausbildung zu interessieren. Des weiteren bemühte er sich um eine neue Wohnung bzw. Nachsorgeeinrichtung. Während des ersten Heimaturlaubs nahm er vorwiegend Kontakte zu seinen Geschwistern auf, konnte hier für sich neue Beziehungen gestalten und mit ihnen über

▼

die familiäre Situation sprechen. Er stellte fest, dass die Geschwister sehr ähnliche Erfahrungen gemacht hatten, was ihn erleichterte und dazu führte, dass er seine eigene Realität besser akzeptieren konnte. Um weiterhin vorhandene emotionale Konflikte den Eltern gegenüber abzubauen und den Ablösungsprozess zu fördern, wurde mit ihm vereinbart, die Eltern zu einem **Angehörigenseminar** einzuladen. Entgegen seinen Erwartungen sagten die Eltern zu. Während des Angehörigenseminars wurde die Familienstruktur sehr deutlich sichtbar, in der die Mutter eine dominante, überbehütende und zum Teil »besserwisserische« Rolle einnahm. Sie ließ Herrn W. nur wenig Raum für eigene Empfindungen, reagierte empört, verletzt und ungläubig auf die Darstellung seiner Gefühle und seiner Erlebnisse. Es wurde deutlich, dass die Familie bemüht war, ein heiles Bild nach außen zu bewahren. Der Vater nahm eher eine untergeordnete Rolle ein, schien selber an diesen Strukturen zu leiden. Er konnte seinem Sohn keine Hilfe sein, da er selbst zu sehr in seine Paarbeziehung verstrickt war. Allerdings konnten beide Elternteile eingestehen, dass sie selbst unter massiven Konflikten litten, und sie begrüßten es, wenn ihr Sohn selbständig werden würde.

Arbeitstherapeutisch wurde Herr W. in der Ergotherapie-Werkhalle eingesetzt. Anfangs war er im Bereich der Verpackung tätig, wo er zunächst Schwierigkeiten hatte, sich an diese Arbeit zu gewöhnen. Mit zunehmender Dauer wurde er sich seiner Fähigkeiten mehr bewusst und konnte so an Sicherheit gewinnen. An neuen Arbeitsplätzen stellte sich dann zunächst wieder Unsicherheit ein, sich den Anforderungen gewachsen zu fühlen. Auf Kritik reagierte er zunächst unwirsch, fühlte sich sofort als Person angegriffen. Er benötigte Zeit, um mit seinen Gefühlen fertig zu werden, lernte dann aber zusehends, sich offen auseinanderzusetzen und so innere Spannungen abzubauen.

In der **Gestaltungstherapie** lernte Herr W. unterschiedliche Werktechniken kennen. Er schaffte es, seine Wünsche angstfrei zu äußern

▼

und konnte sich an getroffene Vereinbarungen halten. Er akzeptierte Hilfe und Kritik, reagierte aber auf Einwände der Mitpatienten eher beleidigt und verletzt. Anschließend zeigte er sich jedoch gesprächsbereit, so dass eine weitere Zusammenarbeit gut möglich war. Er verhielt sich verantwortungsbewusst gegenüber den Materialien.

Herr W. nahm regelmäßig an der **Bewegungstherapie** teil. Er zeigte sich von Anfang an interessiert und motiviert an den sporttherapeutischen Inhalten. Dabei entwickelte er einen eigenen Interessenschwerpunkt und engagierte sich auch über die obligatorische Sporttherapiestunde hinaus im Rahmen des Freizeitsports. Herr W. wirkte in seinem Gesamtverhalten ruhig, besonnen und selbstkontrolliert. Gegenüber Erfolgserlebnissen zeigte er sich angemessen gelassen. Er verhielt sich recht selbstsicher und schien in seiner kooperativen Art von seinen Mitpatienten akzeptiert zu werden.

Abschließend: Herr W. konnte während der Behandlung an Krankheitseinsicht gewinnen und seinen Wunsch nach einem abstinenten Leben festigen. Er setzte sich in ausreichendem Maße mit den Hintergründen und Folgen seiner Suchterkrankung auseinander, konnte intrapsychische Konflikte und Beziehungsstörungen aufarbeiten und sich in seiner Persönlichkeit beträchtlich stabilisieren. Dabei konnte er realitätsnahen Arbeitsanforderungen genügen und erheblich an Selbstvertrauen gewinnen. Er wird sich nach der Therapie einer Selbsthilfegruppe anschließen und Kontakte zur örtlichen Beratungsstelle halten.

10.13   Zusammenfassung

Ausgehend von ersten stationären Behandlungskonzepten, die Anfang der 70er-Jahre in den USA in Anlehnung an die Therapie von Alkoholismus entwickelt wurden, bieten mittlerweile verschiedene Fachkliniken eine stationäre Behandlung pathologischer Spieler an. Insbesondere, wenn ambulante Therapieversuche bereits gescheitert und die Patien-

ten aufgrund starker psychischer Probleme (z. B. Ängste, depressive Verstimmungen, Suizidversuche) und/oder sozialer Notlagen zusätzlich belastet sind, ist eine stationäre Aufnahme indiziert, wenngleich diese Maßnahme den tiefsten Eingriff in die Persönlichkeit und das soziale Netz des Betroffenen darstellt. Während Psychiatrien zwar in akuten Krisensituationen adäquate (und häufig in Anspruch genommene) Behandlungsmöglichkeiten bieten, erscheint eine optimale Therapie des Problemverhaltens insbesondere durch spezifische Fachkliniken für Suchtkranke, die spezielle Konzepte für Spielsüchtige entwickelt haben, gewährleistet zu sein.

Durch **Vorgespräche** ist die Indikation zu einer stationären Behandlung sorgfältig abzuklären. Dabei sind Themenbereiche wie z. B. Überweisungskontext, Erwartungshaltung, Genese, bisherige Behandlungsversuche und familiäre/berufliche Situation zu erfragen. Darüber hinaus sollte der Patient über das Therapiekonzept der jeweiligen Einrichtung informiert werden, um sich auf dieser Grundlage bewusst für oder gegen eine stationäre Behandlung entscheiden zu können. Im Gesprächsverlauf kann sich zudem herauskristallisieren, dass ein stationärer Aufenthalt zum jetzigen Zeitpunkt kontraindiziert (z. B. aufgrund einer bestehenden akuten psychotischen Symptomatik, Uneinsichtigkeit bzgl. der Rahmenbedingungen) und somit von therapeutischer Seite her abzulehnen ist. Somit tragen Vorinformationen wesentlich zur Prophylaxe späterer Therapieabbrüche bzw. Enttäuschungen bei.

Eine beginnende individuelle Therapieplanung erleichtern es dem Patienten in der **Anfangsphase**, sich an die Abläufe und Rahmenbedingungen der Klinik zu gewöhnen. Die testpsychologische Diagnostik (z. B. in bezug auf Persönlichkeit, Ängste, Depressivität) sowie eine ausführliche Sozial- und Suchtanamnese sorgen dafür, dass bereits vor Beginn der eigentlichen Therapie differenzierte und umfassende Informationen über den Patienten vorliegen.

Ein weiterer Schwerpunkt zu Anfang der stationären Therapie liegt in der Bearbeitung der **finanziellen Situation**. In erster Linie bedeutet dies, den Spieler dazu anzuleiten, sich einen Überblick über das seit langem in den Hintergrund gedrängte Thema der Verschuldung zu verschaffen und Pläne zur Schuldenregulierung zu entwerfen. Der Patient sollte lernen, in angemessener Weise mit Geld umzugehen und das Einnahmen-Ausgaben-Verhältnis nicht aus den Augen zu verlieren, wobei er durch Monatshaushaltspläne und Tagesausgabenprotokolle unterstützt werden kann. Wie für die gesamte Therapie gilt auch für diesen Bereich, so weit wie **möglich** die Eigenverantwortung des Spielers zu stärken und nur so weit wie **notwendig** Maßnahmen der Fremdkontrolle einzusetzen.

Die weiteren Behandlungsschritte orientieren sich an dem in Kap. 8 vorgestellten Konzept, dem zufolge vor der Therapie der zugrundeliegenden Ursachen zunächst die Suchtentwicklung gestoppt werden muss. Wichtige Voraussetzung dafür ist zunächst die **Motivation** des Patienten, das Spielverhalten verändern (d. h. aufgeben) sowie die Behandlung durchhalten zu wollen. Von therapeutischer Seite sollte dies durch eine Atmosphäre, in der sich der Patient akzeptiert und verstanden fühlt, unterstützt werden. Problematisch ist es insbesondere, wenn der Spieler sich nicht aus eigener Initiative zu einer stationären Therapie entschließt, sondern primär dem Druck von Familienmitgliedern, Arbeitgebern oder drohenden Strafanzeigen nachgibt.

Eine zweite Phase zielt darauf ab, dass der Patient sowohl erkennt als auch akzeptiert, spielsüchtig zu sein. Obwohl die Notwendigkeit der **Krankheitseinsicht** kontrovers diskutiert wird, stellt sie unseres Erachtens eine der Grundvoraussetzungen für eine dauerhafte Spielabstinenz und damit auch für den Therapieerfolg dar. Dem Spieler gegenüber sollte jedoch betont werden, dass die Einsicht »ich bin suchtkrank« nicht als Abwertung und Stigmatisierung der Gesamtpersönlichkeit zu verstehen ist, sondern sich nur auf einen Teilaspekt, das problematische Spielverhalten, bezieht.

Das therapeutische Ziel der **Abstinenz** ist durch das höhere Ausmaß an Fremdkontrolle (z.B. Ausgangsbeschränkungen) im stationären Therapiesetting wesentlich leichter zu erreichen als in der ambulanten Behandlung. Die Vereinbarung therapeutischer Rahmenbedingungen sowie die Unterzeichnung eines Therapievertrages verpflichtet den Spieler von vornherein dazu, während des Klinikaufenthaltes weder an Glücksspielen teilzunehmen noch andere Suchtmittel zu konsumieren. Insbesondere das **Alkohol**verbot ist unter den Gesichtspunkten der Mehrfachabhängigkeit und der Gefahr des Umsteigens von einem Suchtmittel auf das andere von hoher therapeutischer Relevanz. Die dem Abstinenzwunsch zugrundeliegenden Motive sind genau zu explorieren (▶ Arbeitsblätter Anhang B8–B13). Für einen langfristigen Therapieerfolg ist maßgeblich, dass der Patient sich einen **Vorteil** davon verspricht, abstinent zu leben, und dies nicht ausschließlich anstrebt, um negative Konsequenzen des süchtigen Spielverhaltens zu vermeiden.

Kann der Spieler zum einen sich selbst als suchtkrank und zum anderen Abstinenz als langfristiges Ziel akzeptieren, besteht der letzte Therapieschritt darin, die der Spielsucht **zugrundeliegenden Ursachen** zu bearbeiten. Auf Grundlage der sozialanamnestischen und klinisch-psychologischen Exploration und Diagnostik ist für jeden Einzelfall zu untersuchen, welche Faktoren zur Entstehung und Aufrechterhaltung des süchtigen Spielverhaltens beigetragen haben. Ansetzend an dieser Ursachenanalyse sind gemeinsam mit dem Patienten geeignete **Verhaltensalternativen zum Glücksspielen** zu erarbeiten, um die Funktion, die das Glücksspiel übernommen hatte, ebenso auszufüllen wie die aufgrund der Abstinenz entstandene innere Leere und Langeweile.

Die stationäre Suchttherapie orientiert sich an einem **multimodalen Behandlungskonzept**, das neben Gruppen- und Individual- auch Sport-, Arbeits- und Beschäftigungstherapie umfasst. Nicht nur aus ökonomischen und pragmatischen, sondern auch aus therapeutischen Gründen ist die **Gruppentherapie** zentraler Bestandteil der stationären Behandlung pathologischer Glücksspieler. Die Gruppe stellt einen sozialen Mikrokosmos dar, in dem Kontakt- und Beziehungsprobleme (wie sie bei Spielsüchtigen vor bzw. im Verlauf der Erkrankung auftreten) deutlich und veränderbar werden: Interpersonales Lernen (Verhaltensfeedback, Erproben neuer Verhaltensweisen, Lernen am Vorbild anderer), das Äußern von Emotionen sowie die Erfahrung, dass andere ähnliche Probleme haben, sind nur einige Beispiele für die vielfältigen Wirkfaktoren gruppentherapeutischer Behandlung. In der Gruppe sind meist Spieler und andere Suchtkranke (insbesondere Alkoholiker) zusammengefasst, wovon Erfahrungsaustausch und Lernprozesse zusätzlich profitieren können. Zusätzliche Gruppenstunden nur für Spieler ermöglichen es, auf spielsuchtspezifische

Themen einzugehen (z. B. irrationale Kontrollüberzeugungen, abergläubisches Verhalten, Umgang mit Geld). Die gruppentherapeutische Behandlung stellt den Therapeuten vor die Aufgabe, ein günstiges Gruppenklima zu gewährleisten und destruktive Entwicklungen frühzeitig zu korrigieren. Insbesondere Störungen der therapeutischen Atmosphäre und Gruppenkohäsion (z. B. durch verdeckte Konflikte) sowie bestimmte Verhaltensweisen einzelner Patienten (z. B. Aggressivität, Unruhe, glücksspielbezogene Geldgeschäfte, psychotische Symptomatik) erfordern aktives Intervenieren, um ein konstruktives Arbeiten zu ermöglichen.

Parallel zur Gruppentherapie besteht sowohl die Möglichkeit als auch eine starke Nachfrage nach einzeltherapeutischen Gesprächen. Für die Bearbeitung der finanziellen Situation, schwieriger familiärer Beziehungsprobleme, Gefühlen von Angst, Depressivität und Schuld ziehen viele Spieler zunächst die **Individualtherapie** dem gruppentherapeutischen Rahmen vor. Der Therapeut sollte jedoch darauf achten, dass Ausmaß und Stellenwert der Einzelberatung nicht die Motivation zu gruppentherapeutischer Arbeit untergräbt bzw. dieser die Gesprächsgrundlage entzieht.

Das multimodale Behandlungskonzept wird vervollständigt durch **non-verbale Therapieangebote**. Sport- und beschäftigungstherapeutische Maßnahmen verhelfen dem Spieler zu neuen Erfahrungen (z. B. eigene Schwächen akzeptieren, Verlieren können, sich Herausforderungen stellen) und tragen zum Aufbau neuer Interessen und Hobbys bei. Arbeitstherapeutische Angebote konfrontieren den Patienten mit einem individuell zugeschnittenen Anforderungspotenzial und stellen Nähe zur Realität des Arbeitsalltages her.

Zahlen legen nahe, dass Spielerinnen nicht in dem Maße um Therapie nachsuchen, wie es der vermuteten Erkrankungsrate entsprechen müsste. Höhere Schamgefühle und Schwellenängste scheinen dies zu verhindern. Bei spielsüchtigen Frauen ist zudem ein ungünstigeres soziales Umfeld vorhanden und eine schwierige psychodynamische Krankheitsentwicklung festzustellen, die einen **frauenspezifischen Therapieansatz** erforderlich machen.

Körperliche oder psychische Erkrankungen, die den räumlichen Bewegungsspielraum einschränken, machen möglicherweise anfälliger dafür, Internet-glücksspielen nachzugehen. Untersuchungsergebnisse sprechen dafür, dass bei einem generellen Anstieg der Internetnutzung die Teilnahme an Online-Glücksspielen zunehmen wird und damit das Gefahrenpotential einer Erkrankung steigt. In der Therapie stellt sich das Problem der äußerst leichten Verfügbarkeit des Glücksspiels, quasi aus dem Wohnzimmer heraus. Wie ist der notwendige Abstand, bzw. wie lässt sich die Verfügbarkeit einschränken, um eine Entwöhnungstherapie nicht zu gefährden?

Ein erheblicher Teil der Spielerklientel sind **Migranten**; hierbei machen türkische Glücksspieler den Hauptanteil aus. Sprachbarrieren sind zu überwinden und therapeutisch ist auf kulturelle und sozial-psychologische Besonderheiten einzugehen. Schwierigkeiten der gesellschaftlichen Integration, männliches Rollenverhalten und vorhandene Familienstrukturen sind als Hintergründe der Suchtentwicklung in die Behandlung einzubeziehen. Systematische Untersuchungen wären in all diesen Problemfeldern dringend erforderlich, um dem Praktiker in der Behandlung die notwendige Hilfestellung zu geben.

Die **Abbruchquoten** in der stationären Behandlung von süchtigen Spielern dürften sich nicht wesentlich von denen der Alkoholiker (5 – 20%) unterscheiden. Hinter dem als Begründung vorgebrachten Alibi »Die Therapie bringt mir nichts mehr« stehen meist andere Ursachen wie beispielsweise körperliche/psychische Überforderung, fehlendes Vertrauen oder Beziehungsprobleme. Hohe Impulsivitäts- und Angstwerte scheinen die Abbruchgefahr zu erhöhen, während ein gutes soziales »Stützsystem« sie eher verringert. Ein individuelles therapeutisches Vorgehen ist notwendig, dem Abbruch entgegen zu wirken. Die Entscheidung, die Therapie vorzeitig zu beenden, hat für den Spieler weitreichende Folgen (Versagensgefühle, Enttäuschung des sozialen Umfeldes, Probleme bei der Bewilligung einer späteren Behandlung), die einen ersten Rückfall näher rücken lassen. Das Thema Therapieabbruch ist daher frühzeitig prophylaktisch in der Gruppe anzusprechen bzw. im Akutfall ausführlich zu analysieren. Entscheidet sich das **therapeutische Team** dazu, die Therapie eines Patienten vorzeitig zu beenden, sind diesem unbedingt alternative Behandlungsmöglichkeiten aufzuzeigen.

Aufgrund der Diskrepanzen zwischen dem schützenden Klinikleben und der »harten« Alltagsrealität stellt die Phase nach der Entlassung aus der stationären Therapie eine besonders kritische Zeit für den Spieler dar, in der es nicht selten zu Rückfällen kommt. Perspektiven und Probleme der **Reintegration** des Spielers in sein familiäres und berufliches Umfeld sollten daher nicht erst gegen Ende der stationären Behandlung aufgegriffen werden. Insbesondere ist der Patient darin zu unterstützen, Kontakte zu ambulanten Beratungsstellen bzw. Selbsthilfegruppen aufzunehmen, um die notwendige Weiterbehandlung zu gewährleisten.

Zur Einschätzung des **Therapieerfolges** lassen sich eine Reihe von Kriterien heranziehen wie z. B.

- der Spieler akzeptiert sich als krank, nimmt Hilfe an, entscheidet sich zur Abstinenz, arbeitet an den Ursachen seiner Suchtentwicklung,
- der Spieler hat in Bezug auf die familiäre und berufliche Situation Zukunftsperspektiven entwickelt und begonnen, an deren Umsetzung zu arbeiten,
- es besteht Kontakt zu einer Selbsthilfegruppe,
- Problemlösekompetenzen wurden verbessert,
- er setzt vielfältige Alternativen zum Glücksspielen ein.

Wie bereits im Behandlungskonzept sichtbar wird, kann allein aufgrund der Tatsache, dass der Patient frei von Symptomen, d. h. abstinent vom Glücksspielen ist, noch nicht von einer erfolgreichen Therapie gesprochen werden. Vielmehr müssen Veränderungen in bezug auf Verhalten, Einstellungen, Emotionen, die Persönlichkeit und das soziale Umfeld hinzutreten, um einen stabilen und langfristigen Behandlungserfolg prognostizieren zu können.

11 Der pathologische Glücksspieler und die Familie

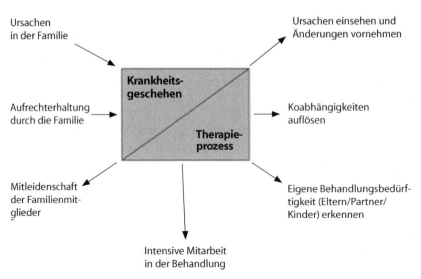

◘ Abb. 11.1. Familiäre Einflüsse auf das Krankheitsgeschehen und den Therapieprozess (Bachmann, 1999)

Die Familie des Glücksspielers ist in unterschiedlicher Weise in das Krankheitsgeschehen und den Therapieprozess involviert. Einige wichtige Faktoren dazu sind in der ◘ Abb. 11.1 dargestellt.

Fragmentarisch liegen hierzu wissenschaftliche Erkenntnisse und Erfahrungen aus der therapeutischen Praxis vor, die im nachfolgenden Kapitel erläutert werden. Familiäre Einflüsse auf die Krankheitsentwicklung und die Gesundung des Spielsüchtigen sind bisher so wenig erforscht, dass Behandlungsmaßnahmen weit davon entfernt sind, rezeptartige Lösungen anbieten zu können. Für diesen Bereich gilt deshalb ebenso, ein möglichst breites Spektrum verschiedener Informationen und Anregungen aufzuzeigen, anhand derer das therapeutische Repertoire erweitert und Angehörige und Spieler im Sinne einer »Hilfe zur Selbsthilfe« unterstützt werden können.

11.1 Familiäre Faktoren als Ursache der Krankheitsentwicklung

Wildman (1989), USA, befasst sich mit der Frage der familiären Faktoren als Ursache der Krankheitsentwicklung (▶ Kap. 4.3.4) und bezieht dabei die unterschiedlichen psychotherapeutischen Schulen ein.

Psychoanalytische Annahmen gehen demnach davon aus, dass Glücksspiel mit Masturbationsphantasien und familiären Konflikten verbunden ist und eine Ähnlichkeit zwischen sexuellen Aktivitäten und der Erregung bei Spielbeginn bzw. der Erleichterung bei Bekanntwerden des Ergebnisses besteht. Im Rahmen dieses theoretischen Ansatzes hält Wildman die Beobachtung für relevant, dass Spieler oft impotent seien, somit Spielen als Ersatzhandlung ausübten. Es hat sich gezeigt (Lorenz & Shuttlesworth, 1983), dass aus der Sicht der Ehefrauen etwa die Hälfte der pathologischen Glücksspieler das sexuelle Interesse während der aktiven Spielphasen verloren, allerdings machte nur etwa $^1/_5$ der Spieler ähnliche Aussagen.

Unter **lerntheoretische Gesichtspunkte** ordnet Wildman (1989) Beobachtungen ein, dass in den USA ein hoher Prozentsatz der Eltern der Spieler ebenfalls gespielt haben und viele Spieler von den Eltern in das Glücksspiel eingeführt wurden. Die Eltern fungierten so nicht nur als Modelle, sondern forderten direkt zum Spielen auf und verstärkten es entsprechend. Des weiteren wird festgestellt, dass das Glücksspielverhalten auch dann toleriert wurde, wenn die Kinder noch nicht das gesetzlich vorgeschriebene Alter erreicht hatten, sich die Eltern zumindest kaum Sorgen darüber machten und dieses Fehlverhalten nicht negativ sanktionierten.

Ähnliche Beobachtungen konnten bei deutschen Spielern und ihren Eltern gemacht werden. Einzelne Spieler berichteten, dass ihre ersten Erfahrungen mit dem Spielautomaten dadurch zustande gekommen waren, dass sie als Kinder mit dem Vater die Gastwirtschaft besuchten und dort einige Geldstücke erhielten, um am Automaten zu spielen und beschäftigt zu sein, während der Vater sich in Ruhe bei einem Bier unterhielt oder auch mitspielte. Bei Gewinnen wurde teilweise überschwenglich gelobt, so dass das Kind einen beträchtichen Stolz empfand, sich schon auf den nächsten Wirtshausbesuch freute und manchmal schon sehr früh die Illusion entwickelte, für dieses Spiel besondere Fähigkeiten zu besitzen. Andere Spieler schilderten, dass in der Kindheit in ihrer Familie exzessiv Karten- oder andere Glücksspiele betrieben worden seien und diese Form der Unterhaltung oder Freizeitgestaltung schon immer einen hohen Stellenwert hatte. Eltern machten sich keine Sorgen darüber, wenn Kinder anfingen, sich an den für ihr Alter verbotenen Glücksspielen zu betätigen.

Aus **ehe- und familientherapeutischer Sicht** leitet Wildman (1989) die Aussage ab, dass es in einer glücklichen, harmonischen und stimulierenden Partnerschaft weniger wahrscheinlich sei, Anregungen und Aktivitäten wie das Glücksspiel zu suchen. Für diese möglicherweise voreilige und das Problem sehr vereinfachende Annahme kann die Beobachtung, dass sich das Spielverhalten oft erst während der Partnerschaft verschlimmert hat, nur sehr bedingt als Unterstützung dienen. Dieser Umstand kann auch dadurch bedingt sein, dass der Spieler keine ausreichenden persönlichen Voraussetzungen mitbrachte, eine befriedigende Partnerschaft zu führen, und vor alltäglichen Problemen und Konflikten in Spielverhalten flüchtete. Einfache Kausalannahmen der Krankheitsverursachung, zum Beispiel den Ehepartner betreffend, dürften lediglich Vorurteile bestätigen und schon vorhandene Schuldgefühle auf seiten der Angehörigen verstärken. Der komplexen multikausalen Entstehungsgeschichte einer Suchterkrankung werden sie nicht gerecht (▶ Kap. 4). Unter dem gleichen Aspekt sind Beobachtungen zu bewerten, dass Eltern der pathologischen Glücksspieler ein Interesse daran hätten, das Spielverhalten aufrechtzuerhalten, um eigene Partnerschaftsprobleme zu verdecken (Lorenz, 1989).

Es kann durchaus eine Reihe von Faktoren innerhalb der Familie geben, die das Spielverhalten begünstigen und zur Aufrechterhaltung beitragen. Wer aber in der täglichen therapeutischen Praxis häufig mit Eltern konfrontiert ist, die mit all ihren Kräften verzweifelt darum bemüht sind, das Spielverhalten ihrer Kinder zu stoppen, sie vor Suizidalität und drohender Delinquenz zu bewahren, und die dabei mit Sicherheit beträchtliche Fehler machen, weiß, dass man vor Pauschalurteilen und übereilten Schlussfolgerungen warnen sollte.

11.2 Auswirkungen des pathologischen Glücksspiels auf die Familie

Auswirkungen süchtigen Spielverhaltens auf das familiäre Umfeld wurden bereits in Kap. 6.3 aufgezeigt. An dieser Stelle soll darüber hinaus eine umfangreiche Untersuchung von Lorenz & Shuttlesworth (1983) vorgestellt werden, die sich auf die Ehefrau und Kinder des Spielers bezieht und deren Ergebnisse von hoher Relevanz für die therapeutische Arbeit mit Spielerfamilien sind. Dabei wurden mittels eines Fragebogens Informationen erhoben über

- die Persönlichkeit der Ehefrau,
- ihre Wahrnehmung des gestörten Spielverhaltens,
- ihre Reaktionen auf den Umstand, mit einem Spieler zu leben,
- die Versuche, dieses Problem zu bewältigen.

Die Resultate zeigten, dass die Partnerin des pathologischen Glücksspielers stark belastet ist durch **soziale, psychologische** und **ökonomische Probleme**, die direkt mit dem Spielverhalten verbunden sind. Die Auswirkungen dieser Stressfaktoren führen zu unterschiedlichen **Bewältigungsstrategien**. Alle Teilnehmerinnen dieser Untersuchungen nahmen an einem Kongress der Gam-Anon, der Angehörigen-Selbsthilfegruppen der Gamblers Anonymous in den USA, teil.

Die meisten **Spielerfrauen** berichteten von einer relativ normalen **Kindheit**, während jedoch 19% in Familien aufwuchsen, in denen Glücksspiel oder Zwangsneurosen vorhanden waren, in weiteren 9% waren andere verschiedene psychische Störungen festzustellen, 17% erlebten längere Perioden der Trennung der Eltern, wovon dann viele in der Scheidung endeten. Durchschnittlich waren die Ehefrauen 22 Jahre alt, als sie den Spieler heirateten, wobei ca. 60% angaben, dass die Ehemänner zu diesem Zeitpunkt schon zwanghafte Glücksspieler waren, allerdings hatten sie die Bedeutung und Schwere dieses Problems überwiegend nicht richtig eingeschätzt. Schon nach 2 Jahren Ehe war jedoch über 80% der Frauen bewusst geworden, wie massiv die Probleme des Mannes waren. 84% der Spielerfrauen beschrieben sich selbst **in Folge der Erfahrungen mit dem pathologischen Glücksspieler als emotional krank**. Dabei hatten sie selbst Zuflucht zu exzessivem Trinken, Rauchen, übermäßigem Essen und Hungern oder impulsivem Einkaufen gesucht, um mit ihren Problemen fertig zu werden. In 43% der Fälle war es zu emotionalen, verbalen und physischen Misshandlungen gekommen, und über die Hälfte der Frauen berichtete, dass die Spieler in der Zeit aktiven Glücksspiels das Interesse an Sexualität verloren hätten. 78% der Frauen hatten bereits mit Trennung oder Scheidung gedroht, wobei jedoch 94% der Befragten weiterhin mit ihrem Partner zusammenlebten. 12% der Spielerfrauen begingen Suizidversuche (Suizidrate in der Gesamtbevölkerung: 12,7 per 100 000), was zum Teil damit zusammenhing, dass physische und verbale Misshandlungen stattfanden und Trennungs- und Scheidungsabsichten geäußert wurden.

Auch die **Kinder** wurden in Mitleidenschaft gezogen, (► Kap. 11.2.1). In 10% der Fälle kam es zu körperlichen Misshandlungen der Kinder durch den Spieler. Die Ehefrauen berichteten, dass 25% der Kinder unter Verhaltens- und Anpassungsstörungen litten. Dies zeigte sich in Schulschwierigkeiten, dem Weglaufen von Zuhause und Kontakten der Kinder zu Drogen, Alkohol oder Glücksspielaktivitäten. Fast alle Frauen berichteten von finanziellen Problemen durch das Spielverhalten, wobei ein großer Teil der Frauen eigene Ersparnisse verlor und Schulden für den Spieler bei Freunden und Familienmitgliedern machte. Obwohl über 80% der Spielerfrauen der Meinung waren, dem Partner sollte der freie Zugang zum Familieneinkommen versperrt sein, praktizierten nur etwa 47% solche Regeln.

Wie sahen die Frauen den Glücksspieler? Über 93% bezeichneten ihn als Lügner, 89% als unfreundlich, 89% als verantwortungslos, 88% als unkommu-

nikativ, 82% als unsicher und 80% als impulsiv. Alle Frauen waren sich darüber einig, dass der Spieler keine Kontrolle über sein Verhalten habe und emotional krank sei. Trotz dieser Schwierigkeiten hielten 94% der Frauen ihr Familienleben aufrecht. Dies geschah u.a. aus Furcht vor dem Alleinsein und Angst um den Spieler (58%), wegen der Kinder (52%), da sie den Spieler nach wie vor mochten (48%), aufgrund der Hoffnung, der Spieler würde abstinent sein (48%) und wegen des Einflusses von Gam-Anon (45%).

Diese Zahlen (auch Lorenz & Yaffee, 1988) sprechen für sich. Sie machen die **verhängnisvollen Auswirkungen** des pathologischen Glücksspiels innerhalb der Familien und die Notwendigkeit der **familientherapeutischen Hilfe in Selbsthilfeorganisationen** und **professionellen Einrichtungen** deutlich.

11.2.1   Kinder von Spielsüchtigen

Die pathologischen Glücksspieler sind nicht nur zu einem hohen Prozentsatz Kinder suchtkranker Eltern, sondern sie sind zum Teil ebenfalls Eltern. Zunehmend richtet sich das Augenmerk auf die Kinder von Suchtkranken, bei denen erhebliche Defizite an Selbstwertgefühl, Liebes- und Kommunikationsfähigkeit festgestellt wurden (Mäulen & Lasar, 1991; Salloch-Vogel, 1987).

Von 237 Glücksspielern, die in einem ambulanten Beratungszentrum für pathologische Glücksspieler in Wien behandelt wurden, lebten 63% in einer Partnerschaft, 90% der Spieler waren männlich, 10% weiblich (Horodecki 1992). Nach Darbyshire et al. (2001) wäre bei 237 Glücksspielern mit rund 142 betroffenen Kindern (Faktor 0,6) unter 15 Jahren zu rechnen. In einer Klinikstichprobe von 450 Spielern (Bachmann, 2004a; Bachmann et al. 1998) waren die Spielsüchtigen zu 98% männlich, das Alter lag zwischen 17 und 57 Jahren mit einem Durchschnittsalter von 30 Jahren. Der überwiegende Teil (61,8%) war ledig, 26% waren verheiratet und 12,2% geschieden. Über 26% der Spieler hatten ein oder mehrere Kinder. Es kann davon ausgegangen werden, dass etwa ein Fünftel der sich in der Klinik befindlichen Spieler in Familien mit Kindern leben.

Psychosoziale Folgen für die Kinder

Es gibt bisher nur wenige Untersuchungen dazu, welche Folgeschäden das pathologische Glücksspielen speziell bei den Kindern der Betroffenen verursacht. Die bisherigen Ergebnisse sind hypothetisch, da lediglich Einzelfallstudien und qualitative Untersuchungen vorliegen. Autoren bezeichnen die Kinder als Hauptopfer der Erkrankung (Darbyshire et al., 2001; Gaudia, 1987; Horodecki, 1992; Lorenz & Shuttlesworth, 1983; Mäulen & Lasar, 1991; Salloch-Vogel 1987). Eine grobe Schätzung lautet, dass auf 100.000 (Faktor 0,6) pathologische Glücksspieler, wie die Erkrankungsrate in der BRD in etwa geschätzt wird, mit ungefähr 60.000 betroffenen Kindern unter 15 Jahren zu rechnen ist (Darbyshire et al., 2001).

Die vorhandenen Studien und eigene Beobachtungen lassen vermuten, dass bei den Kindern massive psychosoziale Folgeschäden zu erwarten sind:

- Die Kinder empfinden es als Zurückweisung, dass der Spielsüchtige sie kaum wahrnimmt, geistesabwesend ist, ihnen wenig Aufmerksamkeit entgegenbringt. Das emotionale Wachstum und die emotionale Bedürfnisbefriedigung der Kinder werden dadurch stark behindert.
- Sie sind darüber verzweifelt und können es kaum begreifen, dass trotz der wachsenden Schwierigkeiten verstärkt weitergespielt wird. Der pathologische Glücksspieler verspielt alle erreichbaren finanziellen Mittel. Starke finanzielle Engpässe bedrohen die ökonomische Existenz, so dass die lebensnotwendigen Ausgaben, wie Miete, Aufwendungen für Lebensmittel und sonstige Ausgaben für den Haushalt, ständig in höchstem Maße gefährdet sind. Er macht auch nicht vor den Ersparnissen der Kinder Halt. Starke Ärgergefühle und auch Hass entstehen dem Vater gegenüber, der die Existenzgrundlage der Familie gefährdet.
- Hineinwachsen in eine Überverantwortlichkeit für Geschwister, sogar für die Eltern. Sie machen sich mehr Sorgen um den Vater, als dies umgekehrt der Fall ist. Immer wieder werden Hoffnungen enttäuscht, weil Versprechen, das Spielen aufzugeben, nicht eingehalten werden.
- Die Kinder erfahren keine Verlässlichkeit. Der Vater ist oft unruhig und gereizt. Er geht nicht auf die Bedürfnisse der Kinder ein, ist zurück-

weisend. → Miterleben starker Gefühlsschwankungen. Der Spieler flüchtet vor Problemen und Schwierigkeiten in Glücksspiele, und Konflikte werden nicht ausgetragen. → Die Kinder lernen unzureichend, eigene Gefühle und Bedürfnisse zu artikulieren. Sie sind mit den ständigen Lügen und Täuschungen des Vaters konfrontiert, das Spielen und die Probleme über die Geldbeschaffung zu verheimlichen. Gläubiger bedrängen die ohnehin in Not geratene Familie. Kontakte nach außen werden vermieden. Um Notlagen zu vertuschen, greifen auch andere Familienmitglieder zu Lügen und Verleugnungen.
- Die Kinder werden in das familiäre »Verleugnungssystem« gegenüber der Sucht und damit einhergehender Folgeerscheinungen einbezogen. Delikte zur Geldbeschaffung und eine drohende bzw. eingetretene Arbeitslosigkeit setzen die Familie zusätzlich unter Druck und grenzen sie weiter sozial aus. → Schwierigkeiten bei der Übermittlung von Normen, was ist normal? Kinder erleben, wie die Mutter häufig andere, z. B. die Großmutter, um Geld bitten muss, um die notwendigsten Ausgaben zu finanzieren.
- Notlagen, Beschämungen und Enttäuschungen verletzen das Selbstwertgefühl der Kinder.

Zahlreiche psychosomatische Störungen kommen hinzu. Es wurden Hyperaktivität, Einnässen, Sprachauffälligkeiten etc. festgestellt. Kinder versuchen durch hervorragende Leistungen von elterlichen Defiziten abzulenken oder geraten in die Rolle von Sündenböcken, übernehmen die Rolle von Clowns, die die Aufmerksamkeit auf sich ziehen und von anderen Schwierigkeiten ablenken. In anderen Fällen nehmen sie die Rolle des Beschwichtigenden ein, der hilft, die latenten Konflikte in der Familie zuzudecken. In 10% der Fälle wurden in einer amerikanischen Studie (Lorenz & Shuttlesworth, 1983) die Kinder von den Spielern physisch misshandelt. Die Ehefrauen der Spieler berichteten zudem, das 25% der Kinder unter Verhaltens- und Anpassungsstörungen litten. Dies äußerte sich in Schulschwierigkeiten, Weglaufen von zu Hause und verstärkten Kontakten der Kinder zu Drogen, Alkohol oder Glücksspielaktivitäten.

Groß ist die Gefahr, dass die Kinder später selbst eine Suchtkrankheit entwickeln.

Schätzungen bei stofflichen Suchterkrankungen und Glücksspielern sprechen von 30% und mehr (Bachmann & Banze 1992; Salloch-Vogel 1987).

❗ **Aus suchtprohylaktischer Sicht ist die Einbeziehung der Kinder in den Therapieprozess von besonderer Bedeutung.**

In einer qualitativen Studie mit 15 Kindern im Alter von 7–15 Jahren zu den Auswirkungen des pathologischen Glücksspiels eines Elternteils fanden Darbyshire et al. (2001) heraus, dass die Kinder die Erfahrung von schwer wiegenden Verlusten machten. Starke Verluste an Sicherheit und Vertrauen, Geborgenheit und Liebe sowie finanzieller Versorgung wurden empfunden. Substantielle Bedürfnisse der Kinder wurden vernachlässigt: Kinder machten das Glücksspiel für die Trennung bzw. Scheidung der Eltern verantwortlich. Die Familie breche auseinander. Sie hatten das Gefühl, dass die Spieler nicht mehr die Personen seien, die sie vorher gekannt hätten. Sie seien durch das Spielen in ihrer Persönlichkeit stark verändert. Der spielende Elternteil sei ihnen fremd geworden. Der spielende Elternteil würde sie nicht mehr gern haben, hätte keine Zeit und kein Interesse mehr für sie. Sie sorgten nicht ausreichend für sie, und sie könnten mit ihnen nicht ausreichend über ihre Sorgen und Nöte sprechen. Das Spielen sei ihnen immer wichtiger, und es sei nicht abzuschätzen, wo sie sich aufhielten und wann sie nach Hause kämen. Stattdessen müssten sie selbst viel Verantwortung übernehmen, z. B. für die jüngeren Geschwister sorgen. In einigen Familien habe es zu Weihnachten nichts gegeben, Geld für Ferien und Ausflüge in der Schule, Kleidung und die notwendigsten Lebensmittel habe gefehlt, so dass die Kinder hungrig ins Bett gegangen seien. Die eigene Wohnung, das Haus, seien verspielt worden.

Als Folge chaotischer und schwer vorhersagbarer Verhaltensweisen der Spieler stellten Jacobs et al. (1989) bei den Kindern inadäquate Stress- und Problembewältigungsstrategien sowie eine eingeschränkte Beziehungsfähigkeit fest. Außerdem würden sie leichter ebenfalls gesundheitsschädliche Verhaltensweisen entwickeln.

Schlussfolgerungen für die Therapie

Sowohl im Bereich der Forschung als auch im Bereich der Beratung und Behandlung müssen die An-

strengungen erheblich erhöht werden, den hohen gesundheitlichen Gefährdungen der Kinder gerecht zu werden. Damit die Problematik auf keiner Ebene der Behandlungsstruktur (Beratungsstelle, Klinik etc.) übersehen wird, könnte unter Berücksichtigung der Einwilligung der Beteiligten ein besonderer sozial-psychologischer Anamnesebogen für die Belange der Kinder erstellt werden, der auch den Behandlungsprozess des Erwachsenen begleitet. In den Therapieeinrichtungen werden je nach Bedarf sowohl Familiengespräche mit allen Beteiligten, Partnergespräche, als auch Spieler-Kind(er)- sowie Eltern-Spieler-Gespräche angeboten.

In den Familiengesprächen mit Kindern sind aus der Sicht eines integrativen Therapieansatzes mit kognitiv-verhaltenstherapeutischem Schwerpunkt, je nach Alter und Bedarf, altersgemäß folgende Gesichtspunkte in die Familientherapie einzubeziehen:

- **Informationen über das Krankheitsbild vermitteln.** Die leidvollen Erfahrungen können vom Kind so besser eingeordnet und das Verhalten des Vaters kann in einem anderen Zusammenhang bewertet und verstanden werden. Folge und Begleiterscheinungen des pathologischen Glücksspiels als Symptome einer Krankheit (das, was das Glücksspielen aus einem gemacht hat) und nicht als Persönlichkeitsschwäche zu sehen, lassen den Vater möglicherweise in einem anderen Licht erscheinen.

- **Welche Einstellungen und Erwartungen haben die Kinder gegenüber der Therapie**: Wie werden sie z. B. mit einem Klinikaufenthalt des Vaters fertig? Welche Verhaltensänderungen erwarten sie von ihm?

- **Verbalisierung von Emotionen ermöglichen**: Wie haben die Kinder das Verhalten des Vaters erlebt? Welche Ängste, Nöte und Sorgen haben sie sich gemacht? Gab es Ärger, Wut, Aggressionen ihm gegenüber? Haben die Kinder Scham- und Schuldgefühle erlebt? Kann diese Aussprache, und in welchem Rahmen, zu Hause weitergeführt werden?

- **Der Patient macht seinen Therapiefortgang transparent**: Was hat ihn letztlich dazu gebracht (Motivation), sich zu einer Behandlung zu entschließen? War es schwierig für ihn, sich selbst als spielsüchtig zu akzeptieren (Krankheitsein-

sicht)? Welche Gründe sieht der Vater für die Entstehung der Spielsucht (Ursachenanalyse)?
- **Gemeinsam konkrete Verhaltensänderungen planen**: Wie lässt sich die Kommunikation und Konfliktbewältigung verbessern? Können bestimmte Zeiten festgelegt werden, wo die Kinder sich über ihre alltäglichen Nöte und Probleme mit den Eltern austauschen können? Ist es sinnvoll, wöchentlich eine »Familienkonferenz« abzuhalten, in der alle über ihre Empfindungen zum Ablauf der vergangenen Woche und Erwartungen in die nächste sprechen können? Ist es notwendig, Absprachen und Planungen schriftlich festzuhalten? Welche gemeinsamen Freizeitgestaltungen sind von Interesse? Wie können Aufgaben in der Familie besser verteilt werden? Wie kann die Eigenverantwortung und Selbstständigkeit der Kinder gefördert werden? Wie können sie sich besser von den Belangen der Erwachsenen abgrenzen und falsches Rollenverhalten aufgeben?
- **Nachsorge – die Familie bzw. die Kinder zukünftig therapeutisch begleiten**: Sind wegen spezieller gesundheitlicher oder psychischer Probleme der Kinder intensivere therapeutische Interventionen nötig, die den Rahmen der Suchttherapie sprengen? Ist es sinnvoll, die Kinder in die therapeutische Nachsorge der Suchtbehandlung miteinzubeziehen?

Fallbeispiel aus der stationären Spielertherapie

Thomas M., 20 Jahre alt, 2 Geschwister, Lehrling im Garten- und Landschaftsbau. Der Vater Reinhard M., 54 Jahre alt, zur Zeit arbeitslos, verheiratet seit 27 Jahren. Spielsüchtig – spielt seit ca. 1981 am Automaten, Alkoholabhängigkeit seit ca. 1979. Im Jahr 1983 erfuhr die Ehefrau von seiner Spielsucht, bis 1984 etwa 40–50.000 DM verspielt, 1985 sechsmonatige Therapie, die er 14 Tage vor der Entlassung abbrach. Drei Wochen später mit Spielen und Alkohol rückfällig, 1987 zweite Therapie, 6 Monate abstinent, dann wieder rückfällig mit Spielen, später wieder Alkohol, 1991 dritte Therapie, 9 Monate abstinent, dann

▼

wechselten sich Rückfälligkeit und Abstinenzphasen ab. Im Jahr 2001 eskalierte die Situation, er wurde stark depressiv, die Frau drohte mit Trennung. Freiwillig ging er zur Entgiftung, Ende 2002 Beginn seiner vierten Therapie.

In einem Vorgespräch wurde vereinbart, dass zunächst ein Gespräch mit der Ehefrau stattfinden sollte und dann ein Gespräch mit Vater und Sohn.

Der Sohn habe sich von der Idee zu diesem Gespräch nicht gerade begeistert gezeigt. Das Gespräch zwischen Vater und Sohn sei in starkem Maße zum Stillstand gekommen, man schreie sich höchstens mal an. Die Spannungen zwischen ihnen seien teilweise unerträglich. Der Vater befürchtete, dass sich sein Sohn zu sehr in seine Richtung entwickle, sich ebenfalls schlecht über seine Gefühle äußern könne, Spannungen in sich aufstaue und insgesamt zu wenig aus sich herausgehe. Es habe schon früh eine gewisse Rivalität zwischen ihnen gegeben.

Erste Zielsetzungen des Gesprächs zwischen ihnen waren:
1. Das Verständnis für die Krankheit des Vaters erhöhen sowie Zusammenhänge zwischen den sozialen und psychischen Problemen in der Familie und der Spielsucht deutlich machen. Dazu sollte der Therapeut Informationen über das Erscheinungsbild der Spielsucht und die Vorgehensweise in der Therapie darstellen.
2. Um die Kommunikation wieder in Gang zu setzen und dem Sohn die Möglichkeit zu geben, sich von innerpsychischen und zwischenmenschlichen psychischen Belastungen zu befreien, sollte es dem Sohn dann ausgiebig ermöglicht werden, seine Erfahrungen und belastenden Emotionen mit der Spielsucht des Vaters zum Ausdruck zu bringen.
3. Möglichst gemeinsam sollte dann nach Wegen und möglichst konkreten Verhaltensänderungen gesucht werden, um die Beziehung zwischen Vater und Sohn sowie die Atmosphäre in der Familie insgesamt zu verbessern.

▼

Zu 1: Der Therapeut schilderte die Anfänge der Spielertherapie in der Klinik (1985) und wies darauf hin, dass inzwischen ca. 1.000 Glücksspieler behandelt worden seien. Er erläuterte die Umstände des Kontrollverlustes, der mangelnden Krankheitseinsicht und schwierigen Motivationsarbeit, die für eine Suchterkrankung typisch sind. Es wurden die allgemein vorhandenen Symptome sowie die sozialen und psychischen Folgeerscheinungen kurz angerissen. Daraus abgeleitet wurden die Therapieziele (Motivation zu einer umfassenden Behandlung fördern; Krankheitsakzeptanz vertiefen und Abstinenz stabilisieren; Ursachen der Krankheitsentstehung erforschen und konkrete Verhaltensalternativen entwickeln) knapp formuliert.

Diese Erläuterungen dauerten nur wenige Minuten und geschahen in einfachen, verständlichen Worten.

Zu 2: Der Sohn schaltete sich ohne besondere Aufforderung in das Gespräch ein, und zum großen Erstaunen des Vaters war er dazu in der Lage, offen und zusammenhängend von seinen Erlebnissen zu berichten:

Es habe häufig am notwendigen Geld gemangelt. Der Vater sei nicht da gewesen, wenn man ihn gebraucht habe. Er sei meistens sehr nervös und gereizt gewesen, so dass man sehr darauf habe achten müssen, nichts Falsches zu sagen. Dabei habe es an Essen gemangelt, und Mietzahlungen hätten nicht erfolgen können. Die Mutter habe ihm oft ihre Sorgen anvertraut, da er ja der Älteste sei. Daraufhin habe er dem Vater oft Bescheid gesagt, erst locker, dann geheult, dann lauter, habe ihn aufgefordert, endlich mit dem Sch. [Schimpfwort] aufzuhören. Er habe dem Vater ihre Hilfe [der Familie] angeboten. Sie hätten dann wieder Hoffnung gehabt, dass es diesmal klappt und seien wieder und wieder enttäuscht worden. Man merke genau, wenn der Vater wieder rappelig würde, und es hänge wohl häufiger am seidenen Faden, ob er wieder zum Spielen losgehe. Der Vater frage dann nervös, wo dies und das sei, zittere, und man merke, dass es

ihm nicht gut gehe. Man gehe lieber auf Abstand. Meist steigere sich seine schlechte Laune, und die Kinder würden angeschnauzt. Dann verlasse er wieder das Haus. Angst stelle sich ein, jetzt gehe es wieder los.

Er habe den Vater in seiner Verzweiflung schon gesucht und in einer nahen Spielhalle gefunden. Es sei für ihn total unverständlich, wie der Vater ohne Gewissen das Geld, das sie so dringend brauchten, in den Automaten werfen könne. Er habe ihn gefragt, was ihm denn lieber sei, die Familie oder der Apparat. Mehrmals habe er ihm gesagt, wenn er ihn nochmals in der Halle erwischen würde, »kloppe« er ihn dort weg. Die Mutter wisse nicht, wie sie über die Runden kommen könne, ständig Geldmangel, unbezahlte Rechnungen. Für die notwendigsten Dinge, wie Stromrechnung, Haushaltsgeld, müsse die Mutter sich Geld von der Oma und Bekannten leihen. Die Kinder selbst kämen viel zu kurz; es sei kein Geld für Sport oder CDs etc. vorhanden.

Der Vater bringe ihn nach dem Wochenende in sein Lehrlingsheim und käme dann nicht wieder zu Hause an, wie die Mutter ihm dann telefonisch mitteile. Ständig halte er Versprechen nicht ein. So sage er im Gespräch zu, er komme gleich (etwas zu helfen) und erscheine dann gar nicht. Man wisse oft nicht mehr, was richtig und was falsch sei. Zwischen den Eltern seien »oft die Fetzen geflogen«. Es habe häufig sehr laute Streitgespräche gegeben, in denen auch Gegenstände geworfen worden seien. Die Mutter werfe ihm dann vor, dass er (der Vater) die Realität nicht sehen wolle und vor den Problemen flüchte. Auch in Abstinenzphasen käme der Vater den Kindern nicht richtig entgegen, er bekomme Sachen zu leicht in den falschen Hals. Seine Verlässlichkeit stimme nicht – er sei kein gutes Vorbild. In seiner Verzweiflung schreie er (der Sohn) ihm seine Gefühle entgegen. In dem Fünf-Personen-Haushalt empfände er den Vater als überfordert – zu gestresst. Konflikte würde er nicht aussprechen, Gefühle spreche er nicht aus, und Fehler und Schwächen teile er nicht mit.

▼   ▼

Zu 3: Durch die Frage, was in Zukunft anders werden solle, geht der Therapeut zur nächsten Fragestellung über.

Der Vater solle endlich seine Versprechen einlösen. Man solle mehr gemeinsam unternehmen. Zum Beispiel habe er versprochen, einen Basketballkorb aufzuhängen. Der Vater solle zu den Kindern höflicher sein, aufhören sie anzuschnauzen, und darauf achten, dass ihm nicht mehr die Hand ausrutsche. Außerdem solle er aufhören zu rauchen, da er sie alle damit belästige. Er habe zu oft schlechte Laune – aber wenn er sich an seine Versprechen halten würde, wären auch die Kinder wieder bereit, auf ihn zu hören. Er habe den Wunsch, zusammen Fahrrad zu fahren, Essen zu gehen (wozu es quasi nie gekommen sei), gemeinsam zum Fußball zu gehen oder zusammen zu spielen. Es sei schon viel gewonnen, wenn der Vater sich Mühe gebe, wieder Vertrauen entstünde. Ansonsten habe er Angst, dass der Vater alles verspiele.

Der Vater betont zum Abschluss des Gespräches, dass er sich darum bemühen wolle, wieder Vertrauen aufzubauen, sich mehr öffnen, ehrlich sein und wieder mehr Zuneigung zeigen wolle. Wegen der fortgeschritten Zeit wurde das Gespräch hier unterbrochen. Auf Wunsch der Gesprächsteilnehmer soll ein zweites Gespräch stattfinden, an dem möglicherweise auch der 14-jährige Sohn teilnehmen könne. Der Vater, der während des Gespräches öfter mit den Tränen kämpfte, äußert sich stolz darüber, wie offen und selbstbewusst der Sohn sich habe äußern können. Der Therapeut betont, dass durch das Gespräch wichtige Anregungen für die weitere Therapie gegeben wurden und möglicherweise klarer sei, wo notwendige Veränderungen ansetzen müssten.

Die Forschungsergebnisse zeigen, dass Kinder in vielfältiger Weise in ihrer emotionalen und sozialen Entwicklung behindert werden. Sie zeigen starke Verhaltensauffälligkeiten, emotionale Störungen und psychosomatische Probleme. Zielsetzungen der Einbeziehung der Kinder in den Therapieprozess lauten:

- Steigerung des Verstehens über den Krankheitsverlauf des pathologischen Glücksspielers;
- Hilfestellung bei der Verarbeitung intra- und interpsychischer Konflikte im Zusammenhang mit den Auswirkungen des pathologischen Glücksspiels durch Aussprache und Reflexion der emotionalen Erlebnisinhalte;
- Absprache konkreter Verhaltensänderungen zur Verbesserung der familiären Situation;
- Planung zusätzlicher Hilfestellungen, wenn das therapeutische Setting nicht ausreicht, der Problematik des Kindes gerecht zu werden.

11.3 Einbeziehung der Familie in die Therapie

In den Facheinrichtungen für Suchtkranke im ambulanten und stationären Bereich ist die **Einbeziehung der Familie** in die Therapie seit Jahren weitgehend selbstverständlich geworden. Da es aus dem deutschsprachigen Raum kaum spezielle Literatur über die familientherapeutische Behandlung von pathologischen Glücksspielern gibt, folgen zunächst einige kurze Darstellungen therapeutischer Ansätze aus den USA, obwohl sich möglicherweise auch in diesem Bereich die unterschiedliche soziokulturelle Lebensweise, andere Formen des Spielens und Unterschiede bzgl. der Altersstruktur der Spieler auswirken.

11.3.1 Familientherapie – eine Fallstudie

Franklin (1981) beschreibt in einer Fallstudie die Familientherapie eines pathologischen Glücksspielers, der eine 14tägige stationäre Behandlung absolviert hatte. Der Spieler hatte bereits 2 Gefängnisaufenthalte wegen Delikten in Zusammenhang mit Glücksspielen hinter sich. Franklin schreibt dazu, dass die Familie bereits seit über 15 Jahren in ein Netz aus Täuschung, Bitterkeit, Streit, Ärger, Einsamkeit und massiven finanziellen Problemen verstrickt war. An der Therapie nahmen außer dem Spieler auch dessen Ehefrau, die 16-jährige Tochter und der 14-jährige Sohn teil.

Fallbeispiel:

Das Verhalten der Familienmitglieder beschreibt die Autorin als stark auf den pathologischen Glücksspieler orientiert, sie stellt keine ausreichende Abgrenzung zwischen Eltern und Kindern fest.

Gestalttherapeutische Techniken sollen in der Therapie dem einzelnen Erfahrungen der Differentiation und Individuation ermöglichen. Die Aufmerksamkeit der Klienten wird dabei auf die mangelnden klaren Generationslinien zwischen Eltern- und Kindsystemen gelenkt. Die Kinder sind mit der häufigen Abwesenheit des Vaters aufgewachsen, der Ehefrau fehlte die notwendige Unterstützung bei der Kindererziehung und Haushaltsführung. Als Konsequenz übernahmen die Kinder Unterstützerrollen für die Mutter, und die Familienmitglieder versuchten sich gegenseitig vor möglichen Angriffen zu schützen.

Analyse der familiären Strukturen und Prozesse

Oberflächlich betrachtet konnte diese Familie als nett, rational und immer freundlich charakterisiert werden. Ärger äußerte sich dann, wenn der »Kessel explodierte«, mit der Wucht unterdrückter Emotionen. Die Ehefrau befand sich weniger in der Rolle der Partnerin, sondern hatte dem pathologischen Glücksspieler gegenüber eher mütterliche oder elterliche Funktionen zu übernehmen. Statt dass die Kinder sich kindlich verhalten konnten, übernahmen sie Verantwortung für die Mutter, unterstützten sie und versuchten, den Vater zu korrigieren. Gefühle wurden eher indirekt gezeigt, Ablehnung und Ärger durch den Entzug von Aufmerksamkeit zum Ausdruck gebracht. Oft wurde die Familie in extreme Gefühle der Freude und des Unglücks gebracht, je nachdem, ob der Vater als strahlender Gewinner mit großartigen Geschenken oder als niedergeschlagener Verlierer nach Hause zurückkehrte. Es gelang der Familie eher, Gefühle von Schmerz und Leid zu äußern, als für den anderen möglicherweise unangenehme Gefühle der Unzufriedenheit und des Ärgers.

Franklin betont, dass es in der therapeutischen Intervention zunächst wichtig ist, sich eher **beruhigend** auf die kommunikative Haltung der Familie einzustellen. So wurde ein eher **kognitiver Ansatz** gesucht, die ungünstigen Einstellungen der Familie hinsichtlich ihres Umgangs mit Gefühlen deutlich zu machen und neue Verhaltensformen auszubilden.

❗ **Das Hauptziel der Familientherapie war darauf gerichtet, die alten Rollenstrukturen aufzubrechen und die Familienmitglieder zu befähigen, mit den alltäglichen Anforderungen realistisch umzugehen.**

11.3.2   Gruppentherapie mit Paaren

In einem 1jährigen Therapieversuch, bei dem die **Frauen der pathologischen Spieler in die Gruppentherapie einbezogen** wurden, konnten Boyd & Bolen (1970) Erfolge erzielen sowohl hinsichtlich des Glücksspielverhaltens als auch bezüglich der Partnerschaftskonflikte, die sie als Ursache des symptomatischen Spielverhaltens ansahen. Sie gingen dabei von einem **psychoanalytischen Interpretationsmodell** aus und stellten die Übertragungshaltung zwischen den Ehepartnern aufgrund des als zwanghaft diagnostizierten Symptoms in den Vordergrund der Behandlung.

Kurzzeittherapie für Spielerpaare in der Gruppe, die sich stark an das Programm der GA anlehnte, beschreibt Tepperman (1985). An der Gruppe nahmen 10 freiwillige Paare teil, die aktive Mitglieder bei GA und GAM-Anon waren. Tepperman verfolgte dabei das Ziel, den Paaren zu helfen, weniger defensiv, abwehrend zu reagieren und damit die eheliche Verträglichkeit, Umgänglichkeit und Kommunikation zu verbessern. Dabei ging der Autor von der These aus, dass es zwischen den Partnern des Spielerpaares eine symbiotische Beziehung gab und die Partner der Spieler Verleugnung und Bagatellisierung als Abwehrmechanismen entwickelten, um ihr psychisches Gleichgewicht in der Partnerschaft aufrechtzuerhalten. Eine Öffnung dieser Abwehr würde dann dazu führen, dass unterdrückte Gefühle wie Ärger, Depression, Unsicherheit und Hilflosigkeit bei den Paaren zum Ausdruck kommen. Diese

Selbstöffnung sieht Tepperman als Voraussetzung dafür an, vorhandene Konflikte in der Partnerschaft aufzuarbeiten. Im Ergebnis zeigten sich bei den primären Untersuchungszielen in der behandelten Gruppe von Paaren keine bedeutenden Unterschiede zu einer Kontrollgruppe, in der die Paare nicht gemeinsam behandelt wurden. Bei beiden Gruppen wurde z.B. ein Rückgang der Depressionswerte festgestellt, so dass sich die paradoxe und provokative These Teppermans nicht bestätigte, dass die Therapiegruppe sich nach der Behandlung mehr öffnen bzw. dadurch stärkere depressive Gefühle zeigen würde.

❗ Es wurde jedoch festgestellt, dass sich die Beziehung der gemeinsam behandelten Paare verbessert hatte und sie zuversichtlicher waren, zukünftige Konflikte gemeinsam zu lösen (► Kap. 13).

11.3.3   Familiäre Koabhängigkeit und Therapieerfolg

Zu den Auswirkungen der familiären und beruflichen Zufriedenheit auf den Therapieerfolg stellt Lorenz (1989) fest, dass **zwischenmenschliche Konflikte** die häufigste Ursache für **Rückfälle** des pathologischen Glücksspielers sind. Familienmitglieder können ihrer Meinung nach durch zu starke Betonung eigener Bedürfnisse und des Gefühls, zu kurz zu kommen, zu einem Rückfall beitragen. Die Autorin betont dabei die Ähnlichkeit des pathologischen Glücksspiels mit anderen Süchten, die ebenfalls mit **multiplen familiären Problemen** in der Herkunfts- und momentanen Familie verbunden sein können. Lorenz wirft die Frage auf, ob es, neben den gravierenden negativen Folgeerscheinungen des Glücksspiels für die Familie, auch Vorteile haben kann, mit einem Spielsüchtigen zusammenzuleben. Dadurch, dass an diesen Vorteilen festgehalten wird, könnte, wenn auch unbewusst, die Genesung des Spielers durch den Angehörigen behindert werden.

Fallbeispiel:

Lorenz berichtet von einem Fall, in dem die Ehefrau eine längere Abstinenzzeit immer wieder mit teuren Geschenken belohnte, obwohl noch erhebliche Schulden vorhanden waren. Dies zwinge den Klienten dazu, wiederum mehr zu arbeiten, und hindere ihn daran, eine stationäre professionelle Hilfe in Anspruch zu nehmen. So wachse der Druck auf den Spieler mit der Zeit stark an, und er werde rückfällig. Lorenz spekuliert, dass die Frau durch ihre Geldausgaben verhindern möchte, dass ihr Mann eine stationäre Therapie aufsucht, Abstand von ihr gewinnt, sich auch ihrer Fehler bewusst wird und sie zurückweisen könnte. Als tieferliegendes Motiv für ihr Verhalten wäre demnach **Angst vor Zurückweisung** anzunehmen. Die Frau stammte selbst aus einer zerbrochenen Alkoholikerfamilie und fürchtete sich vor Ablehnung und Trennung. In diesem Fall hält Lorenz einen kognitiven Therapieansatz für sinnvoll, der dazu führen soll, dass die Ehefrau sich mit ihren Einstellungen und Befürchtungen auseinandersetzt und lernt, Ängste nicht übermäßig zu generalisieren und die Zukunft nicht zu negativ zu sehen. Dabei soll sie sich mit ihren Stärken und Schwächen besser akzeptieren und keine Perfektion anstreben.

Einen weiteren Grund für die Behinderung der Genesung sieht Lorenz darin, dass Partnerinnen **Angst vor sexueller Intimität** haben. Im Verlauf der »Spielerkarriere« kam es möglicherweise zu verbal misshandelndem Verhalten des Ehemannes bezüglich ihrer sexuellen Ausstrahlung oder ihres ehelichen Verhaltens, so dass eventuell schon vorhandene Ängste sich dadurch noch verstärkten. Sind bei der Ehefrau durch die individuelle Lebensgeschichte vorgeprägte sexuelle Probleme vorhanden, so wäre therapeutisch sowohl auf dieser Ebene als auch beim misshandelnden Ehemann anzusetzen.

Das Bedürfnis, gebraucht zu werden: Bei anderen Suchtformen ist ebenfalls die Beobachtung zu machen, dass Abhängigkeitskranke Partner wählen, von denen sie sich versorgt fühlen, ähnlich wie von der Mutter. Die Partnerin hat dann oft Schwierigkeiten, ihre überbehütende Rolle aufzugeben.

Lorenz fand in den Spielerfamilien u. a. folgende Verhaltensweisen der Partnerinnen vor:
- sie verschaffen Spielern Alibis und Entschuldigungen, wenn sie schulische oder berufliche Pflichten versäumen,
- sie verdecken das Spielproblem, damit nichts nach außen dringt,
- sie ignorieren das Spielproblem,
- sie wollen die eigenen Gefühle bezüglich des Spielens nicht wahrhaben und alle Gespräche darüber vermeiden,
- sie übernehmen immer mehr Verantwortung für den Spieler.

❗ Es kann ein entscheidender Beitrag zur Genesung des Klienten sein, wenn Angehörige ihre Bedürfnisse, gebraucht zu werden, kritisch überprüfen und mehr Distanz in der Beziehung zulassen, die dem Spieler Selbständigkeit und Eigenverantwortlichkeit ermöglicht.

Familienangehörige können aus der Spielabhängigkeit den Vorteil ziehen, dass sie sich dem Süchtigen überlegen fühlen. Eine Genesung könnte hier zu erheblichen Veränderungen führen, indem Kompetenzen umverteilt werden und familiäre Rollenverteilungen sich ändern. So ist festzustellen, dass Angehörige die **Kontrolle über die finanziellen Mittel** nach längeren Abstinenzzeiten nicht wieder abgeben, wobei es häufig nicht darum gehen dürfte, Kompetenzen wiederum einseitig zu delegieren, sondern partnerschaftlich zu handeln, ohne dass es einen Gewinner oder Verlierer gibt.

Diese in erster Linie durch Einzelfallstudien erfassten Verhaltensweisen von Angehörigen, durch die die Genesung des Spielers behindert werden kann, sollen jedoch nicht darüber hinwegtäuschen, dass die Familie durch die Spielsucht in **massivster Weise in Mitleidenschaft** gezogen wurde und es eine ganze Reihe von Gründen, außer den genannten, gibt, die zu **Rückfällen** führen (▶ Kap. 12). Hierzu gehören u. a.:
- innerpsychische Konflikte,
- finanzielle Schwierigkeiten,
- berufliche Probleme,
- andere Umwelteinflüsse,
- der Wunsch des Spielers, wieder zu spielen.

Es ist wichtig, möglichst viele **Faktoren** zu identifizieren, die einen **Behandlungserfolg beeinflussen** können. Die Genese und die Behandlung von Suchtkrankheiten sind bisher so wenig erforscht, dass der Therapeut nach jedem »Strohhalm« greifen muss, der die Erfolgswahrscheinlichkeit der Therapie vergrößert.

Eine ähnliche Fragestellung verfolgten Hudak et al. (1989), die 26 stationär behandelte Spieler bezüglich ihrer familiären, ehelichen und beruflichen Zufriedenheit erfassten und einen Zusammenhang zum Therapieerfolg postulierten. In der Nachuntersuchung stellten sie zunächst fest, dass 31% der Spieler abstinent lebten. Neben der Spielabstinenz wurden unterschiedliche Spielfrequenzen, von der Entlassung an gerechnet, festgehalten. Mittels eines Fragebogens wollten die Autoren die Zufriedenheit in den 3 genannten Bereichen durch eine telefonische Befragung ermitteln. Es zeigte sich, dass es einen negativen Zusammenhang zwischen der beruflichen Zufriedenheit und der Spielfrequenz gab, d. h., je größer die berufliche Zufriedenheit war, um so weniger wurde gespielt. Die berufliche Zufriedenheit hat möglicherweise einen erheblichen Einfluss auf das Therapieergebnis, wobei jedoch nicht zu unterscheiden ist, ob nicht umgekehrt Spielabstinenz oder eine geringe Spielintensität die berufliche Zufriedenheit erhöht. Als Trend ergab sich, dass die Zufriedenheit mit der Familie bzw. dem Eheleben einen positiven Einfluss auf den Therapieerfolg ausübt.

11.3.4 Unterschiede in der Behandlung von Alkoholiker- und Spielerfrauen

In einer 16-monatigen Studie verglich Heineman (1987) die Behandlungsmöglichkeiten von Alkoholiker- und Spielerfrauen und kam dabei zu dem Resultat, dass die Frauen der pathologischen Glücksspieler mit **speziellen Problemen** zu tun haben, die in der Behandlung von Frauen von Alkoholikern nicht in dem Maße in Erscheinung treten. Insbesondere die oft **massiven finanziellen Probleme, Auseinandersetzungen mit Kreditgebern** und die **Übernahme des Haushaltsbudgets** sind hier zu nennen. Das Vertrauen zu den Ehemännern scheint langsamer zurückzukehren, da die finanziellen Probleme häufig noch langfristig fortbestehen und die Verfügbarkeit von

Selbsthilfegruppen und professioneller Hilfe für die Spielerfrauen noch nicht ausreichend entwickelt ist. Die **Einsamkeit** scheint ein weiteres spezifisches Problem zu sein, weil der Ehemann durch Überstunden und Mehrfachtätigkeiten bemüht ist, die Schulden in den Griff zu bekommen.

Ein entscheidender Unterschied liegt darin, dass nicht Alkohol, sondern **Geld** missbraucht wird. In vielen Fällen haben die Angehörigen mit erheblichen Überraschungen zu rechnen, was das wahre Ausmaß der Schulden angeht.

Grundsätzlich sieht Heineman jedoch viele **Parallelen in der Zielsetzung der Behandlung**. Die Frauen lernen,

- dass die Krankheit einen progressiven Verlauf hat und fatal enden kann,
- dass die Abhängigkeitskranken letztlich nur selbst eine Veränderung herbeiführen können,
- dass niemand sie kontrollieren kann und sie lernen müssen, die Verantwortung für sich selbst zu übernehmen.

In der amerikanischen Literatur wird des öfteren darauf hingewiesen, dass es notwendig ist, den Frauen der Suchtkranken zunächst Informationen über das Krankheitsbild zu vermitteln, um stark vorhandene Ärger- und Schuldgefühle abzubauen, bevor gemeinsame Gespräche mit den Eheleuten stattfinden.

❗ Kenntnisse über den Suchtverlauf und den damit verbundenen Kontrollverlust können von individuellen Schuldgefühlen entlasten (z. B. für die häufige Abwesenheit des Spielers verantwortlich zu sein) und das Verhalten des Suchtkranken verständlicher machen.

Auf eine Trennung der bisher besprochenen Ansätze danach, ob sie eher von einem **Sucht-** oder einem **Neurosemodell** ausgehen, wurde bewusst verzichtet, da jede Vorgehensweise für sich Einsichten und Anregungen für die Behandlung der Spieler mit ihren Angehörigen erbringt und die Einbeziehung des Abstinenzzieles und anderer suchtspezifischer Aspekte sich in keinem Falle ausschließen.

11.3.5 Therapeutische Maßnahmen für Eltern

Die Elternarbeit ist ein integraler Bestandteil der Beratung und Behandlung Suchtkranker (Hahn & Niermann, 1979; Scheller, 1990). Spieler sind im Durchschnitt jünger als andere Suchtkranke und haben meist eine erheblich intensivere Beziehung zu den Eltern. Häufig leben sie noch in ihrer Herkunftsfamilie oder sind wieder dorthin zurückgekehrt, nachdem sie mit ihrer eigenständigen Existenz Schiffbruch erlitten hatten.

❗ Die Aussicht, in eine Therapie zu gehen, diese durchzustehen und erfolgreich zu beenden, erhöht sich wesentlich, wenn die Eltern frühzeitig am Behandlungsprozess teilnehmen.

Fehlende Absprachen können zur Folge haben, dass sich im System der Familie eine selbständige Dynamik entwickelt, die gegen die Therapie arbeitet. Es kommt vor, dass Eltern dem Spieler signalisieren, er habe keine Suchtprobleme, benötige die Therapie nicht, solle sich doch einfach zusammenreißen und mit dem Spielen aufhören, das sei doch nur eine Sache des Willens. In anderen Fällen versuchen die Eltern, den Therapieablauf ständig zu kontrollieren, und hindern den Patienten nach wie vor daran, längst überfällige Schritte in mehr Selbständigkeit und Eigenverantwortung zu tun. Teilweise machen Angehörige während der Therapie Geldzuwendungen, die eine Rückfallgefahr heraufbeschwören. Eltern haben nicht selten ebenso große Schwierigkeiten, die Suchtkrankheit des Spielers zu akzeptieren, in ihrer sozialen Umgebung dazu zu stehen, damit verbundene Scham- und Schuldgefühle zu überwinden, ihre Hilflosigkeit und Ohnmacht der Krankheit gegenüber einzugestehen, wie der Spieler selber. Je enger die Beziehung zum Spieler noch ist, um so stärker ist der Einfluss elterlicher Einstellungen auf ihn. Die Ansichten der Eltern beeinflussen in starkem Maße das Zutrauen und den Glauben des Spielers an den Erfolg der Therapie.

Für die **therapeutische Arbeit mit Eltern** gelten daher folgende Leitlinien und Ziele:

- Dem Gespräch mit dem Abhängigen folgt das Gespräch mit den Eltern.
- Die Gespräche sind über den gesamten Beratungszeitraum weiterzuführen.

— Absprachen über Therapiemaßnahmen sind mit allen Beteiligten verbindlich festzulegen (z. B. Häufigkeit von Anrufen, finanzielle Regelungen).

— Mit den Eltern sind folgende Fragen zu klären:
  — Welche Erwartungen haben sie an die Therapie in Bezug auf …
    … ihre eigene Person?
    … ihre Familie?
    … ihr süchtiges Kind?
    … ihren Partner?
  — Welche Ängste haben sie im Hinblick auf die Therapie ihres Kindes?
  — Gibt es außer der Sucht ihres Kindes noch weitere Probleme, die sie beschäftigen?
  — Wie würden sie die Beziehung zu ihrem Kind beschreiben?
  — Wie erleben sie die Beziehung zu ihrem Partner?
  — Wie erleben sie das Fortgehen ihres Kindes in eine Therapiegruppe?
  — Wie geht es ihnen mit dem »Weggeben« ihres Kindes in fremde Hände?

Ziele der Elternarbeit sind:

— Die Qualität der Beziehung zu verändern, wobei die Elternarbeit die Möglichkeit bietet, an Verlustgefühlen, also der Bedeutung des Kindes für die Eltern, zu arbeiten (Abhängigkeit der Eltern vom abhängigen Kind).

— Es ist nach einer angemessenen Form der Beziehung zu suchen, die dem Kind Raum zur Ablösung und zum Selbständigwerden bietet. Auch hier werden die persönlichen Anteile der Eltern an der Beziehung zur Sprache gebracht (z. B. das »Sich-Sorgen-**Wollen**«) und Verhaltensalternativen thematisiert (z. B. Aktivitäten außerhalb des Mutter-/Hausfrauendaseins zu suchen).

— Es ist aufzuarbeiten, welche Funktion das Kind im Familiensystem hatte.

— Die Familie muss auf eine durch die Therapie veränderte Persönlichkeit des Kindes vorbereitet sein. Hiermit sind bedeutsame Entscheidungen verbunden, z. B. nach der Therapie nicht ins Elternhaus zurückzukehren, bestimmte Aufgaben der Lebensgestaltung selbständig zu übernehmen und die Form des Zusammenlebens konkret zu verändern.

— Die Emanzipation der Eltern erleichtert die Emanzipation des Kindes.

11.3.6 Neuere ambulante und stationäre familientherapeutische Ansätze in Deutschland

Thomas (1989b) berichtet über Erfahrungen mit einer expertengestützten **ambulanten Ehepaar-Spielergruppe**, die sich in Selbsthilfe organisiert hatte.

❗ Die Teilnahme an einer solchen Gruppe sollte relativ früh einsetzen, da eine lange Vorbereitungszeit durch Einzel- und/oder Paargespräche Bedürfnisse nach Versorgtsein und der Delegation von Verantwortung an den Berater intensivieren.

Grundsätzliche Überlegungen für die Vorgehensweise in Ehepaargruppen sind:

— Erste therapeutische Bemühungen zielen auf **Spielabstinenz** ab.

— Besonderes Augenmerk richtet sich darauf, dass der Spieler sich als krank akzeptieren lernt, Scham- und Schuldgefühle abbaut und somit zu einer tiefergehenden therapeutischen Auseinandersetzung bereit ist.

— Zeitlich befristete **Kontrollverträge** über die Geldangelegenheiten können vereinbart werden, die aber nicht unbefristet und entmündigend wirken sollen. Dies wird jedoch nur etwa bei der Hälfte der Klienten vorgeschlagen und ist indiziert, wenn es trotz Bemühen nicht gelingt, Abstinenz einzuhalten, und die Maßnahme nicht als auferlegter Zwang, sondern als selbst gewählte Problemlösung verstanden wird.

— Nach einer eher auf das Spielverhalten konzentrierten »Symptomphase« folgt eine eher an Persönlichkeitskonflikten orientierte »Problemphase«, in der Beziehungskonflikte und alltägliche Problemsituationen zur Sprache kommen.

Für die Ehepaare war es dabei neu, sich zwar heftig, aber nicht verletzend auseinanderzusetzen, ohne dabei ihre Partnerschaft zu gefährden. Thomas sieht in diesem Zusammenhang eine **deutungsfreie Bespre-**

chung der Alltagskonflikte mit Lösungsangeboten in der Gruppe als ausreichend an, damit die Ehepaare genügend Selbstvertrauen entwickeln, ihren Problemen gewachsen zu sein. Er geht dabei nicht nach einem einseitig ausgerichteten theoretischen Konzept vor, sondern orientiert sich überwiegend an erlebniszentrierten und **konfliktorientierten Techniken** der humanistischen Therapie.

In **stationären Facheinrichtungen** für Suchtkranke sind Familiengespräche bzw. Familienseminare weitestgehend **obligatorisch**. Es finden regelmäßige Zusammenkünfte in Abständen von mehreren Wochen statt, in denen bis zu vier Paare oder mehrere Elternpaare von pathologischen Glücksspielern, zum Teil über mehrere Tage, gemeinsam mit einem oder mehreren Therapeuten zusammentreffen. Diese Maßnahmen werden dadurch ergänzt, dass je nach Bedarf Einzel-Paargespräche angeboten oder auch Einzel-Eltern-Patientengespräche durchgeführt werden. Alle therapeutischen Verfahren sollten zuvor mit den Patienten abgesprochen werden.

Der Therapeut sollte keinen Zwang oder Druck ausüben, wenn der Patient nicht einverstanden ist, Kontakte wieder aufzunehmen. In der stationären Entwöhnungsbehandlung ist genügend Zeit vorhanden, eine **individuelle Indikation** zu erarbeiten und mit dem Patienten festzulegen, welche Maßnahmen sinnvoll sind. Es kommt nicht darauf an, ohne entsprechende Diagnostik und Therapieplanung ein bestimmtes Programm abzuwickeln. Für die Genesung des Patienten kann es sich durchaus als günstiger erweisen, bestimmte Kontakte innerhalb eines sozialen Umfeldes nicht wieder zu intensivieren und ihn dabei zu unterstützen, mehr Distanz zu entwickeln und selbständiger zu werden.

Seminare oder Familiengespräche beginnen häufiger mit einem **separaten Kontakt- oder Informationsgespräch** zwischen den Angehörigen und dem oder den Therapeuten. Dabei soll jedoch nicht über den Patienten, sondern in erster Linie über die **Probleme und Schwierigkeiten des Angehörigen** gesprochen werden, die sich als Folge des Zusammenlebens mit einem Suchtkranken ergeben haben. Es ist für die Beteiligten äußerst befreiend, wenn sie über Ängste und psychische Belastungen vielleicht erstmalig offen reden und dabei feststellen, dass andere Betroffene ganz ähnliche Erfahrungen gemacht

haben. Eine zusätzliche erhebliche Erleichterung findet dadurch statt, dass die Angehörigen verletzendes und moralisch fragwürdiges Verhalten des Spielers als **Symptom der Suchterkrankung** erkennen, Informationen über den Kontrollverlust des abhängigen Spielers austauschen und feststellen, dass viele Verhaltensweisen im Zusammenhang mit der Ausübung des pathologischen Spielverhaltens im Gegensatz zur eigentlichen Persönlichkeit und dem Charakter des Patienten stehen. Durch das über viele Jahre hinweg verletzte Vertrauen sitzen die Angst vor der Zukunft, die Enttäuschung und das Misstrauen zunächst tief, insbesondere dann, wenn Diebstähle innerhalb der Familie aufgetreten sind und der Spieler persönlich wertvolle Dinge und Familienbesitz nicht verschont hat. Finanzielle Engpässe haben nicht selten dazu geführt, dass die Wohnung gefährdet oder die Versorgung mit Nahrungsmitteln schwierig war.

> ❗ Es ist immer wieder festzustellen, dass Angehörige erheblich besser mit ihrer Situation fertig werden, wenn sie eine örtliche Selbsthilfegruppe besuchen, in der sie kontinuierlich ihre psychischen Belastungen aus der Vergangenheit aufarbeiten und gegenwärtige Ängste bewältigen lernen.

Die Angehörigen gelangen dabei zu der Einsicht, dass sie für sich selbst etwas tun müssen und ihr Leben nicht mehr vollständig an ihrem suchtkranken Partner orientieren dürfen.

> ❗ Es ist mit einem schwierigen *Lernprozess* verbunden, bis Angehörige erkennen, dass der Suchtkranke sich selbst helfen muss, dass er nur in Selbständigkeit und Selbstverantwortung eine Chance hat, sein Leben ohne Suchtmittel zu bewältigen.

Eine weitgehende Übernahme von Verantwortung und Bevormundung durch Angehörige nach der Therapie sind die schlechtesten Voraussetzungen für eine weitere Genesung.

In dem darauf folgenden **gemeinsamen Gespräch mit den Angehörigen und Patienten** sollten Vorwürfe und Schuldzuweisungen vermieden werden. Die Eltern und auch Partner haben sich schon oft intensive Gedanken darüber gemacht, ob sie Fehler im Umgang mit dem Spielkranken begangen haben, und bringen deshalb teilweise erhebliche Ängste mit in das Familienseminar. In einer Atmosphäre der gegenseitigen Akzeptanz und Wertschätzung können die Betroffenen diese belastenden Gedanken und Gefühle offen aussprechen und neue Einsichten in die Hintergründe der Suchterkrankung gewinnen. Über Jahre nicht ausgesprochene Konflikte, das Gefühl, nicht ausreichend geborgen oder geliebt gewesen oder überbehütet, ständig gegängelt worden zu sein, kann der Spieler verbalisieren und aufarbeiten, ohne dass sich der andere angegriffen oder verletzt fühlen muss. In dieser Gesprächsgruppe kann der Therapeut die Patienten dazu ermuntern, über ihren bisherigen Therapieverlauf und mögliche Zukunftsperspektiven zu berichten. Dabei sind Fragen

- **der Therapiemotivation:** Hatte der Spieler bisher Schwierigkeiten durchzuhalten?
- **der Krankheitseinsicht:** Kann er sich als spielsüchtig akzeptieren?
- **der Abstinenz:** Gibt es Schwierigkeiten, alternative Verhaltensweisen zu entwickeln? Flüchtet sich der Spieler in einseitige Ersatzhandlungen?
- nach den **Ursachen oder der Entstehung** der Krankheitsentwicklung

zu behandeln. Das Gespräch erhält dadurch eine **gewisse Struktur**, dass der Therapeut zunächst eher das »**Symptomverhalten**«, das Spielen, und dann das »**Problemverhalten**«, die Ursachen und Folgen der Krankheitsentwicklung, anspricht.

❗ **Dies bedeutet, dass der Krankheitsprozess auch im Familienseminar sozusagen in umgekehrter Richtung bis an die Entstehungsbedingungen zurückverfolgt wird (▶ Kap. 8).**

Es kommt nicht selten vor, dass Angehörige erhebliche Probleme dabei haben, das Spielverhalten des Patienten als Krankheit zu akzeptieren, es nicht als reine **Willens- oder Charakterschwäche** zu sehen. Angehörige können Schwierigkeiten haben, z. B. Bekannten gegenüber einzugestehen, dass ihr Mann oder Sohn in einer Suchtklinik ist, weil sie Diskriminierung fürchten. Hier kann das Verhalten der anderen Eltern oder Ehefrauen, die schon besser mit dieser Problematik umgehen können, eine erhebliche **Vorbildfunktion** ausüben, und es sind durch die gemeinsamen Gespräche **erstaunlich schnelle Ein-**

stellungsänderungen festzustellen. Das Gefühl, mit einem Problem nicht allein zu sein, weckt **Solidaritätsgefühle** und stärkt das Selbstvertrauen der Angehörigen.

In den Seminaren sind wichtige **Zukunftsperspektiven** zu erörtern, ob sich jemand zum Beispiel vom Elternhaus lösen, sich eine eigene Wohnung nehmen soll. Der Therapeut darf nicht den Fehler machen, dem Patienten und der Familie Entscheidungen abzunehmen. Es zeigt sich immer wieder, dass sich selbst äußerst krisenhafte Partnerbeziehungen im Verlauf der Therapie wieder stabilisieren. Der Therapeut sollte nicht einseitig Partei ergreifen und immer wieder darauf hinweisen, dass die Beteiligten selbst die Verantwortung für ihre Entscheidungen übernehmen müssen.

❗ **Unabhängig von der theoretischen Ausrichtung des Therapeuten kann eine Haltung angemessen sein, die auf die Erhaltung und Förderung des Familienlebens ausgerichtet ist.**

Ein Spieler berichtet:

[23 Jahre, männlich Automatenspieler, ledig, Abitur, abgebrochenes BWL-Studium, abgebrochene Lehre]

»So langsam wird mir klar, dass ich mich mit der Zeit immer mehr von meinen Eltern vernachlässigt gefühlt habe, dass sie mir bei den Problemen, die ich ihnen vortrug, überhaupt nicht zu helfen imstande waren. Es ist denkbar, dass ich nicht der einzige bin, der den Umzug nicht verkraftet hat. Tatsache ist, dass sie mit ihrer Ehe und Kindern total überfordert und viel zu tief in ihren eigenen Konflikten verstrickt waren, um jemand anderem helfen zu können. Ich habe mich x-Male unverstanden gefühlt. Auch mit sexuellen Problemen und Verklemmtheit waren und sind sie bis oben hin vollgestopft. So haben sie es nie für nötig gehalten, mich aufzuklären. Auch erkenne ich, wenn ich zurück in die Vergangenheit blicke, in erschreckendem Maße die Wandlung, die meine Eltern durchlebt haben. Ich muss die für mich verblüffende Erkenntnis machen, dass sie nicht zeitlebens voll von Verbitterung, Kapitulation

▼

und wütender Ohnmacht waren, sondern durchaus auch mal harmoniert haben und glücklich waren. Es gab Zeiten, wo meine Eltern Zeit für lange Spaziergänge, Besuche von Jahrmärkten, Zirkus oder Hafenrundfahrten mit mir und … hatten. Auch meine Mutter war nicht immer diese selbstmitleidige Frau, die ewig alles auf sich bezog und bei jeder Gelegenheit Tränen als Waffe einsetzte. Mein Vater war nicht immer dieser unnahbare Felsblock, der Fremde in der Wohnung, der bei der allerkleinsten Kleinigkeit die Jalousien herunterlässt. Jeder von uns hat sich mit der Zeit in eine Ecke zurückgezogen. Wir haben uns total auseinandergelebt. Die Familie war nur noch eine Fassade, um den Anschein nach außen hin zu wahren. Dieses Vorspielen einer heilen Familie war allen unausgesprochen das höchste Ideal. Durch den Selbstmordversuch meines Vaters ist dieses Kartenhaus in sich zusammengefallen. Die Masken sind gefallen. Als wir zum Essen waren, habe ich (zum 1. Mal in aller Deutlichkeit!) zwei Menschen gesehen, die völlig am Ende sind. Sie waren Spiegelbilder meiner Selbst, beide auch keinen Schritt weitergekommen. Aber ihre Reden kamen mir sehr bekannt vor, und sie verrieten mir einiges über die Lächerlichkeit meines eigenen Festklammerns an bestimmten Verhaltensweisen. Und trotz alledem saßen mir dort auch zwei völlig Fremde gegenüber; wir redeten alle total aneinander vorbei. Obwohl immer noch heftige Gefühlsverwirrung in mir herumschwirrt, kann ich doch einige Dinge schon klar und deutlich erkennen: Meine Eltern haben dermaßen viel mit sich und ihren eigenen Problemen zu tun, dass gar nicht daran zu denken ist, dass sie mir irgendeine Unterstützung geben könnten, weder in materieller Hinsicht noch auf emotionalem Wege. Ganz im Gegenteil! Ich glaube, dass das Schiff Familie im Begriff ist zu kentern, und dass es sinkt, ist mehr als wahrscheinlich. Meine Eltern brauchen im Moment ebenso viel Hilfe wie ich, und ich kann sie ihnen auf gar keinen Fall geben. Ich muss die finanzielle Rettungsleine und die emotionale Nabelschnur kappen, sonst gehe ich womöglich mit unter, so
▼

makaber dies vielleicht auch klingen mag. Ich bin irgendwie froh darüber, dass die Masken jetzt abgebröckelt und meine Eltern als solche von ihren Podesten gestürzt sind. Ich habe sie bewusst als Menschen gesehen, was reichlich spät kommt. Auch ist eins der Hintertürchen, das ich mir offengehalten habe, nun für mich klar sichtbar verschlossen. Unbewusst habe ich mir doch das Elternhaus als Rettungsanker für einen eventuellen Rückfall vorgestellt. Totaler Humbug! Weder meine Eltern für mich, noch ich für meine Eltern besitzen eine solche Verantwortung für den anderen.«

11.4 Familientherapeutische Perspektiven

Wie in der Gruppen- und Individualtherapie ist das familientherapeutische Vorgehen häufig nicht nur von suchtspezifischen Fragestellungen, sondern auch von der jeweiligen **schulischen Ausrichtung** des Therapeuten beeinflusst. Obwohl die einzelnen Therapieansätze hier nur in Teilen wiedergegeben werden können, lassen sich aus jeder Schulrichtung wichtige Anregungen für die Behandlung von pathologischen Glücksspielern und ihren Familien ableiten.

Nach Probst (1982; vgl. auch Vollmoeller, 1989) entstand aus Ansätzen der **Psychoanalyse** und der **Kommunikationstheorie** die Familientherapie. Im Laufe der Zeit haben sich daraus heterogene familientherapeutische Definitionen und Strategien entwickelt, die in der therapeutischen Arbeit eklektisch verknüpft sind.

❗ In der Familientherapie wird von der Annahme einer engen Verzahnung zwischen der psychischen Störung des Individuums und der Kommunikation bzw. Struktur seiner Familie ausgegangen.

Dazu Vollmoeller (1989, S. 16): »Familientherapie heißt im Prinzip, dass die ganze Familie als Einheit behandelt wird, da nicht der einzelne Symptomträger als erkrankt anzusehen ist, sondern das soziale System der Familie.« Seiner Ansicht nach sind es jedoch zwei extreme Sichtweisen, einerseits grundsätzlich alle individuellen Schwierigkeiten als Familienprobleme mit entsprechender Therapienotwendigkeit zu betrachten oder andererseits familientherapeutische Maßnahmen erst dann zum Zuge kommen zu lassen, wenn individuelle Behandlungen gescheitert sind.

Es werden vier Schulrichtungen unterschieden (Vollmoeller, 1989):

- psychodynamische Familientherapie,
- verhaltenstherapeutische Familientherapie,
- entwicklungsorientierte Familientherapie,
- systemorientierte Familientherapie, strukturelle Familientherapie.

Der **psychodynamische Ansatz** richtet die Therapie auf **unbewusste Konflikte**, deren Entstehung weit in der Familiengeschichte zurückliegen kann. Nach diesem Ansatz kommt es dann zu psychischen Störungen, wenn unbewusste überfordernde Rollenerwartungen an ein Familienmitglied gestellt wurden. Nach Stierlin (1982) kann der Prozess der Individuation dadurch gestört sein, dass eine Über- oder eine Unterindividuation eintritt. Bei ersterer kapseln sich die Personen starr und kommunikationsfeindlich voneinander ab, während bei Unterindividuation gegenseitige Abgrenzungen misslingen und symbiotische Beziehungen entstehen.

❗ In der Therapie ist die Fähigkeit und Bereitschaft zum *Dialog* zu fördern, wobei die Familienmitglieder im eigenen Namen sprechen und z. B. unangemessene Verallgemeinerungen vermeiden sollen.

Der Prozess der Ablösung von den Eltern kann gestört sein, weil u. a. eine zu starke Verwöhnung, eine zu reichliche Bedürfnisbefriedigung oder das andere Extrem, eine zu geringe Zuwendung und Bedürfnisbefriedigung, stattgefunden haben. Beide Extreme können dazu führen, dass es den Kindern an Selbstvertrauen mangelt, die Bindungen zu den Eltern zu lockern. Aus psychodynamischer Sicht (Stierlin, 1982) ist in diesem Falle ein nicht vollzogener Abschied, nicht geleistete Trauer nachzuholen. Haben sich Kinder dauerhaft vernachlässigt, nicht geliebt gefühlt, kann eine emotionale Heranführung an die verlorenen, vielleicht niemals besessenen Eltern sowie das Wiedererleben von Erinnerungen die Bin-

dungsproblematik lösen. Für die Eltern ist es schwierig einzusehen, dass sie sich nicht immer sorgen müssen, während die Patienten die Einsicht gewinnen sollen, dass die Eltern nicht ständig für sie da sein können. Der Therapeut muss sich dabei um »Allparteilichkeit« bemühen und versuchen, sich in jedes Familienmitglied einzufühlen und dessen Position zu verstehen. Stierlin betont, dass der Therapeut aktiv sein soll, ansonsten verfestigten sich leicht die gewohnten Abwehrmanöver. Die vorhandenen Ressourcen der Familie sollten genutzt werden, indem insbesondere auf positive Kräfte und Ansatzpunkte verwiesen wird. Häufig sind Verhaltensansätze positiv gemeint, obwohl sie letztlich negative Konsequenzen hatten. Durch diese Vorgehensweisen lassen sich Scham- und Schuldgefühle abbauen, und die Familienmitglieder sind eher zu einer therapeutischen Auseinandersetzung bereit.

❗ Der Therapeut soll sich bemühen, einen befreienden innerfamiliären Dialog in Gang zu setzen, der bisher unausgesprochene Gefühlsäußerungen zulässt.

Die **verhaltenstherapeutische Familientherapie** betont ebenfalls die **aktive Einflussnahme des Therapeuten auf die familiäre Organisation** (Minuchin, 1977) und versucht, die Fähigkeiten zur Kommunikation und Problemlösung innerhalb der Familie mit **systematischem Training** zu verbessern (Vollmoeller, 1989). Zum Beispiel soll statt verletzender gegenseitiger Kontrolle der Austausch von positiven Verstärkern (z. B. Lob) den Umgang miteinander verbessern. Zur Behebung von Verhaltensstörungen können unterschiedliche verhaltenstherapeutische Verfahren zum Einsatz kommen (z. B. **Familienverträge, Modelllernen, Interventionsstrategien nach dem operanten Modell**), die oft auf einer genauen Identifikation komplexer Verstärkungsmuster in der Ehe und Familie beruhen. In diesem Zusammenhang betont Petermann (1981), dass die Familie zwar als Einheit zu begreifen ist, den Mitgliedern der Familie aber sehr spezifische Aufgaben zukommen. Die daraus resultierende soziale Rolle und die damit verbundenen Erwartungen, Wertvorstellungen und Verhaltensweisen manifestieren sich in der Interaktion der Familienmitglieder.

❗ Seiner Meinung nach ist es aus verhaltenstherapeutischer Sicht wichtig, Teilbereiche der Familieninteraktion zu betrachten, z. B. Mutter – Kind, Vater – Kind, Eltern – Kinder und die komplexe Vater – Mutter – Kind-Interaktion.

In der Arbeit mit pathologischen Glücksspielern ist es manchmal durchaus sinnvoll, zunächst mit dem Ehepaar deren Konflikte aufzuarbeiten und zum Beispiel zu einem späteren Zeitpunkt auch die Eltern hinzuzuziehen, um möglicherweise vorhandene Probleme der mangelnden Ablösung und Selbständigkeit aufzugreifen.

Die **entwicklungsorientierte Familientherapie** beruft sich auf die »humanistische Psychologie«, in der die Begriffe des **Wachstums** und der **Ganzheit der Persönlichkeit** im Vordergrund stehen. Die Familientherapie soll einzelne Familienmitglieder darin unterstützen, ihre Möglichkeiten zur Selbstverwirklichung auszuschöpfen, und damit dem gesamten Familiensystem zum Wachstum verhelfen (Probst, 1982; Vollmoeller, 1989). Von dieser Therapierichtung wird die **individuelle Eigenart der Persönlichkeit** besonders hervorgehoben. Störungen werden nach Auffassung der entwicklungsorientierten Familientherapie (Luthman & Kirschenbaum, 1977; v. Schlippe, 1984) dadurch verursacht, dass es zu Blockierungen und Verstrickungen innerhalb der Familie kommt, die die Selbstachtung und das Selbstwertgefühl beeinträchtigen.

❗ Die Vermittlung von Anerkennung und Wertschätzung sowie das einfühlende Verstehen des Therapeuten sollen Prozesse der Persönlichkeitsdifferenzierung fördern und zur Ich-Stärkung beitragen.

Die Familienmitglieder sollen zu mehr Eigenverantwortung und größerer gegenseitiger Wertschätzung und Akzeptanz finden und familiäre Konflikte auf partnerschaftliche Weise lösen lernen.

Innerhalb des **systemtheoretischen Ansatzes** wird angenommen, dass das Familienmitglied, das ein Symptom aufweist (Symptomträger), ein fester Bestandteil des Familiensystems ist. Das gestörte Verhalten erscheint als **untrennbarer** Teil des familiären Systems, und es wird postuliert, dass die psychische Störung eines Mitglieds als »Systempathologie« homöostatisch (das Gleichgewicht erhaltend)

aufrechterhalten wird (Vollmoeller, 1989; Watzlawick, 1985; Ludewig, 1987).

❗ In diesem Sinne ist die Individualität und persönliche Verantwortung einer Person in starkem Maße Systemkräften untergeordnet, deren Parallelen in physiologischen Gesetzmäßigkeiten zu suchen sind.

Modelle bzw. Schulen der systemischen Therapie lassen sich wie folgt unterscheiden:

Das »**Palo-Alto-Modell**« (Watzlawick, et al., 1974) ist durch **kommunikationstheoretische Gesichtspunkte** geprägt und versucht, in der familientherapeutischen Praxis die Kommunikationsformen, Doppeldeutigkeiten und wechselseitigen Beziehungen zu klären. Strategien der paradoxen Intention (z. B. jemanden zum Glücksspielen aufzufordern) und der positiven Konnotation, das Positive an einem Symptom hervorzuheben (z. B. das Glücksspielen habe dazu beigetragen, das Familiensystem aufrechtzuerhalten), kommen zur Anwendung (Erbach, 1989).

Die »**Mailänder Schule**« (Selvini Palazzoli et al., 1981; Simon & Stierlin, 1984) betont das **kybernetische Verständnis von Familienbeziehungen**. Dabei geht es um die Klärung und Beeinflussung der familiären **Steuerungs**- und **Regelmechanismen**.

Eine spezielle Interviewtechnik, das zirkuläre Fragen, dient dazu, die Interaktion zu fördern, vorhandene Probleme deutlich zu machen und in das Gespräch einzubeziehen. Der Therapeut soll strenge Neutralität bewahren und sich nicht auf die Seite eines der Familienmitglieder stellen. Diese Einstellung ist insbesondere dann auf Kritik gestoßen, wenn es in den Familien sexuellen Missbrauch und Gewalt gegeben hat und Fragen der Machtverteilung in der Familie relevant waren. In der Therapie entwickeln die Therapeuten bestimmte Hypothesen, die sie der Familie mitteilen, es finden Symptomverschreibungen (paradoxe Intention) und positive Symptombewertungen statt. Einer der Therapeuten hält sich während der Sitzungen oft hinter einer Einwegscheibe auf und kann, ohne direkt Mitagierender zu sein, durch seine Beobachtungen zusätzliche Informationen über das Therapiegeschehen gewinnen und sie in das Geschehen eingeben.

In der »**strukturellen Familientherapie**« (Minuchin, 1983) wird angenommen, dass sich innerhalb der Familie **Subsysteme** ausdifferenzieren, die sich gegeneinander abgrenzen. So können z. B. die Mutter-Kind- oder Mann-Frau-Beziehung Subsysteme sein, die bestimmte Aufgaben und Pflichten in der Familie erfüllen. Verwischen die Grenzen, indem beispielsweise die Kinder in massiver Form die Rolle der Eltern oder eines Elternteils übernehmen, können **dysfunktionale Strukturen** entstehen, die den einzelnen in seiner Entwicklung behindern.

❶ **Im Gegensatz zu den vorherigen Ansätzen geht der Therapeut bewusst Koalitionen mit Familienmitgliedern ein, um das System zu verändern. Er verhält sich direktiv und fordert die Familie heraus.**

Es sind feste Vorstellungen und Normen darüber vorhanden, welche Aufgaben und Pflichten die einzelnen Familienmitglieder zu erfüllen haben.

Fazit

Fraglich ist, ob systemische Ansätze, die eine psychische Symptomatik allein aus abweichenden Familienstrukturen herleiten (Probst, 1982), multikausalen Störungsbildern wie dem pathologischen Glücksspiel als einzige Behandlungsmethode gerecht werden können, wenn sowohl **Faktoren des Suchtmittels**, des **sozialen Umfeldes** und des **Individuums** an der Entstehung und Aufrechterhaltung des abweichenden Verhaltens beteiligt sind (▶ Kap. 4). In der Arbeit mit Abhängigkeitskranken ist zudem zu berücksichtigen, dass das Suchtverhalten eine starke **Eigendynamik** bekommt, die dazu führt, dass sich das Symptom quasi selbst perpetuiert. Autoren, die sich aus systemischer Sicht mit Abhängigkeitskranken beschäftigen (Erbach, 1984, 1989; Schmidt, 1988), streben Abstinenz nicht als unmittelbares Therapieziel an. Die fortdauernde Ausübung des Suchtverhaltens während des Therapiegeschehens kann bei Abhängigkeitskranken jedoch zu irreparablen psychischen, physischen, familiären und existenziellen Schäden führen. Innerhalb eines suchttherapeutischen Ansatzes, in dem Abstinenz und Krankheitseinsicht angestrebt und im weiteren Behandlungsverlauf Ursachen der Krankheitsentwicklung aufgearbeitet werden, lassen sich durchaus Elemente systemischer Familientherapie integrieren. Probst (1982) weist darauf hin, dass sich Individuen

auch dann verändern können, wenn sich die anderen Mitglieder der Familie nicht mitverändern, und dass ein dogmatischer Ansatz der systemischen Theorie Erkenntnisse der differenziellen Psychologie vernachlässigt.

❶ **Familientherapeutische Ansätze sollten die Elemente des Suchtmodells (Krankheitseinsicht, Abstinenz, Ursachenbearbeitung) integrieren, um eine dauerhafte Stabilisierung des Patienten und des Familienlebens zu erreichen.**

Gelingt es dem Suchtkranken nicht, sein Symptomverhalten, das Spielen, einzustellen, ist die Existenz der Familie und der Fortbestand des sozialen Netzes hochgradig gefährdet. Erfolge in der Familientherapie werden in kürzester Zeit zunichte gemacht, wenn der Patient nicht dauerhaft abstinent ist.

11.5   Zusammenfassung

Die Familienangehörigen pathologischer Glücksspieler sind in unterschiedlicher Weise in das Krankheitsgeschehen involviert. So tragen Bedingungen des familiären Umfeldes einerseits zur **Entstehung und Aufrechterhaltung süchtigen** Spielverhaltens bei. Insbesondere Verhaltensweisen, die das Suchtverhalten (indirekt) tolerieren oder sogar unterstützen, sind als kausale Faktoren in Betracht zu ziehen. Andererseits sind Familienmitglieder jedoch auch als »Leid-Tragende« von der Spielsucht betroffen. Eine Vielzahl sozialer, psychologischer und ökonomischer Probleme führt für die Partnerinnen und Kinder ebenso wie für die Eltern von Spielern zu hohen **Belastungen**, die sich wiederum in emotionalen und verhaltensbezogenen Auffälligkeiten manifestieren können.

Vor diesem Hintergrund erscheint die Einbeziehung der Familie in den Therapieprozess nicht nur plausibel, sondern unbedingt notwendig. In den Facheinrichtungen für Suchtkranke ist es inzwischen selbstverständlich geworden, über die therapeutische Arbeit mit dem Spieler hinaus die Spielsucht im **Kontext des familiären Umfeldes** zu behandeln. Verhaltensweisen von Familienmitgliedern, durch die Veränderungsprozesse gehemmt oder sogar verhindert werden (Co-Abhängigkeit), sind dabei ebenso zu berücksichtigen wie die Belastungssituation und Behandlungsbedürftigkeit von Partnerinnen, Kindern und Eltern des Betroffenen.

Um die Familie des süchtigen Spielers in die Therapie einzubeziehen, sind verschiedene Konstellationen denkbar und in Abhängigkeit von Behandlungskontext und Bereitschaft des Betroffenen auszuwählen:

- separate Gespräche mit der Partnerin bzw. den Eltern, in die der Spieler später einbezogen wird,
- Paargespräche,
- Familiengespräche bzw. -therapie unter Einbeziehung der Kinder,
- gruppentherapeutische Behandlung von Paaren, Partnerinnen bzw. Eltern.

Um das familiäre Umfeld des Glücksspielers ausreichend zu stabilisieren und das Erkrankungsrisiko der mit ihnen zusammenlebenden Kinder zu reduzieren, ist ihre Einbindung auf den verschiedenen Behandlungsebenen, insbesondere unter dem Gesichtspunkt der Prävention, dringend angeraten. In vielfältiger Weise sind die Kinder in ihrer Entwicklung gehindert, zeigen psychische und psychosomatische Auffälligkeiten.

Zu den Inhalten und Zielen der familienorientierten Behandlung gehören dabei:

- Informationen über die Krankheit zu vermitteln,
- Einstellungen und Erwartungen der Familie gegenüber der Therapie und den damit verbundenen möglichen Veränderungen zu thematisieren,
- den Therapieprozess transparent zu machen und wesentliche Schritte zu skizzieren (Abstinenz, Krankheitseinsicht, Ursachenanalyse),
- koabhängiges Verhalten von Familienangehörigen aufzuzeigen und verändern zu helfen,
- Verbalisierung von Emotionen (z.B. Scham, Schuld, Ohnmacht, Hilflosigkeit) und Konflikten zu ermöglichen,
- Kommunikations- und Konfliktfähigkeit der Partner bzw. Familienmitglieder zu verbessern,
- Eigenverantwortung sowohl des Spielers als auch der Angehörigen hervorzuheben,
- Erfahrungsaustausch in der Gruppe Gleichbetroffener zu ermöglichen,
- therapeutische Veränderungen in der Familie zu begleiten und zu unterstützen,
- Zukunftsperspektiven des Spielers zur Diskussion zu stellen (z.B. in bezug auf die berufliche Situation, Auszug aus dem Elternhaus).

Auch familienbezogene Therapieansätze sollten sich an der grundsätzlichen Abfolge der Therapieschritte orientieren (▶ Kap. 8): Die Bearbeitung der dem Spielverhalten zugrundeliegenden Ursachen (z.B. Partnerschaftskonflikte) setzt voraus, dass der Patient bestrebt ist, das Abstinenzgebot einzuhalten und sich als suchtkrank zu akzeptieren.

Paar- und Familiengespräche können je nach Ausbildung des Therapeuten auf der Grundlage von sowohl individualtherapeutischen (z.B. Psychoanalyse, Verhaltenstherapie, Gesprächspsychotherapie, etc.) wie auch familientherapeutischen Verfahren geführt werden. Letztere lassen sich in Abhängigkeit des theoretischen Hintergrundes in psychodynamische, verhaltenstherapeutische, entwicklungsorientierte und systemische/strukturelle Ansätze differenzieren. Familientherapeutische Verfahren richten sich explizit an den »Patient Familie« und betrachten dementsprechend nicht die einzelne Person, sondern das familiäre System als »krank« bzw. dysfunktional. Im Rahmen der familientherapeutischen Arbeit mit pathologischen Spielern dürfen jedoch die **suchtspezifischen Aspekte** des Störungsbildes nicht aus dem Blickfeld geraten.

❗ **Um die Familie vor den gravierenden Folgen der Spielsucht zu schützen und einen langfristigen Behandlungserfolg zu ermöglichen, sind in der Familientherapie neben abweichenden familiären Interaktionsmustern und Strukturen stärker als bisher auch die Eigendynamik der Suchtentwicklung sowie die Therapieziele der Abstinenz und Krankheitseinsicht zu berücksichtigen.**

12 Rückfälligkeit

Die Beschreibung suchttherapeutischer Arbeit wäre unvollständig, wenn nicht auch das Thema »Rückfälligkeit« aufgegriffen würde. Die Möglichkeit und Gefahr, dass der Patient zu alten Verhaltens-, Interaktions- und Denkmustern zurückkehrt, ist daher auch bei der Behandlung pathologischer Glücksspieler unbedingt zu berücksichtigen. Ein Rückfall in altes Suchtverhalten sollte dabei nicht ausschließlich als »Rück-Schritt« in der therapeutischen und individuellen Entwicklung betrachtet werden, eine konstruktive Auseinandersetzung mit den Ursachen bietet vielmehr die Chance zu neuen Erkenntnissen und »Fort-Schritten«, die zukünftige Risikosituationen bewältigen helfen (▸ Kap. 12.3, 12.4).

Nicht nur in der therapeutischen Praxis, sondern auch in der **theoretischen** Diskussion kommt dem Thema »Rückfälligkeit« erhebliche Relevanz zu. Die Frage, unter welchen Bedingungen Spieler rückfällig werden, d.h. gegen das Abstinenzgebot verstoßen, wird sowohl in theoretischen Modellen aufgegriffen (▸ Kap. 12.2), hat darüber hinaus jedoch auch Implikationen für die Entwicklung von Behandlungskonzepten (▸ Kap. 12.1).

12.1   Rückfälligkeit, Krankheitskonzept und die Frage des kontrollierten Suchtmittelgebrauchs

Die Diskussion über die Ursachen der Rückfälligkeit Suchtkranker ist durch zwei entgegengesetzte Thesen gekennzeichnet, die jeweils mit Implikationen für die Behandlung verbunden sind:

These 1:
Die Anwendung des Sucht-/Krankheitskonzeptes auf pathologisches Glücksspiel (d.h. lebenslange Krankheit, Kontrollunfähigkeit, Abstinenzgebot) führt bei den Betroffenen zu negativen emotionalen und kognitiven Konsequenzen (z.B. zu einem niedrigen Selbstwertgefühl), was wiederum Ursache für Rückfälligkeit sein kann.

vs.
These 2:
Gerade die Akzeptanz von Krankheitskonzept und Abstinenznotwendigkeit schützen vor Rückfällen.

Rückfälle sind vor allem dann wahrscheinlich, wenn die Krankheitsakzeptanz nachlässt. Das Therapieziel für suchtkranke Spieler muss Abstinenz und kann nicht kontrolliertes Spielverhalten heißen.

Im Folgenden werden wichtige Argumente und Standpunkte innerhalb der Rückfalldiskussion dargestellt.

In der Alkoholismusforschung ist die Rückfälligkeit und Rückfallprävention ein aktuelles Thema (Cummings et al., 1980; Körkel & Lauer, 1989; de Jong-Meyer et al., 1989). Dabei hinterfragen die Autoren zum Teil den Sinn der Abstinenzprogramme und diskutieren die negativen kognitiven und emotionalen Auswirkungen der Krankheitskonzepte, die von einer lebenslangen Kontrollunfähigkeit dem Suchtmittel gegenüber ausgehen.

Erste Nachuntersuchungen bei stationär behandelten pathologischen Glücksspielern zeigen, dass 55% bzw. 63% der behandelten Spielern nach einem längerfristigen Zeitraum (6–12 Monate) noch völlig abstinent leben (McCormick & Taber, 1991; Lesieur & Blume, 1991b), während etwa ein Drittel in das alte Spielverhalten zurückgefallen ist und ein geringerer Prozentsatz »gebessert spielt«. In ambulanten Therapien gehören Rückfälle in der ersten Behandlungsphase eher zur Regel und sind fester Bestandteil der therapeutischen Arbeit. Von daher handelt es sich keineswegs um eine Neuheit, **konstruktiv mit rückfälligen Suchtkranken zu arbeiten.** Die Rückfallzahlen geben kaum Anlass dazu, die Abstinenzprogramme insgesamt in Frage zu stellen und wiederum die Diskussion des kontrollierten bzw. mäßigen Suchtmitteleinsatzes zu beleben, wie dies im Zusammenhang mit der Rückfallforschung geschieht.

Weder im Bereich des Alkoholismus, wo nach einem Zeitraum von 4 Jahren lediglich noch 2,6% der Patienten als »gebesserte« (mäßige) Alkoholtrinker festzustellen waren (Körkel & Lauer, 1989), noch bei den pathologischen Glücksspielern (Dickerson, 1990), wo ebenfalls nur über einen kurzen Zeitraum mäßiges Spielen zu erzielen war, haben sich bisher nennenswerte **Alternativen** zum Therapieziel der totalen Abstinenz ergeben.

❗ **Insbesondere die hohe Rate der Suizidversuche und die drohende Delinquenz bei sucht-**
▼

kranken Spielern weisen darauf hin, dass es auch bei dieser Suchtform leicht zu irreparablen physischen, psychischen und sozialen Schädigungen kommen kann, wenn nicht Abstinenz vom Glücksspiel angestrebt wird.

Blaszczynski et al. (1991) haben ermittelt, dass »absolute Abstinenz« möglicherweise ein zu strenges Kriterium für eine erfolgreiche Behandlung darstellt. Dabei betonen sie, dass ein kurzfristiger Rückfall nicht automatisch die Rückkehr in altes Suchtverhalten bedeutet. Sie fanden heraus, dass sich verschiedene psychologische Daten (Eysenck Personality Questionnaire, Sensation Seeking Scale, State Trait Anxiety Inventory, Beck Depression Inventory) zwischen den Patientengruppen, die **kurzfristig** rückfällig oder völlig abstinent waren, nicht signifikant unterscheiden. Diese keinesfalls neuen Beobachtungen decken sich durchaus mit Erfahrungen aus der Praxis. Allerdings dürfte sehr wichtig sein, **wie** jemand mit einem Rückfall **umgeht**, ob es ihm gelingt, sich offen damit auseinanderzusetzen, und die Unterstützung durch eine Selbsthilfegruppe gegeben ist. Verheimlicht der Spieler seinen Rückfall, und versucht, ohne externe Hilfe damit zurechtzukommen, wiederholen sich die kleineren Rückfälle leicht, und er täuscht sich mit diesem Verhalten möglicherweise selbst, wieder kontrolliert mit dem Glücksspielen umgehen zu können. Unter diesen Umständen droht dann die Rückkehr in das alte Suchtverhalten.

In der Rückfalldiskussion und der damit immer wieder verknüpften Frage des kontrollierten Gebrauchs des Suchtmittels wird die Frage **irreparabler physiologischer und psychosozialer Folgen** zum Teil völlig ignoriert. Die physiologischen Krankheitsfolgen können selbst bei jungen Alkoholikern bereits so gravierend sein, dass schon ganz geringe Mengen Alkohol lebensbedrohlich sind. Die jungen Spieler haben teilweise mehrere Suizidversuche hinter sich, und ihre soziale Existenz war oder ist hochgradig gefährdet. So können aufgrund von Beschaffungsdelikten längerfristige Haftstrafen drohen und Bewährungsauflagen widerrufen werden.

Es ist nicht auszuschließen, dass die Vorstellung von der lebenslangen Abstinenz und davon, dass eine irreversible Krankheit vorliegt, ein bestimmtes Verhalten nicht mehr kontrollierbar ist, auch negati-

ve Konsequenzen für das Selbstbild oder Selbstwertgefühl des Betroffenen hat (Cummings et al., 1980).

In den vergangenen Kapiteln wurde schon mehrfach darauf hingewiesen, dass es eine wichtige Voraussetzung für die Verwirklichung der Abstinenz darstellt, dass sich der Patient als spielsüchtig oder spielkrank akzeptieren kann. Dies bedeutet für den Patienten zunächst oft eine erhebliche Überwindung, sich realistisch mit seinem Spielverhalten auseinanderzusetzen. Oft ist die Einsicht, krank zu sein, dann jedoch mit einer erheblichen Erleichterung verbunden. Viele Verhaltensweisen, die insbesondere mit der Geldbeschaffung zu tun hatten und im krassen Gegensatz zu eigenen Normen- und Wertvorstellungen standen, werden in einem anderen Licht gesehen und als Bestandteile des Krankheitsprozesses gewertet. Die Krankheitseinsicht bringt jedoch nicht nur eine Entlastung von negativen Symptomen des exzessiven Glücksspielens mit sich, sie kann ihrerseits auch negative Gefühle hervorrufen, wenn sich der Patient z. B. damit auseinandersetzt, wie das Ansehen der Suchtkranken bei bestimmten Personen seiner Umgebung oder in der Gesellschaft insgesamt ist.

Es stellt sich jedoch die Frage, ob die Schlussfolgerung nicht abwegig ist, dass diese negativen Konsequenzen der Krankheitseinsicht oder der Abstinenzprogramme Rückfälligkeit fördern sollen. Vielmehr scheint es in der Praxis so zu sein (de Jong-Meyer et al., 1989), dass die Rückfallgefährdung dann besonders groß ist, wenn die Krankheitseinsicht schwindet. Nach einer Abstinenzphase sind häufig keine unmittelbaren Krankheitssymptome mehr spürbar, und die Illusion entsteht, wieder kontrolliert spielen zu können.

❶ Aus zahlreichen Berichten von Spielern und anderen Suchtkranken ist zu entnehmen, dass es nicht das negative Selbstbild ist, ein labiler Mensch zu sein, der unfähig ist, ein bestimmtes Verhalten zu kontrollieren, das eine hohe Rückfallgefährdung zur Folge hat, sondern genau die gegenteilige Annahme, dass alles in Ordnung ist, keine Krankheitssymptome spürbar sind, und das Gefühl, es wieder mit einem kleinen Spieleinsatz probieren zu können, führen häufig zum Rückfall.

Möglicherweise wird die Kontrollfähigkeit dann zunächst an einem Glücksspiel getestet, das der Spieler als besonders ungefährlich einschätzt. Litman et al. (1979) sprechen in diesem Zusammenhang davon, dass die kognitive Wachsamkeit mit der Zeit nachlassen kann und die Abhängigen annehmen, sie könnten nicht mehr rückfällig werden.

De Jong-Meyer et al. (1989) stellten fest, dass etwa die Hälfte der rückfälligen Alkoholiker ihr erneutes Trinken als einen Versuch ansah, kontrolliert trinken zu wollen. Noch erheblich höher sind die Werte in einer weiteren deutschen katamnestischen Untersuchung von Letner-Jedlicka & Feselmeyer (1981), bei denen 83,3 % diese Hoffnung hegten, während eine amerikanische Erhebung von Marlatt & Gordon (1980) im krassen Gegensatz dazu nur bei 9 % der Rückfälligen ähnliche Einstellungen ermittelte.

Es ist äußerst schwierig zu sagen, inwieweit derartige empirische Befunde auf abhängige Glücksspieler zu übertragen und ob die unterschiedlichen Untersuchungsergebnisse auf kulturelle Unterschiede oder auf unterschiedliche Erhebungstechniken zurückzuführen sind, die durch die jeweilige theoretische Ausgangsposition beeinflusst wurden.

Wie schon in den vorangegangenen Kapiteln deutlich gemacht, unterscheiden pragmatische deutsche Therapieansätze (Jahrreiss, 1989; Windgassen & Leygraf, 1991; Bachmann, 1989) zwischen einem **problematischen Glücksspielverhalten** und einem **abhängigen Glücksspielverhalten**, wobei im letzten Fall Abstinenz als ein wichtiges Therapieziel angesehen wird, während beim problematischen oder neurotischen Spielverhalten die Behandlung nicht primär auf das Spielverhalten abzielt. Im Zusammenhang mit abhängigen Glücksspielern wird keine Möglichkeit zum Aufbau eines kontrollierten Glücksspielverhaltens gesehen, und auch bei problematischem Spielverhalten kann es möglicherweise einfacher sein, ganz zu verzichten, als kontrolliert mit Geld zu spielen.

Ganz abgesehen von der teilweise unverständlichen Verknüpfung von Rückfälligkeit und »kontrolliertem« Suchtmittelgebrauch, können die unterschiedlichen Überlegungen zum Rückfallgeschehen Aufschlüsse über Verhütung und Eingrenzung des Rückfallverhaltens ergeben.

12.2   Rückfallmodelle

Nach Marlatt (1985) können ein **unausgewogener Lebensstil** (z. B. exzessives Arbeiten) und zunächst **scheinbar unbedeutende Entscheidungen**, die mit dem Glücksspiel zusammenhängen (wie z. B. Spielhallenbesuche, um jemanden zu treffen oder nur zuzuschauen), zu einer hoch **rückfallgefährdenden Situation** führen. Ist keine Bewältigungsreaktion vorhanden und besteht in zunehmendem Maße die Erwartung, die Situation durch Suchtverhalten meistern zu können, kann es zu einem ersten Rückfall kommen. Dies bezeichnet Marlatt als **Ausrutscher**, der noch keinen schweren Rückfall nach sich ziehen muss. Es kann nun aber ein **Abstinenzverletzungseffekt** (AVE) eintreten, d. h. ein Dissonanzkonflikt zu eigenen selbstauferlegten Abstinenzerwartungen. Beim AVE erfolgt eine **massive Schuldzuschreibung** auf die eigene Person, wie z. B. »ich war schon immer ein Versager«, was dann die Wahrscheinlichkeit des weiteren Suchtmittelgebrauchs und eines schweren Rückfalls erhöht. Dies kann sich noch dadurch verstärken, dass schon nach einem kurzfristigen Suchtmittelgebrauch angenommen wird, es sei nicht mehr möglich, sich zu kontrollieren, und das Abstinenzvorhaben sei gescheitert. Entsprechende Berichte sind durchaus in der alltäglichen Arbeit mit suchtkranken Spielern festzustellen.

In diesem Modell von Marlatt findet der Aspekt der abnehmenden **Krankheitseinsicht** keine ausreichende Berücksichtigung. Unter Einbeziehung des fehlenden (kognitieren) Wachsamkeit und einer fehlenden, nicht ausreichend vorhandenen oder sinkenden Krankheitseinsicht beschrieben Patienten häufiger folgenden Rückfallverlauf (Bachmann, 1993; ◻ Abb. 12.1).

Dieses Modell verzichtet im Gegensatz zu Marlatt bewusst darauf, einen begrifflichen Unterschied (Ausrutscher oder Rückfall) zwischen dem ersten und weiteren Rückfällen zu machen. Es erscheint günstiger, sich dem Sprachgebrauch der Patienten anzupassen, die durchaus zwischen kurzfristigen, nicht so ausgeprägten Rückfällen und dem Rückfall in altes Suchtverhalten unterscheiden, ohne den Begriff »Ausrutscher« zu wählen, denn **Rückfall ist Rückfall**. Der Abstinenzverletzungseffekt kann je nach Stärke der Krankheitseinsicht oder des Abstinenzwunsches an unterschiedlichen Punkten des

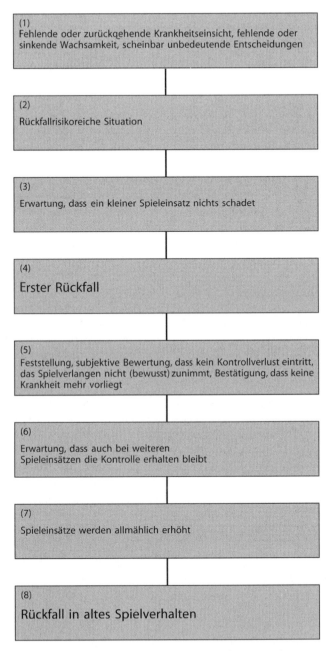

□ Abb. 12.1. Rückfallmodell – fehlende Krankheitseinsicht/Wachsamkeit. (Bachmann, 1999)

Ablaufs (4–8) hinzutreten, **da die kognitiven und emotionalen Abläufe des Rückfallprozesses häufig nicht eindeutig, sondern wie das gesamte Abhängigkeitsgeschehen hochgradig ambivalent sind.**

Wie bei Marlatt postuliert, könnte zu Punkt 1 der □ Abb. 12.1 durchaus auch ein unausgewogener Le-

bensstil hinzutreten und das Rückfallrisiko weiter erhöhen. Diese Abbildung soll jedoch deutlich machen, dass **keine besondere Lebensproblematik** vorliegen muss, um einen Rückfallprozess in Gang zu setzen, der in die Eigendynamik des alten Suchtverhaltens zurückführt.

Ein Spieler berichtet:

[27 Jahre, männlich, Automatenspieler, verheiratet, Höhere Handelsschule, Beamter. Einige Wochen nach einer 10-wöchigen Behandlung wegen Spielsucht in einem Landeskrankenhaus hatte der Patient einen Rückfall]

»Ich habe meinen Bruder dauernd vor dem Spielautomaten stehen sehen und wollte ihn davon abhalten. Praktisch wolle ich ihm erzählen, was ihm alles bevorsteht. Da bin ich dort hingegangen, weil er auch sonst gar nicht ansprechbar war, zu Hause auch nicht. Ich habe mich mit ihm unterhalten, und dann auf einmal kam so ein Rappel: da kannst du es mal wieder mit 2,– versuchen. Die habe ich verloren und konnt auch sofort wieder aufhören. Am anderen Tag bin ich jedoch schon wieder hingegangen. Ich wollte mit ihm reden, dabei habe ich natürlich auch weiter gespielt. Es dauerte keine 2 Wochen, da war ich wieder voll drauf.«

Zwischen dem ersten Rückfall und der Rückkehr des alten exzessiven Spielverhaltens können mehrere Stunden, Tage, ja sogar Wochen und Monate vergehen. Empirische Untersuchungen, die die Problematik der Krankheitseinsicht im Rückfallgeschehen stärker miteinbeziehen, sind dringend erforderlich.

12.3 Rückfälligkeit in der therapeutischen Auseinandersetzung

Das **Thema des Rückfalls** darf **in der Therapie** keineswegs ein Tabu sein, vielmehr sollten die Patienten mit unterschiedlichen Rückfallüberlegungen vertraut gemacht und auf **Gefahrenpotenziale** hingewiesen werden. Insbesondere in stationären Einrichtungen verfügen die Patienten über reichhaltige eigene Erfahrungen mit Rückfällen, die sie in unterschiedlichen ambulanten Behandlungsversuchen gemacht haben. In vielen stationären Behandlungseinrichtungen (Körkel et al., 1988) führt der Rückfall nicht automatisch zur Entlassung, sondern wird als ein mögliches Krankheitssymptom gewertet und therapeutisch aufgearbeitet. Es gibt keine Anhalts-

punkte dafür, dass ein solches Verhalten die Rückfälligkeit in einer Klinik **allgemein** fördert. Allerdings sind Rückfälle in Kliniken mit **Konsequenzen** verbunden, insbesondere mit Ausgangsbeschränkungen, um kein weiteres Risiko einzugehen. Grundsätzlich wird die Frage nach der **Behandlungsmotivation** und **Krankheitseinsicht** gestellt, was vor allem bei wiederholter Rückfälligkeit auch eine vorzeitige Entlassung des Patienten zur Folge haben kann. Außerdem erhält der Patient häufig **Auflagen**, sich schriftlich oder mündlich vor der eigenen Therapiegruppe oder Großgruppe aus Patienten und Therapeuten verschiedener Stationen über sein Verhalten auseinanderzusetzen. Diese Rückfallkonsequenzen haben ein erhebliches »**Abschreckungspotenzial**«, sollten aber nicht als Bestrafung oder unüberwindliches Hindernis für sozial weniger kompetente Patienten erscheinen, die dann nach einem Rückfall die Behandlung von sich aus vorzeitig abbrechen.

Ein Rückfall kann dem Patienten wichtige Informationen und Einsichten über seinen Krankheitsverlauf vermitteln und Ausgangspunkt für eine positive therapeutische Entwicklung sein. Es soll aber nicht darüber hinweggetäuscht werden, dass ein Rückfall erhebliche **negative Konsequenzen** für das eigene Selbstvertrauen hat, die über den beschriebenen Abstinenzverletzungseffekt weit hinausgehen. Der Spieler kann in eine Phase geraten, in der Abstinenzversuche und exzessives Spielen sich ablösen, verbunden mit Gefühlen der Hoffnung und Verzweiflung, die auch das nähere soziale Umfeld erfassen. Ehefrauen und andere Bezugspersonen sind oft psychisch nicht mehr dazu in der Lage, die Belastungen durch das erneute Spielen zu ertragen, so dass auch **Trennungen** und **massive soziale Konsequenzen** die Folge sein können, wenn Behandlungsversuche scheitern. Es ist für Außenstehende häufig kaum nachvollziehbar, welches Leid das akute Suchtverhalten in der Familie verursacht. Suchtverhalten ist nicht nur selbstzerstörerisch, es kann das Familiensystem nachhaltig beeinträchtigen und zerstören. Wegen der starken finanziellen und letztlich existenziellen Gefährdung der Familie, immer wieder enttäuschten Vertrauens und wiederkehrender Ängste kann nur ein **langfristig konsequentes Abstinenzverhalten** dem sozialen Bezugssystem wieder Gleichgewicht und Stabilität geben. Damit soll nicht systemischen Überlegungen widersprochen werden, dass es innerhalb des engeren sozialen Bezugssystems Verhaltenstendenzen geben kann, die hochgradig rückfallgefährdend sind (z.B. stark kontrollierendes oder überprotektives Verhalten). Möglicherweise haben Bezugspersonen Schwierigkeiten, dem Patienten mehr Eigenverantwortung und Selbstständigkeit zu übertragen und für sich selbst neue Rollenmuster zu finden.

❗ Schon zu Beginn des Krankheitsprozesses können diese Verhaltensweisen **Auslöser** des Spielverhaltens sein und treten erneut nach der Behandlung auf, wenn keine ausreichende familientherapeutische Arbeit stattgefunden hat.

Dennoch stellt die Rückfälligkeit nicht das alte Gleichgewicht des Familiensystems wieder her, wie dies von systemischer Sichtweise anzunehmen ist, sondern führt, falls sie nicht eingegrenzt und gestoppt werden kann, in die Eigendynamik des alten selbst- und fremdzerstörerischen Suchtverhaltens zurück.

Cummings et al. (1980) haben u. a. bei (amerikanischen) pathologischen Glücksspielern **Rückfallsituationen** untersucht.

Dabei unterteilen sie die Rückfalldeterminanten in intra- und interpersonelle Faktoren. Bei den 19 befragten Spielern wurden 79% der Rückfallursachen dem **innerpersonellen** und 21% dem zwischenmenschlichen Bereich zugeordnet. Innerhalb der 1. Kategorie wurde mit 47% die Rückfalldeterminante »negatives emotionales Befinden« am häufigsten gezählt. Diese negativen emotionalen Zustände beziehen sich auf Faktoren, die entweder keinen Bezug zu anderen Personen haben, mit Umweltereignissen zu tun haben oder doch mit zwischenmenschlichen Beziehungen zusammenhängen, aber dann weiter zurückliegen. Auch bei anderen Suchtkranken stellten Cummings et al. in diesem Bereich die meisten Antworten fest. Im innerpersonellen Bereich lag die Ursache für den Rückfall in 16% der Fälle darin zu testen, ob man den Spieleinsatz kontrollieren könne. So gab ein Spieler an: »Ich begann zu spielen, um festzustellen, ob ich Spielbeginn und Ende nach meinen Wünschen bestimmen konnte.« Ebenfalls 16% in der innerpersonellen Ursachenkategorie erhielt der Faktor, dass eine starke innere Versuchung oder ein innerer Druck zu spielen aufgetreten seien. Bei der 2. Kategorie **zwischenmenschli-**

cher Determinanten fielen in den Bereich »zwischenmenschliche Konflikte« mit 16% die meisten Antworten, und nur bei 5% der Befragten hatte sozialer Druck eine Rolle dabei gespielt, wieder mit dem Spielen zu beginnen. Keiner der Spieler hatte angegeben, dass ihn **positive** Gefühlszustände zu einem Rückfall veranlasst hätten.

Bei dieser Untersuchung ist die kleine Stichprobe von Spielern zu berücksichtigen, zudem sind altersmäßige und möglicherweise erhebliche soziokulturelle Unterschiede zu deutschen Spielern vorhanden.

De Jong-Meyer et al. (1989) ermittelten in der BRD, dass Rückfällen bei **Alkoholikern** meistens negative Gedanken und Gefühle vorangingen und gleichzeitig positive Erwartungen bezüglich der Alkoholeffekte bestanden. Die Mehrzahl der Rückfälle fand in Gegenwart bekannter Personen statt, die nur selten sozialen Druck zum Trinken ausübten, aber auch nicht versuchten, die Abhängigen von der Ausübung ihres Suchtverhaltens abzuhalten. Nur wenigen Befragten gelang es, nach dem ersten Suchtmittelgebrauch mit dem Trinken aufzuhören. Erstaunlich ist, dass sie in risikoreichen Situationen kaum negative Konsequenzen des Suchtmittelgebrauchs erwarteten, was möglicherweise damit zusammenhängt, dass die sehr wohl erlebten negativen Konsequenzen im nachhinein nicht mehr ausreichend erinnert werden.

Ein Spieler berichtet:

[32 Jahre, männlich, polyvalent abhängig (Roulette, Automaten etc., Alkohol), ledig, Realschulabschluss, u. a. Bankkaufmann und Croupier]

»Als ich auf dem Weg zur stationären Behandlung auf dem Hauptbahnhof war, wollte ich unbedingt einen Stapel Lottoscheine abgeben. Doch der Zug fuhr ab, und ich hatte keine Gelegenheit mehr, meine Tips loszuwerden. Ich nahm an, ich hätte in der Klinik lange Zeit keine Gelegenheit, Lotto zu spielen. Bei diesem Gedanken wurde ich furchtbar nervös und unruhig. In … [Ort der Klinik] suchte ich sofort eine Lottoannahmestelle auf. Jetzt hatte ich für 5 Wochen meine Ruhe. Meine Standardzahlen für Mittwoch und Samstag hatte ich abgegeben. Ich vermutete ▼

zwar, dass ich gegen ein Verbot verstieß, doch ich hatte meine Zahlen schon 14 Jahre gespielt und konnte mir nicht vorstellen, ohne die Hoffnung oder den Traum von einem großen Gewinn zu leben. So fieberte ich jeden Mittwoch und Samstag der Ziehung entgegen. Ich steigerte mich mehr und mehr in den Glauben zu gewinnen. Dieses Gefühl wurde hier in der Klinik stärker als je zuvor. Nach 3 Wochen bat ich eine Mitpatientin, 3 zusätzliche Tips abzugeben. Sie tat es. Mir wurde langsam klar, dass ich wieder anfing, die Kontrolle zu verlieren. Lotto war schon früher ein großes Problem für mich. Bevor ich in die Spielhalle oder ins Casino ging, spielte ich oft für Unsummen Lotto. Dies tat ich, um meine Hoffnungen und Träume über einen längeren Zeitraum zu behalten. Einerseits wusste ich, dass ich nicht so weitermachen konnte, doch ich machte mir immer wieder etwas vor. Ich bildete mir ein, es wäre der einzige Weg aus meiner katastrophalen Finanzlage zu kommen. Ich war überzeugt davon, während meiner Therapie einen Volltreffer zu machen. Warum gerade jetzt? 14 Jahre hat's nicht hingehauen. Idiotie? Ich klammerte mich trotzdem an den Glauben, einmal Glück zu haben.

Am … November kam ich auf die Station … [Therapiestation] und hatte bald Stadtausgang. Ich ging allein und fühlte mich ziemlich unsicher, klein und elend in … Mir fiel auf, dass keine Spielhallen im Zentrum waren. Ich dachte nicht daran zu spielen. Trotzdem ging ich so lange, bis ich einen Spielsalon fand. Beim Reingehen bildete ich mir ein, es wäre keine Gefahr für mich, mich nur einmal umzusehen. Wie es dazu kam, dass ich dann doch 20,– DM in den Automaten warf, kann ich nicht verstehen. War es das Verbot, die Gefahr gesehen zu werden oder die Neugier auf meine eigenen Gefühle und Reaktionen, die mich reizten? Ich wollte mir beweisen, dass mich der Automat kalt lässt und ich jederzeit damit aufhören kann. Den eigentlichen Rückfall habe ich zu verdrängen versucht. Ich bildete mir ein, dass ich mich total unter Kontrolle habe, wenn ich an Automaten spiele. Meine Automatenspielsucht

habe ich immer runtergespielt. Meine Bekannten und Verwandten wissen kaum etwas davon, weil ich mich schämte, ein Automatenspieler zu sein. Selber konnte ich mir nicht eingestehen, dass ich einer bin. Darum habe ich lange Zeit Pferde, Roulette, Karten und Würfel vorgeschoben. Diese Spiele sind für die Außenstehenden leichter zu verstehen. 4 Wochen später, am … Dezember, bin ich mit einem Mitpatienten (Alkoholiker) in eine Kneipe gegangen und habe ihm beim Spielen zugesehen. Momentan fühlte ich mich stark und ihm überlegen, weil ich dem Reiz der Tasten widerstehen konnte. Irgendwie passierte es trotzdem, dass ich kurz eindrückte. Am nächsten Tag ging ich allein in die Stadt und verspielte 100,– DM. Am … Januar verspielte ich 40,– DM. So konnte es nicht weitergehen. Ich nahm mir vor, die Rückfälle zu beichten. Was hielt mich davon ab? Ich redete mir ein rauszufliegen, um es nicht zu tun. Doch der wahre Grund war die Angst, nicht mehr Lotto spielen zu können (4 Wochen Ausgangssperre). Jetzt ist Schluss mit der Lügerei. Ich werde versuchen, meine Träume und Ausflüchte zu unterdrücken. Für meine Zukunft habe ich mir realisierbare Ziele gesteckt. Das Wichtigste ist, dass ich nicht mehr am Roulette arbeite und aufhöre, vom großen Gewinn zu träumen. Dieser Gedanke macht mir Angst, weil ich dann vor nackten Tatsachen stehe. Sparen, Schulden, kleines Gehalt, kein Luxus.

1. Warum habe ich angefangen zu spielen? 2. Was habe ich dabei gesucht? 3. Was hat mir das Spiel gegeben?

Spielen um Geld war für mich als Jugendlicher eine Möglichkeit, von Freunden bewundert und akzeptiert zu werden. Ich gehörte dazu, es war ein tolles Gefühl, Erfolg zu haben oder der »Beste« zu sein, Geld zu haben. Es war der Reiz, ohne große Anstrengung Erfolg zu haben und von Freunden bewundert zu werden. Auch das anfängliche Glück an Automaten schrieb ich damals meinen besonderen Fähigkeiten und meiner Ausdauer zu spielen zu. Mit 21 Jahren begann ich Roulette zu spielen. Anfangs gewann ich, gab mich mit kleinen Gewinnen zufrieden und arbeitete wie besessen an allen möglichen Strategien und Systemen. Ich wollte Berufszocker werden und träumte von Reichtum und Unabhängigkeit. Nächtelang testete ich Systeme, doch der Erfolg blieb aus. Trotzdem kam ich nie von der Vorstellung los, es doch eines Tages zu schaffen. Leute, denen ich davon erzählte, lachten über mich. Ich wusste, es war tollkühn von mir zu glauben, ich könnte mich über die Gesetze der Mathematik hinwegsetzen, und zu glauben, ich sei ein Genie. Immer wieder dachte ich daran, obwohl ich es mir nicht zutraute, langfristig ein System zu spielen. Es bedeutet langweilige Arbeit ohne Höhepunkte wie beim eigentlichen Spiel. Ich muss aufhören, ans Spielen zu denken. Der Gedanke an den »Ausweg Spielen« flammt auf, wenn es mir schlecht geht und ich keine Perspektiven für meine Zukunft sehe. Seit Mittwoch versuche ich es absolut ohne Spielen, weder mit meinen Gedanken noch mit den Gefühlen oder der Sympathie meiner Mitmenschen. Ich muss den Mut und die Kraft aufbringen, mich nur auf meine Zukunft zu konzentrieren. Bisher hatte ich Angst vor den Anforderungen des Lebens. Ich traute mir nicht viel zu in Beruf, Liebe, Partnerschaft. Oft denke ich, von mir würde etwas Außergewöhnliches erwartet. Warum? Niemand stellte große Erwartungen an mich. Den Leistungsdruck schraubte ich mir selber in die Höhe. Ich wäre gerne etwas Besonderes gewesen, doch ich fand mich nie intelligent genug, um etwas aus eigener Kraft zu erreichen. Darum versuchte ich es erst gar nicht, stellte mich ungeschickter an als ich war und nahm mich nie ernst. Meine Unsicherheit habe ich immer überspielt oder ins Lächerliche gezogen. Das gelang mir besonders gut mit Alkohol. Beim Spiel mit Geld war das anders. Ich konnte Erfolg haben, ohne eine große Leistung zu erbringen. Beim Verlieren hatte ich eine Entschuldigung: kein Glück. Es folgte Selbstmitleid.«

Bei rückfälligen Spielern war häufiger zu beobachten, dass sie zunächst Glücksspiele ausübten, die sie selbst für ungefährlich hielten, indem sie beispielsweise Rubbellose kauften. Nachdem so erste Vorbehalte überwunden waren, nichts passiert war, wand-

te der Spieler sich wieder seinem primären Spielverhalten zu, mit der Hoffnung, auch dieses im Griff zu behalten.

Das allmähliche Herantasten an das primäre Glücksspielverhalten kann damit zusammenhängen, dass der Spieler anfänglich negative Spielkonsequenzen empfindet, sie aber sukzessive abbaut. Ähnliches Verhalten war in der stationären Behandlung bei einzelnen Spielern zu beobachten, die zunächst gegen Vereinbarungen verstießen, bestimmte Karten- oder Gesellschaftsspiele nicht auszuüben, und dann einzeln oder gar zu zweit ihre Hemmschwelle so weit gesenkt hatten, dass sie zunächst mit kleineren Einsätzen wieder am Automaten spielten. Da schon die ersten Schritte zu ihrem ursprünglichen Glücksspielverhalten mehr oder weniger heimlich geschahen, vertiefte sich das Rückfallverhalten meist erheblich, die Einsätze steigerten sich, bevor es, häufig durch Mitpatienten, zur Aufdeckung kam. Obwohl mitwissende Patienten stark unter Schuldgefühlen, Ängsten und Spannungen litten, verging häufig eine beträchtliche Zeit, bis sie das Geheimnis lüfteten. Falsch verstandene Kameradschaft hatte dazu geführt, dass sie sich selbst kaum mehr auf das Therapiegeschehen konzentrieren konnten, sie selbst den Erfolg ihrer Behandlung aufs Spiel setzten und dabei zusahen, wie ein anderer immer tiefer in sein altes Suchtverhalten zurückkehrte.

❶ In der stationären Behandlung sollte das Thema, wie man auf rückfällige Mitpatienten reagieren kann, immer wieder zur Diskussion stehen, auch wenn es aktuell keine Hinweise auf Rückfälle gibt.

Überwiegend kommt bei diesen Gesprächen die Antwort, den Rückfall nicht dem Therapeuten direkt zu melden, sondern den Rückfälligen dazu aufzufordern, sich innerhalb einer Frist selbst in der Gruppenstunde oder bei einem Mitglied des therapeutischen Teams zu offenbaren. Die Patienten unterschätzen dabei, dass vom rückfälligen Spieler starker Gegendruck ausgehen kann, indem dieser argumentiert, dass das Bekanntwerden erhebliche Konsequenzen für ihn hätte, den Behandlungsabbruch bedeuten könnte oder dass seine Ehefrau oder Bekannte ihn verlassen würde, wenn sie davon erführe. So vergeht oft kostbare Zeit, den Rückfall zu stoppen, und der mitwissende Patient fühlt sich selbst immer stärker mitverantwortlich, leidet darunter und verliert seine Aufnahmebereitschaft und -fähigkeit für die therapeutischen Maßnahmen, da er sich selbst zur Heimlichkeit verpflichtet hat.

Das Arbeitsblatt »Ein Mitpatient ist rückfällig« (▶ Anhang B18) gibt Argumentationshilfe und Anregungen zur Diskussion mit den Patienten.

In Selbsthilfegruppen und anderen ambulanten Gesprächskreisen sollte das **Rückfallrisiko** ebenfalls **kein Tabuthema** sein. Teilweise gibt es von seiten der Patienten einen gewissen Widerstand dagegen, weil dieses Thema keine angenehmen Erinnerungen auslöst und der Gedanke an einen erneuten Rückfall erhebliche Ängste hervorruft. Diese Abwehrhaltung gegenüber möglichen Gefahren- und Risikosituationen führt aber eher dazu, dass eine unzureichende Rückfallprävention stattfindet. Es gibt keinerlei Anhaltspunkte dafür, dass eine gedankliche und emotionale Auseinandersetzung mit rückfallriskanten Situationen oder Reaktionen nach dem ersten Spieleinsatz Rückfälle etwa wahrscheinlicher macht. Wachsamkeit und ein individuelles Risiko- und Gefahrenbewusstsein sind wichtige Voraussetzungen für eine dauerhafte Abstinenz. Der regelmäßige Besuch von Selbsthilfegruppen nach der ambulanten oder stationären Behandlung kann dazu einen ganz wesentlichen Beitrag leisten.

12.4   Rückfallprophylaxe in verschiedenen Behandlungsphasen

Im Bereich des **Alkoholismus**, und dies ist uneingeschränkt für Spielsucht anwendbar, unterscheidet Lauer (1988) u. a. zwischen der **Rückfallvorbeugung** (Prophylaxe) in der **Kontakt-, Entwöhnungs-** und **Nachsorgephase**.

12.4.1   Kontaktphase

Vom Standpunkt der Rückfallprophylaxe ist es in der **Kontaktphase** besonders wichtig, den Patienten zu einer umfassenden Behandlung zu motivieren und vorzeitige Behandlungsabbrüche zu verhindern. Hierzu ist es notwendig,

- lange Wartezeiten für Gesprächstermine zu vermeiden,
- Schwellenängste abzubauen und
- »Wiedereinstiege« in die Therapie nach Rückfällen und kurzfristigen Therapieunterbrechungen zu erleichtern, zum Beispiel durch die Einrichtung von offenen Gesprächsgruppen.

❶ Frühzeitige Gespräche über eventuell zu erwartende Rückschläge und die häufig noch vorhandene ambivalente Behandlungsmotivation bilden von vornherein eine *realistische* Therapieplattform zwischen Helfern und Patienten und schützen vor falschen Erwartungen.

Um eine verbindliche Zusammenarbeit zu erreichen, ist das **soziale Umfeld** möglichst rasch mit in die Behandlung **einzubeziehen**.

12.4.2   Entwöhnungsphase

In der **Entwöhnungsphase** gewinnt der Patient Einsicht in die Entstehung und psychosozialen Hintergründe seiner Abhängigkeitserkrankung und erlernt neue **Bewältigungsstrategien**, um innerpsychische und soziale Konfliktsituationen ohne Einsatz des Suchtmittels zu überwinden. Er kann risikoreiche Situationen erkennen und durch die Analyse früherer Rückfälle (Marlatt, 1985) und Rückfallsituationen **alternative Verhaltensstrategien** aufbauen.

In einer Langzeitstudie untersuchen Echeburùa et al. (2000) die **Effektivität von Rückfallprävention** bei Glücksspielern im Zusammenhang mit Verhaltenstherapie (Stimuluskontrolle, »exposure« mit Reaktionsprävention). Die Ergebnisse zeigten, dass sowohl bei **Individual-** als auch bei **Gruppentherapie** die Resultate besser sind, wenn ein **Programm zur Rückfallprävention** stattfindet. Das Programm basierte auf dem Rückfallmodell von Marlatt & Gordon (1980). Echeburùa et al. (2001) versuchen **therapeutische Fehlschläge** bei Automatenglücksspielern vorherzusagen. Variablen, die ein **therapeutisches Versagen** (Abbruchquote **und** Rückfälligkeit) voraussagbar machten, waren **Unzufriedenheit mit der Behandlung, hoher Alkoholkonsum und Neurotizismus** als Persönlichkeitsvariablen. Die Autoren schlussfolgern, dass individuelle Patienteneigenschaften eine spezielle Art oder intensivere Behandlung erforderlich machen. Hodgins & el-Guebaly (2004) kamen in einer Studie zur Rückfälligkeit bei pathologischen Glücksspielern, in der nach 12 Monaten nur 8% abstinent lebten, zu dem Ergebnis, dass Rückfälle vor allem in den Abendstunden auftraten, wenn sich die Spieler mit ihrer finanziellen Situation auseinander setzten und kognitiv mit der Möglichkeit, zu gewinnen, und dem Bedürfnis beschäftigt waren, Geld zu machen. Daughters et al. (2003) untersuchten die **Bedingungen**, die für ein **Scheitern von Behandlungen** bei pathologischen Glücksspielern verantwortlich sein können. Es wird eine komplexe Interaktion zwischen einer »individuellen« Störung und dem Scheitern der Therapie angenommen. Sie nennen unterschiedliche Variablen, die zur Entwicklung und Aufrechterhaltung des pathologischen Glücksspiels beitragen, wie falsches Verstehen und Interpretieren der Zufälligkeit. Das **Ausmaß der Impulsivität** müsse berücksichtigt werden. Impulsive Menschen reagierten exzessiver auf **positive Resultate** und erwarteten unverzügliche Verstärkung, reagierten schneller, ohne die Konsequenzen ihres Verhaltens zu berücksichtigen, seien nicht sensitiv, was die negativen Konsequenzen ihres Verhaltens angehe und hätten Schwierigkeiten, Kontrolle aufrechtzuerhalten. Der nächste Aspekt sei die **Sensationssuche**. Bei Kasinospielern sei sie möglicherweise stärker ausgeprägt als bei Vergleichsgruppen. Der Faktor der Sensationssuche habe aber weniger Bedeutung als Impulsivität. Es bestünden sogar Zweifel, ob Risikoverhalten mit gestörtem Glücksspielverhalten verbunden sei. Negative affektive Störungen, wie Depressivität, können sowohl verstärkt als Folge als auch unter Abstinenz beobachtet werden. Der Spieler bevorzugt **vermeidende**, eher gefühlsorientierte vs. aufgabenorientierte, konfrontative, distanzierende oder Flucht-, Vermeidungs-, **Stressbewältigungsstrategien**. Die Autoren betonen die Notwendigkeit von Rückfallpräventionsprogrammen und schlussfolgern außerdem ebenfalls, dass mit gezielten Methoden individuell unterschiedliche Spieler zu behandeln seien.

Thygesen & Hodgins (2003) beschäftigen sich mit den Motiven und Strategien, **Rückfälligkeit zu stoppen**. Warum haben Spieler die Rückfallepisode abgebrochen, und wie haben sie dies gemacht?

Im Durchschnitt wurden 1,5 Gründe angegeben, den Rückfall zu stoppen. Die wichtigsten **Motive** waren:

1. finanzielle Gründe (Geld ging zu Ende; genereller finanzieller Engpass);
2. affektive Faktoren (Schuldgefühle; Auswirkungen auf soziale Beziehungen befürchtet; Gefühl des Verlierens nicht erleben wollen);
3. andere Bewertung des Spielens, der Gewinnchancen (»gewinne ohnehin nichts«);
4. äußere Zwänge (Spielstätte schloss; zu beschäftigt).

Durchschnittlich wurden 1,7 **Strategien** genannt, die Rückfallphase zu beenden. Klassifiziert wurde das Bewältigungsverhalten in kognitive oder verhaltensmäßige Strategien:

1. Stimuluskontrolle (Spielstätten meiden; Verfügbarkeit des Geldes einschränken);
2. Selbstbefreiung (Willenskraft einsetzen; einfach »nein« sagen);
3. Gegenkonditionierung (Alternativen, Hobbys ausüben; sich beschäftigen);
4. hilfreiche Beziehungen in Anspruch nehmen (Selbsthilfegruppe; Gespräch mit Partner).

Es wurde eher eine **Präferenz für eine kognitive oder Verhaltensstrategie** festgestellt als eine Kombination aus beiden. Hierbei ist fraglich, ob tatsächlich nur die eine oder andere Strategie angewandt wurde, oder ob hier ein Effekt vorliegt, der auf das Erinnerungsvermögen zurückzuführen ist.

❶ Neue Methoden der Entspannung und Stressbewältigung sind zu entwickeln und in lebensnahen Situationen zu erproben.

Insgesamt müssen die Patienten ihre sozialen und kognitiven Kompetenzen zur Bewältigung alltäglicher Anspannungen und Belastungen erhöhen und positive Erwartungen an die Wirkung des Suchtmittelgebrauchs abbauen.

Aus den bisherigen Erkenntnissen zur Rückfälligkeit, den verschiedenen Modellen sowie anhand der im Anhang untergebrachten Arbeitsmaterialien kann ein auf den individuell unterschiedlichen Patienten und die jeweilige Gruppendynamik **angepasstes Rückfallpräventionsprogramm** zusammengestellt werden. In Anlehnung an Arbeitsmaterialien aus der Alkoholismustherapie (Lindenmeyer, 2001) wurden ein Infopapier für pathologische Glücksspieler **Erkenntnisse und Gedanken zur Rückfallprävention** sowie eine Anleitung und Beispiele für persönliche **Notfallkärtchen** verfasst, die in rückfallkritischen Situationen eine erste Hilfe sein sollen, die Gefahr zu stoppen. Oftmals entschlossen sich die Patienten, das Kärtchen in der Geldbörse unterzubringen, um es immer bei sich zu haben (▶ Anhang B19).

Als zusätzliche Anregung zur Einschätzung der Rückfallgefahr wurde eine an Wright (Beck et al., 1997) angelehnte **Rückfallvorhersageskala** entwickelt (▶ Anhang B16). Unterschiedliche Situationen und Vorstellungen sind darin nach ihrer Gefährlichkeit (Einschätzung der Stärke des Verlangens) und der Wahrscheinlichkeit des Rückfalls zu bewerten. Es ist sinnvoll, die Einschätzungen mit fortschreitendem Therapieverlauf zu wiederholen, Veränderungen zu registrieren und sich mit dem Therapeuten und den Gruppenmitgliedern darüber auseinanderzusetzen. Es ist vorteilhaft, die Patienten dazu aufzufordern, schriftlich-darzulegen (»**Rückfallriskante Situationen und Bewältigungsstrategien**«; ▶ Anhang B17),

- **wo Rückfallrisiken liegen** und **wie frühere Rückfallepisoden verlaufen sind**,
- wie **alternative Reaktionsmöglichkeiten** zur Bewältigung solcher Situationen aussehen.

Ergänzt werden kann die Diskussion durch
- die **Erörterung positiver Abstinenz- und negativer Suchtmittelerfahrungen**,
- die Auseinandersetzung mit der **Kurzfristigkeit** der positiven Suchtmittelkonsequenzen.

Außerdem sollte eine intensive Auseinandersetzung mit dem von Marlatt dargestellten **Abstinenzverletzungseffekt** stattfinden. Scham- und Schuldgefühle nach dem ersten Spieleinsatz dürfen nicht zu einem unvermeidlichen Abgleiten in altes Spielverhalten führen. Daher sollten **konkrete Schritte** entwickelt werden, **sich zu offenbaren** und notwendige **Hilfsmaßnahmen einzuleiten**. Nicht nur dem Rückfall sollte bewusst vorgebeugt werden, sondern **auch der Verschlimmerung eines bereits eingetretenen Rückfalls**, wobei der Begriff Ausrutscher vermieden werden sollte. Sich **bewusst** und offen **mit dem Ver-** langen nach dem Suchtmittel auseinanderzusetzen,
- erhöht die Selbstkontrollmöglichkeiten,
- schafft Bewegungsspielraum für alternative Entscheidungen,
- reduziert das Verlangen und lässt es als veränderbar erleben.

12.4.3   Nachsorgephase

In der **Nachsorgephase** muss der Patient darauf eingestellt sein, dass weniger Fremd-, sondern mehr **Selbstkontrolle** zur Steuerung seines Verhaltens notwendig ist. Kontaktmöglichkeiten zu potenziellen Helfern sind erschwert und alte Verhaltensgewohnheiten um so massiver wirksam. Nach einer intensiven ambulanten oder stationären Behandlung können **Gefühle einer erneuten Isolation oder Einsamkeit** ein erhebliches Rückfallrisiko darstellen. Der »Struktur- und Aktivitätsplan« (▶ Anhang B20) dient dazu, an vorhandenen Ressourcen anknüpfend, Alternativen zum Glücksspielverhalten zu entwickeln und die Zeit nach der Therapie sinnvoll zu gestalten. Nach stark vorstrukturierten Therapieprogrammen kommt es ansonsten leicht zu Langeweile und »Leerlauf«, was Rückfälligkeit zur Folge haben kann.

Das Arbeitsprojekt **Struktur und Aktivitätsplan: Alternativen zum Suchtverhalten** zur Gestaltung einer ausgewogenen Lebensführung, gut abgestimmten **Tagesstrukturierung** und **Freizeitgestaltung** wird von einem kurzen Informationsteil eingeleitet. Besonderer Wert wird darin auf die **Umsetzbarkeit guter Vorsätze** gelegt. Nicht das Verzichten-Können ist der entscheidende Gesichtspunkt in der Therapie, sondern durch Verhaltensalternativen zum Suchtverhalten dessen Stellenwert stark zu reduzieren, um so wieder andere Lebensinhalte in der Vordergrund zu rücken. Es ist darauf zu achten, »nicht von einem Extrem ins andere zu fallen«, sondern dass **Vielfalt** und **Differenziertheit** im Verhalten und Erleben aus einer Abhängigkeit herausführen. Die Einplanung von »highlights« soll z. B. den Alltag sinnvoll unterbrechen. Nur wenn die Abstinenz langfristig einen Vorteil darstellt, wird sie beibehalten. Das Projekt hat letztlich die **adäquate Bewältigung von Suchtdruck, Stress- und Belas-**

tungssituationen zum Ziel. Der Information sind Arbeitsanweisungen, Arbeitsblätter zur Zusammenstellung und Bewertung der Alternativen auf die Effektivität und Umsetzbarkeit sowie ein Wochenplan, in dem die Ergebnisse festzuhalten sind, angeschlossen.

Es ist erstaunlich, wie leicht es den Patienten oft in straff organisierten stationären Behandlungen fällt, abstinent zu sein, und wie schwer es dann ist, dies in der häuslichen Umgebung umzusetzen. Ein gut gestalteter Tagesablauf ist möglicherweise ein wichtiger Faktor. Der Spieler hat nach der Therapie selbst die Verantwortung, den Tages- bzw. Wochenablauf so zu gestalten, dass er genügend psychischen Halt und Ausgleich findet, nicht in rückfallgefährdende Gewohnheiten zurückzufallen. Möglichst früh sollte er damit beginnen, sich **konkrete Vorstellungen** und schon **erste Schritte zur Umsetzung** zu machen, wie sein Leben ohne Glücksspielen aussehen kann.

Nach einer längerfristigen Abstinenz und zunehmendem zeitlichen Abstand zur Behandlung kann sich die Gefahr erhöhen, dass die **Krankheitseinsicht schwindet** und neue Illusionen geweckt werden, sich in einem, bisher vielleicht für ungefährlich gehaltenen Glücksspiel erneut zu beweisen. Andauernde finanzielle Engpässe oder langfristige Schuldenabzahlungen können den Wunsch wieder stärken, sich mit einem glücklichen Spieleinsatz von diesen Sorgen zu befreien. Erste **kleinere Spieleinsätze führen dabei oft zu der fatalen Fehleinschätzung,** man könne sich kontrollieren und weiteren Spieleinsätzen stünde nichts im Wege.

❗ **Auch wenn ein recht ausgewogener und von keinen besonderen Belastungen geprägter Lebensstil erreicht wurde, sollte doch eine regelmäßige und dauerhafte Nachsorge eingeplant sein, um die notwendige Wachsamkeit gegenüber dem Rückfallrisiko und der schwindenden Krankheitseinsicht zu gewährleisten.**

Erkenntnisse aus den subjektiven Rückfallerfahrungen der Patienten und der Rückfallforschung können zu allen Zeiten des Genesungsprozesses in die Therapiegespräche eingebracht werden.

12.5 Zusammenfassung

Die in der Rückfallforschung aufgestellten Thesen, negative Selbstwertgefühle, die aus dem Krankheitskonzept und dem Abstinenzgebot des Suchtmodelles resultieren sollen, könnten Rückfälligkeit fördern, werden durch keine neuen theoretischen oder empirischen Erkenntnisse gestützt, die eine in diesem Zusammenhang wiederbelebte Hoffnung, es gäbe für Abhängige eine Rückkehr zum kontrollierten Suchtmittelgebrauch, rechtfertigen. Negative Assoziationen, die mit der Akzeptanz der Suchtkrankheit einhergehen, sollten aktiv in den Therapieprozess einbezogen werden und lassen sich insbesondere durch die Solidarität und Identifikation mit anderen Abhängigkeitskranken auffangen.

Die Rückfallgefährdung scheint, im Gegensatz zu der genannten These, dann besonders groß zu sein, wenn die Krankheitseinsicht bzw. Akzeptanz nachlässt. Dies fand Eingang in ein entsprechendes Rückfallmodell »Fehlende Krankheitseinsicht/Wachsamkeit«. Im Unterschied zu Marlatts Rückfalltheorie wurde dabei vermieden, zwischen einem »Ausrutscher« und einem Rückfall zu unterscheiden.

Sowohl in der ambulanten als auch in der stationären Suchtkrankenhilfe ist es nicht neu, Rückfälle konstruktiv in den Behandlungsprozess mit einzubeziehen. Während in der ambulanten Therapie in der Anfangsphase Rückfälle noch vermehrt auftreten, Spielanreize und -auslöser erkannt und sich alternative Verhaltensweisen erst entwickeln müssen, ist es in der beschützenden Umgebung der stationären Behandlung für die Patienten leichter, abstinent zu sein. Ein Rückfall in der Klinik kann jedoch erhebliche Konsequenzen für die gesamte Gruppendynamik haben und die Therapie von Mitpatienten gefährden, insbesondere wenn das Rückfallgeschehen über längere Zeit andauert und Mitwisserschaft und Heimlichkeiten in der Gruppe entstehen. Wiederholte Rückfälligkeit im stationären Bereich führt deshalb meistens zur vorzeitigen Entlassung des Patienten. Prophylaktisch sollte in der Patientengruppe sowohl das Rückfallpotenzial verschiedener Situationen als auch Möglichkeiten des Umgangs mit rückfälligen Mitpatienten thematisiert werden.

Einiges spricht dafür, dass hohe Impulsivität, Alkoholmissbrauch und Unzufriedenheit mit der Behandlung Rückfälligkeit begünstigen. Die Autoren fordern in diesem Zusammenhang ein stärker auf das Individuum bezogenes therapeutisches Vorgehen. Programme zur Rückfallprävention stabilisieren die Abstinenz und werden durch Projektarbeit unterstützt, die eine ausgewogene Lebensgestaltung, eine gute Tagesstrukturierung und sinnvolle Freizeitgestaltung zum Ziel hat. Damit das Abstinenzverhalten langfristig aufrechterhalten wird, muss es letztlich einen Vorteil darstellen. Alternativen zum Suchtverhalten, neue positive Lebensperspektiven lösen das Glücksspielen als zentral gewordenen Lebensinhalt ab und lassen es in den Hintergrund treten.

Der Rückfall eines Patienten ist sorgfältig zu analysieren und aufzuarbeiten, um wichtige Informationen für die weitere Therapie und zukünftige Strategien zur Bewältigung risikoreicher Situationen zu gewinnen. Sowohl innerpsychische oder zwischenmenschliche Konflikte als auch der Wunsch, kontrolliert einen erneuten Spielversuch zu wagen, können Auslöser für Rückfälle sein. Eine individuelle Analyse von »Gefahrensituationen« kann dem breiten Spektrum möglicher Auslöser am besten Rechnung tragen und ist Voraussetzung für einen langfristigen Therapieerfolg. Neben der Erarbeitung von geeigneten Bewältigungsstrategien dient auch die Zusammenstellung eines (Tages-) Struktur- und Aktivitätsplans der Rückfallprophylaxe.

Rückfälligkeit sollte in der Therapie generell kein Tabuthema sein. Verhaltensstrategien nach einem möglichen ersten Rückfall sind vorbeugend zu diskutieren. Der regelmäßige Besuch von **Selbsthilfegruppen**, insbesondere nach ambulanten oder stationären Therapiemaßnahmen, stellt eine **wichtige Rückfallprävention** dar und sorgt dafür, dass die notwendige Wachsamkeit und Krankheitsakzeptanz erhalten bleiben. Aus der Rückfallforschung lassen sich wichtige Rückschlüsse für die Verwirklichung und Stabilisierung des Abstinenzziels gewinnen.

13 Evaluation verschiedener Behandlungsansätze

In der wissenschaftlichen Literatur sind inzwischen eine Reihe von Studien über Behandlungsformen und -ergebnisse pathologischen Glücksspiels erschienen. Waren es anfänglich überwiegend Einzelfalldarstellungen (häufig ohne Nachuntersuchungen), liegen mittlerweile Therapiestudien mit höheren Fallzahlen und Kontrollgruppen vor, die durch Katamnesen evaluiert worden sind. Varrierende Erfolgskriterien und Katamnesezeitpunkte schränken allerdings die Vergleichbarkeit ein. Die verschiedenen Behandlungsansätze sollen zunächst in einem Überblick dargestellt werden (◘ Tabelle 13.1).

Bis in die 60er-Jahre hinein wurden pathologische Spieler fast ausschließlich mittels **psychoanalytisch orientierter Therapien** behandelt (u. a. Matussek, 1953; Fink, 1961; Harris, 1964; Überblick in Toneatto & Ladouceur, 2003). Ihre Wirksamkeit überprüfte lediglich Bergler (1958) – allerdings ohne hinreichende Dokumentation. Er berichtet über eine erfolgreiche Behandlung bei den in der Therapie verbleibenden Spielern, wobei er zwischen der erfolgreichen Aufarbeitung der neurotischen Entwicklung und der Beendigung des Symptomverhaltens unterscheidet. Sind intrapsychische Konflikte bewusst gemacht und die Ursachen der Krankheitsentwicklung aufgearbeitet, erlischt die Spielsymptomatik nach den Vorstellungen der Psychoanalyse quasi automatisch – das Spielen selbst wird nur oberflächlich in die Behandlung einbezogen.

Im Mittelpunkt **verhaltenstherapeutischer Techniken** stand zunächst die **Aversionstherapie**, deren Wirkung darauf beruhen soll, dass Verhaltensweisen seltener auftreten, wenn sie mit **negativen Reizen** gekoppelt werden und somit selbst negative Gefühle auslösen (beispielsweise schmerzhafte elektrische Reize während des Spielens). Nicht zuletzt aufgrund der insgesamt unbefriedigenden Ergebnisse – auch nach Ergänzung durch zusätzliche stützende Maßnahmen – kommen derartige Techniken heute kaum noch zur Anwendung. Als effektiver erwies sich in Therapie-Vergleichsstudien (McConaghy et al., 1983; McConaghy et al., 1991) die **imaginäre Desensibilisierung**, bei der sich die Spieler lustbetonte Reize des Glücksspiels vorstellen sollen, die dann mit gegenläufigen Vorstellungen beispielsweise von Langeweile verknüpft werden. Der Einsatz von **Selbstkontrolltechniken** soll die Spieler befähigen, das Spielverhalten nach ihrer Wahl zu stoppen oder zu kontrollieren. Das Vorgehen beinhaltet vor allem die Kontrolle der finanziellen Mittel durch eine nahestehende Bezugsperson oder entsprechende Verträge mit dem Therapeuten sowie den Aufbau alternativer Verhaltensweisen zum Glücksspiel.

Während die bisher skizzierten verhaltenstherapeutischen Verfahren individuelle und umweltbezogene Funktionen des exzessiven Spielverhaltens weitgehend aus der Therapie ausklammern, besteht die Hauptaufgabe der **systemisch-strategischen Verhaltenstherapie** gerade in der Aufdeckung der auslösenden und **aufrechterhaltenden Bedingungen und Funktionen**.

Klepsch et al. (1989) verweisen auf eine Besserung im Symptomverhalten sowie in anderen Lebensbereichen bei 46,4 % (bezogen auf die Gesamtstichprobe) bzw. 65,8 % (bezogen auf die nachbefragten Spieler) der Patienten. Sie schränken die Anwendung ihrer Methode allerdings auf Spieler ein, die noch keinen »sozio-ökonomischen Suizid« durch hohe Verschuldung begangen haben. Möglicherweise profitieren Spieler mit einem zwar problematischen, aber noch nicht süchtigen Spielverhalten eher von einem derartigen Therapieansatz, der auf ein ausdrückliches Abstinenzgebot verzichtet und die Ursachen des Spielens aufarbeitet (Kritik äußern u. a. Thomas, 1989a; Horodecki, 1992).

Kognitive Therapien versuchen, die Gedankenmuster und Glaubenssätze von Spielern zu modifizieren, die Entscheidungsfreiheit und Selbstverantwortung zu stärken, um sie zu befähigen, das Spielverhalten zu begrenzen oder einzustellen. Den irrationalen Kontrollüberzeugungen werden beispielsweise die Realitäten des Glücksspiels gegenübergestellt. Die individuellen Strategien, die der Rechtfertigung des Spielverhaltens dienten, werden herausgearbeitet und hinterfragt (Harris, 1989; Walker 1992). In einer kontrollierten Therapiestudie konnten Sylvain et al. (1997) die Effektivität kognitiv-verhaltenstherapeutischer Behandlungstechniken (Korrektur falscher Erwartungen, Training von Bewältigungsstrategien und sozialen Fähigkeiten, Rückfallprävention) belegen. Bereits ein besseres Verständnis von Zufallsentscheidungen reduzierte das Verlangen nach dem Glücksspiel und steigerte die subjektiv empfundene Kontrolle über das Spielverhalten (Ladouceur et al., 1998b).

◘ Tabelle 13.1. Behandlungsformen pathologischen Glücksspiels und Behandlungsergebnisse

Behandlungsform	Anzahl der behandelten Spieler n	Anzahl der nachbefragten Spieler[b] n	Behandlungsergebnis [a]		Autor
			n	Erfolgskriterium	
Psychoanalyse	60	45	30	Heilung	Bergler, 1958
			15	Symptomfreiheit	
Verhaltenstherapie					
– Aversionstherapie	26[c]	26	7	Abstinenz	Barker & Miller 1968;
			5	kontrolliertes Spiel	Goorney, 1968; Koller, 1972; McConaghy et al., 1983
– und unterstützende Therapie	16	10	5	Abstinenz	Seager, 1970
			3	Besserung	
– Imaginäre Desensibilisierung	60	33	10	Abstinenz	McConaghy et al., 1991
			16	kontrolliertes Spiel	
– Selbstkontrolltechniken	28[c]	28	6	kontrolliertes Spiel	Dickerson & Weeks, 1979;
			8	mit periodischen Rückfällen	Rankin, 1982; Greenberg & Rankin, 1982
– Systemisch-strategische Verhaltenstherapie	112	79	52	Besserung im Symptomverhalten/in anderen Lebensbereichen, davon ca. 50% spielabstinent	Klepsch et al., 1989
– Stationär, psychosomatische Fachklinik	48	23	16	Besserung	Schwickerath et al., 1996
Kognitive Therapie					
– Rational Emotive Therapie	1	1	1	Abstinenz	Bannister, 1977
– Kognitive Verhaltenstherapie	2[c]	2	2	Besserung	Toneatto & Sobell, 1990; Sharpe & Tarrier, 1992
	22	9	8	Besserung	Sylvain et al., 1997
	48	38	23	Abstinenz	Echeburúa et al., 1996;
	69	46	37	Abstinenz	Echeburúa et al., 2000
– Kognitive Umstrukturierung	5	5	4	Besserung	Ladouceur et al., 1998b
	66	35	20	Besserung	Ladouceur et al., 2001
– Kognitive Gruppentherapie	46	34	27	Besserung	Ladouceur et al., 2003b
Paartherapie	9	8	5	Abstinenz	Boyd & Bolen, 1970
			3	Besserung	
– und Selbsthilfegruppe	20	10	9	Abstinenz	Tepperman, 1985
Stationäre Suchttherapie (Kombination verschiedener Behandlungsformen, multimodal)	124	60	33	Abstinenz	Russo et al., 1984
			13	Reduktion, periodische Abstinenz	
	66	57	32	Abstinenz	Taber et al., 1987b
	119	72	46	Abstinenz	Lesieur & Blume, 1991b
	48	47	20	Abstinenz	Petry & Jahrreiss, 1999
			9	Nach Rückfallbewältigung	
Medikamentöse Therapie Serotonin-Wiederaufnahmehemmer (Antidepressiva)					
– Clomipramin (Anafranil)	1	1	1	Besserung	Hollander et al.,1999
– Fluoxetin (plus motivierende Gesprächsführung)	1	1	1	Besserung	Kuentzel et al., 2003

◻ **Tabelle 13.1** (Fortsetzung)

Behandlungsform	Anzahl der behandelten Spieler *n*	Anzahl der nachbefragten Spieler[b] *n*	Behandlungsergebnis [a]		Autor
			n	Erfolgskriterium	
– Fluvoxamin (Luvox)	16	10	7	Besserung	Hollander et al., 1998
	15	10	4	Besserung	Hollander et al., 2000
	15	3		Kein Unterschied zur Placebogruppe (*n*=17)	Blanco et al., 2002
– Citalopram (Celexa)	15	9	9	Besserung	Zimmermann et al., 2002
– Paroxetin (Paxil)	23	22	14	Besserung im Vergleich mit Placebogruppe (*n*=72)	Kim et al., 2002
	36	21		Keine wesentlichen Unterschiede zur Placebogruppe (*n*=40)	Grant et al., 2003b
– Bupropion (Wellbutrin; non-SSRI, mit psychostimulanten Anteilen)	10	7	7	Besserung	Black, 2004
– Nefazodon (Nefadar; primär mit antagonistischen Effekten)	14	12	9	Besserung	Pallanti et al., 2002a
Opioidantagonist					
– Naltrexon (ReVia)	1	1	1	Abstinenz	Crockford & el Guebaly, 1998
	1	1	1	Abstinenz	Kim, 1998
	17	14		Besserung/Gesamtgruppe	Kim & Grant, 2001b
	83	20		Besserung im Vergleich mit Placebogruppe (*n*=25)	Kim et al., 2001
Phasenprophylaktika (»mood stabilizer«)					
– Carbamazepin (Tegretol)	1	1	1	Abstinenz	Haller & Hinterhuber, 1994
– Lithium (Lithobid)	3	2	2	Besserung	Moskowitz, 1990
– Lithium und Valproat	23	23	14	Besserung	Pallanti et al., 2002b
	19	19	13	Besserung	
Selbsthilfe					
Selbsthilfemanual und					
– Telefonische Beratung	67 (ohne Kontrollgruppe)	55	46	Abstinenz und Besserung	Hodgins et al., 2001
– Kurzzeitige kognitiv-behavioristische Therapie	117	60	14	Abstinenz und Besserung/Gesamtgruppe	Robson et al., 2002
Selbsthilfegruppe	137	17	10	Abstinenz	Stewart & Brown, 1988

[a] Die Katamnesezeitpunkte variieren und liegen in der Regel zwischen 6 Monaten und 2 Jahren.
[b] Spieler mit planmäßiger Beendigung der Behandlung.
[c] Gesamtzahl behandelter Spieler aus verschiedenen Studien.

Im Therapievergleich erwies sich die Vermittlung von Selbstkontrollstrategien (Einzelbehandlung) als effektiver als kognitive Umstrukturierungen (in Gruppensitzungen) oder die Kombination beider Ansätze (Echeburúa et al., 1996). Interventionen zur Erhöhung der Compliance (des konsequenten Befolgens der Behandlungsmaßnahmen) führten zu einer Senkung der Drop-out-Rate (Milton et al., 2002).

Auf gestörte Partnerbeziehungen als Begleit- oder ursächliches Problem ist die **Paartherapie** ausgerichtet, mit dem Ziel,

- das Misstrauen des Partners abzubauen und ihm unterstützende Maßnahmen zu übertragen,
- die Kommunikation zu verbessern,
- die Funktionen des Spielens in der Ehe aufzuzeigen (Pokorny, 1970).

Die **medikamentöse Behandlung** von pathologischen Spielern befindet sich zwar noch in den Anfängen, in jüngster Zeit ist aber eine deutliche Zunahme an pharmakologischen Studien zu beobachten, die auch höheren methodologischen Anforderungen wie einem Doppel-Blind-Placebo-Kontroll-Design genügen (Überblick in Grant et al., 2003a; Rosenthal, 2004). In den publizierten Studien kamen 3 Klassen von Medikamenten mit unterschiedlicher Wirksamkeit zum Einsatz: Serotonin-Wiederaufnahmehemmer (SSRI), Opioidantagonisten und Phasenprophylaktika (»mood stabilizer«). Die Indikation wird aus der Diagnose komorbider Störungen, wie Depressionen, bipolare Störungen und Aufmerksamkeitsdefizit-/Hyperaktivitätsstörungen, abgeleitet oder soll der Behandlung spezifischer Symptome und der Reduzierung des Verlangens dienen. Eine Kombination medikamentöser Behandlung und Psychotherapie wird als erfolgversprechende Strategie zukünftiger Ansätze dargestellt (Grant & Kim, 2001). Es bedarf allerdings weiterer, breit angelegter Studien, um die kurz- und langfristige Wirksamkeit und Verträglichkeit der Substanzen bezogen auf spezifische Subgruppen pathologischer Spieler genauer bestimmen zu können.

Casson (1968) berichtet kritisch von einer gerichtlich verfügten Leukotomie (gehirnchirurgischer Eingriff) bei einem Spieler, der durch Diebstähle aufgefallen war.

Die **ambulante und stationäre Suchttherapie** integriert Elemente der verschiedenen Methoden, allerdings in einer eher eklektischen Weise – unter weitgehender Vernachlässigung der theoretischen Grundannahmen. Die jeweiligen Vorteile werden ebenso genutzt wie die Erfahrungen aus der Behandlung stoffgebundener Suchtformen. Einen Schwerpunkt des breit angelegten Therapiekonzeptes bildet die Gruppentherapie (Taber & Chaplin, 1988) – häufig gemeinsam mit anderen Suchtkranken (▶ Kap. 10.4). Für den stationären Bereich nennen amerikanische Evaluationsstudien Abstinenzraten von 26,6–48,5 % (bezogen auf die Gesamtgruppe) und 55–63,9 % (bezogen auf die nachbefragten Patienten).

In einer Übersicht über 9 veröffentlichte deutsche Katamnesen zur stationären Behandlung von pathologischen Spielern findet Petry (2001b) die Ein-Drittel-Faust-Regel aus der Alkoholismusbehandlung bestätigt: Danach führt die Behandlung bei einem Drittel zur vollständigen Abstinenz, ein weiteres Drittel zeigt sich gebessert, und das letzte Drittel erweist sich als ungebessert. In konkreten Zahlen ergibt die Metaanalyse eine ungewichtete durchschnittliche Erfolgsquote (Abstinenz sowie Abstinenz nach Rückfallbewältigung) über die Gruppen zwischen 46,1% (bezogen auf die Gesamtstichprobe) und 64,3% (bezogen auf die nachbefragten Patienten) mit einer Streubreite von 18,8–76,7%.

Katamnesen zur ambulanten Suchttherapie stehen noch aus. Aus der EBIS-Statistik für 2003 geht hervor, dass 45,6% der Klienten der Suchtberatungsstellen, die eine Therapie im engeren Sinne durchlaufen oder planmäßig abgeschlossen haben, aus Sicht der Therapeuten als abstinent und 34,9% als gebessert eingestuft wurden. Bei vorzeitiger Beendigung der Behandlung zeigte sich bei 53,3% der Klienten keine Veränderung im Suchtverhalten. Der Anteil der Abbrüche durch die Klienten ist mit 49,4% (Männer) bzw. 47,7% (Frauen) – auch im Vergleich mit stoffgebundenen Abhängigkeiten – nach wie vor relativ hoch (Meyer, 2005). Giacomuzzi et al. (2003) berichten über eine deutliche Verbesserung der subjektiv erlebten Lebensqualität infolge unterstützender Betreuung im ambulanten Setting (in Bozen, Italien).

Im Rahmen der Suchttherapie wird – sofern es realistisch erscheint – der Besuch einer **Selbsthilfe-**

gruppe der »Gamblers Anonymous (GA)« bzw. »Anonyme Spieler« angeregt, nicht nur um die Nachsorge zu gewährleisten, sondern auch um die direkten therapeutischen Funktionen zu nutzen. Die Gruppen stellen weltweit das am weitesten verbreitete und wohl auch am häufigsten frequentierte Hilfeangebot für süchtige Spieler dar. Die Drop-out-Quote ist allerdings hoch, eine Nachuntersuchung der Aussteiger von Brown (1987 d) zeigt jedoch, dass sich die Lebensqualität bei allen erreichbaren und zur Kooperation bereiten Spielern (13 % der Ausgangsstichprobe), die mindestens 2 Meetings besucht hatten, erheblich verbessert hatte. Außerdem sahen sie in GA eine Organisation, die einen großen Einfluss auf sie ausgeübt hatte, von nachhaltigem Nutzen war und auch nach ihrem Ausscheiden weiterhin hoch angesehen wurde. Ein Vergleich von professionell behandelten Spielern mit und ohne zusätzlichem Besuch von GA weist diejenigen, die eine Selbsthilfegruppe aufgesucht hatten, als älter, mit höherem Einkommen, in Partnerschaft lebend, mit ausgeprägterer Symptomatik, längerer Dauer der Spielprobleme, höheren Schulden und mehr schweren familiären Konflikten aus. Zwei Monate nach Behandlungsaufnahme waren sie häufiger abstinent als diejenigen ohne Anschluss an GA (Petry, 2003b). Nahmen die Ehefrauen an den Meetings der Angehörigengruppen (Gam-Anon) teil, waren bei den Spielern nach Johnson & Nora (1992) – tendenziell – längere glücksspielfreie Zeiträume erkennbar. Zion et al. (1991) fanden dagegen keinen Zusammenhang zwischen der Einbeziehung der Ehefrauen und dem Rückfallgeschehen.

Eine sinnvolle, kostengünstige Ergänzung potentieller Behandlungsformen besteht in minimalen Interventionsstrategien. Sie nutzen natürliche Genesungsprozesse (Hodgins & el-Guebaly, 2000) und die – vor allem bei Beginn der Spielproblematik – noch vorhandenen Selbstheilungskräfte durch Selbsthilfemanuale und telefonische Beratung. Während Dickerson et al. (1990) nur Kurzzeiteffekte nachweisen konnten, verweisen Hodgins et al. (2001) nach Einsatz einer umfassenden Broschüre und der Kombination mit telefonischer Beratung nach dem Konzept der motivierenden Gesprächsführung auf eine deutliche Reduzierung des Spielverhaltens. Allerdings waren die Effekte nach dem 12-Monate-Follow-up nur bei problematischen Spielern mit einer weniger stark ausgeprägten Symptomatik erkennbar.

Ein Forschungsprojekt, das die Wirksamkeit eines deutschsprachigen Selbsthilfemanuals mit und ohne telefonische Kurzberatung bei problematischen Spielern an Geldspielautomaten evaluiert hat, steht kurz vor dem Abschluss (Meyer & Dickow, 2005).

Weitere in der Literatur beschriebene Therapieansätze pathologischen Glücksspiels sind: **Paradoxe Intention** (Victor & Krug, 1967), **Individualpsychologie** (Aubry, 1975), **Stimulussättigung** (Peck & Ashcroft, 1972) und **Hypnose** (Griffiths, 1982; Coman et al., 1996).

14 Ansatzpunkte präventiver Maßnahmen

Unter Prävention versteht Perrez (1991) Maßnahmen, die unerwünschten psychischen oder physischen Zuständen vorbeugen oder sie verhindern sollen. Die Zieldefinition präventiven Handelns besteht in dem Ersetzen fehlangepasster durch angepasste Entwicklungsverläufe, die als interaktive Prozesse zwischen dem Individuum und seiner Umwelt aufgefasst werden und damit in vielfacher Weise als beeinflussbar gelten. Grundsätzlich fußen die Ansatzpunkte der Gesundheitsförderung und Suchtprävention auf 2 Säulen (Gutzwiller et al., 2000):
1. Stärkung und Förderung der Individuen inklusive der Verbesserung der Rahmenbedingungen und
2. Verhinderung von Suchterkrankungen und ihren negativen Begleiterscheinungen.

Seit Caplan (1964) wird konzeptuell in primäre, sekundäre und tertiäre Prävention unterschieden; hierbei ist der Zeitpunkt des Eingriffs relativ zum Krankheitsverlauf als Kriterium entscheidend. Dabei bezieht sich primäre Prävention auf das rechtzeitige Verhindern von Ereignissen, die für die weitere Entwicklung als negativ eingestuft werden. Hierunter werden insbesondere Strategien subsumiert, die sich unspezifisch an Risikogruppen oder breite Bevölkerungsschichten wenden und das Fakten- und Handlungswissen sowie die Kompetenzen von Individuen fördern. Primärprävention ist auf die Kompensation allgemeiner Bewältigungsdefizite ausgerichtet und setzt bei den risikoerhöhenden Bedingungen einer Störung bzw. bei Risikoverhaltensweisen an, um die Inzidenz der jeweiligen Störung zu verringern. Daneben haben sekundäre Präventionsmaßnahmen die Funktion, bereits eingetretene negative Ereignisse in Form von akuten Erkrankungen rechtzeitig zu erkennen, zu korrigieren und abzuwenden oder weitere schädigende Konsequenzen zu vermeiden. Sekundärprävention nimmt Bezug auf bereits vorhandene Störungsanzeichen und will ein frühzeitiges Zurückdrängen der Störungsauslöser inklusive der aversiven Konsequenzen bewirken. Charakteristisch ist eine problemzentrierte Arbeit, die störungsspezifisch ansetzt und Verhaltens- bzw. Lebensstiländerungen einleitet. Schließlich greift tertiäre Prävention im Stadium des Vorhandenseins von manifesten, chronischen Störungen ein. Tertiärprävention fokussiert die Anpassung

an und den Ausgleich von Spätfolgen der negativen Ereignisse mithilfe störungsspezifischer Behandlung und Therapie sowie Vermeidung von sich verfestigenden Beeinträchtigungen. Der Schwerpunkt liegt in der Wiederherstellung des physischen, psychischen und sozialen Funktionsniveaus sowie in dem Erhalt der Lebensqualität. Hierzu gehören Maßnahmen der beruflichen Rehabilitation und sozialen Wiedereingliederung.

Die folgende ◘ Tabelle 14.1 fasst die wesentlichen Phasen und Ansatzpunkte von Präventionsbemühungen in den von Caplan (1964) vorgeschlagenen idealtypischen Kategorien adaptiert an das Erscheinungsbild des problematischen Spielverhaltens zusammen (Hayer & Meyer, 2004). Während es an evaluierten primärpräventiven Maßnahmen bislang in der Glücksspielforschung noch mangelt, existieren bereits einige kontrollierte Studien mit kleinen Stichproben und variierenden Katamnesezeiträumen, die auf die Wirkung von behavioralen, kognitiven, kognitiv-behavioralen, suchttherapeutischen sowie pharmakologischen Behandlungsansätzen hinweisen (▶ Kap. 13).

Anknüpfend an das Drei-Faktoren-Model können präventive Maßnahmen im Bereich der Spielsucht an jeder der 3 Säulen der Suchttrias (Glücksspiel, Individuum, Sozialfeld) ansetzen (▶ Kap. 4). Dabei sind Eingriffe in die Angebots- oder Spielstruktur durch staatliche Regulation direkter und zielgerichteter zu realisieren als der Einfluss auf biopsychosoziale risikoerhöhende und -mindernde Bedingungen, wie etwa bestimmte Persönlichkeitsmerkmale oder der Einfluss des sozialen Umfeldes (Familie, Freunde etc.). Primär- und zum Teil auch sekundärpräventive Maßnahmen verfolgen neben der Verhinderung des Auftretens fehlangepasster Entwicklungsverläufe das Ziel, die positiven Anreize des Glücksspiels herauszustellen, womit eine reflektierte, verantwortungsbewusste Teilnahme an Glücksspielen in den Vordergrund rückt. Entsprechende Ansätze des »responsible gambling« beziehen alle Dimensionen des Spielverhaltens mit ein, dienen der Vorbeugung und Schadensminimierung und umfassen Konzepte zur Förderung des Spieler- und Verbraucherschutzes, des Bewusstseins in der Gesellschaft und des Konsumenten sowie eines verantwortungsbewussten Spielverhaltens (aus der Perspektive des Spielers) und verantwortungsbewussten

◘ **Tabelle 14.1.** Primär-, Sekundär- und Tertiärprävention süchtigen Spielverhaltens

	Primärprävention	Sekundärprävention	Tertiärprävention
Zielpopulation	Alle Spieler und Nichtspieler unabhängig vom Risikostatus, insbesondere aber potenzielle Risikogruppen (z. B. Jugendliche)	Spieler mit (sub)klinischer Symptomatik	Pathologische, abstinente und genesene Spieler
Zieldefinition	Erhaltung und Förderung von Gesundheit, Stärkung eines verantwortungsbewussten Umgangs mit dem Glücksspiel, gezielte Vorbeugung durch Beeinflussung rechtzeitig erkannter Risiken	Frühzeitiges Zurückdrängen der Störungsauslöser, Förderung der Motivation zur Verhaltensänderung (z. B. über Selbsthilfemanuale), Stärkung der Bewältigungsfähigkeiten und -fertigkeiten (Coping)	Behandlung der fortgeschrittenen Spielsucht inklusive Rückfallprophylaxe, Vermeidung von Folgeschäden, dauerhafte Wiedereingliederung in das Arbeitsleben, das soziale Umfeld und die Gesellschaft, Sicherung der Lebensqualität
Strategie (exemplarisch)	Proaktiv: Verhinderung übermäßiger Spielanreize durch die Einflussnahme auf die Veranstaltungsmerkmale von Glücksspielen, Aufklärungskampagnen und Bereitstellung von Produktinformationen, curriculare Aktivitäten in der Schule: Vermittlung glücksspielbezogenen Basiswissens sowie Stärkung von Kernkompetenzen	Proaktiv/reaktiv: Problemzentrierte Spielerberatung und -behandlung sowie Bereitstellung niedrigschwelliger Versorgungsangebote, wie Telefonhotlines oder Treffpunkte für Spielsüchtige (z. B. Kontaktläden, wie das Café *Beispiellos* in Berlin)	Reaktiv: Kognitiv-behavioral orientierte Einzeltherapie, ggf. begleitende Pharmakotherapie, Gruppentherapie, Angehörigenarbeit, Aufbau von Selbsthilfegruppen

Produktmanagements (aus der Perspektive des Anbieters; Blaszczynski et al., 2004).

14.1 Glücksspiel und Spielerschutz

Die Monopolstellung des Staates im Glücksspielwesen begründet sich in der öffentlichen Aufgabe, illegale Spielangebote um Geld einzudämmen, ein überwachbares und kontrollierbares Marktgeschehen zu garantieren und damit die natürliche Spielleidenschaft vor strafbarer Ausbeutung zu schützen (BverfG, 1970; ▶ Kap. 2.2). Die Zielsetzung verlangt nach der Bereitstellung eines attraktiven Glücksspielangebots unter Verzicht auf übermäßige Spielanreize. Während eine zu starke Liberalisierung ein Anwachsen glücksspielbezogener Probleme mit sich bringen würde, hätte eine zu starke repressive Ausrichtung aufgrund des Fehlens hinreichend attraktiver Angebote den negativen Nebeneffekt

des Auf- und Ausbaus eines illegalen Glücksspielmarktes (Quinn, 2001). Prinzipiell lassen sich 4 Strategien unterscheiden, mit denen der Staat auf das Glücksspielangebot einwirken kann (◘ Tabelle 14.2; Eadington, 1997).

Vom Staat als Anbieter von Glücksspielen und Erteiler von Konzessionen muss verlangt werden, dass er der Verantwortung für das potenziell schädigende Produkt gerecht wird, die Aufgaben zum Spielerschutz ernst nimmt und die Prävention problematischen Spielverhaltens proaktiv betreibt. Die Gewährleistung dieser Zielsetzung ist in einer kompetitiven Marktsituation zumindest so lange nicht aufrechtzuerhalten, bis nicht auch eine Wettbewerbsorientierung in Bezug auf ein verantwortungsbewusstes Produktangebot einsetzt. Erst eine restriktive Zulassung von Glücksspielangeboten unter staatlicher Aufsicht bietet die Grundlage für eine gezielte Einflussnahme auf die Gestaltung der Produkte; hierbei dürfen die geforderten

▣ Tabelle 14.2. Grundausrichtungen staatlicher Glücksspielpolitik

Politische Grundausrichtung	Auswirkungen
Strafrechtliche Orientierung im Sinne der **Prohibition**	Aufbau eines illegalen Glücksspielmarktes mit betrügerischen und manipulativen Aktivitäten, strafrechtliche Verfolgung jeglicher Glücksspielaktivität (Kriminalisierung)
Spielerschutzorientierung: **Regulation** im Sinne der Restriktion, aktives politisches Handeln nach dem »Prinzip der unstimulierten Nachfrage«	Verhinderung übermäßigen Spielverhaltens und der zielgerichteten Stimulation der Nachfrage nach Glücksspielen, Begrenzung der Produktvielfalt bei hinreichend attraktiver Gestaltung des vorhandenen Spielangebotes, Informationsauflagen und Werbebeschränkungen, Einwirkung auf die Gestaltung der Veranstaltungsmerkmale, zweckgebundene Abgabe eines bestimmten Prozentsatzes des Bruttospielertrages in Fonds, die der Prävention problematischen Spielverhaltens zugute kommen
Orientierung im Sinne der Einnahmenmaximierung: **liberale Einstellung**, allerdings ohne eine totale Freigabe des Glücksspiels	Verzicht auf proaktive Präventionsbemühungen, ausschließlich reaktive Prävention problematischen Spielverhaltens, vereinzelte Auflagen, vorherrschendes Ziel ist die Erhöhung der Staatseinnahmen und damit die fiskalische Nutzung des Glücksspielangebotes, Produktvielfalt, Anstieg des Ausmaßes der Spielsuchtproblematik bzw. des problematischen Spielverhaltens
Orientierung im Sinne eines Gewährenlassens: »**laissez-faire**«	Vollständige Legalisierung des Glücksspiels, Selbstregulation des Marktes ohne Auflagen oder sonstige Verpflichtungen, Produktangebot richtet sich nach der Produktnachfrage, Einführung von Wettbewerb, uneingeschränkte Produktvielfalt, Eingriffe in den Spielablauf nur bei gezieltem Betrug möglich

Präventionsmaßnahmen im Zuge fiskalischer Interessen des Staates keine Alibifunktionen annehmen.

Erfahrungen aus anderen Ländern mit einem staatlichen Glücksspielmonopol (Schweiz, Holland oder Kanada) zeigen, dass der Spielerschutz dort einen höheren Stellenwert einnimmt als bisher in Deutschland oder in Ländern mit überwiegend privat organisierten Glücksspielangeboten.

Seit Inbetriebnahme der ersten Kasinos in der Schweiz in 2002 müssen beispielsweise alle Spielbanken laut Bundesgesetz analog den Großveranstaltungen von Lotterien und Wetten einerseits eine prozentuale Abgabe des Bruttospielertrages in einen Spielsuchtfonds leisten, der ausschließlich für die Prävention und Bekämpfung der Spielsucht Verwendung finden soll. Um eine Konzession für den Spielbetrieb zu erhalten, haben Spielbanken andererseits im Vorfeld der Eröffnung fundierte Konzepte des Spielerschutzes (zur Behebung der sozial schädlichen Auswirkungen des Spiels) und Sicherheitsmaßnahmen (wie die Zutrittskontrolle oder Überwachung des Spielablaufs) vorzulegen. Sorgfäl-

tige Kontrollen zur Einhaltung und Wirkung der Präventionsmaßnahmen gegen die Spielsucht stellen einen ergänzenden Bestandteil dieses Sozialkonzeptes dar. Die letztendlich zuständige Aufsichtsbehörde ist die Eidgenössische Spielbankenkommission, die eine Einhaltung der gesetzlichen Bestimmungen überwacht. Allerdings bleibt die endgültige Bewertung der Praxisbewährung dieses modellhaften Vorgehens derzeit noch offen (Canziani, 2001; Müller-Spahn & Margraf, 2003).

Das Präventionskonzept von Holland-Kasinos setzt sich aus verschiedenen Modulen zusammen, wie

- Vorhalten von Informationsmaterial (Flyer, Broschüre) für Problemspieler,
- Schulung der Mitarbeiter in dem frühzeitigen Erkennen und der kompetenten Ansprache von Problemspielern,
- Einrichtung eines Gremiums, das regelmäßig Einzelanalysen gefährdeter Besucher vornimmt (Remmers, 1996) und
- unabhängige multimethodale Überprüfung seiner Wirkung.

Nach de Bruin et al. (2001) umfasst die Politik des »Responsible gambling« von Holland-Kasinos unter anderem die Optionen »Selbstsperre« bzw. »Limitierung der Besuchshäufigkeit« als Selbstkontrollmaßnahmen, die sowohl eigeninitiativ vom Spieler nachgefragt oder über eine Kontaktaufnahme durch das Kasinopersonal nahe gelegt werden können. Die Evaluation dieser Maßnahmen verweist zwischen dem 1. Januar 1998 und dem 1. April 2000 auf die Anwendung von 9.878 Schutzmaßnahmen; hierunter fallen mehrheitlich Totalsperren (60%). In Bezug auf einen durchschnittlichen Kasinotag gelten 5,1% der Besucher als »Problemspieler« (vergleichbar mit der Prävalenzrate von 7,3% unter britischen Kasinobesuchern; Fisher, 2000). Bereits bei der relativ niedrigen Besuchsfrequenz von 8 pro Monat erleben einige Spielteilnehmer glücksspielbezogene Probleme. Infolgedessen wurde das Kriterium »Besuchshäufigkeit« als Anzeichen problematischen Spielverhaltens, das gleichzeitig einen wesentlichen Indikator für das Ansprechen einer vermeintlich gefährdeten Person darstellt, von ehemals 20 pro Monat nach unten korrigiert und zudem ein abruptes Ansteigen der Besuchshäufigkeit ergänzend in das Präventionskonzept aufgenommen. Zukünftig anzustrebende Optimierungsziele bestehen darin, Spielteilnehmer verstärkt über die Präventionspolitik von Holland-Kasinos und Möglichkeiten der Selbstsperre/Besuchsbeschränkung zu sensibilisieren, die überwiegende Mehrheit aller Problemspieler anzusprechen und vom Spielbetrieb idealerweise selbstmotiviert auszuschließen sowie weiterhin alle Präventionsmaßnahmen kontinuierlich in Abhängigkeit der empirisch erhobenen Befunde zu modifizieren.

Die Situation in Deutschland ist zudem durch eine Aufweichung des staatlichen Monopols gekennzeichnet, wie die Entwicklung des gewerblichen Automatenspiels zum Glücksspiel (▶ Kap. 2.3.2) und private Anbieter von Sportwetten (▶ Kap. 2.3.3) verdeutlichen. Somit ist die Forderung nach proaktivem Spielerschutz gleichfalls direkt an die privaten Glücksspielanbieter zu richten.

Auf den ersten Blick erscheint dieser Anspruch paradox, da mit der Einführung von Spielerschutzmaßnahmen eine Bedrohung ihrer finanziellen Einkünfte assoziiert ist. So stammt beispielsweise in Australien ein Drittel der Ausgaben für Glücksspiele (mit Ausnahme der Lotterien) von der Gruppe der Problemspieler (Productivity Commission, 1999). Schätzungen für den Glücksspielmarkt der USA verweisen darauf, dass etwa 15% der Glücksspieleinnahmen durch diese Gruppe erzielt werden (National Gambling Impact Study Commission, 1999). In differenzierter Weise listet Lesieur (1998) Befunde für 4 US-Bundesstaaten und 3 kanadische Provinzen auf; hier bewegt sich der Anteil an den Einsätzen von Problemspielern zwischen 22,6% und 41,2% und variiert in Abhängigkeit von den Glücksspielformen erheblich.

Es verwundert daher kaum, dass die Prävention problematischen Spielverhaltens nicht als Themenschwerpunkt auf der Agenda privater Anbieter steht (Quinn, 2001, für das Kasinospiel in den USA; Hing, 2001, für Befunde in Australien). Vielmehr scheinen die Glücksspielanbieter verschiedene Stadien einer Entwicklungslogik zu durchlaufen, die in Anlehnung an Bellringer (1999) wie folgt aussehen:

1. **Negierung des Problems und Abweisung der Verantwortung**: Spielsucht als psychische Störung bzw. problematisches Spielverhalten wird verleugnet oder aber ausschließlich als sekundäre Reaktion auf schon vorhandene Störungen attribuiert.

2. **Symbolische Bekenntnisse**: Das Erscheinungsbild »problematisches Spielverhalten« wird wahrgenommen und diskutiert, jedoch ohne intensive Bemühungen und finanzielle Ressourcen in den Spielerschutz zu investieren.

3. **Implementierung von Einzelmaßnahmen**: Einzelne Unternehmen versuchen, ausgewählte Maßnahmen des Spielerschutzes zu etablieren. Die Prävention problematischen Spielverhaltens bleibt in der Gesamtheit ein verhältnismäßig unbedeutendes, peripheres Thema der Unternehmenspolitik und wird nur als Reaktion auf bestimmte »Problemfälle« eingesetzt.

4. **Umfassende Verpflichtung und koordinierte Implementierung von Präventionsmaßnahmen**: Problematisches Spielverhalten wird als negative und unerwünschte Nebenwirkung des eigenen Angebotes anerkannt. Die Konzeption und forcierte Umsetzung von Maßnahmen zur Primär- und Sekundärprävention finden sich als Topthema der Verbands- und Unternehmenspolitik wieder. Spielerschutz verkörpert eine in-

tegrale Säule des Marketingkonzeptes eines verantwortungsbewussten Produktangebots.

Für den deutschen Glücksspielmarkt zeichnet sich derzeit ein Pendeln zwischen den Stufen 2 und 3 ab. In Bezug auf das Automatenspiel in Spielhallen und Gaststätten wird zwar auf der einen Seite versucht, mithilfe von Selbstverpflichtungen die negativen Auswirkungen des eigenen Produktes in Grenzen zu halten sowie vonseiten der Dachverbände Forschungsprojekte zum Spielerschutz zu initiieren. Auf der anderen Seite jedoch offenbaren neue Spielformen (wie Fun-game-Automaten, deren illegale Nutzung vorprogrammiert war), neue Spielanreize (wie der Einsatz von Jackpot-Systemen) oder die gezielte Nutzung vorhandener Gesetzeslücken und die Aufhebung von Selbstbeschränkungsvereinbarungen (verbunden mit einer höheren Gewinnmöglichkeit), dass der Spielerschutz noch nicht strukturell verankert ist (Meyer, 2003). Die staatlich konzessionierten Spielbanken lassen erste Ansätze präventiver Maßnahmen erkennen. Die Schulung des Personals zu den Entstehungsbedingungen der Spielsucht und deren Umgang mit Problemspielern gehören inzwischen ebenso bundesweit zum Maßnahmenkatalog wie die Auslage von Flyern (◨ Abb. 14.1) und die Sperroption. Allerdings beruht die überwiegende Mehrzahl der Sperren von betroffenen Spielern immer noch auf Eigensperre. Neben dem Ausbau der Kasinosperre (im Sinne proaktiven Handelns) sollte süchtigen Spielern die Aufhebung der Sperre zudem erschwert statt erleichtert werden.

Mehrfach berichteten Betroffene, dass sie allein mit dem Hinweis, ihre wirtschaftlichen Verhältnisse hätten sich gebessert, eine Aufhebung der Sperre erreicht und innerhalb weniger Minuten Zugang zu den Spielsälen erhalten hatten. Eine derart nachlässige Handhabung seitens der Spielbanken grenzt schon an eine Farce.

Die Glücksspielanbieter stehen grundsätzlich vor der Herausforderung, das Spannungsverhältnis zwischen spielanreizsteigernden Maßnahmen und damit (kurzfristigen) ökonomischen Interessen auf der einen Seite sowie der vorausschauenden und nachhaltigen Umsetzung von Spielerschutzmaßnahmen auf der anderen Seite aufzulösen. Vor dem Hintergrund dieser Gratwanderung verstehen Glücksspielanbieter mit Zukunftsvisionen ressourcenorientierte Prävention als Teil ihrer Unternehmenskultur bei gleichzeitigem Verzicht auf überzogene bagatellisierende Positivdarstellungen des Produktes »Glücksspiel« sowie der Ablehnung von expansiven Werbestrategien.

> ❶ Besonders bedeutsam ist, dass alle Mitarbeiter von der Managementebene bis zum Aufsichtspersonal die Unternehmensphilosophie kennen, tragen, als verbindlich anerkennen und sich ihrer Mitverantwortung im Umgang mit Problemspielern bewusst werden.

Es sind zahlreiche Anreize für Unternehmen erkennbar, sich proaktiv für die Prävention süchtigen Spielverhaltens zu engagieren (Bellringer, 1999):

◨ **Abb. 14.1.** Der Spielsuchtflyer als Erste-Hilfe-Maßnahme

— Herstellung von Transparenz in Bezug auf das Produkt »Glücksspiel«,

— Verbesserung des Images auf Produkt- und Branchenebene,

— Erhöhung der Akzeptanz auf politischer und gesellschaftlicher Ebene,

— Förderung der Bereitschaft auch von bisherigen Nichtspielern, sich an dem Glücksspiel zu beteiligen und damit Akquise eines neuen Kundenstamms,

— Verringerung des Konfliktpotenzials für die Mitarbeiter,

— Vermeidung von staatlichen Sanktionen wie drastische Eingriffe in die Spielstruktur,

— Steigerung der Chance, bei zukünftigen Konzessionsvergaben berücksichtigt zu werden.

14.2 Ein regulatives Rahmenmodell sowie primär- und sekundärpräventive Handlungsmöglichkeiten

Unter suchtpräventiven Gesichtspunkten stellt das Festhalten an einem staatlichen Glücksspielmonopol mit restriktiver Ausrichtung eine geeignete sozialpolitische Rahmenbedingung dar, begleitende Maßnahmen zum Schutz der Spieler einzurichten. Damit die Aufgabe des Spielerschutzes jedoch nicht als bloßes »Lippenbekenntnis« im Raum steht, bedarf es der regelmäßigen Überprüfung der staatlichen Glücksspielpolitik durch eine unabhängige und interdisziplinär besetzte Kommission, mit der folgende Ziele am ehesten verfolgt werden können:

— Einforderung, Konzeption, Umsetzung und Evaluation mannigfaltiger Maßnahmen über politische Regulations- und Steuerungsinstrumente;

— direkte Eingriffe in die Spielstruktur mit dem übergeordneten Ziel, alle Spielteilnehmer vor den Gefahren der Glücksspielangebote zu schützen, ohne jedoch den Spielanreiz auf ein Minimum zu reduzieren;

— Mitglieder von Risikogruppen und Spieler mit problematischen Verhaltensweisen rechtzeitig vor weiteren negativen Folgen zu bewahren sowie

— Gewährleistung eines evidenzbasierten Vorgehens unter expliziter Bezugnahme auf den Spielerschutz.

Eine zusätzliche Aufgabe der Kommission besteht in der Überwachung der Glücksspielanbieter, um auch über diesen Pfad die Kontrolle des Glücksspielwesens und die Reglementierung des Glücksspielangebots zu gewährleisten.

In Bezug auf die Praxis existiert insgesamt eine breite Palette an proaktiv orientierten Präventionsmaßnahmen mit unterschiedlichen Ansatzpunkten, deren Umsetzung unabhängig von spezifischen Glücksspielformen mit der Verhinderung bzw. Reduktion problematischen Spielverhaltens einhergehen kann und demnach der Zielsetzung des Spielerschutzes gerecht wird.

◼ Tabelle 14.3 gibt einen Überblick über globale, glücksspielformübergreifende Präventionsmaßnahmen, getrennt nach primär- und sekundärpräventiven Schwerpunkten (Blaszczynski, 2002; Hanewinkel & Isensee, 2003). Trotz der Bandbreite an Eingriffsmöglichkeiten bleibt festzuhalten, dass eine Evaluation bestimmter Maßnahmen oder Maßnahmenbündel im Rahmen des deutschen Glücksspielsektors jedoch bislang nicht oder nur unzureichend stattgefunden hat und mit hoher Priorität einzufordern ist.

14.3 Erkennungsmerkmale problematischer Spieler in Spielsituationen

Eine möglichst frühzeitige Identifikation von Problemspielern in Spielsituationen ist eine Herausforderung für die Glücksspielanbieter, nicht zuletzt, weil klinisch-diagnostische Merkmale problematischen Spielverhaltens und subjektive Erlebnisse von Spielern der äußeren Beobachtung in der Spielstätte kaum zugänglich sind. Es mangelt an validen und reliablen Verfahren, die Warnsignale insbesondere subklinischer Gruppen erfassen (Blaszczynski, 2002; Strong et al., 2003). Ein erstes Screening-Instrument zur Identifikation von Problemspielern in Kasinos (ID-Ps) befindet sich in der empirischen Validierungsphase (Häfeli & Schneider, 2004).

▢ Tabelle 14.3. Glücksspielformübergreifende Möglichkeiten der Primär- und Sekundärprävention. (Hayer & Meyer, 2004a,b)

Maßnahmen	Umsetzung in der Praxis
Primärprävention	
Verfügbarkeit/Griffnähe	− Maßvolle Zulassung von Glücksspielangeboten und restriktiver Umgang mit Angebotserweiterungen − Nachweis des Bedarfs und der Auswirkungen im Vorfeld neuer Angebote − Ansiedlung der Standorte an der Peripherie der Stadt und nicht in sozial schwachen Einzugsgebieten − Einbau von Maßnahmen, die den Zugang zum Glücksspiel erschweren (wie z. B. Ausweispflicht)
Verbraucherschutz	− Eindeutige und gut sichtbare Produktinformationen inklusive prägnanten Warnhinweisen zum problematischen Spielverhalten − Angemessene Aufklärung der Kundschaft über Gewinn-/Verlustwahrscheinlichkeiten und Ausschüttungsquoten sowie Hinweise zu den psychotropen Effekten und möglichen negativen Konsequenzen − Schutz vor übermäßigen finanziellen Verlusten in kurzen Zeiträumen, etwa über Begrenzungen der Einsatzhöhe pro Spiel bzw. der Gesamtspieldauer, die Verlangsamung der Spielgeschwindigkeit oder der regelmäßigen Ausschüttung von Gewinnen nach einer bestimmten Zeitspanne oder Betragshöhe − Einführung von persönlicher Identifizierung mithilfe eines Chipkartensystems (und damit z. B. Ermöglichung der Speicherung ausgewählter Parameter des Spielverhaltens) unter Berücksichtigung des Datenschutzes und Verbot der missbräuchlichen Nutzung zum Zweck der Kundenbindung
Kinder- und Jugendschutz	− Bestimmung einer Altersgrenze von 18 Jahren als Voraussetzung für die Teilnahme an Glücksspielen − Informations- und Aufklärungskampagnen in der Schule unter Einbeziehung der Lehrer und Eltern − Einbindung des Themas »problematisches Spielverhalten« in übergreifende suchtpräventive Handlungsmaßnahmen − Stringente Überwachung der Jugendschutzbestimmungen
Werbung	− Werbebeschränkung (bei Glücksspielen mit relativ niedrigem Gefährdungspotenzial) bzw. Werbeverbot (bei Glücksspielen mit relativ hohem Gefährdungspotenzial) − Verzicht auf extensive und irreführende Werbestrategien − Verpflichtung zur aufklärenden Werbung − Beschränkung von Hauspostsendungen und Fernsehwerbespots − Verbot von besonderen Spielanreizen, wie Freispiele oder Gratisgeschenke (z. B. bei Anwerbung neuer Kunden)
Öffentlichkeitsarbeit	− Sensibilisierung der Öffentlichkeit mithilfe verschiedener Medien und Kanäle − Projekte und Ausstellungen zum Glücksspiel/problematischen Spielverhalten − Aussenden konsistenter, kompatibler und eindeutiger Botschaften über die Vor- und Nachteile des Glücksspiels − Setzen des problematischen Spielverhaltens auf die politische Agenda als eine bedeutsame gesundheitswissenschaftliche Aufgabe
Steuerpolitik/Einnahmeverteilungspolitik	− Steueranhebungen auf das Betreiben von Glücksspielen als Lenkungsinstrument zur Reduktion des problematischen Spielverhaltens unter gleichzeitigem Verzicht auf Modifikation des Glücksspielangebots in Richtung einer Erhöhung der Spielanreize. Alternativ: Steuerentlastungen, um mit den frei gewordenen Mehreinnahmen von Anbieterseite gesetzlich zu fordern, sich proaktiv für den Spielerschutz einzusetzen − Einführung von allgemeinen Pflichtabgaben: zweckgebundene Abführung und zielgerichteter Einsatz von Einnahmeanteilen in die Beratung/Behandlung von Problemspielern, als Forschungsmittel, in die Gesundheitsförderung und zur kontinuierlichen Finanzierung flächendeckender Präventionsarbeit − Erhebung von Einlassgebühren

14

◻ **Tabelle 14.3** (Fortsetzung)

Maßnahmen	Umsetzung in der Praxis
Alkoholkonsum	▬ Einschränkung der Verknüpfung von Alkoholkonsum und Glücksspiel ▬ Kein Alkoholausschank während der Glücksspielteilnahme bzw. in unmittelbarer zeit-lich-räumlicher Nähe
Zahlungsverkehr	▬ Einschränkung/Unterbindung von bargeldlosem Zahlungsverkehr ▬ Verbot von EC-Cash-Terminals in Spielstätten
Verzahnung von Präven-tionsarbeit und Versor-gungsstrukturen	▬ Festlegung einer einheitlichen politischen Grundorientierung ▬ Einrichtung eines überregionalen und umfassenden Verbundsystems mit Abstim-mung der einzelnen präventiven Maßnahmen (auf Bundes- und EU-Ebene) ▬ Einberufung eines staatlichen Referenten mit dem Aufgabengebiet »Responsible gambling«
Qualitätsmanagement (Struktur-, Prozess- und Ergebnisqualität)	▬ Qualitätskontrolle und -sicherung in Form von evidenzbasiertem Controlling ▬ Einführung einer unabhängigen und interdisziplinären Kommission zur Evaluation des Spielverhaltens, des problematischen Spielverhaltens und den gesellschaftlichen Folgen mit Berichtpflicht an die zuständigen Ministerien (vgl. USA: National Gamb-ling Impact Study Commission, 1999; England: Gambling Review Body, 2001; und Australien: Productivity Commission, 1999) ▬ Regelmäßige und systematische Evaluation der Präventionsmaßnahmen mit dem Ziel ihrer Weiterentwicklung und Optimierung anhand von wissenschaftlichen Befunden ▬ Vergabe von Gütesiegeln für ein verantwortungsbewusstes Produktmanagement
Sekundärprävention	
Versorgung und »Ausstiegshilfen«	▬ Bereitstellung eines facettenreichen Versorgungsangebotes ▬ Ausbau niedrigschwelliger Kontaktmöglichkeiten für Spieler ▬ Etablierung von Beratungsangeboten für Angehörige von Spielern ▬ Einführung der Möglichkeit von Selbstsperren/Beschränkungen der Besuchshäufig-keit und einer damit verbundenen Unwirksamkeit von Spielverträgen
Personalschulung, Coaching und Super-vision	▬ Vermittlung umfassender Fähigkeiten (Sachwissen) und Fertigkeiten (Handlungswis-sen) rund um das Thema des problematischen Spielverhaltens für die im Glücksspiel-sektor beschäftigten Personen ▬ Erstellung von Leitlinien zur Beobachtung und Erkennung von Symptomen problema-tischen Spielverhaltens in den Spielstätten auf empirischer Basis ▬ Identifikation des problematischen Spielverhaltens und dessen aktive Unterbindung (z. B. über Besuchseinschränkungen oder den Ausschluss vom Spielbetrieb) ▬ Kommunikationstraining: Erlernen von Strategien zum Ansprechen vermeintlich ge-fährdeter Spieler ▬ Team- und Fallsupervision unter externer Begleitung
Verpflichtung zur Aus-, Weiter- und Fortbildung	▬ Konzipierung von Aus-, Weiter- und Fortbildungsangeboten zum problematischen Spielverhalten für Bedienstete von Suchtberatungsstellen ▬ Aufbau und Evaluation eines Curriculums »Problematisches Spielverhalten« mit be-sonderer Berücksichtigung des Gefährdungspotenzials unterschiedlicher Glücksspiel-angebote

Die folgende Liste von Erkennungsmerkma-len im Kasino stammt aus Gesprächen mit Mit-arbeitern von Spielbanken sowie eigenen Beobach-tungen. Die Aussagekraft der Merkmale kommt allerdings erst in Merkmalskombinationen zum Tragen, deren empirische Bestätigung noch aus-steht:

▬ wiederholtes Warten vor der Eröffnung des Ka-sinos, Unruhe vor dem Einlass,
▬ Veränderungen im Spielverhalten: höhere Ein-sätze, längere Spieldauer, hektischeres Spielen, häufigere Besuche, Verlusten hinterherjagen (Erhöhung der Einsätze nach Verlusten), Redu-zierung der Einsätze,

- Veränderungen im Erscheinungsbild,
- Geldborgen von Mitspielern, mangelnde Rückzahlung, Reisedarlehen,
- Unterbrechung des Spiels, um Geld zu holen, mehrfache Nutzung des EC-Cash-Automaten bei einem Besuch, kein Geld mehr aus EC-Cash-Automaten,
- depressive Stimmung während des Spiels, fehlendes Interesse an Gewinnen, geistige Abwesenheit, verzerrte Wahrnehmung (»andere gewinnen immer, ich nie«),
- Gefühlsausbrüche, Aggressivität,
- Aberglaube und Rituale als Teil der Spielaktivitäten,
- Suchen eines Gesprächspartners (Rechtfertigungen, Fixierung auf das Spiel, Berichte über häufige Gewinne, Prahlen, Verleugnung der Spielintensität),
- Schuldzuweisungen an die Croupiers oder »die Kugel«,
- Verbleiben im Kasino ohne Spiel, Beraterfunktion, Verlassen des Kasinos bei Schließung nur auf Druck,
- mehrere Automaten gleichzeitig bespielen,
- Reden, Fluchen mit dem Automaten,
- Gewaltanwendung gegen den Automaten,
- Streicheln des Automaten,
- sich häufende Falschmeldungen, Streitfälle, Manipulationen,
- Informationen durch Angehörige, Medien (z. B. Konkurse).

Erste Befunde einer empirischen Überprüfung potenzieller Erkennungsmerkmale von Automatenspielern liefern Schellinck & Schrans (2003). Als objektive Hinweise auf ein problematisches Spielverhalten gelten danach:

- Einsatz von Kreditkarten zur Geldbeschaffung,
- Geldleihen von Freunden,
- aggressive, erregte Handlungen, wie Schlagen/Treten gegen die Automaten,
- lange Spieldauer,
- gleichzeitiges Bespielen von 2 Automaten und
- Spielen bis zur Schließung der Spielstätte.

Unter Einbeziehung von Kombinationen dieser Merkmale lässt sich die Zuverlässigkeit der Identifikation deutlich erhöhen.

14.4 Spielsperre

Die Option der Selbstsperre durch süchtige Spieler oder der Fremdsperre durch Glücksspielanbieter scheint – in Kombination mit anderen Spielerschutzmaßnahmen – ein probates Mittel des Selbstschutzes für bestimmte Spielergruppen darzustellen. Bei einer Befragung von 220 Spielern in Kanada, die eine Selbstsperre auf Zeit (je nach Bedarf zwischen 6 Monaten und 5 Jahren) beantragt hatten, konnte die überwiegende Mehrheit als Problemspieler eingestuft werden (Ladouceur et al., 2000a). Knapp ein Drittel der Spieler hörte nach eigenen Angaben als Folge der Selbstsperre mit allen Glücksspielaktivitäten auf. Allerdings lässt sich weiteren Befunden zufolge nur ein verschwindend geringer Anteil der Spieler mit problematischen Verhaltensweisen tatsächlich für Kasinobesuche selbst sperren (Nowatzki & Williams, 2002). Hierfür verantwortlich sind die fehlende Krankheitseinsicht vieler Problemspieler und die unzureichende Kontrolle der Spielsperren. In Anlehnung an Nowatzki & Williams (2002) kann die Wirkung von Selbst- oder Fremdsperren über die folgenden Vorschläge verbessert werden:

- Bekanntmachung der Möglichkeit von Selbstsperrverträgen und der Nichtauszahlung von Gewinnen an gesperrte Spieler;
- Unwiderrufbarkeit der Verträge und Festsetzung einer Minimallaufzeit von 10 Jahren;
- Standardisierung des Sperrverfahrens inklusive einer europaweiten Vernetzung und damit Ausschluss aus allen Kasino- und Automatensälen;
- Erweiterung der Spielsperre auf andere Glücksspielformen;
- Einführung von computerbasierten Identifikationskontrollen oder alternativen Erkennungssystemen (z. B. »face-scan systems«);
- Aufstellung eines angemessenen Strafenkatalogs bei Missachtung des Sperrvertrages für beide beteiligten Parteien, der aufseiten der gesperrten Spieler in Anlehnung an die Verhältnisse in den US-Bundesstaaten Missouri und New Mexico bis zur Inhaftierung reichen kann;
- Verzahnung mit Beratungs- und Behandlungsangeboten;
- verpflichtender Besuch von Seminaren zum verantwortungsbewussten Spielverhalten nach Ablauf der Sperre (beispielsweise müssen Spieler in

Manitoba, Kanada, nach Aufhebung ihrer freiwilligen Selbstsperre einen »gambling awareness workshop« besuchen, um wieder eine Zutrittsberechtigung für das Kasino zu erhalten),

- Verbesserung der Personalschulungsprogramme; vom Kasinopersonal selbst sollte keine Beratung oder Behandlung durchgeführt werden.

Eine Steigerung der Effizienz dürfte darüber hinaus im Eigeninteresse der bundesdeutschen Spielbanken sein. Spieler, die wegen ihrer Spielsucht eine Eigensperrvereinbarung mit einer Spielbank geschlossen haben, befinden sich nach Weis (1999) zumindest bezogen auf das »Große Spiel« in einer starken rechtlichen Position. Wenn sie trotz der Spielsperre Gelegenheit zur Spielteilnahme hatten, können sie Schadenersatz für die nachweisbar erlittenen Verluste von der Spielbank einfordern (▶ Kap. 6.5.1).

14.5 Gestaltung der Spielstruktur

Die direkte Einflussnahme auf die Gestaltung der Spielstrukturen »harter« Glücksspielformen (wie Spielautomaten) stellt einen weiteren Baustein präventiver Maßnahmen dar. In diesem Zusammenhang verweist eine Studie von Loba et al. (2001), in der verschiedene Spielparameter an »video lottery terminals« (VLTs) experimentell manipuliert wurden, auf differenzielle Effekte in Abhängigkeit des Spielerstatus: Insbesondere Veränderungen von sensorischen Variablen (schnelle Spielgeschwindigkeit/akustische Reize versus langsame Spielgeschwindigkeit/keine akustischen Reize) legen auf der Basis von Selbstberichten einen Effekt auf die Spielfreude und somit das Spielverhalten bei pathologischen Spielern nahe, nicht aber bei Gelegenheitsspielern.

Experimentelle Befunde von Ladouceur & Sévigny (2003) belegen, dass zwischenzeitliche Hinweise auf den Zufallscharakter des Spiels an VLTs und auf Kontrollillusionen sowie Spielunterbrechungen die Spielfrequenz von Gelegenheitsspielern reduzieren.

Zudem liegen erste Befunde aus Feldstudien vor. So untersuchten Blaszczynski et al. (2001) die Auswirkungen von Veränderungen ausgewählter Spielparameter bei australischen Spielautomaten in In-vivo-Settings; unter einer Vielzahl an Variablen übte die Limitierung der maximalen Einsatzhöhe einen Effekt auf das Spielverhalten einer Subgruppe von Problemspielern aus. Schrans & Schellinck (2003) begleiteten die Einführung von neuen Strukturelementen an den VLTs in Kanada. Insbesondere die Uhrzeitanzeige, die Erinnerung an die Spielzeit nach 60 Minuten sowie die Cash-Anzeige der Einsätze scheinen es den Spielteilnehmern zu erleichtern, Spieldauer und Höhe der Einsätze zu verfolgen. Neben Modifikationen der bestehenden Strukturelemente, wie einer prägnanteren Darstellung der Zeitanzeige, Erinnerungen an die Spielzeit bereits nach 30 Minuten oder verbindliche Reaktionen per Tastendruck auf alle Anzeigen im Dialogfenster, schlagen Schrans & Schellinck (2003) die Implementierung zusätzlicher Designkomponenten vor, wie die Einstellung der gesamten Spielzeit vor Spielbeginn oder die obligatorische Geldausschüttung in Verbindung mit (größeren) Gewinnen.

Die Evaluation weiterer Einzelmaßnahmen, wie Warnhinweise und Informationsvermittlung vor der Spielteilnahme (Steenbergh et al., 2004) sowie Warnhinweise in Lotterie-Annahmestellen (McGowan, 2001), belegen keine signifikanten Effekte auf das Spielverhalten. Delfabbro (2004) hebt die besonderen Probleme in der praktischen Umsetzung kognitiver, informeller Prävention im Glücksspielbereich hervor. Eine Aufklärungskampagne in Indiana (USA) zeigte insgesamt nur eine geringfügige Wirkung, den größten Effekt erzielten Plakatwände und Werbeslogans (Najavits et al., 2003). Nach einer Fortbildungsveranstaltung zeigten Automatenaufsteller in Kanada einen verantwortungsbewussteren Umgang mit Problemspielern als eine Kontrollgruppe ohne Schulung (Ladouceur et al., 2004).

14.6 Prävention im Kindes- und Jugendalter

Idealerweise setzen suchtpräventive Programme bereits vor dem Auftreten und der Stabilisierung eines Problemverhaltens an, um frühzeitig fehlangepassten Entwicklungsverläufen entgegenzuwirken und missbräuchliche Konsummuster oder problematisches Glücksspielverhalten zu verhindern. Aus dieser Zieldefinition lässt sich ableiten, dass nicht nur Kinder und Jugendliche mit Spielerfahrung von ei-

ner entsprechenden Präventionsmaßnahme profitieren würden, sondern auch Minderjährige, deren
Erstkontakt mit Glücksspielen noch aussteht. Im
Allgemeinen repräsentieren verhaltenspräventive
Maßnahmen aus dem Suchtbereich eine wichtige
Säule der Gesundheitserziehung im Kindes- und Jugendalter, indem ein aufgeklärter, reflektierter und
verantwortungsbewusster Umgang mit potenziell
gefährlichen Substanzen gefördert wird. Anstelle eines eindimensionalen und ineffektiven Ansatzes,
der ausschließlich auf abschreckende Effekte setzt,
beabsichtigt umfassende Suchtprävention sowohl die
Reduktion modifizierbarer risikoerhöhender Bedingungen als auch die Stärkung bestimmter risikomin-
dernder Bedingungen. Insbesondere bei Kindern
und Jugendlichen muss dabei der Aufbau von Fähigkeiten und Fertigkeiten für die erfolgreiche Bewältigung von typischen Entwicklungsaufgaben im Vordergrund präventiver Handlungsstrategien stehen.
Folglich müssen vorbeugende Maßnahmen bei multiplen Risiko- und Schutzbedingungen mit verschiedenen entwicklungsangemessenen Methoden ansetzen, um Veränderungen auf der Motivations-,
Wissens-, Einstellungs- und nicht zuletzt auf der
Verhaltensebene zu bewirken.

Im Gegensatz zu der Fülle an Material in Bezug
auf die Prävention des Substanzmissbrauchs bzw.
der Substanzabhängigkeit fehlt es in Deutschland
bislang an einem Konzept, das die Prävention
problematischen Glücksspielverhaltens im Kindes-
und Jugendalter thematisiert. Bislang sind lediglich
sporadische, nichtevaluierte Präventionsprojekte
vorhanden, die Jugendliche und junge Erwachsene
über die lustbetonten Effekte und potenziellen
Gefahren von Glücksspielteilnahmen aufklären sollen (Aktion Jugendschutz, 1983; Meyer et al., 1994)
oder sich auf die Verteilung von jugendspezifi-
schen Informationsmaterialien beschränken (wie
etwa die Broschüre **frei ab 18 J.** der Deutschen
Hauptstelle für Suchtfragen). Gerade vor dem
Hintergrund einer bundespolitischen Gesamtstrate-
gie im Umgang mit der Suchtproblematik, wie sie
der Aktionsplan **Drogen und Sucht** der Bundesregierung unter Einbeziehung der Spielsucht vorsieht, sowie der beobachtbaren expansiven Entwicklung auf dem deutschen Glücksspielmarkt
sollte der Mangel an wissenschaftlich fundierten
Maßnahmen zur Prävention problematischen Spiel-

verhaltens im Kindes- und Jugendalter mit hoher
Priorität behoben werden.

Empirische Befunde zur Glücksspielteilnahme
von Kindern und Jugendlichen in Deutschland liegen nicht vor. Süchtige Spieler aus Versorgungseinrichtungen berichten allerdings häufig über ein Erstkontaktalter mit Geldspielgeräten, das unterhalb der
Altersgrenze von 18 Jahren liegt. Im Bereich der
staatlich konzessionierten Glücksspiele konnten
Kinder und Jugendliche bis zur Verabschiedung
des neuen Staatsvertrages zum Lotteriewesen (am
1. Juli 2004) sogar legal an Glücksspielen teilnehmen, da die Angebote des Deutschen Lotto- und
Toto-Blocks keiner übergeordneten Regelung wie
dem »Gesetz zum Schutz der Jugend in der Öffentlichkeit« (JÖSchG) unterliegen. Der Mangel an expliziten Bestimmungen zum Kindes- und Jugendschutz implizierte, dass jedes Kind ab einem Alter
von 7 Jahren als beschränkt geschäftsfähige Person
Produkte, wie Rubbellose, Lotto- oder Wettscheine,
gegen Taschengeldeinsatz nachfragen konnte. Der
neue Staatsvertrag sieht jedoch – wie für die anderen
Glücksspielformen – eine Altersgrenze von 18 Jahren vor. Zukünftig ist aber mit einer verstärkten
Spielteilnahme von Minderjährigen an Glücksspielen im Internet zu rechnen, da Altersbeschränkun-
gen online relativ einfach zu umgehen sind. Ohnehin verkörpern Spiele um monetäre Gewinne – wie
beispielsweise das Werfen von Münzen gegen die
Wand oder diverse Karten- und Würfelspiele – in
dieser Altersgruppe eine beliebte Freizeitaktivität
mit Glücksspielcharakter.

Zahlreiche Forschungsbefunde aus dem Ausland
deuten an, dass ein beträchtlicher Anteil an Kindern
und Jugendlichen Geld für kommerzielle Glücksspiele ausgibt oder an selbstorganisierten Spielen um
Geld partizipiert (Überblick in Shaffer et al., 2003;
Derevensky & Gupta, 2004). Für den Großteil dieser
Kinder und Jugendlichen stellt die Teilnahme an
Glücksspielen ein Ausprobieren oder Herumexperi-
mentieren mit einer risikoreichen Verhaltensweise
im Rahmen eines angepassten Entwicklungsverlaufes dar. Demgegenüber findet sich aber auch eine
signifikante Minderheit, die aufgrund ihrer Spielteilnahme glücksspielbezogene Probleme und behandlungsbedürftige psychosoziale Belastungen entwickelt. Im Vergleich zu Erwachsenen werden Jugendliche sogar häufiger als Problemspieler oder

pathologische Spieler klassifiziert. Shaffer & Hall (2001) ermittelten im Zuge ihrer Metaanalyse für die USA und Kanada folgende Befunde zum Ausmaß problematischen Spielverhaltens:

a) eine Lebenszeitprävalenz pathologischen (klinisch bedeutsamen) Spielverhaltens in der Adoleszenz von 3,8% und im Erwachsenenalter von 1,9% sowie

b) eine Lebenszeitprävalenz problematischen Spielverhaltens (subklinisches Niveau) bei Jugendlichen von 8,4% und bei Erwachsenen von 4,2%.

Insgesamt fallen die Prävalenzraten bei den Jugendlichen, unabhängig vom Bezugsrahmen (Lebenszeitprävalenz oder 1-Jahres-Prävalenz), signifikant höher als bei Erwachsenen aus. Allerdings bleibt fraglich, ob die eingesetzten Screening-Instrumente eine valide Erfassung des Störungsbildes unter Kindern und Jugendlichen ermöglichen (Ladouceur et al., 2000b), und ob das problematische Spielverhalten in der Phase der Adoleszenz zwangsläufig ein stabiles, chronisches und sich progressiv verschlechterndes Störungsbild darstellt (Stinchfield & Winters, 1998).

Das Erstkontaktalter einer Glücksspielteilnahme mit Geldeinsatz liegt in den USA im Durchschnitt bereits bei 11–13 Jahren (Jacobs, 2000); hierbei nimmt dieser frühe Erstkontakt einen wichtigen Stellenwert im weiteren Verlauf der »Zocker-Karriere« ein. Zudem berichten kanadische Jugendliche häufiger von einer Beteiligung an Glücksspielen als vom Konsum potenziell suchtinduzierender Substanzen (Alkohol, Tabak oder illegale Drogen; Gupta & Derevensky, 1998). Schließlich bringt das problematische Spielverhalten für Minderjährige eine ganze Bandbreite glücksspielbezogener Probleme mit sich, wie etwa zweckentfremdete Geldausgaben für Glücksspiele, das Schwänzen der Schule, Diebstähle, Streitigkeiten mit Familienangehörigen, der Verkauf von eigenen Besitztümern und das Leihen von Geld (Fisher, 1999) sowie Suizidgedanken und -versuche (Nower et al., 2004b).

Grundsätzlich können vielfältige Bedingungen angeführt werden, die das Risiko für Kinder und Jugendliche erhöhen, ein problematisches Spielverhalten zu entwickeln (Hayer et al., 2005b; Scheithauer et al., 2005). Zu diesen Risikofaktoren zählen neben gar nicht oder nur schwer veränderbaren biologischen Variablen (beispielsweise genetische Besonderheiten, das Temperament oder Geschlecht) und sozialstrukturellen Aspekten (beispielsweise die Gesetzeslage oder kulturelle Normen) auch modifizierbare psychologische und familiäre/soziale Determinanten. Zu den letztgenannten Faktoren gehören unter anderem Konsum und Missbrauch von Alkohol, Tabak und illegalen Drogen, mangelhafte Bewältigungsfertigkeiten im Umgang mit alltäglichen Problemen, generell positive Einstellungen zum Glücksspiel, besondere spielbezogene Erlebens- und Verhaltensweisen, ein problematisches Spielverhalten seitens der Eltern, ungenügendes Wissen der Eltern über mögliche negative Folgen des Glücksspiels und der Aufbau eines alternativen Freundeskreises, der ausschließlich aus »Zocker-Kumpeln« besteht. Im Zusammenhang mit dieser Auflistung ausdrücklich hervorzuheben sind die offensichtlichen Überschneidungen bei den risikoerhöhenden Bedingungen von Substanzmissbrauch und problematischem Spielverhalten (Dickson et al., 2002), die auf ähnliche Wirkmechanismen bzw. ähnliche fehlangepasste Entwicklungsverläufe bei beiden Störungsbildern hinweisen.

Mittlerweile lassen sich im nordamerikanischen Sprachraum eine Vielzahl an Programmen und Materialien finden, die sich der (Primär-)Prävention problematischen Spielverhaltens im Kindes- und Jugendalter widmen. Dennoch mangelt es bislang größtenteils noch an wissenschaftlich fundierten Wirksamkeitsnachweisen und dementsprechend an einem evidenzbasierten Vorgehen in der Praxis. Einige wenige Veröffentlichungen zu Programmevaluationen deuten kurzfristige Wirkeffekte an, die sich laut Befragung der Schüler im Wesentlichen auf den Aufbau von glücksspielrelevantem Wissen oder die Korrektur kognitiver Verzerrungen beziehen (Überblick in Hayer et al., 2005b). Auch in europäischen Nachbarländern lassen sich erste Aktivitäten der Glücksspielprävention im Jugendalter erkennen, wie die Umsetzung und Evaluation des Schulprojekts **1×1 des Glücksspiels** in der Schweiz in Form einer Erstellung von glücksspielbezogenen Unterlagen für den Mathematik- und Natur-Mensch-Mitwelt-Unterricht verdeutlicht (Mezzera, 2004).

14.7 Risikofaktoren im sozialen Umfeld

Im **sozialen Umfeld** nach potenziellen Ursachen für pathologisches Glücksspiel zu suchen, heißt nicht, Schuld zu verteilen. Zur Frage präventiver Maßnahmen im sozialen Umfeld lassen sich wichtige Parallelen zu substanzgebundenen Abhängigkeiten ziehen.

Bühringer (1992a) äußert im Zusammenhang mit Drogenabhängigkeit, dass es Erziehungsstile gibt, die die Wahrscheinlichkeit der Entwicklung einer Abhängigkeit erhöhen. Er unterscheidet zwischen **Risikofaktoren** und **Schutzfaktoren** gegenüber der Gefahr einer Abhängigkeit. Die von Bühringer genannten Risikofaktoren:

- Missbrauch von Suchtmitteln in der Familie,
- Erziehungsstile,
- Freundeskreis der Kinder,
- Verfügbarkeit des Suchtmittels (▶ Kap. 4.3.2)

lassen sich auch auf pathologisches Glücksspiel übertragen.

Dem gegenüber zu stellen sind eine Reihe protektiver Faktoren, die dazu beitragen, die Anfälligkeit gegenüber Suchtmitteln zu reduzieren (z.B. Selbstvertrauen, soziale Kompetenzen).

Missbrauch von Suchtmitteln in der Familie

Missbrauchsverhalten in der Familie bezieht sich sowohl auf Glücksspielverhalten als auch auf Alkohol, Nikotin oder Medikamente. Erfahrungen zeigen, dass Glücksspielverhalten durch **Modellernen** vermittelt werden kann, indem Angehörige in exzessiver Weise Glücksspiele, seien es Karten- oder Würfelspiele, betreiben und diese Art der Beschäftigung einen allzu hohen Stellenwert einnimmt.

Andere pathologische Glücksspieler berichteten davon, dass die Angehörigen sie **direkt** in das Automatenglücksspiel einführten. Es wurde schon erwähnt, dass Väter auch ihre kleineren Kinder in der Gastwirtschaft damit zu beschäftigen suchten, dass sie sie zum Automatenspielen animierten, um selbst in Ruhe an der Theke sitzen zu können. Die Patienten werteten diese Erfahrung durchaus als ein **einschneidendes Erlebnis**.

Ein hoher Anteil der Eltern pathologischer Glücksspieler zeigte jedoch Abhängigkeits- und Missbrauchsverhalten, das sich auf **substanzgebundene** Suchtmittel bezog. Durch dieses Verhalten geht ebenfalls eine **negative Modellwirkung** auf die Kinder oder jungen Erwachsenen aus, die die Persönlichkeitsbildung beeinträchtigt. Wenn z.B. statt über Probleme zu reden oder Konflikte auszutragen, immer wieder zur Flasche oder zu Medikamenten gegriffen wird, fördert dies die Bereitschaft der Heranwachsenden zu ähnlichen **Flucht- oder Ersatzhandlungen**, wobei sie dann nicht in ausreichendem Maße lernen, durch andere Kompensationsmöglichkeiten Spannungen und psychischen Stress abzubauen.

Erziehungsstile

Eltern sind meistens keine Erziehungswissenschaftler, auch ungünstige **Erziehungsstile** sind oft gut gemeint, und die negativen Auswirkungen werden nicht wahrgenommen. In den Aussagen der pathologischen Glücksspieler erscheinen häufig 2 extreme Erziehungshaltungen:

- der überbehütende, stark einschränkende, zum Teil sehr verwöhnende Erziehungsstil und
- das krasse Gegenteil davon, die wenig behütende, zumindest gefühlsmäßig vernachlässigende, oft auch sehr dominante Erziehungshaltung.

Sowohl die zu geringe elterliche Zuwendung als auch die überbesorgte Haltung scheinen dazu zu führen, dass die Kinder zu wenig Selbstvertrauen in die eigenen Fähigkeiten entwickeln, alltägliche Probleme und Konflikte zu bewältigen. Zum einen sind die Kinder daran gehindert worden, genügend Selbständigkeit und eigene Erfahrungen zu sammeln, zum anderen führt die zu geringe Zuwendung zu Überforderungen und Ängsten, die ebenfalls einen psychischen Reifungsprozess verhinderten.

Mangel an Kontakten mit Gleichaltrigen

Auch ohne ausreichende wissenschaftliche Untersuchung gibt es Anzeichen dafür, dass pathologische Glücksspieler in ihrer Kindheit teilweise zu wenig **Kontakte mit Gleichaltrigen** gepflegt und so möglicherweise zu geringe soziale Kompetenzen erworben haben. Die insgesamt geringere Kinderzahl in den Familien und im sozialen Umfeld mag dazu beitragen, dass Kontaktaufnahmen und eine personale Kommunikation erschwert wurden und die Bedeutung von Unterhaltungsgeräten dadurch zugenommen hat.

Beispielsweise äußerte die Mutter eines Spielers auf die Frage, wie sie sich das Interesse ihres Sohnes an den Glücksspielautomaten erklären könne, dass er schon als Kind kaum Kontakte zu anderen Kindern gehabt und sich schon immer mit seinen Unterhaltungsgeräten wie Kassettenrekorder, Hifi-Anlage, Computerspielen etc. beschäftigt habe.

In einer Gesellschaft, in der zwischenmenschliche Kontakte möglicherweise immer mehr verkümmern, übernehmen anscheinend Maschinen verstärkt die Funktion eines Kommunikations- und Unterhaltungspartners. Auch die sich zeitlich immer weiter ausweitenden Fernsehgewohnheiten mögen ein Indiz dafür sein. Zum Teil nehmen Eltern heute erhebliche Erschwernisse auf sich, über größere Entfernung hinweg Kinder zum gemeinsamen Spiel zusammenzubringen. Schulen und Jugendzentren müssen einen Teil der Erziehungsaufgabe übernehmen, Beziehungs- und Kontaktfähigkeiten heranzubilden.

Einengende Räumlichkeiten und fehlende Spielflächen führen dazu, dass eine **einseitige Ausrichtung auf akustische und sensorische Reize** erfolgt und psychomotorische Fähigkeiten, die mit körperlicher Bewegung und Geschicklichkeit einhergehen, vernachlässigt werden. Dieser Entwicklung scheinen die oft stupiden, einseitig auf akustische und sensorische Reize ausgerichteten Spielautomaten und Unterhaltungsgeräte entgegenzukommen und sie zu verfestigen.

14.8 Schutzfaktoren im sozialen Umfeld

Neben den Risikofaktoren, die auf eine »Suchtgefährdung« hinweisen, lassen sich aus Faktoren, die einen Schutz gegen Abhängigkeitserkrankungen bieten, weitere Ansatzpunkte präventiver Maßnahmen ableiten. Zu den Faktoren, die dazu beitragen, suchtresistent zu machen, zählen (Bühringer, 1992b; Lippmann, 1990; Voß & Durek, 1995):

- Belastungsfähigkeit und Möglichkeiten der Stressverarbeitung erhöhen.
- Selbstvertrauen und Selbstsicherheit steigern.
- Körperliche Gesundheit und eine positive Einstellung zum Körper finden.
- Unangenehme Gefühle (wie z.B. Einsamkeit, Verzweiflung, Langeweile, Aggressionen, Wut, Trauer) zulassen und mit ihnen umgehen lernen.

- Positive Gefühle verstärken: Geborgenheit, Vertrauen sowie Freude, Spaß, Genussfähigkeit erleben.
- Ausbildung einer differenzierten und von anderen unabhängigen Persönlichkeit, Autonomie entwickeln, gegenüber Eltern abgrenzen.
- Spannungen aushalten, Konflikte erkennen und auflösen.
- Nicht über- oder unterfordern.
- Nicht über- oder unterbehüten.
- Die verschiedenen Sinnesempfindungen, nicht nur Hören und Sehen ausbilden.
- Förderung der Kooperation bzw. Kommunikation in der Familie – verschiedene Standpunkte und Gefühle akzeptieren.
- Botschaften nicht doppeldeutig ausdrücken (»Du kannst ja gehen, aber du wirst schon sehen, was du davon hast«).
- Aufmerksam zuhören.
- Fähigkeit zur Metakommunikation fördern (darüber reden, wie man miteinander redet).
- Viel mehr über Lob und Anerkennung vermitteln, als über Kritik, Nörgeln und Strafen.
- Bei »broken-home« Situationen den Umgang mit Verlust und Trauergefühlen unterstützen.

Hurrelmann (1990) weist darauf hin, dass Kinder und Jugendliche vielfältige Formen von **Stress** (Familienstress, Schulstress, Freizeitstress) zu **bewältigen** haben, was auch ein hohes gesundheitliches Risiko in sich birgt. Dabei widerspricht er der landläufigen Meinung, dass es den Kindern noch nie so gut gegangen sei wie heute – Kinder werden vernachlässigt, ihre Bedürfnisse missachtet, und es entstehen neue Krankheiten, Allergien und Abhängigkeiten. Probleme ergeben sich dadurch, dass Familien zerbrechen, beide Eltern berufstätig und die Wohnverhältnisse oft nicht kindgerecht gestaltet sind.

Bühringer (1992a) postuliert, dass es nicht unbedingt die erhöhte Belastung ist, die Schwierigkeiten macht, sondern vor allem die Art und Weise, wie mit **Stress** umgegangen wird.

Nach Hurrelmann & Hesse (1991) müssen Schulen verstärkt auf **psychosozialen Ebenen** tätig werden:

- Übungen zur Entwicklung psychosozialer Identität,
- Übungen zur Verbesserung der Selbstwahrnehmung,

- Bewusstmachung von Normen und Werten,
- Übungen und Spiele zur Körpererfahrung

tragen dazu bei, Kinder vor Drogenmissbrauch und Abhängigkeiten zu schützen.

In der Familie sollte es möglich sein, über belastende Gefühle offen zu sprechen, Misserfolge einzugestehen, um latente Überforderungen und Anspannungen zu vermeiden.

Damit ein ausreichendes **Selbstvertrauen** in die eigenen Fähigkeiten entsteht, brauchen Kinder **Ermutigung** und **positive Selbsterfahrungen**. Nur so können sie neue Aufgaben selbstsicher und mit positiven Erwartungen annehmen und bewältigen. Allzu oft führt ein zu hoher Leistungs- und Erwartungsdruck zu ersten Misserfolgen, die sich leicht dadurch kumulieren, dass Nervosität und Versagensängste vorherrschend werden.

Pathologische Glücksspieler sind in ihrer **Kommunikations- und Kontaktfähigkeit** oft erheblich eingeschränkt. In einer Spieltherapiegruppe erörterten die Patienten beispielsweise ernsthaft die Frage, ob das Spielgerät für sie wirklich nur eine Maschine gewesen sei.

Angesichts solcher Entwicklungen sollte es in einer modernen Industriegesellschaft die Aufgabe aller Verantwortlichen und Betroffenen sein, neue Wege aufzuzeigen, um Kindern und Heranwachsenden ausreichend soziale Kompetenzen zu vermitteln, damit befriedigende zwischenmenschliche Beziehungen entstehen und nicht Abhängigkeiten von Maschinen und Glücksspielen.

14.9 Zusammenfassung

Die gravierenden individuellen und sozialen Folgen der Spielsucht, deren Behandlung nicht zuletzt auch hohe volkswirtschaftliche Kosten verursacht, betonen die Notwendigkeit, schnellstmöglich geeignete präventive Konzepte zu entwickeln. Das in Kap. 4 dargestellte 3-Faktoren-Modell der Suchtentwicklung bietet sich an, um verschiedene Möglichkeiten der Prävention zu systematisieren:

❶ Sowohl in *Bedingungen des Glücksspiels,* als auch in *individuellen Faktoren* und *Variablen des sozialen Umfeldes* liegen erfolgversprechende Ansatzpunkte der Prävention.

Grundsätzlich sind dabei die finanziellen Interessen von Seiten der Anbieter und des Staates dem Schutz der Spieler unterzuordnen. Nicht die größtmögliche Ausschöpfung des Marktes, sondern die Minimierung der Gefahren einer Suchtentwicklung sollte handlungsbestimmend sein.

Die aufgezeigte breite Palette an proaktiven Maßnahmen umfasst:

- restriktive Zulassung von Glücksspielen bei Wahrung des staatlichen Monopols,
- direkte Eingriffe in die Spielstruktur, ohne jedoch den Spielanreiz auf ein Minimum zu reduzieren,
- frühzeitige Identifikation von gefährdeten Spielern (u. a. über Fortbildung des Personals in Spielstätten), Bewahrung dieser Personengruppe vor weiteren schädlichen Auswirkungen durch Spielsperre und Vernetzung mit Behandlungseinrichtungen,
- Aufklärung der Öffentlichkeit, insbesondere der Zielgruppe Jugendlicher.

Ansatzpunkte präventiver Maßnahmen lassen sich darüber hinaus aus der Analyse *individuumsbezogener und sozialer Entstehungsbedingungen* pathologischen Glücksspiels ableiten.

Risikofaktoren (wie z. B. Missbrauch von Suchtmitteln in der Herkunftsfamilie, Erziehungsstile, Mangel an Kontakten zu Gleichaltrigen, hohe Verfügbarkeit bei gleichzeitig fehlenden Möglichkeiten zu sinnvoller Freizeitgestaltung) sind bei der Konzeption präventiver Arbeit ebenso zu berücksichtigen wie **protektive Faktoren**, die die Resistenz gegenüber dem »Suchtmittel Glücksspiel« erhöhen. Zu diesen Schutzfaktoren gehören beispielsweise Belastbarkeit, Selbstvertrauen, emotionale und soziale Kompetenzen und körperliche Gesundheit. Um einer Suchtentwicklung vorzubeugen, erscheint es vor diesem Hintergrund sinnvoll, bereits im Kindes- und Jugendalter die Kommunikations- und Kontaktfähigkeiten zu fördern sowie die Entwicklung von psychosozialer Identität und Selbstwahrnehmung zu unterstützen.

15 Ausblick

Das Angebot an Glücksspielen wird in den kommenden Jahren weiter expandieren, der Spielanreiz sich erhöhen. Neue Spielbanken mit einem umfassenderen Freizeitangebot, Spielhallen für die ganze Familie, interaktive Wettangebote auf vielfältige Sportereignisse in der ganzen Welt und nicht zuletzt die zunehmenden Glücksspielgelegenheiten in der Privatsphäre des grenzüberschreitenden Internets sorgen für eine größere Verfügbarkeit und Verankerung des Glücksspiels in unserer Gesellschaft. Der wachsende Konkurrenzdruck – nicht zuletzt infolge der Aufweichung des staatlichen Glücksspielmonopols – fördert Innovationen und steigert die Notwendigkeit, über die Werbung Befürfnisse zum »Zocken« in der Bevölkerung zu wecken. Schon heute ist die stündliche Ziehung der Lottozahlen realisierbar. Die neue Lotterie »Quicky« sieht sogar Ziehungen alle 3 Minuten vor, die über Online-Terminals in Gaststätten verfolgt werden können (Beginn der Testphase: April 2005). Forderungen nach weiter gehenden Privatisierungen und mehr Wettbewerb sind bereits gestellt (Bardt, 2004; Tolkemitt, 2002).

Zusätzliche Konkurrenz könnte den Glücksspielanbietern in unserem Land erwachsen, wenn die Europäische Union (EU) die Veranstaltung von Glücksspielen zu einer normalen Dienstleistung erklärt. Wäre das Glücksspiel eine Dienstleistung wie jede andere, dürfte nach den Regeln der EU kein Bürger der Gemeinschaft gehindert werden, sie im gemeinsamen Markt anzubieten. Die EU-Kommission hatte bereits vor Jahren versucht, das Prinzip der Freiheit für Anbieter über das Schutzprinzip für Spieler zu stellen. Nach aktuellen Urteilen des EuGH rückt diese Öffnung der nationalen Märkte immer näher. Die Liberalisierung des Glücksspielmarktes in Großbritannien, die u. a. eine staatliche Konzessionierung von Onlinekasinos vorsieht und für Anfang 2006 zu erwarten ist, dürfte für weitere Schubkraft sorgen.

> ❗ Die größere Verfügbarkeit und globale Vermarktung von Glücksspielen lässt über den steigenden Konsum und Missbrauch eine Zunahme von Spielsüchtigen erwarten.

Die zunehmende Anfälligkeit des Menschen gegenüber den Reizen und Verführungen von Suchtmitteln, der unmittelbaren psychotropen Wirkung von Glücksspielen, dürfte sich verstärkend auf diese Tendenz auswirken. Aufgrund der Reizüberflutung sind immer intensivere Stimulierungen notwendig, um überhaupt Wohlbefinden und Lustgefühle zu erleben. Kurzfristige situative Anforderungen lösen in verstärktem Maße langfristig wirksame internalisierte Normen und Werte als Steuerungsfunktion des Handelns ab.

Blieb die Therapienachfrage von Spielern in ambulanten und stationären Behandlungsstellen Anfang bis Mitte der 90er-Jahre relativ konstant, zeigt sich seitdem eine Zunahme der behandelten Fälle pro Einrichtung. Ob sich eine derartige Entwicklung fortsetzen wird, bleibt abzuwarten.

Bevor ein Spieler Kontakt zu einer Beratungs- oder Behandlungsstelle aufnimmt, verstreicht oft kostbare Zeit – verbunden mit dem Fortschreiten der Suchtentwicklung und ihren massiven finanziellen und psychosozialen Folgen.

Ein großes Manko besteht darin, pathologische Glücksspieler rechtzeitig an adäquate Hilfsmaßnahmen heranzuführen.

> ❗ In Deutschland hat es in der Suchtkrankenarbeit bisher von therapeutischer Seite wenig Tradtion, direkt in die Familie zu gehen, um den Spieler vorort gemeinsam mit den Angehörigen zu einer Behandlungsmaßnahme zu motivieren.

Angesichts drohender Straffälligkeit und Verschuldung erscheint es unverständlich, passiv auf den sogenannten »Tiefpunkt« zu warten, an dem der Spieler aus einer massiven Krise heraus »von allein« den Weg in die Therapie findet. Die Methode der »Familien-Intervention« sollte deshalb eine breitere Anwendung finden.

> ❗ Keine der therapeutischen Schulen kann pathologisches Glücksspiel oder Sucht allgemein bisher hinreichend erklären.

Es fehlt daher die Grundlage für ein gezielteres und effektiveres therapeutisches Vorgehen. Sowohl der Einstieg als auch die Aufrechterhaltung des süchtigen Spielverhaltens sind noch unzureichend erforscht. Erst genauere Erkenntnisse in diesem Bereich machen Therapieprozesse transparenter und lassen einen systematischeren Einsatz der (verbalen und nonverbalen) Behandlungsmöglichkeiten zu. Es mangelt außerdem an Therapiebegleitforschung, die

Faktoren der Motivation, Krankheitseinsicht und Ursachenaufarbeitung einbezieht. Therapiefortschritte könnten gegebenenfalls präziser erfasst und weitere Maßnahmen planvoller eingesetzt werden.

Bis heute gilt das Postulat von der »vergessenen Mehrheit«, was die Suchtkranken im Vergleich zu anderen psychogen Erkrankten angeht. Aus politischer Sicht wird den Suchtkranken nicht selten ein höherer Anteil an Eigenverantwortung (und damit auch Eigenverschulden) unterstellt, so dass man, gerade in schwierigen Zeiten, weniger für diese Klientel tun könne.

Verlässliche Angaben über die Verbreitung süchtigen Spielverhaltens liegen bisher nicht vor. Hier besteht dringender Klärungsbedarf – auch um das Ausmaß der volkswirtschaftlichen Kosten bestimmen zu können. Ob sich der Glücksspielboom für die Allgemeinheit rechnet, ist doch sehr zweifelhaft. Ein politischer Abwägungsprozess zwischen Sicherung und Ausbau der Einnahmen sowie Schadensreduzierung wird erst in Gang kommen, wenn die Kostenrechnung auf dem Tisch liegt.

Da ein weitgehender Verzicht auf das Einspielergebnis nur schwer vorstellbar ist, dürften zukünftig in erster Linie süchtige Spieler das Ziel schadensreduzierender Maßnahmen sein. Glücksspielbetreiber haben inzwischen erkannt, dass der Schutz des Konsumenten die integrale Säule eines zukunftsorientierten und verantwortungsbewussten Produktangebots darstellt. Im Rahmen des Konzeptes »Responsible Gaming« (American Gaming Association, 1998) werden die negativen und unerwünschten »Nebenwirkungen« des eigenen Produktes wahrgenommen und Ansätze präventiver Maßnahmen aufgezeigt. Ein aktives Handeln geschulter Mitarbeiter in Form des frühzeitigen Erkennens und der kompetenten Ansprache betroffener Spieler, der begrenzten oder unbegrenzten Aussperrung als erstem Schritt auf dem Weg zur Therapie sowie der Bereitstellung von Aufklärungsmaterial und eines Infotelefons (nach Vorbildern in Holland, Österreich und Kanada) dient nicht nur dem Schutz der Spieler, sondern dürfte aus dem Blickwinkel der Anbieter letztendlich auch gut für das Geschäft sein. Es fördert die öffentliche Akzeptanz und sichert langfristig den Ertrag, unter der Voraussetzung, dass die Maßnahmen über die Erfüllung einer Alibifunktion hinausgehen.

Die proaktive Umsetzung von Spielerschutzmaßnahmen ist zwar in Deutschland (wie in anderen Ländern) noch ein »zartes Pflänzchen«, das gepflegt werden muss, damit es Früchte trägt. Die Perspektive eines ethisch akzeptablen Angebots und Umgangs mit Glücksspielen (Black & Ramsay, 2003) verspricht aber einen »Gewinn« für alle Beteiligten.

Ein umfassendes Konzept zur Erforschung und Berücksichtigung gesundheitswissenschaftlicher Anforderungen im Zusammenhang mit Glücksspielen haben Korn & Shaffer (1999) für die USA und Kanada vorgelegt (Shaffer & Korn, 2002). Sie schlagen ein Aktionsprogramm vor, das die Vorbeugung bei Individuen und Hochrisikogruppen, die Aufklärung über einen ausgewogenen Umgang mit Glücksspielen und den Spielerschutz durch ein verantwortungsbewusstes Glücksspielangebot als Ziele verfolgt. Es enthält Handlungsstrategien, wie die Förderung individueller Kompetenzen, die Stärkung kommunaler Aktivitäten, die Gestaltung eines stützendes Umfeldes, die Konzeption einer gesundheitsfördernden Politik sowie die Neuausrichtung von Versorgungsdiensten, und unterbreitet konkrete Vorschläge zu deren Umsetzung. Entsprechende primär- und sekundärpräventive Maßnahmen für Deutschland sind im Kap. 14 aufgeführt. Eine Realisierung (und Evaluation) wird mit hoher Priorität eingefordert.

Die zukünftige Forschung sollte verstärkt auf prospektive Längsschnittstudien zu Risiko- und Schutzfaktoren ausgerichtet sein (Dickerson & Baron, 2000; Laudet & Volberg, 2002). Sie gewährleisten am ehesten eine valide Erfassung der Entwicklung und Veränderungen süchtigen Spielverhaltens sowie potentieller Bedingungen, die Gelegenheitsspieler vor dem Abgleiten in eine »Spielerkarriere« bewahren. Außerdem sollte die Forschung stärker als bisher die psychotrope Wirkung von Glücksspielen im sozialen Kontext in den Vordergrund stellen. Feldstudien in realen Spielsituationen sind zwar mit hohem Zeit- und Kostenaufwand sowie potenziellen Störvariablen verbunden, die Studien zu psychobiologischen und neuroendokrinen Parametern sowie zu irrationalen Verbalisierungen während des Glücksspiels zeigen aber, dass valide Ergebnisse unter kontrollierten Bedingungen realisierbar sind. Auf diesem Weg inspiriert die Forschung zum Glücksspiel die Suchtforschung allgemein und sorgt für revidierte Konzepte im Verständnis stoffgebundener und stoffungebundener Suchtformen (Shaffer & Kidman, 2003). Den theoretischen Rahmen zukünftiger Projekte liefern die Belohnungssysteme im Gehirn sowie sozial-kognitive Lernprozesse, die die erlebte Erregung und Stimmung sowie kognitive Verarbeitung auf der Grundlage individueller und sozialer Gefährdungsmerkmale als Erklärung süchtigen Spielverhaltens hervorheben. Für den angelsächsischen Sprachraum werden Therapiestudien eingefordert, die Kombinationen medikamentöser und verhaltenstherapeutischer Maßnahmen auf ihre Wirksamkeit überprüfen (Potenza, 2002).

15

Anhang

A Allgemeine Informationen

A1 Kontaktadressen

Kontaktadressen in Deutschland

Zentrale Kontaktstelle der Anonymen Spieler GA
Eilbecker Weg 20
22089 Hamburg
Telefon 040/2099009
Telefondienst: Mo – Fr 19.00 – 21.00 Uhr
E-Mail: kontaktstelle.ga-Hamburg@t-online.de
Internet: http://www.anonyme-spieler.org

Anschriften von ambulanten Beratungsstellen und »freien« Selbsthilfegruppen für Spieler können Sie bei den folgenden zentralen Verbänden erfahren:

Fachverband Glücksspielsucht e.V.
Auf der Freiheit 25
32052 Herford
Telefon 05221/599850
E-Mail: info@gluecksspielsucht.de
Internet: http://www.gluecksspielsucht.de

Deutscher Caritasverband
Referat Besondere Lebenslagen
Karlstr. 40
79104 Freiburg
Telefon 0761/200-369
E-Mail: info@caritas.de
Internet: http://www.caritas.de

Gesamtverband für Suchtkrankenhilfe im Diakonischen Werk der Evangelischen Kirche
Kurt-Schumacher-Str. 2
34117 Kassel
Telefon 0561/109570
E-Mail: gvs@sucht.org
Internet: http://www.sucht.org

Deutsche Hauptstelle für Suchtfragen e.V. (DHS)
Westring 2
59065 Hamm
Telefon 02381/9015-0
E-Mail: info@dhs.de
Internet: http://www.dhs.de

Kontaktadressen in Österreich

Beratungsstelle – Therapiezentrum »AS« für Glücksspielabhängige und Angehörige
Siebenbrunnengasse 21/DG
1050 Wien
Tel.: 0043 1544 1357
www.as-wien.com

Anonyme Spieler Salzburg
Roseggerstr. 2
5020 Salzburg
Tel.: 0043 676 7439773 (Mo. – Fr. 18.00 – 20.00 Uhr)
www.anonyme-spieler-salzburg.org

Kontaktadressen in der Schweiz

**Careplay
Hochschule für Soziale Arbeit**
Werftstr. 1
6002 Luzern
Tel.: 0041 41 3674847
www.careplay.ch

Berner Gesundheit
Eigerstr. 80
3000 Bern 23
Tel.: 0041 31 3707070
www.glueck-im-unglueck.ch

A2 Stationäre Einrichtungen

Fachkrankenhaus Nordfriesland
Krankenhausweg 3
25821 Bredstedt
Telefon 04671/904-0

**Klinikum Nord/Ochsenzoll
Suchtambulanz**
Langenhorner Chaussee 560
22419 Hamburg
Telefon 040/5271-2524

Bernhard-Salzmann-Klinik
Im Füchtei 150
33334 Gütersloh
Telefon 05241/50202

Therapiezentrum Münzesheim
Am Mühlberg
76703 Kraichtal
Telefon 0 72 50/60-0

Klinik Berus
Orannastr. 55
66803 Überherrn-Berus
Telefon 0 68 36/39-1 61

Psychosomatische Fachklinik Münchwies
Thurmstr. 50–58
66540 Neunkrichen/Saar

Fachkrankenhaus Michaelshof
Dannenfelserstr. 42
67292 Kirchheimbolanden
Telefon 06352/75 360

**Poliklinik und Klinik für Psychiatrie
der Universität Münster**
Albert-Schweitzer Str. 11
48149 Münster
Telefon 0251/8356 601

Klinik Schweriner See
Am See 4
19069 Lübstorf
Telefon 03867/900-165

Fachklinik für psychosomatische Medizin
Kurpromenade 42
76332 Bad Herrenalb
Telefon 07083/5090

A3 Nützliche Internetadressen

1. Institutionen, Beratungsstellen, Kliniken
www.forum-gluecksspielsucht.de
Forum für Glücksspielsüchtige und ihre
Angehörigen

www.spielsucht.net
Fachstelle Glücksspielsucht Neuss, inklusive
Forum für Glücksspielsüchtige und ihre Angehörige

www.bernhard-salzmann-klinik.de
Stationäre Therapie für Glücksspielsüchtige

www.spielsucht-therapie.de
Fachklinik Nordfriesland Bredstedt
inklusive Forum für Glücksspielsüchtige und ihre
Angehörige

2. Von Betroffenen für Betroffene
www.gamanon.de
Angehörige und Familien der Anonymen Spieler

www.spielfrei-leben.de
Verein für Spielsüchtige und deren Angehörige,
Hannover

www.spielsuchtgruppe.de
HP inklusive Forum für Glücksspielsüchtige
und Angehörige

www.die-spielsucht.de
HP inklusive Forum für Glücksspielsüchtige
und Angehörige

www.spielsucht-hilfe.de
Forum für Glücksspielsüchtige und Angehörige

**3. Deutschsprachige europäische
Internetadressen**
www.glueck-im-unglueck.ch
Berner Gesundheit, Bern
www.careplay.ch
Fachstelle für Spielsuchtprävention, Luzern

www.as-wien.com
Therapiezentrum für Glücksspielabhängige
und Angehörige, Wien

www.anonyme-spieler-salzburg.org
Anonyme Spieler, Salzburg

A4 Ergebnisse der Untersuchung von Bachmann & Banze (1992) und Schwarz & Lindner (1990)

Soziographische Daten

		Bachmann & Banze (1992)	Schwarz & Lindner (1990)
Patienten insgesamt		116	58[b]
Geschlecht:	Männlich	114	58[b]
	Weiblich	2[b]	
Altersdurchschnitt [Jahre]		29	32
Familienstand [%]:	Ledig	60	48
	Verheiratet	24	33
	Geschieden	16	19
Staatsangehörigkeit [%]:	Ausländer	n.e.[a]	14
Schulausbildung [%]:	Abitur und mittlere Reife	25	21
	Hauptschule	59	67
	Ohne Abschluss	16	12
Beruf [%]:	Beamte/höherer Abschluss	12	5
	Kaufmännische Angestellte und Facharbeiter	48	53
	Ohne	40	41

[a] Nicht erfasst.
[b] Anzahl der Patienten.

Krankheitsverlauf

	Bachmann & Banze (1992)	Schwarz & Lindner (1990)
Spielart:		
Geldspielautomaten [%]	n.e.[a]	83
Geldspielautomaten, Roulette und Glücksspielautomaten [%]		12
Roulette		3
Illegales Glücksspiel [%]		2%
Spieldauer, durchschnittlich [Jahre]	8	10
Exzessiv, durchschnittlich [Jahre]	n.e.[a]	6
Alter bei Spielbeginn, durchschnittlich [Jahre]	21	n.e.[a]
Monatliche Spieleinsätze, durchschnittlich [DM]	n.e.[a]	1 400,–
Insgesamt Spieleinsätze, durchschnittlich (exzessive Phase) [DM]	n.e.[a]	118 000,–
Schuldenlast bei Aufnahme, durchschnittlich [DM]	29 000,–	36 700,–

[a] Nicht erfasst.

A5 Persönlichkeitsprofil pathologischer Spieler

Mittelwerte der 16 Persönlichkeitsfaktoren ($n = 91$), Auswertungsbogen des 16 PF (Bachmann & Banze, 1992)

FAKTOR	Faktorbezeichnung (niedrige Werte)	Sten-Skala	Faktorbezeichnung (hohe Werte)
A	Sachorientierung	(5.6)	Kontaktorientierung
B	Konkretes Denken	(5.3)	Abstraktes Denken
C	Emotionale Störbarkeit	(2.5)	Emotionale Widerstandsfähigkeit
E	Soziale Anpassung	(5.6)	Selbstbehauptung
F	Besonnenheit	(6.3)	Begeisterungsfähigkeit
G	Flexibilität	(4.4)	Pflichtbewusstsein
H	Zurückhaltung	(4.4)	Selbstsicherheit
I	Robustheit	(6.7)	Sensibilität
L	Vertrauensbereitschaft	(5.7)	Skeptische Haltung
M	Pragmatismus	(6.0)	Unkonventionalität
N	Unbefangenheit	(4.9)	Überlegtheit
O	Selbstvertrauen	(7.5)	Besorgtheit
Q_1	Sicherheitsinteresse	(5.4)	Veränderungsbereitschaft
Q_2	Gruppenverbundenheit	(4.5)	Eigenständigkeit
Q_3	Spontaneität	(2.9)	Selbstkontrolle
Q_4	Innere Ruhe	(6.4)	Innere Gespanntheit

Sten-Skala: 1 2 3 4 5 6 7 8 9 10

A6 Psychologische Schulen in der Gruppentherapie pathologischer Glücksspieler

(Bachmann, 1999)

Psychoanalytische-orientierte Gruppentherapien

Nach Schneider-Düker (1980) handelt es sich hier eigentlich um eine ganze Gruppe von Therapieformen, da fast jeder Neo-Analytiker Anstöße zur Gruppentherapie gegeben hat. Für die Anwendung der »klassischen« Psychoanalyse im Suchtbereich gibt es erhebliche Bedenken (Rost, 1992; Antons, 1976). Es dürfte z. B. nicht ausreichen, die neurotischen Elemente oder Hintergründe der Krankheitsentwicklung aufzuarbeiten, in der Hoffnung, das Spielproblem löse sich dann von selbst. Spielabstinenz ist vielmehr eine notwendige Voraussetzung dafür (▶ Abb. 8.2, Anhang B7), Hintergründe der Krankheitsgenese erfolgreich aufzuarbeiten. Ziele der analytischen Gruppentherapie bei der Behandlung von Suchtkranken lassen sich nach Fox (Feuerlein, 1989) wie folgt formulieren:

1. **Einleitungsphase** mit eher didaktisch-informativen Momenten, die aber schon den emotionalen Bereich ansprechen sollen.
2. **Hauptphase**, die als Durcharbeitungsphase gekennzeichnet wird, in der die Abwehrmechanismen (Regression, Verleugnung, Introjektion etc.) auf der innerpsychischen und zwischenmenschlichen Ebene analysiert werden. Weitere Merkmale dieser Phase sind die kathartische Ableitung von Emotionen, Kommunikation von Problemen, Realitätsprüfung von Phantasien und die Einübung von Gemeinsamkeiten unter Verzicht auf narzisstische Befriedigung.
3. **Beendigungsphase**, in der ein Suchtkranker lernen soll, die dauerhafte Abstinenz zu akzeptieren und von neurotischen Beschränkungen frei zu werden.

Psychoanalytische Therapieverfahren haben Probleme der ambivalenten Motivation eines Suchtkranken, der Krankheitseinsicht bzw. -akzeptanz **und** der dauerhaften Abstinenz in ihre Konzeption einzubeziehen. Insbesondere dann, wenn die spürbaren Krankheitssymptome und Folgeerscheinungen der Suchterkrankung größtenteils behoben sind, ist eine verbleibende Krankheitsakzeptanz, dass letzlich keine Heilung stattgefunden hat, ein wichtiger Garant dafür, weiter Abstinenz einzuhalten. Es scheint geradezu ein Verhängnis der Suchtkrankheit zu sein, dass ein akuter Leidensdruck unter Abstinenz schnell nachlässt, nichts mehr ›weh tut‹ und dann schnell die Hoffnung aufflammt, es sei alles in Ordnung, um aufgrund einer falschen Selbstsicherheit wieder erste Versuche zu einem kontrollierten Suchtmitteleinsatz zu beginnen.

Sucht ist eine eigenständige Erkrankung, die auf dem Boden einer neurotischen Krankheitssymptomatik entstanden sein kann, wobei jedoch in jedem individuellen Fall zu prüfen ist, inwieweit nach Verwirklichung der Spielabstinenz neurotische Krankheitssymptome vorliegen. Diese Schlussfolgerungen gelten allerdings ebenso für die anderen Therapieverfahren.

Nach Schneider-Düker (1980) lassen sich analytisch orientierte Gruppentherapien wie folgt charakterisieren:

- Inhaltlich befassen sie sich in erster Linie mit Erfahrungen aus der Vergangenheit sowie mit zwischenmenschlichen Beziehungen in der Gruppe.
- Positive und negative Übertragungen werden hervorgerufen und analysiert (z. B. der Patient überträgt die auf den Vater oder die Mutter bezogenen Gefühle auf die Therapeuten oder Mitpatienten).
- Analyse von Träumen.
- Den Zusammenhalt in der Gruppe fördern.
- Der Therapeut fordert Abwehr heraus, ist aktiv, gibt Ratschläge oder zeigt persönliche Reaktionen.
- Unbewusste Konflikte interpretieren.
- Wichtigste Gruppenprozesse und Ziele: Kohäsion, Übertragung und Realitätsprüfung mit dem Ziel einer (mäßigen) Rekonstruktion der Persönlichkeitsdynamik.

Psychodrama

Das Psychodrama wurde von dem Wiener Psychiater Moreno 1959 begründet. Über die Verbalisation hinausgehend überträgt der Patient im Psychodrama (Knypers, 1982) Situationen, Konflikte und Vorstellungen in Aktionen und Handlungen. Dies fördert ein aktives Erleben, wobei sich belastende Erfahrungen aus früheren Jahren im Hier und Jetzt ausdrücken. Durch ein handelndes Nacherleben in theaterähnlichen Spielsituationen werden frühere traumatisierende Erlebnisse einer kathartischen Lösung (Bewusstmachung und Abreagieren vergessener traumatischer Erlebnisse) zugeführt und eine neue emotionale und kognitive Integration dieser Erlebnisse in die Persönlichkeit ermöglicht. Die Spielsituationen eignen sich besonders dazu, kathartische Prozesse in Gang zu setzen. Die Gruppensitzung gestaltet sich zu einer Art Bühne, der Kreis öffnet sich zu einem Halbkreis, um der Darstellung von Szenen aus der Vergangenheit, Gegenwart und Zukunft entsprechenden Raum zu geben. Hauptdarsteller (Protagonist) ist ein Gruppenmitglied, das seinen Konflikt oder ein Problem behandeln möchte. Mit Hilfe des Leiters und der Mitpatienten werden die emotionalen Belastungen einer neuen Einsicht zugeführt. Der Leiter hat die Aufgabe, die Methode zu erklären und für eine vertrauensvolle Atmosphäre zu sorgen. Die Mitspieler/Mitpatienten (Hilfs-Ich) übernehmen Rollen von nicht anwesenden Personen aus dem früheren oder heutigen Konfliktfeld des Problemstellers wie z.B. die Rolle der Mutter, des Chefs etc. Nach der szenischen Bearbeitung geben die mitspielenden und die beobachtenden Gruppenmitglieder der Hauptperson eine Rückmeldung darüber, wie sie sie in ihrer Rolle erlebt haben, inwieweit sie sich mit den dargestellten Rollen identifizieren konnten und was sie dabei empfunden haben. Es findet ein gemeinsames Gespräch darüber statt, ob andere ähnliche Konflikte hatten und sich in den Problemsteller einfühlen konnten. Psychodramatische Techniken dienen außerdem zum »Aufwärmen« der Gruppe und erleichtern den Einstieg in das Psychodrama, wie z.B. gruppenzentrierte Spiele. Andere Übungen dieser Art haben diagnostische Zielsetzungen, wie z.B. »der leere Stuhl« (Kommunikation mit einem leeren Stuhl, der eine Person symbolisieren soll). Während des Psychodramas treten Teilnehmer zum Hauptdarsteller hinzu, identifizieren sich mit ihm (Doppeln) und helfen ihm dabei, Gefühle zu verbalisieren, um ihm so neue Anstöße zu geben. Diese Methode soll sich insbesondere zur Behandlung Suchtkranker eignen (Feuerlein, 1989; Petzold. 1970). Es stellt sich jedoch die Frage, ob das Psychodrama die alltägliche Methode in der stationären Therapie sein kann. Die Methode verlangt eine hohe Abstraktions- und Verbalisationsfähigkeit sowie ein beträchtliches Maß an Selbstvertrauen und Mut, sich vor anderen Menschen darzustellen. Selbst erfahrene »wirkliche« Schauspieler berichten wohl nicht umsonst von erheblichem Lampenfieber, das auch oft nach vielen Berufsjahren nicht nachlässt. Bei ich-schwachen und eher ängstlichen Personen dürften sich Probleme ergeben, sie von der Methode zu überzeugen und ausreichend Mitspieler zu finden. Rollenspiele lösen allgemein erhebliche Ängste aus, setzen eine sehr gute Gruppenatmosphäre voraus und hinterlassen trotz eines interessanten und ergiebigen Ablaufs oft Skepsis und Misstrauen beim Patienten. Noch Tage oder sogar Wochen nach einer Sitzung berichteten teilnehmende, beobachtende Patienten aufgeregt darüber, dass sie selbst es wohl niemals geschafft hätten, z.B. mit einem leeren Stuhl zu sprechen. Der erfolgreiche Einsatz dieser Methode zur stationären Behandlung pathologischer Glücksspieler setzt ein starkes Vertrauensverhältnis innerhalb der Gruppe und ein besonderes Einfühlungsvermögen des Therapeuten voraus und dürfte ergänzend zu anderen Methoden nur dann effektiv sein, wenn einzelne Patienten nicht überfordert oder gar traumatisiert werden. Ängste und Befürchtungen, die von der Methode selbst ausgehen, sind in den Sitzungen primär zu reflektieren.

Gesprächspsychotherapie – Klientenzentrierte Gruppentherapie

Bommert (1982) führt aus, dass es **die** Gesprächspsychotherapie als einheitliches und in sich geschlossenes Konzept nicht gibt. Vielmehr handele es sich um eine von unterschiedlichen theoretischen Ansätzen und Erklärungsmöglichkeiten beeinflusste Behandlungsform, die sich nur schwer präzise von anderen Therapieformen abgrenzen lasse. Die klient- oder personenzentrierte Gruppentherapie basiert auf der Theorie und Methode der Gesprächspsychotherapie nach Rogers (1973). Bei dieser Methode versucht der Therapeut, möglichst wenig lenkende (non-direktiv) in den Therapieprozess einzugreifen. Wie im Einzelgespräch versucht der Therapeut in der Gruppe, das Wahrnehmungsfeld des Individuums genau zu erfassen und seine Eindrücke einfühlend und geschickt widerzuspiegeln. Es soll dabei ein Gruppenklima entstehen, das Veränderungen erlaubt und Persönlichkeitswachstum (Schneider-Düker, 1980) fördert. Die Atmosphäre in der Gruppe ist von Wärme, gegenseitiger Akzeptanz, positiver Wertschätzung und dem Nichtvorhandensein von Bedrohung gekennzeichnet und unterstützt, dass die Klienten ihr Wahrnehmungsfeld neu erforschen, Widersprüche klären und auch Wahrnehmungen in das Selbst übernehmen, die sie bisher verleugnet oder verzerrt haben. Das Änderungspotenzial geht nur aus dem Patienten selbst hervor, während der Therapeut die Aufgabe hat, die Bedingungen zu schaffen, die den Veränderungsprozess ermöglichen. Der Therapeut versucht emotionale Erlebnisinhalte des Klienten in der Weise nachzuvollziehen und zu formulieren (verbalisieren), wie sie der Klient offensichtlich selbst empfindet, aber noch nicht auszudrücken versteht. Er fördert damit die Selbstbeobachtung (Selbstexploration) des Klienten und hilft durch die Reflexion der emotionalen Erlebnisinhalte, neue Einsichten zu gewinnen und psychische Konflikte aufzuarbeiten. Rogers geht dabei von einer angeborenen Aktualisierungstendenz des menschlichen Organismus aus, die sich in eine konstruktive Richtung bewegt.

In der Einzeltherapie dürfte es einfacher sein, ein solches Klima herzustellen. In der Suchttherapie sind Menschen zusammen, die nicht von Beginn der Therapie an fähig und gewillt sind (Mangel an Motivation) oder generell Schwierigkeiten haben (Mangel an sozialen Kompetenzen), konstruktiv an der Schaffung einer solchen positiven Atmosphäre mitzuwirken. Die Gruppenstunden beginnen in der Gesprächspsychotherapie unstrukturiert, was erheblich verunsichern kann. Überlässt der Therapeut die Anfangsinitiative gänzlich den Gruppenmitgliedern, entwickelt sich nicht selten durch langes Schweigen oder aggressives Ausagieren von Nervosität und Angstgefühlen sogar eine bedrohliche Atmosphäre, die dem therapeutischen Ansatz der klientenzentrierten Gesprächspsychotherapie in ihrem Wesen völlig widerspricht. Unsicherheit manifestiert sich dadurch, dass schwächere Gruppenmitglieder angegriffen werden, sich bisher zu wenig beteiligt zu haben, oder äußere Rahmenbedingungen der Therapie wiederholt zur Debatte stehen. Es stellt sich die Frage, ob es in der Gruppentherapie mit Suchtkranken sinnvoll ist, derartig wenig lenkend und strukturierend zu arbeiten, und ob nicht

durch eine zu passive Haltung des Therapeuten wenig förderliche Gruppenprozesse in Gang kommen können. Hier ist zu berücksichtigen, dass pathologische Glücksspieler anfangs häufig eine stark ambivalente Motivation zur Behandlung aufweisen und zum Teil wenig Krankheitseinsicht und ein geringes Problembewusstsein mitbringen. Nicht selten ist ein starkes Bedürfnis nach spannender Unterhaltung vorhanden, ›Leerlauf‹ ruft beträchtlichen Unmut hervor. Der Therapeut muss vermitteln, dass Therapie kein dem Glücksspiel vergleichbarer Nervenkitzel ist. Es hat sich als günstig herausgestellt, Themenvorschläge in der ›Hinterhand‹ zu haben, wenn aus der Gruppe nichts Fruchtbares kommt (▶ Anhang B). Aktuelle Rückfälle, Konflikte untereinander und andere Ereignisse sind vom Therapeuten als Themen vorzuschlagen, wenn die Betroffenen selbst nicht dazu in der Lage sind, den ersten Schritt zu tun. Dennoch kann er dies in einer klientenzentrierten Weise tun und möglichst wenig Lenkung, Belehrung und Zurechtweisung ausüben.

Bommert (1982) führt aus, dass die emotionale Komponente im orthodoxen gesprächspsychotherapeutischen Konzept überbetont ist, während kognitive und aktionale Komponenten eines Problems eher vernachlässigt sind.

Gestalttherapie

Die Gestalttherapie ist ursprünglich eine Einzeltherapie, hat aber in der Behandlung von Gruppen breite Anwendung gefunden (Taber, 1981). Sie lässt sich auf Perls zurückführen und ist ein tiefenpsychologisch-begründetes Verfahren, dass existenzialistisch-phänomenologisch (Schneider-Düker, 1980; Perls et al., 1979) und gegenwarts- und personenbezogen ausgerichtet ist. Die Gestalttherapie geht ebenfalls von der Grundannahme aus, dass der Organismus die Tendenz zur Selbstregulierung mit dem Ziel der Homöostase (Erhaltung des Gleichgewichts – Tendenz zur »guten Gestalt«) in sich trägt. Durch den Prozess der »Gestaltbildung« erlangt der Organismus Befriedigung in der Umwelt, wobei sich dieser Prozess auf die Wahrnehmung der äußeren Umwelt, organismischer Prozesse, Gefühle und Empfindungen bezieht. Es ist ein ganzheitlicher und integrativer Ansatz. Die Gestalttherapie ist nicht nur individuumzentriert, sie bezieht den sozialen und ökonomischen Kontext mit ein.

Wachstum und Selbstverwirklichung im persönlichen und gemeinschaftlichen Leben sind zentrale Therapieziele. Identifikation mit sich selbst ist dann erreicht, wenn der Mensch die volle Verantwortung für sich übernimmt. Neurotische Schwierigkeiten entstehen dadurch, dass man eine Fassade aufbaut, etwas zu sein vorgibt, was man nicht ist. Es führt zu Angst, wenn man auf diese Weise unerfreuliche Erfahrungen meidet. Die Therapie zielt darauf ab, abgespaltene Teile der Persönlichkeit zu integrieren und neue Lebensenergien freizusetzen. Der Patient, der beginnt, über sich zu sprechen, oder den die Gruppe mit seinem Problemen konfrontiert, sitzt auf dem »heißen Stuhl«. Der Therapeut beobachtet die nichtverbalen Signale des Verhaltens genau, weist mit Fragen darauf hin, zwingt den Klienten, seine Wahrnehmung darauf zu richten und ihre Bedeutung zu erkennen. Außerdem weist er auf Sprachgewohnheiten hin, die eine Vermeidung von Verantwortung ausdrücken: »Ich kann nicht« wird zum Beispiel durch »Ich will nicht« ersetzt, und statt »man« fordert er auf, »ich« zu sagen. Durch systematisch eingesetzte Frustrationen zwingt er den Patienten, seine eigenen Energien zu mobilisieren. Er fordert den Patient auf, sich mit eigenen Verhaltensweisen, Symptomen und aktuellen Prozessen zu identifizieren (z.B.: »Sei deine Hand«), um Verantwortung dafür zu übernehmen. Mit diesen Teilen von sich oder anderen Personen tritt der Patient in einen Dialog, setzt sie symbolisch auf den leeren Stuhl, wobei der einzelne im Gegensatz zum Psychodrama mehrere Rollen (Gestaltdrama) übernehmen kann. Oft unter großer affektiver Beteiligung durchlebt der Patient belastendes »Vergangenheitsmaterial« noch einmal, arbeitet es durch und integriert es kognitiv. Ein wichtiger Satz des Therapeuten lautet: »Kannst du bei diesem Gefühl bleiben?« Er ist dabei direktiv und äußert seine persönlichen Reaktionen zum Teil in drastischer Weise. Es steht jeweils ein Einzelner im Mittelpunkt der Behandlung. Die Anwesenheit der anderen intensiviert lediglich den therapeutischen Vorgang und ermöglicht ihnen ein passives Lernen.

Dieser psychisch sehr tiefgehende, mit starken Affekten arbeitende direktive therapeutische Ansatz erfordert den ganz besonders geschulten und erfahrenen Therapeuten. Taber (1981) beschreibt diese Methode ausführlicher in der Arbeit mit pathologischen Glücksspielern und berichtet von bisher guten Behandlungsergebnissen. Hier gelten die gleichen Kritikpunkte wie beim Psychodrama.

Verhaltenstherapie in Gruppen – Kognitive Therapie

Zur Verhaltenstherapie in Gruppen führt Reinecker (1991) aus, dass es den Patienten in einer Gruppe möglich ist, unter relativ kontrollierten Bedingungen neues Verhalten für komplexere Problemsituationen einzuüben. Die einzelnen Gruppenmitglieder bieten sich gegenseitig ein lebensnahes Korrektiv sowie Anregungen für neue Ziele und realistische Überzeugungen, mehr als dies von einem einzelnen Therapeuten zu leisten ist. Nach Liberman (1975; Schneider-Düker, 1980) werden verhaltenstherapeutische Techniken in ganz unterschiedlichen Gruppentherapieverfahren eingesetzt, um bestimmte Verhaltensweisen der Teilnehmer zu verstärken oder zu löschen. Selbstexploratives oder sozial erwünschtes Verhalten ist durch den Therapeuten z.B. verbal, »ich fand gut, wie Sie das gesagt haben«, zu verstärken, wodurch andere Gruppenmitglieder gleichzeitig ermutigt werden (stellvertretende Verstärkung), sich ebenso zu verhalten. In der Gruppentherapie spielt Modellernen oder Imitationslernen (Bandura, 1977; Bandura u. Walters, 1963) eine bedeutende Rolle. Dabei ist zu berücksichtigen, welche Normen in der Gruppe vorhanden sind. Sie müssen nicht immer ausschließlich vom Therapeuten intendiert sein (Liebermann, 1977).

Einige gemeinsame Merkmale des verhaltenstherapeutischen Vorgehens sind (Reinecker, 1991; Feuerlein, 1989):

- Die Interventionstechniken sind klar zu definieren, und es wird eine empirisch wissenschaftliche Überprüfung angestrebt.
- Fehlangepasstes Verhalten wird als zum größten Teil gelernt angesehen.
- Die Therapie konzentriert sich mehr auf das gestörte Verhalten selbst als auf die ihm zugrunde liegenden Ursachen.
- Zur Modifikation des fehlangepassten Verhaltens werden lerntheoretische Prinzipien eingesetzt.
- Behandlungsziele müssen klar definiert werden und konzentrieren sich auf Veränderungen im Hier und Jetzt.

Liebermann (1977) bezweifelt in diesem Zusammenhang, dass der Gruppenleiter dazu in der Lage ist, die Situation in der Gruppe genau unter Kontrolle zu halten und Verhalten beliebig zu modifizieren. Zu recht führt er an, dass Macht und Einfluss in der Beziehung mehrerer Personen zueinander breiter gestreut sind als in der Einzeltherapiesitzung. Nach seiner Ansicht schränkt dies die Brauchbarkeit verhaltenstherapeutischer Ansätze in der Gruppe ein. Diese Einschränkung dürfte jedoch dann weniger gültig sein, wenn der Therapeut verhaltenstherapeutische Techniken (Liberman, 1975) direktiv einsetzt, wobei er dann weniger oder keinen Wert auf gruppendynamische Aspekte legt. Zu diesen Techniken gehört z. B. das Entspannungstraining und die systematische Desensibilisierung. Neuere Ansätze des Gruppentrainings sozialer Kompetenzen (Pfingsten & Hinsch, 1991) haben ähnliche Hintergründe. Durch die Gruppensituation bieten sich besonders realistische Übungssituationen. Lazarus (1978) unterscheidet ebenfalls zwischen der Verhaltentherapie in einer Gruppe, wo sich individuelle Verhaltenstherapie an jedes einzelne Mitglied richtet, und Gruppen-Verhaltenstherapie, bei der alle Gruppenmitglieder aktiv zu Veränderungen bei sich selbst und bei anderen beitragen. Als Voraussetzung für eine angstfreie Zusammenarbeit führt er folgende Punkte an: Zusammenarbeit, Zusammenlegung der verfügbaren Hilfsmittel, konstruktive statt destruktive Kritik, Erfahrung des hilfreichen Zusammenseins, Vertrauen, Vermeiden ungesteuerter Zornesausbrüche.

Durch den Einfluss des sozialen Lernens und der neueren kognitiven Therapieansätze hat die Verhaltenstherapie eine wesentliche Erweiterung erfahren.

Im Rahmen der Rational-Emotiven Therapie (RET-kognitive Therapie) sind es weniger Verhaltensübungen (Keßler & Roth, 1980; Ellis, 1979) als vielmehr kognitive und emotive Strategien, die in den Vordergrund rücken. Dabei wird die Gruppentherapie eingesetzt, um Veränderungen in Richtung auf ein rationales, zielorientiertes Denken und ein problemloses Gefühlsleben zu erreichen (Ellis, 1979).

Taber (1981) bezieht sich auf Ellis, wenn er hervorhebt, wie wichtig es in der Arbeit mit pathologischen Glücksspielern ist, deren irrationales und illusorisches Denken in bezug auf Gewinnchancen und Lebensgestaltung in die Gruppenarbeit einzubeziehen.

Ellis betont, dass es einer Gruppe mit größerem Erfolg als einem einzelnen Therapeuten gelingt, dem Klienten eine ungünstige Denkhaltung bewusst zu machen. In der Gruppe ist es möglich, selbstzerstörerische Gedanken zu analysieren, energisch anzufechten und zu widerlegen. Im Rahmen der RET legt der Therapeut großen Wert darauf, **veränderte Einstellungen in praktisches Verhalten umzusetzen** (sich zum Beispiel beim Arbeitsamt vorzustellen etc.). Solche Anregungen haben oft eine nachhaltigere Wirkung, wenn Gruppenmitglieder sie ausgesprochen haben und nicht der Therapeut. Es gehört zu den Grundprinzipien der RET zu erforschen, wie es zu bestimmten emotionalen Störungen kommt, welches aktivierende Ereignis den Anstoß dazu gab und mit welchen möglicherweise irrationalen Überzeugungen sich der Einzelne seine emotionalen Probleme selbst geschaffen hat. Dabei disputiert man darüber, wie die irrationalen Überzeugungen zu verringern oder aufzugeben sind und sich daraus resultierende negative emotionale Konsequenzen abbauen lassen.

B Arbeitsmaterialien zum Therapieverlauf

B1 Zwanzig Fragen der Anonymen Spieler

1. Hast Du jemals Arbeits- oder Schulzeit durch Spielen versäumt?
2. Hat Dir das Spielen schon häusliche Missstimmungen gebracht?
3. Hat Dein guter Ruf durch das Spielen gelitten?
4. Hast Du schon einmal Gewissensbisse nach dem Spielen verspürt?
5. Hast Du schon einmal gespielt in der Erwartung, mit dem Spielgewinn Schulden zu bezahlen oder andere finanzielle Probleme zu lösen?
6. Haben Deine Zukunftspläne und Deine Leistungsfähigkeit durch das Spielen Einschränkungen erfahren?
7. Willst Du einen Spielverlust so schnell wie möglich zurückgewinnen?
8. Hast Du nach einem Spielgewinn den starken Drang weiterzuspielen, um noch mehr zu gewinnen?
9. Hast Du schon oft Deinen letzten Pfennig verspielt?
10. Hast Du Dir schon einmal Geld geliehen, um spielen zu können?
11. Hast Du schon einmal etwas verkauft, um spielen zu können?
12. Hast Du nur widerstrebend »Spielgeld« für alltägliche Ausgaben verwendet?
13. Hast Du Dein eigenes Wohlergehen und das Deiner Familie durch das Spielen vernachlässigt?
14. Hast Du schon einmal länger gespielt, als Du eigentlich wolltest?
15. Hast Du im Spiel schon einmal Sorgen und Ärger vergessen wollen?
16. Hast Du schon einmal auf ungesetzliche Weise dein Spiel finanziert oder schon einmal an eine solche Möglichkeit gedacht?
17. Hat das Spielen bei Dir Schlafstörungen verursacht?
18. Entsteht nach Auseinandersetzungen, Streit, Enttäuschungen und Frustrationen bei Dir der starke Wunsch, spielen zu gehen?
19. Hast Du schon einmal das Verlangen gehabt, anlässlich glücklicher Ereignisse in Deinem Leben ›zur Feier des Tages‹ ein paar Stunden spielen zu gehen?
20. Ist Dir schon einmal bewusst geworden, dass Du Dich mit dem Spielen selbst zerstörst?

Die meisten süchtigen Spieler beantworten mindestens sieben dieser Fragen für sich mit »JA«.

B2 Die erste Zeit des Entzugs und der Entwöhnung vom Glücksspielen

Die **erste Zeit des Entzugs und der Entwöhnung** vom Glücksspielen ist oft von belastenden Gedanken und Gefühlen begleitet. Häufig wird die Beendigung des Spielens nicht nur als Erleichterung empfunden, sondern gleichzeitig treten eine quälende innere Leere, Langeweile, Ärger, Ängste und depressive Verstimmungen auf, ohne dass der **Zusammenhang zur Glücksspielentwöhnung** gesehen wird. Quälende Gedanken entstehen, es bliebe immer so. Nichts kommt zunächst dem Nervenkitzel des Glücksspielens und dem darin Eingebundensein gleich. Das Spielen wurde letztlich zum zentralen Lebensinhalt, der nun wegfällt.

Je nach Dauer und Intensität der Krankheitsentwicklung kann dieser Zustand mehrere Tage oder einige Wochen dauern. Es gibt kein Patentrezept, das anfängliche Unwohlsein, die innere Unruhe und Nervosität zu lindern.

Der Unmut äußert sich nicht selten an die Adresse der Therapeuten. Ungeduld kommt auf, »hier passiert ja nichts, ich trete auf der Stelle, habe mehr erwartet, komme nicht weiter«, und die Therapie wird in Frage gestellt.

Diese **Zusammenhänge** zu verstehen, woher die unangenehmen Gefühlszustände kommen, kann schon in gewisser Weise beruhigen, und es gibt die Gewissheit, es hat ein Ende!

Die **fortschreitende Zeit der Entwöhnung** und der damit verbundene zunehmende Abstand vom Suchtverhalten, sind mit Sicherheit schon wichtige Faktoren, die Abhängigkeit zu überwinden.

Es gilt jedoch nicht, passiv abzuwarten, bis die schwierige Zeit des Entzugs vom Spielen vorübergeht. Vielmehr kann der Entwöhnungsprozess durch **eigenes Aktivsein** beträchtlich erleichtert und beschleunigt werden. Dabei ist entscheidend, Verhaltensweisen wiederzubeleben oder neu zu trainieren, die möglichst wenig Gemeinsamkeiten mit dem Glücksspielverhalten aufweisen. Eine **günstige Alternative** zum Suchtverhalten ist, intensiv das Gespräch über den belastenden Gefühlszustand zu suchen. Am besten **abschalten und entspannen** können Sie, wenn Sie sich möglichst stark **auf andere Tätigkeiten** konzentrieren. Erfahrungen zeigen, dass es keinen Vorteil bringt, krampfhaft den Gedanken an das Glücksspielen zu unterdrücken, da er sich dadurch eher noch verstärkt. Vielmehr werden durch die **offene Auseinandersetzung** damit Ängste vor Rückfälligkeit abgebaut, der innere Druck verringert sich und Sie lernen zusehends, diese Zustände zu bewältigen.

Neben der **offeneren und verstärkten sprachlichen Kommunikation** bieten sich sportliche oder auch geistige Aktivitäten an, psychischen Stress abzubauen. In der **Vergangenheit** haben solche Interessen möglicherweise schon existiert und müssen nur aktualisiert werden, oder es entwickeln sich **neue Ideen und Anregungen**.

Viele Spieler neigen in der Anfangszeit der Therapie jedoch dazu, Beschäftigungen und Ablenkungen zu suchen, die eher eine **passive Form der Unterhaltung** bieten (Fernsehen, DVD/Video, PC-Spiele, Nintendo etc.) und nur ein geringes Maß an eigener Anstrengung und Konzentration erfordern.

Je unähnlicher die neuen Aktivitäten und Interessen dem Glücksspielverhalten sind, und je stärker man sich darauf konzentrieren muss, um so intensiver wird der Entwöhnungsprozess erleichtert und gefördert, und der Spieler befindet sich auf der **sicheren Seite der Abstinenz**.

Bitte tragen Sie unter der nachfolgenden Skala Ihre augenblicklichen Aktivitäten und neuen Vorhaben (roter Stift) nach dem **Ähnlichkeitsgrad zum Glücksspielen** ein:

hoch ——————————— mittel ——————————— niedrig

1   **5**   **10**

B3   Therapieplanung

Name: _____   Datum: _____

Zielsetzungen in möglichst konkreten Verhaltensweisen formulieren: Ziele im Hier und Jetzt und langfristige Vorhaben unterscheiden.

Abhängigkeit: Therapiemotivation? Krankheitsakzeptanz? Abstinenzerfordernisse? Alternative Sressbewältigungsstrategien?

Kurzfristige Ziele: _____
_____
_____

Langfristige Ziele: _____
_____
_____

Finanzielle Regelungen: Schuldnerberatung? Haushaltsplanung notwendig? Taschengeldregelung?

Kurzfristige Ziele: _____
_____
_____

Langfristige Ziele: _____
_____
_____

Gesundheit: Fitness und Kondition verbessern? Vernachlässigte ärztliche Versorgung? Zahnbehandlung? Gesunde Ernährung? Rauchkonsum? Essstörungen?

Kurzfristige Ziele: _____
_____
_____

Langfristige Ziele: _____
_____
_____

Psychotherapeutische Ziele: Ängste? Depressive Verstimmungen? Mehr aus sich herausgehen? Über Gefühle sprechen? Hemmungen? Übermäßiges Reden? Beziehungsprobleme?

Kurzfristige Ziele: _____
_____
_____

Langfristige Ziele: _____
_____
_____

Partnerschaft: Vertrauen? Paargespräche? Trennungsprobleme?

Kurzfristige Ziele: _____

_____
_____

Langfristige Ziele: _____

_____
_____

Kinder: Kontakt? Angehörigengespräche?

Kurzfristige Ziele: _____

_____
_____

Langfristige Ziele: _____

_____
_____

Eltern: Kontakt? Ablösung? Angehörigengespräche?

Kurzfristige Ziele: _____

_____
_____

Langfristige Ziele: _____

_____
_____

Soziales Umfeld: Freunde? Bekannte? Einstellung zum Suchtproblem?

Kurzfristige Ziele: _____

_____
_____

Langfristige Ziele: _____

_____
_____

Freizeitgestaltung/Tagesstruktur: Persönliche Gespräche? Kontakte? Sport? Lesen? Unternehmungen?

Kurzfristige Ziele: _____

_____
_____

Langfristige Ziele: _____

_____
_____

Beruf/Wohnung: Beratungsbedarf? Arbeitssuche? Wohnungssuche?

Kurzfristige Ziele: _____

_____
_____

Langfristige Ziele: _____

_____
_____

B4 Schuldenbilanz und -regulierung

Name: _____   Datum: _____

Alle Gläubiger Name/ Institut	Schulden zum jetzigen Zeitpunkt	Augen- blickliche Regelung	Neue Regelung	Tatsächliche während des Klinikaufenthalts gezahlte Monatsraten					
				Monat	Monat	Monat	Monat	Monat	Rest- schuld
1.									
2.									
3.									
4.									
5.									
6.									
7.									
8.									
9.									
	Gesamt								

B5   Monatshaushaltsplan

Haushaltsplan*: Monatliche Einnahmen und Ausgaben	
* Der Haushaltsplan wurde in Anlehnung an das Familienhaushaltsbuch der Deutschen Gesellschaft für Hauswirtschaft e.V. erstellt	
Monatliche Einnahmen	
Einkommen/Rente	
Lohn/Gehalt (netto)	EUR
Renten und Pensionen (netto)	EUR
Unterhaltszahlungen	EUR
Staatliche Zahlungen	
Arbeitslosengeld/Arbeitslosengeld II	EUR
Sozialhilfe	EUR
Wohngeld	EUR
Erziehungsgeld	EUR
Kindergeld	EUR
Rückerstattung von:	
Staat (Steuer)	EUR
Versicherung (Krankenkasse)	EUR
Arbeitgeber (Spesen/Reisekosten)	EUR
Einnahmen aus Vermögen	
Zinsen/Prämien	EUR
Auflösung von Sparguthaben/	
Wertpapieren	EUR
Auszahlung der Bausparsumme/Lebensversicherung	EUR
Mieteinnahmen	EUR
Sonstige monatliche Einnahmen	
	EUR
	EUR
Monatliche Gesamteinnahmen	**EUR**
− Gesamtausgaben	**EUR**
= Überschuss/Defizit	**EUR**

Haushaltsplan*: Monatliche Einnahmen und Ausgaben	
* Der Haushaltsplan wurde in Anlehnung an das Familienhaushaltsbuch der Deutschen Gesellschaft für Hauswirtschaft e.V. erstellt	
Monatliche Ausgaben	
Regelmäßige (fixe) Ausgaben	
Haus/Wohnung	
Miete (kalt)	EUR
Mietnebenkosten	EUR
Energie (Strom, Gas)	EUR
Kfz-Steuer/Versicherung	**EUR**
Sonstige Versicherungen	**EUR**
Sonstige Steuern	**EUR**
Telefon	EUR
Rundfunk-/Fernsehgebühren/Kabel	EUR
Abonnements	EUR
Vereinsbeiträge	EUR
Raten für Ratenverträge, Kredite und Leasing	EUR
Sparverträge/Sparbeträge	EUR
Unterhaltsverpflichtungen	EUR
Laufende (variable) Ausgaben	
Ernährung/Getränke	EUR
Bekleidung/Schuhe	EUR
Körper und Gesundheit	EUR
Haushalt	EUR
Bildung/Beruf	EUR
Freizeit/Hobby	EUR
Fahrtkosten/Benzin	EUR
Sonstige Ausgaben	**EUR**
Monatliche Gesamtausgaben	**EUR**

B6   Tagesausgabenprotokoll

Name: _____

Datum: _____

Einnahmen		Ausgaben		
vorhandenes				
Taschengeld: _____ EUR		Tabakwaren:	_____	EUR
		Kaffee:	_____	EUR
		Lebensmittel:	_____	EUR
		Essen gehen:	_____	EUR
heute		Kino/Veranst.:	_____	EUR
zusätzlich		Kleidung:	_____	EUR
eingenommen: _____EUR		Toilettenartikel:	_____	EUR
		Zeitungen:	_____	EUR
		Bücher:	_____	EUR
		sonst. Anschaff.:	_____	EUR
		Sonstiges:	_____	EUR

Gesamtsumme: _____EUR   Gesamtsumme: _____ EUR

Gesamtsumme: _____ EUR

./. Ausgaben: _____ EUR

Übertrag: _____ EUR
für nächsten Plan

B7   Selbsteinschätzungsskalen: Therapieschritte und Fragestellungen

B7.1 Therapiemotivation (TMO)

M. Bachmann, S. Andresen, C. Figgemeier, H. Freitag, S. Hegemann, M. Hermann, J. Kasperski,
S. Long, A. Lukaczewski, M. Lüth, T. Maasjost, H. Meier-Holländer, K. Pawlowski, M. Spanke, J. Weber,
A. Wollenzien

Name: _____

Bitte beurteilen Sie, ob die einzelnen Aussagen auf Sie zutreffen. Je weiter Sie Ihr Kreuz nach rechts setzen,
umso stärker stimmen Sie zu.

		Trifft **gar nicht** zu	Trifft **eher nicht** zu	Trifft **eher** zu	Trifft **genau** zu
01	Ich habe große Hoffnungen an die Therapie geknüpft.				
02	Ich möchte gesundheitlich etwas für mich tun.				
03	Andere finden es gut, dass ich eine Therapie mache.				
04	Einsamkeit und Isolation möchte ich überwinden.				
05	Ich weiß, was mich in der Therapie erwartet.				
06	Ich habe den Wunsch, mich zu verändern.				
07	Diesmal soll der Versuch gelingen, das Suchtverhalten zu stoppen.				
08	Die Therapie ist im Moment das Wichtigste.				
09	Die Therapie ist bei mir dringend nötig.				
10	Die Abstinenz wird dazu führen, dass ich mich besser fühle.				
11	In der Therapie kommt es auf meine aktive Mitarbeit an.				
12	Ich erwarte Hilfe von den Therapeuten.				
13	Ich will abstinent leben.				
14	Der Therapiezeitpunkt ist für mich günstig.				
15	Ich habe noch Familie, die mich in der Therapie unterstützt.				
16	Ich habe noch Freunde und Bekannte, die an meiner Therapie interessiert sind.				
17	Jeder kann wissen, dass ich eine Therapie mache.				
18	Ich habe die Therapie selbst gewollt.				
19	Die Therapie brauchte ich wirklich schon.				
20	Nach der Therapie werde ich alltäglichen Anforderungen wieder besser genügen.				

		Trifft **gar nicht** zu	Trifft **eher nicht** zu	Trifft **eher** zu	Trifft **genau** zu
21	Ich habe noch ein soziales Umfeld, das ebenfalls von der Abstinenz profitieren wird.				
22	Wenn ich abstinent bin, wird es unwahrscheinlicher, dass es zu Straftaten kommt.				
23	Durch die Abstinenz kann ich mich zufriedener fühlen.				
24	Ich kann mir wieder in die Augen schauen, wenn ich abstinent bin.				
25	Mein Selbstwertgefühl wird zunehmen, wenn ich meinen Abstinenzwunsch verwirklichen kann.				
26	Nach einer Therapie werde ich meine Probleme wieder besser bewältigen.				
27	Ich bin froh, dass ich mich zur Therapie entschlossen habe.				
28	Meine finanzielle Situation wird sich verbessern.				
29	Auch eine größere Summe Geldes würde mich nicht von der Therapie abbringen.				
30	Einen kontrollierten Umgang mit dem Suchtmittel gibt es für mich nicht.				
31	Ich kann nach einer Therapie wieder optimistisch in die Zukunft blicken.				
32	Andere Dinge werden wieder interessanter.				
33	Ich mache die Therapie für mich selbst.				
34	Ich habe noch einen Arbeitgeber, der mich unterstützt.				
35	Mein soziales Umfeld ist noch intakt.				
36	Ich wünsche mir eine längerfristige Behandlung.				
37	Ich bin froh, dass ich unter meiner Sucht nicht mehr leiden muss.				
38	Auch körperlich werde ich mich erholen.				
39	In der Therapie kann ich seelisch gesunden.				
40	In der Behandlung kann ich Probleme aufarbeiten.				
41	Ich habe mich selbst um die Therapie bemüht.				
42	Ich kann mir ein Leben ohne Suchtmittel vorstellen.				
43	Ich habe gute Kontakte zu einer Selbsthilfegruppe.				
44	Ich habe gute Kontakte zu einer Beratungsstelle oder werde mich darum bemühen.				
45	Mein soziales Umfeld will ich verändern.				
46	Wenn ich die Therapie durchhalte, hat das Vorteile für mich.				
47	Es gibt keine Alternativen zu dieser Therapiemaßnahme.				
48	Ich habe keine Angst vor der Therapie.				

B7.2 Krankheitseinsicht (KE)

M. Bachmann, S. Andresen, C. Figgemeier, H. Freitag, S. Hegemann, M. Hermann, J. Kasperski, S. Long, A. Lukaczewski, M. Lüth, T. Maasjost, H. Meier-Holländer, K. Pawlowski, M. Spanke, J. Weber, A. Wollenzien

Name: _____

Bitte beurteilen Sie, ob die einzelnen Aussagen auf Sie zutreffen. Je weiter Sie Ihr **Kreuz** nach rechts setzen, umso stärker stimmen Sie zu.

		Trifft **gar nicht** zu	Trifft **eher nicht** zu	Trifft eher zu	Trifft **genau** zu
01	Ich will mein Suchtverhalten nicht mehr verheimlichen.				
02	Über das Ausmaß des Suchtverhaltens und die schlimmen Folgen möchte ich offen sprechen.				
03	Zu meinem Kontrollverlust stehe ich.				
04	Die Sucht soll nicht mehr mein zentraler Lebensinhalt sein.				
05	Ich fühle mich durch die Abstinenz erleichtert.				
06	Der jetzige Versuch soll gelingen, vom Suchtverhalten loszukommen.				
07	Meine Gesundheit wird sich nach der Therapie verbessern.				
08	Mein soziales Umfeld wird sich danach wieder positiver entwickeln.				
09	Psychisch werde ich wieder ausgeglichener sein.				
10	Ich stehe zu meiner Suchtkrankheit.				
11	Das Suchtverhalten soll nicht mehr meinen Tagesablauf bestimmen.				
12	Ich werde nach der Behandlung normaler essen.				
13	Ich musste meinen Suchtmittelkonsum steigern, um die gewünschte Wirkung zu erzielen.				
14	Ich schäme mich nicht mehr, wenn die Sprache auf mein Suchtverhalten kommt.				
15	Ich kann aufhören, mir Schuldgefühle wegen meines Suchtverhaltens zu machen.				
16	Ich kann mich wieder auf andere Dinge konzentrieren.				
17	Ich kann mich wieder über andere Dinge freuen.				
18	Ich werde keine Konflikte mehr provozieren, um ein Alibi zu haben, das Suchtverhalten auszuüben.				
19	Der Gedanke an ein abstinentes Leben beruhigt mich.				
20	Ich kann mich als abhängigkeitskrank akzeptieren.				
21	Berufliche Probleme werden durch die Abstinenz nachlassen.				

		Trifft gar nicht zu	Trifft eher nicht zu	Trifft eher zu	Trifft genau zu
22	Wenn ich abstinent bin, kann ich besser auf andere Menschen zugehen.				
23	Abstinenz wirkt sich positiv auf das Familienleben aus.				
24	Ich kann mir eine Zukunft ohne Suchtmittel vorstellen.				
25	Mein soziales Umfeld akzeptiert meine Suchterkrankung.				
26	Ich brauche die Unterstützung einer Selbsthilfegruppe, um mein Abstinenzbemühen zu stabilisieren.				
27	Um Rückfälligkeit zu vermeiden, werde ich andere Interessen entwickeln, mich auszugleichen und meine Freizeit zu gestalten.				
28	Dazu brauche ich neue Freunde und Bekannte.				
29	Alte Gewohnheiten, die mit der Sucht zusammenhingen, werde ich verändern.				
30	Ich werde eher Situationen aufsuchen, die mich nicht an das Suchtverhalten erinnern.				
31	Damit kein Langeweile entsteht, werde ich neue Hobbys entwickeln oder alte wieder aufgreifen.				
32	Ich habe mich mit dem Gedanken abgefunden, die Kontrolle über mein Suchtmittel verloren zu haben.				
33	Ich verspüre keinen Anreiz, es wieder zu versuchen.				
34	Selbsthilfegruppen finde ich wichtig.				
35	Ich werde es nur mit Hilfe anderer schaffen.				
36	Ich werde Kontakte zu einer Suchtberatungsstelle aufbauen oder halten.				
37	Andere sollen wissen, dass ich abstinent leben will.				
38	Es gibt andere Möglichkeiten, als in Gaststätten, Spielhallen und Kasinos zu gehen.				
39	Falls es zu einem Rückfall kommt, muss ich offen darüber reden.				
40	Die Abstinenz wird mein ganzes Leben zum Positiven verändern.				
41	Ein abstinentes Leben hat nur Vorteile für mich.				
42	Auf mein abstinentes Leben freue ich mich.				
43	Ich habe andere Möglichkeiten, als das Suchtmittel, Abwechslung zu haben und einmal aus dem Alltag auszusteigen.				
44	Es wird mir auch ohne Suchtmittel gelingen, mich zu belohnen und einmal einen »oben drauf« zu machen.				
45	Ich werde nur Kontakte zu den Menschen halten, die mich in meinem Abstinenzverhalten unterstützen.				
46	Durch die Abstinenz kann ich mir wieder mehr leisten.				

B7.3 Therapie der Ursachen (TdU)

Oder was soll zukünftig anders sein?

M. Bachmann, S. Andresen, C. Figgemeier, H. Freitag, S. Hegemann, M. Hermann, J. Kasperski,
S. Long, A. Lukaczewski, M. Lüth, T. Maasjost, H. Meier-Holländer, K. Pawlowski, M. Spanke, J. Weber,
A. Wollenzien

Name: _____

Bitte beurteilen Sie, ob die einzelnen Aussagen auf Sie zutreffen. Je weiter Sie Ihr **Kreuz** nach rechts setzen, umso stärker stimmen Sie zu.

		Trifft **gar nicht** zu	Trifft **eher nicht** zu	Trifft **eher** zu	Trifft **genau** zu
01	Problemen gehe ich nicht aus dem Weg.				
02	Ich kann gut abschalten und entspannen.				
03	Es fällt mir leicht, Kontakte zu knüpfen.				
04	Ich werde meinen eigenen Ansprüchen gerecht.				
05	Ich kann mich von meinen beruflichen Sorgen gut abgrenzen.				
06	Ich habe keine Probleme mich anderen mitzuteilen.				
07	Ich kann gut mit Kritik umgehen.				
08	Kindheitserlebnisse belasten mich nicht oder nicht mehr.				
09	Kritik nehme ich nicht zu persönlich.				
10	Den Konflikten im zwischenmenschlichen Bereich fühle ich mich gewachsen.				
11	Ich kann Lob annnehmen.				
12	Ich kann über meine Probleme sprechen.				
13	Ich kann mich über Kleinigkeiten freuen.				
14	Ich kann Fehler machen.				
15	Im Umgang mit anderen Menschen bin ich selbstsicher.				
16	Geht etwas schief, bin ich nicht so leicht aus der Ruhe zu bringen.				
17	Ich kann Nähe zulassen.				
18	Ich kann gut allein sein.				
19	Ich trage gerne Verantwortung.				
20	Ich führe ein selbstständiges Leben.				
21	Auch in Belastungssituationen behalte ich einen kühlen Kopf.				
22	Versagensängste kenne ich kaum.				

		Trifft gar nicht zu	Trifft eher nicht zu	Trifft eher zu	Trifft genau zu
23	Ich habe auch in schwierigen Situationen genügend Selbstvertrauen.				
24	Ich kann negative und positive Gefühle aussprechen.				
25	Ich führe eine glückliche Partnerschaft.				
26	Ich kann längerfristige Beziehungen eingehen.				
27	Mit meinem Sexualleben bin ich zufrieden.				
28	Ich kann »Nein« sagen.				
29	Ich sehe optimistisch in die Zukunft.				
30	Ich neige zum positiven Denken.				
31	Ich kann meine Schwächen akzeptieren.				
32	Ich sehe dem Leben realistisch ins Auge.				
33	Es fällt mir leicht, Vorhaben in die Tat umzusetzen.				
34	Ich habe Disziplin und Selbstkontrolle.				
35	Ich kann mich in die Gesellschaft integrieren.				
36	Ich kann meinen Alltag gut strukturieren.				
37	Konflikten gehe ich nicht aus dem Weg.				
38	Probleme schiebe ich nicht vor mir her.				
39	Unangenehme Dinge erledige ich zuerst.				
40	Autoritäten ängstigen mich nicht.				
41	Ich kann auf Lebenserfahrungen zurückgreifen, die noch nicht vom Suchtverhalten geprägt waren.				
42	Ich habe viele positive Eigenschaften.				
43	Wenn ich mich aussprechen will, ist jemand für mich da.				
44	Ich muss nicht in allen Dingen gut sein.				
45	Um mein Verhalten zu beurteilen, sind meine eigenen Maßstäbe wichtig.				
46	Ich kann mich unterordnen und anpassen.				
47	Ich kann eigene Interessen und Bedürfnisse durchsetzen.				

B8   Abstinenz

B8.1   Abstinenzgründe auf der Waage

Stellen Sie die Vorteile der Abstinenz und die Vorteile des Suchtmittelkonsums auf einer Waage dar.
Arbeitsblatt: Dr. M. Bachmann

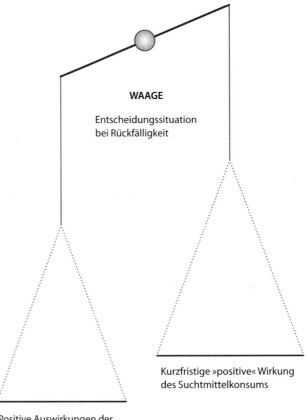

WAAGE

Entscheidungssituation
bei Rückfälligkeit

Kurzfristige »positive« Wirkung
des Suchtmittelkonsums

Positive Auswirkungen der
Abstinenz, die ich nicht aufgeben möchte

B8.2 Ergebnis einer Therapiegruppenarbeit zum Thema Vorteile der Abstinenz und »Vorteile« des Suchtverhaltens

Was motiviert mich langfristig abstinent zu bleiben?

M. Bachmann unter Mitarbeit von K. Feldberg, S. David, G. Schöpper, B. Gato, C. Schulz, K. Albers, J. Nowak, H. Bruns

Meine finanzielle Lage verbessert sich:

- Ich kann meine Miete bezahlen und mir etwas zu essen kaufen.
- Ich kann mir neue Kleidung kaufen.
- Ich habe Geld übrig für Auto, Urlaub, Kino, Konzerte und viele andere Dinge.

Ich habe wieder Freude am Leben:

- Ich treffe mich mit Menschen, die mir am Herzen liegen.
- Ich gehe tanzen (Endorphine zum Nulltarif).
- Radfahren, Joggen, Tisch-Tennis, Fußball und viele andere Dinge.
- BESINNLICHKEIT, RUHE UND GELASSENHEIT.

Man kann sich wieder auf mich verlassen, ich bin ehrlich und stelle mich unangenehmen Dingen und bewältige diese. Ich halte Ordnung, und mein Alltag hat wieder Struktur.

Ich habe wieder Zeit für meine Familie:

- Ich bin wieder aufmerksam, habe wieder Ohren für die Nöte und Sorgen, aber auch für die positiven Dinge.
- Ich empfange wieder Zärtlichkeit und gebe sie zurück.
- Vertrauen, Aufrichtigkeit, gemeinsame Unternehmungen gemeinsame Erlebnisse.
- Ich bin wieder beziehungsfähiger.

In meinem Beruf wendet sich vieles zum Positiven:

- Ich habe wieder Spaß an meiner Arbeit.
- Die Kollegialität verbessert sich.
- Man gibt mir wieder mehr Verantwortung, ich traue mir wieder etwas zu.

- Ich bin wieder belastbar, motiviert und aufmerksam.

Meine Psyche stabilisiert und verändert sich:

- Ich lebe bewusster, nehme mich selber wieder ernst und bewusster wahr.
- Ich sage »NEIN«, wo ich früher »JA« gesagt habe.
- Ich grenze mich ab von Überforderung, zu viel Verantwortung und ungünstigen Kontakten.
- Ich vertrete meine Interessen.
- Ich habe wieder Selbstwertgefühl.
- Ich nehme mir meine Freiheiten und genieße sie.
- Ich schaue meinen Mitmenschen wieder in die Augen.
- Ich habe wieder Lebensmut.
- Interesse und Lust an Sexualität und Erotik.

Ich bemerke Verbesserungen meiner Gesundheit:

- Ich habe wieder Kondition und Ausdauer.
- Ich schlafe wieder ruhig und entspannt.
- Ich esse wieder gesünder.

Kurzfristige »Vorteile« des Suchtverhaltens
ICH MUSS NICHT FUNKTIONIEREN

- Ich nehme keine Verantwortung wahr.
- Ich empfinde keine Pflichten.
- Ich achte nicht auf mein Äußeres.
- Ich habe meine Ruhe.
- Ich halte andere Menschen auf Abstand.
- Mein Umfeld ist mir egal.
- Ich benutze Streit als Alibi, spielen zu gehen.
- Ich bin launisch.
- Ich baue beim Spielen Aggressionen ab.
- Ich schalte ab.
- Ich kann vergessen.
- Ich bin in einer anderen eigenen Welt.
- Ich spüre den Kick, ich habe Spaß.
- Ich bin hemmungslos.
- Ich bin frei.
- Ich verspüre Spannung, ich verspüre Entspannung.

HOFFNUNG AUF GEWINN

B9   Vorteile der Abstinenz
(▶ Beck et al., 1997, S. 329)

Wieder Spaß am Leben haben.
Gesund bleiben.
Sich weniger paranoid fühlen.
Bessere Partnerschaft.
Für die Kinder da sein.
Sich fitter fühlen.
Geld sparen bzw. Schulden vermeiden.
Ich müsste mir nicht immer selbst auf die Finger hauen.
Ich bin mit mir selbst zufriedener.
Ich kann klarer denken.
Ich kann unbelasteter arbeiten gehen.
Ich kann meine Rechnungen und täglichen Ausgaben bestreiten.
Nicht bequem und lustlos sein.
Nicht die Kontrolle verlieren.
Ich müsste meine Familie nicht mehr belügen.
Mehr Zeit für Hobbys und Natur.
Kein Entzug.
Selbstzufriedener, weil ich einen selbstzerstörerischen Drang überwunden habe.
Ich müsste nichts mehr bereuen (Türen knallen, aggressiv sein).
Keinen Streit mehr provozieren, um mein Weggehen zu rechtfertigen.
Kann leichter und ohne schlechtes Gewissen mit anderen reden.
Besserer Schlaf.
Keine Angst, dass andere etwas mitbekommen können.
Fähig, die Zukunft zu planen.
Bessere Beziehung – besserer Sex.
Weniger eifersüchtig.
Mehr Zeit (für mich selbst und meine Familie).

(weitere Vorstellungen)

»Vorteile« des Suchtmittelkonsums
Ich fühle mich möglicherweise kurzfristig besser.
Kurzfristige Erleichterung.
Ich vergesse meine Probleme.
Ich kann mich abreagieren, Ärger und Enttäuschung herauslassen.
Wieder meinen Träumen nachgehen.
Vor Problemen flüchten.

(eigene Vorstellungen)

B10 Veränderte Einstellungen zum Verlangen

(angelehnt an Wright Craving Beliefs Questionnaire; nach Beck et al., 1997)

Name: _____   **Datum:** _____

Bitte lesen Sie jeden Satz sorgfältig durch und schätzen Sie anhand der folgenden Skala ein, wie sehr Sie dieser Aussage zustimmen oder nicht.

1	2	3	4	5	6	7
lehne ich völlig ab	lehne ich sehr ab	lehne ich etwas ab	neutral	stimme etwas zu	stimme sehr zu	stimme völlig zu

_____ 1. Gegen das Verlangen kann ich etwas tun.

_____ 2. Ich kann das Verlangen aushalten, auch wenn mir nicht sofort eine Lösung einfällt.

_____ 3. Das Verlangen kann mich nicht verrückt machen.

_____ 4. Das Verlangen ist nicht so stark, dass ich deswegen mein Suchtmittel einsetzen muss.

_____ 5. Das Verlangen nach dem Suchtmittel wird mich nicht immer begleiten.

_____ 6. Ich habe Kontrolle über mein Verhalten.

_____ 7. Wenn sich das Verlangen aufbaut, behalte ich die Kontrolle.

_____ 8. Ich werde nicht ständig, für den Rest meines Lebens Verlangen nach dem Suchtmittel haben.

_____ 9. Ich kann die Symptome aushalten, die mit dem Verlangen einhergehen.

_____ 10. Verlangen ist für mich keine Strafe.

_____ 11. Andere Menschen können nachvollziehen, wie schlimm das Verlangen für einen Süchtigen sein kann.

_____ 12. Die Vorstellungen und Gedanken, die mit dem Verlangen einhergehen, unterliegen meiner Kontrolle.

_____ 13. Das Verlangen macht mich nicht so nervös, dass ich es nicht aushalten kann.

_____ 14. Ich kann Fähigkeiten entwickeln, dem Verlangen zu widerstehen.

_____ 15. Wenn ich auf das Suchtmittel verzichte, wird das Verlangen weniger werden.

_____ 16. Das Verlangen macht mich nicht handlungsunfähig.

_____ 17. Verlangen kann mal stärker und schwächer sein.

_____ 18. Das Suchtmittel ist nie die einzige Lösung, wenn das Verlangen mal stark ist.

_____ 19. Auch bei sehr starkem Verlangen kann ich auf das Suchtmittel verzichten.

_____ 20. Mein Wille ist stärker als das Verlangen.

B11   Veränderte Einstellungen zu Suchtmitteln

(angelehnt an: Wright, Beliefs About Substance Use; nach Beck et al., 1997)

Name: _____   Datum: _____

Unten sind einige Einstellungen in Bezug auf Suchtmittel aufgelistet. Bitte lesen Sie jeden Satz genau durch und schätzen Sie anhand der folgenden Skala ein, wie sehr Sie diese Aussage zustimmen oder nicht.

1	2	3	4	5	6	7
lehne ich völlig ab	lehne ich sehr ab	lehne ich etwas ab	neutral	stimme etwas zu	stimme sehr zu	stimme völlig zu

_____   1. Ein Leben ohne Suchtmittel ist interessant.

_____   2. Ich kann ohne Suchtmittel leistungsfähig und kreativ sein.

_____   3. Die mir aufgetragenen Aufgaben kann ich ohne Suchtmittel besser erfüllen.

_____   4. Meine Lebensumstände sind ohne Suchtmittel zu ertragen.

_____   5. Ich bin bereit, auf Suchtmittel zu verzichten.

_____   6. Starkes Verlangen kann ich beherrschen lernen, ohne rückfällig zu werden.

_____   7. Mein Leben wird durch die Abstinenz besser.

_____   8. Ärger und Probleme kann ich ohne Suchtmittel bewältigen.

_____   9. Ohne Suchtmittel kann ich Spaß und gute Laune haben.

_____ 10. Wenn ich mich genügend anstrenge, kann ich von meiner Sucht loskommen.

_____ 11. Ich bin stark genug, einer Versuchung widerstehen zu können.

_____ 12. Ich kann ohne Suchtmittel auf Menschen zugehen und Kontakte aufbauen.

_____ 13. Suchtmittel sollen generell kein Problem mehr für mich sein.

_____ 14. Mit aufkommendem Verlangen kann ich fertigwerden.

_____ 15. Andere können mich nicht verleiten.

_____ 16. Ich fühle mich der Sucht nicht mehr ausgeliefert.

_____ 17. Ich kann mich ohne Suchtmittel entspannen.

_____ 18. Ich bin kein schlechter Mensch, weil ich süchtig bin.

_____ 19. Meine Ängste kann ich ohne Suchtmittel bewältigen.

_____ 20. Ich brauche keine Suchtmittel, um mal ›einen oben drauf‹ zu machen.

B12 Liste von Ideen und Gründen zum Spielen

(► Ciarrocchi, 2002)

Bitte kreuzen Sie an, was Sie über das Spielen gedacht haben:
- Ich habe ein System gefunden, das funktioniert.
- Ich habe eben mehr Glück als andere.
- Ich bin ein Positivdenker.
- Das Schicksal ist auf meiner Seite.
- Ich habe mehr Spielerfahrungen als andere.
- Mein System schlägt den Zufall.
- Ich habe schon früher gewonnen.
- An diesem Platz habe ich Glück.
- Ich habe es verdient, zu gewinnen.
- Andere können mit mir nicht mithalten.
- Das ist die richtige Zeit.
- Ich habe das gewisse Gefühl.
- Ich kann das Ergebnis beeinflussen.

- Ich habe das Vertrauen zu mir selbst.
- Ich habe gebetet.
- Das ist mein Glücksspiel.
- Nach so vielen Verlusten muss ich gewinnen.
- Ich bin sehr erfahren.
- Mein Glück hat mich nicht verlassen.
- Heute habe ich Glück.
- Ein großer Gewinn wird meine Probleme lösen.
- Durch das Spielen werde ich mich besser fühlen.

Andere: _____

_____

_____

B13 Konsequenzen des Glücksspiels – Checkliste

(▶ Ciarrocchi, 2002)

Bitte geben Sie bei jeder der nachfolgenden Aussagen an, in wieweit Sie davon betroffen sind:

0	1	2	3	4
Überhaupt nicht		Mittel		Sehr stark

Betroffensein

(0–4)

- _____ Das Spielen beanspruchte zu viel Zeit.
- _____ Es gab deswegen Konflikte bei der Arbeit.
- _____ Ich verlor die Kontrolle.
- _____ Konnte meine Gedanken nicht auf die Arbeit konzentrieren.
- _____ Es gab Auseinandersetzungen mit dem Partner.
- _____ Auseinandersetzungen mit den Kindern.
- _____ Auseinandersetzungen mit anderen Angehörigen.
- _____ Verlust des Selbstrespekts.
- _____ Schuldgefühle.
- _____ Weniger Zeit bei der Arbeit verbracht.
- _____ Keine Zeit für Familienaktivitäten.
- _____ Wenig Zeit mit Freunden außerhalb der Spielerszene verbracht.
- _____ Lügen erzählt.
- _____ Anderen keine Aufmerksamkeit geschenkt.
- _____ Freunden Geld nicht zurückgezahlt.
- _____ Kreditkarten überzogen.
- _____ Bankkredite nicht pünktlich zurückgezahlt.
- _____ Rechnungen im Haushalt nicht rechtzeitig bezahlt.
- _____ Illegale Handlungen zur Geldbeschaffung.
- _____ Keinen Urlaub machen können.
- _____ Der Partner kritisierte mich.
- _____ Freunde kritisierten mich.
- _____ Andere Familienmitglieder kritisierten mich.
- _____ Arbeitskollegen kritisierten mich.
- _____ Ich verstieß gegen meine eigenen Wertvorstellungen.
- _____ Ich habe Berufschancen verpasst.
- _____ Familiäre Ziele wurden nicht erreicht.
- _____ Finanzielle Ziele wurden nicht erreicht.
- _____ Moral und Wertvorstellungen wurden vernachlässigt.
- _____ Geheimnisse gegenüber nahe stehenden Personen.
- _____ Körperlich gewalttätig geworden.
- _____ Psychische Gewalt ausgeübt.
- _____ Gedanken, zu sterben.
- _____ Gedanken, sich selbst zu verletzen.
- _____ Versuche, sich selbst zu verletzen.
- _____ Wegen Spielen die Arbeit verloren.
- _____ Anschaffungen wurden veräußert.
- _____ Miete nicht rechtzeitig bezahlt.

B14   Therapieabbruchgefahr (TAG)

(M. Bachmann, J. Wiemann-Johnson, D. Marten, K.-H. Simon, S. Schippmann, St. Vogler, J. Wiebens, P. Berndt, M. Schlüter, B. Geseke, J. Rummelsberger, G. Koring, S. Jakubowski, U. Dalibor, J. Moldhäufel, M. Riehl, A. Krümpel, St. Meyer, F. Kleinschmidt, C. Obens, H. Rossow, D. Ociepa, St. Kolkhorst, R. Niemann, J. Gläscher, S. Eisenkrätzer, F. Wehebrink, J. Hinds)

Name: _____   Alter: _____   Geschlecht: _____

Testdatum: _____

Sie lesen jetzt eine Reihe von Aussagen, die sich mit Gedanken und Gefühlen zur Gefahr des Therapie-Abbruchs befassen. Bitte beurteilen Sie, ob die jeweilige Aussage auf Sie entweder **gar nicht zutrifft, eher nicht zutrifft, eher zutrifft** oder **genau zutrifft**. Bitte bearbeiten Sie alle Aussagen und wählen Sie jeweils nur eine der vorgegebenen Antwortmöglichkeiten.

		Trifft gar nicht zu	Trifft eher nicht zu	Trifft eher zu	Trifft genau zu
01	Ich fühle mich oft einsam.				
02	Ich werde dringend zu Hause gebraucht.				
03	Ich fühle mich vom Therapieprogramm körperlich überfordert.				
04	Ich habe Heimweh.				
05	Die Therapie wird meine körperliche Fitness verbessern.*				
06	Meine Beziehung könnte während der Therapie zerbrechen.				
07	Während der Therapie kommt die Familie ohne mich zurecht.*				
08	Für meine Familie ist es äußerst wichtig, dass ich abstinent lebe.*				
09	Ich könnte es auch ambulant schaffen.				
10	Es gibt zu viel Leerlauf in der Therapie.				
11	Ich fühle mich eingesperrt.				
12	Den Sinn vieler Regeln verstehe ich nicht.				
13	Meine Erwartungen in die Therapie wurden enttäuscht.				
14	Mit den Therapeuten komme ich gut aus.*				
15	Ich sehe für mich keine Fortschritte in der Therapie.				
16	Bei Problemen habe ich in der Klinik einen Ansprechpartner.*				
17	Durchzuhalten ist ein entscheidendes Ziel für mich.*				
18	Ich fühle mich hier ernstgenommen.*				
19	Vor Therapiegesprächen habe ich Angst.				
20	Gruppengespräche bringen mir nichts.				
21	Bei bestimmten Maßnahmen denke ich, das schaffe ich nicht.				
22	Der Gedanke an das Suchtmittel lässt mich nicht los.				

		Trifft gar nicht zu	Trifft eher nicht zu	Trifft eher zu	Trifft genau zu
23	Ich trete auf der Stelle, komme nicht voran.				
24	Ich habe Vertrauen zu Mitpatienten und Therapeuten.*				
25	Zu Hause sind viele Sachen unerledigt.				
26	Meine Unruhe und Nervosität lassen nicht nach.				
27	Breche ich ab, werden meine Angehörigen enttäuscht sein.*				
28	Ich fühle mich hier bevormundet.				
29	Ich habe Suchtdruck.				
30	Ich finde wenig Kontakt zu anderen Gruppenmitgliedern.				
31	In der Therapie kann ich viel lernen.*				
32	Die Therapiedauer habe ich mir kürzer vorgestellt.				
33	Ich fühle mich unterfordert.				
34	Ich bin suchtkrank.*				
35	Meine Familie unterstützt mich in der Therapie.*				
36	Die meisten zu Hause wissen, wo ich bin.*				
37	Ich fühle mich hier gut aufgehoben.*				
38	Die stationäre Therapie war vielleicht noch nicht nötig.				
39	Ich werde die Therapie vorzeitig beenden.				
40	Ich habe eine Zukunftsperspektive.*				
41	Nach der Therapie wartet jemand auf mich.*				
42	Durch die Abstinenz wird sich vieles zum Positiven verändern.*				
43	Nach der Therapie besuche ich eine Selbsthilfegruppe.*				
44	Mit meiner Sucht werde ich nicht alleine fertig.*				
45	Ich habe einen großen Freiheitsdrang.				
46	Ich habe oft Probleme und weiß nicht, was ich tun soll.				
47	Ich nutze Einzelgespräche für mich.*				
48	Meine Partnerin ist zu Hause allein überfordert.				
49	Ich mache die Therapie für mich.*				
50	Ständig wird hier mein Verhalten bemängelt.				
51	Es wird in der Therapie nicht auf meine Bedürfnisse eingegangen.				

(* Fragen: Auswertung 3, 2, 1, 0; anderen, 0, 1, 2, 3; mögliche Gesamtpunktzahl = 153)

B15 Was muss ich beachten, wenn die Therapie zu Ende ist?

01. Wachsam und vorsichtig sein.

02. Nicht überheblich werden.

03. Tagesplanung abwechslungsreich gestalten.

04. Ein ausgewogenens Leben führen.

05. Sich auch Ruhe gönnen.

06. Geduld bei Schuldenrückzahlung bewahren.

07. Offen reden.

08. Über Gefühle sprechen.

09. Konflikte nicht verschleppen.

10. Ziele fest im Auge behalten.

11. Ziele nicht zu hoch stecken.

12. Über die Sucht offen reden – keine Schuldgefühle.

13. Mit Misstrauen rechnen.

14. Ein ungünstiges Umfeld meiden.

15. Über Rückfallängste sprechen.

16. Selbsthilfegruppe nicht vernachlässigen.

17. Risikosituationen meiden.

18. Über den vergangenen Tag nachdenken und mit jemanden reflektieren.

19. Stolz über jeden Tag sein, an dem ich abstinent bin.

B16   Rückfallvorhersageskala

(angelehnt an Wright: Relapse Prediction Scale; nach Beck et al., 1997)

Name: _____   **Datum:** _____

Wie Sie wissen, gibt es viele verschiedene Situationen, die zum Einsatz des Suchtmittels führen können. Diese Skala besteht deshalb aus zwei Teilen: (1) einer Einschätzung davon, was Sie glauben, wie stark das Verlangen in bestimmten Situationen werden kann und (2) einer Einschätzung der Wahrscheinlichkeit, daß Sie tatsächlich in einer solchen Situation das Suchtverhalten ausüben.

Im folgenden finden Sie eine Auflistung einiger Situationen, die zu einem starken Verlangen nach Suchtmitteln führen können. Lesen Sie jeden Satz sorgfältig durch und stellen Sie sich vor, Sie wären in einer solchen Situation. In der ersten Spalte mit dem Titel: »Stärke des Verlangens« geben Sie bitte Ihre Schätzung für die Stärke des Verlangens an. In der zweiten Spalte schätzen Sie die »Wahrscheinlichkeit des tatsächlichen Rückfalls« in dieser Situation ein.

0	1	2	3	4
gar nicht	schwach	mittel	stark	sehr stark

	Einschätzung der Stärke des Verlangens	Wahrscheinlichkeit des Rückfalls
1. Ich befinde mich an dem Ort, an dem ich häufig gespielt habe.	_____	_____
2. Ich bin mit Leuten zusammen, mit denen ich ›gezockt‹ habe.	_____	_____
3. Ich habe gerade mein Gehalt bekommen.	_____	_____
4. Ich sehe dabei zu, wie andere spielen.	_____	_____
5. Ich gehe gerade von der Arbeit nach Hause.	_____	_____
6. Es ist Freitag abend.	_____	_____
7. Ich bin auf einer Party.	_____	_____
8. Ich denke daran, wie es beim letzten Mal war, als ich spielte.	_____	_____
9. Ich rede mit jemandem darüber, wie es bei diesem letzten Mal war.	_____	_____
10. Mir ist langweilig.	_____	_____
11. Ich fühle mich großartig.	_____	_____
12. Ich treffe einen bekannten Freund aus der Spielerszene.	_____	_____
13. Ich trinke Alkohol.	_____	_____
14. Ein Bekannter bittet mich, mit zum Spielen zu kommen.	_____	_____
15. Ich bin traurig.	_____	_____
16. Ich erinnere mich daran, vom Spielen wie ›berauscht‹ zu sein.	_____	_____
17. Ich bin ärgerlich.	_____	_____
18. Ich bin im Stress.	_____	_____
19. Ich fühle mich schuldig.	_____	_____
20. Ich habe gerade mit meiner Abstinez gebrochen und einen kleinen Betrag bei einem Glücksspiel eingesetzt (Wahrscheinlichkeit des Weitermachens).	_____	_____
21. Ich gehe gerade los zur Arbeit.	_____	_____

	Einschätzung der Stärke des Verlangens	Wahrscheinlichkeit des Rückfalls
23. Ich bin müde.	_____	_____
24. Ich bin frustriert.	_____	_____
25. Ich hatte gerade einen Traum, in dem es um Spielen ging.	_____	_____
26. Ich schaue mir gerade eine Sportveranstaltung an.	_____	_____
27. Ich ziehe mich an, um auszugehen.	_____	_____
28. Ich stehe auf der Arbeit unter Druck.	_____	_____
29. Ich ärgere mich über meinen Partner.	_____	_____
30. Mein (Ehe-)Partner nörgelt wegen der finanziellen Schwierigkeiten an mir rum.	_____	_____
31. Meine Familie nörgelt an mir rum.	_____	_____
32. Man hat mir gerade einen Rückfall nachgewiesen, den ich verheimlichen wollte (Wahrscheinlichkeit des Weitermachens).	_____	_____
33. Ich habe nichts getan und trotzdem hält man mir einen Rückfall vor.	_____	_____
34. Ich sehe mir einen Film an, in dem gezockt wird.	_____	_____
35. Ich habe Angst.	_____	_____
36. Ich fühle mich ungerecht behandelt.	_____	_____
37. Jemand kritisiert mich.	_____	_____
38. Ich bin schon seit langem suchtmittelfrei.	_____	_____
39. Ich bin sehr angespannt.	_____	_____
40. Jemand, der mir sehr viel bedeutet, ist schwer krank.	_____	_____
41. Ich habe das Gefühl, eine schwere Last zu tragen.	_____	_____
42. Ich bin in einer Kneipe und amüsiere mich gut.	_____	_____
43. Ich habe Streit mit meiner Familie.	_____	_____
44. .... (weitere eigene Vorstellungen)	_____	_____
45.	_____	_____
46.	_____	_____
47.	_____	_____
48.	_____	_____

B17   Rückfallriskante Situationen und Bewältigungsstrategien

Situationen, in denen Rückfallgefahren bestehen sowie frühere Episoden:	Maßnahmen zur Beseitigung der Rückfallgefahr:

B18   Ein Mitpatient ist rückfällig

	STELLUNGNAHMEN:
Wie kann ich reagieren, wenn ich vom Rückfall eines Mitpatienten erfahre? Gibt es eine Alternative dazu, sofort einen Therapeuten aufmerksam zu machen? Wieviel Verantwortung können Sie selbst für einen rückfälligen Patienten übernehmen? Braucht der Rückfällige die **sofortige Hilfe** eines Therapeuten? Wie würde man in einem allgemeinen Krankenhaus reagieren, wenn z. B. jemand nach einer Operation auf dem Flur herumtorkelt? Gibt es in diesem Zusammenhang Schwierigkeiten, das Glücksspielen als Ausdruck einer Krankheit ernst zu nehmen? Wie beeinflusst der Rückfall bzw. meine Reaktion darauf die eigene Therapie?	

B19 Rückfallprävention

B19.1 Erkenntnisse und Gedanken

(In Anlehnung an Lindenmeyer, 2001 – Der Elchtest)

Die Rückfallgefahr nach Behandlungen wird oft zu gering eingeschätzt. Hier kommt es auf eine **realistische Risikoeinschätzung** an.

Angehörige habe oft beträchtliche Angst vor Rückfälligkeit, da sie in der Vergangenheit häufig enttäuscht wurden. Die **Betroffen** sind deshalb leicht verbittert, weil man ihnen noch nicht wieder vertraut. Sie befürchten, wenn sie über eigene Rückfallrisiken sprechen, könnten die Angehörigen vielleicht noch misstrauischer werden.

Rückfälle werden oft als unvermeidbares Ereignis dargestellt: »Weiß auch nicht, wie es kam«. Dies würde bedeuten, dass es immer wieder, wie aus heiterem Himmel, passieren könnte.

Rückfallrisiken können aber gezielt verringert werden.

Was ist ein Rückfall? Jeder bewusste Einsatz von Geld beim Glücksspielen oder die Einnahme eines Suchtmittels ist ein Rückfall. Die Schwere eines Rückfalls kann jedoch unterschiedlich sein. Deshalb ist wichtig, bei Rückfälligkeit nicht in altes Suchtverhalten zurückzufallen!

Je länger die Abstinenz dauert, umso geringer **ist die Rückfallgefahr.** Innerhalb der ersten 3 Monate nach der Therapie ist die Gefahr am größten. Dann gibt es noch relativ viele Rückfälle im ersten Jahr.

Risikosituationen erkennen: Es sind nicht immer die Krisensituationen, Schicksalsschläge, sondern manchmal ganz alltägliche Situationen, die problematisch sind.

Risikosituationen sind:

- unangenehme Gefühlssituationen (z. B. Langeweile nach einem schwierigen Ereignis oder einer schweren Arbeitswoche, Einsamkeit, Ängste, Depressionen),
- finanzielle Engpässe,
- Ärger und Konflikte, z. B. in der Familie und am Arbeitsplatz,
- soziale Verführung,
- angenehme Situationen (z. B. Erfolgserlebnisse, größere Summe Geldes, neues Verliebtsein),
- größere Geselligkeiten,

- Versuche, das Suchtmittel kontrolliert einzusetzen,
- plötzliches Verlangen.

Es ist einem oft nicht bewusst, dass man sich durch Unaufmerksamkeit, Selbstüberschätzung oder Bequemlichkeit selbst in Gefahr begibt (Wachsamkeit lässt nach), wie z. B.:

- Vernachlässigung der Selbsthilfegruppe.
- Suchtmittel oder größere Geldmenge, wie beim Spieler, sind leicht verfügbar,
- wieder stärkeres Interesse an Glücksspielen, die man nicht für gefährlich hält oder Experimentieren mit kleineren Mengen des Suchtmittels.
- Niemanden über die eigene Sucht aufklären.
- Probleme/Konflikte vor sich herschieben.
- Mit früheren Spiel- oder Trinkkumpanen zusammen sein.

Das **Suchtgedächtnis**: Viele **Prozesse im Gehirn laufen automatisch ab**, wie die Wahrnehmung von bestimmten Gegenständen, Geräuschen und Gerüchen. Der **Handlungsspielraum** und die **Problemlösefähigkeiten** können unter Belastungen eingeschränkt sein. Die Stimmung und der körperliche Zustand sind verändert. Dadurch ist es erheblich schwerer, in einer Risikosituation abstinent zu bleiben und Alternativen zu finden.

In der **Rückfallsituation** sind die Gedanken an die angenehmen Dinge des Suchtmittels vorherrschend.

Es werden dann **Ausreden** gesucht, sich einen Rückfall zu erlauben. (»Ein bisschen kann ich ja, muss ja nicht mehr sein.«)

Das Verlangen spielt dabei eine wichtige Rolle, in Form von:

- Drang nach dem Suchtmittel (Nervosität, innere Unruhe),
- Entzugserscheinungen (Schwitzen, Zittern),
- angenehmen Gefühlen, als ob man das Suchtmittel bereits eingesetzt hat.

Schock nach dem Rückfall:

- Verdorbene Stimmung (Enttäuschung, Depressivität), weil man das Abstinenzvorhaben gebrochen hat.
- »Scheiß-egal-Gefühle« – jetzt kommt es nicht mehr darauf an.

- Enttäuschung und Verzweiflung der Angehörigen.
- Eigene Verzweiflung.

Dem **Rückfall vorbeugen:**
- Man ist dem Rückfall nicht einfach ausgeliefert.
- Techniken, den Rückfall aufzuhalten.
- Frühzeitiges Erkennen und Akzeptieren von Risikosituationen.
- Nicht ahnungslos und unvorbereitet in solche Situationen gehen.

Herausfinden, **wie** sich ein Rückfall **anbahnt:**
- Welche Situationsmerkmale kommen zusammen?
- Welche ansonsten harmlosen Entscheidungen gingen voraus?
- Welche Rückfallgedanken haben sich aufgedrängt?
- Wie hat sich das Verlangen geäußert?

Schlussfolgerungen:
- In Risikosituationen auf einen Rückfall vorbereitet sein.
- Risikosituationen durch gezielte Abstinenzgedanken entgegenwirken (Vorteile der Abstinenz durch persönlich überzeugende Argumente und Gründe hervorheben). Belastende Gedanken und Gefühle laut aussprechen.
- Verlangen lässt nach, wenn man ihm in der Risikosituation nicht nachgibt.
- Jeder weitere Verzicht stärkt das Selbstbewusstsein und die weitere Abstinenz.
- Risikosituationen frühzeitig durch spezielles Training bewältigen lernen.
- Angebote zurückweisen lernen.
- Sich nach einem Rückfall so schnell wie möglich jemandem anvertrauen und mithilfe von **Notfallplan/-kärtchen** (▶ B19.2) in die Abstinenz zurückkehren.
- Abstinenzzuversicht zurückgewinnen.

B19.2 Planung eines Notfall-Kärtchens bei Rückfall- oder Therapieabbruchgefahr

Anregungen, die in eine **konkrete** und **persönliche** Form gebracht werden sollen (▶ Beispiele für Notfallkärtchen)

Was sage ich mir oder spreche nach Möglichkeit laut aus?
- Ich habe Probleme!!
- Ich habe Lust auf Spielen/Trinken/Drogeneinnahme.
- Nicht unüberlegt handeln!
- Lass es sein!
- Wie blöd musst Du sein …!
- Willst Du wieder ein Versager sein?

Denk an die Folgen!
- Riskiere nicht, was Du bisher erreicht hast!
- Denke daran, wie weit Du gekommen bist!
- Vergiss Deine Ziele nicht!
- Lass die Familie nicht im Stich!
- Setze die Familie nicht aufs Spiel!

Auf Sicherheit gehen!
- Vermeide Spielorte/Trinkorte/Drogenplätze.
- Meide Spielfreunde/Trinkkumpane/Drogenabhängige.

Hilfesuche.
- Vertrauensperson anrufen.
- Mit Freund/in sprechen.
- Kontakt mit Beratungsstelle aufnehmen.
- Selbsthilfegruppe einschalten.

Ablenkung suchen.
- Sport.
- Aktiv sein.
- Fitnesstraining.
- Anderen Nervenkitzel/Kick suchen.
- Fahrradfahren.
- Joggen.
- zeitlich begrenzte Arbeit am Computer.
- Lesen.
- Hobby.

Alternativen – sich trösten.
- Etwas Alkoholfreies trinken.
- Etwas Schönes essen.
- Etwas einkaufen.
- Jemanden etwas schenken.
- Jemandem eine Freude machen.

Wie geht es weiter?
- Rest des Tages gut planen.

Erst wenn die Spannung nachgelassen hat, möglichst mit anderen, Ursachen für die Krise herausfinden.
- Was hat mich da reingebracht?
- Was mache ich zukünftig anders?
- Neue Tagesstruktur?
- Mehr reden?
- Wieder alles geschluckt?

B19.3 Beispiele für von Patienten entworfene Notfallkärtchen

Ich bin spielsüchtig und kann **nicht** kontrolliert spielen!
Sei ehrlich und sensibel gegenüber dir selbst und bescheiß dich nicht wieder!
Zieh die Abstinenz durch und verspiele nicht wieder dein Leben! **Denk an die Folgen und das Gewesene!**
Sprich mit jemanden darüber und zieh dich nicht zurück.
Ruf an: **Tel.-Nr. Freund!**
Oder gehe zur Selbsthilfegrupe und setz dich in Bewegung! **Komm in die Hufe!**

Gehe an den Strand und danach noch einen Tee trinken!
Genieße die Natur, das Meer, die Wellen und die Freiheit!
Mache Sport, bleibe aktiv und falle nicht wieder in die alte Lethargie zurück!
Denk positiv an die Monate **zufriedener Abstinenz**, das Spielen macht dich nicht glücklicher!
Verabrede dich für heute abend mit jemandem zum Kino oder Fußball oder zum Reden! **Beweg dich!**

Du willst trinken und spielen!
1. Schmeiß dein Leben weg!
2. Mach aus dir wieder den Superarsch!
3. Denk an die Folgen!
Rufe an:
Familie: Tel.-Nr.
Freund: Tel.-Nr.
Suchberatungsstelle: Tel.-Nr.
Plane den Tag, bis du ins Bett gehst!
Du schaffst es!

Verhalte dich wie folgt:
- Bis jetzt hast du viel erreicht.
- Vergiss deine Ziele nicht.
- Setz dein Leben nicht aufs Spiel.
- Geh an einen sicheren Ort.
Was kann ich machen?
- Kino.
- Einkaufen gehen.
- Fahrrad fahren, Fitness.
- Am Rhein spazieren gehen.
- Essen/Cafe gehen.

Ich habe Spieldruck!
Ich spreche mit meiner Freundin oder einem Freund!
Wenn du jetzt gehst, **verlierst du alles** und auch deine **Tochter!**
Sprich mit jemandem und ruf an:
Eltern: Tel.-Nr.
Freundin: Tel.-Nr.

Geh raus, reagiere dich ab und atme tief durch!
Hol dir Hilfe in einer Beratungsstelle!
Gehe deinen Hobbies nach oder ins Fitnessstudio!
Tu dir was Gutes, geh Essen oder besuche einen Freund.
Suche eine sinnvolle Ablenkung!
Was ist denn wieder passiert?

Gespräch mit Therapeuten oder Mitpatienten suchen!
Nicht unüberlegt handeln!
Vollkommene Abstinenz für meine Gesundheit!
Mehr Geld zur Verfügung für mich und A-L!
Wenn du Hilfe brauchst, dann rufe Klaus oder Karin an!
Überwinde deinen Schweinehund und verfalle nicht in die Scheiß-egal-Stimmung!

Ruhe bewahren!
Bei der Suche nach Glücksgefühlen bzw. Frustabbau Ablenkung durch einkaufen, Spazieren gehen, Gespräche … .
Wirke der Langeweile entgegen durch andere sinnvolle Beschäftigungen!

Handle nicht unüberlegt!
Riskiere nicht, was du bisher erreicht hast!
Rufe eine Vertrauensperson an!
Schalte eine Selbsthilfegruppe ein!
Rede mehr über deine Probleme!
Mache jemandem eine Freude!

Handle nicht unüberlegt!
Lass es sein.
Riskier nicht, was du bisher erreicht hast!
Rufe eine Vertrauensperson oder einen Freund an!
Trinke etwas **Alkoholfreies!**
Plane den Rest des Tages gut, z.B. mit Fahrrad fahren!
Was mache ich zukünftig anders?

B20 Struktur und Aktivitätsplan: Alternativen zum Suchtverhalten

M. Bachmann unter Mitarbeit von A. Obeloer, S. Bücker, S. Bücking, J. Grimm, M. Hälker, P. Mathew

Die konkrete Fragestellung ist, zu behandeln, was Sie zukünftig anders machen wollen, was die **Alternativen** sind, um auf das Suchtmittel verzichten zu können. Neben der möglichst konkreten **Zielsetzung** steht die **Umsetzung** der Vorhaben im Mittelpunkt der Bemühungen.

Wie oft haben Sie sich vorgenommen, das Spielen zu lassen, ohne den Wunsch realisieren zu können?

Nicht das Verzichten, ich darf oder will ein bestimmtes Verhalten nicht mehr ausüben, ist der entscheidende Gesichtspunkt, sondern neue Verhaltensweisen zu entwickeln, einschließlich auf Ressourcen (günstiges Verhalten, das Sie schon früher ausgeübt haben) **zurückzugreifen, die den Stellenwert des Suchtverhaltens insgesamt stark herabsetzen.**

Dabei geht es um mehr **Vielfältigkeit** und **Differenziertheit** in den Verhaltensmöglichkeiten. (Nicht von einem Extrem ins andere fallen!) Nur wenn die Abstinenz letztlich einen **Vorteil** gegenüber der Ausübung des Suchtverhaltens darstellt, wird sie langfristig beibehalten. Eine gute **Tagesstruktur** mit viel **Abwechslung**, ein gewisses Maß an **Herausforderung**, eine sinnvolle Beschäftigung, **soziale Kontakte** sowie **körperliche Bewegung** (an Licht und Luft) und **eine gute Zusammenstellung dieser Möglichkeiten** sind wichtige Voraussetzungen für eine zufriedene Abstinenz. Die Einplanung von **Highlights**, besondere Vorhaben und Ereignisse, führt zudem zu einer Unterbrechung des Alltags. Vorfreude auf diese Vorhaben kann die alltäglichen Pflichten erleichtern und zu Stetigkeit und Durchhaltevermögen motivieren.

Nachfolgend sind **beispielhaft** Alternativen zum Glücksspielen oder andere Suchtverhaltensweisen aufgeführt, die dazu dienen, **Suchtdruck, Stress- und Belastungssituationen zu bewältigen** und die **Freizeit sinnvoll zu gestalten**. Beachten Sie in diesem Zusammenhang bitte die Frage, welche Aktivitäten vielleicht schon früher zur Folge hatten, dass sie das Suchtverhalten reduzieren oder sogar zeitweise einstellen konnten?

Die Vorschläge können Sie auf den Zeilen am Ende der Papiere mit eigenen Ideen ergänzen und letztlich zu einem Wochenplan zusammenstellen. (▶ Arbeitsanweisungen).

Dabei kann es sich um eher »alltägliche« Aktivitäten (A) oder besondere (Highlights) Ereignisse (B) handeln.

Verhaltensweisen, die mit eigener **Anstrengung** (+), mit einer **Einübungszeit** (+) und starker **Konzentration** (+) verbunden sind, haben wir noch (ganz subjektiv) mit Extrapluspunkten versehen, oder sie bekommen ein (R), wenn sie zu regelmäßigen »**Ritualen**« werden sollen.

Arbeitsanweisungen

1. Bitte halten Sie zunächst auf dem **Arbeitsblatt A** fest, welche Interessen es noch vor oder während der aktiven Suchtphase gab, die wieder aufgegriffen und ausgebaut werden könnten.
2. Gehen Sie dann den Katalog durch und ergänzen Sie mit den neu gefundenen Ideen das Arbeitsblatt A.
3. Bewerten Sie die Vorschläge auf dem **Arbeitsblatt A** danach, ob das Kosten-Nutzen-Verhältnis stimmt.
4. Tragen Sie die Aktivitäten so in den **Wochenplan** ein, dass weder Unter- noch Überforderungen eintreten und genügend **Ausgewogenheit** und **Abwechslung** entsteht. Halten Sie fest, wie viele Pluspunkte sie den einzelnen Tätigkeiten geben und ob daraus feste Rituale werden können.

Arbeitsblatt A:

Auflistung der Alternativen

(Günstiges Verhalten aus der Vergangenheit – Ideen aus dem Katalog – Neuschöpfungen)

Alternativen	Kosten			Nutzen		
	günstig	mittel	teuer	kurz	mittel	langfr.
1 _____	( )	( )	( )	( )	( )	( )
2 _____	( )	( )	( )	( )	( )	( )
3 _____	( )	( )	( )	( )	( )	( )
4 _____	( )	( )	( )	( )	( )	( )
5 _____	( )	( )	( )	( )	( )	( )
6 _____	( )	( )	( )	( )	( )	( )
7 _____	( )	( )	( )	( )	( )	( ))
8 _____	( )	( )	( )	( )	( )	( )
9 _____	( )	( )	( )	( )	( )	( )
10 _____	( )	( )	( )	( )	( )	( )
11 _____	( )	( )	( )	( )	( )	( )
12 _____	( )	( )	( )	( )	( )	( )
13 _____	( )	( )	( )	( )	( )	( )
14 _____	( )	( )	( )	( )	( )	( )
15 _____	( )	( )	( )	( )	( )	( )
16 _____	( )	( )	( )	( )	( )	( )
17 _____	( )	( )	( )	( )	( )	( )
18 _____	( )	( )	( )	( )	( )	( )
19 _____	( )	( )	( )	( )	( )	( )
20 _____	( )	( )	( )	( )	( )	( )

Alltägliche Aktivitäten

Persönliche Gespräche führen (+++) und darauf achten:

- Evtl. Zeitpunkt festlegen, wann Konflikte angesprochen werden (+++)
- Suchtdruck gegenüber mir und anderen laut aussprechen (+++)
- Positive **und** negative Gefühle adäquat ausdrücken (+++)

Unterhaltung (+,++ bis sogar +++)
Papiere ordnen (++)
Finanz-Haushalts-Planung (++)
Essensplan (+)
Regelmäßige Mahlzeiten (++)
Kochen (+, ++ bis sogar +++)
Mühe geben mit Tischdecken, Dekoration (++)
Jemandem eine Freude machen (+,++ bis sogar +++)
Aufräumen, Putzen, Waschen (++)
Geschmackvoll anziehen (++)
Andere um Rat fragen, was einem steht (+)
Kleidung am Abend zuvor bereitlegen
Auf eine gute Balance Arbeit/Freizeit achten (+++)
Autofahren
Sehenswürdigkeiten besichtigen (+)
Vereinsleben mitgestalten (++)
Selbsthilfegruppe (+++)
Musikhören (+)
Musikmachen (+++)
Politik (+, ++ bis sogar +++)
Diskutieren (+, ++ bis sogar +++)
Sport in den Medien verfolgen
Sportveranstaltungen besuchen (+)

Sport betreiben, einschließlich **Sportgruppe**: (+++)
z. B. Tennis, Minigolf, Badminton, Schwimmen, Fußball, Kampfsport
oder
_____
_____
_____
_____
_____
_____
_____
_____

Lesen: (+, ++ bis sogar +++)
Literatur, Zeitungen, Zeitschriften, Fachliteratur
Fahrradfahren (+, ++ bis sogar +++)
Motorrad-, Moped-, Rollerfahren (+, ++ bis sogar +++)
Tanzschule (+++)
Kanufahren (++)
Trainer sein (+++)
Schiedsrichter sein (++)
Abendschule/Fortbildung (+++)
Kino (+)
Fernsehen
Beim Fernsehen unterhalten (+)
Spazierengehen (++)
Ausflug ins Grüne (++)
Im Park spazieren gehen
Grillen
Picknick (+)
Himmel beobachten (Teleskop)
Mit dem Hund spazierengehen
Malen/Zeichnen (++ bis sogar +++)
Fotografieren (+)
Filmen (+)
Puzzle (+)
Kreuzworträtsel (+)
Fitnesscenter/Kraftsport (+)
Gartenarbeit (+, ++ bis sogar +++)
Haus und Hof in Ordnung halten (++)
Kaffeeklatsch mit Freunden (+++)
Cafébesuch (+)
Planen, wann bestimmte Probleme erledigt werden (+++)
Stadtbummel ohne Einkauf (+)
Einkaufsbummel
Sauna/Solarium
Inlinerfahren (+)
Sexualität (+, ++ bis sogar +++)
Videoabend
Essengehen
Ausstellung/Messe (+)
Pilze suchen/Beeren sammeln (+)
Freundschaften und Bekanntschaften schließen (+ bis sogar +++)
Angeln (+)
Hochseeangeln (+)
Kegeln/Bowling (+)
Schlittschuhlaufen (+)
Schreiben: Briefe/Tagebuch (+++)

Meditation/autogenes Training (+)
Einkaufen
Trödelmarkt besuchen
Trödel anbieten (+)
Oldtimer-Markt besuchen
Mittagsschlaf
Camping (+)
Was Leckeres, Süßes einkaufen
In Stresssituationen (Nichtalkoholisches) trinken
Nach Stresssituationen oder nach der Arbeit Obst
essen
Besuche anmelden (+, ++ bis sogar +++)
Besuche (+, ++ bis sogar +++)
Etwas reparieren (+, ++ bis sogar +++)
Autowaschen
Anstreichen/tapezieren (+)
Sammeln (+, ++ bis sogar +++)
Entspannungsbad
Massage
Massieren (+)
Karaoke
Freizeitreiten
Für andere kochen (+)

Zusätzliche eigene Ideen:

_____
_____
_____
_____
_____

Highlights

Disco (z. B. »über 30«) – tanzen (+++)
Standardtanzen (+++)
Wohnung neu gestalten (+++)
Freizeitpark (+)
Theater (++)
Theater spielen (+++)
Kinder betreuen (+)
Ballonfahren (+)
Konzert (++)
Ahnenforschung (+)
Suchtgeschichte in der Familie erforschen (+)
Wochenendtrip (+++)
Was konstruieren/erfinden (+++)
Modellbau (++)

In Urlaub fahren (+, ++ oder sogar +++)
Kosmetik (++)
Party ohne Suchtmittel (+++)
Kirche/Religion/philosophieren (+, ++ oder sogar
+++)
Naturerlebnisse (++)

Zusätzliche eigene Ideen:

_____
_____
_____
_____
_____
_____

Struktur- und Aktivitätsplan

Aus der vorhandenen Ideensammlung stellen Sie
nun einen Wochenplan zusammen. Halten Sie die
vorgenommene Bewertung von 0 bis 3 Pluszeichen
fest, sowie ein »R«, wenn regelmäßige »Rituale«
daraus werden sollen. Eine möglichst gute Verteilung unterschiedlicher Aktivitäten auf die Woche
vornehmen. Besprechen Sie den Plan mit anderen,
Ihrem Partner, Ihrer Gruppe oder mit Ihrem Therapeuten. Haben Sie keine Scheu Änderungen vorzunehmen, bis Sie eine gute »Mischung« von Möglichkeiten zusammengestellt haben. Vergessen Sie nicht,
ab und zu einen »Höhepunkt« einzuplanen. Bitte
unterstreichen Sie die Aktivitäten, mit denen Sie
sofort beginnen können.

Name:	Vorname:	Stationsgruppe:	Datum:

Montag

Von bis	Bezeichnung der Aktivität	+++ R

Dienstag

Von bis	Bezeichnung der Aktivität	+++ R

Mittwoch			Donnerstag		
Von bis	Bezeichnung der Aktivität	+++ R	Von bis	Bezeichnung der Aktivität	+++ R

B · Arbeitsmaterialien zum Therapieverlauf

Freitag			Samstag			Sonntag		
Von bis	Bezeichnung der Aktivität	+++ R	Von bis	Bezeichnung der Aktivität	+++ R	Von bis	Bezeichnung der Aktivität	+++ R

Literatur

Abbott MW (2001) Problem and non-problem gamblers in New Zealand: a report on phase two of the 1999 National Prevalence Survey (6). The Department of Internal Affairs, Wellington

Abt V, McGurrin M, Smith J (1985) Toward a synoptic model of gambling behavior. Journal of Gambling Behavior 1: 79–88

Adler J (1966) Gambling, drugs, and alcohol: a note on functional equivalents. Issues in Criminology 2: 111–117

Adler N, Goleman D (1968) Gambling and alcoholism: symptom substitution and functional equivalents. Quarterly Journal of Studies on Alcohol 29: 733–736

Aktion Jugendschutz (1989) Prävention pathologischen Glücksspiels mit Jugendlichen und jungen Erwachsenen. AJS-Informationen 25(5): 1–5

Albanese JS (1985) The effect of casino gambling on crime. Federal Probation 48: 39–44

Albers N (1993) Ökonomie des Glücksspielmarktes in der Bundesrepublik Deutschland. Duncker & Humblot, Berlin

Alessi SM, Petry NM (2003) Pathological gambling severity is associated with impulsivity in a delay discounting procedure. Behavioural Processes 64: 345–354

Allcock CC, Grace DM (1988) Pathological gamblers are neither impulsive nor sensation-seekers. Australian and New Zealand Journal of Psychiatry 22: 307–311

American Gaming Association (1998) Responsible gaming resource guide, 2. ed. American Gaming Association, Washington

American Psychiatric Association (1980) Diagnostic and statistical manual of mental disorders, 3. ed. (DSM-III). APA, Washington DC

American Psychiatric Association (1987) Diagnostic and statistical manual of mental disorders, 3. ed.-revised (DSM-III-R). APA, Washington DC

American Psychiatric Association (1994) Diagnostic and statistical manual of mental disorders, 4. ed. (DSM IV). APA, Washington DC

Anderson DB (1999) Problem gambling among incarcerated male felons. Journal of Offender Rehabilitation 29: 113–127

Anderson G, Brown RIF (1984) Real and laboratory gambling, sensation seeking and arousal. British Journal of Psychology 75: 401–410

Anderson G, Brown RIF (1987) Some applications of reversal theory to the explanation of gambling and gambling addictions. Journal of Gambling Behaviour 3: 179–189

Anholt GE, Emmelkamp PMG, Cath DC, Oppen P van, Nelissen H, Smit JH (2004) Do patients with OCD and pathological gambling have similar dysfunctional cognitions? Behaviour Research and Therapy 36: 529–537

Anonyme Spieler (1984) Broschüre der Anonymen Spieler. Anonyme Spieler, Hamburg

Anonyme Spieler (1986) Broschüre der Anonymen Spieler. Kontaktstelle Deutschland der »Anonymen Spieler«, Hamburg

Anonyme Spieler (1996) Spielsucht eine Krankheit. Literatur- und Informationsförderkreis Anonyme Spieler e.V., Hamburg

Anonyme Spieler GA (1998) Ich bin verantwortlich – Lebenswege Anonymer Spieler. Interessengemeinschaft Anonyme Spieler e.V., Hamburg

Antons K (1976) Möglichkeiten und Grenzen ambulanter Gruppentherapie mit Alkoholkranken. Gruppentherapie und Gruppendynamik 11: 100–104

Apter M (1994) Im Rausch der Gefahr. Kösel, München

Apter MJ (1982) The experience of motivation: the theory of psychological reversals. Academic Press, London

Arenz-Greiving I (1989) Selbsthilfe für Spieler. In: Brakhoff J (Hrsg) Glück-Spiel-Sucht. Beratung und Behandlung von Glücksspielern. Lambertus, Freiburg, S 109–122

Aubin B, Kummer H, Schroth H-J, Wack P (1981) Die rechtliche Regelung der Glücksspiele und Spielautomaten in europäischen Ländern. Kohlhammer, Stuttgart

Aubry WE (1975) Altering the gambler's maladaptive life goals. International Journal of the Addictions 10: 29–33

Avanzi M, Uber E, Bonfà F (2004) Pathological gambling in two patients on dopamine replacement therapy for Parkinson's disease. Neurological Sciences 25: 98–101

Babad E, Katz Y (1991) Wishful thinking – against all odds. Journal of Applied Social Psychology 21: 1921–1938

Bachmann M (1989) Spielsucht: Krankheitsmodell, Therapiekonzept und stationäre Behandlungsergebnisse. Suchtgefahren 35: 56–64

Bachmann M (1993) Rückfallmodell – fehlende Krankheitseinsicht/Wachsamkeit. Unveröfftl. Manuskript, Bernhard-Salzmann-Klinik, Gütersloh

Bachmann M (1998) Glücksspielsucht – Therapie am Beispiel der Bernhard-Salzmann-Klinik. Theorie und Praxis der Sozialen Arbeit 2: 64–67

Bachmann M (1999) Therapie der Spielsucht. In: Poppelreuter S, Gross W (Hrsg) Stoffungebundene Suchtformen. Psychologie Verlags-Union, Weinheim, S 17–41

Bachmann M (2004a) Kinder von Spielsüchtigen. Abhängigkeiten 1: 50–62

Bachmann M (2004b) Therapie der Spielsucht. Psychomedizin 16: 154–158

Bachmann M, Banze M (1992) Der pathologische Glücksspieler in der stationären Einrichtung. Unveröffentl. Manuskript, Bernhard-Salzmann-Klinik, Gütersloh

Bachmann M, Sommer B, Alex J (1998) Stationäres Behandlungskonzept für pathologische Glücksspieler. Bernhard-Salzmann-Klinik, Gütersloh

Baekeland F, Lundwall L, Kissin B, Shanahan T (1971) Correlates of outcome in disulfiram treatment of alcoholics. Journal of Nervous and Mental Diseases 153: 1–9

Bätz B (2002) Sucht und Migration. In: Deutsche Hauptstelle gegen die Suchtgefahren (Hrsg.) Jahrbuch Sucht 2002. Neuland, Geestracht, S 182–192

Baljer E (1995) Forensische Psychiatrie. In: Faust V (Hrsg) Psychiatrie – ein Lehrbuch für Klinik, Praxis und Behandlung. Fischer, Stuttgart, S 813–845

Bandura A (1977) Social learning theory. Prentice-Hall, New Jersey

Bandura A, Walters RH (1963) Social learning and personality development. Rinehart & Winston, New York

Bannister G (1977) Cognitive and behavior therapy in a case of compulsive gambling. Cognitive Therapy and Research 3: 223–227

Bardt H (2004) Staat und Glücksspiel in Deutschland. Überlegungen zum staatlichen Monopol. Institut der deutschen Wirtschaft, Köln

Barker JC, Miller M (1968) Aversion therapy for compulsive gambling. Journal of Nervous and Mental Diseases 146: 285–302

Baron E, Dickerson M (1999) Alcohol consumption and self-control of gambling behaviour. Journal of Gambling Studies 15: 3–15

Battersby MW, Thomas LJ, Tolchard B, Esterman A (2002) The South Oaks gambling screen: a review with reference to Australian use. Journal of Gambling Studies 18: 257–271

Bauer GG (1995) Homo Ludens – der spielende Mensch. Katzbichler, München

Bechara A (2001) Neurobiology of decision-making: risk and reward. Seminars in Clinical Neuropsychiatry 6: 205–216

Beck AT, Emery G (1977) The cognitive therapy of substance abuse. Center for Cognitive Therapy, Philadelphia

Beck AT, Rush AJ, Shaw BF, Emery G (1981) Kognitive Therapie der Depression. Urban & Schwarzenberg, München

Beck AT, Wright FD, Newman GF, Liese BS (1997) Kognitive Therapie der Sucht. Beltz, Weinheim

Beckemeyer-Schweer M (1986) Erfahrungen einer Beratungsstelle mit dem Problem Spielsucht. (Tagungsbericht der Koordinationsstelle für Drogenfragen und Fortbildung, Landschaftsverband Westfalen-Lippe 6./7. Juni)

Becoña E (1993) The prevalence of pathological gambling in Galicia (Spain). Journal of Gambling Studies 9: 353–369

Becoña E (1996) Prevalence surveys of problem and pathological gambling in Europe: the cases of Germany, Holland and Spain. Journal of Gambling Studies 12: 179–192

Becoña E, Del Carmen Lorenzo M, Fuentes MJ (1996) Pathological gambling and depression. Psychological Reports 78: 635–640

Bellaire W, Caspari D (1989) Die Behandlung von Spielern in der Universitäts-Nervenklinik-Psychiatrie (Homburg/Saar). Praxis der Klinischen Verhaltensmedizin und Rehabilitation 2: 15–18

Bellringer P (1999) Understanding problem gamblers. A practitioner's guide to effective intervention. Free Associations Books, London

Benhsain K, Ladouceur R (2005) Knowledge in statistics and erroneous perceptions in gambling. Gambling Research (in press)

Benhsain K, Taillefer A, Ladouceur R (2004) Awareness of independence of events and erroneous perceptions while gambling. Addictive Behaviors 29: 399–404

Bergh C, Eklund T, Södersten P, Nordin C (1997) Altered dopamin function in pathological gambling. Psychological Medicine 27: 473–475

Bergh C, Kühlhorn E (1994) Social, psychological and physical consequences of pathological gambling in Sweden. Journal of Gambling Studies 10: 275–285

Bergler E (1936) Zur Psychologie des Hasardspiels. Imago 22: 409–411

Bergler E (1943) The gambler: a misunderstood neurotic. Journal of Criminal Psychopathology 4: 379–393

Bergler E (1958) The psychology of gambling. International Universities Press, New York

Bienvenue OJ, Samuels JF, Riddle MA et al. (2000) The relationship of obsessive-compulsive disorder to possible spectrum disorders: results from a family study. Biological Psychiatry 48: 287–293

Bischoff A (1992) Therapiekonzept für die Organisationseinheit Arbeitstherapie. Unveröffentl. Manuskript, Bernhard-Salzmann-Klinik, Gütersloh

Black DW (2004) An open-label trial of bupropion in the treatment of pathologic gambling. Journal of Clinical Psychopharmacology 24: 108–110

Black DW, Goldstein RB, Noyes R, Blum N (1994) Compulsive behaviors and obsessive-compulsive disorder (OCD): lack of a relationship between OCD, eating disorders, and gambling. Comprehensive Psychiatry 35: 145–148

Black DW, Moyer T (1998) Clinical features and psychiatric comorbidity of subjects with pathological gambling behavior. Psychiatric Services 49: 1434–1439

Black R, Ramsay H (2003) The ethics of gambling: guidelines for players and commercial providers. International Gambling Studies 3: 199–215

Blanchard EB, Wulfert E, Freidenberg BM, Malta LS (2000) Psychophysiological assessment of compulsive gamblers' arousal to gambling cues: a pilot study. Applied Psychophysiology and Biofeedback 25: 155–165

Blanco C, Moreyra P, Nunes EV, Sáiz-Ruiz J, Ibáñez A (2001) Pathological gambling: addiction or compulsion? Seminars in Clinical Neuropsychiatry 6: 167–176

Blanco C, Orensanz-Muñoz L, Blanco-Jerez C, Sáiz-Ruiz J (1996) Pathological gambling and platelet MAO activity: a psychobiological study. American Journal of Psychiatry 153: 119–121

Blanco C, Petkova E, Ibáñez A, Sáiz-Ruiz J (2002) A pilot placebo-controlled study of fluvoxamine for pathological gambling. Annals of Clinical Psychiatry 14: 9–15

Bland RC, Newman SC, Orn H, Stebelsky G (1993) Epidemiology of pathological gambling in Edmonton. Canadian Journal of Psychiatry 38: 108–112

Blaszczynski A (1998) Overcoming compulsive gambling – a self-help guide using cognitive behavioral techniques. Robinson, London

Blaszczynski A (1999) Pathological gambling and obsessive-compulsive spectrum disorders. Psychological Reports 84: 107–113

Blaszczynski A (2002) Harm minimization strategies in gambling: an overview of international initiatives & interventions: http://www.austgamingcouncil.org.au/research/files/International%20Harm%20minimization%20AGC%20draft%20080301.pdf. Gesehen 20. Jul 2003

Blaszczynski A, Buhrich N, McConaghy N (1985) Pathological gamblers, heroin addicts and controls compared on the E.P.Q. »addiction scale«. British Journal of Addiction 80: 315–319

Blaszczynski A, Farrell E (1998) A case series of 44 completed gambling-related suicides. Journal of Gambling Studies 14: 93–109

Blaszczynski A, Ladouceur R, Shaffer HJ (2004) A science-based framework for responsible gambling: the Reno model. Journal of Gambling Studies 20: 301–317

Blaszczynski A, McConaghy N (1988) SCL-90 assessed psychopathology in pathological gamblers. Psychological Reports 62: 547–552

Blaszczynski A, McConaghy N (1994a) Criminal offenses in Gamblers Anonymous and hospital treated pathological gamblers. Journal of Gambling Studies 10: 99–127

Blaszczynski A, McConaghy N (1994b) Antisocial personality disorder and pathological gambling. Journal of Gambling Studies 10: 129–145

Blaszczynski A, McConaghy N, Frankova A (1989) Crime, personality and pathological gambling. Journal of Gambling Behavior 5: 137–152

Blaszczynski A, McConaghy N, Frankova A (1990) Boredom proneness in pathological gambling. Psychological Reports 67: 35–42

Blaszczynski A, McConaghy N, Frankova A (1991) A comparison of relapsed and non-relapsed abstinent pathological gamblers following behavioural treatment. British Journal of Addiction 86: 1485–1489

Blaszczynski A, Nower L (2002) A pathways model of problem and pathological gambling. Addiction 97: 487–499

Blaszczynski A, Sharpe L, Walker M (2001) The assessment of the impact of the reconfiguration on electronic gaming machines as harm minimisation strategies for problem gambling: http://www.psych.usyd.edu.au/gambling/GIO_report.pdf. Gesehen 20. Jul 2003

Blaszczynski A, Steel Z, McConaghy N (1997) Impulsivity in pathological gambling: the antisocial impulsivist. Addictions 92: 75–87

Blaszczynski A, Wilson AC, McConaghy N (1986a) Sensation seeking and pathological gambling. British Journal of Addiction 81: 113–117

Blaszczynski A, Winter SW, McConaghy N (1986b) Plasma endorphin levels in pathological gambling. Journal of Gambling Behavior 2: 3–14

Bloch HA (1951) The sociology of gambling. American Journal of Sociobiology 57: 215–221

Blume SB (1994) Pathological gambling and switching addictions: report of a case. Journal of Gambling Studies 10: 87–96

Bochnik HJ, Richtberg W (1980) Depravation – Ausdruck und Folgen einer suchtspezifischen Besinnungsstörung. In: Keup W (Hrsg) Folgen der Sucht. Thieme, Stuttgart, S 83–99

Böning J (1998) Psychopathologie und Neurobiologie der Glücksspielsucht. In: Alberti G, Kellermann B (Hrsg) Psychosoziale Aspekte der Glücksspielsucht. Neuland, Geesthacht, S 39–50

Bolen DW, Boyd WH (1968) Gambling and the gambler. Archives of General Psychiatry 18: 617–630

Bolen DW, Caldwell AB, Boyd WH (1975) Personality traits of pathological gamblers. (Paper presented at the »Second Annual Conference on Gambling«, Lake Tahoe (USA))

Bommert H (1982) Gesprächspsychotherapie. In: Bastine R, Fiedler PA, Grawe K, Schmidtchen S, Sommer G (Hrsg) Grundbegriffe der Psychotherapie. Edition Psychologie, Weinheim

Bondolfi G, Osiek C, Ferrero F (2000) Prevalence estimates of pathological gambling in Switzerland. Acta Psychiatrica Scandinavica 101: 473–475

Bondolfi G, Osiek C, Ferrero F (2002) Pathological gambling: an increasing and underestimated disorder. Schweizer Archiv für Neurologie und Psychiatrie 153: 116–122

Bottländer J (1995) Spielsucht als individuelles und soziales Problem. Unsere Jugend 47: 18–26

Bottlender R, Soyka M, Hoff P, Möller H-J (1997) Pferdewetten als eine Form pathologischen Spielens unter Berücksichtigung diagnostischer und forensischer Aspekte. Nervenheilkunde 16: 511–518

Boyd WH, Bolen DW (1970) The compulsive gambler and spouse in group psychotherapy. International Journal of Group Psychotherapy 20: 77–90

Boyer M, Dickerson M (2003) Attentional bias and addictive behaviour: automaticity in a gambling-specific modified Stroop task. Addiction 98: 61–70

Brand M, Kalbe E, Labudda K, Fujiwara E, Kessler J, Markowitsch HJ (2005) Decision-making impairments in patients with pathological gambling. Psychiatry Research 133: 91–99

Brandt C (1993) Sucht und Automatenspiel. Lambertus, Freiburg

Brandt C (1996) Arbeitslosigkeit und Automatenspiel. In: Fett A (Hrsg) Glück-Spiel-Sucht, Konzepte und Behandlungsmethoden. Lambertus, Freiburg, S 65–76

Breen RB (2004) Rapid onset of pathological gambling in machine gamblers: a replication. International Journal of Mental Health & Addiction 2: 44–49

Breen RB, Zimmerman M (2002) Rapid onset of pathological gambling in machine gamblers. Journal of Gambling Studies 18: 31–43

Breen RB, Zuckerman M (1999) »Chasing« in gambling behavior: personality and cognitive determinants. Personality and Individual Differences 27: 1097–1111

Breiter HC, Aharon I, Kahneman D, Dale A, Shizgal P (2001) Functional imaging of neural responses to expectancy and experience of monetary gains and losses. Neuron 30: 619–639

Breiter HC, Gollub RL, Weisskoff RM et al. (1997) Acute effects of cocaine on human brain activity and emotion. Neuron 19: 591–611

Brengelmann JC (1990) Sucht, Glücksspiel und Verhaltenseffektivität. Suchtgefahren 36: 392–401

Brengelmann JC (1991) Die Lust auf Spiel und Risiko. Varia Press, Zürich

Brengelmann JC, Waadt S (1985) Verhalten in Glücksspielsituationen. Röttgers, München

Brenk-Schulte E, Feuerlein W, Pfeiffer W (1992) Motivierungsarbeit in der Kontaktphase der Alkoholismustherapie. In: Tasseit S (Hrsg) Ambulante Suchttherapie. Möglichkeiten und Grenzen. Neuland, Geesthacht, S 27–61

Brown RIF (1986) Dropouts and continuers in Gamblers Anonymous: life-context and other factors. Journal of Gambling Behavior 2: 130–140

Brown RIF (1987a) Models of gambling addictions as perceptual filters. Journal of Gambling Behavior 3: 224–236

Brown RIF (1987b) Classical and operant paradigms in the management of gambling addiction. Behavioural Psychotherapy 15: 111–122

Brown RIF (1987c) Pathological gambling and associated patterns of crime: comparisons with alcohol and other drug addictions. Journal of Gambling Behavior 83: 98–114

Brown RIF (1987d) Dropouts and continuers in Gamblers Anonymous: part 3. Some possible specific reasons for dropout. Journal of Gambling Behavior 3: 202–210

Brown RIF (1987e) Dropouts and continuers in Gamblers Anonymous: part 2. Analysis of free-style accounts of experiences with GA. Journal of Gambling Behavior 3: 68–79

Brown RIF (1987f) Gambling adictions, arousal, and an affective/decision-making explanation of behavioral reversions or relapses. The International Journal of the Addictions 22: 1053–1067

Brown RIF (1988) Reversal theory and subjective experience in the explanation of addiction and relapse. In: Apter MJ, Kerr JH, Cowles MP (eds) Progress in reversal theory. Elsevier Science, North-Holland, pp 191–211

Brown RIF (1997) A theoretical model of the behavioural addictions – applied to offending. In: Hodge JE, McMurran M, Hollin CR (eds) Addicted to crime? Wiley & Sons, West-Sussex, pp 13–65

Browne BR (1991) The selective adaption of the Alcoholics Anonymous program by Gamblers Anonymous. Journal of Gambling Studies 7: 187–206

Bruce AC, Johnson JEV (1994) Male and female betting behaviour: new perspectives. Journal of Gambling Studies 10: 183–198

Bruin DE de, Leenders FRJ, Fris M, Verbraeck HT, Braan RV, Wijngaart GF van de (2001) Gasten van Holland casinos: effectiviteit van het preventiebeleid kansspelverslaving (Gäste von Holland Casinos: Effektivität der Politik des Responsible Gambling). Centrum voor Verslavingsonderzoek, Utrecht

Bühringer G (1983) Buchbesprechung zu G. Meyer: Geldspielautomaten mit Gewinnmöglichkeiten. Suchtgefahren 29: 323–326

Bühringer G (1992a) Spielen – ist das harmlos oder nicht? Der Kassenarzt 24: 31f

Bühringer G (1992b) Drogenabhängig. Wie wir Mißbrauch verhindern und Abhängigen helfen können. Herder, Freiburg

Bühringer G (2004) Wenn Arbeiten, Einkaufen oder Glücksspielen pathologisch eskalieren: Impulskontrollstörung, Sucht oder Zwangshandlung? Verhaltenstherapie 14: 86–88

Bühringer G, Augustin R, Welsch K (2003) Spielverhalten an Geldspielautomaten in den neuen Bundesländern 1990–2000. Gesundheitswesen 65: 55–63

Bühringer G, Konstanty R (1989) Vielspieler an Geldspielautomaten in der Bundesrepublik Deutschland. Suchtgefahren 35: 1–13

Bühringer G, Türk D (1997) Ausgewählte Ergebnisse aus den Untersuchungen zum Spielen an »Unterhaltungsautomaten mit Gewinnmöglichkeit« 1984–1995. Moguntia, 11/97, Schmidt, Mainz

Bühringer G, Türk D (2000) Geldspielautomaten – Freizeitvergnügen oder Krankheitsverursacher? Hogrefe, Göttingen

Bundesverfassungsgericht (1970) Entscheidungen des Bundesverfassungsgerichtes, Bd. 28. Mohr, Tübingen

Burton S, Netemeyer RG, Andrews JC (2000) Modeling potential psychological risk factors of pathological gambling. Journal of Applied Social Psychology 30: 2058–2078

Cabot A (1997) The Internet Gambling Report. Trace Publications, Las Vegas

Cabot A (1998) The Internet Gambling Report II. Trace Publications, Las Vegas

Campbell F, Lester D (1999) The impact of gambling opportunities on compulsive gambling. The Journal of Social Psychology 139: 126–127

Canziani A (2001) Das Sozialkonzept von Swiss Casinos. In: Füchtenschnieder I, Hurrelmann K (Hrsg) Glücksspiel in Europa. Vom Nutzen und Schaden des Glücksspiels im europäischen Vergleich. Neuland, Geesthacht, S 117–123

Caplan G (1964) Principles of preventive psychiatry. Basic Books, New York

Caria CM de, Begaz R, Hollander E (1998) Serotonergic and noradrenergic function in pathological gambling. CNS Spectrums 3: 38–47

Carlton PL, Manowitz P (1992) Behavioral restraint and symptoms of attention deficit disorder in alcoholics and pathological gamblers. Neuropsychobiology 25: 44–48

Carlton PL, Manowitz P (1994) Factors determining the severity of pathological gambling in males. Journal of Gambling Studies 10: 147–157

Carlton PL, Manowitz P, McBride H, Nora R, Swartzburg M, Goldstein L (1987) Attention deficit disorder and pathological gambling. Journal of Clinical Psychiatry 48: 487–488

Caron A, Ladouceur R (2003) Erroneous verbalizations and risk taking at video lotteries. British Journal of Psychology 94: 189–194

Carrasco JL, Sáiz-Ruiz J, Hollander E, César J, López-Ibor JJ (1994) Low platelet monoamine oxidase activity in pathological gambling. Acta Psychiatrica Scandinavica 90: 427–431

Carroll D, Huxley JAA (1994) Cognitive, dispositional, and psychophysiological correlates of dependent slot machine gambling in young people. Journal of Applied Social Psychology 24: 1070–1083

Casson F (1968) Brain operation for gambler. Lancet 1: 815

Castellani B (2000) Pathological gambling. The making of a medical problem. State University of New York Press, Albany

Castellani B, Rugle L (1995) A comparison of pathological gamblers to alcoholics and cocaine misusers on impulsivity, sensation seeking, and craving. The International Journal of the Addictions 30: 275–289

Cavedini P, Riboldi G, Keller R, d'Annucci A, Bellodi L (2002) Frontal lobe dysfunction in pathological gambling patients. Biological Psychiatry 51: 334–341

Chambers RA, Potenza MN (2003) Neurodevelopment, impulsivity, and adolescent gambling. Journal of Gambling Studies 19: 53–84

Chang S (1996) Impact of casinos on crime: the case of Biloxi, Mississippi. Journal of Criminal Justice 24: 431–436

Chau AWL, Phillips JG, Baggo KL von (2000) Departures from sensible play in computer blackjack. The Journal of General Psychology 127: 426–438

Christiansen Capitol Advisors (2003) CCA's 2003 global internet gambling revenue estimates and projections: http://www.cca-i.com/Primary%20Navigation/Online%20Data%20Store/internet_gambling_data.htm.Gesehen 20. Jul 2004

Ciarrocchi J, Hohmann AA (1989) The family environment of married male pathological gamblers, alcoholics, and dually addicted gamblers. Journal of Gambling Behavior 5: 283–292

Ciarrocchi J, Richardson R (1989) Profile of compulsive gamblers in treatment: update and comparisons. Journal of Gambling Behavior 53–65

Ciarrocchi JW (2002) Counseling problem gamblers: a self-regulation manual for individual and family therapy: Academic Press, San Diego

CIPS (1986) Internationale Skalen für Psychiatrie. Beltz-Test, Weinheim, S 291–321

Collins D, Lapsley H (2003) The social costs and benefits of gambling: an introduction to the economic issues. Journal of Gambling Studies 19: 123–148

Collins P, Barr G (2001) Gambling and problem gambling in South Africa: a national study. National Center for the Study of Gambling: http://www.responsiblegaming.co.za/gamblingreport-pretext%20design.pdf. Gesehen 20. Feb 2004

Coman GJ, Burrows GD, Evans BJ (1997) Stress and anxiety as factors in the onset of problem gambling: implications for treatment. Stress Medicine 13: 235–244

Coman GJ, Evans BJ, Burrows GD (1996) Problem gambling: treatment strategies and rationale for the use of hypnosis as a treatment adjunct. Australian Journal of Clinical and Experimental Hypnosis 24: 73–91

Coman GJ, Evans BJ, Burrows GD (2002) Group counselling for problem gambling. British Journal of Guidance & Counselling 30: 145–158

Comings DE (1998) The molecular genetics of pathological gambling. CNS Spectrums 3: 20–37

Comings DE, Gade-Andavolu R, Gonzalez N et al. (2001) The additive effect of neurotransmitter genes in pathological gambling. Clinical Genetics 60: 107–116

Comings DE, Gonzalez N, Wu S et al. (1999) Studies of the 48 bp repeat polymorphism of the DRD4 gene in impulsive, compulsive, addictive behaviors: Tourette syndrome, ADHD, pathological gambling, and substance abuse. American Journal of Medical Genetics 88: 358–368

Comings DE, Rosenthal RJ, Lesieur HR, Rugle L, Muhleman D, Chiu C, Dietz G, Gade R (1996) A study of the dopamine D_2 rezeptor gene in pathological gambling. Pharmacogenetics 6: 223–234

Conrad EL (1978) The identification of three types of gamblers and related personality characteristics and gambling experiences. Unpublished doctoral dissertation, Loyola University of Chicago

Corney WJ, Cummings WT (1985) Gambling behavior and informational processing biases. Journal of Gambling Behavior 1: 111–118

Cornish DB (1978) Gambling: a review of the literature and its implications for policy and research. Her Majesty's Stationery Office, London

Côté D, Caron A, Aubert J, Desrochers V, Ladouceur R (2003) Near wins prolong gambling on a video lottery terminal. Journal of Gambling Studies 19: 433–438

Coulombe A, Ladouceur R, Desharnais R, Jobin J (1992) Erroneous perceptions and arousal among regular and occasional video poker players. Journal of Gambling Studies 8: 235–244

Coventry KR, Brown RIF (1993) Sensation seeking, gambling, and gambling addictions. Addiction 88: 541–554

Coventry KR, Constable B (1999) Physiological arousal and sensation-seeking in female fruit machine gamblers. Addiction 94: 425–430

Coventry KR, Hudson J (2001) Gender differences, physiological arousal and the role of winning in fruit machine gamblers. Addiction 96: 871–879

Coventry KR, Norman AC (1997) Arousal, sensation seeking, and frequency of gambling in off-course horse racing bettors. British Journal of Psychology 88: 671–681

Cremer JH (2001) Rationales und pathologisches Verhalten in einem Glücksspieltest. Dissertation, Universität Hamburg

Crisp BR, Thomas SA, Jackson AC, Thomason N (2001) Partners of problem gamblers who present for counseling: demographic profile and presenting problems. Journal of Family Studies 7: 208–216

Crockford DN, el-Guebaly N (1998) Naltrexone in the treatment of pathological gambling and alcohol dependence. Canadian Journal of Psychiatry 43: 86

Crockford DN, el-Guebaly N (1998) Psychiatric comorbidity in pathological gambling: a critical review. Canadian Journal of Psychiatry 43: 43–50

Crofts P (2003) Problem gambling and property offences: an analysis of court files. International Gambling Studies 3: 183–197

Cromer G (1978) Gamblers Anonymous in Israel: a participant observation study of a self-help group. The International Journal of the Addictions 13: 1069–1077

Crone EA, Vendel I, Molen MW van der (2003) Decision-making in disinhibited adolescents and adults: insensitivity to future consequences or driven by immediate reward? Personality and Individual Differences 35: 1625–1641

Cummings C, Gordon J, Marlatt G (1980) Relapse: prevention and prediction. In: Willer W (ed) The addictive behaviors: treatment of alcoholism, drug abuse, smoking and obesity. Pergamon Press, Oxford, pp 291–321

Cunningham-Williams RM, Cottler LB, Compton WM, Spitznagel EL (1998) Taking chances: problem gamblers and mental health disorders – results from the St. Louis Epidemiology Catchment Area study. American Journal of Public Health 88: 1093–1096

Cunningham-Williams RM, Cottler LB, Compton WM, Spitznagel EL, Ben-Abdallah A (2000) Problem gambling and comorbid psychiatric and substance use disorders among drug users recruited from drug treatment and community settings. Journal of Gambling Studies 16: 347–376

Curran D, Scarpitti F (1991) Crime in Atlantic City: do casinos make a difference? Deviant Behavior 12: 431–449

Custer RL (1982) An overview of compulsive gambling. In: Caronne PA, Yoles SN, Kiefer SN, Krinsky L (eds) Addictive disorders update – alcoholism, drug abuse, gambling. Human Science Press, New York, pp 107–124

Custer RL (1987) The diagnosis and scope of pathological gambling. In: Galski T (ed) The handbook of pathological gambling. Thomas, Springfield (USA), pp 3–7

Custer RL, Milt H (1985) When luck runs out. Facts on File Publications, New York

Daghestani AN, Elenz E, Crayton JW (1996) Pathological gambling in hospitalized substance abusing veterans. Journal of Clinical Psychiatry 57: 360–363

Darbyshire P, Oster C, Carrig H (2001a) The experience of pervasive loss: children and young people living in a family where parental gambling is a problem. Journal of Gambling Studies 17: 23–45

Darbyshire P, Oster C, Carrig H (2001b) Children of parent(s) who have a gambling problem: a review of the literature and commentary on research approaches. Health and Social Care in the Community 9: 185–193

Daughters SB, Lejuez CW, Lesieur HR (2003) Towards a better understanding of gambling treatment failure: implications of translating research. Clinical Psychology Review 23: 573–586

Davis D, Sudahl I, Lesbo M (2000) Illusory personal control as a determinant of bet size and type in casino craps games. Journal of Applied Social Psychology 30: 1224–1242

Deissler KJ (1982) Warum laufen Süchtige während der Rehabilitation weg? Drogalkohol 81: 31–40

Delfabbro P (2004) The stubborn logic of regular gamblers: obstacles and dilemmas in cognitive gambling research. Journal of Gambling Studies 20: 1–21

Delfabbro PH, Winefield AH (2000) Predictors of irrational thinking in regular slot machine gamblers. The Journal of Psychology 134: 117–128

Dell LJ, Ruzicka MF, Palisi AT (1981) Personality and other factors associated with the gambling addiction. The International Journal of the Addictions 16: 149–156

Denzer P, Petry J, Baulig T, Volker U (1995) Pathologisches Glücksspiel: Klientel und Beratungs/Behandlungsangebot. In: Deutsche Hauptstelle gegen die Suchtgefahren (Hrsg) Jahrbuch Sucht 96. Neuland, Geesthacht, S 279–295

Department for Culture, Media and Sport (2004) Draft gambling bill. The Stationery Office, London

Derevensky JL, Gupta R (2004) Gambling problems in youth – theoretical and applied perspectives. Kluwer, New York

Derevensky JL, Gupta R, Winters K (2003) Prevalence rates of youth gambling problems: are the current rates inflated? Journal of Gambling Studies 19: 405–425

Devereux EC (1968) Gambling in psychological and sociological perspective. International Encyclopedia of the Social Sciences 6: 53–62

Dickerson MG (1974) The effect of betting shop experience on gambling behavior. Unpublished doctoral dissertation, University of Birmingham, Great Britain

Dickerson MG (1984) Compulsive gamblers. Longman, London

Dickerson MG, Baron E (2000) Contemporary issues and future directions for research into pathological gambling. Addiction 95: 1145–1159

Dickerson MG, Cunningham R, Legg England S, Hinchy J (1991) On the determinants of persistent gambling, III, personality, prior mood, and poker machine play. The International Journal of the Addictions 26: 531–548

Dickerson MG, Hinchy J, Fabre J (1987) Chasing, arousal, and sensation seeking in off-course gamblers. British Journal of Addiction 82: 673–680

Dickerson MG, Hinchy J, Legg England S (1990) Minimal treatments and problem gamblers: a preliminary investigation. Journal of Gambling Studies 6: 87–102

Dickerson MG, Hinchy J, Legg England S, Fabre J, Cunningham R (1992) On the determinants of persistent gambling behaviour, I. High-frequency poker machine players. British Journal of Psychology 83: 237–248

Dickerson MG, Weeks D (1979) Controlled gambling as a therapeutic technique for compulsive gamblers. Journal of Behavior Therapy and Experimental Psychiatry, 10: 139–141

Dickson LM, Derevensky JL, Gupta R (2002) The prevention of gambling problems in youth: a conceptual framework. Journal of Gambling Studies 18: 97–159

DiClemente CC, Prochaska JO (1982) Self-change and therapy change of smoking behavior: a comparison of processes of change in cessation and maintenance. Addictive Behaviors 7: 133–142

Diederichsen U (1994) Juristische Voraussetzungen. In: Venzlaff U, Foerster K (Hrsg) Psychiatrische Begutachtung. Fischer, Stuttgart, S 485–600

Dietlein J, Hecker M (2003) Die Vermittlung von Oddset-Wetten zwischen Gefahrenabwehr und Wettbewerbsschutz. Wettbewerb in Recht und Praxis 10: 1175–1180

Dijk WK van (1983) Biologische, psychogene und soziogene Faktoren der Drogenabhängigkeit. In: Lettiri DJ, Welz R (Hrsg) Drogenabhängigkeit – Ursachen und Verlaufsformen. Beltz, Weinheim S 176–184

Dilling H, Mombour W, Schmidt MH (1991) Internationale Klassifikation psychischer Störungen: ICD-10, Kapitel V (F), klinisch-diagnostische Leitlinien, Weltgesundheitsorganisation. Huber, Bern

Diskin KM, Hodgins DC (1999) Narrowing of attention and dissociation in pathological video lottery gamblers. Journal of Gambling Studies 15: 17–28

Diskin KM, Hodgins DC (2003) Psychophysiological and subjective arousal during gambling in pathological and non-pathological video lottery gamblers. International Gambling Studies 3: 37–51

Diskin KM, Hodgins DC, Skitch SA (2003) Psychophysiological and subjective responses of a community sample of video lottery gamblers in gambling venues and laboratory situations. International Gambling Studies 3: 133–148

Doiron JP, Mazer DB (2001) Gambling with video lottery terminals. Qualitative Health Research 11: 631–646

Dostojewski F (1866/1981) Der Spieler. Deutscher Taschenbuch Verlag, München

Doubrawa R (1992) Integrative Therapie aus der Sicht eines Verhaltenstherapeuten. Report Psychologie 48: 28–37

Downes DM, Davies BP, David ME, Stone P (1976) Gambling, work and leisure: a study across three areas. Routledge and Kegan Paul, London

Düffort R (1986) Ratgeber für Spieler und ihre Angehörigen. Lambertus, Freiburg i.Br.

Düffort R (1989) Ambulante Arbeit mit Spielern. In: Brakhoff J (Hrsg) Glück – Spiel – Sucht: Beratung und Behandlung von Glücksspielern. Lambertus, Freiburg, S 30–44

Eadington WR (1997) Understanding gambling. In: Eadington WR, Cornelius JA (eds) Gambling: public policies and the social sciences. Institute for the Study of Gambling and Commercial Gaming, University of Nevada, Reno, pp 3–9

Eadington WR (2003) Measuring costs from permitted gaming: concepts and categories in evaluating gambling's consequences. Journal of Gambling Studies 19: 185–213

Eber GB, Shaffer HJ (2000) Trends in bio-behavioral gambling studies research: quantifying citations. Journal of Gambling Studies 16: 461–467

Echeburúa E, Báez C, Fernández-Montalvo J (1996) Comparative effectiveness of three therapeutic modalities in the psychological treatment of pathological gambling: long-term outcome. Behavioural and Cognitive Psychotherapy 24: 51–72

Echeburúa E, Fernández-Montalvo J, Báez C (2000) Relapse prevention in the treatment of slot-machine pathological gambling: long-term outcome. Behavior Therapy 31: 351–364

Echeburúa E, Fernández-Montalvo J, Báez C (2001) Predictors of therapeutic failure in slot-machine pathological gamblers following behavioural treatment. Behavioural and Cognitive Psychotherapy 29: 379–383

Eisen S, Lin M, Lyons M, Scherrer J, Griffith K, True W, Goldberg J, Tsuang M (1998) Familial influences on gambling behavior: an analysis of 3359 twin pairs. Addiction 93: 1375–1384

Eisen SA, Slutske WS, Lyons MJ et al. (2001) The genetics of pathological gambling. Seminars in Clinical Neuropsychiatry 6: 195–204

Elia C, Jacobs DF (1993) The incidence of pathological gambling among native Americans treated for alcohol dependence. International Journal of the Addictions 28: 659–666

Ellis A (1979) Rational-emotive Therapie in Gruppen. In: Ellis A, Grieger R (Hrsg) Praxis der rational-emotiven Therapie. Urban & Schwarzenberg, München

Ellis A, Harper RA (1975) A new guide to rational living. Wilshire Books, North Hollywood, CA

Erbach F (1984) Familientherapie bei Abhängigkeit. Caritas, Zeitschrift für Caritasarbeit und Caritaswissenschaft 85: 5

Erbach F (1989) Systemische Beratung und Therapie von Glücksspielern und ihren Angehörigen. In: Brakhoff J (Hrsg) Glück – Spiel – Sucht: Beratung und Behandlung von Glücksspielern. Lambertus, Freiburg, S 52–70

Erlenmeyer A (1887) Die Morphiumsucht und ihre Behandlung. Heusers Verlag, Berlin

Evans Group (1996) A study of the economic impact of the gaming industry through 2005. Evans Group, Evanston (USA)

Fabian T (1995) Pathological gambling: a comparison of gambling at German-style slot machines and »classical« gambling. Journal of Gambling Studies 11: 249–263

Fabian T, Wetzels P (1990) Delinquenz und Schuldfähigkeitsbegutachtung bei pathologischem Glücksspiel. In: Egg R (Hrsg) Brennpunkte der Rechtspsychologie. Forum Verlag, Bonn, S 363–383

Fahrenberg J, Hampel R, Selg H (1984) Das Freiburger Persönlichkeitsinventar – Revidierte Fassung (FPI-R). Hogrefe, Göttingen

Federman EJ, Drebing CE, Krebs C (2000) Don't leave it to chance. A guide for families of problem gamblers. New Harbinger Publications, Oakland

Feigelman W, Wallisch LS, Lesieur HR (1998) Problem gamblers, problem substance users, and dual-problem individuals: an epidemiological study. American Journal of Public Health 88: 467–470

Fenichel O (1945) The psychoanalytic theory of neurosis. Norton, New York

Ferentzy P, Skinner W (2003) Gamblers Anonymous: a critical review of the literature. eGambling 9: http://www.camh.net/egambling/issue9/research/ferentszy. Gesehen 03. Nov 2003

Ferstl R, Bühringer G (1991) Störungen durch psychotrope Substanzen. In: Perez M, Baumann U (Hrsg.) Klinische Psychologie, Bd. 2 Intervention. Huber, Bern, S 322–334

Festinger L (1957) A theory of cognitive dissonance. Row, Peterson & Company, Evanston

Feuerlein W (1979/1984/1989) Alkoholismus – Mißbrauch und Abhängigkeit. Thieme, 2., 3., 4. Aufl., Stuttgart

Feuerlein W, Küfner H, Ringer C, Antons K (1979) Münchner Alkoholismustest. Beltz, Weinheim

Fink HK (1961) Compulsive gambling. Acta Psychotherapy 9: 251–261

Fischer H (1905) Spieler-Moral – eine irrenärztliche Studie über die Spielsucht und ihr Verhältnis zur Trunksucht und Morphiumsucht. Modernes Verlagsbureau, Berlin

Fisher S (1992) Measuring pathological gambling in children: the case of fruit machines in the U.K. Journal of Gambling Studies 8: 263–285

Fisher S (1996) Gambling and problem gambling among casino patrons. University of Plymouth, Plymouth

Fisher S (1999) A prevalence study of gambling and problem gambling in British adolescents. Addiction Research 7: 509–538

Fisher S (2000) Measuring the prevalence of sector-specific problem gambling: a study of casino patrons. Journal of Gambling Studies 16: 25–51

Foerster K (1994) Psychiatrische Begutachtung im Zivilrecht. In: Venzlaff U, Foerster K (Hrsg) Psychiatrische Begutachtung. Fischer, Stuttgart, S 601–620

France CJ (1975) The gambling impulse. In: Halliday J, Fuller P (eds) The psychology of gambling. Harper and Row, New York, pp 115–156

Frank ML (1979) Why people gamble: a behavioral perspective. In: Lester D (ed) Gambling today. Thomas Books, Springfield (USA), pp 71–83

Frank ML, Lester D, Wexler A (1991) Suicidal behavior among members of Gamblers Anonymous. Journal of Gambling Studies 7: 249–254

Frank ML, Smith C (1989) Illusion of control and gambling in children. Journal of Gambling Behavior 5: 127–136

Franklin J (1981) Family counseling and therapy for pathological gambling: a case study. (Paper presented at the »5th National Conference on Gambling and Risk Taking«, The John Hopkins University, Mt. Wilson, Maryland)

Franklin J, Ciarrocchi J (1987) The team approach: developing an experimental knowledge base for the treatment of the pathological gambler. Journal of Gambling Behavior, 3: 60–67

Franklin J, Thomas DR (1989) Clinical observations of family members of compulsive gamblers. In: Shaffer HJ, Stein AJ, Gambino B, Cummings TN (eds) Compulsive gambling: theory, research and practice. Lexington, Lexington, MA, pp 135–146

Freidenberg BM, Blanchard EB, Wulfert E, Malta LS (2002) Changes in physiological arousal to gambling cues among participants in motivationally enhanced cognitive-behavior therapy for pathological gambling: a preliminary study. Applied Psychophysiology and Biofeedback 27: 251–260

Freud S (1917/1977) Vorlesungen zur Einführung in die Psychoanalysis. Fischer, Frankfurt

Freud S (1928) Dostojewski und die Vatertötung. Ges. Werke (1925–1931), Bd. XIV. Imago, London

Friedman J, Hakim S, Weinblatt J (1989) Casino gambling as a »growth pole« strategy and its effects on crime. Journal of Regional Science 29: 615–623

Frost RO, Meagher BM, Riskind JH (2001) Obsessive-compulsive features in pathological lottery and scratch-ticket gamblers. Journal of Gambling Studies 17: 5–19

Füchtenschnieder I (1991) »Manchmal habe ich das Gefühl, auch wenn ich die Hände vom Steuer nehmen würde, mein Auto würde mich auch so in die Spielhalle fahren«. Wolfgang L., Spieler. Bericht über die Arbeit der Beratungsstelle für Spielabhängige und Angehörige. In: Heide M, Lieb H (Hrsg) Sucht und Psychosomatik. Nagel, Bonn, S 147–153

Füchtenschnieder I (1992) Fortunas falscher Kuß. Sucht Report 6: 41–45

Füchtenschnieder I, Gauls F (1998) Konzept der Beratungsstelle für Glücksspielabhängige und Angehörige. Diakonisches Werk, Herford

Füchtenschnieder I, Thomas G (1991) Gruppen für Spieler – Hilfe für Spieler? In: Petzold H, Schobert R (Hrsg) Selbsthilfe und Psychosomatik. Junfermann, Paderborn, S 125–144

Fuchtmann E (1986) Der Beitrag des Helfers am Therapieabbruch des Klienten – zwischen Allmachts- und Schuldgefühlen. Lambertus, Freiburg

Fuentes-Merillas L de, Koeter MWJ, Schippers GM, Brink W van den (2003) Are scratchcards addictive? The prevalence of pathological scratchcard gambling among adult scratchcard buyers in the Netherlands. Addiction 98: 725–731

Gaboury A, Ladouceur R (1987) Irrational thinking and gambling. (Paper presented at the »Seventh International Conference on Gambling and Risk-Taking«, Reno (USA))

Gaboury A, Ladouceur R (1989) Erroneous perceptions and gambling. Journal of Social Behavior and Personality 4: 411–420

Galdstone I (1951) The psychodynamics of the triad alcoholism, gambling, and superstition. Mental Hygiene 35: 589–598

Galdstone I (1960) The gambler and his love. American Journal of Psychiatry 117: 553–555

Gamblers Anonymous (1984a) Sharing recovery through Gamblers Anonymous. GA-Publishing, Los Angeles

Gamblers Anonymous (1984b) A guide to forth step inventory. GA-Publishing, Los Angeles

Gambling Review Body (2001) Gambling review report: http://www.culture.gov.uk/global/publications/archive_2001/gamb_rev_report.htm. Gesehen 15. Jun 2003

GamCare (2003) GamCare care services report 2002 http://www.gamcare.org.uk/pdfs/carerep3.pdf. Gesehen 02. Aug 2004

Garry C, Sangster RJ (1968) Gambling in a lower class area. In: Mann WR (ed) Deviant behavior in Canada. Social Science Publishers, Toronto, pp 102–120

Gaudia R (1987) Effects of compulsive gambling on the family. Social Work 32: 254–256

Gehring WJ, Willoughby AR (2002) The medial frontal cortex and the rapid processing of monetary gains and losses. Science 295: 2279–2282

Gesellschaft für Konsumforschung (2003) Gewinnspielpanel – Jahresbericht 2002. Nichtveröffentlichter Jahresbericht im Auftrag des Deutschen Lotto- und Toto-Blocks

Getty HA, Watson J, Frisch GR (2000) A comparison of depression and styles of coping in male and female GA members and controls. Journal of Gambling Studies 16: 377–391

Giacomuzzi SM, Vigl A, Ertl M, Guerreschi C, Günther V, Hinterhuber H (2003) Lebensqualität und pathologisches Spiel. Wiener Zeitschrift für Suchtforschung 26: 11–18

Gibson B, Sanbonmatsu DM, Posavac SS (1997) The effects of selective hypothesis testing on gambling. Journal of Experimental Psychology 3: 126–142

Giese H (1962) Psychopathologie der Sexualität. Enke, Stuttgart

Gilovich T (1983) Biased evaluations and persistence in gambling. Journal of Personality and Social Psychology 44: 1110–1126

Gilovich T, Douglas C (1986) Biased evaluations of randomly determined gambling outcomes. Journal of Experimental Social Psychology 22: 228–241

Giżycki J, Górny A (1970) Glück im Spiel zu allen Zeiten. Stauffacher, Zürich

Glass CD (1992) Differences in internal-external locus of control and tolerance-intolerance for ambiguity among pathological, social and non-gambling groups. Dissertation Abstracts International 43-B: 524

Goffman I (1969) Where the action is. Penguin Press, London

Goldstein L, Manowitz P, Nora R, Swartzburg M, Carlton PL (1985) Differential EEG activation and pathological gambling. Biological Psychiatry 20: 1232–1234

Goodman R (1995) The luck business. The Free Press, New York

Goorney AB (1968) Treatment of a compulsive horse race gambler by aversion therapy. British Journal of Psychiatry 114: 329–333

Götestam KG, Johansson A (2003) Characteristics of gambling and problematic gambling in the Norwegian context. A DSM-IV-based telephone interview study. Addictive Behaviors 28: 189–197

Goudriaan AE, Oosterlaan J, Beurs E de, Brink W van den (2003) Pathological gambling: a comprehensive review of biobehavioral findings. Neuroscience and Biobehavioral Reviews 28: 123–141

Graham JR, Lowenfeld BH (1986) Personality dimensions of the pathological gambler. Journal of Gambling Behavior 2: 58–66

Grant JE, Kim SW (2001) Demographic and clinical features of 131 adult pathological gamblers. Journal of Clinical Psychiatry 62: 957–962

Grant JE, Kim SW (2002) Pharmacotherapy of pathological gambling. Psychiatrics Annals 32: 186–191

Grant JE, Kim SW (2003) Dissociative symptoms in pathological gambling. Psychopathology 36: 200–203

Grant JE, Kim SW, Brown E (2001) Characteristics of geriatric patients seeking medication treatment for pathologic gambling disorder. Journal of Geriatric Psychiatry and Neurology 14: 125–129

Grant JE, Kim SW, Kuskowski M (2004) Retrospective review of treatment retention in pathological gambling. Comprehensive Psychiatry 45: 83–87

Grant JE, Kim SW, Potenza MN (2003a) Advances in the pharmacological treatment of pathological gambling. Journal of Gambling Studies 19: 85–109

Grant JE, Kim SW, Potenza MN et al. (2003b) Paroxetine treatment of pathological gambling: a multi-centre randomized controlled trial. International Clinical Psychopharmacology 18: 243–249

Grawe K, Donati R, Bernauer F (1994) Psychotherapie im Wandel. Hogrefe, Göttingen

Grawe K, Fiedler P (1982) Psychotherapie in Gruppen. In: Bastine R, Fiedler P, Grawe K, Schmidtchen S, Sommer G (Hrsg) Grundbegriffe der Psychotherapie. Edition Psychologie, Weinheim, S 149–153

Greenberg D, Rankin H (1982) Compulsive gamblers in treatment. British Journal of Psychiatry 140: 364–366

Greenberg HR, Schmidt R (1989) Psychologie des Glücksspiels. In: Freedman AM, Kaplan HJ, Sadock BJ, Peters UH (Hrsg) Psychiatrie in Praxis und Klinik, Bd. 5, Psychiatrische Probleme der Gegenwart I. Thieme, Stuttgart, S 418–430

Greenson RR (1947) On gambling. American Imago 4: 61–77

Griffiths FV (1982) A case of compulsive gambling treated by hypnosis. International Journal of Clinical and Experimental Hypnosis 30: 195

Griffiths M (1993a) Tolerance in gambling: an objective measure using the psychophysiological analysis of male fruit machine gamblers. Addictive Behaviors 18: 365–372

Griffiths M (1993b) Fruit machine gambling: the importance of structural characteristics. Journal of Gambling Studies 9: 101–120

Griffiths M (1994) The role of cognitive bias and skill in fruit machine gambling. British Journal of Psychology 85: 351–369

Griffiths M (1995) Adolescent Gambling. Routledge, London

Griffiths M (1996) Internet addiction: an issue for clinical psychology? Clinical Psychology 97: 32–36

Griffiths M (1998) Internet addiction: does it really exist? In: Gackenbach J (ed) Psychology and the internet: intrapersonal, interpersonal and transpersonal applications. Academic Press, New York, pp 61–75

Griffiths M (1999) Gambling technologies: prospects for problem gambling. Journal of Gambling Studies 15: 265–283

Griffiths M (2000) Scratchcard gambling among adolescent males. Journal of Gambling Studies 16: 79–91

Griffiths M (2003) Internet gambling: issues, concerns, and recommendations. Cyber Psychology & Behavior 6: 557–568

Griffiths M, Parke J (2002) The social impact of internet gambling. Social Science Computer Review 20: 312–320

Griffiths M, Wood R (2001) The psychology of lottery gambling. International Gambling Studies 1: 27–44

Griffiths M, Wood RTA (2000) Risk factors in adolescence: the case of gambling, videogame playing, and internet. Journal of Gambling Studies 16: 199–225

Grigoleit H, Wenig M, Ziegler H (1990) Handbuch der Sucht. Asgard, St. Augustin

Grun L, McKeigue P (2000) Prevalence of excessive gambling before and after introduction of a national lottery in the United Kingdom: another example of the single distribution theory. Addiction 95: 959–966

Grüsser SM, Plöntzke B, Albrecht U (2004) Pathologisches Glücksspiel. Eine empirische Untersuchung des Verlangens nach einem stoffungebundenen Suchtmittel. Nervenarzt [Epub ahead of print]

Gschwandtner U, Aston J, Renaud S, Fuhr P (2001) Pathologic gambling in patients with Parkinson's disease. Clinical Neuropharmacology 24: 170–172

Gupta R, Derevensky JL (1998) Adolescent gambling behavior: a prevalence study and examination of the correlates associated with problem gambling. Journal of Gambling Studies 14: 319–345

Gupta R, Derevensky JL (1998) An empirical examination of Jacobs' general theory of addictions: do adolescent gamblers fit the theory? Journal of Gambling Studies 14: 17–49

Gutzwiller F, Wydler H, Stähli R (2000) Grundlagen der Suchtprävention. In: Uchtenhagen A, Zieglgänsberger W (Hrsg) Suchtmedizin. Konzepte, Strategien und therapeutisches Management. Urban & Fischer, München, S 235–243

Haerlin C (1982) Beschäftigungs- und Arbeitstherapie. In: Bastine R, Fiedler P, Grawe K, Schmidtchen S, Sommer G (Hrsg) Grundbegriffe der Psychotherapie. Edition Psychologie, Weinheim, S 32–34

Häfeli J; Schneider C (2004) Früherkennungsinstrumente für Kasinos. Vortrag auf der Fachkonferenz der Deutschen Hauptstelle für Suchtfragen. Bielefeld, 8.–10. November

Hahn G, Niermann M (1979) Zur Arbeit mit Eltern als integraler Bestandteil der Beratung und Behandlung Süchtiger und Suchtgefährdeter. Lambertus, Freiburg

Hall GW, Carriero NJ, Takushi RY, Montoya ID, Preston KL, Gorelick DA (2000) Pathological gambling among cocaine-dependent outpatients. American Journal of Psychiatry 157: 1127–1133

Haller R, Hinterhuber H (1994) Treatment of pathological gambling with carbamazepine. Pharmacopsychiatry 27: 129

Halliday J, Fuller P (1974) The psychology of gambling. Harper Colophon Books, New York

Hammelstein P (2004) Faites vos jeux! Another look at sensation seeking and pathological gambling. Personality and Individual Differences 37: 917–931

Hand I (1986) Spielen – Glücksspielen – krankhaftes Spielen. In: Korczak D (Hrsg) Die betäubte Gesellschaft. Fischer, Frankfurt/M., S 76–98

Hand I (1988) Verhaltenstherapie als Kurzzeit-Psychotherapie. Praxis der Psychotherapie und Psychosomatik 33: 268–277

Hand I (1990) Pathologisches Spielen – eine Sucht? In: Carlhoff H-W, Wittemann P (Hrsg) Jugend, Spiel, Schutz. Aktion Jugendschutz, Stuttgart, S 39–41

Hand I (1992) Pathologisches Spielen und delinquentes Verhalten – Probleme der forensischen Begutachtung. In: Payk TR (Hrsg) Dissozialität – psychiatrische und forensische Aspekte. Schattauer, Stuttgart, S 97–117

Hand I (1998a) »Zwangs-Spektrum-Störungen« oder »Nicht-Stoffgebundene Abhängigkeiten«? In: Mundt M, Linden W, Barntelt (Hrsg) Psychotherapie in der Psychiatrie. Springer, Wien, S 209–219

Hand I (1998b) Pathological gambling: a negative state model and its implications for behavioral treatments. CNS Spectrums 3: 58–71

Hand I (2004) Negative und positive Verstärkung bei pathologischem Glücksspielen: Ihre mögliche Bedeutung für die Theorie und Therapie von Zwangsspektrumsstörungen. Verhaltenstherapie 14: 133–144

Hand I, Henning PA (2004) Glücksspielen an der Börse: Eine verhaltenspsychologisch-mathematische Analyse. Sucht 50: 172–186

Hand I, Kaunisto E (1984) Multimodale Verhaltenstherapie bei problematischem Verhalten in Glücksspielsituationen (»Spielsucht«). Suchtgefahren 30: 1–11

Hanewinkel R, Isensee B (2003) Umsetzung, Akzeptanz und Auswirkungen der Tabaksteuererhöhung in Deutschland vom 1. Januar 2002. Sucht 49: 168–179

Hänsel D (1980) Gedanken zum Verlauf der Motivation bei suchtkranken Patienten. Suchtgefahren 26: 112–118

Harris HJ (1964) Gambling addiction in an adolescent male. Psychoanalytic Quarterly 33: 513–525

Harris JL (1989) A model for treating compulsive gamblers through cognitive-behavioral approaches. Psychotherapy Patient 4: 211–226

von Hattingberg H (1914) Analerotik, Angstlust und Eigensinn. Zeitschrift für ärztliche Psychoanalyse 2: 244–258

Haustein J, Schürgers G (1987) Ist Spielen eine Sucht? – Zum Phänomen des exzessiven Spiels an Geldspielautomaten – Versuch einer diagnostischen Einordnung. Manuskript eines Vortrags im Rahmen des 14. Kongresses für angewandte Psychologie, Mainz

Hayano DM (1984) The professional gambler: fame, fortune, and failure. The Annals of the American Academy of Political and Social Science 474: 157–167

Hayano DM (1989) Like eating money: card gambling in a Papua New Guinea highlands village. Journal of Gambling Behavior 5: 231–245

Hayer T, Bachmann M, Meyer G (2005a) Pathologisches Spielverhalten bei Glücksspielen im Internet. Wiener Zeitschrift für Suchtforschung (im Druck)

Hayer T, Griffiths M, Meyer G (2005b) The prevention and treatment of problem gambling in adolescence. In: Gullotta T, Adams G (eds) The handbook of dysfunctional behavior in adolescence: theory, practice, and prevention. Kluwer, New York (in press)

Hayer T, Meyer G (2003) Das Suchtpotential von Sportwetten. Sucht 49: 212–220

Hayer T, Meyer G (2004a) Sportwetten im Internet – eine Herausforderung für suchtpräventive Handlungsstrategien. SuchtMagazin 30: 33–41

Hayer T, Meyer G (2004b) Die Prävention problematischen Spielverhaltens – eine multidimensionale Herausforderung. Journal of Public Health/Zeitschrift für Gesundheitswissenschaften 12: 293–303

Heckhausen H (1974) Motivationsanalyse. Springer, Berlin

Heineman M (1987) A comparison: the treatment of wives of alcoholics with the treatment of wives of pathological gamblers. Journal of Gambling Behavior, 3: 27–40

Heineman M (1989) Parents of male compulsive gamblers: clinical issues/treatment approaches. Journal of Gambling Behavior 5: 321–333

Heineman M (1994) Compulsive gambling: structured family intervention. Journal of Gambling Studies 10: 67–76

Heinz A (2000) Das dopaminerge Verstärkungssystem. Funktion, Interaktion mit anderen Neurotransmittersystemen und psychopathologische Korrelate. Steinkopff, Darmstadt

Hendriks V, Meerkerk G-J, van HAM O, Garretsen HFL (1997) The Dutch instant lottery: prevalence and correlates of at-risk playing. Addiction 92: 335–346

Henry SL (1996) Pathological gambling: etiologic considerations and treatment efficacy of eye movement desensitization/reprocessing. Journal of Gambling Studies 12: 395–405

Henslin JM (1967) Craps and magic. American Journal of Sociology 73: 316–330

Herbst K (1994) Verlaufsanalyse bei Spielern an Geldspielautomaten in Spielhallen. Verhaltenstherapie 4: 172–176

Herpertz S, Saß H (1997) Impulsivität und Impulskontrolle. Nervenarzt 68: 171–183

Herz A (1995) Neurobiologische Grundlagen des Suchtgeschehens. Nervenarzt 66: 3–14

Hess HF, Diller JV (1969) Motivation for gambling as revealed in the marketing methods of the legitimate gambling industry. Psychological Reports 25: 19–27

Hickey JE, Hartzen CA, Henningfield JE (1986) Simulation of gambling responses on the addiction research center inventory. Addictive Behaviors 11: 345–349

Hing N (2001) Changing the odds: a study of corporate social principles and practices in addressing problem gambling. Journal of Business Ethics 33: 115–144

Hing N, Breen H (2001) Profiling lady luck: an empirical study of gambling and problem gambling amongst female club members. Journal of Gambling Studies 17: 47–69

Hodgins DC, Currie SR, el-Guebaly N (2001) Motivational enhancement and self-help treatments for problem gambling. Journal of Consulting and Clinical Psychology 69: 50–57

Hodgins DC, el-Guebaly N (2000) Natural and treatment-assisted recovery from gambling problems: a comparison of resolved and active gamblers. Addiction 95: 777–789

Hodgins DC, el-Guebaly N (2004) Retrospective and prospective reports of precipitants to relapse in pathological gambling. Journal of Consulting and Clinical Psychology 72: 72–80

Hodgins DC, Engel A (2002) Future time perspective in pathological gamblers. The Journal of Nervous and Mental Disease 190: 775–780

Holden C (1988) Alkoholismus: Ein schweres Erbe. In: Redaktion Psychologie heute (Hrsg) Thema Sucht. Beltz, Weinheim, S 35–46

Holden C (2001) »Behavioral« addictions: do they exist? Science 294: 980–982

Hollander E (1998) Treatment of obsessive-compulsive spectrum disorders with SSRIs. British Journal of Psychiatry 173(suppl 35): 7–12

Hollander E, Begaz T, DeCaria C (1998) Pharmacologic approaches in the treatment of pathological gambling. CNS Spectrums 3: 72–80

Hollander E, De Caria CM, Mari E, Wong CM, Mosovich S, Grossman R, Begaz T (1998) Short-term single-blind fluvoxamine treatment of pathological gambling. American Journal of Psychiatry 155: 1781–1783

Hollander E, DeCaria CM, Finkell JN, Begaz T, Wong CM, Cartwright C (2000) A randomized double-blind fluvoxamine/placebo crossover trial in pathologic gambling. Biological Psychiatry 47: 813–817

Hollander E, Frenkel M, DeCaria C, Trungold S, Stein DJ (1992) Treatment of pathological gambling with clomipramine. American Journal of Psychiatry 149: 710f

Hollander E, Wong CM (1995) Body dysmorphic disorder, pathological gambling, and sexual compulsions. Journal of Clinical Psychiatry 56: 7–12

Holtgraves TM (1988) Gambling as self-presentation. Journal of Gambling Behavior 4: 78–91

Horodecki I (1992) The treatment model of the guidance center for gamblers and their relatives in Vienna/Austria. Journal of Gambling Studies 8: 115–129

Horodecki I (1995) Psychotherapie mit Spielsüchtigen. Psychotherapie Forum 3: 162–167

Hraba J, Lee G (1996) Gender, gambling and problem gambling. Journal of Gambling Studies 12: 83–101

Hübl L, Hohls U, Hollmann I (1987) Der Gewinnspielmarkt in der Bundesrepublik Deutschland. Unveröffentlichte Untersuchung im Auftrag des Deutschen Lotto- und Toto-Blocks, Münster

Hudak C, Varghese R, Politzer R (1989) Family, marital, and occupational satisfaction for recovering pathological gamblers. Journal of Gambling Behavior 5: 201–210

Hurrelmann K (1990) Familienstreß – Schulstreß – Freizeitstreß. Beltz, Weinheim

Hurrelmann K, Hesse S (1991) Drogenkonsum als problematische Form der Lebensbewältigung im Jugendalter. Sucht 37: 240–252

Ibáñez A, Blanco C, Donahue E, Lesieur HR, Pérez de Castro I, Fernández-Piqueras J, Sáiz-Ruiz J (2001) Psychiatric comorbidity in pathological gamblers seeking treatment. American Journal of Psychiatry 158: 1733–1735

Ibáñez A, Blanco C, Pérez de Castro I, Fernández-Piqueras J, Sáiz-Ruiz J (2003) Genetics of pathological gambling. Journal of Gambling Studies 19: 11–22

Ibáñez A, Pérez de Castro I, Fernández-Piqueras J, Blanco C, Sáiz-Ruiz J (2000) Pathological gambling and DNA polymorphic markers at MAO-A and MAO-B genes. Molecular Psychiatry 5: 105–109

IFO-Institut für Wirtschaftsforschung (1990) Zur Situation der Automatenwirtschaft in der Bundesrepublik Deutschland. IFO, München

Jacobs DF (1987) Effects on children of parental excesses in gambling. Paper presented at the »Seventh International Conference on Gambling and Risk-Taking«, Reno (USA)

Jacobs DF (1989) A general theory of addictions: rationale for and evidence supporting a new appraoch for understanding and treating addictive behaviors. In: Shaffer HJ, Stein SA, Gambino B, Cummings TN (eds) Compulsive gambling. Lexington, Lexington (USA), pp 35–64

Jacobs DF (2000) Juvenile gambling in North America: an analysis of long term trends and future prospects. Journal of Gambling Studies 16: 119–152

Jacobs DF, Marston MR, Singer RD, Widaman K, Little T, Veizades J (1989) Children of problem gamblers. Journal of Gambling Behavior 5: 261–268

Jacques C, Ladouceur R (2003) DSM-IV-J criteria: a scoring error that may be modifying the estimates of pathological gambling among youths. Journal of Gambling Studies 19: 427–431

Jacques C, Ladouceur R, Ferland F (2000) Impact of availability on gambling: a longitudinal study. Canadian Journal of Psychiatry 45: 810–815

Jäcksch C (1992) Sozialanamnese von pathologischen Glücksspielern. Unveröffentl. Manuskript, Bernhard-Salzmann-Klinik, Gütersloh

Jahrreiss R (1989) Zur Kontroverse um den Suchtbegriff bei pathologischem Glücksspiel. Praxis der Klinischen Verhaltensmedizin und Rehabilitation 5: 5–9

Jandek G (1986) Der internationale Casino Führer. Universitas, München

Jefferson S, Nicki R (2003) A new instrument to measure cognitive distortions in video lottery terminal users: the informational biases scale (IBS). Journal of Gambling Studies 19: 387–403

Jellinek EM (1952) The phases of alcohol addiction. Quarterly Journal of Studies on Alcohol 13: 673–684

Johnson EE, Hamer R, Nora RM, Tan B, Eisenstein N, Engelhart C (1997) The lie/bet questionnaire for screening pathological gamblers. Psychological Reports 80: 83–88

Johnson EE, Nora RM (1992) Does spousal participation in Gamblers Anonymous benefit compulsive gamblers? Psychological Reports 71: 914

de Jong-Meyer R, Brodd W, Schiereck H, Schlimm A, Skaletz R (1989) Analyse von Rückfällen bei Alkoholabhängigen. Münsteraner Schriften zur Psychologischen Diagnostik und Klinischen Psychologie, Nr. 4

Jörgens K, Vock R (1988) Wohngruppen für Alkoholkranke in der Nachsorge. Deutscher Studienverlag, Weinheim

Jost K (1988) Spielen – eine Sucht? Mögliche forensische Konsequenzen. In: Wahl C (Hrsg) Spielsucht – Praktiker und Betroffene berichten über pathologisches Glücksspiel. Neuland, Hamburg, S 133–149

Joukhador J, Blaszczynski A, Maccallum F (2004) Superstitious beliefs in gambling among problem and non-problem gamblers: preliminary data. Journal of Gambling Studies 20: 171–180

Joukhador J, MacCallum F, Blaszczynski A (2003) Differences in cognitive distortions between problem and social gamblers. Psychological Reports 92: 1203–1214

Kahneman D, Tversky A (1979) Prospect theory: an analysis of decision under risk. Econometrica 47: 263–291

Kassinove JI (1998) Development of the gambling attitude scales: preliminary findings. Journal of Clinical Psychology 54: 763–771

Kassinove JI, Schare ML (2001) Effects of the »near miss« and the »big win« on persistence at slot machine gambling. Psychology of Addictive Behaviors 15: 155–158

Kellermann B (1987) Pathologisches Glücksspiel und Suchtkrankheit – aus suchtpsychiatrisch-therapeutischer Sicht. Suchtgefahren 33: 110–120

Kellermann B (1988a) Sucht aus der Sicht des Praktikers. In: Wahl C (Hrsg) Spielsucht. Praktiker und Betroffene berichten über pathologisches Glücksspiel. Neuland, Hamburg, S 91–99

Kellermann B (1988b) Glücksspieler in der stationären Therapie. In: Wahl C (Hrsg) Spielsucht. Praktiker und Betroffene berichten über pathologisches Glücksspiel. Neuland, Hamburg, S 243–257

Kellermann B (1996) Glücksspielsucht als seelische Abartigkeit. Neue Zeitschrift für Strafrecht 7: 334–336

Kellermann B (2002) Modellsucht Nikotinabhängigkeit – Jeder, der ein Suchtmittel konsumiert, kann süchtig werden. Sucht 48: 47–49

Kellermann B (2005a) Sucht – Versuch einer pragmatischen Begriffsbestimmng für Politik und Praxis. Neuland, Geeshacht

Kellermann B (2005b) Glücksspielsucht und Beschaffungsdelinquenz. Strafverteidiger (im Druck)

Kellermann B, Sostmann M (1992) Pathologisches Automaten-Glücksspielen aus der Sicht einer psychiatrischen Suchttherapiestation. Hamburger Ärzteblatt 46: 169–176

Keren G, Lewis C (1994) The two fallacies of gamblers: type I and type II. Organizational Behavior and Human Decision Processes 60: 75–89

Keßler BH, Roth WL (1980) Verhaltenstherapie: Strategien, Wirkfaktoren und Ergebnisse. In: Wittling W (Hrsg) Handbuch der klinischen Psychologie. Hoffmann & Campe, Hamburg, S 246–248

Kim SW (1998) Opioid antagonists in the treatment of impulse-control disorders. Journal of Clincial Psychiatry 59: 159–165

Kim SW, Grant JE (2001a) Personality dimensions in pathological gambling disorder and obsessive-compulsive disorder. Psychiatry Research 104: 205–212

Kim SW, Grant JE (2001b) An open naltrexone treatment study in pathological gambling disorder. International Clinical Psychopharmacology 16: 285–289

Kim SW, Grant JE, Adson DE, Shin YC (2001) Double-blind naltrexone and placebo comparison study in the treatment of pathological gambling. Biological Psychiatry 49: 914–921

Kim SW, Grant JE, Adson DE, Shin YC, Zaninelli R (2002) A double-blind placebo-controlled study of the efficacy and safety of paroxetine in the treatment of pathological gambling. Journal of Clinical Psychiatry 63: 501–507

Kind J (1988) Selbstobjekt Automat. Zur Bedeutung der frühen Triangulierung für die Psychogenese der Spielsucht. Forum der Psychoanalyse 4: 116–138

Klepsch R, Hand I, Wlazlo Z, Fischer M, Friedrich B, Bodek D (1989) Langzeiteffekte multimodaler Verhaltenstherapie bei krankhaftem Glücksspielen, III: Zweite prospektive Katamnese der Hamburger Projektstudie. Suchtgefahren 35: 35–49

Klepsch R, Hand I, Wlazlo Z, Kaunisto E, Friedrich B (1989) Pathologisches Spielen. In: Hand I, Wittchen HU (Hrsg) Verhaltenstherapie in der Medizin. Springer, Berlin, S 313–326

Knapp TJ (1976) A functional analysis of gambling behavior. In: Eadington WR (ed) Gambling and society. Thomas Books, Springfield (USA), pp 276–293

Knapp TJ, Lech BC (1987) Pathological gambling: a review with recommendations. Advances in Behaviour Research and Therapy 9: 21–49

Knutson V, Adams CM, Fong GW, Hommer D (2001) Anticipation of increasing monetary reward selectively recruits nucleus accumbens. The Journal of Neuroscience 21: 1–5

Knypers U (1982) Psychodrama. In: Bastino R, Fiedler PA, Grawe K, Schmidtchen S, Sommer G (Hrsg) Grundbegriffe der Psychotherapie. Edition Psychologie, Weinheim, S 293–295

Koller I (1990) Informationsobliegenheiten bei Börsentermingeschäften. Betriebsberater 32: 2202–2209

Koller KM (1972) Treatment of poker-machine addicts by aversion therapy. The Medical Journal of Australia 1: 742–745

Kommer D (1982) Eklektizismus. In: Bastine R, Fiedler PA, Grawe K, Schmidtchen S, Sommer G (Hrsg) Grundbegriffe der Psychotherapie. Edition Psychologie, Weinheim, S 49–51

Körkel J, Dittmann E, Pahlke B, Wohlfahrt R (1988) Grundzüge stationärer Rückfallarbeit. In: Körkel J (Hrsg) Der Rückfall des Suchtkranken. Flucht in die Sucht? Springer, Berlin, S 239–267

Körkel J, Lauer G (1988) Der Rückfall: Einführung und Überblick. In: Körkel J (Hrsg) Der Rückfall des Suchtkranken. Flucht in die Sucht? Springer, Berlin, S 6–122

Korn DA, Shaffer HJ (1999) Gambling and the health of the public: adopting a public health perspective. Journal of Gambling Studies 15: 289–365

Kramer AS (1987) Preliminary report on the relapse phenomenon among pathological gamblers. Paper presented at the »Seventh International Conference on Gambling and Risk Taking«, Reno (USA)

Krämer W (1998) Sinnvolle und unsinnige Strategien bei Roulette und Lotto. In: Füchtenschnieder I, Petry J (Hrsg) Glücksspielsucht: Gesellschaftliche und therapeutische Aspekte. Profil, München, S 53–75

Krasney OE (1998) Sozialrechtliche Aspekte der Glücksspielsucht unter den Bedingungen der Sparpolitik im Gesundheitsbereich. In: Füchtenschnieder I, Witt H (Hrsg) Sehnsucht nach dem Glück. Geesthacht, Neuland, S 110–122

Kraus K (1952) Das Buch der Glücksspiele. Athenäum, Bonn

Kreuzer A (1987) Jugend – Drogen – Kriminalität (3. Aufl.). Luchterhand, Neuwied

Kröber H-L (1987) »Spielsucht« und Schuldfähigkeit – Zur Notwendigkeit differenzierter Psychopathologie bei straffälligen Spielern. Forensia 8: 113–124

Kröber H-L (1991) Automatenspieler und Roulettespieler – psychiatrische und kriminologische Differenzen. Nervenarzt 62: 670–675

Kröber H-L (1996) Die Differenzierung unterschiedlicher Störungsbilder bei pathologischen Glücksspielern als Grundlage gezielter Therapiestrategien. Sucht 42: 399–409

Kryspin-Exner I (1990) Alkoholismus. In: Reinecker H (Hrsg) Lehrbuch der Klinischen Psychologie. Hogrefe, Göttingen, S 166–185

Kuentzel JG, Henderson MJ, Zamba JJ, Stine SM, Schuster CR (2003) Motivational interviewing and fluoxetine for pathological gambling disorder: a single case study. North American Journal of Psychology 5: 229–248

Küfner H (1991) Die Zeit danach. Hard Röttger, München

Kuley NB, Jacobs DF (1988) The relationship between dissociative-like experiences and sensation seeking among social and problem gamblers. Journal of Gambling Behavior 4: 197–207

Kummer H, Kummer HJ (1986) Glücksspiele in Deutschland. Schmidt, Mainz

Kunz D, Kampe H (1985) Zum Problem des Therapieabbruches von Heroinabhängigen. Suchtgefahren 31: 146–154

Kusyszyn I, Rubenstein L (1985) Locus of control and race track betting behaviors: a preliminary investigation. Journal of Gambling Behavior 1: 106–110

Kusyszyn I, Rutter R (1985) Personality characteristics of male heavy gamblers, light gamblers, non-gamblers, and lottery players. Journal of Gambling Behavior 1: 59–63

Kweitel R, Allen FCL (1998) Cognitive processes associated with gambling behaviour. Psychological Reports 82: 147–153

Kyngdon A, Dickerson M (1999) An experimental study of the effect of prior alcohol consumption on a simulated gambling activity. Addiction 94: 697–707

Ladd GT, Petry NM (2002) Gender differences among pathological gamblers seeking treatment. Experimental and Clinical Psychopharmacology 10: 302–309

Ladd GT, Petry NM (2003) A comparison of pathological gamblers with and without substance abuse treatment histories. Experimental and Clinical Psychopharmacology 11: 202–209

Ladouceur R (2003) Perceptions among pathological and non-pathological gamblers. Addictive Behaviors 29: 555–565

Ladouceur R, Bouchard C, Rhéaume N, Jacques C, Ferland F, Leblond J, Walker M (2000b) Is the SOGS an accurate measure of pathological gambling among children, adolescents and adults? Journal of Gambling Studies 16: 1–24

Ladouceur R, Boutin C, Doucet C, Dumont M, Provencher M, Giroux I, Boucher C (2004) Awareness promotion about excessive gambling among video lottery retailers. Journal of Gambling Studies 20: 181–185

Ladouceur R, Gaboury A, Dumont M, Rochette P (1988) Gambling: relationship between the frequency of wins and irrational thinking. The Journal of Psychology 122: 409–414

Ladouceur R, Giroux I, Jacques C (1998a) Winning on the horses: how much strategy and knowledge are needed? Journal of Psychology 132: 133–142

Ladouceur R, Jacques C, Ferland F, Giroux I (1999) Prevalence of problem gambling: a replication study 7 years later. Canadian Journal of Psychiatry 44: 802–804

Ladouceur R, Jacques C, Giroux I, Ferland F, Leblond J (2000a) Analysis of a casino's self-exclusion program. Journal of Gambling Studies 16: 453–460

Ladouceur R, Sévigny S (2003) Interactive messages on video lottery terminals and persistence in gambling. Gambling Research 15: 45–50

Ladouceur R, Sévigny S (2005) Structural characteristics of video lotteries: effects of a stopping device on illusion of control and gambling persistence. Journal of Gambling Studies (in press)

Ladouceur R, Sévigny S, Blaszczynski A, O'Connor K, Lavoie ME (2003a) Video lottery: winning expectancies and arousal. Addiction 98: 733–738

Ladouceur R, Sylvain C, Boutin C, Doucet C (2002) Understanding and treating the pathological gambler. Wiley, Chichester

Ladouceur R, Sylvain C, Boutin C, Lachance S, Doucet C, Leblond J, Jacques C (2001) Cognitive treatment of pathological gambling. The Journal of Nervous and Mental Disease 189: 774–780

Ladouceur R, Sylvain C, Boutin C, Lachance S, Doucet C, Leblond J (2003b) Group therapy for pathological gamblers: a cognitive approach. Behaviour Research and Therapy 41: 587–596

Ladouceur R, Sylvain C, Letarte H, Giroux I, Jacques C (1998b) Cognitive treatment of pathological gamblers. Behaviour Research and Therapy 36: 1111–1119

Ladouceur R, Walker M (1998) Cognitive approach to understanding and treating pathological gambling. In: Bellack AS, Hersen M (eds) Comprehensive clinical psychology. Pergamon, Oxford, pp 587–601

Laforgue R (1930) On the eroticization of anxiety. International Journal of Psycho-Analysis 11: 312–321

Langelüddeke A, Bresser PH (1976) Gerichtliche Psychiatrie. De Gruyter, Berlin

Langer EJ (1975) The illusion of control. Journal of Personality and Social Psychology 32: 311–328

Langer EJ, Roth J (1975) Head I win, tails it's chance: the illusion of control as a function of the sequence of outcomes in a purely chance task. Journal of Personality and Social Psychology 32: 951–955

Langhinrichsen-Rohling J, Rohde P, Seeley JR, Rohling ML (2004) Individual, family, and peer correlates of adolescent gambling. Journal of Gambling Studies 20: 23–46

Laudet AB, Volberg RA (2002) Future directions for research into the psychological determinants of problem gambling patterns. International Gambling Studies 2: 85–100

Lauer G (1988) Interventionsstudien zur Rückfallprophylaxe: Ergebnisse und Probleme. In: Körkel J (Hrsg) Der Rückfall des Suchtkranken. Flucht in die Sucht? Springer, Berlin Heidelberg, S 217–237

Lazarus AA (1978) Multimodale Verhaltenstherapie. Fachbuchhandlung für Psychologie, Frankfurt

Leary K, Dickerson MG (1985) Levels of arousal in high- and low-frequency gamblers. Behavior, Research and Therapy 23: 635–640

Leblond J, Ladouceur R, Blaszczynski A (2003) Which pathological gamblers will complete treatment? British Journal of Clinical Psychology 42: 205–209

Lefcourt HM, Steffy RA (1970) Level of aspiration risk-taking behavior and projective test performance: a search for coherence. Journal of Consulting and Clinical Psychology 34: 193–198

Lesieur HR (1977) The chase – career of the compulsive gambler. Anchor, Garden City

Lesieur HR (1979) The compulsive gambler's spiral of options and involvement. Psychiatry: Journal of the Study of Interpersonal Processes 42: 79–87

Lesieur HR (1987a) The female pathological gambler. Paper presented at the »Seventh International Conference on Gambling and Risk Taking«, Reno (USA)

Lesieur HR (1987b) Gambling, pathological gambling and crime. In: Galski T (ed) The handbook on pathological gambling. Thomas, Springfield (USA), pp 89–110

Lesieur HR (1989) Current research into pathological gambling and gaps in the literature. In: Shaffer HJ, Stein SA, Gambino B, Cummings TN (eds) Compulsive gambling. Lexington Books, Lexington (USA), pp 225–248

Lesieur HR (1993) Female pathological gamblers and crime. In: Eadington WR, Cornelius J (eds) Gambling behavior and problem gambling. Institute for the Study of Gambling and Commercial Gaming, Reno, pp 495–515

Lesieur HR (1996) An overview of gambling and crime. In: Lighthouse Institute (eds) Proceedings of the 1996 National Conference on Problem Gambling, Crime, and Gaming Enforcement. Lighthouse Institute, Bloomington, Illinois, pp 3–8

Lesieur HR (1998) Costs and treatment of pathological gambling. Annals of the American Academy of Political and Social Science 556: 153–171

Lesieur HR, Blume S (1987) The South Oaks Gambling Screen (SOGS): a new instrument for the identification of pathological gamblers. American Journal of Psychiatry 144: 1184–1188

Lesieur HR, Blume S (1991a) When lady luck loses: women and compulsive gambling. In: van den Bergh N (ed) Feminist perspectives on addictions. Springer, New York, pp 181–197

Lesieur HR, Blume S (1991b) Evaluation of patients treated for pathological gambling in a combined alcohol, substance abuse and pathological gambling treatment unit using the Addiciton Severity Index. British Journal of Addiction 86: 1017–1928

Lesieur HR, Blume S, Zoppa R (1986) Alcoholism, drug abuse, and gambling. Alcoholism: Clinical and Experimental Research 10: 33–38

Lesieur HR, Blume SB (1992) Modifying the Addiction Severity Index for use with pathological gamblers. The American Journal on Addictions 1: 240–247

Lesieur HR, Blume SB (1993) Pathological gambling, eating disorders, and the psychoactive substance use disorders. Journal of Addictive Diseases 12: 89–102

Lesieur HR, Blume SB (1996) Wenn die Glücksgöttin verliert: Frauen und »zwanghaftes Glücksspiel«. Sucht 42: 410–419

Lesieur HR, Custer RL (1984) Pathological gambling: roots, phases, and treatment. The Annals of the American Academy of Political and Social Science 474: 146–156

Lesieur HR, Rosenthal RJ (1991) Pathological gambling: a review of the literature (prepared for the American Psychiatric Association task force on DSM-IV committee on disorders of impulse control not elsewhere classified). Journal of Gambling Studies 7: 5–39

Lesieur HR, Rothschild J (1989) Children of Gamblers Anonymous members. Journal of Gambling Behavior 5: 269–281

Lester D (1980) Choice of gambling activity and belief in locus of control. Psychological Reports 47: 22

Lester D (1994) Access to gambling opportunities and compulsive gambling. International Journal of the Addictions 29: 1611–1616

Lester D, Jason D (1989) Suicides at the casino. Psychological Reports 64: 337–338

Letner-Jedlicka S, Feselmeyer S (1981) Katamnestische Untersuchung über die ambulante Nachbehandlung und den Rückfall des Alkoholikers. In: Keup W (Hrsg) Behandlung der Sucht und des Mißbrauchs chemischer Stoffe. Thieme, Stuttgart, S 211–220

Levitz LS (1971) The experimental induction of compulsive gambling. Unpublished doctoral dissertation, University of Illinois (USA)

Levy LH, Knight BG, Padsett VP, Wollert RW (1977) Patterns of help-giving in self-help-groups. American Psychological Association Meetings. Unveröffentl. Manuskript

Levy M, Feinberg M (1991) Psychopathology and pathological gambling among males: theoretical and clinical concerns. Journal of Gambling Studies 7: 41–53

Lewis DJ, Duncan CP (1956) Effect of different percentages of money reward on extinction of a lever-pulling response. Journal of Experimental Psychology 52: 23–27

Lewis DJ, Duncan CP (1957) Expectation and resistance of extinction of a lever-pulling response as functions of percentage of reinforcement and amount of reward. Journal of Experimental Psychology 54: 115–120

Li WL, Smith MH (1976) The propensity to gamble: some structural determinants. In: Eadington WR (ed) Gambling and society. Thomas, Springfield (USA), pp 189–206

Libermann RP (1975) Behavioral methods in group and family therapy. In: Rosenbaum M, Berger M (Hrsg) Group psychotherapy and group function. Basic Books, New York, pp 642–657

Lieberman MA (1977) Gruppenmethoden. In: Kanfer FH, Goldstein AP (Hrsg) Möglichkeiten der Verhaltensänderung. Urban & Schwarzenberg, München, 503–567

Linden RD, Pope HG, Jonas JM (1986) Pathological gambling and major affective disorder: preliminary findings. Journal of Clinical Psychiatry 47: 201–203

Lindenmeyer J (2001) Lieber schlau als blau. Beltz, Weinheim

Lindgren HE, Youngs GA, McDonald TD, Klenow DJ, Schiner EC (1987) The impact of gender on gambling attitudes and behavior. Journal of Gambling Behavior 3: 155–167

Lindner RM (1950) The psychodynamics of gambling. The Annals of the American Academy of Political and Social Science 269: 93–107

Lippmann ED (1990) Vorschläge für die Suchtprävention im Bereich Familie. Springer, Heidelberg

Litman GK, Eiser JR, Rawson NSB, Oppenheim AN (1979) Differences in relapse precipitants and coping behavior between alcohol relapsers and survivors. Behavioural Research and Therapy 17: 89–94

Livingston J (1974) Compulsive gamblers. Harper and Row, New York

Loba P, Stewart SH, Klein RM, Blackburn JR (2001) Manipulations of the features of standard video lottery terminals (VLT) games: effects in pathological and non-pathological gamblers. Journal of Gambling Studies 17: 297–320

López-Ibor JJ, Carrosco JL (1995) Pathological gambling. In: Hollander E, Stein DJ (eds) Impulsivity and Aggression. Wiley & Sons, West Sussex, pp 137–149

Lorenz VC (1987) Family dynamics of pathological gamblers. In: Galski T (ed) The handbook of pathological gambling. Thomas, Springfield (USA), pp 71–88

Lorenz VC (1989) Some treatment approaches for family members who jeopardize the compulsive gambler's recovery. Journal of Gambling Behavior 5: 303–312

Lorenz VC (1990) State lotteries and compulsive gambling. Journal of Gambling Studies 6: 383–396

Lorenz VC, Shuttlesworth DE (1983) The impact of pathological gambling on the spouse of the gambler. Journal of Community Psychology 11: 67–76

Lorenz VC, Yaffee RA (1986) Pathological gambling: psychosomatic, emotional, and marital difficulties as reported by the gambler. Journal of Gambling Behavior 2: 40–49

Lorenz VC, Yaffee RA (1988) Pathological gambling: psychosomatic, emotional, and marital difficulties as reported by the spouse. Journal of Gambling Behavior 4: 13–26

Lorenz VC, Yaffee RA (1989) Pathological gamblers and their spouses: problems in interaction. Journal of Gambling Behavior 5: 113–126

Ludewig K (1987) Leitsätze bzw. Leitfragen: Grundzüge einer systemisch begründeten klinischen Theorie im psychosozialen Bereich. Zeitschrift für Systemische Therapie 5: 178–191

Lumley MA, Robey KJ (1995) Alexithymia and pathological gambling. Psychotherapy & Psychosomatics 63: 201–206

Luthman S, Kirschenbaum M (1977) Familiensysteme. Pfeiffer, München

Maccallum F, Blaszczynski A (2002) Pathological gambling and comorbid substance use. Australian and New Zealand Journal of Psychiatry 36: 411–415

Maccallum F, Blaszczynski A (2003) Pathological gambling and suicidality: an analysis of severity and lethality. Suicide and Life-Threatening Behavior 33: 88–98

Maden T, Swinton M, Gunn J (1992) Gambling in young offenders. Criminal Behavior and Mental Health 2: 300–308

Malkin D, Syme GJ (1986) Personality and problem gambling. The International Journal of the Addictions 21: 267–272

Margolis J (1997) Casinos and crime: an analysis of the evidence. American Gaming Association, Washington

Mark ME, Lesieur HR (1992) A feminist critique of problem gambling research. British Journal of Addiction 87: 549–565

Marlatt G, Rohsenow DJ (1980) Cognitive processes in alcohol use: expectancy and the balanced placebo design. In: Mello NK (ed) Advances in substance abuse. JAI, Greenwich, pp 159–199

Marlatt GA (1980) Relapse prevention: a self control program for the treatment of addictive behaviors. Unpublished manuscript, University of Washington

Marlatt GA (1985) Relapse prevention: theoretical rationale and overview of the model. In: Marlatt GA, Gordon JR (eds) Relapse prevention: Maintenance strategies in the treatment of addictive behaviors. Guilford, New York, pp 3–70

Marlatt GA, Gordon JR (1980) Determinants of relapse: implications for the maintenance of behavior change. In: Davidson PO, Davidson SM (eds) Behavioral medicine: changing health lifestyles. Brunner & Mazel, New York, pp 410–452

Martins SS, Lobo DSS, Tavares H, Gentil V (2002) Pathological gambling in women: a review. Revista do Hospital das Clinicas Facultad de Medicina Sao Paulo 57: 235–242

Martins SS, Tavares H, Lobo DS, Galetti AM, Gentil V (2004) Pathological gambling, gender, and risk-taking behaviors. Addictive Behaviors 29: 1231–1235

Matusek P (1953) Zur Psychodynamik des Glücksspielers. Jahrbuch für Psychologie und Psychotherapie 2: 232–252

Mäulen B, Lasar M (1991) Erwachsene Kinder von Suchtkranken. Sucht 2: 132–133

May RK, Whelan JP, Steenbergh TA, Meyers AW (2003) The gambling self-efficacy questionnaire: an initial psychometric evaluation. Journal of Gambling Studies 19: 339–357

Mazur G (1988) Stationäre Behandlung von Spielern. In: Harten R (Hrsg) Spielsucht. Neuland, Hamburg, S 12–18

McCleary R, Chew KSY, Merrill V, Napolitano C (2002) Does legalized gambling elevate the risk of suicide? An analysis of U.S. counties and metropolitan areas. Suicide and Life-Threatening Behavior 32: 209–221

McClelland IC, Davies WN, Kalin R, Wanner E (1972) The drinking man. Free Press, New York

McConaghy N, Armstrong MS, Blaszczynski A, Allcock C (1983) Controlled comparison of aversive therapy and imaginal desensitisation in compulsive gambling. British Journal of Psychiatry 142: 366–372

McConaghy N, Blaszczynski A, Frankova A (1991) Comparison of imaginal desensitisation with other behavioural treatments of pathological gambling. A two- to nine-year follow-up. British Journal of Psychiatry 159: 390–393

McCormick RA (1994) The importance of coping skill enhancement in the treatment of the pathological gambler. Journal of Gambling Studies 10: 77–86

McCormick RA, Russo AM, Ramirez LF, Taber JI (1984) Affective disorders among pathological gamblers seeking treatment. American Journal of Psychiatry 141: 215–218

McCormick RA, Taber J, Kruedelbach N, Russo A (1987) Personality profiles of hospitalized pathological gamblers: the California Personality Inventory. Journal of Clinical Psychology 43: 521–527

McCormick RA, Taber JI (1987) The pathological gambler: salient personality variables. In: Galski T (ed) The handbook of pathological gambling. Thomas, Springfield (USA), pp 9–39

McCormick RA, Taber JI (1991) Follow-up of male pathological gamblers after treatment: the relationship of intellectual variables to relapse. Journal of Gambling Studies 8: 99–108

McCusker CG, Gettings B (1997) Automaticity of cognitive bases in addictive behaviors: further evidence with gamblers. British Journal of Clinical Psychology 36: 543–554

McElroy SL, Hudson JI, Pope HG, Keck PE, Aizley HG (1992) The DSM-III-R impulse control disorders not elsewhere classified: clinical characteristics and relationship to other psychiatric disorders. American Journal of Psychiatry 149: 318–327

McGowan RA (2001) Government and the transformation of the gaming industry. Edward Elgar, Northampton (USA)

McMurran M (1994) The psychology of addiction. Taylor & Francis, London

McNeilly DP, Burke W (2002) Disposable time and disposable income: problem casino gambling behavior in older adults. Journal of Clinical Geropsychology 8: 75–85

Mellers B, Schwartz A, Ritov I (1999) Emotion-based choice. Journal of Experimental Psychology: General 128: 332–345

Mergen A (1981) Spielsucht. In: Hamm R (Hrsg) Festschrift für Werner Sarstedt. De Gruyter, Berlin, S 189–196

Merz J, Lehrl S, Galster V, Erzigkeit H (1975) MWT-B – Ein Intelligenzkurztest. Psychiatrie, Neurologie und Medizinische Psychologie 27: 423–428

Meyer G (1983) Geldspielautomaten mit Gewinnmöglichkeit – Objekte pathologischen Glücksspiels. Brockmeyer, Bochum

Meyer G (1988) Die Beurteilung der Schuldfähigkeit bei Abhängigkeit vom Glücksspiel. Monatsschrift für Kriminologie und Strafrechtsreform 71: 213–227

Meyer G (1989a, b) Glücksspieler in Selbsthilfegruppen – erste Ergebnisse einer empirischen Untersuchung. Neuland, Hamburg. Dito, Suchtgefahren 35: 217–234

Meyer G (1989c) Glücksspiel, Beschaffungskriminalität und Schuldfähigkeit – eine Duplik. Monatsschrift für Kriminologie und Strafrechtsreform 72: 295f

Meyer G (1991) Klassifikation von Glücksspielern aus Selbsthilfegruppen mittels Clusteranalyse. Zeitschrift für Klinische Psychologie, Psychopathologie und Psychotherapie 39: 261–282

Meyer G (1998) Glücksspiel – Zahlen und Fakten. In: Deutsche Hauptstelle gegen die Suchtgefahren (Hrsg) Jahrbuch Sucht '99. Neuland, Geesthacht, S 89–103

Meyer G (1999) Glücksspiel – Zahlen und Fakten. In: Deutsche Hauptstelle gegen die Suchtgefahren (Hrsg) Jahrbuch Sucht 2000. Neuland, Geesthacht, S 89–103

Meyer G (2000) Im Wertpapier-Fieber – von Zocker- und Suchtverhalten bei Börsenspekulanten. SuchtReport 4: 29–36

Meyer G (2001) Glücksspiele im Internet – eine Herausforderung für die Suchtprävention. SuchtReport 3: 29–36

Meyer G (2003) Glücksspiel – Zahlen und Fakten. In: Deutsche Hauptstelle für Suchtfragen (Hrsg) Jahrbuch Sucht 2004. Neuland, Geesthacht, S 97–111

Meyer G (2005) Glücksspiel – Zahlen und Fakten. In: Deutsche Hauptstelle für Suchtfragen (Hrsg) Jahrbuch Sucht 2005. Neuland, Geesthacht, S 83–98

Meyer G, Althoff M, Stadler M (1998) Glücksspiel und Delinquenz – eine empirische Untersuchung. Lang, Frankfurt/M

Meyer G, Dickow B (2005) Selbsthilfe bei problematischem Spielverhalten an Unterhaltungsautomaten. Universität Bremen, Projektbericht (im Druck)

Meyer G, Fabian T (1988) Abhängigkeit vom Glücksspiel und Beschaffungskriminalität. In: Wahl C (Hrsg) Spielsucht – Praktiker und Betroffene berichten über pathologisches Glücksspiel. Neuland, Hamburg, S 103–132

Meyer G, Fabian T (1992) Delinquency among pathological gamblers: a casual appraoch. Journal of Gambling Studies 8: 61–78

Meyer G, Fabian T (1996) Pathological gambling and criminal culpability: an analysis of forensic evaluations presented to German penal courts. Journal of Gambling Studies 12: 33–47

Meyer G, Stadler M (1998) Delinquenz im Rahmen pathologischen Glücksspiels. Monatsschrift für Kriminologie und Strafrechtsreform 81: 155–172

Meyer G, Hayer T (2005) Lotterien und Sportwetten als problembehaftete Glücksspielformen. Universität Bremen, Projektbericht (im Druck)

Meyer G, Fabian T, Wetzels P (1990) Kriminalpsychologische Aspekte und die forensisch-psychologische Wertung des pathologischen Glücksspiels. Strafverteidiger 10: 464–469

Meyer G, Schmid H-C, Hierl A (1994) Sekt oder Selters: Glücksspielsucht als Krankheit. Media Nova, Landshut

Meyer G, Hauffa B, Schedlowski M, Pawlak C, Stadler MA, Exton MS (2000) Casino gambling increases heart rate and salivary cortisol in regular gamblers. Biological Psychiatry 48: 948–953

Meyer G, Schwertfeger J, Exton MS, Janssen OE, Knapp W, Stadler MA, Schedlowski M, Krüger THC (2004) Neuroendocrine response to casino gambling in problem gamblers. Psychoneuroendocrinology 29: 1272–1280

Mezzera M (2004) »1×1 des Glücksspiels« – Glücksspielprävention für die Schule. SuchtMagazin 30: 23–28

Milkman H, Sunderwirth S (1982) Addictive processes. Journal of Psychoactive Drugs 14: 177–192

Milkman H, Sunderwirth S (1984) Warum werden wir süchtig? Psychologie heute 11: 34–40

Miller W (1986) Individual outpatient treatment of pathological gambling. Journal of Gambling Behavior 2: 95–107

Milton S (2001) Stop gambling – a self-help manual for giving up gambling. Pan Macmillan, Sydney

Milton S, Crino R, Hunt C, Prosser E (2002) The effect of compliance-improving interventions on the cognitive-behavioural treatment of pathological gambling. Journal of Gambling Studies 18: 207–229

Minuchin S (1977) Familie und Familientherapie. Lambertus, Freiburg

Minuchin S (1983) Praxis der strukturellen Familientherapie. Lambertus, Freiburg

Moeller ML (1978) Selbsthilfegruppen. Rowohlt, Reinbek

Molina JA, Sáinz-Artiga MJ, Fraile A, Jiménez-Jiménez FJ, Villanueva C, Ortí-Pareja M, Bermejo PF (2000) Pathologic gambling in Parkinson's disease: a behavioral manifestation of pharmacologic treatment? Movement Disorders Society 15: 869–872

Moore SM, Ohtsuka K (1999) Beliefs about control over gambling among young people, and their relation to problem gambling. Psychology of Addictive Behaviors 13: 339–347

Moran E (1970a) Pathological gambling. British Journal of Hospital Medicine 4: 59–70

Moran E (1970b) Varieties of pathological gambling. British Journal of Psychiatry 116: 593–597

Moran E (1970c) Gambling as a form of dependence. British Journal of Addiction 64: 419–428

Moran E (1970d) Clinical and social aspects of risk-taking. Proceedings of the Royal Society of Medicine 63: 1273–1277

Moran E (1979) An assessment of the report of the Royal Commission on Gambling 1976–1978. British Journal of Addiction 74: 3–9

Moravec JD, Munley PH (1983) Psychological test findings on pathological gamblers in treatment. The International Journal of the Addicitons 18: 1003–1009

Moreno I, Sàiz-Ruiz J, López-Ibor JJ (1991) Serotonin and gambling dependence. Human Psychopharmacology 6: 9–12

Moskowitz JA (1980) Lithium and lady luck. New York State Journal of Medicine 4: 785–788

Müller N, Laakmann G (1988) Investmentgeschäft als Objekt pathologischen Glücksspiels. Nervenarzt 59: 356–359

Müller-Spahn E, Margraf J (2003) Wenn Spielen pathologisch wird. Karger, Basel

Najavits LM, Grymala LD, George B (2003) Can advertising increase awareness of problem gambling? A statewide survey of impact. Psychology of Addictive Behaviors 17: 324–327

Nathan PE (2003) The role of natural recovery in alcoholism and pathological gambling. Journal of Gambling Studies 19: 279–286

National Gambling Impact Study Commission (1999) National gambling impact study commission final report. http:// govinfo.library.unt.edu/ngisc/reports/fullrpt.html. Gesehen 15. Jun 2003

National Research Council (1999) Pathological gambling: a critical review. National Academy Press, Washington DC

Neuendorff S, Schiel J (1982) Die Anonymen Alkoholiker – Portrait einer Selbsthilfeorganisation. Beltz, Weinheim

Newman SC, Thompson AH (2003) A population-based study of the association between pathological gambling and attempted suicide. Suicide and Life-Threatening Behavior 33: 80–87

Newmann O (1972) Gambling: hazard and reward. Athlone Press, London

Nordin C, Eklundh T (1996) Lower CSF taurine levels in male pathological gamblers than in healthy controls. Human Psychopharmacology 11: 401–403

Nordin C, Eklundh T (1999) Altered CSF 5-HIAA disposition in pathologic male gamblers. CNS Spectrums 4: 25–33

Nowatzki NR, Williams RJ (2002) Casino self-exclusion programms: a review of the issues. International Gambling Studies 2: 3–25

Nower L, Blaszczynski A (2003) Binge gambling: a neglected concept. International Gambling Studies 3: 23–35

Nower L, Derevensky JL, Gupta R (2004a) The relationship of impulsivity, sensation seeking, coping, and substance use in youth gamblers. Psychology of Addictive Behaviors 18: 49–55

Nower L, Gupta R, Blaszczynski A, Derevensky J (2004b) Suicidality and depression among youth gamblers: a preliminary examination of three studies. International Gambling Studies 4: 69–80

Ocean G, Smith GJ (1993) Social reward, conflict, and commitment: a theoretical model of gambling behavior. Journal of Gambling Studies 9: 321–339

Ochrym RG (1990) Streetcrime, tourism and casinos: an empirical comparison. Journal of Gambling Studies 6: 127–138

Oefele K von, Saß H (1994) Die forensisch-psychiatrische Beurteilung von freier Willensbestimmung und Geschäftsfähigkeit. Versicherungsmedizin 46: 167–171

Ohtsuka K, Bruton E, Luca L de, Borg V (1997) Sex differences in pathological gambling using gaming machines. Psychological Reports 80: 1051–1057

Oldman D (1978) Compulsive gamblers. Sociological Review 26: 349–371

Oliveira MPM, Silva AMT (2000) Pathological and nonpathological gamblers: a survey in gambling settings. Substance Use & Misuse 35: 1573–1583

Olmsted C (1962) Heads I win, tails you lose. McMillan, New York

Opaschowski HW (1992) Freizeit 2001 – ein Blick in die Zukunft unserer Freizeitwelt. BAT-Freizeit-Forschungsinstitut, Hamburg

Orford J (1985/2001) Excessive appetites: a psychological view of addiction. Wiley 1., 2. Aufl., Chichester

Orford J, Morison V, Somers M (1996) Drinking and gambling: a comparison with implications for theories of addiction. Drug and Alcohol Review 15: 47–56

Orford J, Sproston K, Erens B, White C, Mitchell L (2003) Gambling and problem gambling in Britain. Brunner-Routledge, Hove

Pallanti S, Quercioli L, Sood E, Hollander E (2002b) Lithium and valproate treatment of pathological gambling: a randomized single-blind study. Journal of Clinical Psychiatry 63: 559–564

Pallanti S, Rossi NB, Sood E, Hollander E (2002a) Nefazodone treatment of pathological gambling: a prospective open-label controlled trial. Journal of Clinical Psychiatry 63: 1034–1039

Parke A, Griffiths M, Irwing P (2004) Personality traits in pathological gambling: sensation seeking, deferment of gratification and competitiveness as risk factors. Addiction Research and Theory 12: 201–212

Peck DF, Ashcroft JB (1972) The use of stimulus satiation in the modification of habitual gambling. Proceedings of the Second British and European Association Conference on Behavior Modification, Kilkerny (Irland)

Peele S (2001) Is gambling an addiction like drug and alcohol addiction? Developing realistic and useful conceptions of compulsive gambling. eGambling3, http: //www. camh. net/egambling/issue3/feature/index.html. Gesehen 20. Feb 2004

Pérez de Castro I, Ibáñez A, Sáiz-Ruiz J, Fernández-Piqueras J, (1999) Genetic contribution to pathological gambling: possible association between a functional DNA polymorphism at the serotonin transporter gene (5-HTT) and affected men. Pharmacogenetics 9: 397–400

Pérez de Castro I, Ibáñez A, Torres R, Sàiz-Ruiz, Fernandez-Piqueras J (1997) Genetic associations study between pathological gambling and a functional DNA polymorphism at the D_4 receptor gene. Pharmacogenetics 7: 345–348

Perls FS, Hefferline RF, Goodman P (1979) Gestalttherapie. Klett-Cotta, Stuttgart

Perrez M (1991) Prävention, Gesundheits- und Entfaltungsförderung: Systematik und allgemeine Aspekte. In: Perrez M, Baumann U (Hrsg) Klinische Psychologie, Bd. 2. Huber, Bern, S 80–98

Petermann F (1981) Verhaltenstherapeutische Familienberatung und Familienbehandlung: Versuch einer Standortbestimmung. Verhaltenstherapie Psychosoziale Praxis 13: 386–395

Petersmann G (1995) Vorwort zum Reprint »Pascasius Justus«. In: Bauer GG (Hrsg) Homo Ludens – der spielende Mensch. Katzbichler, München, S 303–308

Petry J (1991) Zur Behandlungsmotivation beim Alkoholismus: Ein theoretisches Konzept und erste empirische Befunde. Dissertation, Wiesloch

Petry J (1996) Psychotherapie der Glücksspielsucht. Psychologie Verlags Union, Weinheim

Petry J (2001a) Vergleichende Psychopathologie von stationär behandelten »Pathologischen Glücksspielern«. Zeitschrift für Klinische Psychologie und Psychotherapie 30: 123–135

Petry J (2001b) Übersicht aller katamnestischer Studien zur ambulanten und stationären Behandlung von »Pathologischen Glücksspielern« in Deutschland. Verhaltenstherapie und Verhaltensmedizin 22: 103–121

Petry J (2003) Glücksspielsucht – Entstehung, Diagnostik und Behandlung. Hogrefe, Göttingen

Petry J, Baulig T (1995) Kurzfragebogen zum Glücksspielverhalten. Psychosomatische Fachklinik Münchwies, Münchwies

Petry J, Jahrreiss R (1999) Stationäre medizinische Rehabilitation von »Pathologischen Glücksspielern«: Differentialdiagnostik und Behandlungsindikation. Deutsche Rentenversicherung 4: 196–218

Petry NM (2000) Psychiatric symptoms in problem gambling and non-problem gambling substance abusers. The American Journal on Addictions 9: 163–171

Petry NM (2001) Pathological gamblers, with and without substance use disorders, discount delayed rewards at high rates. Journal of Abnormal Psychology 110: 482–487

Petry NM (2002) A comparison of young, middle-aged, and older adult treatment-seeking pathological gamblers. The Gerontologist 42: 92–99

Petry NM (2003a) Validity of a gambling scale for the addiction severity index. The Journal of Nervous and Mental Disease 191: 399–407

Petry NM (2003b) Patterns and correlates of Gamblers Anonymous attendance in pathological gamblers seeking professional treatment. Addictive Behaviors 28: 1049–1062

Petry NM (2003c) A comparison of treatment-seeking pathological gamblers based on preferred gambling activity. Addiction 98: 645–655

Petry NM, Casarella T (1999) Excessive discounting of delayed rewards in substance abusers with gambling problems. Drug and Alcohol Dependence 56: 25–32

Petry NM, Kiluk BD (2002) Suicidal ideation and suicide attempts in treatment-seeking pathological gamblers. The Journal of Nervous and Mental Disease 190: 462–469

Petry NM, Roll JM (2001) A behavioral approach to understanding and treating pathological gambling. Seminars in Clinical Neuropsychiatry 6: 177–183

Petzold H (1970) Psychodramatische Techniken in der Therapie mit Alkoholikern. Zeitschrift für Praktische Psychologie 8: 387

Pfingsten U, Hinsch R (1991) Gruppentraining sozialer Kompetenzen. Psychologie Verlags Union, Weinheim

Pfuhlmann B, Schmidtke A (2002) Pathological gambling and suicidal behavior. Archives of Suicide Research 6: 257–267

Phillips DP, Welty WR, Smith MM (1997) Elevated suicide levels associated with legalized gambling. Suicide and Life-Threatening Behavior 27: 373–378

Phillips JG, Amrhein PC (1989) Factors influencing wagers in simulated blackjack. Journal of Gambling Behavior 5: 99–111

Physikalisch Technische Bundesanstalt (1999) Untersuchungen zu Vorgaben für die Regelung von Geldspielgeräten. PTB, Berlin

Plöntzke B, Albrecht U, Grüsser SM (2004) Wetten und Tippen: Formen potenziell problematischen Glücksspiels. Psychomedizin 16: 142–146

Pokorny MR (1972) Compulsive gambling and the family. British Journal of Medical Psychology 45: 355–364

Politzer RM, Morrow JS, Leavey SB (1981) Report on the societal cost of pathological gambling and the cost-benefit/effectiveness of treatment. Paper presented at the »Fifth International Conference on Gambling and Risk Taking«, Lake Tahoe (USA)

Potenza MN (2001) The neurobiology of pathological gambling. Seminars in Clinical Neuropsychiatry 6: 217–226

Potenza MN (2002) A perspective on future directions in the prevention, treatment, and research of pathological gambling. Psychiatric Annals 32: 203–207

Potenza MN, Chambers RA (2001) Schizophrenia and pathological gambling. American Journal of Psychiatry 158: 497–498

Potenza MN, Fiellin DA, Heninger GR, Rounsaville BJ, Mazure CM (2002) Gambling: an addictive behavior with health and primary care implications. Journal of General Internal Medicine 17: 721–732

Potenza MN, Leung H-C, Blumberg HP et al. (2003a) An fMRI Stroop task study of ventromedial prefrontal cortical function in pathological gamblers. American Journal of Psychiatry 160: 1990–1994

Potenza MN, Steinberg MA, McLaughlin SD, Wu R, Rounsaville BJ, O'Malley SS (2000) Illegal behaviors in problem gambling: analysis of data from a gambling helpline. The Journal of the American Academy of Psychiatry and the Law 28: 389–403

Potenza MN, Steinberg MA, McLaughlin SD, Wu R, Rounsaville BJ, O'Malley SS (2001) Gender-related differences in the characteristics of problem gamblers using a gambling helpline. American Journal of Psychiatry 158: 1500–1505

Potenza MN, Steinberg MA, Skudlarski P et al. (2003b) Gambling urges in pathological gambling. Archives of General Psychiatry 60: 828–836

Poulin C (2002) An assessment of the validity and reliability of the SOGS-RA. Journal of Gambling Studies 18: 67–93

Preston FW, Smith RW (1985) Delabeling and relabeling in Gamblers Anonymous: problems with transfering the Alcoholics Anonymous paradigm. Journal of Gambling Behavior 1: 97–105

Probst P (1982) Psychotherapie in der Familie. In: Bastine R, Fiedler PA, Grawe K, Schmidtchen S, Sommer G (Hrsg) Grundbegriffe der Psychotherapie. Edition Psychologie, Weinheim, S 95–97

Prochaska JO, DiClemente CC, Norcross JC (1992) In search of how people change: Applications to addictive behaviors. American Psychologist 47: 1102–1114

Productivity Commission (1999) Australia's gambling industries: final report no. 10. AusInfo, Canberra: http: //www.pc.gov.au/inquiry/gambling/finalreport/index.html. Gesehen 25. Jul 2004

Quinn FL (2001) First do not harm: what could be done by casinos to limit pathological gambling. Managerial and Decision Economics 22: 133–142

Ramirez LF, McCormick RA, Russo AM, Taber JI (1983) Patterns of substance abuse in pathological gamblers undergoing treatment. Addictive Behaviors 8: 425–428

Rankin H (1982) Control rather than abstinence as the goal in the treatment of excessive gambling. Behavior, Research and Therapy 20: 185–187

Rasch W (1962) Über Spieler. In: Randzonen menschlichen Verhaltens, Festschrift für H. Bürger-Prinz. Enke, Stuttgart, S 170–184

Rasch W (1992) Pathologisches Glücksspiel und Schuldfähigkeit. Praxis der Forensischen Psychologie 2: 25–34

Raylu N, Oei TP (2004) Role of culture in gambling and problem gambling. Clinical Psychology Review 23: 1087–1114

Regard M, Knoch D, Gütling E, Landis T (2003) Brain damage and addictive behavior: a neuropsychological and electroencephalogram investigation with pathologic gamblers. Cognitive and Behavioral Neurology 16: 47–53

Reichelt-Nauseef S, Hedder G (1985) Die Intervention – ein Beitrag der Familientherapie zur frühzeitigen Hilfe für den Alkoholiker und seine Familie. Suchtgefahren 31: 261–270

Reid RL (1986) The psychology of the near miss. Journal of Gambling Behavior 2: 32–39

Reinecker H (1991) Verhaltenstherapeutisch orientierte Interventionen. In: Perrez M, Baumann U (Hrsg) Klinische Psychologie, Bd. 2, Huber, Bern

Remmers P (1996) Der spezielle präventive Ansatz zum Problemspielen in den Niederlanden. Sucht 42: 438–443

Reuter A (1989) Erfahrungen in der ambulanten Arbeit mit Spielern. Praxis der Klinischen Verhaltensmedizin und Rehabilitation 5: 23–26

Reuter J, Raedler T, Rose M, Hand I, Gläscher J, Büchel C (2005) Pathological gambling is linked to reduced activation of the mesolimbic reward system. Nature Neuroscience, advance online publication, http: //www.nature.com/natureneuroscience. Gesehen 11. Jan 2005

Revenstorf D, Metsch H (1986) Lerntheoretische Grundlage der Sucht. In: Feuerlein W (Hrsg) Theorie der Sucht. Springer, Berlin, S 121–150

Robson E, Edwards J, Smith G, Colman I (2002) Gambling decisions: an early intervention program for problem gamblers. Journal of Gambling Studies 18: 235–255

Rodda S, Brown SL, Phillips JG (2004) The relationship between anxiety, smoking, and gambling in electronic gaming machine players. Journal of Gambling Studies 20: 71–81

Rogers CR (1973) Die klientbezogene Gesprächspsychotherapie. Kindler, München

Rohwedder D (1987) Das Automatenspiel – moderne Freizeitgestaltung. Bild- und Verlagsanstalt, Vaduz

Room R, Turner NE, Ialomiteanu A (1999) Community effects of the opening of the Niagara casino. Addiction 94: 1449–1466

Rosecrance J (1986) Why regular gamblers don't quit: a sociological perspective. Sociological Perspectives 29: 357–378

Rosecrance J (1988) Gambling without guilt. Brooks & Cole, Pacific Grove (USA)

Rosenthal RJ (1986) The pathological gambler's system of self-deception. Journal of Gambling Behavior 2: 108–120

Rosenthal RJ (1987) The psychodynamics of pathological gambling: a review of the literature. In: Galski T (ed) The handbook of pathological gambling. Thomas, Springfield (USA), pp 41–70

Rosenthal RJ (1989) Pathological gambling and problem gambling: problems of definition and diagnosis. In: Shaffer HJ, Stein SA, Gambino B, Cummings TN (eds) Compulsive gambling. Lexington Books, Lexington (USA), pp 101–125

Rosenthal RJ (1997) The gambler as case history and literary twin: Dostojewski's false beauty and the poetics of perversity. Psychoanalytic Review 84: 593–616

Rosenthal RJ (2004) The role of medication in the treatment of pathological gambling: bridging the gap between research and practice. eGambling10: http: //www.camh. net/egambling/issue10/ejg_10_rosenthal.html. Gesehen 13. Jul 2004

Rosenthal RJ, Lesieur HR (1992) Self-reported withdrawal symptoms and pathological gambling. American Journal of Addictions 1: 150–154

Rosenthal RJ, Lesieur HR (1996) Pathological gambling and criminal behavior. In: Schlesinger LB (ed) Explorations in criminal psychopathology. Charles C Thomas, Springfield, pp 149–169

Rosenthal RJ, Lorenz VC (1992) The pathological gambler as criminal offender. Psychiatric Clinics of North America 15: 647–660

Rosenthal RJ, Rugle LJ (1994) A psychodynamic approach to the treatment of pathological gambling: part I. Achieving abstinence. Journal of Gambling Studies 10: 21–42

Rost W-D (1992) Psychoanalyse des Alkoholismus. Klett-Cotta, Stuttgart

Roston AR (1961) Some personality characteristics of compulsive gamblers. Unpublished doctoral dissertation, University of California, Los Angeles

Roth G (2003) Fühlen, Denken, Handeln. Wie das Gehirn unser Verhalten steuert. Suhrkamp, Frankfurt aM

Rotter JB (1966) Generalized expectancies for internal versus external control of reinforcement. Psychological Monographs 80: 1–28

Rousseau FL, Vallerand RJ, Ratelle CF, Mageau GA, Provencher PJ (2002) Passion and gambling: on the validation of the gambling passion scale (GPS). Journal of Gambling Studies 18: 45–66

Roy A, Adinoff B, Roehrich L, Lamparski D, Custer R, Lorenz V, Barbaccia M, Guidotti A, Costa E, Linnoila M (1988a) Pathological gambling: a psychobiological study. Archives of General Psychiatry 45: 369–373

Roy A, Custer R, Lorenz V, Linnoila M (1988b) Depressed pathological gamblers. Acta Psychiatrica Scandinavica 77: 163–165

Roy A, Custer R, Lorenz V, Linnoila M (1989a) Personality factors and pathological gambling. Acta Psychiatrica Scandinavica 80: 37–39

Roy A, De Jong J, Linnoila M, (1989b) Extraversion in pathological gamblers. Archives of General Psychiatry 46: 679–681

Roy A, Smelson D, Lindeken S (1996) Screening for pathological gambling among substance misusers. British Journal of Psychiatry 169: 523

Rugle L, Melamed L (1993) Neuropsychological assessment of attention problems in pathological gamblers. Journal of Nervous and Mental Disease 181: 107–112

Rush B, Shaw Moxam R, Urbanoski KA (2002) Characteristics of people seeking help from specialized programs for the treatment of problem gambling in Ontario. eGambling 6: http: //www.camh.net/egambling/issue6/research/index. html Gesehen 02. Jul 2004

Russo AM, Taber JI, McCormick RA, Ramirez LF (1984) An outcome study of an inpatient treatment program for pathological gamblers. Hospital and Community Psychiatry 35: 823–827

Salloch-Vogel R-R (1987) Erwachsene Kinder suchtkranker Eltern: Was wird aus diesen Kindern? Lambertus, Freiburg

Saß H (1987) Psychopathie, Soziopathie, Dissozialität – zur Differentialtypologie der Persönlichkeitsstörungen. Springer, Berlin

Saß H, Wiegand C (1990) Exzessives Glücksspielen als Krankheit? Kritische Bemerkungen zur Inflation der Süchte. Nervenarzt 61: 435–437

Saß H, Wittchen H-U, Zaudig M (1996) Diagnostisches und Statistisches Manual Psychischer Störungen, DSM-IV. Hogrefe, Göttingen

Saß H, Wittchen HU, Zaudig M, Houben I (2003) Diagnostisches und Statistisches Manual Psychischer Störungen – Textrevision – (DSM-IV-TR). Hogrefe, Göttingen

Scannell ED, Quirk MM, Smith K, Maddern M, Dickerson M (2000) Females' coping styles and control over poker machine gambling. Journal of Gambling Studies 16: 417–432

Scheithauer H, Petermann F, Meyer G, Hayer T (2005) Entwicklungsorientierte Prävention von Substanzmissbrauch und problematischem Glücksspielverhalten im Kindes- und Jugendalter. In: Schwarzer R (Hrsg) Gesundheitspsychologie. Enzyklopädie der Psychologie. Hogrefe, Göttingen (im Druck)

Scheller R (1990) Co-Alkoholismus und berufliche Entscheidungsfähigkeit. Suchtgefahren 36: 357–369

Schellinck T, Schrans T (2003) Identifying problem gamblers on site. Paper presented at the 12th International Conference on Gambling and Risk Taking, Vancouver, Canada

Schilling J (1990) Jugendarbeit: Zur Bedeutung des Spiels bei der Arbeit mit Jugendlichen. In: Carlhoff HW, Wittemann P (Hrsg) Jugend, Spiel, Schutz. Aktion Jugendschutz, Stuttgart, S 150–157

Schlippe A von (1984) Familientherapie im Überblick: Basiskonzepte, Formen und Anwendungsmöglichkeiten. Junfermann, Paderborn

Schmid C (1994) Glücksspiel. Westdeutscher Verlag, Opladen

Schmidt G (1988) Rückfälle von als suchtkrank diagnostizierten Patienten aus systemischer Sicht. In: Körkel J (Hrsg) Der Rückfall des Suchtkranken. Flucht in die Sucht? Springer, Berlin Heidelberg, S 173–213

Schmidt L (2001) Wege aus der Glücksspielsucht. Zur organisierten Selbsthilfe in den USA. Sucht 47: 4–11

Schmitt LH, Harrison GA, Spargo RM (1998) Variation in epinephrine and cortisol excretion rates associated with behavior in an Australian aboriginal community. American Journal of Physical Anthropology 106: 249–253

Schneewind KA, Schröder G, Cattell RB (1986) Der 16-Persönlichkeits-Faktoren-Test (16-PF). Huber, Bern Stuttgart Toronto

Schneider-Düker M (1980) Gruppenpsychotherapie. In: Wittling W (Hrsg) Handbuch der klinischen Psychologie. Hoffmann und Campe, Hamburg, S 165–196

Schönke A, Schröder H (1997) Strafgesetzbuch, Kommentar (22. Aufl). Beck'sche Verlagsbuchhandlung, München

Schrans T, Schellinck T (2003) Responsible gaming features on video lottery terminals: impact and promise. Paper presented at the 12th International Conference on Gambling and Risk Taking, Vancouver, Canada

Schreiber LH (1992) Drogenabhängigkeit und Spielsucht im Vergleich. Kriminalistik Verlag, Heidelberg

Schreiber LH (1993) Zur Problematik der Schuldfähigkeit unter besonderer Berücksichtigung der körpereigenen Opioide. Kriminalistik 7: 469–474

Schuhler P (1989) Behandlung von Spielern in einer Fachklinik für psychosomatische und Suchterkrankungen. Praxis der Klinischen Verhaltensmedizin und Rehabilitation 5: 19–22

Schulte R-M (1994) Pathologisches Spielen – Glücksspielsucht als neuer Abhängigkeitstypus? Mitteilungen der LVA Württemberg 9: 328–333

Schulte W, Tölle R (1977) Psychiatrie. Springer, Berlin

Schumacher W (1981) Die Beurteilung der Schuldfähigkeit bei nicht-stoffgebundenen Abhängigkeiten (Spielleidenschaft, Fetischismen, Hörigkeit). In: Hamm R (Hrsg) Festschrift für Werner Sarstedt. De Gruyter, Berlin S 361–372

Schumann H, Lenckner T (1972) Psychiatrische Probleme des Privatrechts. In: Göppinger H, Witter H (Hrsg) Handbuch der forensischen Psychiatrie, Bd. I. Springer, Berlin, S 287–357

Schürgers G, Haustein J (1988) Zum Phänomen des exzessiven Spiels an Geldspielautomaten. In: Niedersächsische Landesstelle gegen die Suchtgefahren (Hrsg) Jugend und Süchte – Fachtagung 1987. Neuland, Hamburg, S 182–195

Schütte F (1985) Glücksspiel und Narzißmus. Brockmeyer, Bochum

Schwarz J, Lindner A (1990) Die stationäre Behandlung pathologischer Glücksspieler. Suchtgefahren 36: 402–415

Schwickerath J (1996) Pathologisches Spielverhalten – Verhaltenstherapie. In: Senf W, Broda M (Hrsg) Praxis der Psychotherapie. Georg Thieme Verlag, Stuttgart, S 365–371

Schwickerath J, Engelhardt W (1991) Stationäre Verhaltenstherapie bei pathologischen Spielern: Modelldarstellung und Erfahrungsbericht. Verhaltensmedizin 1: 307–311

Schwickerath J, Keßler BH, Dinger-Broda A, Engelhardt W, Kany N (1996) Stationäre Verhaltenstherapie des pathologischen Glücksspielens: Eine Nachbefragung. Praxis der Klinischen Verhaltensmedizin und Rehabilitation 33: 49–53

Scodel A (1964) Inspirational group therapy: a study of Gamblers Anonymous. American Journal of Psychotherapy 18: 115–125

Seager CP (1970) Treatment of compulsive gamblers using electrical aversion. British Journal of Psychiatry 117: 545–554

Seedat S, Kesler S, Niehaus DJH, Stein DJ (2000) Pathological gambling behaviour: emergence secondary to treatment of Parkinson's disease with dopaminergic agents. Depression and Anxiety 11: 185–186

Selvini Palazzoli M, Boscolo L, Cecchin G, Prata G (1981) Hypothetisieren – Zirkularität – Neutralität: Drei Richtlinien für den Leiter der Sitzung. Familiendynamik 6: 138–147

Selzer J (1992) Borderline omnipotence in pathological gambling. Archives of Psychiatric Nursing 6: 215–218

Sévigny S, Ladouceur R (2003) Gamblers' irrational thinking about chance events: the »double switching« concept. International Gambling Studies 3: 163–170

Shaffer HJ (1989) Conceptual crises in the addictions: the role of models in the field of compulsive gambling. In: Shaffer HJ, Stein SA, Gambino B, Cummings TN (eds) Compulsive gambling. Lexington Books, Lexington (USA), pp 3–33

Shaffer HJ, Bilt J vander, Hall M (1999) Gambling, drinking, smoking and other health risk activities among casino employees. American Journal of Industrial Medicine 36: 365–378

Shaffer HJ, Freed CR, Healea D (2002) Gambling disorders among homeless persons with substance use disorders seeking treatment at a community center. Psychiatric Services 53: 1112–1117

Shaffer HJ, Hall MN (2001) Updating and refining prevalence estimates of disordered gambling behavior in the United States and Canada. Canadian Journal of Public Health 92: 168–172

Shaffer HJ, Hall MN (2002) The natural history of gambling and drinking problems among casino employees. The Journal of Social Psychology 142: 405–424

Shaffer HJ, Hall MN, Bilt J vander, George EM (2003) Futures at stake. Youth, gambling, and society. University of Nevada Press, Reno

Shaffer HJ, Hall MN, Bilt JV vander (1997) Estimating the prevalence of disordered gambling behavior in the United States and Canada: a meta-analysis. Harvard Medical School, Boston

Shaffer HJ, Kidman R (2003) Shifting perspectives on gambling and addiction. Journal of Gambling Studies 19: 1–6

Shaffer HJ, Korn DA (2002) Gambling and related mental disorders: a public health analysis. Annual Review of Public Health 23: 171–212

Shaffer HJ, LaBrie R, Scanlan KM, Cummings TN (1994) Pathological gambling among adolescents: Massachusetts Gambling Screen (MAGS). Journal of Gambling Studies 10: 339–362

Sharpe L (2002) A reformulated cognitive-behavioral model of problem gambling, a biopsychosocial perspective. Clinical Psychology Review 22: 1–25

Sharpe L (2003) Understanding pathological gambling: distinct pathways or individual formulations? In: Fittskirk P, Shohov SP (eds) Focus on behavioral psychology. Nova Science Publishers, Sydney, pp 169–184

Sharpe L (2004) Patterns of autonomic arousal in imaginal situations of winning and losing in problem gambling. Journal of Gambling Studies 20: 95–104

Sharpe L, Tarrier N (1992) A cognitive-behavioral treatment approach for problem gambling. Journal of Cognitive Psychotherapy 6: 193–203

Sharpe L, Tarrier N (1993) Towards a cognitive-behavioural theory of problem gambling. British Journal of Psychiatry 162: 407–412

Sharpe L, Tarrier N, Schotte D, Spence SH (1995) The role of autonomic arousal in problem gambling. Addiction 90: 1529–1540

Shinohara K, Yanagisawa A, Kagota Y et al. (1999) Physiological changes in pachinko players; beta-endorphin, catecholamines, immune system substances and heart rate. Applied Human Science 18: 37–42

Simmel E (1920) Zur Psychoanalyse des Spielers. Internationale Zeitschrift für Psychoanalyse 6: 397

Simon FB (1980) Glücksspiel als narzißtische Restitution. Materialien Psychoanalyse 6: 25–46

Simon FB, Stierlin H (1984) Die Sprache der Familientherapie: ein Vokabular. Klett-Cota, Stuttgart

Skinner BF (1953) Science and human behavior. McMillan, New York

Slutske WS, Eisen S, True WR, Lyons MJ, Goldberg J, Tsuang M (2000) Common genetic vulnerability for pathological gambling and alcohol dependence in men. Archives of General Psychiatry 57: 666–673

Slutske WS, Eisen S, Xian H, True WR, Lyons MJ, Goldberg J, Tsuang M (2001) A twin study of the association between pathological gambling and antisocial personality disorder. Journal of Abnormal Psychology 110: 297–308

Smith JF, Abt V (1984) Gambling as play. The Annals of the American Academy of Political and Social Science 474: 122–132

Smith K, Dickhaut J, McCabe K, Pardo JV (2002) Neuronal substrates for choice under ambiguity, risk, gains and losses. Management Science 48: 711–718

Solomon R (1980) The opponent-process theory of acquired motivation: the costs of pleasure and the benefits of pain. American Psychologist 35: 691–712

Specker SM, Carlson GA, Christenson GA, Marcotte M (1995) Impulse control disorders and attention deficit disorder in pathological gamblers. Annals of Clinical Psychiatry 7: 175–179

Specker SM, Carlson GA, Edmonson KM, Johnson PE, Marcotte M (1996) Psychopathology in pathological gamblers seeking treatment. Journal of Gambling Studies 12: 67–81

Spitzer M (2004) Selbstbestimmen. Gehirnforschung und die Frage: Was sollen wir tun? Spektrum Akademischer Verlag, Heidelberg Berlin

Spunt B (2002) Pathological gambling and substance misuse. Substance Use & Misuse 37: 1299–1304

Spunt B, Dupont I, Lesieur H, Liberty HJ, Hunt D (1998) Pathological gambling and substance misuse: a review of the literature. Substance Use & Misuse 33: 2535–2560

Spunt B, Lesieur H, Hunt D, Cahill L (1995) Gambling among methadone patients. International Journal of the Addictions 30: 929–962

Steel Z, Blaszczynski A (1996) The factorial structure of pathological gambling. Journal of Gambling Studies 12: 3–20

Steel Z, Blaszczynski A (1998) Impulsivity, personality disorders and pathological gambling severity. Addiction 93: 895–905

Steenbergh TA, Meyers AW, May RK, Whelan JP (2002) Development and validation of the gamblers' beliefs questionnaire. Psychology of Addictive Behaviors 16: 143–149

Steenbergh TA, Whelan JP, Meyers AW, May RK, Floyd K (2004) Impact of warning and brief intervention messages on knowledge of gambling risk, irrational beliefs and behaviour. International Gambling Studies 4: 3–16

Steinberg MA, Kosten TA, Rounsaville BJ (1992) Cocaine abuse and pathological gambling. American Journal on Addictions 1: 121–132

Stekel W (1924) The gambler. In: Van Teslaar JS (Trans-ed) Peculiarities of behavior. Liveright, New York, pp 233–255

Stewart RM, Brown RIF (1988) An outcome study of Gamblers Anonymous. British Journal of Psychiatry 152: 284–288

Stewart SH, Kushner MG (2003) Recent research on the co-morbidity of alcoholism and pathological gambling. Alcoholism, Clinical and Experimental Research 27: 285–291

Stierlin H (1982) Dynamische Familientherapie. In: Bastine R, Fiedler PA, Grawe K, Schmidtchen S, Sommer G (Hrsg) Grundbegriffe der Psychotherapie. Edition Psychologie, Weinheim, S 98–103

Stiftung Warentest (1983) Spielend gewinnen? Chancen im Vergleich. Stiftung Warentest, Berlin

Stiftung Warentest (1992) Gefährliches Spiel. Finanztest 2: 41–45

Stinchfield R (2002) Reliability, validity, and classification accuracy of the South Oaks gambling screen (SOGS). Addictive Behaviors 27: 1–19

Stinchfield R (2003) Reliability, validity, and classification accuracy of a measure of DSM-IV diagnostic criteria for pathological gambling. American Journal of Psychiatry 160: 180–182

Stinchfield R, Winters KC (1998) Gambling and problem gambling among youths. Annals of the American Academy of Political and Social Science 556: 172–185

Stinchfield R, Winters KC (2001) Outcome of Minnesota's gambling treatment programs. Journal of Gambling Studies 17: 217–245

Stojanov W, Karayanidis F, Johnston P, Bailey A, Carr V, Schall U (2003) Disrupted sensory gating in pathological gambling. Biological Psychiatry 54: 474–484

Strickland LH, Grote FW (1967) Temporal presentation of winning symbols and slot machine playing. Journal of Experimental Psychology 74: 10–13

Strickland LH, Lewicki RJ, Katz AM (1966) Temporal orientation and perceived control as determinants of risk-taking. Journal of Experimental Social Psychology 2: 143–151

Strong DR, Breen RB, Lejuez CW (2004) Using item response theory to examine gambling attitudes and beliefs. Personality and Individual Differences 36: 1515–1529

Strong DR, Breen RB, Lesieur HR, Lejuez CW (2003) Using the Rasch model to evaluate the South Oaks Gambling Screen for use with nonpathological gamblers. Addictive Behaviors 28: 1465–1472

Sullivan S (1994) Why compulsive gamblers are at high suicide risk. Community Mental Health in New Zealand 8: 40–47

Sylvain C, Ladouceur R, Boisvert J-M (1997) Cognitive and behavioral treatment of pathological gambling: a controlled study. Journal of Consulting and Clincial Psychology 75: 727–732

Taber JI (1981) Group psychotherapy with pathological gamblers. In: Eadington WR (Hrsg) The gambling papers. Proceedings of the 1981 Conference on Gambling. Reno, University of Nevada

Taber JI (1985) Pathological gambling: the initial screening interview. Journal of Gambling Behavior 1: 23–34

Taber JI (2001) In the shadow of chance: the pathological gambler. Ex-Gambler Services, Bluffton

Taber JI, Chaplin MP (1988) Group psychotherapy with pathological gamblers. Journal of Gambling Behavior 4: 183–196

Taber JI, McCormick RA (1987) The pathological gambler in treatment. In: Galski T (ed) The handbook of pathological gambling. Thomas, Springfield, pp 137–168

Taber JI, McCormick RA, Ramirez LF (1987a) The prevalence and impact of major life stressors among pathological gamblers. The International Journal of the Addictions 22: 71–79

Taber JI, McCormick RA, Russo AM, Adkins BJ, Ramirez LF (1987b) Follow up of pathological gamblers after treatment. American Journal of Psychiatry 144: 757–761

Taber JI, Russo AM, Adkins BJ, McCormick RA (1986) Ego strength and achievement motivation in pathological gamblers. Journal of Gambling Behavior 2: 69–80

Tasseit S (1992) Einleitung. In: Tasseit S (Hrsg) Ambulante Suchttherapie. Möglichkeiten und Grenzen. Neuland, Geesthacht

Tausch T, Tausch A-M (1979) Gesprächs-Psychotherapie. Hogrefe, Göttingen

Tavares H, Zilberman ML, Beites FJ, Gentil V (2001) Gender differences in gambling progression. Journal of Gambling Studies 17: 151–159

Tec N (1964) Gambling in Sweden. Bedminster Press, Totowa (USA)

Templer DJ, Kaiser G, Siscoe K (1993) Correlates of pathological gambling propensity in prison inmates. Comprehensive Psychiatry 34: 347–351

Tepperman JH (1985) The effectiveness of short-term group therapy upon the pathological gambler and wife. Journal of Gambling Behavior 1: 119–130

Thomas GJ (1989a) Basiskonzepte in der Arbeit mit Spielern. Medizin, Mensch, Gesellschaft 14: 150–161

Thomas GJ (1989b) Der Angehörige in der Beratungsarbeit mit Spielern am Beispiel einer ambulanten Ehepaar-Gruppe. Lambertus, Freiburg, S 71–81

Thomas GJ (1992) Ambulante Suchtkrankheiten im Verbund eines Suchtkrankenhauses. In: Tasseit S (Hrsg) Ambulante Suchttherapie. Möglichkeiten und Grenzen. Neuland, Geesthacht, S 131–154

Thompson WN (1991) Machismo: manifestations of a cultural value in the latin american casino. Journal of Gambling Studies 7: 143–164

Thompson WN, Pinney JK (1990) The emergence of dutch casinos: a case study of mismarketing. Journal of Gambling Studies 6: 205–221

Thygesen KL, Hodgins DC (2003) Quitting again: motivation and strategies for terminating gambling relapses. eGambling 9: http://www.camh.net/egambling/issue9/research/thygesen.Gesehen 09.s Okt 2003

Tolkemitt T (2002) Die deutsche Glücksspielindustrie. Eine wirtschaftswissenschaftliche Analyse mit rechtspolitischen Schlußfolgerungen. Lang, Frankfurt

Toneatto T (1999) Cognitive psychopathology of problem gambling. Substance Use & Misuse 34: 1593–1604

Toneatto T, Blitz-Miller T, Calderwood K, Dragonetti R, Tsanos A (1997) Cognitive distortions in heavy gambling. Journal of Gambling Studies 13: 253–266

Toneatto T, Ladouceur R (2003) Treatment of pathological gambling: a critical review of the literature. Psychology of Addictive Behaviors 17: 284–292

Toneatto T, Sobell LC (1990) Pathological gambling treated with cognitive behavior therapy: a case report. Addictive Behaviors 15: 497–501

von Törne I, Konstanty R (1989) Spielverhalten und Störungsbilder bei Spielern an Geldspielautomaten. Suchtgefahren 35: 14–34

Tretter F (1998) Ökologie der Sucht. Hogrefe, Göttingen

Trueg E (1987) Von der Glücksspielsucht zur Drogenabhängigkeit – eine Einzelfallstudie. Suchtgefahren 33: 121–125

Tversky A, Kahnemann D (1971) Belief in the law of small numbers. Psychological Bulletin 76: 105–110

Tversky A, Kahnemann D (1973) Availability: a heuristic for judging frequency and probability. Cognitive Psychology 5: 207–233

Vent P (1999) Spielsucht als Affektregulation. Klett-Cotta, Stuttgart

Verhoeven V, Nebel M (2004) Umsetzung der »Empfehlungsvereinbarung« der Krankenkassen und Rentenversicherungsträger: Die ambulanten Behandlungsmöglichkeiten. Unveröffentlichtes Manuskript der Suchtkrankenhilfe, Fachstelle Glücksspielsucht, Neuss

Victor RG, Krug CM (1967) Paradoxical intention in the treatment of compulsive gambling. American Journal of Psychotherapy 21: 808–814

Vitaro F, Arseneault L, Tremblay RE (1997) Dispositional predictors of problem gambling in male adolescents. American Journal of Psychiatry 154: 1769–1770

Vitaro F, Arseneault L, Tremblay RE (1999) Impulsivity predicts problem gambling in low SES adolescent males. Addiction 94: 565–575

Vitaro F, Wanner B, Ladouceur R, Brendgen M, Tremblay RE (2004) Trajectories of gambling during adolescence. Journal of Gambling Studies 20: 47–69

Vogelsang M, Petry J (1996) Frauenspezifische Behandlung bei »pathologischem Glücksspiel«. Sucht 42: 428–437

Volberg RA (1996) Prevalence studies of problem gambling in the United States. Journal of Gambling Studies 12: 111–128

Volberg RA (2001) When the chips are down – problem gambling in America. The Century Foundation Press, New York

Volberg RA, Steadman HJ (1998) Refining prevalence estimates of pathological gambling. American Journal of Psychiatry 145: 502–505

Volberg RA, Abbott W, Rönnberg S, Munck IME (2001) Prevalence and risks of pathological gambling in Sweden. Acta Psychiatrica Scandinavica 104: 250–256

Vollmer HC, Ellgring H (1988) Die Vorhersage der vorzeitigen Therapiebeendigungen bei Drogenabhängigen. Suchtgefahren 34: 273–284

Vollmoeller W (1989) Familientherapeutische Grundkonzepte im Überblick. Praxis der Psychotherapie und Psychosomatik 34: 15–21

Voß R, Durek K (1995) Die Familie im Kontext – Perspektiven lebensweltorientierter Abhängigkeitsprophylaxe. Sucht 41: 181–187

Wagenaar WA (1988) Paradoxes of gambling behaviour. Lawrence Erlbaum, Hillside NJ

Walker DM (2003) Methodological issues in the social cost of gambling studies. Journal of Gambling Studies 19: 149–184

Walker DM, Barnett AH (1999) The social costs of gambling: an economic perspective. Journal of Gambling Studies 15: 181–212

Walker MB (1992a) The psychology of gambling. Pergamon Press, Oxford

Walker MB (1992b) Irrational thinking among slot machine players. Journal of Gambling Studies 8: 245–261

Walter C (1997) Zum Begriff der Spielsucht am Beispiel von Dostojewskis »Der Spieler«. Zeitschrift für Klinische Psychologie, Psychopathologie und Psychotherapie 45: 279–290

Walters GD (1994a) The gambling lifestyle: I. theory. Journal of Gambling Studies 10: 159–182

Walters GD (1994b) The gambling lifestyle: II. treatment. Journal of Gambling Studies 10: 219–235

Walters GD (1997) Problem gambling in a federal prison population: results from the South Oaks Gambling Screen. Journal of Gambling Studies 13: 7–24

Walters GD (2001) Behavior genetic research on gambling and problem gambling: a preliminary meta-analysis of available data. Journal of Gambling Studies 17: 255–271

Wanke K (1985) Normal – abhängig – süchtig: Zur Klärung des Suchtbegriffs. In: Deutsche Hauptstelle gegen die Suchtgefahren (Hrsg) Süchtiges Verhalten – Grenzen und Grauzonen im Alltag. Hoheneck, Hamm, S 11–22

Wanke K, Täschner K-L (1985) Rauschmittel, Drogen – Medikamente – Alkohol. Enke, Stuttgart

Watzl H, Bühringer G (2001) Editorial: Renaissance der »Sucht«? Sucht 47: 80–81

Watzlawick P (1985) Systempathologie – Systemtherapie. In: Janzarik W (Hrsg) Psychopathologie und Praxis. Enke, Stuttgart, S 101–106

Watzlawick P, Beavin JH, Jackson DD (1974) Menschliche Kommunikation: Formen, Störungen, Paradoxien. Huber, Bern Stuttgart Wien

Weber A (1984) Laufen als Behandlungsmethode – eine experimentelle Untersuchung an Alkoholabhängigen in der Klinik. Suchtgefahren 30: 160–167

Weber J (1987) Sogenannte nicht-stoffgebundene Süchte und ihre forensisch-psychologische Bedeutung. Das Öffentliche Gesundheitswesen 49: 581–585

Weinstein D, Deitsch L (1974) The impact of legalized gambling – the socioeconomic consequences of lotteries and off-track betting. Praeger, New York

Weis C (1999) Die Sperre des Glücksspielers. Lang, Frankfurt

Welsch K, Sonntag D (2003) Deutsche Suchthilfestatistik 2002. Sucht 49 (Sonderheft 1): 7–41

Welte JW, Barnes GM, Wieczorek W, Tidwell MC, Parker J (2001) Alcohol and gambling pathology among U.S. adults: prevalence, demographic patterns and comorbidity. Journal of Studies on Alcohol 62: 706–712

Welte JW, Barnes GM, Wieczorek WF, Tidwell MC, Parker JC (2004a) Risk factors for pathological gambling. Addictive Behaviors 29: 323–335

Welte JW, Barnes GM, Wieczorek WF, Tidwell MC (2004b) Gambling participation and pathology in the United States – a sociodemographic analysis using classification trees. Addictive Behaviors 29: 983–989

Wikler A (1973) Dynamics of drug dependence. Archives of General Psychiatry 28: 611–616

Wildman RW (1989) Pathological gambling: marital-familial factors, implications, and treatments. Journal of Gambling Behavior 5: 293–301

Wildman RW (1997) Gambling – an attempt at an integration. Wynne Resources, Edmonton, Canada

Windgassen K, Leygraf N (1991) Pathologisches Spielen: Entstehungsbedingungen und Behandlung. Deutsches Ärzteblatt 88: B470–473

Windross AJ (2003) The luck of the draw: superstition in gambling. Gambling Research 15: 63–77

Winer JA, Pollock GH (1988) Störungen der Impulskontrolle. In: Freedman AM, Kaplan HI, Sadock BJ, Peters UH (Hrsg) Psychiatrie in Praxis und Klinik. Bd. 4: Psychosomatische Störungen. Thieme, Stuttgart, S 166–184

Winters KC, Rich T (1998) A twin study of adult gambling behavior. Journal of Gambling Studies 14: 213–225

Winters KC, Stinchfield R, Fulkerson J (1993) Patterns and characteristics of adolescent gambling. Journal of Gambling Studies 9: 371–386

Wlazlo Z, Hand I, Klepsch R, Friedrich B, Fischer M (1987) Langzeiteffekte multimodaler Verhaltenstherapie bei krankhaftem Glücksspielen, II: Prospektive Katamnese der Hamburger Projekt-Studie. Suchtgefahren 33: 148–161

Wohl MJA, Enzle ME (2002) The deployment of personal luck: sympathetic magic and illusory control in games of pure chance. Personality and Social Psychology Bulletin 28: 1388–1397

Wohl MJA, Enzle ME (2003) The effects of near wins and near losses on self-perceived personal luck and subsequent gambling behavior. Journal of Experimental Social Psychology 39: 184–191

Wolfgang AK (1988) Gambling as a function of gender and sensation seeking. Journal of Gambling Behavior 4: 71–77

Wolfson S, Briggs P (2002) Locked into gambling: anticipatory regret as a motivator for playing the national lottery. Journal of Gambling Studies 18: 1–17

Wong ILK, So EMT (2003) Prevalence estimates of problem and pathological gambling in Hong Kong. American Journal of Psychiatry 160: 1353–1354

Wood RTA, Griffiths MD (1998) The acquisition, development and maintenance of lottery and scratchcard gambling in adolescence. Journal of Adolescence 21: 265–273

Wray I, Dickerson MG (1981) Cessation of high frequency gamblers and »withdrawal«-symptoms. British Journal of Addiction 76: 401–405

Wulfert E, Blanchard EB, Martell C (2003) Conceptualizing and treating pathological gambling: a motivationally enhanced cognitive behavioral approach. Cognitive and Behavioral Practice 10: 61–72

Wykes A (1967) Glücksspiele. Moderne Verlagsgesellschaft, München

Yalom ID (1989) Theorie und Praxis der Gruppenpsychotherapie. Pfeiffer, München

Young KS (1996) Psychology of computer use: XL. Addictive use of the internet: a case that breaks the stereotype. Psychological Reports 79: 899–902

Young KS (1998) Caught in the net: how to recognize the signs of internet addiction and a winning strategy for recovery. Wiley, New York

Young KS (1999) Internet addiction: evaluation and treatment. Student British Medical Journal 7: 351–352

Zack M, Poulos CX (2004) Amphetamine primes motivation to gamble and gambling-related semantic networks in problem gamblers. Neuropsychopharmacology 29: 195–207

Zimmerman M, Breen RB, Posternak MA (2002) An open-label study of citalopram in the treatment of pathological gambling. Journal of Clinical Psychiatry 63: 44–48

Zion MZ, Tracy E, Abell N (1991) Examining the relationship between spousal involvement in Gam-Anon and relapse behaviors in pathological gamblers. Journal of Gambling Studies 7: 117–131

Zola JK (1967) Observations on gambling in a lower-class setting. In: Clinard MB, Quinney R (eds) Criminal behavior systems. Holt, Rinehart and Winston, New York, pp 301–309

Zuckerman M (1979) Sensation seeking: beyond the optimal level of arousal. Erlbaum, Hillsdale

Zuckerman M (1994) Behavioral expressons and biosocial bases of sensation seeking. University Press, Cambridge

Zuckerman M (1999) Vulnerability to psychopathology. A biosocial model. American Psychological Association, Washington DC

Zung WWK (1965) A self-rating depression scale. Archives of General Psychiatry 12: 63–70

Zung WWK (1971) Rating instrument for anxiety disorders. Psychosomatics 12: 371–379

Personenverzeichnis

Sachverzeichnis

W

Z

Druck: Krips bv, Meppel
Verarbeitung: Stürtz, Würzburg